학교학습을 위한

교육심리학

임성택
이금주
홍송이

박영story

20여 년 동안 교육심리학을 강의하면서 수업에서 사용할 교재를 집필하고 싶다는 생각은 늘 있었다. 해를 거듭할수록 사범대학, 교육대학원 등 교직과목으로 채택된 교육심리(학)를 담당하는 교수자의 입장에서 수강생들에게 보다 가치있고, 중요하다고 생각하는 교육심리학의 주제와 내용들을 잘 정리하고 싶었기 때문이다.

그럼에도 불구하고 이제서야 그 소원을 실천하게 된 것은 전적으로 필자의 게으름 때문이었지만, 망설임의 이유도 있었다. 이 세상에 수많은 종의 교육심리학 교재가 이미 발행되어 유통되는 상황에서 그것들 중 최상의 것을 취사선택해서 학생들에게 소개하고 사용하면 될 것이지 또 다른 책 하나를 더 추가하는 것이 무슨 의미가 있을까 하는 생각이 그 망설임의 중심에 있었다. 앞으로 이 책을 접하는 사람들은 이 책이 또 다른 교육심리학 교재 하나 더하기에 불과한 것인지 아니면, 좀 더 의미있게 진일보한 결과물인지를 평가할 것이다. 적어도 저자들은 다음과 같은 의도를 가지고 이 책을 집필하였다.

첫째, 교육심리학의 영역 내에서 필수적으로 다루어야 할 가치 있는 내용들을 빠짐없이 포괄적으로 다루고자 하였다. 저자마다 자신이 주력하는 교육심리학의 주제가 있을 것이고, 그것을 부지불식간에 교재에 강조하여 부각할 수도 있다는 점을 경계하였다. 가급적 교육심리학을 처음으로 접하게 되는 독자층이 교육심리학의 성격과 역할을 오해하는 일이 발생하지 않도록 교육심리학의 핵심 개념, 영역, 주제, 방법론을 빠짐없이 포괄적으로 다루고자 하였다.

둘째, 교육심리학을 구성하고 있는 주요 이론적 관점들이 교육심리학의 다양한 주제들에 대해 어떠한 입장을 보이는지를 분명하게 대비시키고자 하였다. 이 책의 2부에 제시된 4가지 (교육)심리학의 이론들이 3부(인간발달)와 4부(다양한 개인차), 그리고 5부(학습동기)에 제시된 교육심리학의 주요 탐구주제들에 대해 어떻게 관점을 달리하고 그에 따라 교육에 시사하는 바가 어떻게 다른지를 비교론적 관점(perspective of comparing theories)에서 조망할 수 있도록 하였다. 이론(理論)을 이론(異論)적으로 다룰수록 탐구주제에 대한 식견이 더 넓어지고 균형될 수 있다는 점을 고려하여 앞에 배치하였다.

셋째, 교육은 비교적 장기간의 시간을 두고 하는 통시적(通時的) 프로젝트이다. 그러므로 여러 심리학의 영역 중 발달심리학은 교육에 시사하는 바가 클 것이다. 제3부 '발달과 교육'이 그러한 접근법의 결과물이다. 실제로 발달심리학은 교육을 담당하는 사람들에게 매우 의미 있는 지침을 제공해 주었다. 예컨대, 취학연령 5세는 성급한 것이다. 왜냐하면, 아직 인지적 조작 능력이 없기 때문이다. 학교교육에서 추구하는 인지발달, 도덕발달, 성격 및 사회성발달 등 다양한 영역들이 어떻게 교육을 통하여 촉진될 수 있는지를 다루었다.

넷째, 심리학이 교육에 기여하는 또 다른 측면은 그것이 개인차를 집중적으로 다루는 학문이라는 점이다. 학급을 구성하는 학습자는 매우 다양하다. 교육심리학은 학습자의 인지와 정서발달에서의 개인차가 학습을 설명하는 중요한 변수라는 점을 입증해 왔다. 이 책의 제4부 '개인차와 학습'에서는 학습자의 개인차 특성이 학습성과와 어떠한 메커니즘으로 관련되는지를 보여줄 것이다.

다섯째, 학습동기는 학습의 결과를 결정하는 개인차 변인이지만, 고정된 개인적 특성요인이 아니라 교육적 개입을 통하여 조절 가능한 변인이기 때문에, 교육심리학자들이 특별히 관심을 가지고 다루는 주제이다. 제5부 '학습동기'에서는 학습의 시도, 방향, 지속성을 포괄하는 학습동기의 유형과 그것을 결정하는 요인들을 다룰 것이다.

마지막으로 제6부 '교사와 교육'에서는 교육의 처방적 관점에서 학습자이 학습효과를 제고하기 위한 교사의 특성과 역할을 논의하였다. 그동안 교육심리학의 분석대상은 교사보다는 학습자에게 집중되었다. 하지만 필자의 개인적 의견으로는 '교사도 심리학적 분석대상이 되어야 한다'는 것이다. 특히 예

비교사를 양성하는 과정에서 이러한 시도는 더욱 더 활성화되어야 할 것이다. 제6부에서 그 일면을 다루었다.

필자를 포함한 이 책의 3명의 저자들은 이상과 같은 의도로 이 책을 세상에 내놓게 되었다. 이후의 기대와 두려움은 모두 저자들의 몫이다. 무거운 마음이 크지만 초판이니 만큼 개정과 증보를 통해 그 짐을 조금이나마 덜 수 있을 것이라는 기대로 위안을 삼고자 한다. 어려운 상황에서도 이 책이 발간되도록 협조해주신 피와이메이트 노현 대표님과 손준호 과장님 그리고 도움을 주신 모든 분들에게 깊은 감사를 표한다.

2023년 여름, 대표저자 임성택

차례

educational psychology

제1부

교육심리학 입문

제1장

교육심리학의 성격

교육의 과정에서 교육자들은 교육과 관련된 현상을 기술하고, 문제들을 해결하고 교육의 효율성을 제고하기 위해 사회과학분야의 여타 학문들이 개발하고 발전시켜온 개념, 이론체계 및 접근법들에 의존하게 되었다. 그중 심리학은 교육의 실제에 적용된 대표적인 학문이었다.

교육심리학은 '교육'과 '심리학'이라는 두 가지 용어의 합성어임을 알 수 있다. 따라서 교육심리학은 교육과 심리학이 모종의 관련성을 가질 것이라는 점을 암시하고 있다. 구체적으로 교육과 심리학이 왜 관련될 수밖에 없었으며, 그 관계는 어떠한 관계를 유지해야 하는가?

1 교육과 심리학

교육은 그 시작을 알 수 없을 정도로 오랫동안 있어 왔던 인간의 행위이다. 그러나 교육을 체계적으로 분석한 역사는 그리 길지 않다. 교육을 분석할 필요성이 생기면서 다양한 학문들이 교육이라는 실제를 분석하기 위해 적용되었다. 그중 교육심리학은 심리학적 방법과 이론이 교육이라는 실천적 문제를 해결하는데 적용할 수 있다는 가정과 믿음에 근거하여 성립되었다.

교육현상을 분석하고 대안을 마련하는 데 있어서 심리학이 지니는 가치는 교육학의 아버지로 불리는 J. F. Herbart(1776-1841)의 노력에서부터 엿볼 수 있다. 교육학의 체계를 구축하면서, 그는 교육의 목적은 윤리학, 교육의 방법은 심리학에 근거하여 탐색하였다. 그리고 이러한 바탕 위에서 교육이 과학적 분석의 대상이 될 수 있다는 '교육과학론'을 제시하였다. 따라서 교육학은 그 시작부터 심리학과 관련되어 있었다.

교육심리학은 Thorndike가 1903년에 『Educational Psychology』를 집필하고, 그의 주도하에 학술지 『Journal of Educational Psychology』가 창간되면서 명실상부한 공식적 학문의 반열에 들게 되었다. 이후 교육심리학은 괄목할만한 성취를 거듭하면서 발전하였다.

교육심리학은 교육과 관련된 문제들을 진단하기 위하여 심리학적 이론들이 발달시킨 다양한 심리학적 개념 및 분류체계를 적용하며, 인간의 행동에 작용하는 다양한 원인들을 탐색하기 위해 심리학이 구축해온 설명방식을 적용함으로써 교육의 문제들을 해결하기 위한 실제적인 처방을 모색하고자 한다.

구체적으로 심리학적 이론과 방법은 교육이라는 실제적 문제를 해결함에 있어서 어떠한 역할과 기능을 할 수 있는가? 이 질문에 답하기에 앞서 소위 '이론'의 특징과 그것이 '실제'에 어떠한 기여를 할 수 있는지를 고려할 필요가 있다.

이론에는 두 가지 중요한 관계 유형이 탐구되는데 구조적(structural) 관계와 인과적(causal) 관계가 그것이다. 구조적 관계는 사실들을 특정 범주나 군으로 분류하기 위한 이론적 체계를 말하는 것으로 이를 통해 사실들은 간편한 방식으로 비교되고 대조될 수 있다. 이러한 분류체계를 우리는 흔히 분류학, 유형학, 조직체계라고 부른다. 심리학에서는 인간의 특성을 지적, 정의적, 행동적 특성영역으로 분류하기도 하며, 심리학의 한 분야인 발달심리학에서는 아동의 연령에 따라 태아기, 신생아기, 유아기, 아동기, 청소년기, 성인기 등으로 분류하기도 한다. 이러한 분류는 보다 세분화되어 각 영역은 다시 세부적인 영역이나 개념들로 분류될 수 있다. 심리학은 인간의 정신과 행위를 이와 같은 구조적 관계로 탐구하는 대표적인 학문이다.

심리학이 인간을 이해하는 데 기여한 가장 큰 공헌 중의 하나는 소위 '마음'으로만 여겨지던 커다란 단일 영역을 다양한 하위 영역과 요소로 분류하고 정의하였다는 것이다. 예컨대, Freud가 마음을 '무의식', '의식', '전의식', '이드', '자아', '초자아' 등으로 분류하고, 이들 간의 기능적 관계를 설정함으로써 마음을 이해하고, 문제를 진단하고, 처방을 내리기 위한 논의가 의미 있고 접근 가능하게 되었다. '세상은 아는 만큼 보인다'는 말이 암시하듯이 세상을 구성하고 있는 다양한 요소들을 의미 있는 방식으로 분류하여 개념화하고, 이들 간의 관계를 타당하게 설정함으로써 세상은 보다 의미있고 정확하게 진단된다.

이와 같은 심리학의 특성은 교육의 문제를 해결하는 데 도움이 될 수 있다. 한 가지 비유를 들자. 자동차에 대해 '엔진'부와 '차체'부라는 두 가지 개념만을 가진 자동차 수리공은 엔진에 문제가 있으면, 엔진 전체를 교체하려고 할 것이다. 하지만, 엔진을 구성하는 피스톤, 점화플러그, 크랭크 축, 실린더, 배터리 등의 개념을 지닌 수리공이 엔진 고장을 진단하고, 처방하는 방식은 보다 구체적이면서도 정확할 수 있다. 유사한 비유로 라디오가 고장이 났을 경우, 라디오를 구성하는 요소들을 알지 못하는 사람은 라디오를 두들겨서 고치려고 할 것이다. 하지만 라디오의 부속품들을 세세히 알고, 그 부속들 간의 기능적 관계를 아는 수리공의 접근법은 다를 것이다.

자동차와 라디오의 부속품은 물리적 실체가 존재하고 그에 이름이 붙여진 것들이다. 하지만, 심리학이 탐구하는 대상인 마음의 요소들은 미리 따로 존재하기보다는 이름이 먼저 붙여지고(개념화되고), 그 이름(개념)들 간의 기능적 관계가 의미있게 설정됨으로써 그 요소들이 실재하는 것처럼 보여지게 된 것들이다. 바이블의 창세기 1장에 의하면, 이 세상에 존재하는 모든 것들은 신이 명명함으로써 생겨났다고 한다. 즉, 말(개념 및 범주)이 실재보다 우선한다는 것이다. 이를 심리학적 관점에서 해석하면, 마음은 원래부터 각 요소로 구분되어 실재하는 것이 아니라 심리학자들이 의미있는 방식으로 구분하여 개념화함으로써 생겨난 것이라고 할 수 있다. 즉, 마음이 무의식, 전의식, 의식으로 따로 구분되어 존재한 것이 아니라 Freud가 마음을 분석하여 저것은 무의식이라 하고, 이것은 의식이라 하며, 그 사이에 전의식이 있다고 명명하고, 경험을 토대로 그 요소들 간의 기능적 관계를 설정함으로써 의미있게 된 것들이다. 또한 Jung이 인간의 성향을 내향성과 외향성으로 분류하고, 이를 다시 사고, 직관, 감정, 감각으로 분류하고, 각각에 대해 정의함으로써 인간의 성격유형이 개발되었다.

　이처럼 심리적 요소들은 원래 구분된 실체라기보다는 심리학자들이 구성한 개념들이고, 각 요소들 간의 관계 역시 심리학자들이 규정한 것이었기 때문에, 심리학을 대표하는 이론체계들은 매우 다양하며, 때로는 상반된 입장을 보이기도 한다. 그리고 이러한 서로 다른 심리학 이론 체계들 간의 경쟁은 인간의 심리적 세계에 대한 논의를 풍부하게 하였다.

　인간을 몸과 마음이라는 이분법적 개념으로 구분하였던 과거의 사람들은 마음에 이상이 생겼을 때, 그냥 마음에 호소하는 방법(기도나 굿)만을 생각할 수밖에 없었지만, 마음을 요소로 분류하고, 그 기능적 관계를 탐색하는 사람들의 접근법은 달라지게 되었다. 마음이 한 덩어리가 아닌 여러 요소로 분류되고 정의됨으로써, 사람들은 인간의 마음에 대한 의미있고 생산적인 논의와 접근의 틀을 갖추게 되었다. 심리학자들은 구조적 분류체계를 통하여 현상이 어떠한 요소로 구성되어 존재하는지에 대한 그림(이론)을 그릴 수 있게 되었다. 그리고 그 그림들은 몇 가지 특징적인 모습으로 나타나게 되었다. 하지만 그렇게 존재하는 현상이 무엇에 의해서 그렇게 되었는지를 설명하기 위해서 이론은 '설명'이라는 또 다른 방식의 탐구방식이 필요하게 되었다. 교육은 기본적으로 인간의 행동과 마음을 변화시키는 과정이다. 따라서 인간의 행동과 마음에 관한 심리학적 이론은 교육문제에 접근할 때 매우 유용할 수 있다.

　심리학적 이론은 인간의 마음과 행위에 대한 인과적 설명(causal explanation)을 통하여 현상의 원인을 밝히고 미래를 예언해 준다. 설명(explanation)이란 현상의 배후에서 작용하는 원인과 그로 인해 나타나는 결과 간의 인과적 관련성을 기술하거나 밝히는 것을 말한다. 예컨대, "임신부가 풍진에 접촉한다면, 아이가 신체적 결함을 보일 가능성이 50%이다."라거나 "아이가 관대함을 보일 때 보상을 주지 않게 되면, 그는 인색해질 것이다.", 혹은 "청소년기의 비행은 부모의 무관심에서 비롯된다."는 등의 진술문은 설명적 진술의 대표적인 예들에 해당된다.

　인간행동을 설명하기 위해 지금까지 심리학자들이 가장 많은 논쟁을 벌인 것은 바로 유전-환경논쟁이었다. 이 둘은 인간발달을 가능하게 하는 다양한 원인들을 두 가지 영역으로 구분한 것이다. 유전적 원인은 생물학적 유산과 관련된 요인들을 의미하며, 환경적 원인은 아동을 둘러싼 물리적 사회적 환경으로부터 비롯된 요인들을 포함한다. 그리고 각각의 영역에서 인간발달에 작용하는 다양한 요인들이 다시 분류되었으며, 그것들이 인간발달에 작용하는 세부적인 법칙들이 밝혀져 왔다. 인간발달에 작용할 수 있는 다양한 요인들을 가정하게 됨으로써 인간발달을 촉진하기 위한 처방들도 보다 구체화되었다. 따라서 심리학적 이론과 방법은 교육의 결과나 문제에 작용하는 원인들을 탐색함에 있어서 매우 유용할 수 있다.

심리학은 인간의 본질에 대한 과학으로서 심리학자들의 주된 관심은 인간의 행동, 사고, 정서, 성격 등에 걸쳐 다양한 법칙들을 발견하여, 그것을 통해 인간행동을 기술하고 예견하는 데 그 목적을 두고 있다. 인간의 본질과 특성을 기술하고 예견하는 것은 객관성과 정확성이 전제될 때에만 가능한 것이기 때문에 심리학은 과학적 엄밀성을 추구하는 방식으로 전개되었고 그 결과 인간과 인간행동에 대한 다양한 법칙과 이론을 구축해 왔다.

한편 교육은 인간의 성장과 발달을 촉진하기 위한 처방(prescription)이 일차적 관심사다. 인간의 성장과 발달을 위한 효과적인 교육적 처방을 위해서는 인간에 대한 과학적 진단이 전제되어야 하기 때문에 심리학은 교육이라는 실천적 행위에 있어 필수적으로 요구된다. 이는 마치 의사가 환자에 대한 올바른 처방을 위해서 생물학, 화학 등과 같은 자연과학적 이론을 필요로 하는 것과 같다.

교육의 실제에 심리학을 적용함으로써 교육심리학은 교육현상과 행위를 이해하는 데 있어 다양한 심리학적 개념과 법칙을 통하여 교육 실제를 논의하고 진단하는 토대와 준거를 제공할 수 있게 되었고, 교육문제에 대한 효과적인 처방을 위한 안내자 역할을 할 수 있게 되었다. 교육은 인간이 인간을 대상으로 하는 행위이며, 심리학은 그 인간의 마음과 행위를 분석하기 위한 대표적인 이론체계이다. 따라서 교육행위에 참여하는 학생, 교사, 학부모 모두 심리학의 탐구대상이 될 수 있으며, 인간의 마음과 행위에 대한 심리학의 인과적 설명은 교육의 효과적인 처방과 지침이 될 수 있다.

2 이론과 실제: 서로 다른 두 세계

> 고도로 추상화된 이론과잉은 현실과 멀어지지만, 이론 없는 실천은 위태롭다.
> – 저자

앞서 심리학적 이론은 교육의 실제를 분석하고 처방하는 데 많은 도움이 될 수 있다고 하였다. 하지만 이론과 실제는 그 성격이 다른 것으로 여겨져 왔으며, 심리학적 이론과 교육의 실제도 예외는 아니다. 따라서 심리학적 이론을 교육에 적용하는 것은 또 다른 노력이 요구된다.

C. P. Snow(1963)는 이론과 실제를 두 가지 서로 다른 성격의 문화로 대비하였다. 그는 이론의 세계를 과학적(scientific) 문화로, 실제의 세계를 인간적(humanistic) 문화로 명명하였다. 이론의 세계는 현상을 정확하고 타당하게 설명하고 예언할 수 있는 추상화된 개념과 법칙을 최고의 가치로 두는 반면, 실제의 세계는 구체적인 장면에서 구체적인 문제를 다루어야 하는 일차적 과제를 가진다. 따라서 실천가들이 현재 여기에서 직면하고 있는 다양한 문제를 해결하는 데 있어 이론의 적용가능성은 제한되기 마련이다.

이론의 세계는 여러 가지 현상들에 걸쳐 나타나는 공통적인 특징들을 축약하여 개념과 범주를 형성하고, 이들 간의 관계, 즉, 법칙을 탐구하는 것이 일차적 목적이다. 이론은 현상에 대하여 추상적이고 논리적으로 통일성을 갖춘 설명들을 제시하고자 한다. 따라서 경우에 따라서는 이론의 세계에서 제시한 개념과 법칙에 예외가 되는 특수한 개별사례들은 성가신 것으로 여겨지기도 한다.

예컨대, '지능이 높은 학생일수록 학업성취가 높다'는 심리학적 법칙은 그 안에 '그것이 일반적으로 그러하다'는 전제를 담고 있다. 그래서 그 법칙에 위배되는 사례들이 나타나면, 그것들은 특수한 사례로 취급되는 경향이 있다. 심리학적 이론들을 통하여 우리는 인간에 대한 새로운 사실들을 알 수 있지만, 그 심리학적 지식은 추상적일 수밖에 없다.

그러나 교육은 사실이나 현상을 기술하고 그것이 앞으로 어떻게 전개될 것인지에 대한 과학적 관심 이상으로, '구체적인 목적을 가지고 어떤 내용을 어떻게 해야 할 것인지'를 고민하는 실천적 세계이다. 이 실천적 세계는 과학적 설명에 기초한 심리학 이론체계보다 훨씬 더 복잡하다.

실제는 구체적인 상황에서 예외적인 문제를 해결해야 할 일련의 활동들로 구성된다. 예컨대, 교육의 실제에서 교사는 누구에게 무엇을 어떻게 해야 할 것인지를 그때그때 판단해야 하며, 그 의사결정에 따른 효과적인 문제해결방안을 수시로 강구해야 한다. 그리고 교육의 실제에서는 심리학적인 일반 법칙이나 원리가 그대로 적용될 수 없거나 적용되기 힘든 특수한 상황과 대상, 그리고 문제들을 끊임없이 접하게 된다. 일반적으로 지능과 학업성취는 일반적인 관련성이 있는지는 모르나 현재 A 교사가 지도하는 B, C, D 등의 학생들에게는 그 법칙이 통하지 않을 수 있다. 이러한 상황에서 교사들은 '심리학 법칙이나 원리가 학생들을 지도하는데 무슨 소용인가?' 라고 의문을 가질 수 있다.

심리학자들은 기존의 법칙이 잘 적용되기 힘든 사례를 접하면, 판단을 유보하고, 새로운 실험과 조사를 통하여 시간을 두고 그 법칙을 진단하여 법칙을 수정할 수 있다. 하지만 교사는 지금 당장 여기서 그 문제를 해결해야 하는 실제 상황에 놓여 있다. 심리학자들처럼 그 문제의 원인을 탐색하기 위해 교육활동을 접어두고 심리학 실험실로 향할 수는 없기 때문이다. 그래서 교사가 심리학 이론과 법칙에 직접적으로 의존하기에는 한계가 있다.

교육심리학이 교육이라는 실제 세계와 심리학이라는 이론체계가 합성된 것이기 때문에, 교육심리학은 이러한 두 가지 서로 다른 문화가 함께하는 영역으로 여겨질 수 있다. 심리학자들은 보편적이고, 과학적이면서도 객관적인 방식으로 인간의 제 특성을 기술하고 예견할 수 있는 보편적인 개념, 법칙, 이론체계 및 모형을 추구한다. 반면, 교사는 특정 상황에서 특정의 학생들을 다루기 때문에 무엇을 어떻게 해야 할 것인지를 이해하고자 특수하고도, 능동적이며, 개인적인 방식으로 문제에 접근해야 한다.

그래서 이 두 집단이 같은 문제를 해결하기 위해 함께할 때 서로 도움이 되기보다는 오히려 성가신 존재로 여겨질 수도 있다. 예컨대, 필자의 경험에 의하면, 현직 교사를 대상으로 한 교육심리학 강의에서 교수자가 특수한 문제나 상황을 초월하여 보편적으로 교육에 적용될 수 있는 추상적인 심리학의 원리들을 소개할수록 수강자(교사)는 그 원리가 구체적으로 자신이 직면한 문제와 무슨 관련이 있는지를 고민하는 모습이 역력하다. 반대로 토론의 과정에서 수강자들이 발표하는 내용들은 너무도 특수하고, 개인적인 사례로 빠져들어 교수자 입장에서 진도나 수업관리를 위해 수강자들의 자유로운 의견을 제한할 수밖에 없는 경우도 있다.

이론과 실제가 굳건한 공통의 토대 없이 따로 병립하는 문제는 교육심리학의 학문적 정체성을 확인하는 과정에서도 여실히 드러난다. 교육이라는 실천적 세계와 인간의 본질에 대한 법칙과 이론을 추구하는 심리학의 세계를 교량하는 학문으로서 교육심리학은 아직 확정된 실체가 아니며 그 정체성을 구축하는 과정에 있는 구성물이다. 지난 몇 십년 간 교육심리학에서 실질적인 진보가 있었으며, 그 둘 간의 관계가 좀 더 명확해지고 있다. 그것은 심리학적 관점에서 교육의 현상을 분석하는 것이 아니라 교육의 실천적 문제를 해결하기 위해 심리학적인 방법론과 이론이 활용되어야 한다는 것이다. 즉, 교육심리학이 교육에 관한 심리학적 분석이기보다는 교육의 효과를 개선하기 위해 심리학적 이론과 방법을 적용하는 학문이 될 때, 보다 실제적인 문제들을 해결하기 위한 방안들을 제시할 수 있을 것이다.

제2장

교육심리학의 탐구영역과 방법

① 교육심리학의 탐구영역

교육심리학은 심리학이 교육의 현상을 진단하고, 교육적인 문제를 진단하고 처방하는 데 도움이 될 것이라는 전제에서 출발하였다. 그렇다면, 심리학은 교육 실제를 구성하는 다양한 국면들 중 특히 어떤 국면에 어떻게 적용될 수 있는가?

교육이라는 사태를 구성하는 요소들을 분석하기 위해 육하원칙의 질문을 던져 보자. 육하 원칙에 따른 질문은 5W+1H, 즉, 언제(when), 어디서(where), 누가(who), 무엇을(what), 왜(why), 어떻게(how)의 6개 질문이 포함된다. 이 여섯 가지 질문을 순서를 바꾸어 교육의 사태에 대응시키면, 교육의 실제는 교육의 목적(why), 내용(what), 방법(how), 교육자의 특성(who), 교육여건(where), 학생의 발달수준(when)으로 구분해 낼 수 있다. 그리고 육하 원칙에 학습자의 특성(whom)영역을 추가하면 우리는 교육의 실제를 7가지 국면으로 구분하여 살펴볼 수 있다([그림 2-1] 참조).

이처럼 교육의 실제는 다학문적 접근이 필요할 만큼 다양한 국면들을 포함하고 있다. 그래서 교육학은 교육현상과 문제를 진단하기 위해 철학, 사회학, 심리학 등 다양한 학문들이 개념과 접근법을 적용해 왔다.

교육심리학의 탐구영역은 앞서 제시한 교육의 실제를 구성하고 있는 7가지 영역 모두에 직간접적으로 걸쳐 있지만, 그 중에서도 개인의 특성과 관련되는 영역, 즉, 학습자의 발달 및 개인차 특성요인과 교사의 특성요인은 교육심리학이 탐구해온 핵심적 영역이었다. 이처럼 교육심리학이 교육실제의 다양한 영역 중 학생과 교사의 개인적 특성요인에 집중하는 것은 교육심리학이 채택하고 있는 이론체계인 심리학이 개인의 특성을 다루는 과학이기 때문이다.

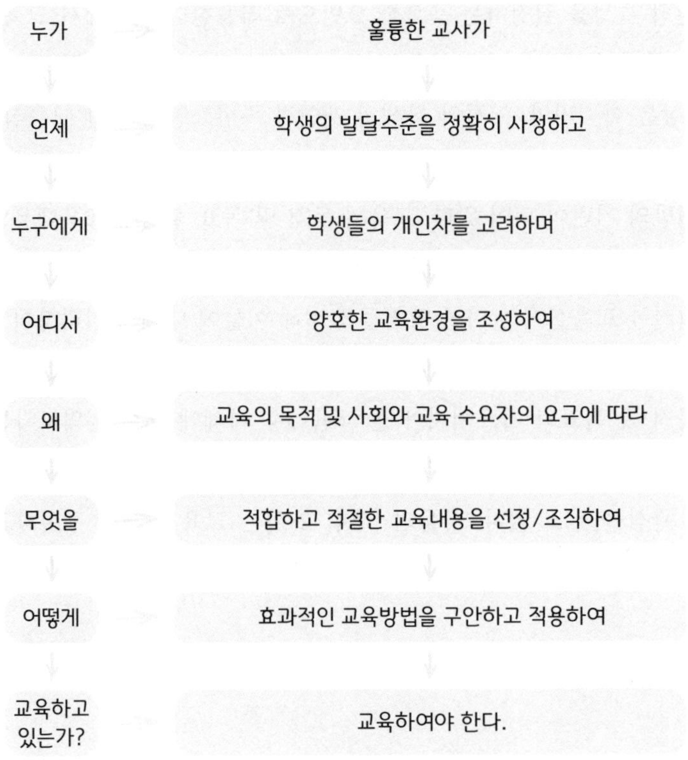

누가	→	훌륭한 교사가
언제	→	학생의 발달수준을 정확히 사정하고
누구에게	→	학생들의 개인차를 고려하며
어디서	→	양호한 교육환경을 조성하여
왜	→	교육의 목적 및 사회와 교육 수요자의 요구에 따라
무엇을	→	적합하고 적절한 교육내용을 선정/조직하여
어떻게	→	효과적인 교육방법을 구안하고 적용하여
교육하고 있는가?	→	교육하여야 한다.

그림 2-1　**교육실제의 구성요소**

예컨대, 학습자의 지적, 정의적, 신체적 특성에서의 발달적 변화와 성격, 지각, 기억, 학습, 문제해결, 동기, 적성 및 다양한 성취행동들에서의 개인차는 교육의 성과를 결정하는 필수적 요인들에 해당되는데 이들은 일반 심리학에서 핵심적으로 다루어지는 개인차 특성요인들이기도 하다. 개인적 특성요인에 걸친 교육의 실천세계와 심리학의 탐구내용의 중첩성은 자연스럽게 심리학적 개념들과 접근법을 교육적 문제를 이해하고 해결하는 과정에 적용하도록 하였다. 실제로 교육심리학은 학생과 교사의 개인적 특성요인들이 다양한 교육적 성과와 관련되는 방식을 탐구해 왔으며, 이에 대한 괄목할만한 성취를 이루었다.

다음으로 교육심리학이 중점적으로 다루는 영역으로 교육환경과 교육방법 영역을 들 수 있다. 우선, 가정 및 학교교육환경과 사회적 환경이 학습자의 개인적 특성을 결정하는 중요한 요인으로 작용한다는 점에서 교육심리학은 이들 환경적 특성들에 관심을 갖는다. 교육방법은 교육심리학의 일차적인 탐구대상은 아니지만, 교사와 학생의 개인적 특성요인에 대한 교육심리학의 탐색이 궁극적으로 효과적인 학생의 생활지도와 교수-학습방법을 구안하기 위한 처방의 기반이 되어 왔다. 교육의 목적 및 목표 설정과 교육내용의 선정 및 조직 원리 역시 교육심리학의 이론에 부분적으로 근거하고 있지만, 지금까지 열거한 교육실제의 다른 영역들에 비해 이들에 대해서 심리학이 개입해 온 바는 그리 크지 않은 것 같다. 요컨대, 교육심리학은 교육의 실제에서 교육의 목적 및 목표와 가르쳐져야 할 교육내용 자체에 대한 논의보다는 그것들을 효과적으로 달성하고 가르치는데 요구되는 조건의 진단과 처방에 일차적으로 관심을 두고 있다. 다음의 [그림 2-2]는 교육 실제를 구성하고 있는 영역들 중 교육심리학이 직간접적으로 관여하고 있는 영역들을 도시한 것이다.

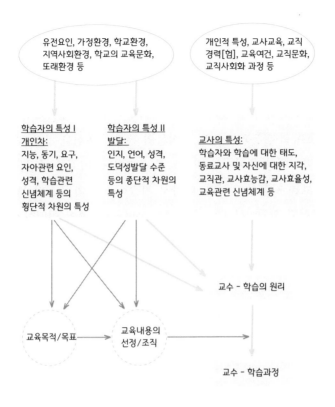

유전요인, 가정환경, 학교환경,
지역사회환경, 학교의 교육문화,
또래환경 등

개인적 특성, 교사교육, 교직
경력[험], 교육여건, 교직문화,
교직사회화 과정 등

학습자의 특성 I
개인차:
지능, 동기, 요구,
자아관련 요인,
성격, 학습관련
신념체계 등의
횡단적 차원의 특성

학습자의 특성 II
발달:
인지, 언어, 성격,
도덕성발달 수준
등의 종단적 차원의
특성

교사의 특성:
학습자와 학습에 대한 태도,
동료교사 및 자신에 대한 지각,
교직관, 교사효능감, 교사효율성,
교육관련 신념체계 등

교수 - 학습의 원리

교육목적/목표

교육내용의
선정/조직

교수 - 학습과정

그림 2-2 교육심리학 탐구영역의 구조

2 교육심리학의 탐구방법

상식과 논리는 인간을 설득하기 위한 중요한 두 가지 수단이다. 일상에서 상대방을 설득하기 위해 우리는 논리를 전개하거나 상식에 호소한다. 교수-학습상황을 연구하는 경우에도 예외는 아닐 것이다. 하지만 상식과 논리만으로 학생들의 학습과 발달과정을 기술하고 설명하거나 교육적 문제를 처방하기 위한 방법과 대안을 마련하는 것은 위험할 수 있다. 교육심리학자들은 교수-학습에 관한 우리의 지식은 상식과 논리 이상으로 보다 과학적이고 객관적인 정보에 근거해야 한다고 믿는다. 교수-학습에 관한 보다 과학적이고 객관적인 정보를 얻기 위해 교육심리학자들은 다양한 연구방법들을 개발하여 왔는데, 그것들은 편의상 다섯 가지로 구분해 볼 수 있을 것이다.

1) 기술적 연구(Descriptive Research)

기술적 연구[1]는 그 이름이 암시하듯이, 현상의 특징을 기술하는 것이다. 심리학이라면, 인간의 인지적, 정서적, 행동적 특징들을 있는 그대로 정확히 기술하는 것이 목적이 될 것이며, 교육심리학자라면, 학생, 교사, 가정 및 학교환경 등 교육의 활동과 관련된 현상들의 특징에 관심을 가질 것이다. 기술적 연구는 탐구대상이 어떠한 방식으로 존재하며, 어떠한 특징을 지니는가에 관한 정보를 제공할 것이다. 따라서 기술적 연구의 질문은 What? 혹은 How?와 관련된 것들이다. 즉, '○○○는 무엇인가? 혹은 어떠한가? 혹은 얼마(혹은 어느 정도)인가?'가 기본적인 질문의 형식이 될 것이다. 다음과 같은 질문들은 기술적 연구의 특징을 반영하는 것들로 볼 수 있다.

[기술적 연구 질문의 예]
○ 인간의 지능은 어떠한 요소들로 구성되어 있는가?
○ 아동기의 지적 발달은 어떠한 단계와 과정을 거치는가?

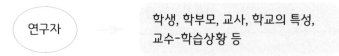

그림 2-3 **기술적 연구의 예시**

심리학자의 기술적 연구는 마치 인물화가가 하는 일에 비유할 수 있을 것이다. 인물화가는 자신이 관찰한 인물의 모습과 특징을 정확하게 화폭에 담아야 한다. 마찬가지로 심리학자는 인간의 마음의 모습과 특징을 정확히 이론으로 그려내야 한다. 그렇기 때문에 '객관성'과 '정확성'은 기술연구가 갖추어야 할 가장 중요한 포인트다. 사실 심리학을 구성하고 있는 주요 이론체계들은 인간의 특성을 기술한 결과이다.

---

1 기술적 연구(descriptive research)는 주어진 현상이나 사태를 기술하는 것(describing)이 목적인 연구이다. 이 연구를 통하여 연구자는 사태의 특징과 성격을 진단할 수 있다.

그런데 같은 인물을 여러 명의 화가가 그렸을 때, 그 결과물인 인물화는 다소 다르거나 경우에 따라서는 상당히 다를 수 있다. 이는 대상의 관찰과정에서 화가들이 사물이나 현상의 특징들을 다르게 지각할 수 있기 때문이다. 심리학자의 경우에는 이러한 차이들이 더욱 분명하다. 여러 명의 교육심리학자들이 학생, 교사, 학부모의 특성을 기술한 결과들은 서로 유사하거나 혹은 상당히 다를 수 있다. 우리는 앞으로 본서에서 다루게 될 심리학의 주요 이론 체계들이 같은 탐구대상에 대해 어떻게 다른 지각을 하였는지를 확인할 수 있을 것이다.

J. Piaget는 기술적 연구를 주도한 대표적인 사람이다. 그는 아동기의 특성을 세밀한 관찰을 통해 정밀하게 기술하였을 뿐만 아니라 그러한 아동이 시간에 걸쳐 어떻게 발달하는지를 몇 가지 단계로 구분하여 기술하였다. 즉, 아동의 정태적 특성과 더불어 동태적 변화과정까지를 기술하였다. 앞으로 다루겠지만 그의 연구결과는 교육에 결정적인 사사점을 남겼다.

2) 상관연구(Correlational Research)

상관연구[2]는 교육심리학의 주된 연구방법 중의 하나로 다양한 변인[3] 간의 관계에 주목한다. 전통적으로 교육심리학자들은 인간의 심리적 특성변인들이 어떠한 환경적 변인들과 관련되고, 또한 그것들이 교육적 성취결과에 어떻게 관련되는지에 관심을 가진다. 예컨대, 학생들의 지능이 어떠한 환경변인들과 관련되고, 또한 그것이 학업성취도와 어떻게 관련되는지에 관심을 두고 연구하였다.

---

2 상관연구(correlational research)는 변인들간의 관련성을 탐색하는 방법으로 연구자로 하여금 한 변인의 정보에 기초하여 다른 변인을 예측하도록 해준다.

3 변인(variable)은 연구의 대상들이 각각의 (다른) 값을 갖는 특정 개념이나 속성을 의미한다.

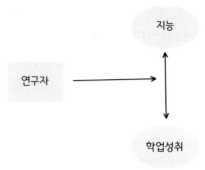

그림 2-4 **상관연구의 예시**

기술적 연구가 특정 현상의 특징을 기술하는 것이 목적인 반면, 상관연구는 다수의 현상들 간의 관련성을 파악하는 것이 목적이다. 다음은 앞서 기술된 기술적 연구 질문들의 내용을 상관연구의 형식으로 변환한 예이다.

[상관연구 질문의 예]
○ 학생들의 지능은 학업성취도와 어떠한 관련성을 보이는가?
○ 가정폭력과 학교폭력은 어떠한 관계가 있는가?

상관연구에서 변인 간의 관련성은 흔히 상관계수(correlation coefficient)로 표현된다. 상관계수는 두 변인 간의 관련성의 크기와 방식을 나타낸다. 상관계수는 이론적으로는 최소값 −1(완전 부적 상관)에서 최대값 +1(완전 정적 상관)의 범위 내에서 0(무상관)을 중심으로 음수와 양수의 소수점 값들을 가진다. 두 변인 간의 상관계수가 음수일 때를 부적(negative) 상관이라 하고, 양수일 때는 정적(positive) 상관이라 한다. 부적 상관은 한 변수에서의 점수가 높을수록 상대 변수의 값이 낮아지는 관계방식을 의미하며, 정적 상관은 한 변수에서의 점수가 높을수록 상대 변수의 값도 높아지는 관계방식을 의미한다. 예컨대, 지능과 학업성취도의 상관계수(r)가 +.80이라면, 정적인 방식으로 관련된다고 할 수 있으며, 반면 무력감과 학업성취도가 −.80이라면, 그 둘은 부적인 방식으로 관련된다고 해석한다. 그러나 앞의 두 경우 모두 절대 값 .80의

상관도를 보이므로 관련성의 크기는 같다고 할 수 있다. [그림 2-5]는 다양한
유형의 상관도를 보여주는 예들이다.

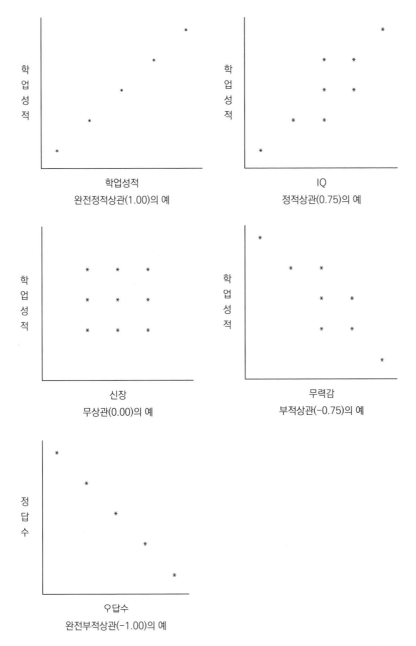

그림 2-5 **교육관련 변인들 간의 가설적인 다양한 상관관계의 도해**

상관분석의 목적은 변수의 정보를 통해서 다른 변수를 예측하기 위함이다. 예컨대, IQ와 학업성취도의 관계에서 +.80의 정적 상관은 IQ가 높은 학생일수록 학업성취도가 높아지는 경향이 있다는 것을 의미할 것이다. 즉, IQ라는 정보를 통해서 학업성취도를 가늠해 볼 수 있다는 것이다. 이 결과는 머리가 좋아야 공부를 잘한다는 상식을 반영하는 것이어서 그럴 듯한 해석처럼 보인다.

그러나 상관계수는 그 용어가 의미하듯이 서로 상관이 있다는 것을 의미할 뿐이다. 즉, IQ와 학업성취가 서로 정적인 방향으로 상관(相關)된다는 것이다. 상관에서 '相'자는 '서로'의 의미이다. 따라서 상관은 일방적인 관계가 아니라 쌍방적 관계(reciprocal relationship)이다. 그러므로 기술적으로는 IQ와 학업성취도가 정적 상관을 보인다고 할 때, IQ가 학업성취도를 예언한다고 볼 수도 있지만, 반대로 학업성취도가 높을수록 IQ가 높아지는 경향이 있다고도 해석할 수 있다. 실제로 공부를 잘한 결과 IQ검사에서 좋은 점수를 받을 수도 있기 때문이다. 그럼에도 불구하고 쌍방의 관계 중 'IQ→학업성취'의 해석방식이 '학업성취→IQ'의 해석방식보다 더 그럴듯해 보이는 것은 전자가 후자보다 우리의 인식체계에 더 부합하기 때문이다. 그러나 그 역의 관계도 가능할 수 있다는 점을 명심할 필요가 있다. 그러므로 IQ와 학업성취도가 상관된다고 할 때, 그것은 'IQ↔학업성취'의 관계이다. 이 경우에 무엇이 원인이고 무엇이 결과인지의 여부는 상관계수가 결정하는 것이 아니며, 특정의 방향으로 관계를 설정하고 해석하는 것(인과관계의 설정)은 인간의 해석체계일 뿐이다.

사실 교육심리학 분야에서 이루어지고 있는 경험적 연구들은 그것이 실험연구(experimental study)가 아닌 한 대부분 모두 변수 간의 상관계수에 근거한 관련성에 대한 분석이다. 최근 들어 조사자료 분석기법(예컨대, 구조방정식 모형 분석)을 통하여 조사 자료의 경우에도 인과관계가 확정적으로 분석이 가능한 것으로 이해되고 있으나 엄밀한 의미에서 그 인과성(因果性)이라는 것도 연구자의 가설이나 해석에 근거한 것일 뿐 기본적으로 상관계수에 의한 것들이다. 그러므로 연구결과를 해석함에 있어서 각별한 주의가 요구된다.

결론적으로 상관(相關)은 매우 개방된 관계이므로 다양한 방식으로 해석될 수 있다. 이때 상관연구에서 다루는 다양한 변인의 종류는 그 상관관계를 특정의 관계방식으로 해석하는 준거가 된다.

[변인의 유형]

- 독립변인(independent variable): 두 변인 간의 관계에서 원인자나 선행조건으로 가정된 변인이다. 함수로 표현하면 $y=f(x)$의 공식에서 x를 의미한다. 예컨대, 가정폭력은 학생들의 학교폭력의 원인자로 인식할 수 있고, 지능이 학업성취도의 선행조건으로 여겨질 수 있다.

- 종속변인(dependent variable): 독립변인(들)의 작용으로 인하여 변화가 예상되는 변인을 의미한다. 앞의 함수공식에서 y에 해당하는 변인이다. 이 공식은 y가 $f(x)$에 의해 결정됨(종속됨)을 나타낸다. 앞의(독립변인) 예에서 학교폭력과 학업성취도가 종속변인에 해당될 것이다.

- 매개(혹은 중개)변인(mediate variable): 독립변인과 종속변인 사이에 개입하여 독립변인의 영향을 받아 종속변인에 영향을 미치는 변인을 의미한다. 종속변수에 영향을 미치기 위하여 독립변수가 작용하는 단계와 그것의 효과가 종속변수에 도달하는 과정의 중간에서, 그 둘의 관계에 작용하여 독립변수의 효과를 전달(매개)하는 변수를 말한다. 비유하자면, 도미노 A→B→C에서 A는 독립변인, B는 매개변인, C는 종속변인에 해당될 것이다. 실례를 든다면, 부모가 공격성을 보이고 이것이 자녀의 공격성에 영향을 미치며 그 결과 학교에서의 폭력행위로 표출될 때, 자녀의 공격성은 매개변인에 해당된다.

- 조절변인(moderate variable): 매개변인과 마찬가지로 조절변인은 독립변인과 종속변인 사이에서 작용하는 변인이다. 하지만 다른 점은 매개변인의 경우 종속변인에 대한 독립변인의 효과를 매개(전달)하는 기능을 하는 반면, 조절변인은 독립변인과 종속변인 간의 관계방식과 관련성의 크기에 중요한 변화를 일으키는 변인이라는 점이다. 다음의 두 예는 조절관계를 보여주고 있다.

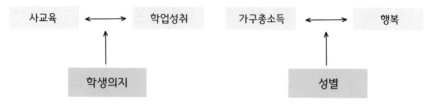

그림 2-6   조절 모형의 예시

조절효과 1: 사교육을 많이 받을수록 학업성취도가 높아지는 관련성의 크
　　　　　기는 학생의 의지가 높아질수록 더욱 그러하다.
조절효과 2: 가구소득이 많을수록 행복해지는 관련성은 남성보다 여성에
　　　　　게서 더 높다.

　　구체적으로 매개변인과 조절변인의 차이는 무엇일까? 사실 두 변수는 독
립변인과 종속변인의 관계에 개입된 제3의 변인이라는 공통된 특징이 있다.
하지만, 중요한 차이점은 매개변인은 종속변인은 물론 독립변인과 관련성이
있다는 전제에서 성립한다. 예컨대, 앞의 예(부모의 공격적 행동 →자녀의 공격성
→자녀의 공격행동)에서 자녀의 공격성은 부모의 공격적 행동과 관련성이 있다
고 가정될 때 매개변인의 지위를 갖는다. 하지만 조절변인은 독립변인과 독
립적이라는 가정이 성립되어야 한다. 앞의 예에서 학생의지가 사교육과 관련
성이 있다거나 성별이 가구총소득과 관련성이 있다고 보기는 어렵다.

　• 외생(혹은 가외)변인(extraneous variable): 독립변인과 종속변인의 사이에
　　개입되어 그 둘 간의 관계를 매개하거나 조절하는 변인이지만 연구설
　　계상 통제되어야 할 변인이다. 즉, 종속변인에 대한 독립변인의 순수효
　　과(unique effects)를 확인하고자 할 경우에 연구자는 그 둘의 관계에 개
　　입하는 외생변인을 통제하여야 한다. 외생변인을 통제하지 않았을 경
　　우에 독립변인과 종속변인의 관계가 의의 있던 것이 외생변인을 통제
　　하였을 경우에는 의의 없는 것으로 밝혀지는 경우도 있는데, 이 경우
　　에 독립변인과 종속변인 간의 관계는 허위관계(spurious effects)에 해당
　　된다. 허위관계 예시사례를 살펴보자.

10km²를 단위로 지역을 구분하고 각 지역별로 교회수와 범죄율을 측정하여 그 관계를 분석한다고 가정하자. 이때 교회수를 독립변수로 범죄율을 종속변수로 하여 상관분석을 실시하였다. 그 결과 두 변인이 서로 의의 있는 정적 관련성(교회가 많은 지역일수록 범죄율이 높다)을 가졌다. 이러한 결과에 기초하여 연구자는 다음과 같이 결론을 내렸다. "교회가 범죄율에 영향을 준다." 그런데 이 결론은 아무리 생각해도 납득이 가질 않는다. 교회가 어떤 일을 했기에 범죄율을 높였다는 말인가? 교회에서 범죄를 가르치는 것도 아니고 흉악범을 훈련시키는 곳도 아니기 때문이다. 이러한 결론은 아무리 보아도 석연치 않다. 이러한 비상식적 결과는 외생변인을 고려함으로써 다음과 같이 해결될 수 있다. 교회는 주로 주택가에 밀집해 있고, 범죄 역시 주로 주택가에서 벌어진다. 그러므로 교회가 범죄율에 영향을 미친 것이 아니라 교회가 주택가에 밀집해 있는 이유로 교회밀집수와 범죄율이 단순히 관련성을 가졌던 것이다. 즉, 교회밀집률과 범죄율은 허위관계인 것이다. 그리고 이때 주택밀집률은 교회밀집률과 범죄율 사이에 작용한 외생변인에 해당된다. 더욱 문제가 되는 것은 이 연구자는 단순한 상관성을 인과성으로 해석하여 교회가 범죄율에 영향을 미친다는 과도한 결론을 내렸다는 점이다.

만일 어떤 불교신자가 이 연구를 수행한 뒤, 추가적으로 같은 방식으로 절(temple)밀집률과 범죄율의 관계를 인구밀집률을 고려함이 없이 수행하였다면 어떠한 결과가 초래되었을까?

[사실(fact)과 진실(truth)]

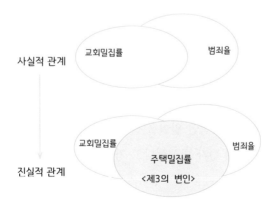

그림 2-7 **사실적 관계와 진실적 관계**

연구결과의 사실이 진실인 경우도 많지만, 사실이 진실을 호도하는 경우도 많다. 특히 상관자료 연구의 경우 이러한 우를 범하는 경우가 많다. 과연 범죄율은 교회밀집 때문인가? 아니면, 주택밀집 때문인가? 앞의 예에서 교회밀집율과 범죄율의 정적 상관은 분명한 사실적 관계에 해당한다. 그러나 앞의 예에서 그 둘 간의 사실은 주택밀집율이라는 또 다른 제3의 변인에 의해 관련되는 허위적 관계임을 알 수 있다. 게다가 우리는 단순한 상관을 특정의 관계방식인 인과관계로 전환시켜 해석하는 경우가 많다.

어떠한 현상의 원인과 결과를 이해하는 일은 문제를 해결하는 데 있어서 매우 중요한 단서가 된다. 그 때문에 연구자들은 단순한 사실적 관계 이상으로 사실적 관계를 해석하고 판단한다. 경우에 따라서는 단순한 사실을 진리로 받아들이는 성급함도 발견된다. 그 과정에서 많은 오류가 발생한다.

18세기 스코틀랜드의 철학자 D. Hume(1711-1776)은 다음과 같은 세 가지 조건에서 사람들이 인과성을 추론하게 된다고 보았다. 첫째는, 두 가지 사건이 공간 속에서 인접해 있을 때(공간적 근접성), 둘째는 하나가 다른 하나보다 시간적으로 나중에 발생했을 때(시간적 우선성), 그리고 우리가 두 가지 사건의 부단한 동시발생을 반복적으로 관찰했을 때(항상적 관련성)이다. 만일 우리가 B가 A에 영향을 받았을 때 항상 넘어지는 현상을 반복적으로 관찰하게 되면, 우리는 A와 B의 필연적인 관계를 추론하고 생각하게 된다. Hume에 의하면, A와 B 간에 필연적인 인과관계는 존재하지 않는다. 그 필연적 관계는 우리들이 추론한 것일 뿐이며 외계에 있는 대상물에 내재하는 것이 아니다.

아직도 많은 사람들은 인과성에 대한 Hume의 회의적 입장을 지지하지 않는다. 그러나 일군의 사람들은 분명히 과학이 인과관계보다는 상관관계나 단순한 관련성을 탐구하는 데 그칠 뿐이라고 주장한다. 이러한 주장은 어떤 사상에 영향을 미친 구체적인 원인을 밝히기 어렵다는 데 근거하고 있다. 예컨대, P가 발생한 후에 Q가 발생했다고 가정하자. 이때 과학자들은 그 관계의 원인, 즉, "왜 Q는 P 다음에 발생하였는가?"를 탐색하고자 할 것이다. 하지만 이에 대한 해답을 구하는 것은 절망스러울 정도로 막연할 뿐이다.

영국의 철학자 J. S. Mill(1806-1873)은 한 사건의 원인은 다양할 수 있으며, 어떤 사건의 원인을 탐색하는 방법 역시 다양할 수 있다고 주장하였다. 예컨대, 자동차 사고에서의 사망 원인을 탐색하기가 어렵다는 점을 생각해 보자. 그 사고의 원인이 음주운전 때문인지, 과속 때문인지, 갑작스런 내출혈 때문인지, 자동차의 기계적인 문제인지, 양보를 하지 않았기 때문인지, 안전벨트를 착용하지 않았기 때문인지? 아니면, 이 모든 원인들이 모두 작용한 결과인지 혹은 이 다양한 원인들 중 하나의 원인만이 작용한 것인지? 우리가 이 모든 원인들을 고려함에 있어서 생물학적인 차원만을 고려한다 해도, 사망의 원인은 아직도 논쟁적일 수밖에 없다.

대부분의 심리학자들은 상관관계가 인과관계를 의미하지 않는다는 사실을 인식하고 있다. 상관관계는 두 사건 간에 인과적 관계가 존재하지 않는다는 것을 의미하는 것은 아니다. 상관관계는 단순히 인과성의 문제와 관련하여 중립적일 뿐이다. 인과성의 방향은 연구자의 추론과 상식일 뿐이며, 그 추론에서 상관관계는 경험적 근거가 될 뿐이다. 따라서 심리학자들은 실험연구라는 방법을 통하여 보다 경험적으로 타당한 인과관계를 파악하려고 한다.

3) 실험연구(Experimental Research)

실험은 심리학의 주된 연구방법이다. 근대의 심리학이 공식적으로 출범하게 된 것도 W. Wundt(1832-1920)가 Lipzig에서 1879년에 심리실험실을 설립한 것이 계기가 되었다(King, Woody, & Viney, 2009). 그 밖에도 초기의 심리학 연구는 대부분 실험적 방법이 주를 이루었다.

기술적 연구와 상관연구의 공통점은 주어진 상황에서 분석하려는 사태의 특징과 변인 간의 관련성을 분석한다는 데 있다. 이와는 대조적으로 실험은 통제된(controlled) 상황에서 독립변인에 변화를 가하여(조작; manipulation) 그에 따르는 효과를 확인하는 연구방법이다.

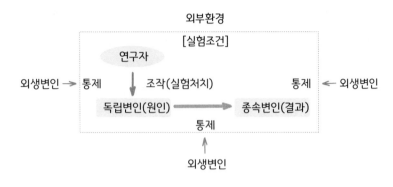

그림 2-8　**실험연구의 조건**

　　교육은 어떤 의미에서 그 자체로 실험적 과정이다. 교육은 자연적인 인간 발달과정을 관찰하는 소극적 과정이기보다는 학생들의 발달을 도모하기 위해 환경을 통제하고 의도적으로 개입하고 계획적으로 변화를 일으키려는 적극적 노력이기 때문이다. 그런 의미에서 교사는 늘 실험자이며, 실험의 결과에 기초하여 새로운 실험을 지속적으로 구성해야 할 것이다. 따라서 사회적 현상을 객관적으로 기술하고, 변인들 간의 관계를 탐색하려는 일반적인 사회과학연구에 비해 교육연구에서 특히, 교육심리학 연구에서 실험적 방법은 매우 유용한 방법이 되어야 할 것이다. 다음은 실험연구에 해당하는 연구문제의 형식이다.

　　○ 브레인스토밍 학습법은 학생들의 창의성에 어떠한 영향을 미치는가?
　　○ 관용성 증진 프로그램은 학교폭력 개선에 어떠한 효과가 있는가?

　　실험연구가 관심을 받는 또 다른 이유는 그것이 변인 간의 단순한 상관이 아닌 인과관계를 분별해 낼 수 있다는 점이다. 상관관계 이상으로 인과관계를 확인하기 위해서는 여러 가지 추가적인 조건이 요구된다. D. Hume이 지적하였듯이, '주어진 환경'에서 추론되는 변인 간의 관련성은 인과관계로 해석하는 데 있어 여러 가지 제한점이 따른다. 게다가 상관연구에서 보았듯이 독립변인과 종속변인 간의 관계에 개입하는 다양한 외생변인들을 통제하기 어려워 실질적인 상관관계를 왜곡하거나 확인하기 어렵게 하는 경우들도 많다. 따라서 실제로 인과관계를 추론하려면, 주어진 환경이 아닌 통제된 환경(실험조건)이 요구된다. 예컨대, 관용성 증진 프로그램의 실행 중에 경찰의 학교폭력 근절 대책(외생변인)이 발표되는 경우 학교폭력에 대한 관용성 증진 프로그램이 얼마나 효과가 있는지를 확인하기 어려워질 수 있다.

요컨대, 실험연구는 조작(manipulation)과 통제(control)라는 두 가지 조건을 통하여 인과관계를 확인하기 위한 연구방법이라 할 수 있다.

일반적으로 자연과학에서 실험연구는 실험실이라는 통제된 실험상황 설정을 통하여 외생변인을 통제한다. 예컨대, 온도가 미생물의 발육에 미치는 영향을 밝히기 위해서는 온도라는 변인 이외에 습도나 기압 등이 미생물 발육에 미치는 다양한 변인들의 영향을 통제할 필요성이 제기된다. 그래서 실험실은 철저히 통제되어야 한다.

하지만 심리학이나 교육 실험에서는 그렇게 하는 것이 가능하지 않은 경우도 많고, 바람직하지 않은 경우도 있을 것이다. 이 경우에 외생변인을 통제하는 문제는 소위 실험 혹은 처치집단(experimental or treatment group)에 대비된 비교집단으로 통제집단(control group)을 둠으로써 해결한다. 예컨대, 앞의 예에서 브레인스토밍 학습법은 학생들의 창의성에 어떠한 영향력을 주는지 검증하기 위해 연구자는 두 집단을 구성하여 한 집단에 대해서는 브레인스토밍법을 처치하고, 다른 집단은 그 방법을 처치하지 않고 일정한 실험기간을 거친 후 두 집단에서의 창의성 수준을 비교할 수 있을 것이다. 만일 전자의 집단이 후자의 집단에 비해 창의성 수준이 높아졌다면, 브레인스토밍법의 효과가 검증될 수 있다는 것이 기본 논리이다. 단, 이러한 추론이 타당하려면, 실험과정에서 두 집단은 브레인스토밍 실험처치의 여부만 다를 뿐 나머지 조건들은 동일하였다는 것이 인정되어야 한다. 이를 위해서는 무선할당(random assignment)[4]을 통하여 실험 전에 외생변수에서 두 집단 간의 동질성

---

4 무선할당(random assignment): 각 실험집단(혹은 통제집단)에 피험자가 속할 확률을 동등하게 한 상황에서 피험자를 각 집단에 배정하는 것. 이렇게 하는 이유는 실험 전에 어떠한 조건(변인)에서도 각 집단이 동일하다는 것을 확보하기 위한 것이다.

을 유지할 필요가 있다.

그러나 만일 실험처치 전과 처치 과정에서 실험처치 이외의 다른 조건이 동일하지 않을 경우에는 그것들을 외생변인으로 인식하여 측정하고, 자료 분석 시에 그것들의 효과를 통제하기 위하여 공변량 분석(analysis of covariance)을 실시하여야 한다(임성택, 2012 참고). 공변량분석은 종속변인에 대한 독립변인의 효과가 통제집단과 실험집단 간 종속변인에서의 실험 전에 존재하는 차이에 기인한 허위효과인지 아니면 실질적 실험효과인지를 확인하기 위한 분석방법이다. 그 기본논리는 앞서 상관연구에서 설명한 '교회밀집률과 범죄율'의 관계가 '인구밀도'라는 제3의 변인에 의해 발생한 허위관계임을 밝히는 것과 같다. 차이점이 있다면, 상관연구에서의 독립변인은 대개 연속변인(continuous variable)[5]인 반면, 실험연구에서의 독립변인은 실험집단과 통제집단을 구성요소로 하는 분절변인(discret variable)[6]이라는 것이다. 후자의 경우에 실험조작 이외의 다른 변인의 효과를 통제하기 위해 공변량 분석을 적용한다.

실험연구가 단순한 상관성(relationship)이 아닌 우리가 알고자 하는 인과성(causality)을 확인하는데 유리한 것은 '조작에 따른 결과'를 확인할 수 있기 때문이다. 조작이라는 말이 매우 인위적인 말이어서 거부감이 들 수도 있겠지만, 두 가지 측면에서 실험조작은 인과성을 강화해 준다. 첫째는 그것이 의도적이고 구체적인 개입이라는 것이다. 의자에 앉은 사람의 무릎을 치면, 하지족이 앞으로 움직이는 현상에서 무릎을 치는 행위는 매우 의도적이고 구체적인 조작행위이다. 따라서 하지족이 움직이게 된 원인으로 무릎을 친 행위를 지목하지 못할 이유가 적다. 이것은 소위 Aristotle의 4원인설 중 효과인(效果因)에 해당할 것이다. 또한 실험조작은 앞서 설명한 D. Hume이 제시한 인과성의 세 가지 조건 중 '시간적 우선성'의 조건을 만족시킨다. 무릎을 친

---

5 연속변인(continuous variable): 주어진 범위 내에서 모든 연속적인 값을 취할 수 있는 변인. 수능에서의 원점수나 표준점수는 연속변수이다.

6 분절변인 혹은 비연속변인(discrete variable): 변인을 구성하는 요소들이 양적 차이가 아닌 질적 차이를 보이는 변인으로 성별, 인종, 실험(통제) 등이 이에 해당한다. 양적 차이를 가지더라도 인위적으로 분절한 변인이 될 수 있는데, 수능에서의 등급을 예로 들 수 있다.

후에 그리고 나서 다리가 움직였기 때문이다. 그러나 상관연구에서 '지능과 학업성취도의 관계'라든가 '자아개념과 학업성취'의 관계는 그 관련성이 크더라도 무엇이 원인자인지는 확인하기 어렵다. 많은 사람들은 지능이나 자아개념을 학업성취의 원인자로 해석하겠지만, 그 역인 학업성취도가 높아야 지능검사에서 좋은 수행을 보일 수 있고, 학업성적이 높으면 그에 따라 자아개념이 긍정적으로 변화할 수도 있다는 반론을 기각할 근거는 없다.

4) 종단적 연구(Longitudinal Research)

교육은 학생들의 변화를 시도하는 사업이며, 교육정책은 그러한 변화를 보다 더 효과적으로 하기 위한 전략적 수단이다. 변화는 시간적 차원에서 인식된다. 따라서 교육연구는 종단적으로 접근될 필요가 있다. 그러나 지금까지 교육연구는 대부분 횡단적 연구라고 할 수 있다. 즉, 일정한 시점에서 변인(들)의 특징을 기술하거나 변인 간의 관계를 탐색한다는 점에서 횡단적이었다.

횡단적 분석의 가장 두드러진 제한점은 그것이 특정시점에서의 '정태적 분석'이라는 점이다. 즉, 횡단적 분석은 일정 시점에서 특정 표본이 가지고 있는 특성을 파악하거나 이 특성에 따라 개인 혹은 집단 간 나타나는 분산에 주목한다. 그러나 교육행위는 목표를 설정하고, 그것을 달성하기 위해 시간과 전략을 투입하는 '동태적' 성격을 지니고 있기 때문에 정태적인 횡단적 분석에만 의존하는 것은 한계가 있다. 교육은 교육성취도에서의 개인차나 집단차를 좁히기 위한 행위라기보다는 모든 학생들을 대상으로 어제보다 개선된 오늘, 그리고 오늘보다 개선된 내일을 전제로 긍정적인 변화를 효과적으로 달성하기 위한 종단적 변화사업이다. 따라서 교육연구에서 종단적 연구는 필수적인 방법이다.

종단연구는 동일한 변인(들)의 특징과 변인 간의 관계를 장기간에 걸친 시간적 차원에서 변화상을 확인하기 위한 연구설계이다. 실험연구와 다른 것은 실험이 인위적인 상황(실험조건)을 통해 비교적 짧은 시간적 경과에 따른 인과관계를 확인하는 것이라면, 종단연구는 자연적인 상황에서 비교적 장기간에 걸친 변인(들)의 변화를 기술하거나 변인 간의 관계를 탐색하기 위한 것이라는 점이다. 따라서 종단연구 자료의 분석은 기술적일 수도 있고 상관적일 수도 있다.

종단연구는 특히 심리학의 여러 영역 중 발달심리학 영역에서 가장 선호된다. 그도 그럴 것이 발달심리학은 종단적 차원에서의 인간발달을 연구하는 것이기 때문이다. 대표적인 종단연구 사례로 Piaget의 인지발달에 관한 연구를 들 수 있을 것이다. 그는 자신의 딸들을 사례로 하여 수년 간의 관찰을 통해 인간의 인지발달의 궤적을 기술하였고 4단계로 구성된 인지발달 이론을 구축하였다. 비록 이 연구가 양적 차원에서 인간의 인지발달을 측정하기 보다는 인지발달의 질적 변화를 기술한 것이기는 하지만, 동일한 대상자를 시간에 걸쳐 반복적으로 추적 관찰하였다는 점에서 대표적인 종단적 연구로 볼수 있을 것이다. 다음은 종단적 연구의 문제유형들이다.

○ 학생들의 창의성은 어떠한 방식으로 변화하는가? 연령과 함께 선형적으로 증가하는가? 선형적으로 감소하는가? 아니면, 비선형적으로 변화하는가?
○ 청소년들의 폭력수준은 어떠한 방식으로 변화하며, 무엇이 결정하는가?

종단연구의 주 목적은 시간의 경과에 따른 특정 변인(들)의 변화 수준과 유형을 탐색하고, 서로 인접하는 두 시점 사이의 변인(들) 간의 인과관계의 방향과 크기를 확인하기 위한 것이다.

이러한 종단적 연구문제를 해결함에 있어서 연구자는 다음과 같은 세 가지 연구설계를 시도할 수 있다.

첫째는 전통적인 방식으로 횡단적 연구설계를 통한 종단적 변화의 추이를 추론하는 것이다. 연구자의 관심사는 종단적 문제이지만 횡단적 연구설계를 통해서 그 문제를 해결하려는 경우이다. 횡단적 설계란 가기 다른 연령의 대상자들을 동 시점에서 측정하여 비교하는 것이다. 이를 통해 세대 간 차이를 확인할 수 있고, 이 세대 간의 차이가 인간발달과정과 같다고 추론하는 것이다. 예를 들어, 어떤 발달심리학자가 인간의 지능변화를 알고 싶을 때, 10

대, 20대, 30대, … 60대, 70대, 80대의 8개 표집단을 구성하여 동 시점에서 지능을 측정한 후 세대별 지능수준에서의 차이를 기술하고, 그것을 인간의 지능발달과정으로 가정하는 것이다.

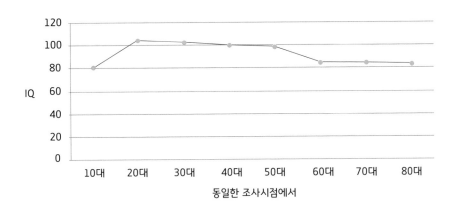

그림 2-9 **횡단적 설계에 의한 지능발달 곡선(가상)**

앞서 제시한 [그림 2-9]의 지능 곡선은 일정한 시점에서 각 세대별 지능지수의 평균치에 해당된다. 그럼에도 불구하고 어떤 연구자는 이 자료가 인간의 지능발달의 종단적 추이를 보여준다고 주장할 수도 있을 것이다. 즉, 이 연구자는 이 자료를 통하여 지능은 20대까지 꾸준히 상승하고, 50대까지 유지되다가 60대에 이르러 급감하고, 그 이후로 그 수준이 유지된다고 주장할 수도 있다. 하지만 이러한 추론은 몇 가지 중요한 문제점을 내포하고 있기 때문에 진정한 종단연구이기보다는 유사 종단적 연구에 해당된다고 할 수 있다.

우선 횡단적 분석 자료 분석을 종단적 변화로 해석할 경우 여러모로 취약점이 있다. 가장 결정적인 취약점은 세대별 변화가 개체들의 종단적 변화라기보다는 단순한 세대 차일 가능성이 있다는 것이다. 예컨대, [그림 2-9]에서 보여주듯이 10대와 20대의 지능의 수준 차이는 성장에 따르는 지능의 발달적 변화를 반영하는 것이라기보다는 두 집단의 세대 차에 기인한 경험상의 차이이거나 영양 상태에서의 차이, 교육조건에서의 차이 등 다양한 횡단적 변인들이 작용하여 나타난 결과라는 해석이 가능하다. 또한 50대와 60대 간의 지능차이 역시 두 집단 간의 경험에 의한 세대 차이일 수 있다. 즉, 50대에서 60대로 가면서 지능이 낮아지는 것을 반영하는 것이 아니라 60대는 유년 시절에 한국전쟁을 경험하면서 영양상태가 좋지 않았던 반면, 50대의 경우에는 전후세대로서 그러한 혹독한 영양결핍상태를 경험하지 않아서 두 세대 간에 지능 차이가 발생하였다고 해석될 수 있다. 심리학에서는 이러한 세대 효과를 동류집단 효과(cohort effect)라고 한다.

이처럼 횡단적 설계를 통한 인간의 종단적 발달상을 추정하는 한계점을 보완하기 위해 종단적 연구는 다음의 세 가지 방식으로 진행되어야 한다.

- 추세연구(trend study): 시간의 흐름에 따라 나타나는 특정 대상 집단의 일반적인 변화를 기술하는 연구이다. 모집단으로부터 상이한 표본을 상이한 시점에서 조사한다. 모집단 역시 조사시점마다 변동될 수 있다 (예: 1995년→1996년→1997년→1998년의 각 시기에 당해 연도의 강원대학교 1학년 학생들 중 100명을 표집하여 대학생활만족도를 조사하는 방식으로 모집단과 표본집단 모두 변동될 수 있다). 추세연구는 비교적 간편한 종단적 연구설계이다. 하지만, 조사기간이 길수록 횡단연구에서 지적된 동류집단 효과(cohort effect)를 배제할 수 없다는 단점이 있다.
- 동류집단연구(cohort study): 추세연구와 유사하나 다른 점은 모집단이 변동되지 않아야 한다는 조건이 부가된 조사방법이다. 다만 표본집단은 변동될 수 있다. 즉, 동일한 모집단에서 조사시점마다 새로이 표본집단을 반복적으로 구성하여 조사하는 것이다. 예컨대, 한국전쟁을 경험한 1950년생을 모집단으로 고정하여 이들 중 매해 일정 수의 표본집단을 새로이 구성하여 평화의 중요성을 조사하는 방식이다.
- 패널연구(panel study): 동일한 모집단에서 표집된 동일한 개체들을 반복 추적 조사한다. 동류집단연구와 다른 점은 모집단뿐만 아니라 표본집단도 동일하다는 것이다(예: 1965년생으로 구성된 200명이 표본집단을 선정하여 이들을 대상으로 1995년→2000년→2005년→2010년에 반복적으로 '행복도'를 측정한다). 이는 가장 강력한 종단적 연구설계이다. 그러나 상대적으로 경비가 많이 들며, 표본의 이탈 가능성도 있다.

종단연구의 장점에도 불구하고 연구자들이 종단적 자료를 얻기 어려운 것은 그것이 막대한 조사비용이 들고, 이를 체계적이고 지속적으로 관리하기가 어렵다는 점이다. 특히 개인 연구자로서 독자적으로 종단연구를 하기에는 여러모로 한계가 따른다. 다행히도 최근 들어 국가나 지방자치 단위 차원의 정책적인 종단적 연구가 활성화되고 있으며, 연구자들은 이렇게 수집된 자료들을 활용하여 의미있는 분석들을 하고 있다. 하지만 대부분의 종단설계 조사가 연례적(너무 짧은 주기)으로 이루어지고 전체적인 기간이 비교적 단기적으로 종결된다는 문제점이 있다. 교육의 효과가 비교적 장기간에 걸쳐 서서히 이루어진다는 특징을 반영하기 어렵다. 또 다른 문제점은 연중 조사시점의 시기별 불안정성도 지적할 수 있다. 예컨대, 학생들의 학업스트레스를 측정하는 경우 어떤 해는 11월 초에 또 어떤 해는 11월 말에 이루어진다면 심각한 문제가 있을 수 있다. 예컨대, 11월 중순에 이루어지는 수능이 끝난 시점에서의 고3 학생들의 학업스트레스는 이전 해의 11월 초의 고2 학생때의 학업스트레스와 비교하는 것이 합리적일 수는 없다. 따라서 종단적 추이를 분석함에 있어서도 실험연구에서 경계하는 다양한 외생변인을 통제할 수 있도록 다각도의 노력이 필요할 것이다.

p s y c h o l o g y

e d u c a t i o n a l

제2부

교육심리학의 이론적 조망

제3장
교육심리학 이론의 개요

이 부(部)에서는 교육심리학을 구성하고 있는 주요 이론들을 다룰 것이다. 각 이론을 설명하기에 앞서 교육심리학을 구성하고 있는 각 이론이 등장하게 된 배경과 그 이론들 간의 관계가 총괄적으로 개관될 것이다. 독자들은 다음과 같은 질문을 제기해 볼 필요가 있다. 교육심리학의 주요 이론들이 어떠한 배경과 기본가정에서 출발했는가? 각 이론들은 교육에 대한 기술, 설명, 처방과 관련하여 어떠한 공통점과 차이점을 보이는가? 그리고 각 이론들은 교육의 실제와 관련하여 어떠한 의의를 가지는가?

굳이 교육하는 사람들이 전문적인 심리학 이론가일 필요는 없다. 그러나 그들은 적어도 다양한 심리학 이론에 대한 메타-이론적 소양은 갖출 필요가 있을 것이다. 심리학자가 기존의 전통적 심리학이론에 정통하고, 그것에 대비된 새로운 심리학적 이론을 구축하는 데 관심을 가진다면 교육실천가들은 심리학의 여러 이론적 관점들을 비교 평가하고, 교육실제에의 응용가능성과 의의를 탐색할 필요가 있다. 이론가는 자신의 이론적 관점을 정당화하고, 방어하여 지키는 것이 주 관심사이자 역할이지만 교육실천가는 그 이론적 관점이 무엇이든 그것들이 교육의 실제에 주는 시사점과 의미에 관심을 가져야 하는 것이다.

인간을 어떻게 바라보는가는 인간에 대한 분석의 방향과 방법론을 결정하고, 그 결과 전혀 다른 이론(異論)들을 발생시킨다. 적어도 심리학계를 전개해 온 이론들은 그러하였다. 우리는 앞으로 심리학을 구성하고 있는 다양한 이론적 관점들을 조망할 것인데 이는 기본적으로 인간을 이해하는 방식에서의 차이에서 발생된 것들이다.

　심리학 이론은 기본적으로 인간의 성질에 대한 상식이나 관점을 반영한다. 인간의 성질을 규정하는 것은 모든 심리학적 이론의 출발점이다. 심리학 이론은 인간의 성질에 대한 관점들을 논리적이고 경험적으로 정당화함으로써 구축되었다. 예컨대, 맹모삼천지교의 교훈은 행동주의 심리학의 조건화나 사회적 학습이론에서 규정하는 인간관과 매우 닮아있으며, '콩 심은 데 콩 나고, 팥 심은 데 팥 난다'는 속담에 반영된 인간관은 심리학의 또 다른 한 축인 진화심리학이나 인본주의적 관점에서 발견할 수 있다. 또한 억지상황을 일컫는 '팥으로 메주를 쑨다?'는 말은 인본주의 심리학에서 행동주의적 관점을 경계하는 목소리와 유사하다. 따라서 인간에 대한 우리의 상식은 고스란히 심리학적 이론에 반영되어 있기 때문에 그 둘은 관점의 차이라기보다는 논의 수준과 방식의 차이에 불과할 수 있다.

1 　이론의 필요성

　이론은 학문의 분야마다 다양한 의미로 사용되고 정의되기 때문에 한마디로 그 정의를 내리기는 어렵다. 하지만 이론의 다양한 의미들을 포괄하여 하나의 정의로 단순화시킨다면, 그것은 "사실들이 서로 관련되는 방식에 대한 설명"으로 정의할 수 있다. 이론화는 사실들 속에서 모종의 의미를 부여하거나 만드는 과정이다. 이론 없는 사실들은 마치 의미 없이 캔버스 위에 산발적으로 놓인 일군의 점들과 다를 바 없다. 교육이론이 없을 때, 우리가 직면하는 교육적 사실들은 의미 있게 정리되지 않은 일군의 사실들에 불과할 뿐이다. 따라서 교육이론의 부재는 인간이 어떻게 그리고 왜 교육하는지에 대한 조직적 설명을 불가능하게 한다. 교육이론을 통하여 우리는 그 교육적 사실들을 의미 있는 세계로 인식하여 설명할 수 있으며 그것을 토대로 효과적인 대안도 창안해 낼 수 있다.

　교육심리학의 이론화는 1) 교육을 이해하는 데 있어서 가장 중요한 심리학적 요소들이 무엇인지를 밝히고, 2) 그 요소들 간에 존재하는 관계들 중 어떠한 관계가 교육의 효과를 높이는 데 있어서 가장 중요하고 의의 있는지를 탐색하고 제안하는 행위를 의미한다. 다시 말하여 교육심리학자들은 교육적 사실을 인식하고 설명함에 있어서 심리학적인 이론과 개념 그리고 방법론을 적용한다.

2 이론과 유사한 개념들

교육심리학의 문헌들을 탐색하다 보면, 이론이란 명칭 이외에, 모형(model), 패러다임(paradigm), 비유(analogy), 메타이론(meta-theory) 등과 같은 이론과 매우 유사한 개념들을 접하게 된다. 그것들은 같은 의미로 사용되기도 하고 구분되기도 한다.

'모형(model)'이라는 용어는 '이론적 제안'의 대명사로서 최근에 많이 사용되는 용어이다. 하지만 이 용어 역시 어떤 사람들은 제한된 의미로, 또 어떤 사람들은 매우 넓은 의미로 사용하기 때문에 혼란을 야기시킨다. 넓은 의미에서 모형은 변인들 간의 관계에 대한 다소 잠정적이고 추상적인 설계구안(plan)을 의미할 수 있다. 모형은 인간과 실재의 본성에 대해 무언가를 제안하는 세계관(Kuhn, 1962) 혹은 세계가설(world hypothesis)(Pepper, 1942)을 의미할 수도 있을 것이다. 예컨대, 어떤 심리학 이론은 역동적인 유기체 모델에 기초해서 구축될 수도 있고, 반대로 기계적 모델에 기초해서 구축될 수도 있을 것이다. 즉, 일군의 이론들은 성장하는 아동을 환경적 자극에 반응하는 하나의 기계로 가정하거나 아동의 행동이 환경이 조작하는 방식에 따라 결정되는 것으로 가정하는 반면, 다른 일군의 이론들은 아동을 능동적인 존재로 가정하거나 내재적으로 동기화된 욕구에 따라 자신의 행동을 결정하는 유기체적 존재로 가정할 수도 있다. 모형이 제한적 의미로 사용될 때, 그것은 어떤 것이 작용하는 방식을 단순히 수학적으로 혹은 도표로 표현한 것을 의미하기도 한다. 즉, 모형은 "인간의 성장과 발달과 관련된 사실들이나 변수들 간의 관계들을 기술하기 위한 일종의 체계"로 정의된다.

심리학 문헌에서 이론과 함께 흔히 사용되는 또 다른 용어는 패러다임

(paradigm)이다. 어떤 사람들은 패러다임이라는 용어를 매우 일반적인 모형을 의미하기 위해 사용한다(Kuhn, 1962). 즉, 패러다임은 실제에 존재하는 관계들에 대한 포괄적인 관점이나 포괄적인 기술(description)을 의미하는 것으로 사용된다. 하지만 다른 사람들은 패러다임을 변인들 간의 관계에 대한 구체적이고 정교한 기술 혹은 광범위하고 일반적인 서술을 의미하는 것으로 사용하기도 한다. 이러한 의미에서 패러다임은 모형과 동일한 의미로, 때로는 서로 교환할 수 있는 개념으로 사용되기도 한다.

심리학자들은 인간의 특성에 대한 자신들의 견해를 분명하게 설명하기 위해 인간을 구체적으로 인식할 수 있는 사물에 대응시키는 비유법(analogy)을 자주 사용한다. 비유는 일종의 모형으로 볼 수 있다. 특히 다른 학문에 비해 심리학적 이론은 비유를 많이 동원하는데, 그 이유는 설명의 대상인 인간의 심리적 특성이 무형의 것이고, 그렇기 때문에 그것을 다른 사람들에게 효과적으로 설명하기가 매우 난해하기 때문일 것이다. 예컨대, Freud는 인간의 마음을 해수면에 깃든 빙산으로 설명하였다. 이밖에도 일부의 심리학자들은 인간이 한정된 용량의 저장 공간을 가진다는 점과, 필요할 경우 저장된 내용을 인출할 수 있는 체계를 갖추고 있다는 점을 들어 인간의 마음을 컴퓨터에 비유하기도 하였다. 다른 이론가들은 활동적인 아동을 위험을 무릅쓰고 모든 것을 냄새 맡는 강아지에 비유하기도 한다. 아동발달이론가들은 흔히 아동발달을 다른 대상물 혹은 다른 체계에 비유한다. 예컨대, 아동의 성장단계를 연령이 증가함에 따라 아동이 올라가는 사다리에 비유하기도 한다.

'구조(structure)'와 '체계(system)'라는 용어는 흔히 같은 의미를 나타내기 때문에 함께 고려되는 개념이다. 이 용어들은 어떤 것을 구성하고 있는 요소들을 확인하거나 그 요소들이 서로 관련되는 방식을 기술한다. 그러므로 체계는 이론가들이 표방하는 신념들의 전반적인 복합체계나 상호관련성이라고 할 수 있다. 그리고 신념의 전반적인 복합체계를 의미하는 체계는 다시 하위체계로 분류될 수 있다. 예컨대, 아동발달에 대해 Piaget가 제시한 일련의 모든 관념들의 집합체는 아동발달에 대한 하나의 체계 혹은 이론적 구조로 볼 수 있다. 이러한 관념의 복합체계로부터 그 자체적으로 작동하는 한 영역(예컨대, 아동의 놀이에 대한 설명)을 선별한다면, 그것은 Piaget 이론의 하위체계를 이루게 된다.

1970년에 들어서 새로운 용어인 meta의 개념들이 심리학 문헌에서 회자되었다. 상위이론(meta-theory), 상위기억(meta-memory), 상위인지(meta-cognition), 메타분석(meta-analysis), 상위학습(meta-learning), 상위지각(meta-perception), 상위원리(meta-principle) 등등이 바로 그것들이다. 현대의 심리학 문헌들에서 접두어인 meta라는 용어는 뒤따라 나오는 어근을 대상으로 '그에 관한 분석 혹은 지식('an analysis' or 'knowledge' about)'을 의미하는 것으로 사용되었다. 그러므로 상위인지(meta-cognition)는 '인지에 관한 지식' 혹은 '사고에 관한 사고'에 해당된다. 같은 방식으로 상위기억(meta-memory)은 기억이 어떻게 작동하는가에 관한 인식을 말하며, 상위학습(meta-learning)은 학습이 어떻게 일어나는가에 대한 분석을 의미한다. 같은 방식으로 상위이론(meta-theory)은 이론에 관한 이론으로 이론이 어떻게 발달하고 적용될 수 있는가를 점검하고 평가하는 이론이라고 할 수 있다. 이런 의미에서 이 장에서 다루고 있는 내용은 일종의 상위이론이라고 할 수 있다.

3 이론의 구성요소와 이론화 과정

이론은 무엇으로 어떠한 과정을 거쳐 구축되는가? 이론은 6가지 유형의 진술문을 포함하는데, 기본가정(assumption), 공리(axiom), 전제(postulate), 가설(hypothesis), 원리(principle), 법칙(law)이 그것들이다.

이론화의 첫 번째 단계에서 이론가들은 검증의 과정을 거치기 전에 참이라고 여겨지는 개념들을 수용한다. 이러한 자명한 신념들을 흔히 기본가정(assumption)이라고 한다. 공리와 전제는 이론가의 확신을 형식적 혹은 공식적으로 진술한 것으로서 모형 구축의 기반이 된다. 이와는 대조적으로 기본가정은 이론가에 의해 비형식적으로 진술되거나 전혀 진술되지 않을 수도 있다. 경우에 따라서 이론가는 그의 이론에 대한 비평이 이루어지기까지 자신의 기본가정을 인식하지 못하는 경우도 있다.

기본가정과 이론적 전제가 구축되고 나면, 이론가들은 모형의 상부구조 (superstructure)를 구축한다. 일반적으로 모형은 잠정적인 형식으로 제안된다. 이 단계에서 이론가는 아직 그 모형이 실제 아동이 발달하는 방식을 정확하게 표상하고 있다고 확신할 수 없다. 예컨대, 발달심리학자들은 모형을 통하여 아동이 이런 혹은 저런 방식으로 성장할 것이라고 가정할 뿐이다. 아직 이론가는 그 이론의 타당성에 대해 아직 의문을 가지는 단계에 있으므로 이론가의 주장은 자신이 제안한 모형에서 파생되는 가정적 진술(if-then statement)들로 표현된다. 이처럼 아직 입증되지 못한 이론가의 진술을 흔히 가설(hypothesis)이라 한다.

연구자는 이론가들이 제안한 가설적 관계들이 타당한지를 검증하기 위해 충분한 증거들을 필요로 하며, 이것이 확보되면, 하나의 '원리'라 불리는 변인 간 관계에 대한 일반화를 시도한다. 즉, 원리란 참인 것으로 받아들여져 일반화된 법칙을 의미한다. 그리고 경험적 자료와 그 자료에 담겨진 논리가 반박될 수 없을 정도로 확고하게 되면, 일반화는 보다 높은 지위를 가지게 되며, 이러한 경우 그것은 법칙(law)이 된다.

법칙으로 인정받는데 필수적인 토대가 되는 증거(evidence)와 증명(proof)은 구분될 필요가 있다. 우리는 이론을 비교할 때, 이론들 중 어떤 것이 '참(true)'인가에 관심을 가지게 되거나 적어도 여러 이론들 중에 어떤 이론이 더 '타당한(valid)'가를 따지게 된다. 이러한 탐색의 과정에서 증거와 증명이라는 용어를 다음과 같은 방식으로 정의하는 것은 매우 도움이 된다. 증거는 공적인 것이다. 증거는 주장들과, 논리, 추론형태, 그리고 사실들로 구성된다. 반면, 증명은 개인적이고 사적인 것으로서 무언가가 참이라는 사실을 확신하는 것이다.

앞서 밝힌 여섯 개의 용어들은 이론을 생산하거나 세련시키는 데 있어 밟아야 할 네 단계에 걸쳐 각기 그 역할과 기능을 가진다(<표 3-1> 참조).

◁ 표 3-1   이론구축의 과정

구분	단계1	단계 2	단계 3	단계 4
	기본 신념	모형의 기술	논리적 연역	결론
산출	공리, 전제, 가정	구조, 체계	가설	원리, 법칙
이론가의 역할	자명한 것으로 받아들여지는 신념들을 수용한다.	모형의 구성요소와 그들 간의 관련성을 정의한다.	특정 모형이 기술하고자 하는 실제의 국면을 정확하게 표상하고 있다고 가정할 때, 예견되는 결과와 변인 간의 관련성을 제안한다.	모형의 정확성을 추정하거나 검증하기 위해 수집된 증거에 기초하여 일반화를 시도한다.

4   교육심리학의 주요 쟁점과 이론적 입장

모든 학문의 세계에는 다양한 이론이 존재하고, 그들 간의 논쟁이 있기 마련이다. 어떤 의미에서 이론(理論)은 이론(異論)이 있기 때문에 가능한 것인지도 모른다. 다양한 이론들이 있어 그들이 논쟁을 벌일 때, 실제는 다각도로 조명되며, 그 결과 실제에 대한 이론은 보다 균형을 유지할 수 있고 전모를 기술하고 설명하기에 타당한 것이 될 수 있다.

특정 연구 분야에서 논쟁이 발생하는 이유는 크게 두 가지로 요약할 수 있다.

첫째, 논쟁은 서로 의견을 달리하는 사람들이 각기 다른 종류의 혹은 각기 다른 양의 증거를 가지기 때문에 제기된다. 심리학자들은 모종의 주장이 가정의 단계인지, 가설의 단계인지, 아니면 원리나 법칙으로 받아들여져야 하는 단계인지를 놓고 논쟁한다. 어떤 심리학자가 자신의 이론을 증명하는 것으로 채택한 증거는 다른 사람이 채택한 증거와 다를 수 있다. 이 경우에 자신에게는 입증된 원리 혹은 법칙이라고 생각되는 것들이 남들에게는 아직도 가설로 취급될 수 있다. 이는 증거의 타당성과 충분성을 두고 벌이는 논쟁이기 때문에 계속 축적되는 증거에 의해 조정도 가능하며, 새로운 증거의 출현으로 논쟁이 새로운 국면을 맞기도 한다.

다른 한편으로 이론들은 증거가 아닌 이론의 출발점인 기본가정이 달라서 대립하기도 한다. 예컨대, 행동주의 심리학과 인본주의 심리학은 인간에 대한 기본가정에서부터 첨예하게 대립된다. 그들은 너무도 상반된 기본가정에 근거하기 때문에 우리가 그 두 이론 중 한 이론만 정통하면 다른 이론은 특별한 학습 없이 어떠한 이론인지를 예측할 수 있을 정도이다. 이러한 유형의 논쟁은 증거를 두고 벌이는 논쟁보다 더욱 격렬하며, 타협되기 매우 어렵다.

이 절에서는 지금까지 심리학계에서 제기된 주요 논쟁점들을 제시하고, 각 논쟁점에 대한 주요 이론들의 입장을 정리할 것이다. 그 중에는 증거에 관한 논쟁도 있고, 이론적 기본가정에서의 차이 때문에 발생하는 논쟁도 있다.

1) 천성론 對 양육론(nature vs. nurture)

'콩 심은 데 콩 나고, 팥 심은 데 팥 난다'는 속담은 콩 심은 데 팥이 나지 않으므로 모든 개체의 발생과 발달은 유전적으로 결정된다는 신념을 반영하며, '맹모삼천지교'는 교육에 있어서 환경의 중요성을 역설하고 있기 때문에 환경결정론을 반영한다고 볼 수 있다. 이처럼 우리는 이 쟁점과 관련하여 일정한 신념을 가지고 있다. 심리학자도 마찬가지일 수 있다. 행동주의 심리학은 인간발달의 환경결정론에 근거하며, 인간의 본성(nature)을 강조하는 인본주의 심리학은 어느 정도 유전결정론을 따른다고 할 수 있다. 그 밖에 다른 심리학적 이론들도 이 문제에 관해 어느 쪽의 의견이 더 타당하다는 일정한 신념에 근거하고 있다.

현대의 심리학자들은 인간의 발달이 전적으로 선천적 소질에 의해 결정된다거나 아니면 양육환경이 전적으로 결정한다는 식의 일방적인 신념을 가지지 않는다. 반대로 선천적 본성과 양육환경 양자가 모두 인간발달에 기여한다는 생각이 지배적이다. 하지만 여러분은 앞으로 전개될 심리학적 이론들을 통하여 각 이론들이 이 쟁점과 관련하여 일정한 신념에 근거하고 있음을 인식할 수 있을 것이다. 심리학자들은 인간의 지능이 유전과 환경 중 어떤 요소에 더 영향을 받는지를 경험적으로 밝히려고 노력하였다. 대표적인 것으로 지능에 대한 유전과 환경의 영향을 평가하기 위한 쌍생아 연구를 들 수 있다. 따라서 천성-양육 논쟁은 개인적 신념에서 경험적 분석의 대상이 되었으며, 신념의 논쟁에서 벗어나 증거에 근거한 논쟁으로 전개되었다.

심리학에서 천성-양육 논쟁이 인간의 성격을 규정하는 논쟁이라면, 교육에서의 천성-양육의 문제는 학생의 성격을 규정하는 문제가 된다. 교육은 분명 인간발달을 위해 환경적 개입을 하는 행위이다. 이때 교육자의 환경적 개입의 범위와 방식은 천성-양육의 문제에 대한 그의 신념과 무관하지 않을 것이다. 학생들의 능력에서의 발달(종단적 변화)과 개인차(횡단적 차이)가 무엇 때문에 발생하는지에 대한 교사의 신념은 그의 교수행위에 영향을 미치기 마련이다. 만일 인간의 인지적 능력(예컨대, IQ)이 교육을 통하여 발달될 수 있다는 신념을 가진 교사는 학생들의 개인차와 상관없이 모든 학생들에게 능력을 신장시킬 수 있는 교육환경을 조성하고자 할 것이다. 반면 학생들의 인지적 능력에서의 개인차가 유전적으로 결정된다는 신념을 가진 교사는 이러한 차이를 극복하기보다는 능력차를 인정하는 범위에서 교수행동을 펼칠 것이다. 이러한 신념은 교사 자신이 그러한 신념을 가지고 있는지를 인식하지 못하는 상황에서조차도 그의 행동에 영향을 미치는 기본적 신념에 해당된다. 따라서 그 영향력은 매우 광범위하고도 포괄적이라고 할 수 있다.

2) 단계발달설 對 연속발달설(stages of development vs. continuous development)

인간발달에 관한 일부의 이론들은 인간발달이 일정한 단계를 거친다는 관점을 취하는 반면, 다른 이론들은 그것이 연속적 과정이라는 관점을 취한다. 단계설(stage theory)에 의하면, 인간은 발달단계별로 현격한 차이를 보인다. 그 차이는 양적 차원이 아니며 질적 차원의 급진적 변화이다. 예컨대, G. S. Hall(1905)은 청소년기를 신체상의 급격한 변화로 인한 질풍노도기로 규정하였다. 그의 관점에 의하면 청소년기는 아동기와는 질적으로 다르다. 이 밖에도 Freud, Erikson, Piaget, Kohlberg, Gilligan 등 여러 심리학자들은 각기 단계의 구속성과 경직성에 대해서는 입장이 조금씩 다르지만 기본적으로 인간의 발달과정을 단계로 기술하고 있다.

이와는 대조적으로 다른 이론들은 인간발달을 점진적이고 연속적인 과정으로 기술한다. 예컨대, Skinner를 위시한 행동주의 심리학은 인간발달이 누적적이고 연속적이라는 입장에 근거하고 있다. 특히 Bandura(1977b, 1986)는 그의 사회적 학습이론을 통하여 청소년기가 특별히 반항적이라거나 공격적 성향을 보일 것이라고 믿을 만한 생물학적 근거가 있다고 보지 않았다. 오히려 그러한 성향을 보인다면 그것은 학습(혹은 관찰학습)된 것이라는 점을 강조한다. 마찬가지로 정보처리이론 역시 급진적인 인지적 발달단계를 가정하지 않는다. 청소년기는 아동기에 비해 생물학적으로 결정된 혹은 학습된 결과로서 지적 처리능력이 점진적으로 증가한 결과 지식이 점차 확장되고 지적 처리 능력도 세련되어진다. 여기서 중요한 점은 그러한 증가가 도약하는 것이 아니라 점진적이라는 것이다(Schneider & Pressley, 1997).

인간발달을 단계로 규정하느냐 아니면 연속적 발달과정으로 보느냐 역시 교육적 문제를 다루는 데 있어서 중요한 함의를 가진다. 그중 중요한 문제로 교육과정의 계열성을 들 수 있다. 어떤 연령 혹은 단계에 어떠한 교육내용을 부과하느냐를 계획하는 과정에서 Piaget라면 교육내용은 인간발달 단계에 따라 정해진 것이어야 할 것이다. 하지만, 연속설을 지지하는 이론가들은 교육내용을 결정하기 위해 특별히 발달단계를 고려하기보다는 개인의 선행 학습경험을 확인하고자 할 것이다.

교사 역시 학생을 지도하는 과정에서 어떠한 발달관을 가지느냐는 중요한 문제일 수 있다. 학습이 잘 안되는 학생들에 접하여 단계설을 믿는 교사나 학부모는 학습이 가능한 때를 기다릴 것이고 현재 단계에서 가능한 과제를 선정할 것이며, 연속설을 믿는 교사나 학부모는 성숙이나 발달의 준비도(readiness)보다는 선행학습에서 문제점을 찾으려고 할 것이다.

3) 보편설 對 특수설(universals in development vs. cultural-specific development)

대부분의 발달 심리학자들은 인간발달의 생물학적 구속성을 믿기 때문에, 모든 문화에 걸쳐 보편적인 발달 법칙이 적용될 수 있다고 믿는다. 이러한 관점에서는 문화적 인종적 성별 차이들보다는 유사성이 더 강조된다. 생물학적 유사성을 믿기 때문에 신체적 행동적 발달에서의 유사성은 발달의 필수적 요소로 취급된다. 예컨대, Piaget는 발달단계에 따라 발달수준에 차이가 있을 것이라 가정하였지만, 발달의 순서(계열성)는 모든 문화권에 걸쳐 보편적으로 적용될 수 있다는 보편성(universality)을 강조하였다(불변적 계열성).

하지만 일부의 발달심리학자들은 인간발달이 문화마다 다른 방식으로 진행된다고 믿는다(Cole & Scribner, 1977). 환경이 발달에 중요한 역할을 한다는 관점을 취함으로써 인간발달에 대한 문화의 영향이 필수적이라는 것이다. 이 관점을 취하게 되면, 한국사회에서의 인간발달은 서구에서의 인간발달과 다르게 진행될 가능성이 크다. 예컨대, Erikson은 청소년기를 정체성을 확립해야 하는 단계로 규정하고 있는데, 이는 집단보다는 개인의 독특성을 강조하는 서구사회에서는 중요한 발달과업일 수 있지만, 개인보다는 집단적 정체성이 강조되는 동아시아의 문화권에서는 익숙한 개념이 아닐 수 있다. 인간발달의 문화적 보편성 가정은 현재 많은 도전을 받고 있는 실정이다.

4) 특질론 對 상황 결정론(trait-like consistency vs. situational determination)

일부의 심리학자들(예, Mischel, 1968)은 성격과 행동 면에서 아동들 간에 특징에 기초한 일관된 차이가 있다고 믿는다. 예컨대, 공격적인 아동 혹은 수동적인 아동, 우호적인 아동 혹은 수줍음을 많이 타는 아동들은 특질적으로 결정되어 일관성을 보인다는 것이다. 이러한 일관성은 특징이 생물학적으로 결정된다는 믿음에 근거한다. 따라서 행동과 성격에서의 일관된 차이는 대부분 유전적으로 결정된다고 보는 것이다.

하지만 다른 연구자들은 행동과 성격에서의 일관성을 찾기가 어려우며, 행동은 생물학적 토대보다는 현재 처하고 있는 환경에 의해 결정된다는 입장을 보인다. 이러한 관점을 취할 경우 개인의 수동성, 우호성, 수줍음, 영리함 등의 특성은 상황에 따라 달라질 것이다.

이론적 관점이 아닌 교육적 관점에서 이 문제를 접할 때, 교사들은 특질적 일관성과 상황적 변이성은 서로 상호작용한다고 보는 것이 유익할 것이다. 교사는 학생들 간에 존재하는 일관된 차이들을 인식할 필요가 있으며, 동시에 학생들은 행동이 상황에 따라 달라진다는 점도 눈여겨 볼 필요가 있다.

이처럼 중립적 입장을 취해야 하는 이유는 두 가지로 설명할 수 있다. 첫째는 역사적으로 발달심리학자들은 특징에 기초한 일관성을 강조해 왔다는 것이다. 실천적 문제보다는 이론적 일관성을 유지하는 것이 주된 관심사이기 때문에 그들은 상황적 변이성보다는 자연스럽게 소위 보편적 단계나 원리들을 강조할 수밖에 없었을 것이다. 이러한 이론적 추구성향은 지적 영역뿐만 아니라 성격에도 적용되었다(Zuckerman, 1991). 두 번째는 이론보다는 실천적 문제에 관심을 둔 일부 교육심리학자들이 지나치게 환경적 변인의 중요성을 강조하였다는 점이다. 대표적으로 행동주의 심리학은 교육심리학에서 주류이론으로서의 위치를 점하고 있는데, 이론에 의하면 학생들이 보이는 행동은 전적으로 강화나 처벌된 결과라거나 혹은 교사나 또래로부터 모방되었다는 식으로 설명한다. 환경적 변인들의 영향력을 무시할 수는 없지만 이러한 요인들이 학생들에게 영향을 미치는 방식은 학생들의 생물학적 문화적 요인들에 의해 크게 영향을 받는다는 점을 간과해서는 안 될 것이다.

5) 능동설 對 수동설(activity vs. passivity in human nature)

구성주의적 관점(예, Piaget 등)이나 인본주의 심리학자들(예, Maslow/Rogers 등)은 개인이 성장하고 발달함에 있어서 자신의 능동성이 중요한 역할을 하고 또한 그러해야 한다고 믿는다. 이러한 신념을 따르는 교사들은 학생들의 흥미, 호기심 혹은 생래적 탐구심을 자극할 수 있는 환경을 조성해야 한다고 주장할 것이다.

한편 행동주의 계열에 속한 심리학자들은 기본적으로 인간을 수동적인 존재로 인식한다. 따라서 이들에게 있어 중요한 것은 학습을 유도하는 자극의 제시와 환경의 통제가 중요하다(Rosenshine, 1978). 이러한 신념에 근거한 교사들은 학습되어야 할 정보를 선별하고, 그것을 효과적으로 학습자에게 전달하기 위해 피드백과 강화와 같은 방법을 적용할 것이다.

6) 유기체론 對 기계론(organistic vs. mechanistic development)

Reese와 Overton(1970)은 심리학 이론이 유기체론과 기계론으로 대별될 수 있다고 보았다. 그들에게 있어 유기체론이란 인간의 발달과 성장이 생물학적으로 정해진 방식대로 진행된다는 것이다. 따라서 이 관점에 의하면 발달하는 인간은 환경에 의해 조형되기 보다는 자체적인 발달 계획에 따라 능동적으로 진화해 가며, 환경에 적응하는 방식도 능동적이다. 이러한 입장을 대변하는 인물로는 Piaget나 Erikson 등을 들 수 있다.

또한 Reese와 Overton(1970)은 인간을 기계에 비유하는 이론들도 있다고 주장하였다. 이를 기계론이라 명명했는데, 이 관점에 속하는 이론으로 사회적 학습이론과 정보처리이론을 들었다. 이 이론들에 의하면 인간은 투입된 것을 처리하고 그것에 반응하는 기계에 비유된다. 이 모형에서 인간은 능동적이기보다는 반응하는 존재로 기술된다.

7) 초기 경험: 지속적 효과 對 일시적 효과

많은 심리학 이론들은 인생의 초기 경험의 중요성을 역설해 왔다. 대표적으로 Freud는 성인기 정신병리 현상의 대부분은 초기의 경험에 근거한다고 주장하였다. 이 밖에도 인생의 초기에 겪게 되는 언어 학습경험의 결핍(Snow, 1987), 지각적 학습경험의 결핍(Bateson & Hinde, 1987), 그리고 양육자와의 애착 경험 결핍(Bowlby, 1969) 등이 이후의 인생에서 지속적으로 부정적인 결과를 초래한다는 점이 역설되었다. 이 이론들은 소위 발달의 결정적 시기(critical periods) 혹은 민감기(sensitive periods) 등의 개념을 설정함으로써 적기의 경험을 강조하였다.

하지만 이러한 주장이 과도한 것이라는 반론도 만만치 않다. 즉, 인간은 소위 발달 수준과 관계없이 습득할 수 있는 것들이 많으며, 초기학습경험의 지속성에 대한 주장들이 지나칠 뿐만 아니라 경험적으로 지지되지도 않는다는 점을 입증하려 한다. 예컨대, Goldberg(1983)는 생후 초기에 엄마와 영아 간의 접촉경험이 그들 간의 애착형성에 있어서 필수적이라는 주장(Klaus & Kennell, 1976)은 옳지 않음을 보여주었다. 또한 제2언어는 유치원 이전에 습득하는 것이 더 효과적이라는 주장 역시 사실이 아니라는 증거와 더불어 성인이 어린 아동에 비해 제2언어를 더 빨리 습득한다는 증거도 제시된 바 있다(McLaughlin, 1984).

　독자들은 지금까지 제시한 이론 평가의 7가지 준거를 적용하여 앞으로 소개될 각 이론들의 특징들을 비교해 보기 바란다.

[Worksheet; 교육심리학 주요 이론적 관점들의 비교준거]

※ ＿＿＿＿ 이론은 다음의 7가지 교육심리학의 쟁점에 대해 어떠한 입장을 취하고 있는가?

천성론 nature	매우	대체로	중립	대체로	매우	양육론 nurture
단계 발달설 stages of development	매우	대체로	중립	대체로	매우	연속 발달설 continuous development
발달 보편설 universal development	매우	대체로	중립	대체로	매우	발달 특수설 culture-specific development
능동설 activity	매우	대체로	중립	대체로	매우	수동설 passivity
특질론 trait-like consistency	매우	대체로	중립	대체로	매우	상황결정론 situational determination
유기체론 organistic development	매우	대체로	중립	대체로	매우	기계론 mechanistic development
초기경험 지속효과	매우	대체로	중립	대체로	매우	초기경험 일시효과

제4장

행동주의 학습이론

> 행동주의자들이 생각하는 심리학은 순수 객관주의적 실험에 근거하는 자연과학의 분과 학문이다. 그리고 그것의 목적은 행동을 예견하고 통제하는 것이다.
>
> -John B. Watson(1913)-

행동주의(behaviorism)는 학습이론일 뿐만 아니라 20세기 사상의 한 축을 이룬 새로운 시각이었다. 행동주의에 의해 발생된 지적 동요는 문학, 철학, 정치학, 심리치료 및 사회학과 같은 다양한 학문으로 번졌으며, 지난 몇 십년에 걸쳐 이러한 학문들에 지속적인 영향력을 발휘하였다. 21세기가 시작되는 시점에서 행동주의는 아직도 그 영향력이 지속되고 있다.

행동주의 심리학은 그 영향력만큼이나 많은 비판의 대상이 된 이론이다. 이 책에서 소개될 여타의 다른 심리학 이론들은 거의 모두 행동주의 심리학에 이견을 제기하였으며, 그중 인본주의 심리학은 행동주의 심리학에 정면으로 반기를 든 대표적인 이론이다. 행동주의 심리학으로 인해 보다 다채로운 심리학적 이론들이 파생되었다. 어떠한 심리학 이론이든 '행동주의 심리학에 관한 이론들'이었다고 할 수 있을 정도로 행동주의 심리학의 영향력은 지대하였다.

1 행동주의 심리학의 기본가정

• 원자론

행동주의의 철학적 배경은 고대 그리스의 Leucippus와 Democritus가 제시한 원자론까지 거슬러 올라간다. 원자론자들은 완전한 기계적 유물론적 접근을 심리학에 처음으로 시도한 사람들이었다. 원자론은 세상에 원자와 공간만이 실재한다고 주장하는 이론이다. 이 이론에 의하면 이 세상은 원자들의 형성과 결합에 근거한다. 감각과 사고와 같은 심리적 과정들 역시 그 자체로 원래부터 실재하는 것이 아니라 원자들의 복잡한 상호작용에 의한 현상이라고 본다. 이러한 생각은 여러 세기에 걸쳐 보다 세련되고, 재발견되고 확장되었으며, 결국 행동주의 심리학으로 구체화되었다.

• 행동에의 일차적 관심

행동주의 심리학은 Angell, Dewey, James, Titchener 및 Wundt 등 당시 거의 모든 심리학자들이 숭배하던, 소위 내관법(introspection)으로 의식을 연구하던 심리학적 전통에 반기를 들었다. Watson(1924a)은 『Behaviorism』에서 다음과 같이 주장하였다.

> "소위 의식이라 불리는 이 막연하고도 무형의 대상에 대한 짧은 분석을 한 결과를 수천 아니 수만 페이지에 걸쳐 발표하는 것에 대해 너무 절망하였다(p.5). 더이상 이래서는 안 될 것이다. 행동주의는 이를 일소할 것이다. 행동주의는 새 포도주다. 그래서 그것은 오래된 낡은 병에 담기지 않을 것이다........[중략]....... 그러므로 나는 여러분에게 여러분의 이러한 낡은 가정과 전제들을 포기할 것을 간절히 요청하려고 한다(p.10)."

이 선언을 두고 많은 사람들은 행동주의 심리학은 행동만을 강조하고 분석하기 때문에 심리학으로서의 결정적인 한계점이 있다고 비판하였다. 하지만 행동주의는 인간의 마음이 없다는 것을 주장하는 것이 아니라 마음이 있다면 그것은 모두 행동적으로 환원될 수 있다는 점을 강조하는 것이다. 앞으로 살펴보겠지만 행동주의 심리학자만큼이나 인간 정서의 원인과 형성과정을 적극적으로 설명한 심리학자들은 없을 것이다. 행동주의자들은 사람의 내부에서 발생하는 사고와 신념과 같은 정신적 과정들은 관찰될 수 없기 때문에 그것을 직접적으로 탐구하는 것은 심리학을 유명론(唯名論)에 빠지게 하여 과학적일 수 없다고 판단하였다. 행동주의자들은 심리학적 탐구는 관찰가능하고 객관적으로 탐구가능한 것이어야 하기에 사람들이 표출하는 행동에 일차적 관심을 가져야 한다고 주장한다.

이러한 주장은 '인간의 정신적 활동은 늘 외적 증상으로 나타난다'는 믿음에 근거하여 정당화될 수 있다. 예컨대, 불안이나 스트레스라는 정신적 개념은 '동공수축', '진땀', '심장박동'과 같은 외적 증상으로 환원하여 측정할 수 있다. 최초의 행동주의 심리학자로 평가되는 Sechenov는 "새로운 학문인 객관주의 심리학이 그동안 의식에 대해서 기만적인 목소리로 현혹하는 철학적 해석에서 벗어나 그 자체의 기반으로서 언제든지 실험에 의해 검증될 수 있는 실증적 사실이나 출발점을 마련할 수 있을 것"이라고 주장하였다(Razran, 1968, p.6). 여기서 실증적 사실이란 관찰 가능한 운동이나 사상들을 의미하는 것으로 기본적으로 측정이 가능한 것을 의미한다. 궁극적으로 심리적 사상들은 근육운동으로 환원될 수 있다고 보았다. 미국의 행동주의 심리학자 Thorndike 역시 내관법과 인간의 마음(혹은 내적 상태)을 심리학의 주요 탐구 대상으로 가정하는 것에 대해 비판하였다. 그는 존재하는 것은 어떤 것이든 일정한 양으로 존재하며, 그렇게 때문에 계량화될 수 있다고 주장하였다. 그는 여타 다른 과학의 방법들을 신뢰하여 수많은 문제들에 적용함으로써 결국 미국에서 가장 생산적인 과학자로 칭송받게 되었다

마찬가지로 행동주의 심리학자들은 학습 역시 관찰될 수 있고 확인될 수 있는 방식으로 정의되어야 한다고 주장한다. 즉, 학습은 정신적인 상태보다는 구체적으로 정의될 수 있는 행동적인 변화에 근거해야 한다는 것이다. 예컨대, 수학교사가 학생들의 학습결과를 확인하기 위해 '지금까지 내가 설명한 2차방정식을 이해하겠어요?'라고 묻기보다는 '지금까지 설명한 2차 방정식 문제를 풀 수 있겠어요?'라고 해야 행동주의적인 질문이라 할 수 있을 것이다.

• 환경결정론

맹자의 교육을 위해 맹모가 세 번을 이사했다는 '맹모삼천지교'는 인간의 성장과 발달에 있어서 환경의 결정적인 영향력을 인식한 것이다. 행동주의 심리학자들은 현재 인간의 심리적 과정들이나 행동들이 선천적으로 결정된 것이라기보다는 후천적으로 환경과 접하면서 형성된 것이라는 환경결정론적 입장을 견지한다.

대표적으로 러시아의 생리학자이자 근대 최초의 행동주의자로 평가되는 Sechenov(1829-1905)의 『객관적 심리학』은 전형적인 환경결정론을 반영하고 있다. 그에 의하면, 대부분의 사고와 관념들은 십중팔구 훈련을 통하여 획득된 것이며, 유전에 근거하는 일은 거의 없다고 보았다(Razran, 1968, p.130). 사실 이러한 입장은 이미 Hobbes와 같은 유물론자, Locke, Hartley와 같은 경험론자 및 연합주의자들의 인식론에 반영되어 있었다. 대표적으로 Locke의 백지설(tabula lasa)은 극단적인 환경결정론적 입장을 대표한다. 쉽게 설명하자면, 인간의 마음은 애초에 백지와 같이 아무런 형상이나 색깔이 없는데, 이후 특정 화가(환경)를 접하면서 특정의 구도와 채색이 형성된다. 그리고 유화처럼 그 위에 새로운 화가가 추가적인 작업을 하면서 구도와 채색이 변화할 수도 있다. 그러므로 언제나 마음의 형성과 변화의 작용자(effector)는 후천적인 환경이지 선천적인 특성의 발현이 아니다. 이러한 급진적인 환경결정론은 이후 유물론적 인식론에 기초한 공산주의 소련체제에서 큰 호소력을 가지게 되었으며, 미국의 행동주의 심리학자들에게 지대한 영향을 미쳤는데, 특히 미국 행동주의 심리학의 대표 주자인 J. B. Watson은 전형적인 환경결정론을 피력하였다.

• 학습이 발달을 견인한다.

심리학에서 학습(learning)은 '배운다'라는 포괄적인 어의적 의미 보다는 후천적인 경험을 통하여 정서와 행동이 비교적 영속적으로 형성되거나 변화되는 것을 의미한다. 이것은 행동주의 심리학의 핵심적인 인식론이기 때문에 심리학에서 '학습이론(learning theory)'은 곧 행동주의 심리학을 의미하기도 한다.

학습의 대척 개념은 성숙(maturation)이다. 성숙은 선천적으로 정해진 바에 따라 발달하는 측면이다. 예컨대, 개인의 신체적 특징들은 대부분 부모로부터 받은 유전자에 의해 결정되어 있다. 아무리 환경이 변하더라도 기본적인 신체적 특징들은 보존된다. 예컨대, 갓난 아이때 외국으로 입양이 되더라도 그의 신체적 특징(인종, 성별, 체격, 등)은 여전히 한국인을 유지한다. 문제는 이러한 성숙의 원리가 성격이나 인지적 영역에까지 확장될 수 있는가이다. 이와 관련하여 일부의 심리학자들은 성숙의 원리가 작동한다는 입장을 취하며, 다른 심리학자들은 성숙보다는 후천적인 학습이 결정한다는 입장을 취한다. 행동주의 심리학은 후자의 견해에 있다. 그래서 심리학계에서 학습이론(learning theory)은 행동주의 심리학의 다른 이름이 되었다.

성숙보다는 학습이 인간 발달을 견인한다고 믿게 되면, 이는 자연스럽게 인간발달에 있어서 교육의 역할이 결정적이라는 입장을 가지게 한다. 실제로 Skinner는 인간의 행동이 어떻게 조형될 수 있는지를 다양한 실험을 통하여 입증하였고, 심지어 Watson은 인간의 정서 역시 학습의 산물일 뿐만 아니라 이미 학습된 정서를 반대의 정서로 변경할 수 있다는 점을 실험을 통하여 입증하려 했다. 심지어 Pavlov는 정신장애의 현상을 그의 학습이론(고전적 조건화)으로 설명하려 했다.

• 학습은 연속적인 조건화(conditioning)의 과정이다.

조건화는 소위 'if ...., then.....'의 진술로 설명될 수 있다. 예컨대, '비가 오면(if 조건절), then... 생각나는 사람, 음식, 정서(슬픔) 등등(주절)'의 문법은 조건화를 통해서 형성된 문법이다. 정서란 이런 것이며, 행동주의 심리학은 직설적이고 명료하게 인간 정서의 발생 원인을 설명하고 있다.

Pavlov의 고전적 조건화이론은 Watson을 통하여 인간에게 확장되고 입증되었다. Watson은 대부분의 정서가 조건화를 통하여 형성되는 것으로 믿었다. 즉, 그의 수장은 공포와 불안 등이 불행했던 초기의 조건화 경험에서 기인한다는 것이었다. 이와 같은 원리는 긍정적인 애착에도 적용된다. 다른 사람, 대상, 동물 등에 대한 애정은 그 사람이나 대상과 시공간적으로 함께했던 유쾌한 상황과의 연합을 통하여 발생한다.

평생 농부로 살아온 사람에게 월요일이든 금요일이든 '요일'이라는 자극은 그들의 정서에 영향을 미치지 못한다. 대신 그들에게는 요일보다는 날씨가 중요한 정서적 자극이 된다.

하지만, 평생 학교에서 공부하고 학생들을 가르치는 교사는 소위 '월요병'과 '불금'이라는 정서가 있을 수 있다. 실제로 혈당을 체크해 보면, 일요일 오후에 가장 높아져 있고, 금요일 오후에 가장 낮아지는 반응을 확인할 수 있다. 그러니까 굳이 애매한 '정서'라는 말도 필요 없어 보인다. Skinner의 말처럼 정서나 의식이 아닌 관찰 가능한(측정 가능한) 신체적/생리적 반응만으로도 설명이 가능하다. 대신 우리는 그것을 정서(스트레스)라고 말하고 있을 뿐인지도 모른다.

정서의 변화는 타고난 것도 아니고 성격도 아니며, 자기, 자유의지, 자존감과도 관련이 없다. 취학 전까지 아동들은 요일별로 특별한 정서가 없었지만(이때, 요일은 중립자극이다), 학교를 다니기 시작하면서 각 요일명과 학교에서 경험하는 부정적인 사건들이 연합(association)되면서 월요병과 유쾌한 금요일이라는 정서(이때, 요일은 조건자극이 된다)를 가지게 된다. 반대로 학교에서 주로 유쾌한 경험이 축적되었다면, 기분 좋은 월요일과 금요병이 생기지 않았을까? 조건화를 믿는다면, 역조건화(counter conditioning)를 통해 학교에 대한 불안이나 공포감을 경감하거나 반대의 유쾌한 정서로 되돌릴 수도 있다는 기대를 가질 수 있다. 왜냐하면, 학교에 대한 정서가 원래부터 그럴 수밖에 없었던 것은 아니기 때문이다.

행동주의 심리학자들은 인간의 심리가 매우 복잡해 보이지만, 그것이 작동하는 메커니즘은 소위 '자극·반응' 혹은 '반응·자극'이라는 단순한 원리에 기초한다고 생각한다. 전자를 고전적 조건화(classical conditioning)라 하고, 후자를 조작적 조건화(operant conditioning)라 한다(이에 대해서는 뒤에서 설명함). 두 가지 조건화가 크게 차이가 있는 것처럼 보이지만 중요한 공통점이 있다. 그것은 자극과 반응의 관계에서 작용인은 모두 '환경자극'이고 대상은 유기체의 '반응'이라는 점이다. 행동주의 심리학자들은 이 기본적인 원리가 모든 유기체에게 보편적으로 적용될 것으로 가정한다. 차이가 있다면, 유기체가 접하는 자극환경의 차이만이 있을 뿐이며, 그러한 차이가 인간의 정서와 행동에서의 차이를 발생하게 하는 주 요인이라고 본다.

행동주의 심리학자들에 의하면, 학습은 조건화의 과정이자 결과이다. 조건화(conditioning)란 본래 반응과 무관한 중성자극(neutral stimulus)들이 본래 반응과 유관한 무조건자극(unconditioned stimulus)과 시공간적으로 지속적으로 연합되면서 반응을 유도하는 힘을 가지게 된 자극, 즉, 조건자극(conditioned stimulus)으로 변해가는 과정을 의미한다.

자극-반응의 관계로 발전되려면, 둘이 결합되어야 하고, 그 결합이 가능하려면, 두 사건이 공간적으로나 시간적으로 함께 발생하여야 한다. '오비이락'이라는 표현이 있다. 이는 논리적으로나 실질적으로 인과성이 전혀 없음에도 불구하고 두 사건의 시간적 인접성으로 인해 마치 두 사건이 인과관계에 있는 것처럼 여겨지는 경우를 말한다. 행동주의 심리학자들은 대부분의 학습 역시 이러한 상황에서 이루어진다고 본다. 예컨대, 어떤 사람이 비가 오는 날(중립자극) 사랑하는 사람과 헤어져서(무조건자극), 그 결과 우울한 기분이 들었다면, 다음에 비가 오면(조건자극) 그 사람이 생각나고 다시 우울해질 수 있다. 여기서 비와 헤어짐이라는 두 사건자극은 논리적으로나 실질적으로 전혀 인과성이 없지만, 시공간적으로 인접한 관계(연합)로 인해 마치 인과적 관련성을 가지는 것처럼 여겨진다. 즉, 비오는 날의 부정적 정서를 학습한 것이다. 또 다른 예로는 초등학교 신입생이 학교에서 부정적인 사건들(교사나 동료로부터의 비난, 처벌 등)을 접한 결과 등교 기피증을 보일 수 있다. 이 경우는 공간적으로 학교라는 장소에서 부정적인 사건들을 접한 결과, 학교라는 공간 자체에 대해서도 부정적인 감정을 형성한 경우이다. 이 아이가 커서 학부모가 되었을 때, 자녀가 문제를 일으킬 때마다 학교에 호출당하게 되면, 학교는 더욱 더 두렵고 불안을 유발하는 자극이 된다.

이처럼 조건화는 한 번으로 완결되는 것이 아니라 지속되는 과정이다. 그러므로 시작과 종결이 분명한 행동주의 심리학자들의 조건화 실험은 인간의 복잡다단한 정서를 설명하기에 한계가 있다는 비판을 받는다. 하지만 그들의 실험은 인간의 정서가 어떻게 조건화되는지를 보여주기 위한 실험단계 설정일 뿐이다. 특정의 환경자극에 대한 조건화는 일생에 걸쳐 다단계로 진행될 것이다. 갓난 아이는 조건화의 역사를 가지지 않기 때문에 생존에 필요한 몇 가지 무조건자극(모유/우유)을 제외한 거의 모든 자극들이 대부분 중립자극일 것이다. 하지만, 살아가면서 이 원초적인 무조건자극과 시공간적으로 인접하는 중립자극들은 점차 조건자극화되어 갈 것이다. 그리고 그 조건자극들은 새로운 중립자극을 조건자극화하는 무조건자극의 역할을 대신할 것이다(고차적 조건화).

또 다른 측면에서 어린 아이는 특정 자극에 대한 감정들이 매우 분명하다. 어떤 것은 좋고, 어떤 자극은 싫다는 반응이 뚜렷하다. 하지만, 나이가 들면서 그 자극에 대한 반응은 복잡해진다. 예컨대, 갓난아이는 눈(중립자극)에 대해 반응이 없지만, 어린아이들은 눈과 유쾌한 활동들(무조건자극; 눈썰매 등)이 연합됨으로써 눈을 분명히 좋아하게 된다. 하지만 성인이 된 뒤로 좋기만 하던 눈이 다양한 불행한 사건들(출근길의 불편함, 교통사고 등)과도 연합되어간다. 그 결과 노인들은 눈에 대해 복잡한 감정들이 교차한다. 따라서 노인들은 어린 아이들에 비해 분명히 좋은 것과 분명히 불쾌한 것의 분별이 쉽지 않을 수 있다. 결국 철이 들고 점잖아(젊지않아)진다는 것은 자극에 대한 조건화의 역사가 중첩된 결과는 아닐까?

많은 사람들은 이러한 단순한 메커니즘으로 복잡한 인간의 정서를 온전히 설명할 수 있을 것인가에 의문을 제기한다. 하지만, 역으로 이렇게 형성되지 않은 인간의 정서라는 것이 몇이나 될까?

② 고전적 조건화 이론

근대의 행동주의 심리학은 미국에서 본격적으로 번성하고 영향력을 미친 이론이었지만, 그 기원은 러시아의 생리학자들에 의해 시도되었다. 특히 I. Pavlov의 개의 타액분비에 관한 생리학적 실험은 인간의 정서와 행동에 관한 심리학적 실험이다.

Ivan Pitrovich Pavlov는 1849년 9월 14일 러시아의 Ryazan에서 Piotr Dmitrievich Pavlov와 Varvara Ivanova 사이에서 11명의 아이 중 첫째로 태어났다. 그의 아버지는 가난한 마을의 목사였고, 그의 가족은 어려움과 슬픔 이상의 고통 속에서 살았다. 11명의 아이 중 6명은 어려서 죽었고, 막내 Sergei는 1917년의 혁명 때 발진티푸스로 사망했다. 어린 Ivan은 심각한 머리 손상으로 11살이 될 때까지 학교를 가지 못하였지만 부모의 헌신적 노력으로 극복하였다.

1870년에 Pavlov는 St. Petersburg University에 입학하여 자연과학을 전공하였다. 대학 졸업 후 Medico-Chirurgical Academy에 입학하여 의학을 전공하였다. 박사학위논문은 혈액순환에서 심신경의 역할에 관한 것이었다.

1881년에 Pavlov는 Serafina Vassilievna Karchevskaya와 결혼하였다. 그의 결혼생활 초기는 가난과 두 아이의 죽음으로 고통스러운 생활의 연속이었다. 이 당시에 Pavlov는 St. Petersburg의 S. P. Botkin의 실험실에서 일하였는데, 이 실험실은 Pavlov에게 나중에 노벨상을 안겨 준 소화에 관한 초기 연구를 수행하던 공간이었다.

1904년에 Pavlov는 소화에 관한 연구로 노벨상을 받게 되었다. 그는 노벨상 수락 연설에서조차도 그의 과학적 연구의 주제인 조건화를 언급하였다. 그리고 Pavlov는 나머지 인생 30년을 조건반사의 방법에 의한 대뇌피질의 기능을 연구하는 데 바쳤다.

그림 4-1 **Pavlov의 개 타액 분비 실험 장면**

※ 튜브를 통해 개의 타액이 비커에 들어가면 밸브가 움직여 분비반응을 스크린 뒤쪽 기록계에 전달

고전적 조건화는 S→R이론으로 불리운다. 즉, 환경자극(Stimulus)이 선행하여 유기체의 반응(Response)을 유도한다는 것이다. 예컨대, Pavlov의 실험에서 개는 두 가지 자극에 노출되었다. 첫 번째 자극은 고기분말가루이고, 두 번째 자극은 종소리이다. 이 실험장면에서 개가 두 자극에 대해 보이는 생리적 반응(타액분비)이 실험의 관건이다.

조건화(conditioning)는 행동주의 학습이론의 핵심개념이다. 조건화란 중립자극이 무조건자극과 결합 혹은 연합함으로써 조건자극으로 변화하는 것을 의미한다. Pavlov의 실험장면에서 고기분말가루는 무조건자극에 해당하며, 종소리는 중립자극에 해당한다. 무조건자극(US; unconditioned stimulus)이란 어떤 특별한 사건이나 과정이 없이(조건화 없이)도 본래부터 특정의 반응을 일으킬 수 있는 자극을 의미한다. 무조건적이라는 말은 '조건화의 과정이 없이도'라는 것을 의미한다. 예컨대, 인간이든 동물이든 음식물이라는 자극에 노출되면 침샘이 작용하는 것은 무조건적이다.

Pavlov의 실험에서 사용된 또 다른 자극인 종소리는 특별한 사건이나 과정이 없을 경우에 특정의 반응을 유도하는 힘이 없는 중립자극(neutral stimulus)이다. 중립자극이란 특정의 반응과 무관한 자극을 의미한다. 특별한 계기 없이 개가 종소리에 대해서 타액을 분비하지 않을 것이며, 그러함에도 불구하고, 타액을 분비한다면, 그 개는 비정상적인 개로 취급될 것이다.

그러나 중립자극인 종소리와 무조건자극인 고기분말 가루가 동반됨으로써(연합) 개는 점차 종소리에 대해서도 고기분말가루와 같은 유사한 반응을 띠기 시작하였다. 그리고 이러한 과정이 점차 진행되면서 고기분말가루의 출현 없이 종소리만으로도 타액이 분비되었다. 이제 개는 종소리에 대해서 타액 분비라는 반응을 일관성 있게 보이는 것이다. 이는 마치 개에게 먹이를 주는 사람이 정해졌을 때, 그 사람이 음식물을 동반하지 않고 출현만 해도 개가 꼬리치며 입맛을 다시는 것과 같은 이치이다. 이처럼 중립자극이 무조건자극과 동반되면서, 무조건자극처럼 유기체의 특정 반응을 유도하는 효과적인 자극으로 변화된 상태를 조건자극(conditioned stimulus)이라 하며, 이 과정을 조건화라 한다. 즉, 조건화는 중립자극이 조건자극화 되는 과정을 의미한다.

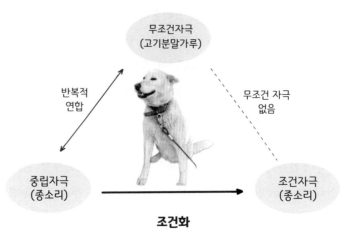

그림 4-2   고전적 조건화에서의 자극

 조건화의 과정에서 무조건자극의 성질은 조건화의 성격을 결정한다. 다시 말하여 종소리라는 중립자극과 함께 유쾌한 자극에 해당하는 고기분말가루가 아닌 혐오자극에 해당하는 오물이 반복적으로 제시된다면, 종소리는 혐오자극으로 조건자극화 될 것이며, 개는 종소리에 대하여 혐오 반응(타액분비 수축)을 보일 것이다.

 무조건자극에 해당하는 고기분말가루는 그 질적 속성이 먹는 것일 뿐만 아니라 생리적 수용체제에 직접적으로 작용하기 때문에 질료인과 작용인으로 설명가능하다. 하지만, 종소리나 개에게 먹이 주는 사람은 타액분비라는 반응을 일으키기 위한 성질(질료인)이나 기능(작용인)은 아니다. 다만, 종소리와 먹이 주는 사람은 먹이와 시공간적으로 인접하여 개에게 제시되었을 뿐이다.

 Pavlov는 이처럼 질료인과 작용인의 속성을 갖추지 않은 자극(중립자극)에 대해서도 일정한 반응을 보이는 현상을 심리적 반사(psychological reflex)로 명명하였다. 심리적 반사현상은 인간의 정서와 행동에서도 여실히 나타난다. 예컨대, 어떤 초등학생이 처음에는 학교건물에 대해서 특별한 반응을 보이시 않았지만, 그 학교에서 교사나 동료로부터 신체적 타격을 받는 일이 꾸준히 발생한다면, 학교건물에 대해서 부정적인 정서를 가지게 되는 경우를 들 수 있다.

 날씨별로 사람들이 선호하는 음식물의 경우에도 조건화가 작용할 수 있다. 예컨대, 한국 사람들의 경우 비오는 날에는 떠오르는 특별한 음식물(부침개 등)들이 있는데, 특별히 비와 그 음식물간에 질료인이나 작용인적 연관이 있는 것이 아니라, '비'라는 조건하에서 오랫동안 먹어온 특정의 음식물들이 있었기 때문에, 비가 오면, 자극되는 미각적 반응이 나타나는 것이라고 할 수 있다. 비가 오면(조건), 생각나는 사람, 사물, 사건들은 모두 비와의 필연적 관계가 아닌 연합적 관계로 인해 발생된 것들이며, 이러한 심리적 반사를 우리는 정서라고 한다.

이 밖에도 우리는 상징적 기호물들에 대해서도 조건화의 과정을 겪게 된다. 우리는 각각의 문자에 대해서도 일정한 감정가를 형성할 수 있다. 현대인들은 월, 화, 수, 목, 금, 토, 일의 7일을 주단위로 하여 생활한다. 7가지 각 요일을 대표하는 글자들에 대해서 우리는 다소 모호하지만 일정한 반응을 보일 수 있다. 만일 어떤 초등학생이 일요일 늦은 밤에만 야뇨증이 심각해진다면, 그것은 임박한 월요일에 대한 스트레스 반응일 수 있다. 그리고 그것이 보다 더 심각해지면, 이 초등학생은 '月'자가 포함된 문장이나 단어들 조차도 싫어할 수 있다. 그러나 이 '月'자가 야뇨증에 작용한 질료인이나 작용인의 성질을 가진 것은 아니다. 즉, 그러한 반응은 조건화된 것이다. 요일에 민감한 반응을 보이는 직장인과 학생들과는 달리 농부는 요일보다는 날씨에 대해 민감한 정서적 반응을 보일 것이다. 이러한 차이는 유전적으로 결정되었다기보다는 환경의 차이 즉, 조건화의 역사가 다름으로 인해 발생하였다고 할 수 있다. 결국 고전적 조건화는 인간의 정서적 반응이 어떠한 메커니즘으로 형성되고 변화하는지를 설명한 최초의 과학적 이론이었다.

1) 고전적 조건화의 기본원리

고전적 조건화는 다음과 같은 세 가지 조건들이 고려될 때 보다 효과적으로 이루어질 수 있다.

- 일관성의 원리: 조건화는 일회의 자극 제시로 형성되기 어렵다. 어떤 조건화는 짧은 시간 동안 수차례에 걸쳐 이루어지기도 하지만 다른 조건화는 장기간에 걸쳐 꾸준한 자극이 제시되어야 하기도 한다. 그리고

일정한 조건화가 이루어지려면, 유사한 자극이 유사한 방식으로 일관성 있게 제시되어야 한다. 예컨대, 초등학교 신입생이 일주일을 단위로 반복적으로 일요일은 쉬고, 월요일에 등교를 시작하기 때문에, 월요일(조건자극)=등교(무조건자극)의 연합이 형성되어 월요일에 대한 감정이 형성될 수 있다. 이때, 학교에서 일관된 부정적 경험이 있게 되면, 월요일에 대한 부정적 감정이 형성될 것이고, 반대로 학교에서 일관된 긍정적 경험이 있게 되면, 월요일에 대한 긍정적 감정이 형성될 것이다.

• 강도의 원리: 조건화가 효과적으로 일어나려면, 조건자극과 무조건자극의 강도가 학습자의 감각역(感覺閾: threshold of feeling)을 초과하여야 한다. 학습자의 감각역에 도달하지 않는 자극은 자극으로서의 역할을 제대로 하지 않아 조건형성을 어렵게 한다.

• 시간의 원리: Pavlov와 동료들은 무조건자극과 조건자극의 제시순서와 시간에 따라 조건화의 속도가 달라지는 것을 발견하였다. 그들은 조건자극이 무조건자극보다 거의 동시이지만(1초 이내) 먼저 제시될 때 조건화가 가장 잘 이루어짐을 발견하였다(그림 참조). 이처럼 최적의 조건화 조건에 해당되는 시간배열을 '지연조건화(delayed conditioning)'라고 하였다.

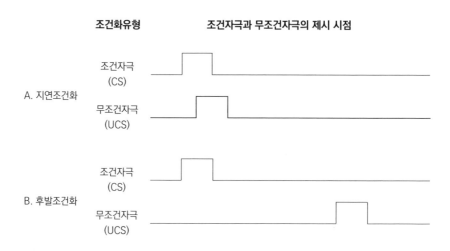

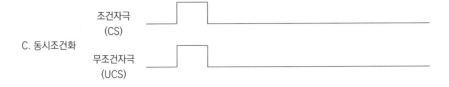

그림 4-3 조건자극과 무조건자극의 제시 시점에 따른 고전적 조건화 유형

또 다른 유형의 조건화는 동시조건화(simultaneous conditioning)로 불리는데, 이것은 조건자극과 무조건자극이 정확히 동시에 제시되는 조건화를 의미한다. 이 조건화는 지연조건화보다 그 효과가 현저히 떨어지는 것으로 밝혀졌다.

마지막으로 '후발조건화(trace conditioning)'는 지연조건화와 마찬가지로 조건자극이 무조건자극에 앞서 제시되는 조건화이다. 그러나 지연조건화와의 중요한 차이점은 지연조건화의 경우에는 조건자극의 제시와 무조건자극의 제시가 시간적으로 매우 짧은 간격을 유지하거나 서로 겹치지만 후발 조건화의 경우에는 조건자극이 먼저 제시되고 그것이 철회된 상황에서 무조건자극이 제시된다는 것이다. 즉, 조건자극의 철회와 무조건자극 제시 사이의 시간적 간격이 증가하면서 Pavlov의 개들은 반응을 보이지 않았다.

2) 고전적 조건화 이후의 양상

- 자극 일반화(stimulus generalization): 조건자극과 유사한 자극에 대해서 동일한 반응을 보이는 현상으로, 자극의 유사성과 일반화는 정비례한다.

[실험 예] 메트로놈 종소리에 타액을 분비하도록 학습된 개가 인근에 소재한 교회종소리에도 타액을 분비함

[적용 예] 자라보고 놀란 가슴 솥뚜껑 보고도 놀란다.

※ 적절한 수준의 자극 일반화는 학습의 경제성을 높여준다. 모든 자극 각각에 대해서 일일이 조건화하는 것은 비경제적이며, 유사한 자극들에 대해서 유사한 반응을 보이는 것이 경제적이다. 하지만 과잉된 일반화는 부적응적 반응이다. 어떤 교사에게 부정적 경험을 한 사건들이 모든

교사에 대한 부정적 반응을 유도하거나 결국에는 학교에 대해서도 부정적 반응을 일으켜 등교를 거부하게 된다면 이는 부적응적 반응으로 볼 수 있다.

- 자극 변별(stimulus discrimination): 일반화의 반대 개념으로 조건자극과 유사한 자극을 구분하여 다르게 반응하는 현상

[실험 예] 메트로놈 소리와 교회종소리 모두에 반응하던 개가 점차 무조건자극과 연합되는 원자극인 메트로놈 소리에 대해서만 타액을 분비하고 교회종소리는 무시함

[적용 예] 엄마가 출현하는 모든 상황에서의 미소반응(영아기) ▷ 엄마가 웃음을 띤 경우에만 미소를 띠는 반응(아동기)

※ 소위 철이 든다는 것은 때와 장소에 따라 각기 다른 반응을 보인다는 것을 의미하는 바, 행동주의적으로는 자극변별학습을 의미할 것이다.

- 소거(extinction): 조건형성이 이루어진 후 무조건자극 없이 조건자극만 반복적으로 제시하면 조건반응이 약해지다가 마침내 반응이 일어나지 않는 현상

[실험 예] 종소리에 타액을 분비하도록 조건화된 개가 먹이 없이 종소리만 지속적으로 제시되자 종소리에 대해 타액반응을 멈춤

[적용 예] 엄마와 같이 유쾌한 경험들을 공유하면서 어머니에게 호감을 가졌던 아이가 오랫동안 다른 사람에게 맡겨 키워진 후 엄마와 재회했을 때 무관심해지는 것

※ 시간이 약이다. 충격적인 경험을 하게 된 상황(조건)에 대해서 공포감을 형성한 사람은 충격적인 경험이 없이 같은 상황에 오랫동안 노출되면서 그 상황에 대한 공포증상이 완화된다. 이 전략을 체계적 둔감화(systematic desensitization) 기법이라 한다.

- 자발적 회복(spontaneous recovery): 소거된 반응에 조건자극이 다시 제시되면 소거된 것으로 보이던 반응이 다시 나타나는 현상

[실험 예] 오랫동안 먹이의 제거로 종소리에 타액을 분비하지 않던 개가
먹이를 다시 제시하자 다시 타액반응을 보이는 것. 처음 조건화
당시와는 달리 빨리 조건화됨

[적용 예] 오랫동안 엄마 없이 커서 엄마와 재회했을 때 무관심하였지만
엄마가 다시 아이를 보살피자 엄마에게 급관심을 보임

- 2차(고)차적 조건화(secondary/higher-order conditioning): 일차적 조건화
가 완성된 후 조건자극을 무조건자극으로 삼아서 새로운 중립자극
을 조건자극화 하는 과정(2차적 조건화), 그리고 2차적 조건자극을 무
조건자극으로 삼아서 새로운 중립자극을 조건자극화 함(3차적 조건
화).......(고차적 조건화)

[실험 예] 먹이와 종소리가 함께 제시됨으로써 종소리만으로도 타액을 분
비하게 된 개에게 이제는 종소리와 실험자가 함께 등장함으로
써 실험자만 출현해도 타액을 분비하는 현상

[적용 예] 우유를 주면서 등을 토닥이자 등만 토닥여도 유쾌한 반응을 보
이게 된(1차적 조건화) 아이에게 이제는 등을 토닥이며 상장을 주
자 상장만 주어도 유쾌한 반응이 유발되었고(2차적 조건화), 그
다음에는 상장을 주면서 악수를 하자 악수에 대해서도 유쾌한
반응을 보이는 것(3차적 조건화)이 이에 해당한다. 행동주의 심
리학자들은 주로 동물을 대상으로 실험하였지만, 인간의 조건
화는 1차적 조건화보다는 고차적 조건화로 이루어진다. 인간은
성장하면서 고차적 조건화의 연속과정을 경험하게 되므로 인간
의 감정은 동물의 감정과 달리 복잡다단할 것이다.

3) 정서에 대한 고전적 조건화의 설명

많은 사람들은 행동주의가 인간의 마음을 탐구하는 데 소홀히 하였다는
비판을 하였다. 표면적으로만 보면 이러한 주장은 타당해 보인다. 행동주의
자들은 인간 대신 동물을 실험대상으로 삼았고, 마음보다는 표면화된 행동에
관심을 가졌다. 그러므로 행동주의자들의 실험은 주로 동물의 행동에 관한

것이었음에는 틀림없다.

하지만 그들의 실험 의도까지도 거기에 속박되어 있지는 않았을 것이다. 오히려 그들은 인간의 마음을 제대로 이해하는 길은 변덕스러운 마음과 그것을 개념화한 심리학적 용어(동기, 자유의지, 자아개념 등)보다는 그것을 가시적으로 드러내는 행동이나 생리적 반응에 관심을 가질 필요가 있고, 보다 근본적이고 객관적인 심리학적 연구를 위해서는 인간이 아닌 동물을 실험대상으로 할 필요가 있다고 판단을 하였을 수도 있다.

실제로 Pavlov(1941)는 오랫동안 임상적 문제에 관심을 가졌는데 다음은 그 예들이다.

• 초과한계 제지현상(ultraboundary 혹은 ultramaximal inhibition)

Pavlov는 심각한 스트레스 유발 상황은 유기체로 하여금 초과한계 제지현상(ultraboundary 혹은 ultramaximal inhibition)에 이르게 한다는 점을 발견하였다. 초과한계 제지현상의 효과는 심한 충돌이나 생명을 위협할 정도의 폭발 후에 심각한 생물학적 손상을 입은 것과 같은 정도의 강한 정신적 쇼크 증상을 나타낸다. 이러한 증상은 무반응하거나, 눈이 초점 없이 멍해지거나, 아니면 상투적인 반응을 하는 행동으로 나타난다. Pavlov는 신경계에 가해진 강력한 충격은 뇌경련을 일으킬 수 있다고 하였다. 그렇게 되면, 대뇌피질은 완전한 제지 상태가 되고, 그 결과 무반응과 같은 행동을 낳게 한다. 과도한 위협에 직면하여 제지현상이 나타나는 이유는 제지가 더 많은 위협자극들의 유입을 막을 수 있기 때문인데 이렇게 함으로써 제지는 유기체를 보호할 수 있게 된다.

실험 연구 결과 초과한계 제지경험 후에 나타나는 세 가지 다른 양상들이 발견되었다. 첫째, 일부의 동물들은 등가적 반응단계(equivalent phase) 증상을 보였다. 즉, 개들은 자극강도와 관계없이 같은 양의 타액을 분비하였다. Sargant(1957)은 이 현상이 마치 보통의 사람들이 과도한 피로상태에 이르게 되면, 중요한 경험에 대한 정서적 반응과 중요하지 않는 경험에 대한 정서적 경험이 별로 차이가 없게 되는 것과 같다고 하였다.

• 역반응단계(paradoxical phase)

보다 더 심각한 생물학적 혹은 심리학적 충격을 받게 되면, 개들은 역반응 단계(paradoxical phase) 증상을 보인다. 이 단계에서 개들은 강한 자극에 대해서는 약한 반응을 보이고 오히려 약한 자극에 대해서는 강한 반응을 보인다. 이러한 역반응은 스트레스에 대한 인간의 반응에서도 나타난다. 속삭임과 같은 약한 자극은 폭발적인 반응을 일으킬 수 있고, 반대로 큰 외침은 눈만 깜박이는 적은 반응으로 이어질 수 있다. 이는 초과한계 제지에 대한 Pavlov의 견해에 근거하여 설명될 수 있다. 약한 자극은 제지장벽을 통과하여 완전히 처리되는 상황이 있고, 반면 강한 자극은 그러한 과정을 통과하지 못하는 상황이 존재할 수 있다. 그러한 상황을 고려한다면 우리는 강한 자극에 대한 약한 반응과 약한 자극에 대한 강한 반응을 미리 예상할 수 있을 것이다.

• 초역반응단계(ultraparadoxical phase)

Pavlov는 초역반응단계(ultraparadoxical phase) 증상에 대해서 가장 많은 관심을 기울였다. 심한 외상(trauma)후에, 개의 성격과 반응체계에서 급격한 변화가 일어났다. 이 단계에서는 과거에 긍정적 반응을 일으켰던 자극이 현재에는 부정적 반응을 유발하고, 반대로 과거에 부정적 반응을 유발하였던 자극은 현재에는 긍정적 반응을 일으킨다. 이 단계에서 실험실에 있던 개는 이전에 싫어했던 연구원은 반기고, 반대로 이전에 좋아했던 주인에 대해서는 공격적 성향을 보였다. 이러한 초역반응 단계는 그 효과가 오랫동안 지속된다는 점에서 더욱 흥미를 끌게 되었다. 그의 책 『Battle for the Mind』에서 Sargant(1957)는 초역반응 현상을 통하여 정치적 종교적 신념의 변화, 특히 지지하는 정당이 변한다거나 개종을 하는 행위를 설명할 수 있다고 주장하였다. 인간의 경우는 충격으로 개인의 판단이 완전히 마비된 분위기에 처하게 되면 극심한 피로감을 느끼거나 타인에게 저주나 죽음의 위협을 가하는 등 이상 행동을 보일 수 있다.

Pavlov는 흥분과 제지현상이 기질과 상호작용하여 다양한 정신병을 유발한다는 것에 깊은 관심을 보였다. 그는 담즙질(지나친 흥분성)과 우울질(지나친 제지성)을 가진 사람들은 정신병에 걸릴 위험이 더 높고, 다혈질과 점액질과 같이 균형된 기질은 스트레스에 대한 저항력이 더 강하다고 하였다. 하지만 어떠한 사람도 상당히 높은 스트레스를 경험하게 되면 정신병에 걸릴 수 있다고 하였다. 이 분야에 대한 Pavlov의 연구는 신경학 분야뿐만 아니라 행동요법(behavioral therapy) 발달에 지대한 영향을 미쳤다(Sukhodolsky, Tsytsarev, & Kassinove, 1995; Wolpe & Plaud, 1997).

고전적 조건화이론은 인간정서의 발생과 변화를 설명하는데 있어서 근원적인 설명을 제공한다. Pavlov의 개의 타액분비 실험이 단순히 생리학적 실험을 넘어서 심리학적 실험으로서 중요한 함의를 가지게 되었던 것은 바로 이 때문이라고 할 수 있다.

사실 Pavlov의 고전적 조건화는 인간 정서의 발생기원, 변화과정을 설명하는 거의 유일한 심오한 이론이었다. 하지만, 그것을 예증하기 위한 그의 실험이 구체적이고 동물실험에 한하여 이루어졌기 때문에 그것을 복잡다단한 인간정서 학습에 적용하기에 한계가 있다는 지적이 있어 왔다. 하지만, 그가 밝힌 고전적 조건화의 메커니즘은 실험실 밖의 우리의 일상 전반에서 우리가 의식하지 못한채 늘 전개되고 있다. 다음은 교육장면에서 경험될 수 있는 학생, 교사, 학부모들의 고전적 조건화의 사례들이다.

4) 고전적 조건화의 교육적 적용

[사례 1: 학생이 고전적 조건화된 예]

어떤 교사는 모든 수업에서 일방적으로 자기 말만 하다가 수업 종료를 알리는 벨이 울리기 직전에만 학생들에게 '질문 있어요?'라고 묻는다. 정상적인 경우라면 학생들은 교사에게 질문을 해야 한다. 그런데 학생들은 이 상황에서 질문을 하기 보다는 곧바로 책을 덮고 노트북 및 필기도구를 챙겨 넣는다. 성급한 학생은 벌써 자리에서 일어나 있기도 하다. 그리고 교사는 교실을 떠난다. 다음 시간에도 마찬가지 일이 반복된다.

조건자극 = '질문 있어요?'라는 교사의 멘트
무조건자극 = 수업 종료 벨소리
조건반응 = 학생들의 수업자료 정리 행동

A 교사는 초임 교사였다. 그래서 수업시간을 제대로 맞추지 못하였다. 수업이 끝나는 시간을 확인하기 위해 수업 중에 시계를 확인해야 했다. 그러나 1년 동안의 교직생활을 하면서 더 이상 수업이 끝나는 시점을 확인하기 위해 굳이 시계를 볼 필요가 없게 되었다. 왜냐하면, 얼마간의 시간이 경과한 후 옆 반에서 학생들이 복도로 우루루 나오기 시작하고, 자신이 맡고 있는 반의 학생들이 시계를 들여다보는 것을 확인하면 거의 틀림없이 수업시간 종료를 알리는 벨이 울렸으니까.

조건자극 = 옆 반 학생들의 복도로의 질주 + 자신의 반 학생들의 시계확인
무조건자극 = 수업 종료 벨소리
조건반응 = 교사의 수업 종료선언

B 교사는 학생들이 학교에서 잘못된 행동을 했을 때마다 학부모를 불러서 경고하는 것으로 소문이 나 있었다. 그런데 이번에는 자신이 담당하고 있는 C 학생이 갑자가 성적이 올라서 그 이유를 알기 위해 C 학생의 부모를 학교에 오도록 요청했다. 그런데 C 학생의 부모는 왜 자신들을 부르는지를 알아보지도 않은 채 C 학생에게 '너 또 학교에서 뭘 잘못했어?'라고 꾸짖고, 이럴 때 학교에 찾아가서 무엇을 어떻게 해야 하는지 미리 알아보기 위해 옆 아파트에 살고 있는 같은 반 문제 학생 D의 학부모를 찾아갔다.

조건자극 = B 교사의 C 학부모 호출
무조건자극 = 학생의 문제행동에 대한 B 교사의 학부모 호출
조건반응 = C 학부모의 자녀 꾸짖기 + D 학부모 찾아가기

3 E. Thorndike: 미국 행동주의 심리학의 원조, 교육심리학의 아버지

미국에서 Edward Lee Thorndike(1879-1949)는 주요 행동주의적 시각과 일치하는 사상체계를 제안하였다. Thorndike는 기능주의 전통에서 교육을 받았고, 그 결과 기능주의의 관용적 정신에 심정적으로 동조하였다. 하지만 개인적으로 그는 유기체의 관찰 가능한 행동에 초점을 두는 객관주의 심리학을 선호하였다. 그는 내관법과 인간의 마음(혹은 내적 상태)을 심리학의 주요 탐구대상으로 가정하는 것(예, Wundt)에 대해 비판하였다. 그는 존재하는 것은 어떤 것이든(심리적인 것이라도) 일정한 양으로 존재하며, 그렇기 때문에 계량화될 수 있다고 주장하였다. 그는 여타 다른 과학의 방법들을 신뢰하여 수많은 문제들에 적용함으로써 결국 미국에서 가장 생산적인 과학자로 칭송받게 되었다(Joncich, 1968). 포괄적인 철학적 입장에서 생각하면, Thorndike는 기능주의자이지만, 그의 실제적인 연구들을 살펴보면, 행동주의의 원조로 간주될 수 있다.

Thorndike는 심리학과 교육학에 걸쳐 다양한 분야에서 업적을 남겼다(Hilgard, 1996). 그는 동물행동에 관한 실험심리학을 개척하였으며, 초기 학습이론에 해당하는 중요한 이론을 남겼다. 그의 학습이론의 상당부분은 모두 실험실 연구에서 비롯된 것들이다. 그리고 그 이론을 이해하기 위해서는 우선 인간의 본성에 관한 그의 관점을 살펴볼 필요가 있다.

Thorndike는 한 발은 David Hartley와 John Locke로 대표되는 연합주의와 경험론에 두었지만 다른 한발은 유전의 영향력을 강조하는 Francis Galton의 진영에 확고하게 두고 있었다. Thorndike는 모든 지식이 처벌과 보상이라는 단순한 사회적 기술을 통하여 인간에게 전달될 수 없다고 믿었다. 그는 연구를 통하여 유전이 인간에게 있어서 중요한 역할을 하고 있음을 확신하게 되었다. 다양한 과제에 걸쳐서 일란성 쌍생아를 비교하였는데, 수행에서의 유사성에 놀라게 되었고 그는 일란성 쌍생아 간의 상관성이 형제 간의 상관성에 비해 더 크다는 사실을 발견하였다. Joncich(1968)는 "Thorndike가 개인차의 존재를 믿었는데, 그에게 있어서 개인이란 각기 유전인자로(잘 혹은 모자라게) 준비된 존재였다(p. 333)."고 지적했다. 학습의 역할이 개인과 사회에 있어서 매우 중요한 것이지만, 학습만으로 모든 것을 달성할 수는 없는 것이다. Thorndike는 유전적인 원리가 학습보다 훨씬 더 중요한 것이며, 그렇기 때문에 결코 무시될 수 없는 것이라 생각하였다.

Columbia 대학에서 완성된 Thorndike의 박사학위논문은 고양이를 대상으로 한 실험에 근거한 것이었는데, 1898년에 『Animal Intelligence』로 출간되었다. Thorndike는 보다 기초적이고 근본적인 방법론을 적용하기 위해 초기의 일화적이고 의인화된 연구방법을 거부하고 대신 실험법을 적용하였다. 그가 적용한 방법은 후에 1세기 이상 학습심리학의 고전으로 평가받고 있으며, 결합설(connectionism)로 일컬어지는 학습이론의 기반이 되었다.

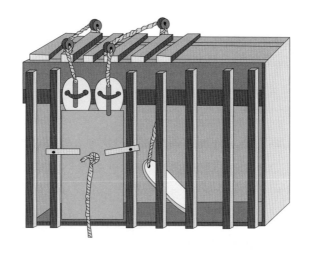

그림 4-4 Thorndike의 고양이 문제상자 "Box K"

열다섯 가지의 각기 다른 문제상자에서 도피하도록 학습하는 동안 고양이들은 닥치는 대로 다양한 행동을 보여주었다(Thorndike는 이러한 행동을 '시행착오'보다는 '시행과 우연적 성공'이라는 표현을 더 선호하였다. 하지만 이후에 후자보다는 전자의 표현이 더 일반적으로 사용되었다). 시간이 지나면서 불필요한 움직임이 사라지고, 만족스런 결과를 가져오는 고도로 특수화된 일련의 행동들이 두드러지게 나타났다. Thorndike는 감각인상과 반응 유형 간의 결합을 강조하였다. 그가 생각하기에 학습은 이러한 결합을 강화하는 것이었는데, 이것은 최초의 가장 영향력 있는 자극-반응 혹은 S-R 이론에 해당되는 것이다.

1) 학습의 법칙

이 실험을 통하여 Thorndike는 처음에 다음과 같은 세 가지 학습법칙을 제시하였다.

- 연습의 법칙: 연습과 사용이 잦으면 결합이 강화되지만, 사용하지 않게 되면 약화된다.
- 효과의 법칙: 행동의 결과가 만족스러우면 결합이 강화되고, 그렇지 않으면 약화된다.
- 준비성의 법칙: 행위를 수행할 준비가 되었을 때 하는 것은 만족스럽지만, 수행할 준비가 되지 않았을 때 수행을 강요받거나, 수행할 준비가 되었는데도 하지 못하면 혐오적이다.

1930년에 초에 Thorndike는 자신이 제시한 연습의 법칙과 효과의 법칙을 수정하였다. 그는 연습 그 자체(맹목적 반복)만으로는 결합을 강화시키지 못한다고 확신하게 되었다. 오히려 결합을 강화시키는 것은 다른 조건이 첨가된 연습이어야 한다. 예컨대, 매번 반복되는 반응이 정확한지 아닌지에 관한 정보가 주어지는 조건에서 결합이 강화된다는 것이다. Thorndike는 자신의 효과의 법칙도 수정하였는데, 그 수정된 법칙은 '축약된 효과의 법칙'(truncated law of effect)으로 불린다. 이 법칙에서 결합을 약화시키는 수단으로 여겨졌던 처벌의 효과를 인정하지 않게 된다. 즉 축약된 효과의 법칙은 만족스런 결과가 뒤따르는 반응들은 강화될 것이라는 입장만을 고수한다.

처벌의 효과에 대한 Thorndike의 의심은 피험자로 하여금 5개의 영어단어들 중 하나를 그것과 상응하는 스페인어와 짝짓도록 하는 연구에서 비롯되었다. 이 연구에서 피험자들이 정확한 단어를 선택할 경우 실험자는 그들에게 '맞아'라고 말하는 보상을 주었다. 그러나 틀린 단어를 고를 경우에는 '틀렸어'라고 말하는 처벌이 가해졌다. 그 결과 처벌된 결합은 약화되지 않았고, 보상된 결합은 잘 유지되었다. Thorndike는 다른 방식으로 처벌의 효과를 탐구해 보고나서 처벌은 결합을 약화시키는 유효한 수단이 될 수 없다고 하였다.

2) 학습의 전이: 동일요소설

학교교육의 궁극적 목적은 학교에서 학습한 것들이 그 자체로만 가치를 지니는 것이 아니라 학교 밖의 실제 상황에서 잘 적용되는 것이다. 전통적으로 특정 학문분야의 지식은 일반적인 지적 능력을 개선시키는데 도움이 된다는 믿음이 있었다. 예컨대, 라틴어에 대한 학습은 고대 언어 그 자체를 알게 됨으로써 얻는 이점 이상으로 논리적 사고와 이성적 능력을 향상시키는데 도움이 된다고 여겨졌다. 또한 실생활에 사용되지는 않지만, 고등수학은 인간의 논리적 능력을 향상시킨다는 믿음도 있다. 이처럼 특정의 지식들이 마음의 기능에 특별히 이로운 효과를 가진다는 생각을 흔히 형식 도야설(doctrine of formal discipline)이라 부른다. 이는 마음은 근육과 같아서 특정의 연습(라틴어, 수학 학습)은 마음의 근육을 강화시킨다고 가정하고 있다. 즉, 학교에서 가르치는 교과목들은 그 자체로서의 실용적 가치보다는 인간의 몇 가지 핵심적 정신능력(판단력, 공감능력, 기억력, 주의력, 의지력 등)을 단련하기 위한 도구로서 가치가 있다는 것이다. 예컨대, 이제는 사용하지 않는 라틴어라도 기억력과 의지력을 향상시키기 위해 여전히 가르쳐야 한다고 본다. 이러한 신념은 능력심리학(faculty psychology)의 가설에 기초한 것이다.

이와 반대되는 입장은 능력의 전이는 형식도야설이 가정하는 것보다 훨씬 더 특수하게 이루어진다고 본다. 이러한 반대 입장을 흔히 동일요소전이설(identical elements transfer theory)이라 하는데, 이는 이전과제와 이후과제 간의 과제요소의 유사성의 정도에 따라 전이의 효과가 결정된다고 주장한다. Thorndike와 Woodworth(1901)는 전이의 양은 두 과제 사이의 유사성에 따라 결정된다는 점을 입증하였다. 그들은 두 과제가 상당히 유사할 때에도 전이는 지나치게 적게 일어나는 경우를 발견하였다. 예컨대, 0.5인치에서 1.5인치 사이의 선 길이를 정확히 판단하는 능력을 향상시켰다고 해서 그 다음 과제인 6인치에서 12인치 사이의 선 길이들을 정확히 판단하지는 못하였다. 비록 단순한 지각적인 문제들을 가지고 실험한 것들이기는 하지만, Thorndike와 Woodworth는 동일요소전이설을 지지하는 연구결과들을 제시하였다.

하지만 라틴어와 기하학과 같은 과목들이 실제 세계로의 일반적인 전이적 가치가 있을 수도 있다는 생각은 여전히 존재하였으므로 Thornd-ike(1924)는 20여 년 동안 고등학교에서 가르치는 특정 교과목의 전이효과에 관한 일련의 연구들을 수행하였다. 8,564명의 고등학교 학생들을 연구대상으로 다양한 교과들(대수, 물리학, 심리학, 라틴어, 프랑스어, 생물학 등)이 후속하는 문제해결능력에 미치는 효과를 분석한 결과, 여러 교과들의 전이효과들은 매우 미미하였다. 이 연구결과는 교육의 계획과 관련하여 매우 중요한 시사점을 제공한다고 할 수 있다.

Thorndike의 연구업적으로 교육자들은 학교에서 가르치는 교과의 내용과 일상생활장면에서의 요구 간의 관련성을 강조하게 되었다. 새로운 교육법칙은 단순하고 실제적인 것이었다. 즉, "영어를 알고 싶으면, 영어를 공부하고, 대수를 알고 싶으면, 대수를 공부하라" 는 식이었다. 훈련의 전이에 관한 연구는 학습심리학에서 아직도 중요한 연구 분야로 남아 있다. 이 밖에도 Thordike는 현대 교육심리학의 주요 이론들이 근거하고 있는 많은 기본적인 교육원리들에 대해 실험하였다.

Thorndike의 업적과 방법들은 미국 행동주의를 창시한 J. B. Wat-son(1878-1958)이 찬사를 보낸 유일한 것이었다. Joncich(1968, p.414)가 밝힌 바에 의하면, Watson은 다른 사람의 업적을 칭찬하는 일이 거의 없었던 인물이었지만 유일하게 Thorndike가 행한 실험방법에 대해서는 찬사를 보냈다고 한다. Thorndike 역시 Watson의 행동주의 프로그램에 대부분에 우호적이었다. 하지만 그는 James의 정신에 입각하여 행동주의가 지나치게 제한된 정설로 고착되지 않을까 우려하였다고 한다(Joncich, 1968, p.418).

4   J. Watson: 미국 행동주의 심리학의 공식화

고전적 조건화 이론은 미국의 Watson에 의해 행동주의 심리학이 기초가 되었다. Watson에 의해 주도된 미국의 행동주의 심리학은 당시로서는 매우 신선하고, 명료하고, 심지어는 혁명적이기까지 하였다. 행동주의 심리학은 유망한 새로운 차원의 세계를 제시하고, 그 당시를 주도하던 기존의 심리학이론으로부터의 분명한 이탈을 선언하였다. 행동주의 심리학이 호소력을 가지게 된 것은 무엇보다도 직접적이고도 분명한 방식으로 시작하였다는 것이다. Watson은 새롭고도 보다 나은 방법, 즉, 과거의 복잡한 것들을 간단하게 해결할 수 있다는 희망을 줄 수 있는 방법을 약속하였다.

John B. Watson의 생애

성장기의 Watson은 게으르고 반항적인 소년이었다. 공부를 졸업에 필요한 만큼만 하였고, 그 과정에서 두 번이나 체포되었는데, 한번은 싸움 때문에, 또 한번은 거리에서 화기를 발사한 사건 때문이었다. 1894년에 Watson은 Furman University에 입학하였으나 졸업학점관리상의 실수로 낙제하여 5년 동안 대학을 다녔다. Watson은 Chicago University에서 박사과정을 이수하면서 J. Dewey, 신경학자 H. Donaldson, 그리고 생리학자인 J. Loeb와 같은 그 당시 최고의 학자들과 연구하였다. Watson은 Chicago에서 엄격한 일 습관을 발달시켰는데 그의 전 인생 내내 지속되었다. 그의 연구는 너무도 강렬하여 신경쇠약에 걸리기도 하였다. Pavlov의 조건화에 영향을 받아 Watson은 Titchener의 내관법과 Freud의 정신분석법과 경쟁할 수 있는 새로운 방법으로써 행동주의를 계획하였다. 1913년에 「The Psychological Review」에 실린 Watson의 고전적인 논문 'Psychology as the Behaviorist Views It'는 행동주의 심리학자들에게는 일종의 강령과 같은 것이 되었다. Johns Hopkins에서 행동주의 창립자인 Watson의 학문적 경력은 불미스런 일로 갑자기 끝났다. Watson은 다시는 학계로 돌아가지 않았지만, 계속해서 심리학과 관련된 책과 논문들을 썼다. 대학을 떠난 뒤 그의 저작물들은 다소 대중적인 인기에 영합하는 방향으로 기술되었다. 그는 신문이나, 대중 잡지 그리고 라디오 방송 등을 이용하여 대중적 인기를 얻었다. Bergmann(1956)은 "J. B. Watson이 20세기 전반기에 심리학분야에서 가장 공이 많았던 Freud에 이어 두 번째로 공이 많았던 인물이었다(p.265)"고 평가하였다. 실로 그의 업적은 광범위하다. 우선 그는 심리학에 체계적인 객관주의 접근법을 소개하였으며, 그것은 비교심리학, 학습, 아동의 정서적 조건화 등에서의 중요한 실험들과 잘 결합되었으며, 행동요법의 발달에 직접적인 영향을 미쳤다. 또한 Watson은 광고계에도 많은 영향을 미쳤으며, 많은 인기 있는 대중적 논문을 통하여 심리학에 대한 대중적 관심을 유도하였다. 그의 파란만장한 경력은 1958년 9월 25일에 그의 사망과 더불어 끝났다.

Watson의 행동주의는 그 당시 전통적으로 대부분의 심리학자들이 사용하던 소위 내관법(introspection)에 대해 이의를 제기하면서 시작하였다. 내관법은 심리학의 아버지로 불리는 독일의 심리학자 Wundt가 인간의 마음을 이해하기 위해 주로 사용하면서 심리학의 주요 탐구방법으로 정착되었다. Wundt는 다른 사람의 마음을 주시할 수 없었기 때문에 자신의 마음을 스스로 관찰했다고 한다. 즉, Wundt가 주장한 심리학적 방법의 전제는 "모든 심리학은 우선 자신을 관찰함으로써 시작된다"였다.

그러나 Watson은 심리학이 과학으로서의 위상을 가지려면 자연과학의 전통에 따라 객관적으로 관찰할 수 있고 측정할 수 있는 행동만을 연구대상으로 하여야 하며, 정신적 현상이나 의식은 주관적 현상이기 때문에 심리학이 아닌 철학의 연구대상이 되어야 한다고 주장했다. 즉, 심리학은 공포심과 같은 주관적 심정을 직접적으로 연구할 것이 아니라 그것을 표상하는 객관적이며 관찰가능한 외현적 행동을 연구대상으로 해야 한다는 것이다. 예컨대, '불안'이라는 심정은 객관적으로 규정하기 어렵지만, 그것을 나타내는 관찰가능하고 측정 가능한 생리적 반응(예, 근육 긴장, 땀 분비, 심박동, 혈압 및 호르몬 변동 등)이나 행동(회피, 분노, 은둔, 야뇨증 등) 등으로 환원시켜 탐구할 필요가 있다는 것이다. 『Behaviorism』에서 Watson(1924a)은 지금까지 사람들은 사고가 "그 형체를 알 수 없고, 만질 수도 없고, 순식간에 사라질 수도 있는 정신적인 어떤 것(p.191)"쯤으로 배워왔다고 경고하였다. 이에 더하여 그는 기존의 심리학자들이 "우리가 볼 수 없는 것들에게 신비감을 결부시켜 왔다(p.191)"고 경고하였다. 정신적 사상의 존재를 부정하는 심리학에 있어서 사고는 해결해야 할 골치 아픈 문제였다. 하지만 Watson은 사고에 대한 자연과학적 접근이 가능할 뿐만 아니라 생산적인 것이라고 주장하였다. 그리고 보다 발전된 과학의 출현으로 관찰될 수 없는 현상의 수는 점점 더 줄어들게 될 것이고 사고에 관한 실험이 가능해질 것이라 자신하였다(Watson, 1924b, p.191). 그러니까 행동주의 심리학은 마음을 연구하지 말고 행동만을 연구하자고 주장하는 것이 아니라, 소위 '사고'나 '정서'와 같은 정신적 개념들을 행동주의적으로 환원시켜 보다 적극적으로 연구하자는 것이라 할 수 있다.

Watson의 행동주의 심리학의 또 다른 특징은 극단적 환경결정론이라는 점이다. 그는 소위 '타고난 성격이나 특성'을 부정하였다. 인간은 약간의 반사와 기본정서를 타고나지만, 이후의 환경적 자극들과 결합하면서 조건화의 과정을 통해 대부분의 정서와 성격 그리고 습관들로 자리잡는다고 주장하였다. 그는 환경이 인간과 동물의 행동을 조형(Shaping)하는데 있어서 결정적인 역할을 한다고 보았다. Clark University에서의 연설에서 Watson(1926)은 다음과 같은 대담한 주장을 함으로써 그의 급진적인 환경결정론적 입장을 설명하였다.

"나는 오늘 밤 한 단계 더 진전된 이야기를 하고 싶다. 나에게 12명의 건강한 아이들과 그들을 키우기 위해 내가 설계한 적합한 환경을 제공하라. 그러면, 내가 보장하건대, 그들 중 한 아이를 아무나 골라서 의사, 법률가, 예술가, 상인 등 어떤 유형의 전문가로도 훈련시킬 수 있을 것이다. 심지어는 그로 하여금 거지가 되게도 할 수 있고, 도둑이 되게 할 수도 있다. 이렇게 하는데 있어 그가 가진 능력, 재능, 성격, 취향 및 조상의 직업과 인종은 아무런 문제가 되지 않는다. 내가 이렇게 말하면 다소 과장된 것인지도 모른다. 나는 그렇다고 인정하겠다. 하지만, 그 반대 주장을 하는 사람들도 그렇게 해왔다. 그것도 수 천년 동안이나(p.10)."

Watson은 자신의 대담한 선언을 실험으로 입증하고자 하였다. Watson과 Rayner(1920)는 공포감이 어떻게 조건화될 수 있는지를 보여주었다.

[Watson과 Rayner의 공포감 조건화 실험 개요]

Albert의 나이가 11개월 3일이 되었을 때, 흰쥐가 제시되었다. 이 실험이 있기 전만 해도 Albert는 쥐에 대해 공포감을 가지지 않았다. 오히려 쥐를 보면 접근하였다. 실험장면에서 Albert가 흰쥐에 접근할 때, 놀랄 정도의 굉음을 울렸다. 이 과정을 7번 반복한 후에, Albert는 흰쥐에 대해서 조건화된 반응을 보였다. 즉, (굉음이 없이) 흰쥐만 제시되어도 Albert는 울기 시작하였고, 먼 곳으로 기어 도망갔다. 또한 Watson과 Rayner는 Albert가 그 이후 토끼, 털코트, 개 등과 같은 다른 것들도 피한다는 것을 관찰하였다.

공포감의 조건화를 증거하는 이 실험은 널리 인정되었다. 또한 이 연구는 원래 조건화된 자극에서 다른 자극으로의 공포반응 일반화 현상을 보여주는 것이기도 하였다.

한편 Watson은 이번에는 공포감을 제거하는 조건화 실험에도 관여하였다. 역조건화(counter conditioning)로 불리우는 이 실험은 Mary Cover Jones(1924a; 1924b)가 수행했고, Waston은 그 실험을 감독하였다. 이 실험에서 그녀는 '조금 더 자란 Albert(Albert grown a bit)'로 표현된 한 소년을 대상으로 했다. 작은 Albert를 대상으로 한 Watson과 Rayner의 연구와는 달리 Jones는 공포감 불어넣는 것이 아닌, 그것을 제거하려는데 목적을 두었다. 실험 전에 세 살 된 Peter는 토끼에 대한 심한 공포증을 가지고 있었다. 몇 가지 실험을 실시한 후에 그녀는 Peter에게 소위 역조건화[7](counter conditioning)를 시도하기 위해 토끼와 함께 유쾌한 자극을 짝으로 제시하였다. 시간이 지나자 Peter의 토끼에 대한 공포심은 제거되었고 이는 후에 행동요법의 기반이 되었다. 1970년대에 체계적 탈감법(systematic desensitization)을 창시한 Joseph Wolpe는 Mary Cover Jones를 행동요법(behavior therapy)의 어머니로 칭하였다.

1) 정서의 발생에 대한 견해

앞서 소개된 실험들은 Watson으로 하여금 대부분의 정서가 조건화를 통하여 형성되는 것이라는 믿음을 강화시켰다. 그의 주장은 공포와 불안 등이 불행했던 초기의 조건화 경험에서 기인한다는 것이었다. 이와 같은 조건화 원리는 긍정적인 애착에도 적용될 수 있다. 다른 사람, 대상, 동물 등에 대한 애정은 그 사람이나 대상과 함께 했던 유쾌한 상황과의 연합을 통하여 발생한다는 것이다.

---

7 A라는 자극에 대해 C라는 반응을 일으키도록 조건화된 상황에서 A 자극에 대해 C와 상반된 D반응을 일으키도록 새로운 자극 B를 제시함으로써 A와 C 간의 조건화를 약화 혹은 제거시키는 것.
  예] 조건화: 정치 + 남자 + 노령자 ⇒ 정치는 권위적이고 공격적인 것이라는 인상
    역조건화: 정치 + 여자 + 젊은이 ⇒ 정치는 그렇게 권위적이거나 공격적인 것만은 아니라는 인상

Watson은 학습되지 않은 초기의 정서적 반응들에 관하여 다른 심리학자들과 논쟁을 벌였다. 그는 유아기에 생길 수 있는 정서적 반응으로 공포, 분노, 사랑의 세 가지를 들면서 이러한 용어들이 오랫동안 함축해온 의미에서 벗어나야 한다고 경고했다. 본래 공포는 시끄러운 소리와 같이 갑작스럽거나 예기치 못한 상황에서 비롯되는 자극으로부터 발생하며, 지지나 지원을 갑작스럽게 상실하게 되었을 때 발생하기도 한다. 분노는 신체 운동이 방해를 받게 되거나 목적 지향적 활동이 봉쇄되었을 때 발생하는 것이다. 사랑이라는 정서적 반응을 일으키는 자극들로는 쓰다듬기, 간질이기, 부드럽게 흔들면서 달래기, 등 두드려주기 등이 해당된다고 하였다(Watson, 1924a, p.123). Watson은 각각의 정서적 반응들이 다소 포괄적이고 미분화된 반응패턴을 보이며 반응패턴들은 조건화를 통하여 고도의 특수한 방식으로 분화된다고 하였다. 처음에는 다소 혼란스럽게 표현되지만, 곧 서로 쉽게 구분된다. 예컨대, 분노의 눈물은 공포의 눈물과 쉽게 구분된다는 것이다.

2) 사고와 언어

Watson(1924b)은 행동주의자들에게도 사고가 존재한다는 점을 인정하였다(p.339). 하지만 보다 발전된 과학의 출현으로 관찰될 수 없는 현상의 수는 점점 더 줄어들게 될 것이라고 자신하였고(Watson, 1924b, p.191), 따라서 사고에 관한 실험이 점점 더 가능해질 것이라고 하였다. 그렇다면 행동주의 심리학자들은 사고를 어떻게 바라보는가?

Watson(1924b)은 다음과 같이 선언하였다. "행동주의자들은 새로운 언어적 적응이든 아니면 오래된 언어적 습관의 연습이든 입술이라는 잠겨진 문 뒤에서 진행되는 모든 언어적 표현을 '사고'라고 부른다(p.340)." 따라서 행동주의자들이 생각하는 '사고'는 언어와 밀접히 결합된 것이다. 실제로 사고는 '감춰진 음성적 언어'(subvocal)라고 할 수 있다.

Watson은 우리가 발달해 감에 따라 접해 왔던 상황이나 대상에 대한 언어체제를 갖추어 왔다는 점을 지적했다. 그는 언어적 습관이나 체제를 피아노 연주를 위한 운동체제에 비유하였다. 처음에 우리는 악보에 있는 각 음계를 신경 써서 눈여겨보아야만 한다. 그리고 조심스럽게 각각에 해당하는 피아노 건반을 조심스럽게 찾아야만 한다. 하지만 곧 초기의 음계들은 반응연쇄를 일으킬 수 있게 되고, 심지어는 어둠 속에서도 연주할 수 있게 된다. Watson(1924a)은 "이와 똑같은 것이 행동에서도 일어난다(p.188)"고 주장하였다. 몇 번의 반복이 있게 되면, 시나 우화의 첫 번째 문장은 전체 문단의 암송을 가능하게 하는 자극이 된다.

Watson은 우리가 말하는 법을 배울 때 근육습관도 함께 학습하게 된다고 주장하였다. 즉, 말하는 것은 중심(뇌)적 과정만이 아니라 주변과정도 포함한다. 우리는 뇌와 근육조직의 상호작용의 결과로써 말을 할 수 있는 것이다. 말하는 것에 개입되는 기초적인 근육부위는 후두이다. 하지만 Watson(1924b)은 "이 후두부위(사고)를 제거한다고 해서 속삭이는 말까지 사라지지는 않는다(p.191)"고 주장하였다. 그러니까 우리는 손, 어깨, 혀, 얼굴근육, 목, 가슴 등 우리의 전체 몸을 이용하여 말한다고 믿었던 것이다. 두뇌는 이러한 신체적 체계와 상관없이 홀로 기능하지 못한다.

사고와 언어에 대한 Watson이론의 또 다른 측면은 놀이에 참여하고 있는 아동에 대한 관찰을 통하여 구축되었다. 어린 아이들이 혼자서 놀 때, 흔히 자기 자신에게 혼잣말을 한다. Watson(1924a)은 "이야기할 때 말 대신 손동작을 사용하는 청각장애나 언어장애인들처럼 아이들도 손을 자신의 사고에서 활용한다고 하였다(p.193)." 시간이 경과하면서 아이들은 더 이상 큰 소리를 내어 말하지 않지만 그럼에도 불구하고 여전히 그들의 이야기는 입술 뒤에서 계속된다.

우리는 단지 말을 통해서만 사고한단 말인가? 이에 대하여 Watson은 우리가 말을 통해서 사고하거나 아니면 신체적 반응과 같이 언어를 대체하는 것들을 통해서 사고한다고 하였다. 비록 최종적인 해법은 말이나 글이 되겠지만, 어떤 사람이 생각하고 있을 때, 그의 전체 신체조직은 작동하게 된다는 것이다(Watson, 1924b, p.341). Watson의 이론으로 인해 사고와 다른 심리적 과정들은 모두 자연과학적 방법으로 탐구될 수 있게 되었다. 사고에 있어서 중심(두뇌)과정의 역할을 강조하지 않음으로써 사고의 연구에서 새로운 반응 수단들(목구멍 운동, 음성표현 등)에 관심을 기울이게 하였다.

3) Watson과 응용심리학

Watson(1913)은 "내가 심리학에 대하여 실망하게 된 이유 중의 하나는 실제로 쓸 만한 심리학적 원리의 적용을 다루는 영역이 없었다(p.169)."고 하였다. 그는 만일 심리학이 자신의 이론체계를 따르게 되면, "교육자, 의사, 법학자 및 사업가들이 실험을 통해서 얻은 자료들을 실제적인 방식으로 활용할 수 있게 될 것(p.168)"이라고 하였다. Watson은 과거의 심리학의 비실용적인 연구풍토에 대해서 탄식하고 비판하였다. 대신 그는(1913) "전체 학습과 부분학습의 상대적인 장점을 비교하거나, 행동에 대한 카페인의 영향, 혹은 증인의 신뢰성과 관련된 요인과 같은 실제적인 주제들을 다룰 것이라고 하였다(p.169)." 그는 대담하게도 행동주의야말로 유일하게 일관성 있고 논리적인 기능주의라고 주장하였다(p.166).

응용심리학에 공헌한 점을 고려한다면, 행동주의는 단연 최고의 이론이다. Pavlov와 Watson은 실제적인 문제들에 깊이 관여하였다. 실제로 Pavlov의 후반부 인생은 임상적 문제들을 파악하는데 모두 할애되었으며, Watson은 공포의 역조건화에 관한 초창기 연구(Jones, 1924a, 1924b)를 진두지휘하였다. Watson으로 인해 한때 행동요법에 대한 관심이 폭증하기도 하였다.

응용심리학에 대한 Watson의 공헌은 광고 분야로 확장되었다(Larson, 1979). Watson은 사람들이 욕구와 동기에 근거하여 물건을 구매한다고 이해하였다. 물건 그 자체와 더불어 우리는 그 물건과 관련된 관념도 산다는 것이다. 그러므로 성공적인 광고는 그 물건이 안전, 모험, 명성과 같은 인간의 기본욕구를 여하히 충족시킬 수 있느냐에 달려 있다는 것이다.

행동주의가 응용문제들에 관심을 가졌던 것은 어쩌면 당연한 것이었는지도 모른다. 왜냐하면, 행동주의는 사람들이 실제로 이 세상에서 행동하고 있는 바를 탐구하는 심리학이었기 때문이다. 만일 어떤 사람이 철학적 섬세함과 세련을 추구한다면, 행동주의는 그에 걸맞는 이론이 아닐 수 있다. 하지만 즉시적인 실제적 문제들에 대한 해법을 찾는다면, 행동주의는 눈여겨 볼만한 가치가 있는 심리학이다. 조작적 조건화이론은 그 가능성을 보다 가시적으로 보여준 이론이다.

⑤ 조작적 조건화 이론

Burrhus Frederic Skinner의 생애

B. F. Skinner는 1904년 3월 20일 Pennsylvania의 Susquehanna 에서 태어났다. 그는 행복한 가정환경에서 유복한 유년시절을 보냈다. Skinner는 법을 전공하도록 권유받았지만, 인문학을 전공하였다. Skinner는 작가가 되고자 New York에 소재한 Hamilton College에서 적극적으로 문학 수업을 받았다. 자신의 작품에 대해 유명한 시인인 R. Frost 가 호평을 하였음에도 불구하고, 그는 작가의 길을 포기하였다. Hamilton 에 있을 당시 Skinner는 I. Pavlov의 『Conditioned Reflexes』와 B. Russell의 『Philosophy』 그리고 Watson의 『Behaviorism』을 읽게 되었다. 학부과정에는 심리학 강좌가 별로 없었기 때문에 그는 Harvard University의 대학원 과정에 등록하였다. 행동주의를 강조하지 않는 분위기에도 불구하고 Harvard의 대학원 과정은 Skinner로 하여금 자신의 연구관심사를 전개할 수 있는 자율성을 부여하였다.

1936년에 Skinner는 University of Minnesota의 교수가 되었다. 그는 그곳에서 실험실과 교실에서 생산적인 활동을 전개하였다. 또한 그는 조작적 조건화에 대한 그의 이론을 진척시키는 한편 전시(戰時) 연구를 하였다. 1945년에 Indiana University 심리학과의 학과장직을 맡았다. 그리고 3년 뒤 Harvard로 되돌아갔다. 그는 생활방식에서 허식이나 겉치레를 찾아보기 힘든 인물이었다. 자신이 직접 전화를 받았고, 자신을 기리기 위한 메달이나 트로피를 진열하는 것을 반대하였으며, 명예로운 학위증들은 집 지하실에 있는 박스에 담아 보관하였다. 인터뷰에 응하거나 토크쇼에 출연하였을 때에도 자신을 과시하지 않았으며 오직 행동주의를 승격하는데 전념하였다. 60여년 동안 Skinner는 많은 업적을 남겼으며, 1990년 8월에 미국심리학회는 심리학 발전을 위해 공을 세운 입직을 기리기 위해 이진에는 유레를 찾아볼 수 없었던 파격적인 특별상을 그에게 수여하였다. 비록 그 연구가 많은 논쟁과 비판의 대상이었지만, Skinner는 그러한 비판에 응대하지 않았다. 오히려 자료를 수집하고, 자신의 이론적 입장을 구축하는데 전념하였다. Skinner는 그 상을 받은 후 8일이 지난 1990년 8월 18일에 백혈병으로 사망하였다.

Watson처럼 Skinner는 심리학을 자연과학으로 보았고 철저한 결정론자였다. 그는 행동이 법칙적이며, 자유의지와 같은 낭만적인 개념의 사용은 행동과학에 역효과를 가져오며, 더 나아가 사회에서도 역효과를 발생한다고 주장하였다. Skinner(1974)는 다음과 같이 표현하였다. "느껴지거나 내관적인 방법으로 관찰되는 것은 비신체적인 의식, 마음 혹은 정신적 삶의 세계가 아니라, 관찰자 자신의 신체이다(p.17)." 그는 세 가지 장애물이 급진적 행동주의의 앞길을 막고 있다고 주장하였는데, 그것은 바로 제3세력 심리학(인본주의 심리학), 심리치료, 인지심리학이다. Skinner(1987)는 "인본주의 심리학의 반과학적인 태도, 도움을 주는 직업이 필요하다는 절박한 상황, 고결한 마음이라는 집을 회복하려는 인지심리학 등이 심리학을 행동과학으로 정의하는데 걸림돌로 작용한다(p.784)."고 주장하였다. 그는 이러한 접근법들의 폐해를 한탄하면서, 결국에는 급진적 행동주의가 유사과학적인 무리들로부터 심리학을 구출해 낼 것이라고 자신하였다.

하지만 Skinner(1963)는 Watson이 엄격한 연구로 자신의 이론적 입장을 지지하지 못했다는 점을 인식하였다. 강화에 관한 연구는 그가 엄격한 결정론자라기보다는 미래의 반응가능성을 높이는 법칙성에 관심을 두었음을 나타내고 있다. 그럼에도 불구하고, Skinner의 전반적인 사상체계에는 예언과 통제를 강조하고 있다. 게다가 그는 긍정적인 통제의 이점과 부정적인 통제의 해로운 특성을 밝히고자 했다. Skinner는 개인과 사회 그리고 제도가 행동분석의 원리에 근거한 '행동공학'을 통하여 가장 효과적으로 진보할 수 있다고 믿었다.

Skinner는 Pavlov의 반응적 조건화(respondent conditioning)에 대비되는 조작적 조건화(operant conditioning)를 소개하였다. Pavlov식 조건화는 무조건자극과 조건자극 간의 관계를 입증한 것인 반면, Skinner는 반응과 강화 간의 관련성을 강조한다. Skinner는 Pavlov식 조건화를 2형 조건화 혹은 S형 조건화(자극에 따른 강화)라 칭하고, 자신의 조작적 조건화는 1형 조건화 혹은 R형 조건화(반응에 따른 강화)라 칭하였다. S형 조건화는 지동적(불수의적) 행동의 조건화인 반면, R형 조건화는 자발적(혹의 수의적)행동의 조건화이다. 다시 말해 고전적 조건화는 선행하는 자극에 반응이 영향을 받는다는 것이고, 조작적 조건화는 행동(반응)후에 따라오는 후속 자극이 반응을 결정한다는 것이다. 하지만 공통점은 고전적 조건화든 작동적 조건화든 모두 조건화의 과정이며, 반응이 아닌 자극이 반응을 결정한다는 것이다.

1) 강화와 처벌

자세히 관찰하면, Skinner의 연구와 E. L. Thorndike의 연구에는 유사성이 존재한다(Chance, 1999). Thorndike에게 보낸 편지에서, Skinner는 자신의 이론이 Thorndike의 문제상자 실험을 정교화한 것이었음을 인정하였다. Thorndike가 '효과의 법칙'을 수정하였던 것처럼, Skinner는 행동을 강화함에 있어서 처벌 대신 보상을 강조하였다. 특히 간헐적인 처벌은 좋지 않은 파생 효과를 초래하며, 효과가 있더라도 단지 일시적일 뿐이다. 그렇지만 Skinner는 다행히 우리 사회가 점차 처벌의 부정적 영향을 감소시키는 방향으로 나아가고 있다고 하였다. 그는 이전 세대들을 공포에 떨게 하였던 지옥의 불 위협이나 분노와 복수심을 가진 신의 개념이 더 이상 힘을 발휘하지 못하게 된 것을 다행으로 여겼다. 또한 학교에서 열등생이나 게으른 학생에게 씌우던 'dunce cap'이나 자작나무 회초리가 점차 학습을 촉진하기 위한 유인물로 대체되는 것을 반겼다.

강화는 어떤 행동의 발생가능성을 높이는 조치이고, 반대로 처벌은 어떤 행동의 발생가능성을 낮추는 조치이다. 교육의 장면에서 교사는 학생들의 바람직한 행동을 높이고 싶을 것이며, 동시에 바람직하지 못한 행동을 억제하고자 할 것이다. 그래서 학생들의 바람직한 행동을 줄이기 위한 방편으로 처벌의 필요성을 역설하곤 한다. 그런 교사들에게 '처벌은 비효과적이기 때문에 사용하지 말라'는 Skinner의 교훈은 무시될 수 있다. 하지만 축구 해설에서 '최선의 공격이 최선의 방어'라는 말이 있다. 이 말을 조작적 조건화에 그대로 적용하면, '최선의 강화가 최선의 벌받을 행동을 방어하는 수단이다'라고 말 할 수 있다.

다음의 공식을 고려해 보자.

· 원공식; 총행동량 = 바람직한 행동 + 바람직하지 못한 행동
↓
· 치환공식; 바람직하지 못한 행동 = 총행동량 - 바람직한 행동

　이 공식에서 '총행동량'은 상수로 볼 수 있다. 왜냐하면, 사람이 일정기간 내에 최대로 할 수 있는 행동량은 어느 정도 한계가 정해진 요소이기 때문이다. 하지만 바람직한 행동과 바람직하지 못한 행동의 양은 변수이다. 가령 어떤 학생의 하루 총행동량이 100이라면, 그중 교사의 마음에 드는 행동이 50 그리고 마음에 들지 않는 행동을 50이라고 할 때, 바람직한 행동 비율이 높아지면(강화되면), 바람직하지 못한 행동의 비율은 낮아지게 된다. 즉, 강화가 성공적이면, 처벌을 할 필요성이 줄어든다. 처벌의 필요성을 역설하는 교사에게 Skinner는 다음과 같이 물을 것이다. '강화 받을 행동을 강화해 보았는가? 그렇게 하면 학습자는 자연스럽게 처벌 받을 행동을 할 시공간적 그리고 에너지를 갖지 못할 것이다.'

　반대로 바람직하지 못한 행동에 대해 처벌을 하게 되면, 처벌 받는 행동은 일시적으로 억제된다. 하지만, 원공식에서 강화 없이(정적 강화, 바람직한 행동량에 변화가 없이) 처벌만 이루어지게 되면, 논리적으로 총행동량 자체가 줄어들어야 한다. 그렇게 되면, 행동공백의 시간이 많아지게 되고, 그것은 가장 견디기 힘든 것이 상황이 된다(왜냐하면, 아무것도 안하는 것이 사실 가장 힘들기 때문이다). 이러한 상황이 되면, 아이들(학생들)은 이렇게 물을 것이다. 그럼 뭘해요?

2) 두 종류의 강화: 정적 강화와 부적 강화

행동의 발생가능성을 높이는 방법은 크게 두 가지가 있다. 첫째는 그 행동에 후속하여 유쾌한 결과가 주어지도록 조치하는 방법(정적강화, 보상; reward)이고, 또 다른 방법은 그 행동에 후속하여 이미 경험하고 있는 불쾌한 자극을 제거해 주는 조치(부적 강화)이다. 두 가지 중 어떤 것이 행동의 발생가능성을 높이는데 더 효과적인가? 그것은 상황마다 다를 것이다. 학습상황 자체가 유쾌하기보다는 고통인 한국의 교육현실에서 어쩌면 정적 강화보다 부적 강화가 더 효과적일 수 있다. 예컨대, 12시까지 야타(야간타율학습)를 하는 고통스런 학습자에게 학습과제에 집중을 잘하면 원하는 무언가를 해주겠다는 조치보다 학습과제에 집중을 잘하면 그만큼 귀가 시간을 당겨서(야타시간에서 해방) 취침 시간이나 여가 시간을 보장하겠다는 것이 더 매력적일 수 있다.

하지만 두 가지 방법 모두 학습과제 집중도를 높여준다는 점에서 강화이다. 강화가 보다 효과적이려면, 강화인(정적 강화인이든 부적 강화인이든)은 구체적인(tangible) 것이어야 한다. 지금은 고통스럽지만 몇 년만 참고 노력하면, 대학 가서 뭐든지 다 할 수 있다거나 이 고통에서 벗어날 수 있다는 식의 매우 추상적이고, 모호한 장기적 결과물은 행동유인력이 매우 낮다. 특히 의지력을 강요하는 것은 또 다른 처벌 자극이다.

어떤 것이 강화인일 될 것인지는 어디까지나 학습자의 관점에서 판단되어야 한다. 또래 관계가 좋지 않은 학습자는 학생들만 남겨진 교실보다는 교사의 감독하에 운영되는 수업시간을 선호할 것이며, 반대의 학습자는 반대상황을 선호할 것이다. 학폭에 시달리는 학습자는 교사의 감독을 선호할 것이다. 그래서 Skinner의 실험에서 피험동물은 음식물에 대한 추동(drive)이 높아지도록 하기 위해 바짝 굶겨졌다. 그래야 음식물이 유효한 강화인으로 작용하기 때문이다. 배부른 아이에게 한 숟가락만 더 먹어달라고 통사정하는 것은 매우 혐오적이며, 그것은 강화가 아닌 처벌로 작용한다. 사정이 이러한데도 이를 두고 Skinner의 방법은 비효과적이라거나 비인간적이라거나 하는 비판은 본질을 벗어난 판단이다. 강화가 효과적이려면 교육상황에서 현재 학생들의 간절히 원하는 것이 무엇인가에 대한 판단이 먼저 이루어져야 한다.

3) 두 종류의 처벌: 수여성 벌(1유형 벌)과 박탈성 벌(2유형 벌)

전통적으로 한국의 교육에서 처벌은 중요한 교육적 수단으로 여겨져 왔다. '매를 아끼면 아이를 망친다'는 속담이 있다. 매는 체벌로서 매우 극단적인 처벌의 한 수단이지만, 마치 처벌의 대명사처럼 인식되었다.

전술한 바와 같이 Skinner뿐만 아니라 Thorndike 역시(수정된 효과의 법칙) 벌의 교육적 유용성은 매우 제한적이라고 하였다. 이들은 모두 행동주의자이다. 따라서 그들은 처벌을 윤리적 차원보다는 효과성 차원에서 더 문제 삼았을 것이다. 실제로 그들이 실험에서 적용하였던 처벌의 수단들은 우리가 인식하는, 매우 윤리적으로 문제시되는 체벌과 같은 것은 절대 아니었다. 행동주의 심리학자들이 처벌의 비효과성을 예증한 실험들은 차고도 넘친다. 뿐만 아니라 앞서 제시된 강화와 처벌의 함수관계에 관한 공식을 보더라도 처벌의 효과는 강화를 통해서 얼마든지 상계될 수 있다. 그럼에도 불구하고 여기서 처벌유형을 구분하고 그 효과를 별도로 다루는 것은 처벌이 절실히 필요하다고 판단되는 경우에도 고려할 점들이 있기 때문이다.

처벌 역시 강화처럼 두 종류로 구분된다. 전술하였듯이 처벌은 강화와 달리 미래의 행동 발생가능성을 낮추기 위한 조치이다. 첫 번째 유형은 바람직하지 못한 행동의 발생가능성을 낮추기 위해 불쾌한 자극을 제시하는 방식이며, 두 번째 유형의 처벌은 바람직하지 못한 행동의 발생가능성을 낮추기 위해 학습자가 가지고 있는 유리한 조건(권리, 재화 등)을 박탈하는 것이다. 한국의 교육상황에서 첫 번째 유형의 벌은 보편적으로 적용되지만, 두 번째 유형의 벌은 잘 사용되지 않는다. 그도 그럴 것이 한국 학생들에게서 박탈할만한 유리한 조건들을 찾기 힘들다. 아마도 그런 이유로 벌의 필요성이 발생할 때 우리는 즉각적이고 자동적으로 첫 번째 유형의 벌을 선택한다.

	정적(적극적)	부적(소극적)
행동의 강화(강화)	유쾌한 자극 제시	불쾌한 자극 제거
행동의 약화(처벌)	불쾌한 자극 제시	유쾌한 자극 제거

그림 4-5 **강화와 처벌의 종류**

그렇다면 이 두 가지 유형의 벌 중 어떤 것이 더 학습자에게 민감할까? 이 역시 보편적인 원칙보다는 학습자가 처한 조건이 판단의 중요한 기준이 되어야 할 것이다. 유리한 조건과 가진 것이 많은 자는 그것들을 지키는 것이 중요하여 박탈형 벌에도 민감할 수 있지만, 가진 것이 없는 자는 선택의 여지 없이 수여형 처벌에 민감할 수밖에 없을 것이다. 과연 한국의 학생들에게 박탈형 처벌을 가하고자 하는 경우에 박탈할 것이 있을까? 그래서 한국학교에서는 수여형 처벌만이 존재하는 것은 아닐까?

오히려 한국의 학교에서 강화보다 처벌이, 그것도 수여형 처벌이 반복되는 것에는 소위 '교사 처벌행위의 조작조건화'가 작용했을 가능성이 있다. 다음의 가상적 사례는 그 가능성을 보여준다.

[처벌의 역설: 처벌하는 교사가 조작적 조건화의 대상이 되다]

'떠들지마!'라는 별명을 가진 교사가 있었다. 이 교사는 수업시간에 유난히 '떠들지마!'라는 말을 자주하였기 때문에 학생들이 붙여준 별명이다. 초임교사 시절에는 이러한 버릇이 없었다. 교실수업을 관찰한 결과 이 교사는 판서를 하는 중에 학생들이 웅성웅성하면 돌아서서 '떠들지마'를 외쳤다. 그러면 바로 학생들은 조용해졌고, 교사가 판서를 계속하기 위해 다시 칠판으로 돌아서면 학생들은 다시 소란스러워졌으며, 다시 돌아서서 '떠들지마'를 외치면 학생들은 다시 조용해졌다. 이 과정이 수년간 반복되어 수업은 온통 '떠들지마'라는 잔소리로 채워졌다. 결국 형식적으로는 교사가 학생을 통제하는 것처럼 보이지만 실제로는 학생이 교사의 언행을 통제하는 상황이 되어 버렸다. 그리고 그 교사는 집에서도 자녀를 지도할 때 '떠들지마'를 외치게되었다. 고전적 조건화든 조작적 조건화든 그것들이 실험실에서만 이루어지는 것은 아니다. 실제상황에서 우리는 모두 두 가지 조건화의 덫에 걸려 있는지도 모른다. 행동주의 심리학자들은 조건화의 예증을 위해서 실험실을 설정했을 뿐이지만, 실험실 밖에서도 누구에게나 다양한 형태의 조건화가 발생한다. 이 사례는 교사도 거기에서 예외가 될 수 없음을 보여준다. 웃프지만, 학생들은 의도치 않았지만 교사를 조작적으로 조건화시키고 있었던 셈이다. 그래서 그렇게 하지 말라고 해도 아직까지도 교사의 학생 처벌행동은 교정되지 못하고 간헐적으로 지속되고 있는 것은 아닐까? 강화 스케줄 실험에 의하면, 간헐강화는 더욱더 행동의 지속성을 높인다.

강화된 반응(R) = 교사의 '떠들지마'라는 호통
정적 강화물(S) = 학생들의 정숙 행동

다수 학생의 바람직하지 못한 행동을 통제해야 할 필요성이 매우 높은 상황에서 학교교사는 학생들의 바람직한 행동을 강화함으로써 학생들의 행동을 통제할 수 있다는 생각과 그것을 실행하기 위한 여유는 제한될 수 밖에 없는지도 모른다. 그러나 그럼에도 불구하고 전술한 공식에서처럼 학생의 총 행동량은 정해져 있으며, 이중 바람직한 행동의 발생가능성(강화의 효과)이 커지면, 자연스럽게 그것과 양립할 수 없는 바람직하지 못한 학생의 행동 발생가능성이 줄어들 수밖에 없다. 바람직하지 못한 행동량은 바람직한 행동량과 반비례 관계에 있다는 점은 분명한 것이다. 그럼에도 불구하고 불가피하게 처벌의 필요성이 있다면, 그것 역시 두가지 선택지가 있다는 점에서 무엇이 효과적일 것인지를 고려하는 전문가적 면모를 보일 필요가 있다. 다음은 실제 학교현장에서 강화를 실행함에 있어서 추가적으로 고려해야 할 사항들이다.

4) 교육현장에서의 조작적 조건화 실제; 추가조건 3W +1H

누가(Who) 누구에게(Whom) 무엇으로(What) 어떻게(How) 강화할 것인가?

강화도 일종의 의사소통과정이다. Yale 커뮤니케이션 모형(Hovland, Janis, & Kelley, 1953)은 의사소통의 효과를 높이기 위해 고려해야 할 요소들을 다음과 같은 문장으로 요약한다. "누가 누구에게 어떠한 방식으로 무엇을 말하는가(Who says what to whom by what means)?" 모형에 의하면, 커뮤니케이션 과정은 다음과 같은 질문으로 요약해서 이해될 수 있다. 이 질문은 우리가 타인의 의견이나 태도에 영향을 미치려고 시도함에 있어서 적어도 네 가지 요인을 고려해야 한다는 것을 암시한다. 이를 살짝 변형해서 강화의 과정에 적용하게 되면, 누가 누구에게 무엇을 가지고, 어떠한 방법으로 강화하는 것이 효과적인가?

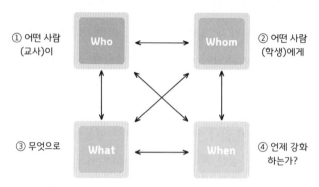

강화(reinforcement)의 추가조건을 고려하자

① 어떤 사람
(교사)이

Who ⟷ Whom

② 어떤 사람
(학생)에게

③ 무엇으로

What ⟷ When

④ 언제 강화
하는가?

그림 4-6　예일 커뮤니케이션 모형을 적용한 강화 조건

　　사실 강화의 효과를 설계하고 검증한 연구자들은 효과를 결정하는 이 네 가지 요소를 실험과정에서 각각 통제(control)하고 조작(manipulation)함으로써 각 요인을 검증해 왔다. 그러나 연구자들은 사람의 요소(who/whom)는 통제한 상태에서 어떤 강화물을 어떻게(what/how) 제시하는 것이 더 효과적인가를 집중적으로 검증하려 했다. 무엇보다도 행동주의 심리학은 엄격한 실험연구 전통을 따르기 위해 실험의 과정에서 오염변인(covariate/compounded variavle)으로 지적되는 실험자 및 피험자 효과를 통제하고자 하였다. 실제로 대부분의 강화실험에서 가급적 인간 실험자의 개입을 막기 위해 실험 도구장치가 주어졌고, 그 안에서 반응하는 유기체는 인간이 아닌 동물에 국한되었다. 심지어 Skinner는 누적기록계라는 기구를 설치하여 이 기계를 통해 어떤 동물의 조작적 행동 형태를 추적하면서 기록할 수 있도록 하였는데, 이는 기록조차도 인간이 개입할 수 없도록 한 조치였다. 1950년대 중반에는 일부의 회사들이 조작적 실험장치들을 생산해 냈고, 이러한 기술공학적 실험을 통해 Skinner는 다양한 강화 스케쥴이 행동에 미치는 효과를 검증하였다(Crossman, 1991).

　　이는 의도적인 것이었다. 행동주의 심리학자들의 일차적 관심은 모든 문화권에 걸쳐 모든 유기체에게 보편적으로 적용되는 기본적인 학습의 일반법칙(자극→반응/반응←자극) 밝히는 것이었기 때문이다. 자극(what; 강화인)의 효과와 그것이 주어지는 방식(how)의 효과를 분석하는데 있어서 인간적 요소(who/whom)의 개입은 법칙을 사례로 감환하는 문제를 발생시킬 수 있다. 소위 실험의 내적타당도를 높이기 위해 그것과 양립할 수 없는 외적타당도를 상계(trade-off)시킨 것이다.

따라서 인간교육을 담당하는 교사는 이러한 점을 분명하게 인식하여야 할 것이다. 흔히 행동주의 심리학의 법칙들이 교육현장에서 잘 적용되지 않는다(낮은 외적타당도)는 불평을 하는 교사들은 행동주의 심리학의 기본법칙들이 다양한 현장 사례에 아무런 추가 고려사항 없이 그대로 적용되어야 한다는 요구를 하는 것이다. 이는 마치 거시경제지표(GDP, 물가 등)만으로 개별 주식의 가격을 정확히 예측할 수 있어야 한다는 무리한 주장과도 같다. 개별 주식의 가격은 그러한 거시지표를 반영할 뿐만 아니라 이에 더하여 해당 기업의 추가적인 조건이 합하여 결정될 것이다. 그러므로 economist(경제학자)의 역할에 더하여 analyst(기업분석가)의 역량이 중요한 것이다. 마찬가지로 행동주의 심리학자에 더하여 교사의 적용역량도 중요한 것이다. 교사는 행동주의 심리학의 원리나 법칙들이 적용되어야 할 교육현장 조건에 대한 추가적인 분석을 하여야 한다. 다음과 같은 것들이다.

- 어떤 사람이(Who) 강화하고 있는가?

실험실 밖의 실제 상황에서 종종 강화물로 가정된 강화인이 강화효과가 없거나 오히려 처벌로 작용하는 경우가 있다. 이런 경우 교사들은 강화법이 별로 효과가 없다는 식으로 단정할 수 있다. 하지만 좀더 세심한 교사라면 강화의 조건으로서 강화물 제공자의 특성을 고려할 것이다. 정상적인 경우라면 교사의 칭찬 자극은 학생들의 바람직한 행동의 발생가능성을 높이는 강화효과가 있을 것이다. 하지만, 특수한 경우에 어떤 교사가 학생들로부터 공공의 적인 상황이라면, 그 교사로부터 칭찬받는 일은 학생들의 바람직한 행동을 강화할 가능성이 현저히 줄거나 반대로 처벌효과로 작용할 수도 있을 것이다. 이것은 실제로 일어날 수 있는 상황이다.

강화연구자들의 실험에서는 강화를 주는 주체의 특성을 통제하고 있다. 하지만, 실험실 밖의 상황에서는 이처럼 강화물 그 자체보다도 그 강화물을 제공하는 사람의 특성이 강화효과에 결정적인 영향을 미칠 수 있다. 만일 어떤 여성이 타인으로부터 시선을 받는 것에 큰 관심이 있을 경우에 타인의 관심은 그녀의 행동에 중요한 강화인이 된다. 그녀의 Lover가 그러한 관심을 그녀에게 보이는 조건에서는 그녀의 매력적인 행동을 더욱 발생하도록 하겠지만(정적 강화), 스토커가 그녀에게 관심을 보인다면, 그녀의 매력적인 행동은 현저히 줄어들거나 혹은 반대로 혐오적인 행동의 증가를 가져올 수도 있을 것이다. 반대로 Lover가 관심을 지속적으로 보여주지 않게 되면(철회형 처벌), 매력적인 행동을 포기할 것이지만, 스토커가 관심을 보여주지 않는 것은 불행 중 다행일 수 있다.

	선호하는 공급자	혐오하는 공급자
강화	정적효과 발생	정적효과 없거나 처벌효과 발생
처벌	처벌효과 발생	효과 없음

그림 4-7 **공급자 특성에 따른 강화와 처벌의 효과**

따라서 교사는 자신의 강화기법이 잘 작동하지 않는다면, 강화의 법칙이 잘못되었다고 단정하기 앞서 자신이 학생들에게 어떠한 존재인지에 대한 점검을 해볼 필요가 있다. 예컨대, 학급에서 집단따돌림을 경험하는 학생이 발견될 경우에 교사들은 즉각적으로 피해학생을 감싸고 가해자들을 처벌하는 신속한 대처를 하겠지만, 이러한 교사의 성급한 조치가 집단따돌림을 은따(은밀한 따돌림)로 전환하는 부작용을 일으킬 수 있다. 만일 그 조치를 취한 교사가 학생들로부터 신망의 대상이라면, 이러한 조치는 원래 의도했던 대로 작동할 수도 있지만, 반대로 교사가 학생들로부터 불신과 혐오의 대상이라면, 피해학생에 대한 집단따돌림은 더욱 극렬해질 수 있거나 교사의 눈을 피해 은따로 전환할 수도 있을 것이다. 후자의 경우에 피해학생은 마음속으로 이렇게 외칠 것이다. '선생님 제발 나 좀 내버려 두세요. 그게 나를 돕는 것입니다'

• 강화의 대상은 어떤 사람(Whom)인가?

대부분의 강화실험연구에서 피험대상은 먹이 강화인에 유도되는 동물로 국한되었고, 실험 전에 그 동물들은 굶주린 상태였다. 한마디로 배고픈 동물들이었다. 이것은 의도적인 것으로 피험대상이 먹이감에만 반응이 유도되도록 조건을 설정한 것이다.

하지만, 교육실제에서 강화법을 적용할 대상 학생들의 조건과 특성은 너무도 다양하다. 성별, 발달수준, 생활조건, 기호에 따라 강화인의 효과가 다르게 나타날 것이다. 경우에 따라서는 강화물로 가정된 것이 처벌의 효과인으로 작용하는 경우도 있다. 따라서 실제 교육현장에서 강화의 효과를 보다 더 높이기 위해서는 각각의 학습자가 절실히 원하는 바를 확인하는 것이 필수적이다. 예컨대, 금강산도 식후경이지만, 배부른 아이에게 추가로 제공되는 음식물은 처벌 효과인으로 작용한다. 이는 강화를 받을 자의 조건을 고려함이 없이 강화를 주는 자의 가정이 빚어낸 부작용에 해당한다. 대개 남학생은 활동적인 강화물에 유인되고, 여학생은 소유강화물에 유인될 수 있다. 초등학생이나 특수아동에게는 물질강화가 유효하겠지만, 고등학생들에게는 상징적 강화물(상장, 성적)이나 사회적 강화물(사회적 인정 등)이 더 유효할 것이다. 그리고 성인들에게는 지위나 사회적 평판(명예)이 유효한 강화물이 될 수 있다.

따라서 교사는 늘 학생들의 다양한 조건과 특성을 면밀하게 관찰하고, 그것에 대응할 수 있는 다양한 강화물을 탐색하여야 한다. 강화의 수요에 공급이 적중할 때 거래가 성사될 것이다.

• 무엇(What)으로 강화할 것인가?

행동주의 심리학을 신뢰하지 않는 교사나 부모들이라도 교육의 과정에서 학생들이나 자녀에게 다양한 형태의 강화인(強化因; reinforcer)을 제공한다. 그 결과 효과를 보았다는 사람들도 있고, 효과를 보지 못했다는 사람들도 있다. 그런데 효과가 없었다고 하는 분들은 강화법 자체가 효과가 없다고 단정하기 앞서 내가 제공한 강화물(強化物)이 실제 강화인(強化因)의 역할을 하는지를 검토할 필요성이 있다. 예컨대, 바람직한 행동의 댓가로 갓난아이에게 5만원권을 준다거나, 다 큰 어른에게 사탕 하나를 제공한다면, 그것들이 강화인이 될 수 있을까? 아이에게 5만원권은 휴지와 같은 것이고, 어른에게 사탕한 개는 반발심을 유발할 수 있을 것이다.

극단적인 앞의 예와 같지는 않겠지만, 교사들이 제공하는 강화물들이 그 것을 받게 되는 학생들에게 실제 강화인으로 작용하지 못하는 경우가 있을 수 있다. 예컨대, 강화법에 따라 학교에서 소위 상벌점제가 도입되었지만, 효과적이지 못하다는 평가와 함께 사실상 폐기된 정책이 되고 말았다. 이를 두고 강화법 자체에 의문을 제기하며, 행동주의 심리학을 비난할 수 있다. 하지만, 상벌점제를 운영함에 있어서 학생들에게 주어지는 상점과 벌점이 과연 실질적인 강화인과 처벌인으로 작용하였는지 고려하면, 허탈해진다. 아무리 상점을 쌓아도 실질적인 잇점이 없고, 아무리 벌점이 쌓여도 졸업을 위해 임의적으로 탕감되는 현실에서 그 점수들은 조건자극으로써의 구실을 하지 못한다(중립자극으로 머문다). 그러니까 강화법이 문제가 아니라 강화법을 운영하는 방식이 문제인 것이다.

고전적 조건화든 조작적 조건화든 조건화에 앞서 피험동물들이 굶겨지는 것은 그들로 하여금 먹이가 최상의 강화인(혹은 무조건자극)으로 구실하도록하기 위한 것이다. 그러한 조건에서 동물들은 자신이 한 행동과 먹이자극이 결부되면, 강화되는 것이고(R-S), 그 먹이와 함께하는 중립자극은 조건자극화되는 것이다(S-R).

하지만, 인간의 경우에는 수많은 고전적 조건화를 거치면서 점차 중립자극들이 대부분 조건자극화 되었다. 즉, 오래 살았다는 것은 대부분의 중립자극들이 조건자극화 되었다는 말과도 같은 것이다. 갓난아이는 조건화의 역사가 짧아서 동물들같이 일차적 강화인(primary reinforcer; 혹은 무조건자극, 생리적 욕구 충족물; 엄마수유)에만 반응한다. 하지만, 수유 중 머리를 쓰다듬게 되면, 수유 없이 머리만 쓰다듬어도 강화인으로 작용한다. 같은 원리로 상장에 관심이 별로 없는 초등학생들에게는 상장과 더불어 부상(무조건자극)이 주어져야 상장이 조건자극화될 수 있을 것이다. 그 결과 이후로는 상장만으로도 반응을 유도할 수 있다. 이처럼 이전의 강화인으로 작용하는 자극들과 함께 제시됨으로써 중립자극이 강화인의 효력을 가지게 된 조건자극을 이차적 강화인(secondary reinforcer)이라 한다. 연쇄적으로 3차, 4차, 5차,⋯의 고차적 강화인들이 발생한다. 그 결과 인간의 조건반응을 야기하는 자극들은 다음과 같이 다양하게 분류될 수 있다.

[특수 강화물] 강화물에 내재적 가치가 있다.
- 물질강화물:
    - 소모강화물; 과자, 쥬스, 약물 등
    - 소유강화물; 옷, 장신구, 도서 등
- 활동강화물: TV시청, 책보기, 게임하기 등
- 사회적강화물: 칭찬, 미소, 상, 명예 등

[보편 강화물] 강화물에 내재적 가치가 없고, 특수강화물로 교환할 수 있는 가치를 가진다. 교환의 범위가 광범위할수록, 교환의 시간이 장기적일수록 강화인으로서의 가치가 높아진다.
- 보편성의 정도: 문화상품권 < 백화점상품권 < 돈 < 비트코인

조건화 실험실과는 달리 학교현장에서 조건화와 강화가 효과적이려면, 교사는 가용할 수 있는 다양한 강화물의 유인효과를 확인하기 위해 학생들의 발달수준, 성, 가정환경, 욕구상태 등을 면밀히 관찰하여 탐색하여야 한다. 일반적으로 제한된 강화물의 양을 늘리는 방법은 그 강화물의 행동유인력을 절감시킬 수 있으며, 경우에 따라서는 역효과가 발생할 수도 있다. 그 원인은 물림효과 때문이다.

만일 유효한 강화물의 탐색이 어렵다면, 가능한 경우에 가급적 보편적 강화물을 적용하는 것이 효과적이기는 하다. 보편적 강화물은 특수 강화물에 비해 물림효과가 훨씬 적기 때문에 행동 유인력이 보존된다. 보편강화물의 시공간적 적용 범위가 클 수록 강화물의 행동유인력은 강하다. 예컨대, 백화점상품권은 문화상품권보다, 돈은 백화점상품권보다 사용 범위와 가치보존 기간이 길기 때문에 사람들에게 더 매력적이다 하지만 돈은 국경제한(환전필요성)이 있고, 인플레이션으로 인한 가치보존의 문제도 있기 때문에 새로운

화폐인 코인에 사람들이 열광하는 것이다. 그러나 학교에서 이러한 강화물을 적용하는 것이 어려운 경우에 그 대안으로 토큰강화법(token economy)을 고려할 수 있다. 토큰은 다양한 특수강화물들과 교환될 수 있는 상징물을 의미한다. 학교를 하나의 토큰경제시스템으로 운영할 수도 있다. 문제는 그 토큰으로 교환할 수 있는 특수강화물의 범위가 보편적일수록 토큰의 행동유인력을 보장할 수 있다는 점이다.

또 다른 대안으로는 특수강화물이기는 하지만, 활동강화물을 탐색하는 것은 교육적으로 매우 유익할 수 있다. 왜냐하면, 활동강화는 반응의 댓가로 물건이 아닌 유기체가 원하는 활동의 기회를 보장하는 것이기 때문이다. 일명 Premack의 원리로 불리우는 활동강화는 발생빈도가 높은 활동을 발생빈도가 현저히 낮은 활동의 댓가로 허용하는 것이기 때문에 특별히 강화물을 제공할 필요성이 없이 학생들의 수행을 극대화할 수 있다는 장점이 있다. 예컨대, 편식을 하는 아이에게 싫어하는 음식을 섭취하는 조건으로 그가 좋아하는 활동의 기회를 부여하거나, 책만 읽고 운동을 싫어하는 학생에게 운동을 하는 조건으로 책읽기 기회를 보장하는 것이 해당한다. 모든 학생들은 과도하게 하는 행동과 기피하는 행동 목록이 있기 때문이다. 이 경우에 기피하는 행동의 활성화를 위해 과도하게 하는 행동의 수행기회를 제한하기 보다는 기피하는 행동의 수행을 조건으로 허용하는 것이 보다 현명할 것이다.

• 언제(When) 강화하는 것이 효과적인가?

원래 초기의 작동조건화 연구에서는 피험대상이 보이는 매 반응마다 강화가 주어지는 방식의 실험을 설계하였다. Skinner(1956)는 실험과정에서의 실제적 필요성이 강화스케쥴에 대한 그의 관심을 자극하였다고 했다. 어느 날 동물들에게 줄 음식물이 거의 다 떨어지게 되었다. 그래서 그는 일 분에 한 번씩 강화함으로써 음식물을 절약할 수밖에 없었다. 그런데도 오히려 매 반응마다 강화하는 것(연속강화)보다 반응율이 지속되는 것을 발견하였나. 이러한 예기치 않은 발견은 소위 다양한 방식의 간헐강화의 가치를 탐색(강화스케쥴 실험)하도록 하였다.

초기의 작동조건화에서는 연속강화가 효과적이다. 하지만, 강화가 어느 정도 견고해지면, 모든 반응마다 강화하지 않고, 어떤 반응에 대해서는 강화를 하고, 나머지 반응에 대해서는 강화를 주지 않는 간헐적 강화방식이 행동을 유지하고 강화하는데 더 효과적이다. 그 이유는 연속강화가 물림효과를 발생시키기 때문이다. 예컨대, 강화물이 간헐적 비율로 출현하는 낚시, 도박, 주식투자, 로또, 보너스는 매주기마다 주어지는 일급, 주급, 월급 보다 행동중독성이 강하다.

일단 간헐강화는 간격형과 비율형으로 분류된다. 간격형은 일정한 시간의 간격을 두고, 발생한 반응에 대해 강화물을 제공하는 것이며, 비율형은 일정한 수의 반응을 관찰한 다음에 강화물을 제공하는 것이다. 그리고 간격형과 비율형 강화는 다시 고정형과 변동형으로 분류된다.

	간격형	비율형
고정형	고정간격(fixed interval)	고정비율(fixed ratio)
변동형	변동간격(variable interval)	변동비율(variable ratio)

그림 4-8 **강화스케줄의 구분**

○ 고정간격형(FI: Fixed-Interval): 일정한 시간의 경과 후 일어나는 첫 번째 목표반응에 대해 강화하는 것이다. 예컨대, 학생들의 학습집중력을 높이기 위해 정기적으로 실시하는 중간/기말시험 결과에 따라 강화하는 것이다. 장점으로는 계속강화로 인한 물림효과를 제거할 수 있다는 것이고 단점으로는 학습자가 강화 기간에 익숙해지면, 강화를 받게 되는 시점에만 정반응을 보이고 나머지는 반응을 절약하는 반응 휴지(休止) 현상이 발생한다는 것이다.

○ 변동간격형(VI: Variable Interval): 고정간격강화의 문제점, 즉, 반응의 휴지현상을 해결하기 위한 방법으로 강화가 주어지는 기간에 변화가 주어 강화하는 것이다. 예컨대, 어떤 때는 1주일 간격으로, 다른 때는 3일 간격으로, 다시 1주일 간격으로 주어지는 강화스케줄이다. 예컨대,

불규칙적인 쪽지시험 결과에 강화하는 것이 이에 해당한다. 장점으로는 학습자로 하여금 강화의 시점을 예측하지 못하게 함으로써, 반응율을 안정적으로 유지할 수 있다는 것이다. 단점으로는 반응의 빈도는 증가시키나 그 질을 통제할 수는 없다.

○ 고정비율형(FR: Fixed-Ratio): 목표행동의 반응빈도를 기준으로 하여 일정한 수의 반응이 이루어진 시점에 강화물을 제공하는 것이다. 예컨대, 과수원에서 사과 한 바구니 딸 때마다 2000원씩 지급한다거나 구두를 5번 닦을 때마다 1000원씩 주는 것이다. 이 방법의 장점은 반응율을 안정적으로 증가시킬 수 있다는 것이다. 단점은 반응율은 안정적이나 반응의 질은 안정적이지 못하다. 즉, 강화의 시점에 임박한 반응의 질은 향상되나 나머지 반응에 대해서는 질이 보장되지 않는다. 유의할 점은 너무 많은 반응 수가 요구되거나 휴식이 길 경우에는 목표 반응이 일어나지 않을 수 있는데 이를 비율부담(ratio strain)이라 한다.

○ 변동비율형(VR: Variable-Ratio): 목표행동의 반응빈도를 기준으로 하여, 불규칙한 수의 반응 수에 따라 강화물을 제공하는 것이다. 예컨대, 중독이라고 불릴만한 집중적이고 지속적인 행동(슬롯머신, 낚시 등)을 유인하는 효과가 있다. 장점은 학습자의 입장에서 강화의 시점뿐만 아니라 비율에 대한 예측이 불가능하기 때문에 반응률의 안정된 증가뿐만 아니라 반응의 질도 안정적으로 통제할 수 있다.

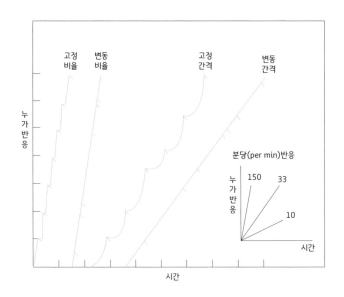

그림 4-9　강화스케줄별 강화효과(누가반응 빈도)

※ 출처: Hergenhahn & Olson (2001).

강화스케줄별 강화효과를 살펴보면, 일단 비율형 스케줄이 간격형보다 반응빈도 증가율이 높음을 알 수 있다. 또한 변동형 스케줄은 일직선의 누가반응 증가를 보이는 반면, 고정형스케줄은 반응의 일시적 휴지(休止)가 발생하여 선들이 변곡점들을 포함한다. 결국 가장 효과적인 강화스케줄은 변동비율 스케줄이라고 할 수 있다. 단, 조건화의 초기에는 불가피하게 연속강화가 적용되어야 한다.

6 행동주의 심리학의 비평

Skinner는 그의 업적은 찬사를 받았지만 일반대중이나 학계로부터 많은 비판을 받았다. 『Beyond Freedom and Dignity』를 발표한 1971년 이후 Skinner는 사회에 그의 모습을 자주 드러냈고, New York Times를 비롯한 많은 매체로부터 시작된 논쟁에 휘말리게 되었다(Rutherford, 2000). 그의 아이디어는 의혹과 저주의 반응을 일으켰고, 일부의 사람들은 그를 일종의 '과학적 폭군'이라고도 하였다. 심리치료가인 Rogers를 위시해서 전 부통령인 Spiro Agnew에 이르는 비판 진영은 Skinner의 이론을 저주하였다. 그는 파시스트, 나찌라는 오명까지 받았으며, 그가 한 말들이 반대자들의 피켓에 올려졌고, 그의 형상은 악한으로 그려지기까지 하였다(Wyatt, 2000).

또한 Chomsky는 Skinner의 단순한 설명이 인공적인 실험실에서는 그럴듯해 보이지만, 실제 세계에서는 타당하지 않다고 주장하였다. 게다가 행동분석은 자아, 성격, 인지, 정서, 목적, 창의성, 생득론과 같은 주제들에 무관심한 이론이었다고 비판받았다. 또한 Skinner는 인본주의자인 Rogers로부터 인간을 비인간화하는 기계주의적 이론을 펼쳤다는 비난도 받았다. Skinner는 인본주의자들처럼 인간의 요구와 관심 및 흥미에 맞추고 그것에 부응하는 사회 및 정치 체계를 제안했다. 하지만 인본주의 학파는 그러한 사회를 건설하는 방식을 두고 Skinner와 의견을 달리하였다. 만일 Skinner를 감정이 없는 냉정한 연구자로 규정하는 고정관념에서 벗어날 수만 있다면, 우리는 왜 그가 1972년에 '올해의 인도주의자'로 지명되었는지를 이해할 수 있을 것이다. Skinner는 과학이 윤리로 비판되는 소용돌이의 중심에 있었다. 행동주의와 그에 대한 비판은 앞으로 전개될 다른 심리학적 관점들을 통해 좀 더 드러날 것이다.

※ 행동주의 이론은 다음의 7가지 교육심리학의 쟁점에 대해 어떠한 입장을 취하고 있는가?

	매우	대체로	중립	대체로	매우	
천성론 Nature					✓	양육론 Nurture
단계 발달설 stages of development					✓	연속 발달설 continuous development
발달 보편설 universal development			✓			발달 특수설 culture-specific development
능동설 activity					✓	수동설 passivity
특질론 trait-like consistency					✓	상황결정론 situational determination
유기체론 organistic development					✓	기계론 mechanistic development
초기경험 지속효과				✓		초기경험 일시효과

제5장

사회인지적 관점

1 사회인지적 관점의 등장배경 및 기본가정

1) 등장배경

행동주의 심리학적 관점에 기본적으로 동의하면서도 일부 심리학자들 (Bandura, 1977b; Estes, 1972)은 학습자가 행동주의 심리학자들이 주장하듯이 외적인 환경자극에 의해 완전히 통제되지 않으며, 또한 그 환경적 자극에 수동적으로만 반응하지는 않는다는 점을 지적하였다. 특히 Bandura는 엄격한 조작적 조건화이론에 기초한 학습이론의 제한점을 극복하기 위하여 사회적 학습이론(SLT; Social Learning Theory)을 주장하였는데, 그것은 소위 간접적 조건화(vicarious conditioning), 혹은 관찰학습이론으로 불린다. 이때까지만 해도 Bandura는 학습의 기본원리로서 조건화이론을 수용하고 있었다.

많은 사람들은 사회인지적 관점과 행동주의적 관점의 차이점을 부각하고 있으나 그 둘은 '행동의 결과(강화 혹은 처벌)가 미래의 행동과 학습에 영향을 미친다'는 신념을 공유한다. 사회인지적 관점은 전통적인 행동주의 관점이나 조건화 원리를 부정하거나 비판하기 위해 등장한 것이라기보다는 그것이 인간 유기체의 학습을 설명하는데 있어서 가지는 제한점을 발견하고 이를 극복하기 위해 행동주의적 관점을 확장한 것이라고 해석하는 것이 타당할 것이다. 사회적 학습이론(SLT)은 그러한 확장의 산물이었다.

A. Bandura는 1925년 12월 4일 캐나다 앨버타에 있는 Mundare라
는 작은 도시에서 집안의 외동아들로 태어났다. 그의 부모는 학교를 다녀 본
적이 없었으며 Bandura는 마을에서 유일하게 대학교육을 받았다. 그는
British Columbia 대학을 3년 만에 졸업하였고, 미국의 아이오와 대학
에서 1952년에 박사학위를 취득하였으며, 28세인 1953년에 스탠퍼드
대학의 교수가 되었다. 이후 그는 1974년에 미국심리학회의 회장직을 맡는
등 많은 사람에게 알려지게 되었다. 그는 R. Sears과 함께 사회학습이론을

연구하였으며, 『청소년의 공격성(Adolescent Aggression)』, 『사회학습과 성격발달(Social
Learning and Personality Development)』, 『공격성: 사회학습분석(Aggression: A So-
cial Learning Analysis)』, 『사회학습이론(Social Learning Theory)』 등의 많은 저술을 남
겼다. 그리고 말년에는 자기효능감이라는 개념에 관심을 가지고 『자기효능감: 통제훈련(Self-ef-
ficacy: The Exercise of Control)』을 출간하였다.

Bandura는 96세를 살았던 장수 심리학자이다. 그러므로 그의 이론체
계는 일관되기는 하지만, 중요한 변곡점도 있었다. 그의 초기이론은 전술
한 바처럼 사회적 학습이론(SLT; Social Learning Theory)으로 불리운다. 하지
만, 1980년대부터 Bandura는 사회인지이론(SCT; Social Cognitive Theory)으
로 전개해 나갔다. 사회인지이론의 명칭을 세밀히 관찰하면, 그 이론이 초기
의 사회적 학습이론에서 어떻게 변화했는지를 눈치챌 수 있다. 사회적이라는
용어는 유지되었으나 '학습'이라는 용어가 '인지'라는 용어로 대체되었음을
알 수 있다. 학습이론(Learning Theory)은 전통적으로 행동주의 심리학의 별칭
에 해당한다. Bandura는 초창기 사회적 학습이론(Bandura, 1977b)까지만 해
도 전통적인 학습이론(행동주의 심리학)에서 이탈하기보다는 전통적 학습이론
의 학습원리(조건화와 강화)를 사회적(관찰) 학습장면으로 확장하였다. 하지만
그 이후 1980년대부터 사회인지이론(Bandura, 1986)을 통하여 학습에 있어
서 인지적 요소(사고, 신념, 기대, 예측, 자기조절 등)의 중요성과 가치를 더욱더 수

용하게 되었다.

2) 기본가정

사회인지적 관점이 가진 기본가정을 행동주의적 관점의 기본가정과 대비하면 다음과 같다.

- 행동주의 심리학자들은 학습을 행동의 변화로 한정하여 규정한 반면, 사회인지이론가들은 학습을 행동으로 표현될 수도 있고, 그렇지도 않을 수 있는 정신적 현상으로 규정하였다. 따라서 수행(performance)과 학습(learning)은 구분되어야 함을 강조한다. 전술한 바처럼 전통적인 행동주의 심리학자들은 학습이 되었다면, 수행으로 확인되어야 한다는 입장이지만, 사회인지적 관점에서는 수행되지 않았다고 해서 반드시 학습되지 않은 것은 아니며, 학습된 모든 것이 수행되는 것은 아니라는 점을 지적한다.
- 행동주의자들은 학습을 학습자 자신이 직접 경험하는 바에 국한하여 설명하였지만, 사회인지이론가들은 그것에 더하여 직접 경험이 없어도 타인(모델)의 경험을 관찰함으로써 학습이 간접적으로 가능하다는 점을 강조하였다(대리처벌, 대리강화). 결국 행동주의자들은 환경과의 직접적인 수행을 통하여 학습되었다는 것을 확인하였지만, 사회인지이론가들은 사회적 장면에서 타인의 수행에 따른 결과의 과정을 관찰만 해도 직접적으로 수행한 것 만큼이나 학습의 효과가 있다는 점을 실험을 통하여 예증하였다.
- 조작적 조건화 이론에서 강화의 효과는 강조되고 처벌의 효과는 부정되었지만, 사회인지이론가들은 행동에 이어서 처벌의 효과를 적극적으로 예증하였다. 예컨대, Bandura(1965)는 아동들에게 누군가가 보보인형을 때리는 영상을 보여주었다. 그는 이 아동들을 세 집단으로 나눈 뒤, 한 집단에게는 공격에 대한 긍정적 보상이 주어지는 것을, 또 다른 집단에게는 처벌이 주어지는 것을, 마지막 세번째 집단에게는 아무

런 결과도 주어지지 않는 자료를 보여주었다. 그들을 보보인형이 있는 방으로 들여보냈을 때, 가장 공격적인 성향을 보인 집단은 공격에 대한 긍정적 보상이 주어지는 영상을 본 집단이었으며, 공격에 대한 처벌을 시청한 집단이 가장 덜 공격적이었다. 그러나 이 아동들에게 공격성을 모방하면 보상을 주겠다고 약속하자 모든 아동들이 보보인형에 대해 공격적인 성향을 드러내었다. 이 실험은 기본적으로 강화뿐만 아니라 처벌의 효과를 예증한 것이다. 또한 이 실험은 다른 사람의 행동에 대한 관찰을 통해서 학습이 이루어질 수 있음을 강조하는 것으로, 이는 아동이 다른 사람의 행동을 그대로 모델링(modeling)한다는 것을 의미한다.

- 대부분의 행동주의자들은 정신적 현상과 과정에 대한 논의를 회피하였지만, 사회인지이론가들은 학습과 행동에 작용하는 인지적 요소들을 논의하였다. 예컨대, 환경자극에 대한 개인의 해석(interpretation)이나 강화와 처벌에 대한 기대(expectation), 주의(attention), 자기효능감(self-efficacy) 등이 이에 해당한다. 이 견해는 특히 사회적 학습이론에서 사회인지이론의 변화과정에서 더 강조되는 요소들이다.

- 행동주의자들은 조건화, 즉, 두 가지 요소(환경적 자극과 유기체의 반응)의 일방적 관계(S→R, 혹은 R←S)의 패러다임(환경결정론)으로 국한하여 학습을 설명하였지만, 사회인지이론가들은 학습의 3요소(환경, 개인, 행동)간의 상호결정론적 관점을 제안하였다. 그들은 행동주의의 2요소(환경, 행동)를 그대로 유지한 상태에서 '개인'요소를 추가하였고, 그들의 관계가 일방적인 관계가 아니라 상호결정론적 관계임을 강조함으로써 소위 삼원상호작용론(triadic reciprocality)(Bandura, 2001)에 근거한다.

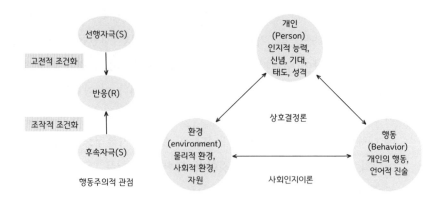

그림 5-1 **행동주의적 관점과 사회인지적 관점의 비교**

우선 개인의 행동과 환경은 다양한 방식으로 서로 영향을 주고 받는다. 기본적으로 전통적인 행동주의 심리학자들에 의해 환경이 행동에 미치는 영향은 잘 입증되었다. 하지만 반대로 행동이 환경에 영향을 미치기도 한다. 예컨대, 학생들의 반응은 수업환경에 영향을 미칠 수도 있다. 교사는 학생들의 반응에 기초해서 수업전략과 방법을 부단히 변경할 수 있다. 다음으로 개인적 변인과 행동의 관계도 마찬가지이다. 학습자의 개인적 요소인 자기효능감(self-efficacy)은 과제의 선택, 노력, 학습의 지속성 등과 같은 다양한 학습행동에 영향을 미칠 수 있고(개인→행동; Schunk, 2001), 역으로 학습자의 학습행동(결과)은 그들의 자기효능감 수준에 영향을 미칠 수 있다(행동 → 개인). 마지막으로 개인적 변인과 환경의 관계도 마찬가지이다. 그 예로 쌍생아들 간의 학습능력이 차이가 있을 수 있음에도 시회적 환경은 그들의 유사한 외모에 주목하여 같은 수준의 학습능력을 보일 것을 반복적으로 기대하게 된다. 그 결과 쌍생아들의 자기효능감 수준은 유사한 수준으로 조정될 수 있다(사회적 환경 → 개인). 반대로 자신이 가르치는 학생들의 개인적 능력 수준에 따라 교사는 차별적인 학습환경을 제공할 것이다(개인적 변인 → 교육환경).

대부분의 경우에 세 가지 요소(개인, 행동, 환경)는 함께 상호작용한다. 학습에 대한 학생들의 자기효능감 수준이 높을 때, 교사는 고난도의 학습과제를 제시하며(개인 변인→환경), 교사가 초고난도 과제를 제시하게 되면, 학생들의 학습행동이 위축되고(환경→행동), 학생들의 실패가 반복되면, 학습에 대한 효능감이 낮아진다(행동→개인). 역의 방향으로 학생들의 효능감이 낮아지면, 실패행동이 잦아지고(개인변인→행동), 그 결과 교사는 쉬운과제를 제시할 것이며(행동→환경), 그 결과 학생들의 효능감은 회복될 수 있다(환경→개인변인).

2 **사회적 학습의 양상**

1) 관찰학습

분명 전술한 조작적 조건화 실험과 그것을 통해 구축된 학습의 원리들은 눈부시고 많은 사람들에게 매력적인 것이다. 하지만 조작적 조건화의 실험장면과 학교현장의 모습은 여러 면에서 다르다. 가장 큰 차이점 중의 하나는 학습자의 숫자이다. 어떠한 경우에도 조작적 조건화 실험에서의 학습자(동물)는 단수로 설정된다. 그러다 보니 강화법이 실제 학교에서 적용될 때, 그것은 전형적인 학교교육과정에 적용되기보다는 개별 학생들의 훈육이나 가정에서의 자녀 양육방법에 국한되어 적용된다. 하지만, 학교현장에서의 학습은 기본적으로 다수의 학습자들을 대상으로 하는 학급단위로 이루어진다. 이때 사회인지적 관점이 제시하는 관찰학습의 원리들은 그 필요성과 가치가 돋보이게 된다.

과거 한 학급의 규모가 60명에 이를 정도의 과대학급이 문제가 되었을 시절에는 학급당 인원수를 줄이는 것이 시급한 교육정책이었다. 하지만, 최근에는 상황이 역전되어 학령인구의 급격한 감소로 인해 과소규모 학교와 학급이 문제가 되고 있다. 극단적으로 학급당 인원이 1명인 학급이 있고, 여러 학년을 통합한 학급도 등장하고 있다. 긍정적 측면을 본다면, 조작적 조건화의 실험처럼, 학습자가 단수이므로 개인 학습자에게 최적화된 조건화와 강화법이 적용가능한, 소위 이상적인 개별화 학습의 장점을 누릴 수 있을 것이다. 그리고 그 학습자는 모든 학습을 실제 경험을 통하여 할 수도 있을 것이다. 하지만, 부정적 측면을 본다면, 다수의 동료들과 학급을 이루어 함께 학습을 하는 상황에서 누릴 수 있는 다양한 간접적인 학습기회를 상실하게 된다.

적정 수의 학급에서 교사는 개별 학생들을 상대로 교육적 처방을 하지만,

그 효과가 다른 학생들에게도 확산되는 부가적 효과도 발생한다. 예컨대, '일 벌백계'라는 사자성어는 다인수 학급에서의 사회적 학습이 가능한 상황에서 만 가능한 일이다. 학교에서 특정 학생에 대한 상찬이나 처벌을 공개적으로 하는 것은 그 상찬과 처벌의 효과가 모든 학생들에게 확산되기를 기대하기 때문이다. 이것을 소위 파문효과(ripple effects)라 한다.

이처럼 자신이 직접적인 조건화나 강화를 경험하지 않아도 타인의 조건 화 과정을 관찰함으로써 학습을 경험하는 것을 관찰학습(learning by observation)이라 한다. 즉, 관찰학습은 학급과 같은 사회적 장면에서 행동주의자들 이 제시한 조건화의 원리가 개별대상에 대한 직접적인 방식을 통해서만 이루 어지는 것이 아니라 그것을 관찰하고 있는 다수의 학습자들에게도 기능한다 는 점을 보여준다. 이것을 대리 조건화(vicarious conditioning) 혹은 대리 강화 (vicarious reinforcement)라 한다. 즉, 단순히 타인행동의 모방(imitation)이 아 닌 타인(모델)의 조건화나 강화의 과정을 관찰함으로써 그 타인과 같은 학습 효과를 관찰자가 경험하는 것이다.

관찰학습은 다음과 같은 4단계의 과정으로 전개된다(Bandura, 1986).

- 주의집중(attention): 관찰학습이 가능하기 위한 첫 번째 단계는 모델의 과제수행에 관찰자의 주의가 집중되어야 한다. 그러기 위해서는 관찰 자에게 모델이 학습하고 있는 과제의 특성들이 잘 드러나고, 그것을 행하는 모델의 유능성이 잘 제시되고, 결과적으로 모델 행동의 유용성 (기능적 가치)이 잘 드러나야 한다.
- 기억(retention): 관찰한 행동을 재생하기 위해서는 관찰자가 주의 집중 해서 관찰한 수행의 주요 특징들을 기억할 수 있어야 한다. 이를 위해 서는 모델의 과제수행 과정을 기억의 저장소에서 인지적으로 조직하 고, 부호화하고, 변환하여 저장할 수 있어야 한다. 관찰한 내용들은 다 양한 형식으로 저장된다. 시각적 이미지로 기억될 수도 있고, 언어적 형태로 저장될 수 있으며, 두 가지 모두의 형태로 기억될 수도 있다. 그 리고 정신적 시연(rehearsal)은 관찰학습한 정보의 유지를 위한 추가적

인 필수 요소이다.

- 재생(production): 재생은 시각적 이미지 혹은 언어로 저장된 관찰학습 정보를 외현적인 행동으로 변환하는 과정이다. 상당수의 단순한 행동들은 단순히 관찰만함으로써 재생할 수 있다. 하지만, 복잡한 행동들의 경우에는 단순히 관찰만해서 재생할 수 없고 모델의 복잡한 행동의 개략적인 근사치를 재생하게 된다. 이 경우 학습자들은 추가적인 연습, 교정피드백, 재교육을 통해 자신의 행동을 세련되게 재생할 수 있게 된다.
- 동기화(motivation): 인간은 모델의 행위가 중요한 것이라 믿을 때 앞서 제시한 주의집중, 기억, 재생을 위한 노력을 할 가능성이 크다. 또한 관찰자는 자신의 행동이든 모델의 행동이든 그 행동의 결과가 어떠했느냐에 따라 미래의 행동을 예측하고 조절한다. 일반적으로 보상을 가져다준 행동을 지속할 것이고, 부정적인 반응에 직면한 행동은 피할 것이다. 한편 학습자들은 (자신 혹은 모델의) 행위의 결과와는 상관없이 자신이 못 마땅해하는 행동은 피하고 대신 자신이 가치를 두는 행동을 수행하려는 경향성을 가진다.

우리는 학습하기로 마음을 먹고(선행동기화) 학습하는가? 아니면, 자신이 직접 해 보았거나 아니면 남이 학습하는 것을 관찰한 후에 학습하기로 마음을 먹는가?(후행 동기화)

관찰학습의 4단계에서 '동기'가 학습의 맨 마지막 단계에 위치한다는 것에 주목할 필요가 있다. 이는 학습수행 전에 동기화가 먼저 필요하다는 우리의 일반적인 상식과 배치된다. 우리의 상식은 먼저 '무언가를 하기로 마음을 먹고(동기화하고) 그 다음에 그것을 한다'는 것이다. 후에 다룰 인지적 관점과 인본주의적 관점은 이러한 우리의 상식에 부합하는 동기이론에 해당한다.

하지만 사회인지적 관점에서의 동기란 자신이나 모델의 수행결과인 반응의 결과(강화 혹은 대리적 강화)에 종속적이다. 그것에서 독립적인 자체적 동기를 가정하지 않고 있다는 점을 고려할 필요가 있다. 그러니까 학습자들이 매일 '공부하겠다'고 다짐(자체동기화)을 하면서도 실행이 잘 안되는 현상을 두고 Bandura는 이렇게 충고할 것이다. '또래 중에 열심히 전략적으로 공부해서 좋은 결과를 보상받는 과정을 세밀히 관찰하라. 그러면 너도 공부하고 싶은 마음이 생길 것이다'.

'동기'라는 용어를 사용함으로써 Bandura는 인지주의자로 여겨질 수도 있다(실제로 많은 사람들이 그렇게 분류한다). 하지만 그가 자신의 정체성을 어디에 두든지간에 그의 이론체계는 전술한 행동주의자, 특히 Skinner의 조작적 조건화에 깊이 관련되어 있다. 그도 그럴 것이 그는 이러한 과정을 대리적 강화(vicarious reinforcement)로 명명하였다. 대리적인 것일 뿐 강화의 원리가 그의 이론체계에서 작동하고 있다. Skinner(1953) 역시 정신적인(인지적) 현상이나 요소들이 행동적 변화에 수반하여 발생할 수 있다는 점을 인정하였다. 하지만 그는 그렇다고 해서 인지적인 것들이 행동적 변화를 일으키는 요인은 될 수 없다는 점을 강조하였고 그래서 그것에 큰 관심을 가지지 않았다. Bandura 역시 동기는 직접수행이든 관찰학습을 통한 수행이든 수행에 수반하여 발생하는 것임을 보여주고 있다. 즉, 동기가 수행을 이끄는 것이라기 보다는 수행의 결과로서 동기화된다는 것이다. 다만 차이가 있다면, 사회인지적 관점에서 수행의 결과는 행동을 강화하는 기능보다 미래 행동의 발생가능성을 결정하는 정보와 동기로 작용한다는 점을 강조한다. 왜냐하면, 직접 수행이 아니더라도 관찰학습을 통해서도 학습이 가능하다는 점을 강조하기 때문이다.

2) 모델링과 그 효과를 결정하는 조건들

모델링은 관찰학습을 가능하게 하는 메커니즘이다. 흔히 모델링은 모방(imitation)과 같은 개념으로 오해되기도 하나, 그것은 단순히 다른 사람의 행동을 따라 하는 행위(모방) 이상의 훨씬 더 많은 것을 내포하는 개념이다. 인간은 겉으로 드러나는 행동만을 그대로 모방하지는 않는다. 오히려 모방은 자신의 지각, 목표, 기대 등과 같은 인지적 요인에 영향을 받아 이루어진다. 즉, 단순한 모방이 아닌 모델링의 학습효과가 중요하다. 예컨대, A는 B가 날

아오는 돌에 맞아 아파하는 모습을 보았다. 행동만을 모방한다면 B도 돌이 날아오면 맞아야 한다. 그러나 B는 A의 행동을 보고 돌을 맞으면 아프니까 피해야 한다는 생각을 갖게 된다. 이는 모델링이 행동 그 자체를 모방하는 것 이상으로 인지적 과정에 영향을 미치고 있음을 시사한다.

　모델링의 효과는 세 가지 측면에서 검토될 수 있다. 첫째는 모델링의 전달 매체 조건이고, 두 번째는 모델과 관찰자의 특성 조건이며, 세 번째는 두 가지 기대(expectancy)의 조건이다.

• 모델링 매체별 효과

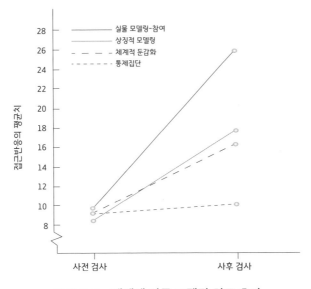

그림 5-2　매체에 따른 모델링 치료 효과

　Bandura와 Blanchard, Ritter(1969)는 전통적인 공포증 치료기법인 체계 적 둔감화 기법과 함께 두 가지 방식(매체)의 모델링을 통한 뱀에 대한 공포증 치료효과를 비교하였다. 실험결과([그림 5-2] 참조) 실물 모델을 통한 모델링의 치료효과가 가장 높았고, 상징적 모델링(영화)의 효과가 그 다음이었는데 이 는 전통적인 공포증 치료기법인 체계적 둔감화 기법보다는 높은 수준이었다. 결국 두 가지 방식의 모델링은 모두 통제집단은 물론이고 체계적 둔감화 기법보다 치료효과가 높았다.

　Bandura는 정보를 전달해 주는 것이면 무엇이라도 모델이 될 수 있다고 하였다. 신문, TV, 영화는 상당히 효과적인 모델링 전달매체가 될 수 있다. 최근 들어 이러한 전통적인 매체에 더하여 알고리즘이 작용하는 Youtube 매체들은 매우 훌륭한 모델링의 매체자원이 될 수 있을 것이다.

• 모델과 관찰자 특성과 모델링 효과

　모델링의 효과를 결정하는 또 다른 조건은 모델과 관찰자의 특성 그리고 그 둘의 관계이다. 먼저 관찰의 대상인 모델의 지위는 모델링의 효과를 결정하는 중요한 조건이다. 일반적으로 학습자는 능력 있고, 힘있고, 존경할만하고, 열성적인 타인의 행동을 모델링할 가능성이 크다. 부모, 교사, 형제자매, 운동선수, 연예인 등이 효과적인 모델이 될 수 있는데, 그 효과는 관찰자(학습자)의 관심사와 연령 등에 따라 다를 수 있다. 타인을 관찰하여 학습하는 과정에서 사람들은 가급적 자신들과 유사한 사람들을 행동을 통하여 대리 학습할 가능성이 크다. 즉, 자신과 유사한 사람들을 모방할 가능성이 크다. 요컨대, 학습자는 자신과 유사하면서도 성공적이고 유능한 모델을 관찰할 기회를 가질 필요가 있다(Schunk, Pintrich, & Meece, 2008). 그렇지 않게 되면, 모델링의 효과는 제한적일 것이다.

　다음으로 관찰자의 발달 수준도 모델링의 효과를 결정하는 요인이다. 아동이 발달함에 따라 보다 장기간의 주의집중이 가능해지고, 정보를 유지하기 위한 기억 수도 발달하며, 그것들을 실천할 동기도 강화된다.

　모델링의 과정에서 학습자는 단순히 타인의 행동을 모방하는 차원을 넘어서 모델과 자신의 관계도 고려할 것이다. 앞서 모델과 관찰자가 유사해야 모델링이 잘 이루어진다고 하였는데, 그 유사성의 차원이 인종이나, 성, 사회경제적 지위 등과 같은 인구학적 변인들도 있겠으나, 그것보다 학습과 관련하여 중요한 변인은 모델과 유시한 학습가능성에 대한 기대 수준이다. 예컨대, 같은 인종, 같은 성이라도 모델에 비해 현저히 자신의 학습능력이 낮다고 지각하는 경우(낮은 효능기대)에는 모델링의 가능성이 제한된다. 반대로 자신이 타인보다 월등히 학습능력이 높다고 지각하는 경우에는 모델링은커녕 모델 자체를 부정할 것이다.

• 모델링의 인지적 필요충분조건; 결과기대와 효능기대

Bandura(1977a)는 행동변화를 이끄는 인지적 요소로서 두 가지 기대를 구분하여 제시하였는데, 하나는 결과기대(outcome expectancy)이고 다른 하나는 효능기대(efficacy expectancy)이다.

그림 5-3 **효능기대와 결과기대**

결과기대는 특정의 행동이 특정의 결과(성공적인 결과)를 가져올 것이라는 개인의 평가를 의미하며, 효능기대는 자신이 그러한 결과를 가져오는데 요구되는 그 행동을 성공적으로 수행할 수 있을 것이라는 믿음을 의미한다(p.193). 결과기대와 효능기대는 구분되어야 한다. 왜냐하면 학습자가 특정의 행동이 특정의 결과를 가져올 수 있다(결과기대)고 믿지만, 자신이 그에 필요한 행동을 수행할 수 있을 것인지(효능기대)에 대해 의심할 수 있기 때문이다. 요컨대, 결과기대는 학습의 필요조건이며, 효능기대는 실질적인 학습수행의 충분조건에 해당한다.

결과기대와 효능기대는 관찰학습장면에서도 작용한다. 관찰학습이 가능하려면, 우선 관찰자가 모델의 행동을 성공적인 결과를 가져올 적절한 행동으로 평가해야 한다. 관찰학습의 필요조건에 해당하는 인지적 요소이다. 하지만 모델링이 이루어지려면, 관찰자는 또 다른 인지적 조건을 갖추어야 한다. 즉, 관찰자가 자신과 유사한 능력을 가진 모델의 행동을 성공적으로 학습하거나 수행할 수 있다고 믿어야 한다(그가 했던 행동을 나도 할 수 있다). 만일 결과기대는 만족되었지만, 효능기대가 형성되지 않게 되면, 모델링은 이루어지지 않으며, 그 결과 관찰학습은 실패하게 된다. 우리는 같은 학급에서 공부를 하더라도 어떤 학습자는 학습에 몰입하는 반면, 그것을 관찰하고도 수면을 취하는 학습자가 왜 발생하는지를 이해할 수 있다. 수학에 몰입하여 우수한 성적을 얻게 되는 또래가 있어도, 자신이 수학공부에 몰입할 수 없는 수 많은 학생들이 있을 수 있는 것이다(공부하면 성적이 오르는 것은 알겠지만, 그것은 나에게 가능한 일이 아니다). 그러니까 결과기대 뿐만 아니라 효능기대가 충족되어야 모델링이 형성될 것이다. 따라서 효능기대는 사회인지이론의 핵심 개념이 되었고, 이후의 문헌에서 자기효능감(self-efficacy)으로 불리게 되었다.

3 사회인지이론의 핵심 개념: 자기효능감

전술한 바처럼 Bandura는 장수한 심리학자로서 처음에는 행동주의 학습이론을 사회적 학습이론(SLT; Social Learning Theory)으로 확장하여 학습의 새 지평을 열었고, 후기(1980년대 이후)에는 인지적 관점을 반영하는 사회인지이론(SCT; Social Cognitive Theory)을 전개하였다. 자기효능감은 Bandura의 후기이론에 해당하는 사회인지이론의 핵심개념이다. 자기효능감은 '일정한 수준에서 어떤 행동을 수행하거나 학습할 수 있는 자신의 능력에 대한 개인적 신념'(Bandura, 1997)을 의미한다.

1) 유사해 보이지만 상당히 다른 개념들

심리학은 인간의 복잡한 심리적 현상을 담아내는 매우 다양하고도 복잡한 개념들을 다룬다. 게다가 심리학적 개념을 구안하고 정의하는 과정에서 심리학자들 간의 공식적인 합의 과정이 미흡하기 때문에 심리학을 처음 접하는 사람들은 많은 개념적 혼란을 경험하게 된다. 거기에 더하여 한국에 소개되는 서양의 심리학적 개념을 한자로 명명하는 과정에서도 학계의 사회적 합의과정이 미흡하기 때문에 더욱 혼란스럽다. 그중에서 소위 자(自)로 시작하는 개념들(예: 자아, 자기, 자기효능감, 자아개념(자기개념), 자아정체감, 자아존중감(자기존중감) 등은 더욱 그러하다[8].

사회인지적 관점의 핵심개념인 자기효능감(self-efficacy)은 역시 여타의 자로(自)시작하는 심리학적 개념들과 많은 혼동을 일으킨다. 종종 그것은 자기개념(self-concept), 자아존중감(self esteem)과 개념적 혼동을 일으키는 바, 이를 분명히 하고자 한다.

• 자기효능감과 자기개념의 비교

자기개념은 직접적인 경험을 통하거나 중요한 타자로부터 수용된 자신에 대한 종합적 관점(composite view)이라고 하였다. 자기개념은 몇 가지 구별되는 속성들을 포함하지만 자기개념에서 그것들은 하나의 지표로 결합된 전반적인 자아상(self-image)으로 취급된다.

이와는 달리 자기효능감은 각기 다른 활동 영역별로 다양한 수준을 띠며, 심지어 과제난이도와 과제상황에 따라서도 다른 수준을 보이는, 과제와 상황별로 구체화된 자기능력에 대한 판단이다. 따라서 실제로 행동에 대한 자기개념과 자기효능감의 예언 효과를 비교해보면, 자기효능감의 예언력이 더 정확하고 높다.

Bandura는 자신이 제안한 자기효능감의 개념이 정서적 개념이기보다는 인지적 개념이라는 점을 역설하였고, 그것이 구체적인 과제사태에서의 자신의 과제수행능력에 대한 인지적 평가이기 때문에 정서적 차원에서 전반적인 자기가치나 자아상을 반영하는 자존감이나 자아개념에 비해 행동의 예언력이 높다는 점을 설명하였다.

---

8 오랫동안 self-concept은 自我개념으로 명명되었다. 굳이 이 책에서 自근개념(self-concept)으로 명명하는 것은 자아정체성(ego identity)과 구분하기 위해서다. 심리학에서 ego와 self는 상이한 개념임에도 불구하고, 모두 '자아'로 번역되어 많은 혼란을 야기했고, 같은 개념이지만 어떤 이는 self realization을 自我실현으로 또 다른 이는 自근실현으로 다르게 번역하여 혼란을 주는 사례도 있다.

• 자기효능감과 자아존중감의 비교

자기효능감은 자신의 개인적 능력에 대한 판단인 반면, 자존감은 자기-가치(self-worth)와 관련되는 개념이다. 자신의 능력에 대한 판단과 자신에 대한 호-불호(好-不好)의 감정은 직접적인 관련성이 없다. 개인은 주어진 과제를 수행함에 자기-가치를 개입시키지 않기 때문에 자존감과 관계없이 자기효능감의 수준을 낮게 지각할 수 있다. 이는 마치 춤을 잘 추지 못한다는 것을 인정한다고 해서 자신의 가치를 평가절하할 이유가 없는 것과 같다. 반대로 특정과제에서 자기효능감을 높게 지각한다고 해서 반드시 그것에 대해서 자부심을 가지는 것은 아니다. 이것은 마치 경제난으로 몰락하여 집을 은행에 빼앗긴 사람이 아주 능숙하게 가족을 차에 태우고 집을 떠날 수 있는 운전 실력을 자랑스러워해야 할 이유가 없는 것과 같다.

자기효능감이 사회인지적 개념이라면, 자기개념이나 자아존중감은 후에 다룰 인본주의(혹은 인간중심)적 관점을 대표하는 개념들이다. 심리학의 이론 체계에서 두 관점의 차이는 적지 않다. Bandura의 자기효능감에서 감(感)은 다소 오역된 측면이 있다. 그것은 인본주의적 관점에서 자주 등장하는 feeling이나 emotion에 해당하는 것이 아니라 특수한 과제와 환경에 직면하여 개인이 가지게 되는 자신의 능력에 대한 감각(sense)[9]이나 신념(belief)이다. 다소 행동주의적이면서도 인지적인 개념에 해당한다. 그 특징을 좀 더 살펴보면 다음과 같다.

2) 자기효능감의 개념적 특징

• 자기효능감 수준은 실제 능력 수준과 별개일 수 있다.

자기효능감은 부분적으로는 학생들의 실제능력과 관련될 수 있다. 일반적으로는 높은 학업능력을 가진 학생들이 낮은 능력을 가진 학생들보다 더 효능감을 지각할 것이다. 하지만, 효능감은 능력의 또 다른 명칭이 아니다. 한 연구(Collins, 1985)에서 수학적 능력이 높은 집단, 중간 집단, 낮은 집단으로

---

[9] 자기효능감은 사회인지적 관점의 문헌에서 매우 자주 'one's sense of efficacy'로 표현된다. 효능감이 교사에게 적용될 때에는 teacher's sense of efficacy로 표현된다.

구분하였을 때, 세 개의 각 능력수준 집단 내에서 모두 자기효능감이 높은 학생들과 낮은 학생들이 발견되었다. 또한 능력은 학업성취도와 정적 관련성을 가졌다. 하지만, 능력수준과 관계없이, 높은 자기효능감을 가진 학생들이 낮은 자기효능감을 가진 학생들보다 더 많은 문제를 풀었으며, 자신이 놓친 문제를 다시 풀어보는 행동을 보였다.

• 자기효능감은 영역 특수적(domain-specific)으로 지각된다.

전술한 바처럼 자기개념이나 자기존중감이 포괄적이고 종합적인 개인의 존재에 대한 이미지나 가치감인 것과는 달리 자기효능감은 상황과 영역에 따라 특수하게 결정되는 자기능력에 대한 지각이다. 자기효능감에 관한 이론과 연구들은 개인의 자기효능감 수준이 그들이 참여하는 과제 영역별로 다르다는 점에 착안하여 여러 영역에 걸쳐 평균화된 일반적 수준의 자기효능감보다는 각각의 특수한 영역별로 자기효능감 수준을 평가할 것을 권한다. 즉, 자기효능감은 영역별로 각기 형성되는 자신의 능력에 대한 지각이다(Pajares, 1996). 학교학습에 적용한다면, 학생들마다 언어, 수학, 사회탐구, 과학탐구, 예체능 등 다양한 과목별로 효능감의 수준이 다를 것을 예상할 수 있다. 그럼에도 불구하고 한 개인을 두고 전과목에 걸쳐서 평균적인 수준의 효능감을 측정하는 것은 개념적으로도 오류이고, 실제적으로도 가치있는 일이 아니다. 효능감 측정이 영역별로 구체적일수록 처방도 구체적일 수 있다.

• 자기효능감은 상황 특수적(situation-specific)으로 결정된다. 따라서 자기효능감은 역동적(dynamic), 유동적(fluctuating)이고, 그래서 변화할(changeable) 수 있다.

자기효능감은 자기개념이나 자기존중감 같은 안정적인 자기 관련 개념들에 비해 변동성이 크다(Schunk & Pajares, 2002). 자기효능감은 과제상황이 변화함에 따라 그 수준도 비교적 쉽게 변화할 수 있다. 특정시기에 특정 과제에 관한 개인의 자기효능감 수준은 그의 수행준비도, 신체적 조건, 정조(affective mood), 그리고 외적인 조건(과제난이도, 교실환경)에 따라 변동될 수 있다. 이는 자기효능감이 성격적 구인이 아닌 지각적 구인임을 보여주는 것이다. 이것은 교육적으로 중요한 의미를 가진다. 즉, 자기효능감은 학습자에 대한 진단적 가치보다 교육적 처방을 통해 증진시켜야 할 가치가 더 큰 구인이다. 실제로 사회인지이론은 자기효능감을 증진시킴으로써 학습자의 수행을 높이는 방향으로 자기효능감을 다룬다. 개인의 상태와 환경적 조건에 따라 변동성이 큰 인지적 개념이다.

3) 자기효능감의 효과

사회인지이론가들(e.g., Bandura, 1993; Schunk, 1991)은 학습자의 자기효능감이 실제 학습의 과정과 결과에 어떠한 효과를 보이는지를 집중적으로 탐구하였다. 다음은 그 결과들이다.

• 학습과제 선택에의 효과

자기효능감은 학습자의 과제선택에 영향을 미친다. 학습과제를 주로 교사가 결정하는 한국의 학교교육현실에서 학습자가 학습과제를 선택한다는 것이 이상하게 들리겠지만, 실제로는 자신이 수행할 과제를 학습자들이 선택한다. 예컨대, 수포자로 불리는 학습자는 수학이라는 과목을 학습하지 않기로 선택한 것이다. 반면에 자기효능감이 높은 학습자는 너무 쉽거나 어려운 과제보다는 어렵지만 도전할만한 과제가 주어지는 상황에서 학습에 적극적으로 참여한다.

• 학습노력과 지속성, 그리고 자기조절에의 효과

일단 학습에 참여하기로 결정한 자기효능감이 높은 학습자는 학습의 과정에서도 많은 노력을 투입한다. 뿐만 아니라 과제수행 시 직면하는 난관이 있어도 학습에의 참여 지속성을 유지한다. 자기효능감은 노력의 양뿐만 아니라 노력의 질에도 영향을 미친다. 자기효능감이 높은 학습자들은 학습의 과정에서 보다 심층적이고 포괄적인 인지적 개입을 하며, 자기조절적 학습전략을 사용한다.

결과적으로 자기효능감은 학습동기와 학업성취에도 긍정적인 영향을 미친다. 자기효능감이 높은 학습자들은 실제 능력수준이 같은 경우에도 더 많은 양의 학습을 하게 되며, 그 결과 높은 학업성취도를 보인다(Collins, 1985). 즉, 학습자들의 능력수준이 같다 하더라도 그중 자기효능감이 높은 학습자가 더 많은 성취를 한다는 것이다. 그렇다면, 우리는 학생들의 자기효능감을 높이기 위해 무엇을 해야 할 것인가?

④ 자기효능감 증진을 위한 네 가지 자원

사회인지이론가들은 자기효능감의 수준에 변화를 촉진하는 노력을 하였다. 다음은 Bandura(1986)가 제시한 자기효능감 증진과 발달을 위한 4가지 자원들이다.

• 성공경험

과거의 실제 성공경험은 자기효능감의 가장 효과적이고 직접적인 자원이 된다. 과거에 유사한 상황에서 유사한 과제에 성공했던 경험은 자기효능감의 밑거름이 된다. 예컨대, 지난 학기에 곱셈 과제에서 성공했던 경험은 다음 학기에 나누기 과제에서 효능감을 지각할 수 있는 경험으로 작용한다. '실패는 성공의 어머니'라는 말은 인간의 의지를 강조하기 위한 것이지만 사회인지이론적 관점에서 볼 때 경험적으로 근거 없는 주장일 뿐이다. 일단 학습자가 특정분야에서 효능감을 구축하면, 학습의 과정에서 경험하게 되는 가끔씩의 실패는 효능감에 큰 악영향을 미치지 않는다. 하지만, 같은 분야에서의 누적적이고 반복적인 실패는 학습자를 무력감에 빠지게 할 것이다. 수포자와 같은 현상은 그러한 경우로서 그 책임은 반복적이고 누적적인 실패를 경험하게 한 과제의 제시에 있다고 할 것이다. 이는 학습자들로 하여금 성공경험을 누적적으로 가지게 할 적정 수준의 학습과제를 제시하는 교사의 고려가 중요함을 의미한다. 이렇게 하면, 반드시 나오는 교사의 불평은 어떻게 다인수 학급에서 모든 학생들에 맞추어진 학습과제를 제시할 수 있느냐일 것이다. 우리는 학교평준화에는 관심이 많지만, 그럴수록 학생들의 이질적 분포는 심각해질 것이고, 그러면 다시 학교비평준화로 회귀하려 한다. 하지만, 학교평준화의 문제는 교육적 문제가 아니라 정치적인 문제이다. 학생들 각자의 자기효능감을 증진하려는 교육적 차원에서 볼때 학교 평준화라는 조건하에서는 학급의 비평준화가 필수적인 것이다. 그러면 또 위화감을 조성한다고 할 것이다. 학교도 평준화하고, 학급까지 평준화하게 되면, 수포자(무력감)는 반드시 발생하게 된다. 좀 더 교육적인 문제가 되기 위해서는 과목별 이동 수업도 고려해야 할 것이다. 왜냐하면, 자기효능감은 과제특수적이고 영역특수적이며, 상황특수적으로 형성되는 학습자 자신의 학습능력에 대한 판단이기 때문이다. 그러면 포괄적인 학력수준으로 학생들을 분류함으로써 발생하는 위화감의 문제도 완화되지 않을까?

• 대리적 성공 경험

전술하였듯이, 사회적 학습이론에 의하면, 직접적인 성공경험이 없이 타인의 성공경험을 관찰함으로써 관찰자는 효능기대를 가질 수 있다. 이것을 사회적 학습이론에서 대리 조건화 혹은 대리 강화라고 했다. 실험결과를 보아도 직접적인 실제 경험보다는 다소 약하지만, 관찰학습을 통한 대리적 성공경험은 자기효능감의 충분한 자원이 될 수 있다. 다만 전술한 바와 같이 사회적 학습이 촉진되기 위한 추가적인 조건들을 고려해야 한다. 그중에서도 모델(타인)과 관찰학습자 간의 유사성에 대한 검토가 필요할 것이다. 모델과 관찰자 간의 차별성이 커지면 결과기대는 형성되겠지만 효능기대는 형성되기 어렵다. 유사한 성, 나이, 능력, 학업능력 수준 등을 고려하는 것이 중요할 것이다.

• 언어적(사회적) 설득

교사나 부모는 학생들이나 자녀들이 효능감을 가질 수 있도록 언어적인 설득을 할 수 있다. 자신감을 불어넣어 주는 설득적인 언어의 사용은 어느 정도 효과적일 수 있다. '너는 할 수 있어'와 같이 누군가에게 칭찬 혹은 격려의 말을 듣게 되면, 자기효능감이 증대될 수 있을 것이다. 그 중에는 과제수행 후에 제시하는 피드백도 포함될 것이다. 단순히 정오답을 확인하는 것이 아니라 실패한 이유와 성공한 이유를 상세하게 설명하는 방식이 중요할 것이다. 그러나 지나친 칭찬 혹은 격려는 오히려 학습자 자신의 능력에 대한 회의를 유발시킬 수 있고, 결과적으로 자기효능감을 감소시키는 결과를 초래할 수도 있다. 근거없는 칭찬은 정서적 위로는 되겠지만, 인지적으로 자기효능감에 변화를 주지는 못할 것이다. Bandura는 언어적 설득이 효능감에 어느 정도 긍정적인 효과를 가질 수는 있지만 실제 성공경험이 수반되지 못하게 되면, 그 효과는 매우 제한적일 것이라고 지적하였다.

• 생리적 각성

마지막으로 자기효능감은 학습자의 생리적 조건에 영향을 받는다. 비록 과제가 생리적인 것과 별 관계없는 인지적인 것이라도 뇌와 관련된 생리적 조건들이 양호하지 못하면, 뇌의 활성화에 악영향을 미치고 그 결과 인지적 과제에 대한 효능감에 부정적인 영향을 미칠 것이다. 학습의 과정에서 발생하는 피로를 관리하고, 생리적 조건을 리셋하는 충분한 수면은 자기효능감 유지를 위한 필수적인 조건이다.

※ 사회학습이론은 다음의 7가지 교육심리학의 쟁점에 대해 어떠한 입장을 취하고 있는가?

	매우	대체로	중립	대체로	매우	
천성론 Nature			✓			양육론 Nurture
단계 발달설 stages of development					✓	연속 발달설 continuous development
발달 보편설 universal development			✓			발달 특수설 culture-specific development
능동설 activity		✓				수동설 passivity
특질론 trait-like consistency				✓		상황결정론 situational determination
유기체론 organistic development			✓			기계론 mechanistic development
초기경험 지속효과				✓		초기경험 일시효과

제6장

인본주의 심리학과 교육

인본주의 심리학(Humanistic Psychology)은 20세기 중반에 등장한 심리학적 관점이다. 인본주의 심리학은 자체의 새로운 이론적 기본가정과 원리를 제시할 필요성에서 출발하였다기보다는 선행하는 두 거대 심리학적 관점을 비판하면서 형성되었다. 첫 번째 비판대상은 Freud의 정신분석적 관점이었고, 두 번째 비판대상은 전술한 행동주의적 관점(특히 Skinner)이었다. 이러한 비판을 통하여 결집된 세력이 바로 인본주의 심리학이었던 것이다. 인본주의 심리학이 초기에 제3세력 심리학(the third force in psychology)으로 명명되었던 것은 그것이 얼마나 정신분석적 관점(제1세력), 행동주의 심리학(제2세력)과 대척적 관계를 이루는지를 알 수 있다. 따라서 인본주의 심리학의 기본가정과 특성을 제대로 이해하기 위해서는 정신분석적 관점과 행동주의적 관점에 대비시키지 않을 수 없다(King, Woody, & Viney, 2009).

"행동주의를 비판함에 있어서 인본주의자들은 조건화라는 개념이 인간의 삶에 있어서 중요한 역할을 한다는 점을 부정하지는 않았다. 하지만 인간은 초의식 수준에서 조작할 수 있는 능력을 갖추고 있어서 조건화의 결과를 극복하거나 뒤집을 수 있는 존재라고 하였다. 예컨대, 어떤 사람은 X가 나쁘다고 믿도록 강력하게 조건화되었지만, 그럼에도 불구하고 그는 X에 대해서 읽고, X에 관한 긍정적인 측면들을 발견할 수 있으며, 개방적인 마음으로 그것을 바라보도록 노력할 수 있을 것이다. 인본주의 심리학자들에 의하면, 도전적인 능력, 즉, 조건화를 중화시키거나 혹은 초월할 수 있는 능력은 인간이 지닌 독특한 특성이라고 본다.

이와 유사한 비판이 정신분석학에도 가해졌다. 경험되지 않은 열망이나 소원과 같이 인간에게 작용하는 무의식적인 세력이 존재할 수 있다. 예컨대, 일부의 사람들은 자신의 관념과 열망에 근거하여 맹목적으로 행동하기도 한다. 하지만 대부분의 사람들은 무의식적이기 보다는 더 의식적이다. 특정 종류의 정신적 질환을 가지고 있는 일부의 사람들을 너무 강조함으로써 정신분석학은 인간에 대해 왜곡된 시각을 갖게 되었다. 즉, 정신분석학은 정상적인 사람들과 Freud 이론에 많은 자료를 제공하였던 일부의 정서적인 문제를 가진 사람들을 구분하지 못하였다(p.764).”

　행동주의와 정신분석학이 과학적 방법들을 따랐지만 제3세력 심리학은 각 관심영역별로 독특한 내용에 적용될 수 있는 보다 포괄적인 인식론을 표방하였다. 즉, 인본주의 심리학자들은 인간을 연구하는 데 있어서 과학적 방법, 역사적 방법, 철학적 방법, 문학 혹은 예술적 방법에 이르기까지 다양한 방법론을 적용하였다. 또한 인본주의 심리학자들은 심리학의 탐구주제가 좀 더 광범위해야 한다고 주장하였다. 예컨대, 공포, 공격성, 학습, 습관 등과 같은 주제 이외에도, 고통, 지혜, 성장, 기쁨, 의미, 진실성, 존엄, 절정 경험 등과 같은 주제들을 다룰 필요가 있다고 주장하였다.

　인본주의 심리학자들은 심리학이 인간의 삶을 다루는 것이어야 한다고 주장하였다. 그들은 신생 학문인 심리학이 너무도 편협한 탐구영역만을 개척해 왔다고 지적했다. 그 결과 심리학은 인간 본성에 관한 기본적인 문제들을 다루지 못하였고, 심리학을 진부하고, 단조롭고 무미건조한 학문이 되게 하였다고 비판하였다.

1　인본주의 심리학의 기본가정

　Greening(2006)은 인본주의 심리학이 기본적으로 가정하고 있는 다섯 가지 핵심 원리를 다음과 같이 정리하였다.

○ 인간은 인간으로서 자신을 구성하는 모든 부분들을 관장한다. 따라서 인간은 하나의 전체로서 구성요소들로 감환될 수 없다. 인본주의 심리

학자들은 인간의 독특한 특성을 강조한다. 그리고 인간을 설명하기 위한 모형이나 비유의 타당성을 인정하지 않는다. 그들은 인간을 온전히 이해하기 위하여 환원주의를 배격하고 유일하면서 통합된 전체로서의 온전한 인간에 대해 연구해야 한다고 주장한다. 인본주의 심리학자들은 총체론을 옹호하고, 인간을 과학적으로 분석한다는 미명하에 적용되는 환원주의와 요소주의를 반대한다.

○ 인간은 우주생태환경에서뿐만 아니라 고유한 인간적 맥락에서 자신의 실존을 소유한다. 인본주의 심리학은 인간의 정서, 사회 및 지적 문제들을 파악하는데 헌신한 실존주의 철학자들의 영향을 받았다. 이들은 추상적인 형이상학적 문제보다 일상생활의 문제들, 인간의 관심사 등에 주로 관심을 가졌다. 실존주의는 이러한 문제를 다루는 대표적인 철학이다. 개인에 초점을 맞추고, 환경과 사회적 제약을 벗어나 자유를 실천할 수 있는 개인의 역량을 강조한다. 요컨대, 인본주의 심리학은 실존론을 옹호하며, 인간에 대한 존재론적 분석(ontology)의 반대 입장에 있다.

○ 인간은 의식을 가지고 있으며, 의식하고 있음을 의식한다. 즉, 인간은 의식적 존재이다. 인간의식 중 자기자신에 대한 의식은 늘 타인의 맥락속에서 의식된다. 이는 Freud가 인간의 행동이 의식에 의한 것이 아니라 근원적으로 무의식적 욕망에 기원이 있다고 해석하는 접근법, 즉, 무의식 결정론을 비판한 것이다. 무의식의 대척 개념으로서 의식의 중요성을 강조한다. 요컨대, 인본주의 심리학자들은 인간의식의 결정성을 강조하면서 과도한 무의식에의 의존을 반대하는 입장에 있다.

○ 인간은 선택할 능력과 권리를 가지며, 그것과 더불어 책임을 가진다. 이는 행동주의 심리학자들과 정신분석학자들의 결정론을 비판하기 위한 것이다. 행동주의자들은 환경결정론에 그리고 정신분석학자들은 무의식 결정론에 빠져 있다고 보는 것이다. 대신 인본주의자들은 인간의 선택할 자유와 그에 따르는 책임을 강조하고 있다. 인본주의 심리학자들은 인간의 자기결정성을 옹호한다.

○ 인간을 의도적이고 목적지향적이며, 그렇기 때문에 자신이 미래에 있을 일들에 영향을 미칠 수 있다는 점을 인식하며, 의미, 가치, 창의성을 추구한다. 인본주의 심리학자들은 인간의 기본적 본능이 지저분하고 야만적이고 자기본위적이라는 부정적 시각을 거부한다. 정신분석학과 행동주의 심리학자들이 이러한 노선에 있다고 보고 비판한다. 대신 그들은 인간은 선천적으로 성장지향적이며, 건강한 환경에 처하게 되면 선(善)과 이타성을 보이게 된다고 주장하였다. 즉, 인간의 선한 본성, 미래지향성, 목적지향성, 자기실현 경향성을 강조한다.

이러한 인본주의 심리학적 관점이 교육이라는 맥락에서 어떻게 전개될 수 있고 또 어떻게 전개되었는지를 살펴볼 것이다. A. H. Maslow와 C. R. Rogers는 심리학계내에서 정신분석학적 관점과 행동주의 심리학에 반기를 들고 인본주의 운동을 이끌었던 인물이었고, A. Coms와 E. L. Deci 와 R. Ryan은 인본주의 심리학적 관점을 교육에 적용하는데 있어서 주도적 역할을 하였다.

2 A. Maslow의 인간 욕구 분석

> ### Abraham H. Maslow의 생애
>
> A. H. Maslow는 1908년 4월 1일 New York의 Brooklyn에서 태어났다. 그는 내성적이었으며, 외롭게 성장하였다. 그의 설명에 의하면, 그의 어린 시절은 냉담하고 지배적인 어머니로 그늘졌다고 한다. 이따금씩 Rose Maslow는 품위없이 잔인하기까지 하여 이 일로 그는 심리치료를 받기까지 하였다고 한다. Maslow의 아버지  는 그가 법관이 되기를 바랐지만 당사자인 그는 심리학에 관심을 갖게 되었다. 그는 그의 사촌인 B. Goodman과 결혼하였다. 수줍음 많은 젊은이 Maslow는 행동주의 심리학이 지배하던 University of Wisconsin에서 1934년에 박사학위를 받았는데 거기서 유명한 H. Harlow (1905-1981)의 첫 번째 대학원생으로 영장류의 우성과 성(性)을 연구하였다.

하지만 학위취득 후 형태주의 심리학자들과 교류하였고, 정신분석학자로의 진로를 모색하기도 하였으며, 인류학에도 관심을 가졌다. 이러한 다양한 경험을 통해 그는 행동주의 심리학에 깊이 빠져 있었던 미국의 심리학자들이 외현적 행동과 객관주의에 너무 경도되어 인간 존재의 다양하고도 중요한 국면들을 소홀히 하고 있다고 믿게 되었다. 동시에 신경증 증상을 주로 관찰하여 인간을 절망적으로 자기자신의 통제를 유지하고자 하는 존재로 보는 Freud의 정신분석적 관점이 지나치게 제한적이라는 비판적 시각을 가지게 되었다. Maslow는 원자론적이기보다는 총체론적인, 인과론적이기보다는 역동적인, 기계론적이기보다는 목적론적인 관점을 추구하였다. Maslow는 심리학이 반사행위, 단순한 감각, 근육운동, 혹은 무의식적 기억들에 매몰되어서는 안 되며, 오히려 심리학의 궁극적인 자료는 그러한 부분적인 것들보다는 훨씬 더 큰 전체적인 것으로부터 비롯된다고 보았다.

그는 잘 적응한 인간 혹은 자기실현인의 행동을 관찰함으로써 건강한 아동은 단순히 수동적으로 결핍 욕구를 채우기보다는 적극적으로 자기충족적인 경험을 추구하는 경향성이 있다는 결론에 이르렀다. 결국 그는 행동주의 심리학과 정신분석학의 대안으로 소위 '제3세력'(the third force) 심리학을 제안하였다.

Maslow(1968)는 『Toward a Psychology of Being』에서 자신의 새로운 관점을 반영하는 43개 명제를 제시하였는데, 그중 핵심적인 내용은 다음과 같다. 인간은 본질적으로 선천적 본성을 가지고 태어난다. 이러한 내적 본성은 경험, 무의식적 사고와 정서에 의해 그 형태가 드러나지만 그것들에 의해 지배되지는 않는다. 인간은 자신의 행동을 상당부분 통제할 수 있다. 따라서 아동은 자신의 발달에 있어서 많은 선택을 할 수 있도록 허용되어야 한다. 부모와 교사는 아동의 생리, 안전, 애정, 소속, 그리고 자존의 욕구를 만족시킴으로써 아동이 현명한 선택을 할 수 있도록 하여야 한다. 하지만, 그들이 성장하는 방식을 그들의 의사에 반하여 통제하거나 만들려고 해서는 안 될 것이다.

1) 욕구위계설

Maslow(1987)는 욕구충족이 모든 발달의 기저에서 작동하는 가장 중요한 원리라고 주장하였다. 그러면서 인간동기의 다층성을 묶는 하나의 총체적인(holistic) 원리는 낮은 차원의 욕구가 충족됨에 따라 보다 새롭고도 더 높은 차원의 욕구를 추구하는 경향성이라고 했다. 그는 5층의 위계적인 욕구 차원을 제안하면서 이러한 욕구충족의 기본원리를 적용하였다.

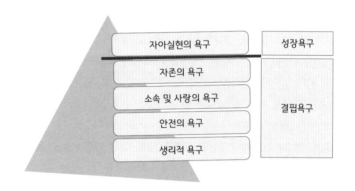

그림 6-1   Maslow의 욕구위계설

[그림 6-1]에서 보듯이, 욕구위계의 최하단은 '생리적 욕구'이다. 다음으로 안전, 소속 및 사랑, 자존, 그리고 자기실현 욕구의 순으로 추구한다. 이 욕구의 순서는 각 욕구의 상대적 강도에서의 차이를 반영한다. 즉, 낮은 층의 욕구가 발동되는 상황에서 사람들은 더 높은 층의 욕구추구가 불가능하기 때문에 욕구위계에서 낮은 층의 욕구일수록 더 강하고 필수적인 욕구에 해당된다.

2) 욕구의 차원: 중요한 것은 욕구의 단계보다 차원이다.

전술한 욕구의 5단계 위계설에서 하위 4단계(생리, 안전, 소속 및 사랑, 자존의 욕구)는 결핍욕구(deficiency needs) 차원에 속한다. 이들의 공통점은 욕구가 충족되지 못했을 때에만 발생한다는 것이다. 다시 말해서 이들 욕구는 충족이 되면, 사라지기 때문에 욕구충족의 상한계가 있는 욕구들이다. 하지만, 자기실현욕구와 같은 성장욕구(growth need)는 그것을 추구하기 위해 인간이 부단히 노력하는 욕구로, 욕구충족의 상한선이 없는 욕구이다. 오히려 이 욕구는 추구할수록 더욱 자극되는 욕구이기도 하다. 예컨대, 자신의 학문적 성취를 추구하는 학자나 심미적 성취를 하는 예술가는 '이제 충분이 됐어'라는 반응보다는 '예술을 길고 인생은 짧다'라고 탄식하며, 식음(생리적 욕구)을 멀리하기도 한다. 기본적으로 자기실현 욕구는 자신의 잠재적 재능과 능력을 발달시킬 필요성, 즉, 자기충족적 욕구이다. 처음에 Maslow는 자기충족 욕구가 자존의 욕구가 충족되고 나서 자동적으로 일어나는 욕구라고 생각했다. 하지만 그는 사람들의 욕구충족 행위가 이런 식으로 이루어지지 않음을 깨닫고 입장을 바꾸었다. 대신 그는 자기실현 욕구가 작동하는 개인은 단순히 자존의 욕구가 충족된 사람들이라기 보다는 진, 선, 미, 정의, 자율성, 고차원의 기지(humor)와 같은 가치를 지닌 사람들이라고 하였다.

전술한 다섯 가지 위계를 이루는 기본욕구에 더하여 Maslow는 인지적 욕구(앎과 이해를 위한 욕구)와 심미적 욕구(질서, 균형, 조화)를 기술하였다. 이것들은 기본적인 욕구위계에 속하지는 않지만, 기본적인 욕구들의 만족과정에서 결정적인 역할을 한다. 그는 탐구할 자유, 학습, 공정성, 정직성, 대인관계에서의 조화와 같은 조건들이 갖추어지지 않은 상황에서 다섯 가지의 기본욕구를 충족할 수 없기 때문에 매우 중요하다고 하였다.

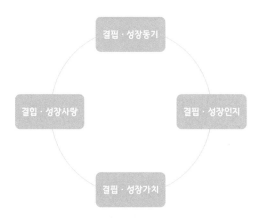

그림 6-2 **욕구위계이론과 욕구의 차원**

『Toward a Psychology of Being』에서 Maslow는 사랑, 동기, 인지와 같은 다양한 심리적 기능들과 관련하여 존재동기(being)와 결핍동기(deficiency)를 구분하였다. 예컨대, 사랑도 존재적 사랑(being-love)과 결핍적 사랑(deficiency-love)(Maslow는 이것을 B-love와 D-love로 표현하였다)이 동기와 관련하여 확연히 다른 욕구임을 지적하였다. 존재적 사랑은 비소유적이며, 덜 이기적이고 덜 요구적이다. 그것은 타인의 존재에 대해서 자부심을 가지며, 타인의 성취를 행복하게 공유한다. 이와는 대조적으로 결핍적 사랑은 이기적이기 쉬우며, 자기 자신의 욕구만족을 위해 타인을 이용한다. 결핍적 사랑은 타인의 욕구만족보다는 자신의 욕구만족에 더 많은 관심을 둔다. 따라서 그 사랑은 질투적이고, 소유적이며 비현실적인 기대를 하는 사랑이다.

이외에도 Maslow는 존재와 결핍의 개념을 일반적 동기와 인지 분야에 적용하였는데, 이것을 두고 자신의 이론이 지나치게 개인적인 것이라는 비판에 대응하였다. 예컨대, 어떤 사람은 존재적 인지를 발달시킴으로써 보다 더 생태학 및 사회적 인식과 통찰을 발달시키게 된다. 이와는 대조적으로 결핍 인지는 정보에 대한 축약되고 선별된 접근법을 특징으로 하기 때문에 이로 인해 개인은 단일한 문제나 이론 및 사상만을 접하게 된다. 이런 조건에서 정보는 진정한 성장을 달성하기 위한 수단이라기보다는 불안을 감소시키기 위한 수단으로 작용하는 것이다.

3) Maslow에 대한 비판

동기에 대한 Maslow의 위계 이론은 단일 동인(성, 권력, 경제적 동기)이 모든 행동에 영향을 미친다는 일원론적 동기이론에 대한 대표적인 도전이었다. 하지만, 그의 이론은 많은 이들로부터 비판의 대상이 되기도 하였다. 예컨대, Shaw와 Colimore(1988, p.51)는 이 이론이 민주주의적인 세계관과 엘리트주의적인 세계관을 모두 가지고 있는 모순된 이론이라고 하였다. 그들은 이야말로 심리학 이론이 어떻게 사회, 경제 및 정치적 맥락에 의해 조건화될 수 있는지를 보여주는 대표적인 이론에 해당한다고 평가절하하였다. 이러한 비판은 일견 타당할 수 있지만, 자제될 필요가 있다. Einstein의 물리학은 여러 번 유태인다운 이론이라는 비난을 받았다. 심지어는 정치 및 종교적 맥락에서 조건화되었다고 비판되었다. 그럼에도 불구하고 그의 이론은 보다 광범위한 영역에 걸쳐 적용될 수 있었다. 만일 자기실현이 Maslow가 생각하듯이 선천적 욕구에 해당한다면, 그것은 매우 보편성을 띤 욕구에 해당될 것이다.

Maslow 이론에 대한 보다 타당한 비판은 그 이론이 너무 개인적인 것이어서 일종의 자기탐색은 강조하는 반면 공동선의 중요성은 소홀히 할 수 있다는 것이다. 이와 관련하여 Daniels(1988)는 "자기실현이 직접적으로 추구되는 목적인지 아니면 삶의 과정에서 부산물로 등장하는 것인지가 논쟁의 핵심에 해당한다(p.21)"고 하였다. 동기이론에서는 자기실현과 생태학 및 사회적 인식 간의 긴장이 핵심적인 쟁점으로 남아있다. 그러나 Maslow는 진정으로 자기를 실현한 사람이 되는 것과 공동선에 민감한 사람이 되는 것 간에 필연적인 모순이 있다고 볼 필요가 없다고 하였다. 실제로 문제가 있고 잠재적인 위험성을 가진 사람들은 하위 수준의 욕구가 좌절된 사람들이다.

4) 교육적 시사점

교사는 학습자의 낮은 수준의 욕구가 만족되어서 보다 상위의 욕구가 기능하고 있는지를 확인하기 위해 할 수 있는 모든 것을 해야 한다. 예컨대, 학습자가 생리적으로 안락하고, 안정감을 느끼며, 소속감을 유지하고 자존감을 경험하고 있다면 그들은 그것보다 높은 성장욕구를 추구할 수 있을 것이다. 그런데 결핍욕구를 만족시키는 것은 타인에 의존해야 하는 것으로, 교사는 교실에서 발생하는 것에 대해 기본적인 책임을 져야 하기 때문에 학습자들의 욕구충족에서 교사의 역할은 매우 중요한 것이다. 학습자의 결핍욕구를 충족시키는 데 효과적인 교사일수록 학습자의 성장동기를 충족시킬 가능성은 더 커질 것이다.

Maslow의 욕구위계론이 교사에게 주는 가장 중요한 시사점은 최상위 욕구가 자기실현(self-actualization)이라는 것이다. 교육의 목적이 무엇이냐고 그에게 묻는다면, 그는 단연코 자기실현이라고 할 것이다. 그에 의하면, 자기는 내적 본성으로 이미 태어날 때부터 지니고 있는 것이다. 따라서 행동주의 심리학이 기반으로 하고 있는 백지설과 정면으로 배치되는 입장이다. 다만, 그것은(자기) 잠재적인 것으로 교육을 통하여 만들어지는 것이 아닌, 실현되는 것이다. 따라서 Maslow의 관점에서 교사의 역할이 행동주의 심리학보다 소극적인 것이냐고 물을 수 있겠지만, 자기를 실현하는 과정은 매우 어렵고 고려해야 할 것들이 많다. 교육의 목표부터 학습자별로 매우 달라져야 할 것이고, 그것을 실현하는 과정에서 학습자의 지속적인 선택에 관심을 가져야 할 것이다. 실제로 Maslow도 지적했듯이, 완전히 자기실현한 사람은 매우 드물기 때문이다.

3 C. Rogers의 인간중심접근

Carl Rogers의 생애

C. Rogers(1902-1987)는 Chicago에서 1902년 1월 8일에 태어났으며, 1931년에 Columbia University에서 박사학위를 받았다. 그는 Maslow와 비슷한 경험을 하였을 뿐만 아니라 유사한 결론(인본주의적 관점)에 이르렀다. 다만 차이가 있다면, Maslow는 인간의 동기를 연구하는 데 집중한 반면, Rogers 심리치료분야에서 인본주의적 시각을 적용하는데 주력하였다는 것이다.

Rosers는 처음에 정신분석적 기법을 적용하는 심리치료가였다. 하지만 그는 Maslow와 마찬가지로 정신분석적 관점이 정신적으로 문제 있는 사람들을 더욱 무력하게 하여 자신이 직면한 문제에 대처할 요량으로 심리치료가의 지속적인 도움을 필요로 하게 만드는 폐단이 있다고 주장하였다. 즉, 정신분석적 관점은 내담자가 가진 문제를 해결하기보다는 심리치료에 대한 내담자의 의존성을 키운다는 것이다. 전통적 심리치료에 대한 Rogers의 또 다른 도전은 정서적 문제의 처치에서 진단의 영향에 관한 것이었다. 일반적인 처방모형은 처방에 앞서서 진단을 하는 것이었다. 하지만 Rogers는 성급한 진단으로 인해 내담자를 낙인하는 부정적 효과를 우려하였다. 그래서 그는 진단을 거부하고 곧바로 환자의 문제를 경청하는 과정으로 진입하였다.

1) 인간중심(person-centered) 상담

Rogers(1951, 1961, 1980)는 새로운 심리요법을 개발하였는데, 처음에는 비지시적(nondirective) 상담으로 불리다가 후에 내담자 중심(client-centered) 상담으로 명명되었다. 이는 그 명칭이 암시하듯이, 상담자보다는 내담자가 상담의 과정에서 주도적인 역할을 하는 상담법이다. 또한 '비지시적'이라는 표현은 상담자가 내담자에게 잘못된 것이 무엇인지를 진단하지 않고 또한 그 문제와 관련하여 내담자가 무엇을 해야 할 것인지에 대해 지시하지 않는다는 것을 의미한다. 이 방법은 후에 인간중심(person-centered) 접근법으로 공식 명명되었다. 정신분석적 기법에서 분석가는 적극적으로 내담자의 문제를 다양한 방법(자유연상이나 꿈의 해석)으로 해석하고, 처방을 내리는 중심적 역할을 수행한다는 점에 비추어 볼 때, Rogers의 인간중심 접근법은 정신분석적 기법으로부터 완전히 이탈하는 것이다.

또한 Rogers는 엄격한 행동주의적 방법(특히 Skinner)에 대해서도 반기를 들었는데, 그 이유는 인간이 단순히 환경적 자극의 조작을 통해서 통제되고 조형되는 것이 아니라 스스로 자신의 행동을 통제하는 방법을 배울 수 있는 능력을 가졌다고 가정했기 때문이다. 그는 인간은 타인의 조형물이 아니므로, 타인의 기대대로 만들어지지 않으며, 조건화란 개인의 통제력을 감소시키고 환경의 통제력을 강화시키려는 것으로, 이는 개인의 성장을 왜곡시킬 수 있다고 비판하였다. 또한 생리적 욕구 및 자극-반응에 호소하는 행동주의는 스스로 성장하려는 본능을 가진 인간의 학습을 설명함에 있어서 한계를 가진다고도 하였다. Rogers는 평생 모든 이들에게 모든 이들을 무조건적으로 수용하라고 했지만, 정신분석적 관점과 행동주의 심리학만큼은 예외였던 것 같다.

Rogers는 행동주의의 과학적 보편주의에 반하는 현상학적 관점을 취하게 되었다. Roger의 심리학은 현상학적 장에 초점을 두는 것이었다. 여기서 현상학적 장(phenomenal field)이란 개인의 삶을 구성하는 전체적 범위의 경험세계를 일컫는다. 현상학적 장은 우리가 자신을 평가하는 방식, 타인을 평가하는 방식, 그리고 우리와 환경적 대상을 관련시키는 방식을 포함하여 자기(self)로 일컬어지는 분화되고 조직된 영역을 말한다. Rogers에 의하면, 자기는 부단히 다양한 차원의 현상학적 장들을 평가한다. Rogers는 실제적인 자기(real self)와 되고 싶은 자기, 즉 이상적 자아(ideal self) 간의 긴장에 주목하였다. 두 자아 사이의 일치성이 클수록 건강하며, 불일치할수록 병적인 것이 된다(Cole, Oetting, & Hinkle, 1967).

자기의 평가과정들은 사회적 맥락에서 발달한다. Rogers는 무조건적인 긍정적 존중(unconditional positive regard)과 대부분의 아이들이 받고 있는 조건적 사랑의 차이를 구분하였다. 무조건적인 긍정적 존중은 아동의 내적 가치에 대한 신뢰감을 전달하게 된다. 그리고 그것은 아동이 존재하는 그 자체로 사랑받고 있다는 느낌을 주게 된다. 아동은 선물로 주어지는 사랑을 받을 필요가 없게 된다. 이와는 대조적으로 조건적 사랑은 상대가 좋은 사람이 되고, 올바른 행동을 하며, 바람직한 것에 관심을 두는 등 자신이 원하는 대로 행동했을 때 주는 사랑을 의미한다.

Rogers의 심리학은 인간의 본성과 잠재력에 대해서 매우 낙관적이었다. 그는 인간이 자기실현을 향한 충동을 가지며, 성장에 기여하는 것들을 선택하고 취할 수 있는 능력을 갖추고 있다고 하였다. 이때 치료자들의 과제는 무조건적 존중을 나타내는 수용적인 분위기를 제공하는 것이다. Rogers는 치료자와 환자 혹은 내담자 간에 적절한 관계가 형성되면, 환자 혹은 내담자는 통찰과 자유를 얻게 되고, 그로 인해 성장과 더불어 바람직한 개인적 변화를 일으켜야 할 책임감을 가지게 된다고 보았다. Rogers는 자신의 성격이론을 토대로 개인의 자기실현을 돕기 위해 다음과 같은 내담자(인간) 중심 상담법의 기본 원칙들을 제시하였다.

• 진실성(genuineness)과 일치성(congruence)

상담자가 내담자와의 관계에서 순간 경험하는 자신의 감정이나 태도를 있는 그대로 솔직하게 인정하고 경우에 따라서는 솔직하게 표현하고자 하는 태도를 의미한다.

• 무조건적인 긍정적 관심(unconditional positive regard)

상담자가 내담자를 평가·판단하지 않고 내담자의 감정이나 행동들을 그대로 수용하고자 하는 태도를 의미한다.

• 정확한 공감적 이해(accurate empathic understanding)

상담자와 내담자가 상호작용하는 과정에서 발생하는 내담자의 경험, 감정 뿐만 아니라 상담의 과정에서 발생하는 순간순간의 상황들이 내담자에게 갖는 의미를 정확하게 이해하려는 것을 의미한다.

이상의 원칙들은 특수한 상담의 기법이라기보다는 모든 현대 상담이론과 기법에서 지켜져야할 상담의 필수적 조건으로 받아들여지고 있다.

2) 학습자 중심(learner-centered) 교육법

Rogers는 상담심리학에 엄청난 영향을 미쳤다. 하지만 말년에 그는 자신의 사상체계를 교육과 정치학 같은 다른 분야에 적용하는 데 주력하였다. 특히 교육 분야에서 그는 교사중심이 아닌 학생중심(learner-centered) 접근법(Rogers, 1969)을 주창하였다. 그는 상담에 적용되었던 인간중심 접근법이 교육에도 성공적으로 적용될 수 있을 것이라고 하였다. 그리고 소위 학습자 중심 접근법이라는 것을 제안하였는데, 이 접근에서 교사는 인간중심 상담 접근법에서 상담자가 갖추어야 할 조건과 같은 조건들을 교사들이 갖추어야 한다고 하였다.

Rogers와 H. Lyon은 『On Becoming an Effective Teacher; Person-centered Teaching, Psychology, Philosophy, and Dialogues with Carl R. Rogers and Harold Lyon』라는 책의 집필을 시작하였다. 하지만, Rogers의 사망으로 그 유고는 Lyon과 R. Tausch에 의해 완성되어 2013년도에 발행되었다. 이 책에서 Rogers는 다음과 같은 다섯 가지 가설을 제안하였다(Rogers, Lyon, & Tausch, 2013).

• 한 개인이 다른 사람을 직접적으로 가르칠 수는 없는 것이다. 이러한 관점은 모든 사람들은 자신이 중심으로 존재하는, 늘 변화하는 경험의 세계에서 실존한다는 나의 성격이론에 근거한다. 각 개인은 지각과 경험에 근거하여 반응한다. 따라서 학생들이 경험하는 바는 교사가 경험

하는 것보다 더 중요하게 취급될 필요가 있다. 학습자의 배경과 경험은 학습의 내용뿐만 아니라 방법을 결정함에 있어서 필수적으로 고려되어야 한다.

- 사람들은 '자기'의 구조를 증강하거나 유지하는 것과 관련된다고 지각하는 것들만을 의미있게 학습하기 마련이다. 그러므로 학습자에의 관련성은 학습의 필수적 조건이다. 학습자의 경험이 교육과정의 핵심이 되어야 한다.

- '자기'의 구조에 변화를 일으킬 경험은 저항에 부딪히게 마련이다. 교과의 내용이 학생들이 예상했던 것과 불일치하지만 그들이 다양한 개념들에 개방적이라면, 충분히 학습 가능할 것이다. 학습을 위하여 자기 자신의 개념에서 벗어난 개념에 개방적인 태도를 갖추는 것은 필수적 요소이다. 그러므로 부드럽게 촉진하는 개방적인 마음은 학생들이 학습에 몰입하는데 큰 도움이 된다. 이와 같은 이유로 학습에서 새로운 정보가 기존의 경험에 관련되거나 부합되게 하는 것이 매우 중요하다.

- 외부의 위협으로부터 완전히 자유롭게 되면, 자기의 구조는 위협으로부터 더 견고해지고 그 경계를 완화시킨다. 학습자가 학습할 개념들이 자신에게 강요되고 있다고 믿게 되면, 불편함과 공포를 경험할 것이다. 교실에서의 위협적인 분위기는 학습의 장애물이다. 그러므로 개방적이고 친화적인 환경속에서 신뢰가 발달할 것이고 그것은 교실이 갖추어야 할 필수적 조건이다. 학습하는 개념에 동의하지 않는다고 해서 보복이 가해질 것 같은 교실 분위기는 일소되어야 한다. 지지적인 교실 분위기는 학생들의 공포감을 완화시킬 것이며, 학생들이 지닌 개념이나 경험과 다른 학습내용들을 탐색하고 탐구할 용기를 북돋아 줄 것이다. 또한 새로운 정보는 학생들의 자기개념을 위협할 수도 있다. 그러므로 학생들이 위협감을 덜 느낄수록 학습의 과정에서 개방성을 보일 것이다.

- 의미 있는 학습을 가장 효과적으로 증진하는 교육적 상황은 첫째, 학습자의 자기를 위협하는 요소들을 최소화하는 것이며, 둘째는 특정분

야에서 차별화된 지각이 촉진되는 교실이다. 교수자는 학생으로부터 학습하는 것에 개방적이어야 하며, 학생들과 교과의 관련성을 강화해야 한다. 학생들과의 잦은 상호작용은 이러한 목표를 달성할 가능성을 높여줄 것이다. 교사가 무언가를 학생들에게 전달하는 전문가이기보다는 학생들을 안내하는 멘토역할을 다할 때 학습자 중심의 비위협적이고 비강제적인(인본주의적) 학습이 가능해질 것이다.

4 학습에서의 자기결정성

자기결정성 이론(SDT; self determination theory)은 인간 동기와 성격에 관한 인본주의적 시각을 반영하는 이론으로 인간의 선천적인 성장 추구경향성과 심리적 욕구에 관심을 두었다. 특히 인간의 동기가 외적인 영향에 의한 것이라기보다는 자기동기화(self motivated)나 자기결정적(self-determined)으로 전개된다는 점을 강조한다. 1980년대 중반에 Deci와 Ryan(1985)은 자기결정성 이론을 공식적으로 소개하고, 상당한 수준의 깊이 있는 경험적 연구를 축적하였다. 현재까지도 자기결정성 이론은 학습동기를 설명하는 중요한 이론으로 비중있게 적용되고 있다.

자기결정성 이론을 이끌었던 초기 연구는 내재적 동기(intrinsic motivation)에 관한 연구였다(Deci, 1971). 내재적 동기란 외적인 보상을 얻기 위한 목적(외재적 동기)이 아니라 자체적으로 인간에게 흥미를 끌고, 만족시켜서 주는 활동을 시도하는 것으로 정의되었다. 예컨대, 물고기를 잡는 행위는 동일하지만, 어부와 낚시꾼은 다른 동기로 그 행동에 참여한다. 전자는 생계를 유지할 목적으로 하지만, 후자는 고기 잡는 행동 그 자체가 흥미롭고 만족을 주기 때문에 한다. 즉, 행위가 또 다른 목적의 수단이냐 아니면, 그 자체가 목적이냐가 두 가지 유형의 동기를 가른다.

1) 자기결정성 욕구

Deci와 Ryan(1985)은 자기결정성 욕구와 관련된 자율성(autonomy), 유능성(competence), 관계성(relatedness)의 세 가지 기본적 욕구를 제안했다.

• 자율성 욕구

이 욕구는 자신이 자기자신의 삶의 원인자(causal agent)이기를 바라는 것으로 자기결정성 욕구의 핵심요소이다. 그렇다고 해서 타인으로부터의 독립을 의미하는 것이라기보다는 자신의 내적 의지(internal will)의 심리적 자유를 향유하겠다는 것이다. 예컨대, 어떤 학습자가 TV를 시청하고 스스로 자기 방으로 가서 공부를 하기 위해 책을 펼치는 순간 부엌에서 어머니가 '애 TV좀 그만 보고 공부 좀 해라'라는 소리를 듣게 되어 갑자기 공부할 마음이 사라지거나 혹은 자기 방을 이탈하여 집을 나가 버린다면, 이는 자율성의 동기가 침해된 사례일 것이다. 청소년기에 접어들어 기성세대에 대한 반기나 반항을 하는 것은 자율성 욕구의 발현일 수도 있다. 필자도 밤새 눈이 많이 와서 다음날 새벽에 누가 시키기 전에 눈을 쓸 것이라 결심하고(internal will), 실행에 옮기려는 순간 아버지로부터 '야 눈 좀 쓸어라'라는 명령을 듣고 빗자루를 내던지고 거역한 경험이 있다.

• 유능성 욕구

이 욕구는 수행결과를 통제하고, 숙달을 경험하려는 욕구로 결과적으로 자신이 유능한 존재로 여겨지기를 바라는 욕구를 가진다. Harter(1981)는 지각된 유능성 척도를 개발하고, 그 발달경향성을 탐색한 결과 초등학교에서 중고등학교로 발달이 진행됨에 따라서 내재적 동기의 수준이 감소하는 것을 발견하였다. 그는 그 이유로서 학교를 다니면서 점차 외적 보상에 노출된 경험과 남과 비교되는 경험이 증가하는 것을 들었다. 개인적 유능성을 강화하는 방안으로는 첫째, 개인으로 하여금 도전적이고 성공가능한 과제를 완숙할 수 있는 시도를 허용하고, 둘째, 스스로 성취하려고 노력하는 주도성을 보이는 학습자를 강화하거나 칭찬하고, 셋째, 외부의 압력 없이 자신의 목표를 스스로 설정하도록 권장하며, 넷째, 자신의 수행을 스스로 평가하고 보강하도록 하며, 다섯째, 독립적인 숙달행동의 모델을 제공할 것을 권장한다(김아영, 2010).

• 관계성 욕구

이 욕구는 타인과 상호작용하고, 관계 맺고, 관심을 가지려는 욕구이다. 이 욕구의 충족은 기본적인 심리적 기능을 증진하지만, 불만족은 인간발달을 저해하는 요인으로 작용한다. 사회적 지지에 대한 욕구는 단순히 타인과의 상호작용을 넘어서 인간 고유의 잠재력을 실현하기 위한 필수적 조건이다 (Baumeister & Leary, 1995).

자기결정성 연구자들의 추가적인 관심은 외적 보상(강화)이 주어질 때 그것이 내재적 동기에 어떠한 영향을 미칠 것인가이다. 그도 그럴 것이 인본주의 계열에 있는 심리학자들은 외적 동기를 강조하는 행동주의자들과 첨예하게 입장을 달리하고 있기 때문이다.

이와 관련하여 Deci(1971)는 세 단계에 걸친 일련의 실험을 수행하였다. 첫 번째 실험은 내재적으로 동기화된 학습자에게 외적 보상(돈 지급)을 주게 되면, 내적동기가 감소할 것인지를 확인하는 것이었고, 두 번째 연구는 첫 번째 실험과 유사한 가설을 가지고 실험실이 아닌 현장연구로 실시하였다. 이 두 번의 실험연구는 가설에서 의도한 것처럼 외적 보상으로 돈을 지급한 결과 내적 동기를 감소시켰다. 마지막 세 번째 연구는 첫 번째 실험과 동일하였지만, 외적 보상으로 다른 종류의 보상(언어적 칭찬)이 주어졌다. 언어적 보상은 '사회적 인정'을 의미하는 것으로 채용되었다. 세 번째 연구는 학생들의 수행이 언어적 보상을 통하여 의미있게 상승하였음을 발견하였는데, 이는 언어적 칭찬과 피드백이 내재적으로 동기화된 학생들의 과제수행을 저해하는 것이 아니라 오히려 증진하고 있음을 의미하는 것이다. 결국 언어적 칭찬과 같은 외적 보상은 내적 동기를 높일 수 있음을 보여준 것이다. Deci는 이러한 두 가지 유형의 외적보상(돈/언어적 칭찬)들이 내재적 동기에 각기 다른 효과를 보인 것에 대해 다음과 같이 설명하였다. 우선, 돈을 제공한 것은 내재적으로 동기화된 학습자들로 하여금 자신들이 수행하고 있는 과제의 중요성과 그 과제에 대해 가졌던 내재적 동기를 인지적으로 재평가하도록 하게 하였을 것이고, 결국에는 점점 더 금전적인 보상을 읽는 방향으로 관심이 쏠렸을 것이다. 그리고 이와는 대조적으로 같은 외적 보상이지만 언어적 칭찬과 피드백(사회적 인정)에 대해서는 자신의 수행을 통제하는 외적 요인으로 인식하지 않았고, 그 결과 자신들이 자율적으로 수행하던 과제를 여전히 흥미로운 과제로 보도록 하였을 것이다.

2) 주인형 학습자가 될 것인가, 노예형 학습자로 머물 것인가?

자기결정성 동기이론의 하위이론으로 개인적 작인(作因)(personal causation) 이론(DeCharms, 1968)이 있다. 이 이론에 의하면, 인간은 자신이 환경에 의해 통제되기보다는 환경을 변화시킬 수 있는 작인으로 기능하기를 원하며, 그것이 가능하다고 느낄 때 지각된 통제감을 가진다고 하였다. 이러한 유형의 의식을 주인(the origin)의식이라 하고, 반대로 자신의 행동이 외적인 힘에 의해 통제될 수 밖에 없다는 신념에 사로잡혀 있는 것을 노예(pawn)의식이라 하였다. DeCharms(1976)는 주인의식 측정도구를 개발하여 학생들의 주인의식 수준을 측정하였다. 또한 그는 유사실험을 통하여 학생들을 노예처럼 혹은 주인처럼 지각하도록 훈련한 후 그 효과를 검증하였다. 그 결과 주인처럼 지각하도록 한 경우보다 노예처럼 지각하도록 훈련한 경우에 상대적으로 학생들은 과제에 대한 흥미가 떨어지고, 강제성을 더 느끼며, 학습동기 유발이 덜 되는 것을 발견하였다, 반면, 주인의식을 훈련한 학생들은 다양한 측면에서 학업수행도 더 우수하였다(DeCharms, 1972).

학생들이 주인의식을 가지도록 하기 위해서 교사는 학생들로 하여금 현실적인 목표를 설정하도록 격려하고, 학생들의 성취와 의사결정을 존중하며, 학습에의 참여를 촉진하도록 하여야 한다. 이를 통해 학생들은 개인적 책임감과 내적 통제감을 가지게 되고, 결국 학습결과에도 긍정적인 영향을 미친다. 학생뿐만 아니라 학생들에게 주인의식을 길러주는 교사 역시 많은 이익(승진과 학생들로부터의 평가)을 얻었다(DeCharms, 1984).

5 통제자가 아닌 촉진자로서의 교사: A. Combs

A. Combs는 인본주의적 관점을 열렬히 옹호하였는데, 그렇게 된 것은 그가 Maslow, Rogers와 유사한 경험을 가졌기 때문이었을 것이다. 그 역시 당대 심리학계를 주름잡았던 행동주의 심리학과 정신분석학에 대해 환멸을 느끼고 대안을 모색하려 하였다. 전술한 것처럼, Maslow가 인간 동기에 관한 연구에서 제3세력의 관점을 전개하고 Rogers가 심리치료가로서의 자신의 경험에 기초하여 자신의 관점을 전개하였다면, Combs(1965)는 처음에는 인지적 시각에서 교사의 역할에 관하여 탐구하였다. 즉, 그는 "모든 행동은 현재 행동하고 있는 시점에서 형성한 지각의 직접적인 결과이다(p.12)."라는 전통적인 인지적 기본가정을 따랐다.

따라서 그는 교사라면, 당연히 학생들의 관점에서 사물들이 어떻게 보일 것인가를 예상하고 추측하고 분석해 보아야 한다고 주문한다. 이러한 주장은 학생들의 학습을 돕는 차원에서 학생들이 앞으로 사물을 다르게 보고 기존과 다르게 행동하기를 바란다면, 먼저 교사는 필수적으로 학생들이 현재 가지고 있는 신념이나 지각을 변경해야 한다는 것을 의미한다. 학습에 대한 Combs의 분석들은 마치 Bruner와 같은 구성주의 인지심리학자들과 유사한 것들이었다. 하지만 점차 그는 학습의 인지적 측면보다는 학습자의 개인적 지각에 더 많은 관심을 가지게 되었다.

Combs는 사람들이 자신을 지각하는 방식이야말로 가장 중요한 것이고, 교수의 기본적인 목적은 각 학습자가 긍정적인 자기개념을 가지도록 돕는 것이라고 믿었다. 그는 단언컨대, 교사의 업무는 학생들에게 진단하고, 처방하고, 강요하고, 종용하고, 설득하고, 감언이설하고, 모델링하고, 영향을 미치는 것이 아니라, 대신 학생의 친구이자 동료로서 돕고, 조언하고, 격려하는 촉진자의 역할을 해야 한다고 주장하였다. 그는 훌륭한 교사의 여섯 가지 특징을 다음과 같이 나열하였다.

- 자신이 담당하는 교과에 식견이 있어야 한다.
- 상대방의 감정에 민감해야 한다.
- 학생들이 능히 학습할 수 있다고 믿어야 한다.
- 긍정적인 자기개념을 가지고 있어야 한다.
- 최선을 다해서 모든 학생을 도울 수 있다고 믿어야 한다.
- 다양하고 다채로운 수업방법을 적용해야 한다.

이상의 인본주의자들의 관점을 종합하여 교사에게 적용한다면, 교사는 학생들이 자신의 학습에 관하여 다양한 선택을 할 수 있도록 허용하기에 충분할 정도로 학생들을 믿어 주어야 할 것이다. 동시에 교사는 학생들의 사회적, 정서적 욕구에 민감해야 한다. 그들을 공감하고 그들에게 긍정적으로 반응해야 할 것이다. 마지막으로 교사는 진솔하고, 자신들 역시 학생들과 마찬가지로 한 인간으로서 욕구를 가지며, 자기자신에 대해 긍정적인 감정을 가지고 있음을 여실히 보여줄 수 있어야 한다. 인본주의적 교사는 '농부'의 역할에 비유될 수 있을 것이다. 농부는 각 작물마다 다른 종임을 인정하고, 이미 씨앗에 존재하는 잠재성을 위해 햇빛과 이산화탄소를 합성하여 잘 실현될 수 있는 양호한 조건(물주기, 잡초 제거해 주기, 비료주기)을 제공하는 촉진자이지 작물을 육종하기 위한 유전공학자(행동주의 심리학자)가 아닐 것이다.

※ 인본주의 이론은 다음의 7가지 교육심리학의 쟁점에 대해 어떠한 입장을 취하고 있는가?

왼쪽	매우	대체로	중립	대체로	매우	오른쪽
천성론 Nature	✓					양육론 Nurture
단계 발달설 stages of development			✓			연속 발달설 continuous development
발달 보편설 universal development				✓		발달 특수설 culture-specific development
능동설 activity	✓					수동설 passivity
특질론 trait-like consistency	✓					상황결정론 situational determination
유기체론 organistic development	✓					기계론 mechanistic development
초기경험 지속효과			✓			초기경험 일시효과

제7장

인지적 관점

> "인간은 객관적 사실 때문에 혼란스러운 것이 아니라 그것에 대한 자신의 관점 때문에 혼란스러워진다"
>
> – Epictetus, 그리스의 철학자, AD 1세기

앞서 우리는 행동주의 심리학이 환경결정론에 근거하고 있음을 살펴보았다. 즉, 행동주의 심리학에서는 인간의 행동은 말할 것도 없이 심지어 인간의 성격과 정서 역시 개인이 접하게 되는 환경적 사태에 의해 직접적으로 결정된다는 것이다. 하지만 인지적 전통에 있는 심리학이론들은 객관적인 환경 그 자체보다는 그것을 지각하고, 이해하고, 해석하는 학습자의 인지적 상태를 중요시한다. 환경이 개인에게 영향을 미치는 과정에 있어서도 인지적 전통에 있는 심리학 이론들은 감각적 사태보다는 학습자의 지각과정에 주목한다.

1 Gestalt 심리학의 등장

1910년경 미국에서 행동주의가 인기를 얻기 시작하던 무렵에 전통적인 심리학을 비판하면서 독일에서 Gestalt 심리학이 등장하였다. 독일어 Gestalt는 한국어나 영어에 꼭 맞는 단어가 없으나 일반적으로 형태, 윤곽, 형식, 구조, 경향 등으로 번역되고 있으며 형태주의 심리학, 형태심리학 혹은 게슈탈트 심리학이라 불린다.

Gestalt 심리학자로는 Köhler와 Koffka가 대표적인데, 이들의 주 관심사

는 지각이었으며 행동주의 이론은 지나치게 단순하고 지각의 역동적 본질을 간과하고 있다고 생각하였다. Gestalt 이론들은 학습, 기억, 문제해결 연구에서도 지각을 중심으로 해석하려는 시도를 가능하게 하였으며 이는 현대 인지심리학 연구의 초석이 되었다(Nolen-Hoeksema et al., 2014).

Gestalt 심리학은 '전체는 부분의 합 이상'이며 부분과 부분들 간의 관계에 의존하므로 세부적인 부분들을 개별 탐구해서는 결코 전체를 이해할 수 없다고 생각하였다.

> "전체라는 것은 심리학적, 논리적, 인식론적, 존재론적으로 부분에 앞선다. 그래서 전체는 단순한 부분의 합 이상이며, 그렇기 때문에 부분의 합과는 전적으로 다르다. 그리고 전체는 부분의 합에 불과할 뿐이라는 관점에서 그 전체를 생각하게 되면 진정한 전체의 역동적 성질을 파악할 수 없다(Wertheimer, 1983, p.43)".

Gestalt 심리학은 경험에 근거하여 탐구를 시작하였고, 모든 학문은 경험에 근거해야 한다고 주장하였다. 진리라는 것은 모두 실험적으로 평가되어야 하지만 측정 그 자체에 대한 과도한 집착은 과학적 진보를 방해한다고 보았다. 경험의 개인적 속성을 강조하고 다양한 수준에 걸쳐 경험된 관련성을 채택하여야 한다고 주장하였다(Woody, 1981).

인간은 의미 있는 형태와 총합된 전체로 세계를 인식하며, 이러한 인식은 조직화(organization)의 과정을 거치게 된다. 형태주의 심리학자들은 지각적 조직 과정을 나타내는 다음의 몇 가지 원리들을 발견하였다.

• 전경과 배경

덴마크의 심리학자 E. Rubin(1886-1951)은 지각에 있어서 두 가지 구성요소가 존재한다고 주장하였다. 그 중 하나는 실재성을 나타내거나 두드러져 보이는 것으로 Rubin은 이것을 전경(figure)이라 하였다. 또 다른 하나는 뒷배경으로 밀려나는 것이 있는데, 이를 그는 배경(ground)이라 불렀다. 그는 전경과 배경이 서로 반전되어 지각되는 경우가 있음을 관찰하였다. 형태주의 심리학자들이 항상 Rubin이 제시한 전경-배경 현상의 기술적 특징이나 해석에 동의하는 것은 아니지만, 이러한 발견은 지각에 있어서 조직화의 한 원리로 인정되며 심리학의 중심 주제가 되었다.

그림 7-1　**전경과 배경**

• 유사성과 근접성

유사성은 유사한 것들끼리 같은 집단으로 묶여져 보이는 현상을 의미하며, 근접성은 더 근접한 것들끼리 서로 한 묶음으로 묶여져 보이는 현상을 말한다. 근접성의 원리는 말(speech)의 지각과도 관련성이 있는데, 사람들은 침묵으로 분리되는 단어나 구절을 한 묶음으로 조직하여 의미를 이해할 수 있게 되지만 처음 들어보는 낯선 외국어의 경우 분리되는 곳이 어디인지 알아들을 수 없으므로 끊어지는 곳을 찾는 데 어려움을 겪는다(Schunk, 2012).

그림 7-2　**유사성**　　　　　그림 7-3　**근접성**

• 폐쇄성과 좋은 연속성

폐쇄성은 불완전한 것을 완전한 것으로 보려는 경향을 의미하며, 좋은 연속성은 곡선에서 직선으로 그리고 곡선에서 다시 직선으로 시각을 옮기게 되면, 일련의 절단된 선들을 지각하게 되는 것을 말한다. 하지만 전체적인 장면을 보게 되면, 곡선의 전반적인 흐름(좋은 연속)과 각진 직선의 좋은 연속 현상을 지각하게 된다. 지각적 조직화에 따르면 우리는 세계를 가능한 한 질서 있고, 논리적이고 경제적인 방식 등과 같은 좋은 방향으로 지각하려는 경향을 보인다.

그림 7-4 **폐쇄성**   그림 7-5 **좋은 연속성**

형태주의 심리학은 학습, 연합, 동기 등이 지각에 영향을 미친다는 점을 부정하지는 않았지만, 형태주의 심리학이 주로 관심을 갖는 것은 경험을 통하여 얻어지는 것이 무엇인지를 온전히 이해하는데 있었다.

2 M. Wertheimer의 생산적 사고

Max Wertheimer의 생애

M. Wertheimer는 1880년 체코슬로바키아의 Prague에서 태어났다. Max의 아버지는 사업, 타이핑, 회계, 속기 등을 가르치는 교수법인 일종의 개별화된 수업체계를 개척한 저명한 교육자였다(Wertheimer, 1980, p. 6). 고등학교를 졸업한 후에 Wertheimer는 Prague에 소재한 Charles University에서 법학을 전공하였지만 철학, 음악, 생리학과 같은 다른 여러 분야에 걸쳐 폭넓은 관심을 두었다.

결국 Max의 관심은 너무도 광범위하여 더 이상 법학을 전공하기 힘들 정도였다고 한다. 결국 Wertheimer는 법학에서 철학으로 전공을 바꾸어 Prague에서 공부하다가

Berlin으로 옮겼다. Berlin에서 그는 C. Stumpf, G. E. Müller와 메모리 드럼을 개발한 F. Schuman, 그리고 음악학자인 E. von Hornbostel과 같은 그 당시의 저명한 인물들과 함께 공부하였다. Berlin에 이어 그는 Würzburg에서 박사과정에 입학해서 1904년에 Külpe의 지도로 학위를 마쳤다.

Wertheimer의 학문 경력은 Frankfurt에 소재한 한 연구소(이 연구소는 나중에 University of Frankfurt가 되었다)에서 시작되었다. 1916년부터 1929년까지 그는 Berlin 심리연구소에서 연구하다가 1929년에 Frankfurt의 정교수가 되었다. 나찌의 출현과 그로 인한 학문적 자유의 실종은 독일의 뛰어난 많은 지식인들의 해외도피라는 결과를 가져왔다(Henle, 1978).

M. Wertheimer 역시 그의 아내 Anne와 3명의 아이들(Valentin, Michael, and Lise)을 데리고 미국으로 이주하였다. Wertheimer는 New York 시에 소재한 New School for Social Research에서 전문직을 가지게 되었는데, 1933년부터 1943년 그가 사망할 때까지 그곳에 있었다. 그의 미국생활 10년은 매우 생산적인 시간들이었다. 그 결과 진리(1934), 윤리학(1935), 민주주의(1937) 및 자유(1940)와 같은 주제들에서 독일식 시각을 제시하는 논문들을 썼다. 우리는 Wertheimer가 제시한 형태주의 시각이 단순한 심리학 이론이 아니라 철학, 과학 및 교육과 같은 다양한 지적 영역에 함의를 제공하는 일종의 세계관이었다는 점을 알게 될 것이다.

1988년 10월에, 독일 심리학회는 Wertheimer 사후에 W. Wundt 상패를 수여하였고 수상 이유로 Wertheimer의 실험, 이론적 공헌 그리고 그의 인본주의와 박애정신을 들었다. 이러한 사후의 찬사는 Wertheimer의 업적으로부터 나온 이론들의 적절성을 증거하는 하나의 지표라고 할 수 있다.

형태주의 심리학은 M. Wertheimer가 파이(phi)현상[10]을 실험하기 시작한 1910년에 공식적으로 출범하였다. Köhler, Koffka와 함께 Wertheimer는 운동지각현상에 관한 논문을 작성하기 위해 자료를 수집하였고, 이것이 바로 형태주의 운동의 시초가 되었다.

---

10 파이현상은 따로 분리된 두 전등의 불빛과 같은 단순한 현상으로 설명할 수 있다. 만일 두 불빛이 각기 다른 망막 부위에 비치거나 한 전등의 불빛이 다른 것보다 매우 짧은 시간 간격의 차이를 두고 연속해서 비치게 되면, 피험자는 마치 그것이 움직이는 것으로 인식하게 된다. 비록 그 진등들은 같은 위치에 고정되어 있지만, 그리고 그 두 전등은 각기 다른 위치에서 불빛을 발하지만 피험자들은 처음에 불빛이 비친 곳에서 나중에 불빛이 비친 곳으로 스쳐 지나가는 듯한 운동 현상을 경험하게 된다. 이때 관찰자(피험자)는 두 개의 분리된 사태를 보는 것이 아니다. 관찰자가 목격하는 것은 그 요소(전등)들과는 별도의 또 다른 어떤 것이다. 우리는 각 요소들을 분리하여 연구할 수 있지만, 그렇게 하게 되면 운동현상을 경험하게 해주는 절차에 이르지 못하게 된다.

초기 형태주의 심리학자들은 지각보다는 사고에 관심을 가졌는데, Wertheimer는 재생산적(reproductive) 사고와 생산적(productive) 사고의 차이를 구분하였다. 전자는 주로 반복, 조건화, 연습, 습관 혹은 익숙한 지적 내용에 대한 기계적인 반응들과 관련되며, 후자는 새로운 아이디어, 돌파구, 통찰력과 관련된다. Wertheimer는 사고에 관한 전통적 접근을 개관하면서 재생산적 사고를 통한 훈련이 비판적 태도를 자극한다는 점을 높이 샀다. 그렇다고 해서 논리 그 자체가 생산적 사고를 자극하지는 않는다고 주장하였는데, 창의적이지 못한 사람도 논리적인 사고를 할 수 있다는 점을 지적하였다. 그는 맹목적인 시행, 연습, 반복 및 우연한 결합들이 의미 있는 사고를 구성할 수는 없다고 비판하였다.

『Productive Thinking』에서 Wertheimer는 생산적 사고와 관련된 예들을 제시하였다. 그는 생산적 사고는 구조적 특징을 파악하는 능력과 구조를 재조직하는 구상능력에 달려있음을 주장하였다.

<예>

18세기 한 학급의 아이들에게 다음과 같은 단순한 덧셈 문제를 제시하였다.

$$1+2+3+4+5+6+7+8+9+10=?$$

훗날 유명한 수학자가 된 6살 난 C. F. Gauss(1777-1855)는 즉각적으로 답이 55라는 사실을 알게 되었다. 이렇게 빠른 해답에 놀란 교사는 Gauss가 어떻게 답을 구했는지 물어보았다. 그 당시 다른 학생들은 판에 박힌 방식으로 1+2+3+…을 하고 있었다. 하지만 Gauss는 전체 숫자 체계를 보고 11이 5개라는 사실을 알게 되었다 (그래서 답은 11×5=55라는 사실을 금방 알았다). 즉, Gauss는 1+10, 2+9, 3+8… 등이 모두 11이고 이러한 쌍이 총 5개 있다는 사실을 간파한 것이다. 이 Gauss의 해법은 단편적인 부분보다는 전체적인 구조에 관심을 둘 때 생산적 사고가 촉진된다는 Wertheimer의 주장을 예증하는 것이다.

---

3 W. Köhler의 통찰학습

W. Köhler는 1887년 1월 21일 Estonia의 Reval에서 태어나 독일의 Wolfenbüttel 김나지움에서 학교교육을 받았다. 1909년에 University of Berlin에서 Carl Stumpf의 지도로 박사학위를 받았다. 그 후 University of Frankfurt의 전신인 Frankfurt Academy의 심리학 실험실 조교가 되었다. 1913년부터 1920년까지 그는 Canary제도의 Tenerife섬에 소재한 Anthropoid Research Station의 책임자가 되었고, 섬에서의 연구는 형태주의 심리학의 고전적 업적물인 『The Mentality of Apes』를 낳게 하였는데, 이 책은 1924년에 영어로 출판되었다.

Köhler는 Tenerife에서 연구를 수행한 후, 독일로 돌아와서 University of Göttingen의 교수가 되었고 1922년에는 University of Berlin의 교수와 심리학 실험실의 책임을 맡게 되었다. 1920년대와 1930년대에 Berlin 연구소는 매우 생산적인 시기를 보냈다. 하지만 과학적 창의성을 북돋았던 분위기는 나찌 정권이 들어선 1933년에 파괴되었다. Hitler는 독일 전역에 걸쳐 대학 체계를 혼란시키는 변화를 시도하였다. 하지만 심리학은 민족적 사회주의하에서도 사라지지 않았다. 오히려 심리학은 독일 제3제국 시절에 급속히 성장하였다(Geuter, 1992) Köhler는 유태인 교수들의 해고를 반대하는 가장 강력한 편지를 썼다. 나찌 정권이 교수들로 하여금 수업을 시작하기 전에 나찌에 경례하도록 강제하였을 때, 마지못해 하는 익살스런 표정으로 인사를 한 뒤 학문적 자유의 중요성을 역설하는 연설을 하였다고 한다.

Berlin 심리학 연구소에서의 Köhler의 연구 활동은 1935년까지 지속되었지만 그를 둘러싼 조건들은 참을 수 없을 정도로 고롱스러웠다. 결국 Köhler는 연구소 일을 그만두고 미국으로 이주하여 Swarthmore College의 심리학 교수가 되었다. Köhler는 형태주의 심리학의 생산적인 저자이자 대변자였다. 1929년에 그는 『Gestalt Psychology』를 집필하였는데, 이는 행동주의 심리학을 통렬하게 공격했던 고전에 해당되며, 행동주의가 19세기 물리학의 원자론과 기계론에, 형태주의 심리학은 새로운 장 물리학의 개념에 근거하고 있다고 하였다.

Köhler는 많은 영예를 누렸다. Harvard에서 William James 강연을 했으며, 1958년에는 Edinburgh에서 Guilford 강연을 했고, 1958년에는 미국심리학회로부터 뛰어난 공적을 기리는 상을 수상하였으며 1년 후 회장에 당선되었다. 또한 미국 및 여러 다른 나라에서 명예 박사학위를

받기도 하였다. Köhler는 Swarthmore를 은퇴한 후 New Hampshire의 Enfield에 거주하였다. 그는 글을 쓰고, 강연하고, 연구하고 학생들과 동료들을 도우면서 여생을 보내다가 1967년 6월 11일 Enfield에서 사망하였다.

1) 학습

Köhler는 Thorndike의 결합주의, Pavlov의 반사적 행동, 그리고 Watson의 S-R 심리학을 맹렬히 비판하였다. K. Lashley(1942)와 W. Köhler(1947, pp.199-200)는 독립적인 실험연구를 통해 형태주의 심리학에서의 학습에 대해 밝히고자 하였다.

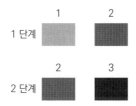

그림 7-6 **절대적 자극 값이 아닌 관계성의 학습을 보여주는 변별 문제 자극**

- 피험자로 하여금 두 개의 음영 처리된 물체 중 더 어두운 것을 고르도록 훈련한다.
- 1단계에서 2번을 고르면 보상이 주어진다.
- 2단계에서 2번과 2번보다 더 어두운 3번을 동시에 보여준다.
- 대부분의 피험자들이 3번을 선택한다.
- 2번 대상물의 선택에 대해서는 여러 번의 보상이 이루어진 반면, 3번 대상물의 선택에 대해서는 한 번도 보상이 이루어지지 않는다. 그럼에도 불구하고 피험자들은 3번을 고른다.

이는 결합주의와 S-R이론을 반박한 실험이다. 강화이론에 따르면 피험자들은 1단계에서 보상을 받았던 2번을 선택해야 하지만, 2단계에서 3번을 선택하였다. 이는 학습이 행동주의자들의 주장대로 대상물과 반응의 기계적인 결합이 아니라는 것을 보여준다. 오히려 피험자는 개별화된 자극보다는 자극들 간의 관계 형태와 구조를 지각하였다는 것을 확인할 수 있었다.

2) 통찰: S-R 공식에의 도전

Köhler(1976)는 동물들에게도 통찰력과 지능이 있다고 믿었으며, 그의 책 『The Mentality of Apes』에서 자신이 수행한 동물 연구에 대해 소개하였다.

[침팬지 실험]

Köhler는 침팬지의 머리에서 몇 피트 위에 위치한 곳에 줄로 바나나를 매달았다. 바나나는 침팬지가 뛰어 오를 수 있는 위치보다 높은 곳에 있었기 때문에 단순히 뛰어 올라서는 바나나를 딸 수 없었다. 상자들이 바나나가 있는 주변의 바닥에 놓여지자 침팬지는 갑작스럽게 그 문제를 해결하는 방법을 찾아냈다. 침팬지는 그 상자를 바나나가 달려있는 바로 밑으로 끌어다 놓음으로써 상황을 재구조화했다. 비록 침팬지가 정역학에 대해서 모르고 다소 어설픈 솜씨를 가졌지만, 그럼에도 불구하고 그들은 다소 투박하게나마 구조물을 세워서 목표에 이를 수 있었다. Köhler의 침팬지 중 Grandee라 불리는 침팬지는 심지어 상자를 이용하여 4층의 구조물을 쌓았다.

이 실험은 어떤 장면의 재구조화가 구체적인 반응에 대한 강화 없이도 가능하다는 점을 보여주는 것이었다. 침팬지들은 맹목적인 시행착오나 매 반응마다 보상이 뒤따르는 기계주의적 형식으로 문제를 해결하지 않았다. 개방적인 상황에 놓였을 때, Köhler의 침팬지들은 창조적이고 통찰에 근거하는 방식으로 문제를 해결할 수 있는 능력을 보여주었다. 그는 연구를 통해 동물들이 전체적인 상황을 고려하면서 문제를 해결하고, 목표를 달성하기 위해 그 상황을 구성하는 부분들을 재구조화한다는 점을 보여주었다. 또한 침팬지의 재구조화는 구체적인 반응에 대한 강화 없이도 통찰에 의해 이루어졌음을 알 수 있다.

Köhler는 지각, 학습, 인지와 같은 개념이 여러 부분으로 나누어 연구되는 것보다 전체로 여겨져야 한다고 생각하였다. 통찰학습은 행동주의적 견해 즉, 학습이란 자극에 대한 반응에 좌우되며 보상으로 강화된다는 견해와 반대되는 것으로, 보상을 받아서가 아니라 문제를 지각하고 마음속으로 문제를 풀어보는 과정에서 통찰을 얻는 방식으로 학습이 이루어질 수 있음을 보여주었다.

④ 기억의 정보처리이론

인지적 관점의 심리학 이론들과 복잡한 고등정신 기능의 발달에 대한 연구, 언어 학습에 관한 연구, 컴퓨터의 발달 등은 인간의 학습행동을 행동주의 이론과는 다른 관점에서 연구하도록 유도하였다. 1950년대 중반과 1970년대 초반에 발생한 인지혁명(cognitive revolution)은 인지학습이론을 가속화하였으며 학습을 통해 지식을 획득하고 조직 및 사용하는 과정에서 인간의 정신구조가 어떻게 관여하게 되는지 관심이 증대하였다. 인지혁명은 현대에 이르기까지 교육에 미치는 영향력을 꾸준히 증가시키고 있다(Berliner, 2006). 인지학습이론은 다음의 몇 가지 기본 원리를 가정하고 있다(Eggen & Kauchak, 2011)

첫째, 학습과 발달은 학습자의 경험에 의존하게 되므로 개인의 경험에 따라 그 결과는 달라질 수 있다. 둘째, 학습자는 자신의 경험을 이해하려고 할 때 적극적인 인지적 정신 작용을 시도한다. 학습자는 적극적으로 정보를 찾는 목표지향적인 행동을 하게 된다(Bransford, Brown, & Cocking, 2000). 셋째, 학습자는 자신의 경험을 이해하는 과정에서 지식을 기억 속에 그대로 기록하기보다 자신에게 의미 있는 방식으로 구성하기 때문에, 개인에 따라 서로 다른 지식을 구성하고 저장할 수 있다(Greeno, Collins, & Resnick, 1996). 넷째, 학습자의 지식 구성은 선행지식에 의존하므로 새로운 지식과 관련지을 수 있는 경험이 많을수록 학습에 도움이 될 수 있다. 이는 오개념의 습득에도 영향을 줄 수 있다. 다섯째, 학습은 사회적 환경에 의해 촉진될 수 있으므로(Vygotsky, 1978), 교사와 학생, 학생과 학생의 상호작용은 학습에 긍정적인 영향을 줄 수 있다.

인지학습이론의 기본 가정들은 학습이란 단순히 보고 듣는 것 이상의 좀 더 복잡한 작업을 통해 일어나는 것이므로 인간의 기억과 지식 형성의 관련성에 관심을 가질 것을 강조한다. 여러 기억 이론 중 가장 보편적인 것은 정보처리이론(information processing theory)으로, 이는 인간이 컴퓨터와 비슷하게 기능하는 정보처리시스템을 가지고 있어서 정보를 받아 기억에 저장하고 필요할 때 인출한다는 것을 전제하고 있다. 따라서 새로운 내용에 주의를 기울여 정보를 습득하고 구성 및 부호화하며, 기억 속의 지식과 연계시켜 저장한 후 인출하는 과정에서 각 역할을 수행하는 기억 저장소와 특징을 연구하였다.

1) 정보처리모형과 기억 저장소

정보처리이론의 전통적인 기억 모형에서 가정하는 세 개의 기억 저장소는 감각등록기(sensory store), 단기기억(short-term memory: STM) 혹은 작업기억(working memory), 장기기억(long-term memory: LTM)이다. 환경자극에 주의를 기울이고 정보를 부호화(encoding)하여 저장하고 다시 저장된 정보를 인출하는 연속적인 과정을 통해 학생들에게 유의미한 학습이 일어날 수 있다. 각 저장소들은 ① 서로 기능적으로 분리되어 있어 고유의 역할을 수행하고 있으며, ② 정보 저장의 제한된 용량에 대비하여 결집(chunking), 유목화, 정교화 등을 활용하고 ③ 인지 처리의 자동화와 통제가 가능하며 ④ 단순히 정보를 해석하는 것이 아니라 사전 지식과 맥락에 더해 의미를 구성한다는 것을 가정하고 있다(Bruning, Schraw, & Norby, 2011).

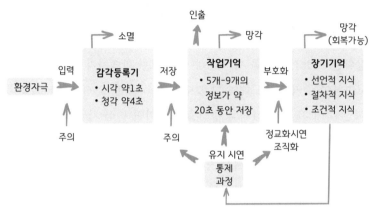

그림 7-7 **기억 저장소와 정보처리 과정**

※ 참고: Biehler & Snowman (1997). p.319, Bruning, Schraw, & Norby (2011). p.14

• 감각등록기

환경으로부터 발생하는 시각, 청각, 후각, 촉각 등의 여러 정보는 첫 번째 정보저장소인 감각등록기로 입력된다. 감각등록기의 용량은 매우 커서 환경으로부터 감각기관이 포착하는 모든 종류의 정보를 저장하지만 일시적이기 때문에 아주 짧은 시간 내에 소멸된다는 특징을 지니고 있다. 학습자가 주의 (attention)를 기울이지 않는 경우 환경자극으로부터 정보가 입력되지 않을 수 있으며 다음 단계인 작업기억으로 전달이 되지도 않을 수 있다. 수업시간에 교실에 앉아 있지만 생각은 운동장에 두고 온 축구공에 빠져 있다면 교사의 말소리가 아예 들리지 않을 수 있으며, 잠깐 들은 것 같더라도 무슨 내용이었는지 전혀 기억을 못 할 수 있다.

주의란 감각등록기와 작업기억에 들어온 제한된 양의 정보에 주력하기 위해 인지과정을 동원하고 한정된 자원을 집중하는 정신활동이라 볼 수 있다. 학습자는 동기와 자기조절능력에 따라 의식적으로 주의를 분배할 수 있는데 학습기술이 점차 능숙해지면 정보처리에 의식적인 노력을 기울이지 않아도 주의를 유지할 수 있다. 학습의 첫 단계는 주의를 기울이는 것에서 시작된다. 일반적으로 의미 있는 입력 정보와 중요하다고 생각하는 부분에 더 집중하게 되므로, 감각등록기의 정보가 사라지기 전에 다음 저장소로 정보가 전달될 수 있도록 수업 중 교사는 적절한 주의를 끌어야 한다. 여러 가지 감각정보가 동시에 주어지거나 인지적으로 부담이 큰 과제에 주의를 기울여야 하는 상황은 오히려 저장을 방해할 수 있으므로 학습자가 수용할 수 있는 수준을 고려하여 주의를 유도해야 할 것이다(Sternberg, 1996; Woolfolk, 2013).

주어진 여러 자극 중 선택적 주의를 기울이며 특정 자극을 탐지하고 그것에 의미를 부여하여 받아들이게 되는 것을 정보의 지각(perception)이라 한다. 지각된 정보의 의미를 파악하는 것은 장기기억에 저장된 정보와의 비교를 통해 이루어지는데, 특징을 분석하고 의미 있는 표상을 만들어 자극을 분간하는 것을 상향처리(bottom-up processing)라 하며, 이전 경험이나 기대에 따라 형성된 맥락을 바탕으로 의미를 유추하거나 예상하는 것을 하향처리(top-down processing)라 한다. 하향처리는 특히 자극이 모호하거나 매우 짧게 등록되었을 때 사용되는데, 초보자에 비해 전문가는 방대한 사전 지식과 경험을 바탕으로 맥락을 파악할 수 있으므로 하향처리 방식으로 낯선 정보에 대한 정신적 표상을 구축할 수 있게 된다(Schunk, 2012).

지각은 정보가 주어지는 맥락과 자신의 기존 지식에 영향을 받을 수 있다. 아래의 시각 정보 중 정중앙에 놓인 정보를 인지하려고 할 때 세로 방향의 맥락에서는 숫자 '13'으로 읽을 수 있지만, 가로 방향의 맥락에서는 영어 알파벳 대문자 'B'로 지각할 수도 있다(Bruning, Schraw, & Norby, 2011). 같은 정보를 수학시간에 보았다면 '13'으로 받아들였을 것이고 영어시간에 보았다면 'B'로 읽었을 것이다. 교사는 전달하고자 하는 내용이 적절한 맥락 내에서 지각될 수 있도록 수업의 목적을 분명하게 알려주고, 학습하고 있는 내용이 의미하는 것이 무엇인지 정확하게 인지할 수 있도록 지도해야 할 것이다.

```
            12
   A        13        C
            14
```

• 작업기억

작업기억은 지각한 내용을 영구적으로 저장하기 위해 장기기억의 지식과 결합하는 작업을 수행하면서 능동적으로 정보를 처리하고 지식을 구성하는 곳이다. 정보가 일시적으로 머무르는 저장소이므로 단기기억이라 불리기도 한다. 이것은 쉽게 접속할 수 있는 의식적인 기억이며, 용량이 제한되어 있어 짧은 시간 동안만 정보가 활성화되기 때문에 반복된 암기와 시연(rehearsal)을 통해 정보를 유지(maintenance)하고, 장기기억에 효율적으로 저장하여 필요할 때 쉽게 인출(retrieval)할 수 있도록 부호화(encoding) 작업을 수행하는 것으로 설명된다(Nolen-Hoeksema et al., 2014).

작업기억에 저장될 수 있는 정보의 양과 처리 속도는 개인에 따라 차이가 있을 수 있다. 작업기억에는 정보가 쉽게 들어오지만 이를 장기기억에 저장하기에는 많은 노력과 시간이 필요하기 때문에 너무 많은 내용을 한꺼번에 처리해야 할 때 학습자는 인지적 과부하의 문제를 겪게 된다. 작업기억의 한계를 보완하고 과부하를 줄이기 위해서는 정교화(elaboration), 조직화(organization), 맥락화 등의 방법을 사용하여 정보를 효율적으로 부호화할 필요가 있다.

정교화는 새로운 정보를 기존의 지식과 연결함으로써 정보가 작업기억 속에 오랫동안 활성화될 수 있게 하고 기존 정보와의 연결고리를 만들어 지식을 확장시키는 작업이다. 학생들에게 그날 배운 내용을 자신만의 방식으로 정리하거나 그림을 그려보게 하는 것, 학급 친구에게 설명하게 하는 것, 구체적인 예시나 새로운 문제에 적용하게 하는 것 등은 정보의 정교화를 돕는 방법이 될 수 있다.

조직화는 정보가 복잡하고 광범위할 때 구조화나 위계화, 체계화하고, 작은 정보의 단위로 묶어서 결집하거나 규칙을 찾아 분류함으로써 많은 정보를 담아 기억하기 쉽도록 도와주는 것이다. 조직도 그리기, 표로 요약하기, 분류표 만들기 등의 방법으로 조직화를 연습해볼 수 있다.

맥락화는 학습 당시의 맥락과 비슷할수록 기억에 도움이 된다는 점을 활용하여 부호화를 돕는 방식이다. 예를 들어 수능 시험과 비슷한 조건에서 학습하는 것이 성적 향상에 도움이 될 것이라는 생각에 시험 시간표에 맞춰 오전에 국어와 수학을, 오후에 영어와 과학 및 사회 과목을 공부하는 것이 해당된다.

교사는 수업 중 너무 많은 내용을 한 번에, 너무 빠르게 설명하여 학생의 작업기억에 과부하를 주지 않도록 유의하고, 학습자료를 정교화 및 조직화하여 제시할 뿐만 아니라 학생 스스로 자신의 학습내용을 장기기억으로 정교화 및 조직화하도록 지도함으로써 성공적인 부호화가 일어날 수 있도록 할 수 있다.

• 장기기억

기억 저장소의 마지막 공간은 영구적인 저장이 가능한 장기기억으로, 여기에는 선언적 지식(declarative knowledge), 절차적 지식(procedural knowledge), 조건적 지식(conditional knowledge)이 보관되어 있으며, 선언적 지식은 의미 기억과 일화 기억으로 저장된다(Bruning, Schraw, & Norby, 2011; Paris, Lipson, & Wixson, 1983; Schraw, 2006).

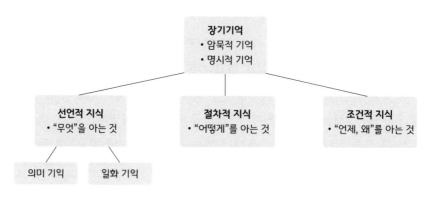

그림 7-8 **장기기억에 보관된 지식**

※ 참고: Bruning, Schraw, & Norby (2011). p.38.

장기기억은 암묵적 기억(implicit memory)과 명시적 기억(explicit memory)으로 구분해볼 수 있다. 암묵적 기억은 그것을 기억한다는 사실을 의식하지 못하지만 인간의 행동이나 사고에 영향을 미칠 수 있는 것으로(예, 사이렌 소리를 들으면 심장박동이 빨라진다 등), 고전적 조건화에 의해 형성된 정서 반응이나 오래된 습관 등이 해당될 수 있다. 반면, 명시적 기억은 장기기억에 저장되어 있으면서 회상이 가능하고 의식적으로 생각할 수 있는 기억을 말하는 것으로 선언적 지식의 의미 기억과 일화 기억이 이에 해당된다.

선언적 지식은 '어떤 것을 아는(knowing what)' 지식으로, 사실, 이론, 원리, 가설 등 단어와 상징체계에 의해 서술될 수 있다. 예를 들어 '지구는 둥글다, 태양은 동쪽에서 떠서 서쪽으로 진다, 강아지와 고양이는 동물이다'와 같은 지식과 '영어의 to부정사 용법', '월요일 도서관 개관 시간은 오전 10시'라는 사실을 아는 것 등도 이에 해당된다. 선언적 지식에는 장기기억 속에 명제, 심상, 개념의 형태로 저장된 의미 기억(semantic memory)과 개인이 경험한 사건이나 이야기에 의해 형성된 일화기억(episodic memory)이 있다.

절차적 지식은 '어떻게 하는지 아는(knowing how)' 지식으로, 과제를 수행하는 방법을 이해하는 지식이며 한번 습득하고 나면 오랫동안 지속되는 특성이 있다. 절차적 지식은 선언적 지식과는 다른 별개의 지식이라 볼 수 있으며, 주로 행동으로 드러나는 지식이라 할 수 있다. 예를 들어 자전거 타는 방법을 한번 배우고 나면 잘 잊어버리지 않게 되는데 오랫동안 타지 않다 오랜만에 자전거 위에 앉아도 몇 번의 연습 후 다시 탈 수 있게 된다. '자전거 타는 법, 운전하는 방법, 휴대전화를 사용하는 법, 학교에서 집까지 걸어 가는 길을 아는 것' 등이 절차적 지식에 해당된다.

조건적 지식은 '언제, 왜를 아는(knowing when and why)' 지식으로, 주어진 정보를 학습하기 위해 필요한 전략을 적절하게 활용하는 법을 아는 것도 이에 해당다. 조건적 지식은 메타인지와 관련이 있으며 선언적 지식과 절차적 지식을 언제 사용해야 하는지 아는 지식으로 볼 수도 있다(Hergenhahn & Olson, 2001; Schraw, 2006). 예를 들어, 분모가 서로 다른 분수의 덧셈과 분모가 모두 같은 분수의 덧셈이 섞여 있는 문제를 풀어야 하는 과제에서 분모가 서로 다를 경우 먼저 최소공배수를 활용하여 통분을 해야 한다는 것을 아는 것은 선언적 지식(덧셈, 최소공배수, 통분 외 개념과 방법 이해)과 절차적 지식(최소공배수를 활용해 통분을 먼저 한 후 분자끼리 덧셈을 하면서 실제로 계산하기)에 해당된다. 마지막으로, 여러 문제들 중 분모가 모두 같을 경우 통분을 할 필요 없이 그저 분자끼리 덧셈을 하면 된다는 것을 아는 것은 조건적 지식이라 할 수 있다(Sternberg & Williams, 2002).

2) 정보처리이론의 교육적 적용

교사는 교실의 학습 사태에서 학생들이 감각등록기, 작업기억, 장기기억으로 정보를 효과적으로 저장할 수 있도록 도와줄 수 있다. 정보처리이론의 원리를 반영하여 학습이 잘 일어나는 조건을 탐구한 Gagnè(1985)는 학습자의 내적 학습과정을 촉진하기 위해 9개의 단계로 가르칠 것을 제안하였다. 교사는 학습자의 인지적 능력과 정보처리 요건(내적 조건), 학습자의 인지과정을 돕는 환경적 요인(외적 조건)을 모두 고려하여 학습자의 장기기억 속 지식이 활성화될 수 있도록 수업을 구성하고 적절한 단서를 제공할 필요가 있다(Gagnè & Briggs, 1974).

▷ **표 7-1** Gagnè의 학습단계별 지도

범주	단계	학생의 활동	교사의 지도
학습 준비	수업 참가	학습할 내용과 자료에 집중	수업이 시작된다는 것을 알린다
	기대	목표 설정과 목표 지향	수업 목표, 기대되는 수행 양식과 학습량을 알려준다
	인출	장기기억에서 학습주제와 관련된 정보 인출, 활성화	주요 개념과 법칙을 회상하게 한다
습득과 수행	선택적 지각	정보를 지각하고 이를 작업기억으로 전달	새로운 개념이나 법칙을 설명하고 예를 들어 준다
	의미론적 부호화	새로운 지식을 장기기억에 저장	새로운 정보를 기억하는 방법을 가르쳐준다
	인출 및 반응	기억에서 새로운 정보를 인출하여 학습결과를 보여줌	학습한 개념이나 법칙을 새로운 예시에 적용하게 한다

	강화	학습결과에 대한 피드백	학습의 정확도를 확인해준다
학습의 전이	인출단서	새로운 문제를 풀 수 있도록 단서 활용	새롭게 배운 내용에 대해 짧은 퀴즈를 낸다
	일반화	다른 과제에 적용하는 연습	복습이나 연습시간을 주거나 숙제를 주고 어떻게 해야 하는지 설명한다

수업 초반 학습자의 주의를 끌고 이를 유지하도록 하는 것은 학습의 주요 내용에 귀를 기울여 정확한 학습 맥락 안에서 지각이 일어나도록 도울 뿐만 아니라 감각등록기에 입력된 정보를 기억의 작업대 위에 전달하는 데 필수적인 요소이다. 과목과 학습내용에 따라 사진, 그림, 동영상 등 시청각 자료를 적극적으로 활용하고, 역사적 배경이나 관련된 사건 등을 미리 알려주어 학생들의 흥미와 몰입을 높이도록 할 수 있을 것이다. '이건 중요한 내용이야, 시험에 나올거야, 기출문제였어, 이것을 이해하지 못하면 다음 내용도 이해하기 어려워져, 중요하니까 형광펜으로 색칠하자'와 같이 중요성을 직접적으로 강조하여 주의집중을 유도할 수도 있다.

작업기억의 정보 저장에 도움을 주기 위해 시연과 정교화 및 조직화를 활용한 부호화 방법에 대해 교사가 시범을 보여주고 여러 가지 기억 전략을 연습시켜 자신에게 잘 맞고 선호하는 전략이 무엇인지 알아볼 수 있는 기회를 준다. 작업기억에 과부하가 발생하지 않도록 특히 어려운 단원에서는 너무 많은 내용을 너무 빨리 전달하지 않도록 주의하고, 새로운 정보와 지식을 처리할 수 있도록 충분한 시간을 제공하여야 할 것이다. 시험 며칠 전에 벼락치기를 하는 것은 정보처리에 엄청난 부담이 된다는 점을 설명해주고 평소에 분산학습이 이루어질 수 있도록 지도한다.

장기기억으로부터의 인출을 돕기 위해서는 정교화 시연을 자주 연습할 수 있게 하는 것이 좋다. 수업 중 새로운 정보와 이미 알고 있는 내용을 연결시키는 과제를 부여하거나 수업에서 배운 핵심 내용을 숙제로 연결하여 다시 한번 복습하게 한 후 피드백을 제공하고, 다음 수업을 시작할 때 짧게 재복습하게 하여 다음에 배울 내용과의 관련성을 이해하고 연계시킬 수 있게 한다. 시험에 대비하여 시험 범위 내에서 퀴즈, 질문거리 찾기, 친구에게 설명해주기, 간단한 시험 문제 내보기 등의 활동에 참여하도록 유도하여 자신이 학습한 내용을 확실히 이해하였는지 점검하게 한다.

장기기억에 저장된 지식을 인출하여 문제를 해결하고자 할 때는 절차적 지식의 실행에 앞서 반드시 선언적 지식이 갖춰져 있어야 한다. 선언적 지식은 정교화와 조직화 등을 활용하여 효과적으로 부호화되었을 때 저장과 인출이 모두 용이해진다. 새로운 개념을 익히거나 복잡한 내용을 이해해야 할 때 교사는 학생들이 무조건 암기하게 하지 말고 새로운 정보의 특성을 파악하여 이미 알고 있는 내용과의 공통점과 차이점을 찾아보게 하고 규칙을 찾아서 정보를 조직화, 위계화할 수 있도록 연습시킨다. 절차적 지식 실행에 필요한 기초 실력을 충분히 습득하였는지 확인하여 부족한 점을 찾아 학습자가 스스로 보완할 수 있게 지도한다.

절차적 지식의 습득은 작업기억의 용량 제한으로 인해 어느 정도의 시간과 노력이 요구된다. 학습 초반에는 생성에 어려움을 겪기도 하지만 반복과 연습을 통해 점차 능숙해질수록 자동적 정보처리가 가능해진다. 선언적 지식의 절차화가 성공적으로 이루어지면 학생들에게 자동적으로 지식을 적용할 수 있는 원리를 설명해주고 조금씩 연습하면서 성취감을 느낄 수 있게 한다. 시간이 걸리더라도 익숙해질 때까지 훈련하면서 절차적 지식을 실천해보도록 격려한다(예, 수학에서 기초 계산 문제를 충분히 반복적으로 풀고 차츰 난이도를 올려 최고난도 문제를 익숙하게 풀 수 있을 때까지 학습). 조건적 지식의 중요성을 설명해주고 스스로 학습목표를 설정하고 계획하며 과제 해결에 필요한 학습 전략을 탐색하여 학습 결과를 평가해볼 수 있게 한다.

5 인지적 관점과 구성주의

구성주의(constructivism)는 객관주의를 비판하면서 등장한 대안적 인식론이다. 객관주의가 합리성과 효율성의 관점에서 인간을 이해함으로써 개인의 주체성 상실 등의 문제를 불러올 수 있다는 문제의식에서 대안으로 등장한 구성주의는, 기존의 객관주의적 인식에서 탈피하여 인식주체인 개개인이 세상을 어떻게 이해하는가에 관심을 가지게 되었다.

구성주의 이전의 교수학습이론들이 교수자가 객관적 지식을 어떻게 효과적으로 학생들에게 전달할 수 있는가에 초점을 두었다면, 구성주의에서는 학생들이 어떻게 배우는가에 초점을 두고 학습자들이 새로운 지식을 어떻게 탐색하고 구성해가는지에 관심을 가진다고 할 수 있다.

• 객관주의 인식론

객관주의 인식론은 인간이 그들의 이성적 능력을 통해 인식주체 외부에 존재하는 보편적이고 절대적인 자연의 법칙을 인식할 수 있다고 주장하고 있다. 어떤 대상이 동일하게 주어졌고 그것이 온전하게 인식되었다면 개인 주체들의 인식의 결과는 다를 수 없다는 주장이다. 인식주체의 주관적 경험, 주관적 해석은 배제된 채 오로지 객관적인 증거를 통해 사물이나 현상을 인식한다고 본다. 따라서 객관주의 관점에서의 지식이란 인식주체의 외부 세계에 존재하는 것으로 지식 자체가 목적으로 인식되고 취급된다.

이러한 객관주의 인식론의 관점에서 교육이란 학습자들이 외부 세계에 객관적으로 실재하고 있는 명확한 구조를 있는 그대로 발견할 수 있도록 도와주는 것이다. 교사는 외부 세계에 이미 존재하는 객관적 지식의 전달자이며, 전달한 지식을 근거로 학생들의 배움을 객관적으로 평가할 수 있다. 그리고 학습자는 실재하는 세계에 대하여 주관적으로 의미를 부여하는 해석보다는 교사에 의해 제시된 지식을 있는 그대로 받아들이고 배우는 존재임을 시사한다. 이 인식론적 관점은 행동주의적 입장의 근거를 마련하였다.

• 구성주의 인식론

구성주의 인식론에서 지식이란 외부 세계를 인식하는 인식주체에 의해 적극적이고 능동적으로 구성되어가는 것을 의미한다. 즉, 인식주체가 지식을 습득하는 상황·특수적 맥락에 의해 지식이 전혀 다른 의미의 것이 될 수도 있다. 따라서 구성주의에서의 지식은 인지적 작용만으로 이루어진다고 볼 수 없으며, 개인(유기체)과 환경 간의 상호작용을 통해 구성된다고 본다.

이러한 구성주의 인식론의 관점에서 보면, 학습자 개개인은 지식을 구성하는 인식론자들이며, 교사는 단순한 지식의 전달자가 아니라 학습자들이 지식을 구성하는 과정을 돕는 조력자이며 촉진자임을 시사하고 있다.

객관주의와 구성주의를 비교하면 아래의 <표 7-9>와 같이 정리할 수 있다.

▷ **표 7-9** 객관주의와 구성주의의 비교

구분	객관주의	구성주의
철학	세계는 우리의 경험과는 별도로 외부에 객관적으로 존재	우리가 경험하는 세계는 존재하나, 그 의미는 인간에 의해 부여되고 구성됨
학습	외부의 절대적 진리가 학습자의 내부세계로 전이되는 것	개인적인 경험에 근거해서 의미를 개발하는 능동적인 과정임
학습의 조건	절대적 진리 자체는 상황과 분리되어 가르쳐질 수 있음	어떤 사실은 그것이 사용되는 문제상황과 독립적으로 해석될 수 없으므로 맥락화 된 실세계를 반영하는 상황이 제공되어야 함
학습의 결과	모든 사람이 같은 이해(인식)에 도달함	구성된 실제의 모습이나 의미는 개인에 따라 다름
교수	교사에 의해 기존의 객관적 진리가 전달되는 것	학습자가 세상에 대해 의미를 구성하도록 보조, 지원 또는 세계에 대한 의미를 구성하는 방법을 보여주는 것
교수의 목적	가장 효과적이고 효율적인 방법으로 지식을 전달하는 것	학습자의 의미화, 문제해결력 배양
수업의 중심	교사	학생
교사의 역할	진리 전달자	학습보조자, 학습 촉진자, 조력자
교수방법	강의식	문제중심, 토의식, 발견학습

1) 구성주의 관점의 기저

구성주의 학습이론의 기저를 다져준 학자로는 Piaget, Vygotsky, Bruner 등을 들 수 있다. Piaget, Vygotsky의 인지발달 이론에 대해서는 제3부(발달과 교육)에서 자세히 다룬다. 여기서는 위에서 언급한 세 학자의 주요 관심사를 간략히 살펴보고자 한다.

• 인지적 구성주의

Piaget는 발생학적 인식론에 근거하여 인지적 기능이 무엇으로부터 유래되었고 어떻게 발전되는가에 관심을 가진 학자이다. 그는 Heackel의 "개체발생은 계통발생을 되풀이 한다"는 명제에 따라 아동의 인지발달 과정을 탐색함으로써 인류가 지식을 발달시켜온 과정을 축약하여 파악하고자 하였다.

객관주의 관점에서 지식이란 개인이 직접적인 경험을 통해 습득하는 정보나 신념들의 결집체이며 개인이 보고 배운 바를 충실하게 표현하는 객관적인 특성을 지닌다. 반면, Piaget는 지식을 하나의 구성과정으로 인식하였으며, 아동이 세상을 지각할 때, 그 세상의 모습은 아동의 지각적 메커니즘의 조건에 따라 변형될 수도 있다.

Piaget는 지식이 객관주의에서 말하는 것처럼 습득된 정보에 또 다른 정보를 추가함으로써 증가하는 기억의 형태로 저장되는 것에 동의하나, 단순히 표상들을 의식의 진열장에 진열하는 것은 아니며, 그 표상들이 박물관에 진열된 물건들처럼 수동적으로 그리고 본연의 그 상태대로 보여질 수 있는 것들이 아니라고 강조하였다. Piaget는 저장된 과거의 기억을 회생시키는 행동을 '능동적 기억(active memory)'이라 하였으며, 그 행동은 '내면화된 암송' 혹은 '과거의 재구성'을 의미한다. 이는 습득한 지식이 과거와 똑같은 조건에서만 회복되는 객관주의적 관점과 다르게, 아동의 추가적인 경험과 내적 성숙에 의해 계속적으로 변경되며 구성됨을 의미한다.

• 사회적 구성주의

Vygotsky는 Marx와 Hegel의 영향을 받아 사회적 구성주의의 토대를 마련하였다. 첫째, 행동이 사고를 야기한다고 주장한다. 즉, 아동은 사고를 통해 행동하는 것이 아니라, 행동을 통해 사고하게 된다고 하였다. 따라서 사고의 발달은 아동이 자신을 둘러싸고 있는 환경과의 상호작용을 통해 발생한 행동으로부터 시작되며, 이러한 상호 교류를 내면화하는 것이 사고의 발달로 이어진다고 보았다. 둘째, 정(正), 반(反), 합(合)의 변증법적 논리를 아동 발달에 적용하고 있다. 즉, 아동이 가지고 있는 기존의 도식(正)은 언제나 새롭게 제시되는 문제상황(反)에 의해 부정될 수 있으며, 아동은 이를 해결하기 위하여 새로운 문제해결 도식(슴)을 생각해 낼 필요가 있다고 하였다. 그러나 이러한 새로운 문제해결 도식(슴)은 또 다른 문제를 초래할 가능성이 있으며 이러한 순환과정을 통해 아동은 자신의 지식체계를 넓혀나가게 된다고 주장하고 있다. 마지막으로, 발달을 문화적 맥락 내에서의 역사적인 과정으로 보고 있다. 인간도 그가 속한 사회가 갖는 문화적 맥락을 벗어나 발달할 수 없기에 아동의 발달을 이해하기 위해서는 한 문화의 역사적 배경을 이해할 필요가 있음을 강조한다.

▷ **표 7-10** 인지적 구성주의와 사회적 구성주의의 비교

		인지적 구성주의	사회적 구성주의
차이점	이론적 측면	아동 ↔ 대상 간 상호작용	아동 ↔ 성인, 사회적 환경
		반성적 추상을 통한 조작적 구조의 구성과정	기호적 기능에 의해 매개되는 고등정신작용으로 내면화되는 과정
	학습자	전학습활동을 계획/통제하는 주관자	아동의 역할은 성인에 비해 보다 수동적
	학습자료	반성적 활동을 촉진하는 자료로서 중요	의미를 전달하는 성인의 역할이 더욱 중요
	학습활동	연역/추론/추상화 등의 반성적 사고	성인과 아동 간 상호작용 (관찰/모방/조력/시범 중시)
공통점		아동이 외부세계와의 상호작용, 경험을 통해 자기 나름대로의 의미를 구성하는 것에 중점	

• Bruner의 구성주의 수업

Bruner에게 학습이란 능동적인 과정이며, 학습자는 자신의 지식을 바탕으로 새로운 아이디어나 개념들을 구성하는 존재이다. 학습자는 자신의 인지구조가 요구하는 대로 스스로 정보를 선택, 변형, 가설을 설정하며 행동한다. 인지적 구조가 경험에 대해 의미와 구조를 제공하고 이를 토대로 개인은 주어진 정보 이상으로 변화할 수 있도록 한다는 것이다.

Bruner는 구성주의 관점에서 수업의 일반적인 원리를 제시하고 있다. 첫째, 수업은 학습에 대한 경향성(학습 의욕)을 효과적으로 심어줄 수 있도록 배

울 수 있는 준비성, 경험과 생활 맥락에 관련지어야 한다. 둘째, 수업은 학생들에 의해 쉽게 성취될 수 있도록 지식의 체계가 구조화되어야 한다. 셋째, 수업은 학습자의 추상적인 사고를 촉진할 수 있어야 하며, 주어진 정보 이상의 것을 추구할 수 있어야 한다. 이러한 수업을 할 수 있도록 수업이론에서는 학습의욕을 키워줄 수 있는 경험이 어떠한 것인지 밝혀주어야 하며, 지식을 체계화할 수 있는 방법, 효율적인 자료제시 방법 그리고 학습의 과정에서 학습동기 제고 방안을 구체적으로 제시하여야 함을 강조한다.

이어서 교사는 수업에서 학생들이 스스로 원리를 발견할 수 있도록 유도하거나 밝혀야 하며, 학생들과 적극적으로 대화를 하여야 한다. 또한 학습자가 배워야 할 정보를 학습자의 이해 능력에 맞게 변형시키고, 나선형 교육과정으로 구조화할 필요가 있으며, 학생들은 이미 배운 것 위에서 지속적으로 새로운 것을 배워야 한다.

그의 이론적 틀은 점차 학습의 사회·문화적 측면까지 확장하여 사회적 구성주의를 옹호하고 있다(변영계, 2005).

2) 구성주의 관점과 교육

구성주의 관점의 교육적 시사점을 살펴보면 다음과 같다.

• 교육 목표

구성주의는 외부적으로 정해진 일정한 교육 목표를 학습자에게 일방적으로 제시하는 Tyler식 전통적 목표설정을 거부한다. 구성주의에서 말하는 교육 목표가 구체적으로 무엇인가를 밝히기는 쉽지 않으나, 다음의 Piaget의 '교육받은 인간상'에 대한 진술은 그 목표를 충분히 가늠할 수 있게 한다.

"교육의 주된 목표는 다른 세대가 이룩한 것을 단순히 반복하지 않고, 새로운 것을 학습할 수 있는 사람, 즉, 창의적이고, 창조적이며, 새로운 것을 발견해 낼 줄 아는 사람이다. 두 번째 목표는 비판할 수 있고, 검증할 수 있으며, 그들에게 제공되는 어떤 것이라도 무조건 받아들이지 않는 정신을 길러주는 것이다. 오늘날의 가장 큰 위험성은 제반 슬로건, 제반 집단적 견해 및 기성화된 사고경향 등에 있다. 개인적으로 우리는 저항하고, 비판하고, 증명된 것과 증명되지 않은 것을 구별해서 그리고 다른 한편으로는 우리가 그들을 위해 마련해준 자료를 통해서 자신의 힘으로 발견할 수 있는 능력을 일찍부터 학습한 학생, 그리고 무엇이 증명될 수 있고, 그들에게 최초로 드러난 생각이 무엇인지를 말할 수 있도록 학습한 학생을 필요로 한다(Piaget, 1964, p.5)."

즉, Piaget는 사회적 산물 혹은 기존의 지식과 가치를 피동적으로 전수시키는 것은 가능하지도 않으며 바람직하지도 않다고 주장하면서, 교육 목표를 한 개인의 사회화로 본 Durkeim과 같은 사회학자들과는 다른 입장을 취하였다. 오히려 그는 아동이 나름대로 본성과 구조를 가진 존재이며, 개인의 성숙을 통해 사회의 발전이 이루어질 수 있다고 주장한다. 따라서 교육자는 아동이 성인 사회의 가치관과 진리를 자율성과 협동성이 보장되는 환경에서 시험해보도록 돕고 이를 통해서 단순한 복종이나 맹신이 아닌, 더욱 적응적인 가치와 진리를 창출하는 능력을 지니도록 도와야 한다고 강조하였다.

• 교사와 학습자의 역할

Piaget는 학습자 내부의 인지적 상태와 환경적 압력 간의 평행을 찾으려는 학습자의 자기 조정적 활동이 지식구성의 핵심적인 요소라고 강조한다. 즉, 학습자가 습득해야 할 지적 능력이나 지식은 궁극적으로 학습자 자신의 활동에 의해서만 학습될 수 있으며, 교사 혹은 타인에 의해 대행될 수 없다는 것이다. 그러나 학교는 학생들을 피동체로 간주하고, 그들을 변화시켜야 할 존재로 여겨 지식 형성에 있어서 교사의 개입을 지나치게 강조해 온 경향이 있음을 지적하고 있다. Piaget는 이러한 문제의식에 기반하여 전통적 교육 방법(교사중심 방법, 아동중심 방법 등)을 대체하는 '능동적 방법(active method)' 이 필요함을 제안하였다.

반면, Vygotsky는 사회적 구성주의를 주도하면서 교수·학습과정에서 교사의 역할을 좀 더 강조하고 있다. 여기에서 교사는 전통적 교실에서와 같은 단순한 지식 전달자로서의 역할이 아닌 학습자의 인지적 활동을 돕고, 촉진시킬 수 있는 보조자 혹은 조력자로서의 역할을 수행하여야 한다. 이는 학습자의 지적 성숙이 학습자의 자기 주도적 활동을 통해 이루어진다는 구성주의적 관점과 일맥상통한다.

• 교수·학습활동

구성주의 관점에서는 교수·학습활동에서 단순한 습관이나 지식 및 사실 등을 있는 그대로 습득하는 것이 아니라, 학습자 스스로 지식의 구조를 창조하고 변형해 낼 수 있어야 함을 강조한다. 즉, 지식의 양보다는 질적 성숙이 중요하여 지식이 사용되는 실제적 상황과 맥락이 중시된다.

Piaget는 학습에서의 수평적 다양성을 강조한다. 비슷한 또래로부터 학습하되, 다양한 가치관과 시각을 가진 또래와의 대등한 사회적 상호작용이 인지적 미성숙의 한 지표인 자기중심성을 탈피하도록 도울 수 있고, 그 결과 문제상황을 객관적으로 관찰하고 합리적으로 해결하도록 이끌 수 있다고 본다. 반면, Vygotsky는 학습에서의 수직적 측면을 강조한다. 근접발달영역에서의 성인 혹은 유능한 또래와의 상호작용이 개인의 인지발달에 긍정적인 영향을 미칠 수 있다고 보았다. 즉, 학습이 사회적 맥락에서 이루어진다는 점을 강조하면서 학습의 과정에서 발생되는 사회적 상호작용을 보다 중시하고 있다.

• 학습의 준비성

학습의 준비성이란 학습자가 습득하고자 하는 지식의 내용과 수준에 걸맞게 준비가 되었는지, 다시 말해, 그 지식을 습득할 수 있는 질적 수준에 이르렀는지를 의미한다. 발달에 있어 단계이론을 주장하는 학자들은 일정 단계에 도달하지 못한 학습자가 무리하게 그 단계 수준 이상의 지식을 습득하려고 하면 문제가 될 수 있음을 지적하고 있다. 단계이론의 대표적 학자로 Piaget를 들 수 있다. Piaget는 개인이 특정 학습과제를 조작할 수 있는 최적의 시기가 정해져 있다고 보면서 학습의 준비성을 전제하고 있다. 즉, 학습자의 지적 성숙 수준과 내면적인 활동을 무시하고 지나치게 지적 발달을 지속화하게 되면 오히려 큰 부작용을 일으킬 수 있다는 주장이다. 또한 Vygotsky는 아동의 학습 준비성을 고려하면서도 지적 성숙의 가속화를 가능하게 하는 근접발달영역의 개념을 제시하였다.

• 학습동기

구성주의자들은 아동이 선천적으로 그의 주변 세계(환경)를 이해하려는 동기를 가진 존재로 인식하였다. 이는 아동이 인지적 불평형(인지부조화)을 일으키는 외부적 환경에 직면할 때 아동의 학습이 이루어지고, 이 인지적 부조화가 지적활동의 시발점이라는 Piaget의 주장과 부합된다. 또한 교사의 역할이 학습자의 동기화를 위해 '최적 수준의 인지적 불평형(optimal discrepancy)' 상태를 유지시켜 주는 데 있음을 시사하고 있다. 즉, 구성주의 학습이론은 교사들에게 학습자의 현재 지적구조와 수준에 걸맞는 선에서 어떤 불일치, 갈등, 패러독스, 한계 등을 촉발하는 다양한 도전적인 학습경험을 제시할 것을 권고하고 있다.

• 교육 평가

구성주의자들은 지적내용만을 평가하는 전통적인 평가 방법에 대하여 신랄한 비판을 가하고 있다. 전통적인 평가는 지적구조보다는 지적내용의 양을 측정하고 평가하는 데 집중함으로써 지적구조의 평가를 소홀히 한 측면이 있다. 구성주의적 관점에서는 지적내용이 지적구조를 표현하는 단서에 불과하므로, 지적내용을 주입한 후 그 내용을 평가하는 방식이 지적구조에 변화를 가져오게 하는 것이 아니라고 주장한다. 즉, 전통적인 평가가 '학생들이 무엇을 배웠고' 그리고 '학습이 지체되고 있는지' 등에 초점을 두고 있다면, 구성주의 관점에서는 '학생들이 어떻게 배웠고' 그리고 '학습의 과정에서 어떠한 전략을 사용하는지' 등에 초점을 두고 있다.

학습자의 지적구조를 진단하기 위한 두 가지 방법으로 수행평가와 교재공개시험(open-book examination)이 있다. 교사는 수행평가를 통해 학생이 실제 학업에 임하는 장면에서 그들의 지적구조를 지속적으로 진단해나갈 수 있으며, 교재공개시험을 통해서는 학습자료를 기억하는 것을 넘어 그 자료를 스스로 구조화하고 해석하여 주어진 문제를 해결하는 능력을 배양하게 함으로써 결과 위주의 양적이고 상대적인 전통적 평가 방법의 한계를 넘어설 수 있다.

※ 형태주의 이론은 다음의 7가지 교육심리학의 쟁점에 대해 어떠한 입장을 취하고 있는가?

※ 구성주의 이론은 다음의 7가지 교육심리학의 쟁점에 대해 어떠한 입장을 취하고 있는가?

e d u c a t i o n a l   p s y c h o l o g y

제3부

발달과 교육

교육심리학에서 다루는 첫 번째 영역은 '학습자의 이해'라고 할 수 있다. 학습자를 이해하기 위해서는 우선 발달적 측면인 인지적 및 정의적 영역에서의 변화와 수준을 알아야 한다. 발달은 성숙(maturation)과 학습(learning)의 의미를 절충하는 개념으로 일시적 변화가 아닌 순서와 패턴이 있는 비교적 지속적인 변화를 의미하며, 발달이론은 인간의 신체 발달, 성격·사회성발달, 인지 발달 등에서의 변화를 설명한다. 학습자들을 위한 올바른 교육적 개입은 그들의 발달에 대한 이해를 토대로 이루어져야 한다.

• 인간 발달의 기초

인간은 전 생애를 거쳐 환경의 영향을 받으며 신체, 심리, 사회적으로 지속적인 변화의 과정을 보이며 발달한다. 인간의 발달은 나이가 증가함에 따라 인간의 신체적, 인지적, 언어적, 정서적, 사회적, 그리고 도덕적 특성 등 모든 측면에서의 변화를 포함한다. 일반적으로 청소년기에 이르기까지는 상승적 변화를 보이고, 그 이후에는 하강의 변화를 보인다고 할 수 있으나, 노년기에도 지혜, 충동의 조절, 정서적 안정 등에서 전향적 발달이 가능함을 보여주는 연구도 있다. 따라서 인간의 발달을 시기에 따라 전향적 또는 퇴보적 변화, 상승적 또는 하강적 변화로 구분하는 것은 적절하지 않다(Kail & Cavanaugh, 2018).

발달(development)의 개념과 관련하여 성장(growth), 변화(change), 성숙(maturation), 학습(learning)에 대한 정의도 내려 볼 필요가 있다. 성장은 신장, 몸무게, 근력, 인지의 확장과 같은 양적인 확대를 의미하며, 신체적 부분의 변화를 설명하고자 할 때 주로 사용한다. 변화에는 양적, 질적, 전향적 변화와 퇴보적 변화가 모두 포함된다. 양적 변화는 신장, 체중, 근력 등의 양적 증가를 말하며, 질적 변화는 학습경험 등을 통한 언어 숙달, 운전기술 습득 등의 변화를 의미한다. 전향적 변화는 기능과 구조 등의 더 나은 쪽으로의 변화를 일컬으며, 퇴보적 변화는 기억력 감퇴, 신체 기능의 퇴행 등을 예로 들 수 있다. 성숙이 환경의 영향보다는 자연적, 생물학적, 유전적인 요인에 의해 발생하는 생리적 변화라면, 학습은 인위적이고 후천적인 경험과 환경의 영향에 의한 변화라고 볼 수 있다. 이에, 발달은 성숙과 학습의 의미를 절충하는 개념으로 일시적 변화가 아닌 순서와 패턴이 있는 비교적 지속적인 변화를 의미한다.

 • 발달의 보편적 원리

이론에는 다양한 관점이 존재하기 마련이다. 학자들의 발달 이론적 관점도 다양하여 발달과 관련된 핵심적 의문들을 둘러싼 논쟁은 지속되고 있다. 인간의 발달을 설명하는 보편적인 원리는 다음과 같다.

첫째, 발달은 유전과 환경의 문제를 다루고 있으며 상호작용의 결과이다. 유전적인 요인에 의한 발달의 영향력을 강조하는 학자는 학습자들의 심리적 행동적 특성이 부모로부터 받은 유전자에 의해 결정된다고 주장하는 반면, 환경의 영향을 강조하는 발달심리학자들은 개인의 특성이 형성되는 원인을 양육환경 및 경험에서 찾고 있다. 유전과 환경이 발달에 미치는 상대적 기여도에 관한 논쟁은 오랫동안 계속되어왔다. 예를 들어, 중세 학자들이 말하는 전성설(preformationism)에서는 아이를 어른의 축소판으로 보고 유전의 영향력을 더 크게 본다. 반면, Locke는 백지설(theory of tabula rasa)에서 인간은 하얀 종이와 같은 상태로 태어나 환경에서의 외적인 학습 및 훈련, 경험 등으로 채워지는 것이라고 보았다. 그러나 최근에는 발달이 유전과 환경을 구분하지 않고 두 요인이 상호작용한 결과라는 주장에는 이견이 없다. 즉, 인간은 자신의 환경을 구성하기 위해 능동적일 수 있으며, 환경 또한 인간의 변화에 영향을 줄 수 있다. 환경의 영향은 타고난 잠재력의 범위 안에서 이루어지며, 일란성 쌍둥이처럼 같은 유전적 가능성을 가지고 태어났더라도 환경의 영향에 따라 발전 가능성은 달라질 수 있다. 교육심리학과 발달심리학의 관점에서는 발달의 근원이 유전인가 아니면 환경인가를 따져보기보다는 개인적 요인과 환경적 요인이 어떻게 함께 작용하는지를 이해해야 한다(Baldwin, 1895).

둘째, 발달에는 결정적 시기(critical periods)가 있을 것이다. 결정적 시기는 유기체를 둘러싼 내·외사건들이 발달에 최대한 영향을 미치는, 제한된 중요한 시기를 일컫는 개념으로, 모든 것이 결정되어 더 이상 향상되지 않음을 의미하는 것은 아니다. 즉, 언어발달과 같이 어떤 특정한 능력에 대한 반응이나 준비가 민감하게 잘 형성되는 시기를 의미한다. 학자들은 발달의 순리를 이해하고 이에 알맞은 초기 경험적 자극과 적절한 교육적 대처방안을 제공하기 위해 발달의 결정적 시기에 관심을 기울여왔다. 인간의 지적 능력, 성격 및 정서발달 등의 결정적 시기를 알 수 있다면 부모와 교사는 어떠한 환경을 조성해주고 어떻게 도울 수 있는지와 관련하여 바람직한 시사점을 얻을 수 있다. 예를 들어, 제2외국어를 원어민과 매우 유사한 발음 수준으로 습득할 수 있는 시기 또는 안정된 애착 형성의 최적기 등을 알고 적절한 대처를 한다면 필요한 능력을 향상시키고 바람직한 성격을 형성하는 등 도움을 줄 수 있을 것이다.

결정적 시기에 관한 한 연구로 동물학자 Lorenz는 새끼오리, 철새들이 부화 직후 일정한 시기 동안 보이는 각인(imprinting) 현상을 발견하였고, 우리 인간에게도 영역별로 다른 결정적 민감한 시기가 있을 것이라고 보았다. 각인 현상은 학습되지 않은 반응으로, 결정적 시기에만 일어난다. Lorenz는 새끼 오리가 부화 직후 24시간 이내에 어미 오리가 아닌 주변의 움직이는 물체를 따르는 행동을 보였다고 하였다.

그림 8-1 **Lorenz에게 각인된 새끼 오리들**

셋째, 발달의 속도와 시기에는 개인차가 있다. 모든 인간의 발달 속도와 과정은 같다고 볼 수 없다. 일란성 쌍둥이조차 신체적인 성장 속도, 인지능력 등에서 현저한 차이를 보일 수 있다. 여러 영역에서의 시기별 발달은 서로 영향을 주고받으며 그 속도가 일정하지 않다. 인간의 신체, 언어, 인지, 정서, 성격 및 사회성, 그리고 도덕성발달은 상호 관련되어 영향을 주고받으며 시기에 따라 영역별 발달 속도에 차이가 있을 수 있다. 예를 들어, 신체적 발달이 빠른 아이가 사회성발달에 긍정적 영향을 줄 수 있으며, 사회성발달은 성격발달에 영향을 끼칠 수 있다. 청소년기의 신체적 발달은 출생 후 2년간의 성장발달 못지 않게 빠르게 진행된다.

넷째, 발달에는 비교적 지속적인 순서와 패턴이 있으며, 점진적으로 이루어지기도 한다. 학자들은 연속(continuity)의 개념과 불연속(discontinuity)의 개념을 토대로 발달을 설명한다. 행동주의 이론은 발달을 새로운 지식이나 기술이 더해지며 일어나는 연속적, 양적 변화의 과정이라고 보았다. 반면, 발달의 불연속적 관점에서는 단계별 질적인 차이를 전제한다. Piaget의 인지발달이론이 대표적이다. 최근에는 두 관점을 모두 받아들여 설명한다. 예컨대, 수학의 한 분야인 재앙이론(catastrophe theory)에 따르면, 변화는 연속적 또는 비연속적일 수도 있다고 주장한다. 즉, 다리의 갑작스러운 붕괴는 구조물의 점진적이고 연속적인 부식이 점진적으로 진행된 결과일 수 있으며, 아동에게서 서서히 진행되던 변화가 어느날 갑작스레 나타나는 것처럼 보이는, 질적으로 다른 큰 변화를 일으킬 수 있다(Siegler & Alibali, 2005).

• 발달과업

발달과업(developmental task)은 발달단계에 따라 수행해야 할 과제를 의미한다. Havighurst(1952)가 제시한 발달과업 이론은 교육과 관련하여 자연성숙론과 환경결정론의 관점을 다시금 불러 일으켰다. 개인이 정상적으로 발달하기 위해서는 일정한 시기에 발달과업을 달성해야 하고, 그렇지 않으면 다음 단계로의 발달을 이루기 어렵다고 하였다. 발달과업은 인간의 특정 시기에 기대되는 과업이며 계열성을 가지고 있다. Havighurst(1952)는 인간의 발달단계를 유아기, 아동기, 청년기, 성인 초기, 중년기, 그리고 노년기의 6단계로 나누어 시기별 발달과업이 있다고 설명하였다. 유아기는 부모, 동료 및 타인과 정서적으로 관계 맺기가 중요한 단계이다. 아동기에는 자신에 대하여 건강한 태도를 형성하고 놀이 기능을 익히며, 친한 친구 만들기 및 사회적 성역할 등을 학습해야 한다. 청년기에는 자신의 성역할을 감당할 줄 알아야 하며, 직업설계 및 준비가 필요하다. 사회적으로 책임을 질 수 있는 행동을 할 줄 알아야 한다. 성인 초기는 결혼으로 가정생활을 시작하거나, 취업을 통해 사회인으로서 역할을 감당해야 하는 시기이다. 중년기는 경제적 기준에 따라 계획된 생활과 여가 활동이 필요한 시기이며, 마지막으로 노년기에는 은퇴 및 노년 생활에 대비하여 건강을 관리하고 편안한 삶을 가능하게 할 조건을 마련해야 하는 과업이 있다. 이는 생물학적 발달, 사회, 문화 및 시대의 요구에 따라 달리 형성되기도 하며, 개인이 처한 특수한 상황에 따라 구체적인 내용은 달라질 수 있다.

발달과업의 개념은 발달단계별로 달성할 교육 목표와 그 시기를 알려주고 있다. 학부모와 교사는 학생들이 시기별 발달과업을 어느 정도 성취하고 있는지를 파악하고, 그들이 직면하고 있는 문제들을 이해하여 단계별 발달과업을 성공적으로 성취하고 수행하도록 도와야 한다.

제8장

인지발달

이 장에서는 학습자들의 발달적 이해를 돕고자 우선, 학습과 밀접한 관계가 있는 인지발달(cognitive development)에 관해 다루고자 한다. 인지(cognition)는 라틴어의 'congos cere'에 기원을 두고 있으며, '아는 것(to know)'이라는 의미이다. 인지발달은 개인이 주어진 정보를 지각, 이해하며 평가할 수 있도록 지적인 능력을 습득하는 사고의 변화과정이다. 인간은 타고난 성숙의 과정에서 환경과 능동적으로 상호작용하는 존재이므로 인지발달은 그러한 생물학적 성숙과 후천적 환경과의 상호작용결과이다. 학자들에 따라 이론의 세부적인 과정과 내용은 차이를 보인다. 여기에서는 Piaget와 Vygotsky의 이론을 토대로 인지능력이 어떻게 형성되고 발달하는지 살펴보고자 한다.

1 J. Piaget의 인지발달 이론

1) Piaget의 인지발달 핵심 개념

다음은 Piaget의 인지발달에 관한 연구의 몇 가지 기본 개념들을 살펴보고자 한다. Piaget는 생물학과 인식론을 잇는 연결고리로서 인지발달 이론을 정립하였다. 그의 생물학적 관심은 성장, 단계, 적응, 및 평형 등의 용어로 인지적 능력을 정의하게 하였으며, 그의 인식론적 관심은 공간, 시간, 인과관계 등에 대한 아동의 이해를 경험적으로 연구하도록 이끌었다.

Jean Piaget의 생애

Piaget(1896-1980)의 생애를 보면 그의 학문적 관심의 변화를 알 수 있다. 스위스 뇌샤텔에서 태어난 Piaget는 자연에 서식하는 새, 물고기, 동물에 관심이 많았다. 10세에는 색소결핍 참새(albino sparrow)에 관한 논문을 자연사 학술지에 발표하였고, 15세에서 18세까지는 갑각류에 관한 일련의 논문을 발표하였다. 청년기에 Piaget는 스위스의 인문학자인 Samuel Cornut의 영향을 받아 학문적 관심이 생물학에서 인식론으로 확장되었다. Piaget는 어떻게 생물학의 과학적 틀을 사용하여 지식에 관한 문제를 탐구할 수 있는지를 고민하였다. 21세 되던 해에는 뇌샤텔 대학에서 스위스지역의 연체동물에 관한 논문으로 철학 박사학위를 취득하였고, 취리히로 옮겨가 심리학 연구소 및 정신과 클리닉에서 Freud와 Jung의 사상을 접한 후에는 정신분석과 아동의 심리에 관한 논문도 발표하였다. 1919년 파리의 소르본 대학에서는 임상심리학, 논리학, 인식론, 과학철학 등을 연구하였다.

1920년에는 파리에 있는 Binet 연구소에서 영어판 지능검사를 기초로 불어판 지능검사를 표준화하는 작업을 하였다. 이 과정에서 Piaget는 아동의 오답에 흥미를 느꼈고, 이러한 오류들이 무엇을 의미하는지 의문을 가지면서 아이들의 사고는 어른들의 사고와 질적으로 다르다는 결론을 내린 후, 나이에 따른 아동들의 서로 다른 사고방식을 발견하고자 하였다. 이에 Piaget는 지능의 표준화된 검사 절차를 거부하고, 구체적인 방향을 제시하지 않은 상태에서 아동의 사고를 따라감으로써 아동이 보이는 반응의 원인을 이해하고자 임상적 방법(clinical method)으로 관찰하고 면접을 진행하였다. 더욱이 Piaget는 심리학적 탐구에서 생물학과 인식론에 관한 관심을 통합할 수 있다고 보았다. Piaget는 본인의 세 자녀가 성장하는 과정을 임상적 방법을 통해 관찰하면서 생물학과 인식론을 잇는 연결고리로서의 인지발달 이론을 정립하였다. 말년에는 인식론의 이론적 문제들을 다시 다루며 실재, 필연성, 가능성 간의 관계, 학습 및 발달에 관심을 가지고 연구 활동을 하며 발표하였다. 수백 편의 논문과 60권이 넘는 책을 집필하였으며 오늘날까지도 매우 영향력 있는 발달심리학자로 평가받고 있다. 그가 80의 나이에도 대단한 열정을 가지고 연구에 몰두했다는 사실은 매우 놀라운 일이 아닐 수 없다. 그는 1980년 84세의 나이로 타계하였다(Ginsburg & Opper, 2006).

• 도식, 조작, 조직화, 적응(schema, operation, organization, adaptation)

도식(schema, 인지구조, 스키마, 쉐마)은 Piaget가 사용한 생물학적 용어로, 개인이 형성한 외부의 정보에 대한 정신적 표상, 사고체계 또는 행동유형을 보여주는 인지적 이해의 틀이자 구조이다. Piaget가 설명하는 여러 도식의 예를 들면, 아동의 눈은 '보기 도식(looking schema)'을 사용하여 능동적으로 환경을 탐색한다. 또한 영아는 '빨기 도식(sucking schema)'으로 입에 들어오는 모든 대상을 반사적으로 빠는 외현적 행동을 한다. 영아는 이러한 외현적 행동도식을 통해 외부 세계에 반응한다. 구슬에 대한 '상징 도식'은 한글로는 '구슬'이며 영어로는 'marble'이다. 이러한 영아의 행동도식과 달리 나이 든 아동은 '유목화 도식'과 같은, 일련의 지적 행동들로 구성되는 '조작적 도식'을 보이기도 한다. 유목화 도식은 빨간 구슬, 파란 구슬보다 구슬이 상위의 개념임을 이해하는 것이다.

Piaget는 아동의 행동에서 기본적인 사고의 구조를 중요하게 생각하였고 조작(operation)의 발달에 주목하였다. 조작을 논리적 정신작용으로 보면서 조작의 능력에 따라 인지발달 단계를 구분하였다. 구체적인 발달단계는 아래 항목에서 다루기로 한다.

조직화(organization)는 유기체가 신체적 또는 심리적 과정들을 일관된 체계로 형성하도록 통합하는 기능이다. 예를 들어, 물고기의 아가미, 특수 순환계 및 온도 기제와 같이 물속에서 생활하는 데 필요한 구조들은 모두 상호작용하여 신체적 수준에서 효율적인 체계로 협응(coordination)한다. 이러한 협응은 조직화의 결과이다. 심리적 수준에서의 또 다른 예로, 영아가 어떤 물건을 보면서 잡으려 할 때, 발달 초기에는 보는 도식과 잡으려는 도식이 분리되어 있으나, 발달과 함께 이 두 도식은 하나의 상위구조로 조직된다. 따라서 점차 특정 대상을 바라보면서 동시에 그것을 잡을 수 있게 된다. 이렇듯, 조직화는 신체적, 심리적 구조들을 상위구조로 통합하려는 모든 유기체의 성향이다.

적응(adaptation)은 환경과의 상호작용을 통해 도식을 재구성해가는 과정으로 상호보완적인 동화(assimilation)와 조절(accommodation)의 통합적인 기능을 수행한다. 모든 유기체는 어떤 식으로든 환경에 적응하려는 성향이 있다. 동화(assimilation)는 새로운 대상을 이미 가지고 있는 도식 속에 받아들이는 인지과정이며, 조절(accommodation)은 기존 도식으로 새로운 대상을 받아들이기 어려울 때, 이미 가지고 있는 도식을 바꾸는 인지과정이다. 이러한 동화와 조절을 통해 인지과정은 새로운 평형(equilibrium)상태에 도달한다. 예를 들어, 레고블록을 좋아하는 한 아이가 새로운 블록을 선물로 받았다고 가정해보자. 이때 아이는 이 블록을 조립하기 위하여 박스를 열고 내용물을 분리하는 등 조립을 위한 준비를 한다. 이미 사용하던 블록 조립도식으로 동화의 과정을 통해 조립을 시작한다. 곧 아이는 기존 조립도식에 의해 조립되지 않는 부분을 만날 수 있으며, 그때는 설명서를 보면서 조절의 과정을 통해 완성품을 만들어 낼 수 있다.

마찬가지로 성인들 또한 동화와 조절을 통한 인지적 평형을 가져올 수 있다. 예를 들면, 일정 기간이 지나면 휴대전화를 바꾸어야 하는 상황이 생긴다. 새 휴대전화를 사용하는데 필요한 기능이 기존에 알고 있는 방식과 같을 때는 동화과정에 의해 수월하게 사용할 수 있다. 하지만 새로운 기능을 사용해야 하거나 같은 기능임에도 기존의 전화기와 방식이 다른 경우에는 그것을 알아내기 위해 조절의 과정이 요구된다. 이렇듯, 우리는 끊임없이 새로운 환경에 노출되며, 새로운 환경은 우리를 인지적 갈등이 유발되는 불평형(dis-equilibrium) 상태로 만든다. 우리는 불평형 상태를 줄이기 위해 동화와 조절을 통해 새로운 평형상태를 추구하며 이 과정에서 이전보다 더 높은 인지 수준에 도달하는 인지발달을 하게 되는 것이다. 이때 유기체가 일관성 있는 체계를 형성하도록 통합하는 조직화(organization)의 기능을 통해 새로운 도식을 형성하게 된다. 인간의 도식은 적응과 조직화의 과정을 통하여 끊임없이 형성되어가며 확장된다. 이로써 학습자는 점점 더 복잡해지는 외부 환경에 적응하게 된다.

• 기능, 구조, 평형, 평형화(Function, Structure, Equilibrium, Equilibration)

Piaget가 정의하는 조직화와 적응은 기능적 불변요소이며, 이 기능적 요소와 심리적 구조들은 매우 복잡하게 얽혀있다고 보았다. 적응을 위해서는 동화와 조절의 균형이 필요한데, 두 과정은 상호보완적이며 동시에 일어난다. 더 나아가 적응과 조직화는 서로 분리된 기능이 아니다. 즉, 개인은 자신의 활동을 조직화하는 과정에서 새로운 사건들을 기존의 구조에 동화시키며,

동시에 새로운 상황의 요구를 만족시키기 위해 기존의 구조를 조절한다. 또한 개인은 구조가 없으면 환경에 적응할 수 없으며, 동화와 조절의 과정들을 조직화할 수도 없다. Piaget는 조직된 전체를 구조로 보았다. 즉, 구조에는 조직화와 적응이 반드시 요구된다.

개인의 인지발달 과정에서 기능은 똑같이 유지되나 구조는 매우 규칙적인 순서로 변화한다. 인지발달은 일련의 단계를 통해 진행되며, 각 단계는 질적으로 다른 심리적 구조를 가진다. 모든 유기체는 환경과의 평형을 향해 구조들을 안정된 형태로 조직화하려는 경향이 있다. 경험이 쌓일수록 자신의 구조를 확장하게 되며 다양한 상황에 적응할 수 있게 된다.

평형화(equilibrium)는 현재의 인지구조와 새로운 정보 간의 균형을 회복하는 과정이며 환경에의 적응과정이다. 아동은 자기조절 과정으로 발달을 통해 점진적으로 더 높은 수준의 평형화에 이르게 되는데, 이러한 평형화의 과정은 정신적 성장의 근간이 된다.

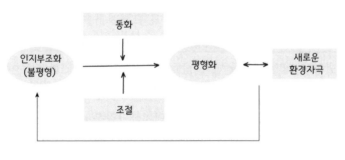

그림 8-2 **Piaget의 인지발달 기제**

2) Piaget의 인지발달 단계

Piaget는 심리학 연구를 위해 주제와 대상에 따라 자연주의적(naturalistic) 관찰법, 비형식적(informal) 실험법, 임상적(clinical) 실험방법 등 다양한 연구방법을 사용하였다. 그의 세 자녀인 루시엔, 로렌, 재클린의 영아기를 자연스럽게 관찰하며 기록하였다고 한다. 이러한 Piaget식 관찰법은 자연환경에서 동물의 행동을 연구하는 동물학, C. Darwin 등의 아동심리학 연구에서도 사용되었고, 본인의 자녀나 손주들을 관찰하며 연구를 진행한 학자들도 이 방법을 적용해왔다. Piaget는 이러한 자연주의적 관찰연구의 결함을 보완하고 자 실험적 기술을 최대한 적용하고자 하였다(Ginsburg & Opper, 2006).

Piaget는 논리적인 정신작용을 중요시하여 조작(operation)의 발달에 주목 하였으며, 이 조작 능력에 따라 인지발달의 단계를 감각운동기, 전조작기, 구 체적 조작기, 그리고 형식적 조작기로 구분하고 있다. 각 단계는 서로 질적으 로 다른 인지구조와 능력을 보이며, 불변적 계열성의 특징이 있다. 모든 아동 은 같은 순서로 네 단계를 거치며 발달한다. Piaget는 각 단계에서 제시된 나 이가 개인의 물리적, 사회적 환경과 생리적 요인 등에 영향을 받는다는 점을 강조하였다. 즉, 각 단계에 도달하는 나이는 근사치이며 아동의 경험, 문화, 성숙도에 따라 개인차가 있을 수 있다고 하였다.

(1) 감각운동기(sensorimotor stage)

영아는 감각운동기에 순환반응(circular reaction), 대상영속성(object per-manence) 획득, 표상적 사고(representational thought)의 출현 등 괄목할 만한 성장을 이룬다. 영아는 순환반응의 단계적 발달에 따라 빨기와 같은 반사행 동(reflex action)에서 점차 목표지향적 활동(goal directed action)으로 발달해간 다. 순환반응은 어떤 행동을 반복하는 것으로, 영아는 우연한 행동이 본인의 신체와 관련되어 만족스러운 결과를 가져오면 그 행동을 반복하여 '습관'을 만든다. 예를 들어, Piaget는 딸 로렌이 엄지손가락을 빠는 습관을 갖게 되는 것을 관찰하였다. 로렌은 배고픈 상태에서 우연히 자신의 볼에 닿은 손을 입 으로 물려고 하였다. 영아에게는 손을 입으로 무는 행동은 쉽지 않은 행동이 다. 여러 번의 시도 끝에 우연히 손과 입이 닿으면 입이 먼저 손 쪽으로 움직 이고, 결국엔 손이 입으로 향하게 되며 손과 입의 협응(coordination)이 나타 난다. 그 후 우연에 의해 손이 아닌 집게손가락이, 다음엔 엄지손가락이 입에 닿을 수 있다. 그중 가장 만족스러운 정서를 준 행동을 반복하여 학습하게 된 다. 여러 번의 실패 끝에 로렌은 손을 입으로 가져가 엄지손가락만 입에 넣고 빠는 행동을 반복하게 되었다.

대상영속성은 영아 자신의 시야에서 사물이나 대상이 사라지더라도 독립 적인 실체로서 계속 존재한다는 사실에 대해 인식하는 것을 말한다. 예를 들면, 엄마와 공을 가지고 놀던 영아가 공이 굴러 소파 밑으로 사라졌을 때 그 공을 찾는 행동을 보인다면 대상영속성 개념을 획득한 것이다.

또한 이 시기에 영아는 표상적 사고를 시작한다. 즉, 사물에 이름을 붙이고 기억하고 모방 행동을 하며 그 대상을 정신적으로 그릴 수 있다. 예를 들어, 어느 2세 영아가 어린이집에서 놀이시간에 자기 뜻대로 되지 않자 발을 구르며 떼쓰는 또래 아이를 처음 보았다고 가정해보자. 그 당시에는 떼쓰는 아이를 가만히 보고만 있었지만, 다음날 자신이 원하는 것을 얻기 위해 갑자기 어제 그 아이처럼 발을 구르며 떼쓰는 행동을 보여줄 수 있다.

그림 8-3　영아의 대상영속성 실험

(2) 전조작기(preoperational stage)

전조작기는 논리적인 정신작용이 발달하기 전 단계이다. 이 시기는 전개념적 사고기와 직관적 사고기로 설명할 수 있다. 전개념적 사고기에는 감각운동기에 발달하기 시작한 표상적 사고에 따라 사고와 언어의 사용이 활발해지고 가장놀이, 병원놀이, 소꿉놀이 등 상징놀이가 가능한 시기이다. 이 시기의 중요한 인지발달의 특성은 자기중심성(ego-centrism), 중심화(centering), 물활론(animism)적 사고이다.

자기중심성은 유아가 어떤 사건이나 상황을 자신의 관점에서 집중함으로써 타인의 관점을 이해하지 못하고, 타인도 자신과 같이 생각한다고 믿는 것을 말한다. Piaget의 '세 산 실험'은 전조작기 아동의 자기중심적 사고를 증명하는 실험으로 유명하다(Piaget & Inhelder, 1956). 세 산 실험은 아이가 산을 바라보는 위치에 따라 다른 모양의 세 산을 보여주고, 자신의 위치에서 보이는 산의 모양을 고르도록 한다. 그리고 반대편에 앉은 인형이 보고 있는 산의 모양을 고르도록 하는데, 이 시기의 아동은 자신에게 보이는 산의 모양을 고른다.

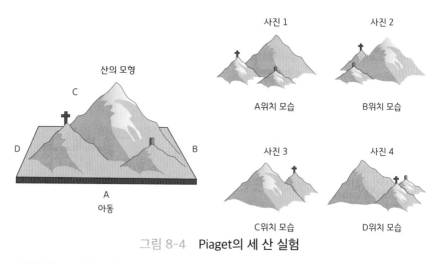

그림 8-4 **Piaget의 세 산 실험**

※ 출처: Piaget & Inhelder (1956).

　자기중심성은 유아의 언어에서도 나타난다. Piaget의 연구에 따르면, 7세 미만의 유아는 종종 언어를 상호 의사전달의 수단으로 사용하지 못하고 말을 그저 반복하며 재미있어하거나 개인적, 집단적 독백을 하였다. 유아가 혼자 있을 때 종종 큰 소리로 매우 길게 말하는 경우가 있다. 이때 유아의 언어는 누군가와의 의사소통적 언어가 아닌 개인적 독백(individual monologue)이다. 또한 멀리서 볼 때는 유아들이 집단을 이루어 서로 대화를 나누며 잘 노는 것처럼 보여도 다가가 자세히 들여다보면, 아이들 간에 어떠한 상호작용도 하지 않고 각자 혼잣말하며 놀고 있는 경우를 볼 수 있는데, Piaget는 이를 집단적 독백(collective monologue)이라 하였다. 집단적 독백은 적어도 두 개 이상의 독백이 동시에 발생할 뿐 사회적 또는 의사소통적 특징을 갖지 않는다. 단지 자신의 활동과 관련된 말을 하고 있을 뿐이다.

중심화는 사물이 가지는 여러 속성 중에서 현저하게 지각되는 하나의 속성에 집중하고 다른 속성들은 간과해 버리는 경향을 말한다. 이는 전조작기 아이가 논리적 사고가 아닌 눈에 보이는 대로 판단하는 직관적 사고(intuitive thinking)에 의존함을 보여준다. Piaget는 보존(conservation)실험을 통해 전조작기 아동의 중심화와 직관적 사고를 설명하였다. 보존개념을 이해하기 위해서는 동일성(identity), 상보성(compensation, 보상), 그리고 가역성(reversibility)의 개념을 획득하여야 한다. 동일성은 더하거나 뺀 것이 없으니 그 양이 같다는 의미이고, 상보성은 여러 속성의 관계를 상호비교하고 통합하는 조작 능력을 뜻한다. 가역성은 처음의 상태로 돌이켜 생각할 수 있는 능력을 의미한다. 즉, 이 실험에서 유아는 새로운 컵의 높이가 높아진 만큼 넓이가 줄었다는 것과 컵의 모양이 변했을 뿐 그 속의 양은 보존되어 변하지 않고 그대로라는 원리를 이해하지 못하고 있다는 것을 알 수 있다.

그림 8-5 **Piaget의 보존실험**

물활론적 사고는 생명이 없는 대상도 살아있다고 믿는 것으로, 이 시기의 유아들은 애착 인형에게 말을 건네며 밥을 먹여주고 더러워지면 함께 샤워도 해야 한다고 생각한다. 유아가 문지방에 걸려 넘어지는 것을 본 할머니는 애꿎은 문지방에 "맴매, 맴매"하며 우는 아이가 보는 앞에서 문지방을 혼내는 경우도 좋은 예이다. 이외에 원인과 결과를 구분하지 못하고 하나의 특정 사건으로부터 다른 특정 사건을 추론하는 전인과적 사고 등의 특징을 보이는 시기이다.

(3) 구체적 조작기(concrete operational stage)

구체적인 조작기는 실제 사물이나 구체적인 대상에만 체계적이고 논리적인 사고를 할 수 있게 되는 시기이다. 전조작기 유아보다 훨씬 성숙한 인지능력을 보이며 어느 정도의 논리적 사고가 가능하다. 전조작기 아동의 특성인 자기중심성에서 점차 벗어나 탈중심화(decentering)를 보이며, 타인의 관점을 이해하는 조망수용능력이 생기는 시기이다. 또한 가역적 사고도 가능해져 보존개념을 형성한다. 보존실험은 양뿐만 아니라, 수, 길이, 부피 등 여러 영역에서 이루어지는데, 과제의 형태에 따라 습득되는 시기가 다를 수 있다. 예를 들면, 아동은 수 보존을 먼저 할 수 있게 된 후 한, 두 해 지나서야 무게 보존이 가능하다. 즉, 블록 놀이에서 배열을 달리해도 블록의 수는 여전히 같다는 것을 먼저 알게 되고, 고무찰흙의 모양을 달리해도 무게가 변하지 않는다는 것은 나중에 터득한다는 것이다. 6, 7세경에는 양과 물질의 보존개념을, 9, 10세경에는 무게의 보존개념을, 11, 12세경에는 부피의 보존개념을 이해하게 된다. Piaget는 동일개념이 과제의 형태에 따라 습득되는 시기가 달라지는 이러한 현상을 수평적 격차 또는 유예(horizontal decalage)라고 하였다.

유목화(class-inclusion)와 서열화(seriation)도 이 시기의 중요한 개념이다. 유목화는 부분과 전체의 논리적 관계, 상, 하의 위계적 관계를 이해하며 분류하는 것이다. 서열화는 크기나 무게와 같이 하나의 기준에 따라 대상을 순서대로 배열할 수 있는 것을 의미하는 것으로, 큰 것에서 작은 것으로 또는 그 반대로도 가능하다.

이 시기의 논리적 사고는 여전히 구체적이고 가시적인 상황에만 머물러 있어서 추상적인 상황에서는 아직 어려움을 보일 수 있다.

(4) 형식적 조작기(formal operational stage)

형식적 조작기에는 추상적인 개념에 대한 논리적 사고인 추상적 사고(abstract thinking)가 가능하고, 가설 연역적 추론(hypothetico-deductive thinking)과 조합적 사고(combinational thinking)가 가능하다. 추상적 사고를 할 수 있게 되면서, 문학작품이나 속담이 내포하는 의미를 이해할 수 있게 된다. 가설 연역적 추론은 어떤 현상을 설명하기 위해 가설을 설정 후 체계적 실험을 통하여 타당성을 검증해가는 과정이다. 조합적 사고는 당면한 문제해결을 위해 가능한 여러 요인을 고려하여 체계적으로 구성해보며 결론을 끌어내는 것을 말한다.

Piaget는 과학적 추론에서 청소년과 아동 사이에 근본적인 차이가 있음을 제안하였다. 아동에 비해 청소년의 사고는 매우 유연하고 확고하여 높은 수준의 평형상태에 도달하게 된다. 이 시기에는 사고의 초점이 실재(what is)에서 가능성(what might be)으로 옮겨진다(Piaget & Inhelder, 1958). 그러나 모든 청소년이 형식적 조작과제를 성공적으로 해내는 것은 아니다. 일부 청소년의 경우 환경의 영향을 받아 형식적 조작이 더디게 나타나거나 아예 발달하지 못하기도 한다. 흥미가 있는 상황에서만 형식적 조작을 사용할 수 있는 청소년 혹은 성인도 있다. 보통 15세에서 20세가 되면 적성이나 직업과 관련된 분야를 중심으로 형식적 조작기에 도달하는 것으로 볼 수 있다(Piaget, 1972).

3) Piaget 인지발달 이론의 제한점과 교육적 시사점

인지발달에 대한 Piaget의 지대한 공헌에도 불구하고 다음과 같은 제한점이 제기된다.

첫째, Piaget의 이론은 감각운동기와 전조작기 유아의 인지능력을 과소평가하고 있다는 비판을 받고 있다. 보존과제 실험이나 세 산 실험에서 친숙한 과제로 실험이 이루어졌다면 유아는 성공하였을 수도 있었다는 주장도 있다(Siegler, 2006). 또한 Piaget가 제시한 것보다 인간은 훨씬 더 많은 인지적 도구를 가지고 태어날 수도 있다. 대상영속성이나 수의 개념 등의 핵심적 지식은 인간의 인지발달에서 언제든 사용될 수 있는 인류 진화적 장치의 한 부분일지도 모른다(Woodward & Needham, 2009).

둘째, Piaget가 제안하는 서로 질적으로 다른 네 개의 단계가 실제로 존재하는지 의문을 던진다(Mascolo & Fischer, 2005; Miller, 2011). 예를 들어, Piaget가 보존실험과 관련하여 수평적 격차(유예)라고 말하는 것처럼, 동일개념이 과제의 형태에 따라 여러 발달단계에 걸쳐 습득될 수 있다면 질적으로 명확하게 구분되는 단계가 있다고 단언하기 어렵다는 것이다. 앞서 설명한 재앙 이론(catastrophe theory)처럼 아동에게서 서서히 보이는 변화가 갑작스레 나타나는 것처럼 보일 수 있듯이(Siegler & Alibali, 2005), 변화는 연속적이며, 동시에 비연속적일 수도 있다고 제기한다.

셋째, Piaget의 인지발달 이론이 아동이 속한 사회, 문화가 미치는 영향력을 간과하였다고 주장한다. 즉, 아동의 인지발달이 어느 문화권에서 성장하느냐에 따라 달라질 수 있다는 것이다. 예를 들어, 실험자는 아프리카 Kpelle족 사람들에게 감자, 오렌지, 호미, 칼 등 20개의 물건을 제시하며 어떠한 방식으로 분류하는지를 보고자 했다. 그러나 Kpelle족 사람들의 분류법은 실험자가 애초에 기대했던 음식, 도구 등의 범주에 따른 분류법을 따르지 않았다. 대신 감자와 호미, 오렌지와 칼 등 그들에게 의미 있는 기능적 분류를 제시하며 실험자가 기대했던 속성적 분류법은 무지한 사람들의 분류라고 반박하였다(Rogoff & Morelli, 1989). 즉, 유목 분류와 관련한 구체적 조작도 문화적으로 일반화할 수 없음을 보여주는 예이다.

Piaget의 인지발달 이론이 교육 현장에 시사하는 점은 다음과 같다.

첫째, Piaget에 의하면 교육의 목표는 지식의 양적 증가가 아닌, 탐구 및 발견 능력의 가능성을 높이는 데 있다. 즉, 아동의 사고능력을 키워줄 능동적 탐색을 이끄는 교육이 필요함을 강조한다. Piaget(1964)는 어떤 대상을 아는 것은 그 대상에 대해 행동함으로써 성취한다고 하였다. 다시 말해, 인지발달에서 신체적, 정신적 활동이 주요한 역할을 하며 아동은 자기주도적인 활동을 통해 가장 잘 배울 수 있다고 강조한다.

둘째, 학습자들의 인지발달 단계별 이해를 토대로 맞춤형 교육이 필요함을 시사한다. 발달에 기초하여 학습이 이루어질 수 있으므로, 수업의 내용은 아동의 발달단계별 인지구조에 부합되어야 학습으로 이끌 수 있다. 따라서 학교 환경의 특수한 상황을 이해하고 학생들의 잠재력을 이끌기 위한 교육자의 특별한 기술이 요구된다. Piaget는 단지 물리적 경험만이 학습에 영향을 미친다고 보지 않았고 다른 사람들과의 사회적 경험, 특히 또래와의 상호작용을 강조하였다. 교실 안에서 또래들과의 대화, 즉 경험을 나누는 논쟁과 토론이 지식 습득의 중요한 도구가 될 수 있다.

셋째, 인지발달을 가져오는 동화와 조절의 평형화 적응기제가 활발히 이루어지도록 수업해야 함을 강조한다. 수업에서 제시되는 내용이나 환경은 학생의 인지발달 단계를 과도하게 뛰어넘어서지 않는 약간 높은 수준으로, 학생에게 인지적 불평형을 가져올 수 있는 내용이어야 한다. 불평형에 의한 인지적 갈등을 해결하여 새로운 인지구조를 재구조하도록 이끌어야 한다. Piaget는 아동의 경험이 적절한 수준의 새로운 것일 때 흥미가 유발된다고 주장한다. 이는 경험이 너무 새로운 것이어서 아동이 현재의 인지구조에 동화시킬 수 없어서도 안 되고, 너무 익숙한 것이어서 즉시 동화시킬 수 있어서도 안 된다는 것이다. 교사들은 아동의 현재 인지 기능수준을 파악하고 그에 적절한 갈등 상황을 제시할 수 있어야 한다(Ginsburg, & Opper, 2006).

2 L. Vygotsky의 인지발달 이론

Lev Vygotsky의 생애

Vygotsky(1896-1934)는 벨라루스의 오르샤에서 태어났다. 고멜에서 유년기와 청소년기를 보내며 유대인 김나지움을 나왔고, 1913년 모스크바 대학교에 입학하여 의학을 공부하다가 전과하여 법학을 공부하였다. 또한 비공식 교육기관인 샤나프스키 대학교에서는 철학과 심리학 과정을 이수하였고, 심리학자 P. Blonsky의 심리학과 교육학의 강의를 듣고 많은 감명과 영감을 받았다고 한다.

대학을 졸업한 후에는 고멜에서 중등교사로 재직, 대중음악학교에서는 미학과 예술사를 강의하며 여러 잡지에 연극과 문학에 대한 비평을 발표했다. 고멜 사범 기술대학에서는 실험실을 개설, 1924년 레닌그라드에서 개최된 제2차 러시아 심리신경학회에서는 「조건반사적 조사방법과 심리적 조사방법」이라는 논문을 발표하면서 심리학자로 주목받기 시작하였다. 그 후 모스크바 국립 실험심리학연구소에서 연구하며 1925년 「예술심리학」 논문으로 박사학위를 받았다. 이후 37세에 결핵으로 사망하기까지 10년 동안 많은 저술활동과 연구에 몰두하여 현대심리학의 독창적인 이론으로 평가받는 Vygotsky 학파 이론을 제시했다.

Vygotsky의 이론은 소비에트 심리학계에 많은 영향을 주었으며, 1960년대 이후에는 서구의 학자들에게서도 공감을 얻었다. 현재까지도 그의 이론은 계속 연구되고 있으며, 러시아에서는 1982년부터 84년 사이에 「비고츠키 전집」이 출간되기도 하였다. 주요 저서로는 「예술심리학」, 「심리학 위기의 역사적 의미」, 「장애아동의 발달과 교육진단」, 「고등정신기능의 발달사」, 「심리학 강의」, 「정신분열증 환자의 사고」, Piaget의 저서인 「아동의 언어와 사고」(1923)에 대한 러시아 번역서 「서문」(1932) 등이 있고, 180여 편의 논문과 저서를 남겼다. 또한 「사고와 언어」는 사후 1934년 출판된 유작으로 심리학, 언어학, 문학, 철학, 교육학에 대한 탁월한 지식과 분석력이 녹아 있다(Vygotsky, 2021).

1) Vygotsky의 인지발달 기본개념

Vygotsky는 인지발달이 부모, 친구, 교사와의 상호작용이라 할 수 있는 사회관계 속에서 이루어진다고 보았고, 사회·문화적 관점에서 그 영향력을 더 강조하고 있다. 그는 인간의 활동이 문화적 환경 속에서 일어나므로 환경과 분리하여 이해될 수가 없다고 믿었으며, 인간의 특정한 정신적 구조와 그 과정은 타인과의 사회적 상호작용에서 발생한다고 하였다. 즉, 문화가 인간의 사고 내용과 과정의 형성에 미치는 영향이 크다는 것이다. 예를 들어, 멕시코 남부 어느 부족의 인디언 여아들은 어른들의 비형식적 가르침으로 옷을 짜는 방법을 배운다. 협동과 나눔을 강조하는 문화권에서는 협동과 나눔의 기술을, 경쟁을 추구하는 문화권에서는 아이들에게 경쟁의 기술을 키워준다 (Bakerman et al., 1990; Ceci & Roazzi, 1994).

여기서는 그의 이론의 핵심 개념이라 할 수 있는 근접발달영역, 비계설정, 내면화, 그리고 언어와 사고의 관계에 대하여 알아보고자 한다.

• 근접발달영역(Zone of Proximal Development: ZPD)

Vygotsky(1978)는 우리의 인지구조와 사고 과정이 타인과의 상호작용 속에서 발생한다고 강조한다. 즉, 발달이란 사회적으로 공유되는 활동이 학생에 의해 내면화되고 학생의 인지발달의 한 부분이 된다고 보았다. Vygotsky에 따르면, 개인에게는 어떤 과제를 혼자서 수행할 수 있는 실제적 발달의 수준과 타인의 도움을 받을 때 수행할 수 있는 잠재적 발달의 수준에 차이가 존재한다. 이 두 수준 사이의 차이를 근접발달영역(Zone of Proximal Development)이라 하는데, 이 영역은 학생이 이미 알고 있는 것과 아직 배울 준비가 되지 않은 것 사이에 있는 '마법의 중간 지대(magic middle)'(Berger, 2006)로 불린다. 이 영역에서의 적절한 비계설정(발판화, 스케폴딩)은 학생들의 정신적 발달을 이끌 수 있다. 학생과 교사가 소통하며 이해하는 바를 서로 교환하는 역동적이고 변화하는 영역으로 실제로 학습이 이루어져 교육이 성공할 수 있는 영역이다(Woolfolk, 2013).

개인의 근접발달영역은 차이가 있으며 모든 학생의 이 영역을 제대로 측정하기는 어려우나, 역동적 평가(dynamic assessment)로 확인하기도 한다. 역동적 평가는 전통적인 검사와 달리 문항을 제시하여 앞으로 무엇을 얼마나 할 수 있는지를 예측하는 것으로, 근접발달영역을 확인하고 학습을 통한 변화의 과정을 평가한다(Sternberg & Grigorenko, 2006). 예를 들어, 지능검사 결과가 같은 8세로 나온 두 학생이 교사의 도움으로 동형지능검사를 다시 실시한 후, 두 학생의 정신연령이 각각 9세와 10세로 나왔다면, 이 둘의 실제적 발달 수준은 8세로 같으나, 근접발달영역은 1세와 2세로 서로 다르다고 할 수 있다(Vygotsky, 1978).

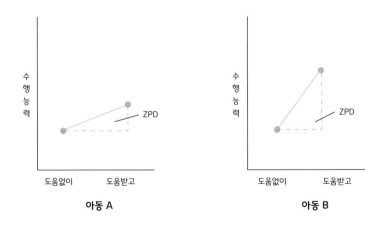

그림 8-6 　**근접발달영역(Zone of Proximal Development: ZPD)**

- 비계설정(scaffolding, 발판화, 스캐폴딩)

　학습자가 혼자 문제를 해결할 수 없으나 누군가의 안내와 도움을 받아서 해결할 수 있다면, 이때 필요한 안내와 도움을 제공하는 것을 비계설정이라고 한다. 비계(scaffold, 발판)는 건축학 용어로 건물을 짓는데 필요한, 임시로 설치하는 안전 가설물과 같은 보조물을 의미한다. 교육 장면에서의 효과적인 비계설정이란, 학습 초기에는 많은 도움을 주다가 학생이 혼자서 과제를 해결할 수 있게 되면, 제시해왔던 도움이나 힌트를 점차 줄여가며 결국에는 학습자가 도움이 없이도 스스로 혼자 해결할 수 있게 하는 것이다. 비계설정의 유형으로는 모델링(modeling), 소리 내어 생각하기, 질문하기, 수업자료 조정하기, 그리고 길잡이와 힌트 등을 예로 들 수 있다.

그림 8-7 **비계**

• 내면화(internalization)

내면화는 사회적 상호작용과 언어적 교류를 통해 받아들인 지식을 자기 내면의 사고체계에 통합하는 과정을 의미한다(Vygotsky, 1978). 내면화는 학습자의 외부 세계와 내부 세계를 연결하는 역할을 함으로써 인지발달을 일으키는 중요한 기제이다. Vygotsky는 문화적 도구(cultural tools)가 인지발달에 매우 중요한 역할을 한다고 믿었다(Woolfolk, 2013). 문화적 도구에는 사회 구성원이 의사소통하고, 생각하고, 문제를 해결하며 지식의 창출을 가능하게 하는 컴퓨터, 인터넷 등과 같은 실제적인 기술적 도구(technical tools)와 수, 수학체계, 부호, 언어와 같은 기호와 상징적 체계인 심리적 도구(psychological tools)가 포함된다. Vygotsky는 문제해결이나 추론과 같은 인간의 고등정신 과정이 심리적 도구에 의해 매개되며, 언어와 같은 심리적 도구의 사용에 숙달함으로써 고등사고와 문제해결이 가능해진다고 하였다. 아동은 자신이 속한 세상을 이해하고 배우기 위해 기호, 상징, 설명을 주고받으면서 정신기제로서의 개념, 문제해결전략, 토론전략 등의 심리적 도구로 채워진 '문화적 도구상자(cultural tool kit)'를 발달시킨다(Wertsch, 1991). Vygotsky는 복잡한 지식과 개념을 내면화하는 인지발달의 핵심적 요소로 언어의 역할을 강조한다. 언어를 문화적 도구상자의 내용물 중 가장 중요한 상징체계로 보았으며, 도구상자에 다른 도구들을 담을 수 있도록 도와주는 유일한 도구라고 강조한다.

• 언어와 사고

Vygotsky는 Piaget와 달리 인지발달에서 언어의 역할을 강조한다. 언어와 사고는 서로 다른 기원을 가지며 밀접한 관계에 있다고 설명하면서 대략 2세가 되면 사고와 언어가 결합하기 시작한다고 보았다. Vygotsky에 따르면, 언어에는 두 가지 기능이 있다. 하나는 타인을 향하며 사회적 의사전달 기능을 하는 외적언어(external speech, 사회적 언어)이다. 다른 하나는 타인이 이해했는지 개의치 않고 자기 자신을 향하는 자기중심적 언어(egocentric speech)이다. Vygotsky는 자기중심적 언어를 결함이 아니라 언어의 독특한 기능으로 이해하였고, 아동이 성장할수록 자기중심적 언어가 내적언어(inner speech)로 진화한다고 하였다. 인간은 이 내적언어를 통해 언어적 사고를 한다.

언어와 사고는 아동이 세상에 대한 의미를 형성하는 데 중요한 역할을 한다. Vygotsky는 사고와 언어의 관계를 『사고와 언어』(Vygotsky, 2021. p.536)에서 다음과 같이 설명한다.

"생각은 연설하는 사람의 머릿속에서 전체로서 존재하지 언어가 전개되는 것처럼 결코 개별적인 단위로 점진적으로 발생하지 않는다......생각은 말들의 비를 뿌리는 구름에 비유할 수 있다......우리의 언어에는 배후의 생각이나 숨은 내면적 의의가 존재한다......말의 불충분함에 대한 탄식과 생각의 불완전한 표현에 대한 슬픔이 발생한다."

아동은 언어의 상징적 기능을 발견하면서 외적언어(external speech, 사회적 언어), 자기중심적 언어(egocentric speech), 그리고 내적언어(inner speech)의 단계로 발달한다(Vygotsky, 2021).

외적(사회적)언어는 대략 3세 이전에 발달하는 언어로 타인의 행동을 통제하고 본인의 생각과 감정을 타인에게 전달하는 기능을 한다. 자기중심적 언어는 대략 3~7세의 특징적인 언어로, 행동을 조절하고 문제해결을 위해 자신에게 하는 언어이다. 이 시기의 아동은 자신의 사고를 이끌어주는 혼잣말을 하게 된다. Vygotsky는 이러한 혼잣말을 사적 언어(private speech)라고 명명하였다. 이 언어는 혼자만의 짧은 음성언어에서 점차 소리 없는 입술의 움직임으로 변하다가 결국에는 내적언어로 내면화된다. Piaget는 혼잣말을 자기중심적 사고를 하는 아동의 인지적 미성숙이 언어로 나타난 것이라 보았다. 반면, Vygotsky는 상호작용을 통해 습득한 외적언어를 통해 내재적인 사고를 바꾸는 과정으로 간주하였기 때문에 인지적 능력을 보여주는 것이라고 생각했다(Berk, 1992).

Vygotsky 이론에서 사고가 발달하는 단계별 연령대는 확실하지 않으며, 언어의 발달과 인지의 발달이 서로 대응하는 것도 아니다. 아동의 사고는 혼합적 심상사고의 단계(phase of syncretic images), 복합체적 사고의 단계(phase of complexes), 개념적 사고의 단계(phase of concepts)로 발달한다. 아이들은 혼합적 심상 사고의 단계에서 특별한 이유 없이 자신의 감각으로 묶거나 조합하는 사고를 한다. 복합체적 사고의 단계에서 사물이 가진 형태나 색과 같이 구체적이고 객관적인 특징들끼리 묶거나 조합하는 사고를 한다. 그리고 개념적 사고단계에서는 사물의 기능이나 용도와 같이 추상적 특징에 따라 비슷한 것끼리 묶을 수 있다. 마지막으로 개념적 사고 단계에서는 언어와 함께 사회·문화적 맥락 안에서 발달하게 된다. 즉, 사회·문화적 맥락이 바뀌어 아동이 사용하는 사고의 도구인 언어가 바뀌면 사고도 변화되어 다른 인지구조를 가지게 된다고 하였다.

2) Vygotsky 인지발달 이론의 제한점 및 교육적 시사점

Vygotsky의 이론 또한 다음과 같은 제한점을 제기되었다(Wertsch & Tulviste, 1994).

첫째, Vygotsky의 이론은 유럽문화를 동경하는 경향이 있다. Vygotsky는 문화 간의 상대적 우월성을 인정하며, 유럽의 문화적 도구와 정신 기능이 다른 민족의 문화가 가지는 기능보다 우월하다고 생각하였다.

둘째, Vygotsky는 인지발달의 문화적 영향력을 강조하다 보니, 생물학적인 영향력에 대한 설명이 매우 미흡하다는 비판을 받고 있다. 진화심리학자들은 인간의 다양한 인지적 도구들이 생물학적 성향으로 가지고 태어났을 수도 있다고 반박한다(Woodward & Needham, 2009).

셋째, Vygotsky가 제안하는 근접발달영역(Zone of Proximal Development)은 개념적으로는 이해할 수 있으나 실제로 측정이 어렵다는 한계점이 있다. 그의 이론은 대부분 일반적인 생각으로 구성되었고, 일찍 세상을 떠나게 되면서 그의 이론을 교육에 적용될 수 있도록 확장, 정교화할 시간이 부족하였음을 지적하고 있다.

넷째, Vygotsky는 아동의 발달이 주로 환경의 산물이라고 강조하고 있어, 창의성, 개혁성과 같은 개체의 능동적인 발달을 충분히 설명하기 어렵다는 주장도 있다.

Vygotsky의 이론이 교육 현장에 시사하는 점은 다음과 같다.

첫째, Vygotsky는 사회적 구성주의로 사회적 상호작용과 언어적 교류를 통한 학습이 발달을 주도하며, 학습은 준비가 될 때까지 기다릴 필요가 없는 능동적 과정이라고 믿었다. 즉, 적절히 구조화된 학습은 정신적 발달을 이끌며 학습과 관계된 다양한 범주의 발달적 과정을 촉진한다고 주장하였다. 반면, Piaget는 지식의 구성에 관심을 가지고 학습자 개인의 능동적 구성에 기초한 발달을 강조하였으며, 학습 이전에 인지적 발달이 필요하다고 믿었다.

둘째, Vygotsky는 학습자의 능동적인 지식구성에 있어 외부 조력의 중요성을 강조하였다. 즉, 유능한 또래와의 상호작용이 인지발달에 중요한 역할을 한다고 생각하므로 개별학습보다는 협동학습을 통해 학생들이 복잡한 추론 과정에 대한 통찰을 얻을 수 있다고 주장하였다.

셋째, Vygotsky가 제안하는 근접발달영역은 학습자들의 학습과 발달의 관계를 잘 설명하고 있다. 근접발달영역의 역동적 평가를 통해 학생들에게 적절하고 지속적인 비계설정을 제공할 필요가 있음을 시사한다.

3 Piaget와 Vygotsky 이론의 시사점

Piaget와 Vygotsky의 이론은 학습자를 적극적으로 지식을 구성하는 능동적인 존재로 파악하고, 발달이 환경과의 역동적인 상호작용을 통해 이루어지는 것으로 보았다는 점에서 공통점을 지니고 있다. 이에 학생이 지루해하거나 좌절을 겪지 않는 '조화의 영역'(Hunt, 1961)에서 학생을 가르쳐야 함을 강조한다. Piaget가 주장하는 바와 같이, 학생이 자신만의 이해를 구성하고 사고를 키워줄 수 있도록 분화된 교수(differentiated instruction)를 제공하는 환경도 중요하며, Vygotsky의 주장처럼 학생의 고차원적인 정신적 기능의 발달 및 전달을 촉진하기 위해서는 지도학습(instructed learning), 교사와 어른들의 도움에 의한 조력 학습(assisted learning), 또래들과의 협력학습(collaborative learning) 환경 역시 필요하다(Woolfolk, 2013).

Piaget와 Vygotsky 이론을 항목별로 비교하면 아래의 <표 8-1>과 같다.

▷ **표 8-1** Piaget 이론과 Vygotsky 이론의 비교

피아제	항목	비고츠키
생물학적 요인	발달에서의 강조점	사회 및 문화
개인의 인지활동	지식의 구성	유능한 사람과의 상호작용
문화적 보편성에 중점	문화적 요인	문화적 특수성에 중점
사고 → 언어	언어	언어 → 사고
자기중심적, 미성숙한 것	혼잣말에 대한 평가	사고를 이끌어 줌, 자기조절로 향하는 중간단계
발달이 학습에 선행	학습과 발달의 관계	학습이 발달을 주도함 (그러나 일정한 인지적 성숙이 전제될 때에만 학습이 가능함을 전제함)
인지부조화 → 조절 → 평형	발달의 과정	변증법적 원리 (정반합)

제9장

도덕성발달

인간의 발달은 타인과의 관계 속에서 자신의 정체성을 찾아가는 여정이라 볼 수 있다. 정체성을 확립해가는 과정에서 옳고 그름에 대한 자신의 생각, 판단 등도 발달해간다. 우리 주변의 유의미한 사람들을 이해하는 것은 도덕성 발달의 한 부분이다. 즉, 도덕성의 발달은 관계 속에서 타인을 이해하고 함께하는 과정이다. 마음 이론은 타인의 마음을 이해하는 과정을 설명한다(Miller, 2009). 아동은 발달하면서 타인도 자신과 다른 그들 나름의 마음, 감정, 신념 및 의도가 있음을 점차 배우게 된다.

도덕성발달은 이론적 조망에 따라 서로 다른 측면을 강조한다. 정신분석 이론은 도덕성의 내면화 과정에 따른 초자아의 형성과정으로 설명하고, 행동주의 이론에서는 다른 행동의 발달과 같이 개인이 속한 사회에서 인정하는 도덕적 행동을 조건화하여 습득되는 과정으로 설명한다. 사회인지 이론에서는 모델링(modeling)의 과정에서 모델들의 보살핌, 관용의 모습을 보면서 타인에 대한 배려하는 마음이 커질 수 있다고 설명하고 있으며, 인본주의 접근에서는 각자의 타고난 본래의 선을 키워 자아실현을 돕는 과정이라고 하였다. 인지발달 이론은 아동이 가지고 있는 옳고 그름에 대한 그들의 생각이나 도덕적 판단에 대한 능동적 구성(active construct)을 의미하는 도덕적 추론(moral reasoning)에 초점을 두고 있다. 인지발달 이론은 도덕성 개념을 설명하기 위해 가장 널리 활용되는 접근으로, 도덕성을 도덕적인 갈등의 상황에서 옳고 그름을 판단할 수 있는 개인의 능력이라고 정의한다.

이 장에서는 인지발달 이론의 측면에서 도덕성의 인지적 추론을 강조한

Piaget, Kohlberg, 이어서 Gilligan의 도덕성발달 이론을 알아보고자 한다. Piaget는 최초로 도덕성을 인지발달의 관점에서 제시하였으며, Kohlberg는 Piaget의 영향을 받아 도덕적 추론 능력에 기초한 도덕성발달 이론으로 더욱 체계화하였다. 마지막으로, Gilligan은 Kohlberg의 도덕적 추론 이론이 성 편향적이라고 비판하면서 여성들의 도덕적 추론 능력의 발달을 설명하고자 하였다.

1 J. Piaget의 도덕성발달 이론

Piaget는 도덕성에 대한 인지발달 이론을 최초로 제시하였다. Piaget(1932)는 도덕적 행위와 도덕적 판단과의 관계를 알아보기 위해 구슬 게임을 사용하였으며, 아동들이 그 게임을 어떻게 이해하고 있으며 게임에서 요구하는 규칙을 따르는지를 관찰하였다. 개인들 간의 행동을 규제하는 규칙의 체계를 받아들이고 따르는 경향이 도덕성의 기본적인 요소이며, 사회에서 요구하는 규칙과 규범들이 도덕의 체계를 구성한다고 하였다.

Piaget(1965)는 인지발달과 도덕성발달은 함께 이루어진다고 주장한다. 아동에게 도덕적 딜레마를 초래하는 아래의 「존과 헨리의 이야기」를 들려주고, 어떤 아이가 더 나쁜 행동을 했고 그들이 그렇게 생각하는 이유가 무엇인지에 따라 도덕성발달을 3단계로 구분하고 있다.

[존과 헨리의 이야기(Piaget, 1965)]

존은 엄마의 저녁 먹으라고 부르는 소리에 부엌으로 가기 위해 식당 문을 열었다. 문 바로 뒤에는 컵 15개가 올려져 있는 의자가 있었다. 존은 그 사실을 모르고 문을 열었고, 의자가 밀쳐지면서 의자 위에 놓여 있던 컵은 모두 깨져 버렸다.

헨리는 엄마가 외출하자 수납장 맨 위 칸에 있는 과자를 몰래 꺼내 먹으려다가 그 옆에 있는 컵 1개를 건드려 깨뜨렸다.

존과 헨리 중 누가 더 나쁜가? 그 이유는 무엇인가?

첫째, 전도덕성 단계(premoral stage)이다. 규칙에 대한 이해도 도덕성발달과 연관된다. 이 단계에 속하는 4세 이하의 자기중심적 유아들은 규칙을 전혀 이해하지 못하거나 규칙을 따르지 않는다. 그러나 유아 자신은 규칙을 알고 있으며 규칙을 따르고 있다고 주장한다. 구슬 게임에서 유아들은 함께 게임을 하고 있지만 각자의 규칙을 가지고 있으며 다른 사람의 영향을 받지 않고 혼자서 게임을 한다. 하지만 자신이 다른 유아들과 같은 방법으로 게임을 하고 있으며, 규칙을 잘 알고 잘 따르고 있다고 믿고 있었다. 유아들에게 게임에서 이긴다는 의미는 그 게임 활동이 즐거운 시간이었는지에 있었으며, 이 게임에서는 모든 사람이 승자일 수 있었다.

둘째, 타율적 도덕성 단계(heteronomous morality stage)의 5～6세의 아동들은 규칙과 질서를 절대적이며 변하지 않는 것으로 인식하는 도덕적 사실주의(moral realism)에 따른다. Piaget의 인지발달 단계의 전조작기 아동이 대부분 이 단계에 속하며, 행동의 의도보다는 결과에 따라 옳고 그름을 판단하는 구속의 도덕성(morality of constraint)을 발달시킨다. 예를 들어, 엄마의 설거지를 도우려다가 접시 10개를 깬 경우와 엄마 모르게 부엌 맨 위 선반에 있는 보물 상자에서 뭔가를 꺼내려다가 컵 1개를 깬 경우, 이 단계의 아동은 10개의 접시를 깬 경우가 더 나쁘고, 이에 대한 처벌이 당연히 더 커야 한다고 생각한다. 위에서 제시한 존과 헨리의 이야기에서도 실수로 15개의 컵을 깨뜨린 존이 몰래 과자를 꺼내 먹으려다가 컵 1개를 깨뜨린 헨리보다 더 나쁜 행동을 했다고 생각한다. 도덕적 사실주의 성향은 거짓말의 개념에서도 나타나며, 나이가 증가함에 따라 점차 감소한다. Piaget는 6세 아동의 거짓말에 대한 정의와 거짓말의 크기가 사실적이라고 설명한다. 거짓말에 대한 정의와 관련된 예를 들면, 한 6세 아동은 거짓말은 나쁜 말을 하는 것이라고 정의하면서, 바보(fool)라는 말은 사용하면 안 되는 말이므로 그 말은 거짓말이라고 하였다. 이 정의는 거짓말이 나쁜 것이라는 점과 속이려는 의도가 전혀 고려되지 않는다는 점에서 사실적이다. 거짓말의 크기와 관련된 예를 들어보자. Piaget는 다음의 두 이야기를 들려주고 어느 아이가 더 큰 거짓말을 한 것인지 물었다. 첫 번째 이야기는 한 남자아이가 개를 보고 너무 놀라 엄마에게 그 개가 소만큼 크다고 하였다는 내용이고, 두 번째 이야기는 한 남자아이가 고의로 엄마에게 본인의 학교 성적을 속여 말을 하였다는 내용이다. 어린아이들은 학교 성적을 속인 이야기보다 개에 대한 과장된 이야기가 더 큰 거짓말이라고 대답하였다. 그들에게는 거짓말을 한 아동이 속이려는 의도가 있었는지에 상관없이 사건이 일어날 가능성이 거짓말의 크기를 판단하는 중요한 사실적인 기준이었다(Ginsburg & Opper, 2006).

셋째, 자율적 도덕성 단계(autonomous morality stage)이다. 이 단계의 아동은 점차 도덕적 사실주의에서 벗어나 주관적으로 접근을 하게 된다. Piaget의 인지발달 단계에서 8세 이후의 구체적 조작기 아동들이 대부분 이 단계에 속하며, 행동의 결과보다는 의도를 고려하여 옳고 그름을 판단할 수 있다. 즉, 옳고 그름을 판단할 때 손해의 크기가 아니라 동기에 초점을 맞춘다. 또한 거짓말에 대하여도 사건이 일어날 가능성이 아니라 속이려는 의도를 고려한다. 이 단계의 아동들은 상황에 맞게 또는 구성원들의 합의에 따라 규칙은 변화시킬 수 있다고 생각하는 협력의 도덕성(morality of cooperation)을 발달시킨다.

이렇듯, Piaget의 도덕성발달은 세 단계에 걸쳐 발달하며, 자기중심적 사고의 감소와 추상적 사고의 발달과 같은 인지적 발달과 함께 이루어짐을 알 수 있다. 그러나 Piaget는 도덕적 판단의 발달단계와 과정이 뚜렷하지 않고 더 많은 연구가 필요함을 인정하였다. 한 아동이 상황에 따라 다른 두 단계에 속할 수 있으며, Piaget의 연구에서 보여준 상황적 도덕 판단이 실제 삶에서의 도덕적 판단과 다를 수 있다고 하였다(Ginsburg & Opper, 2006).

2 L. Kohlberg의 도덕성발달 이론

Kohlberg(1927-1987)는 미국의 심리학자로 유년기에서 성년
기까지 도덕성발달의 단계를 확립하는 이른바 '도덕성발달 이론'을
일관되게 탐구한 학자이다. 미국 뉴욕주 브롱스빌의 부유한 가정에
서 태어났다. 앤도버 아카데미(Andover Academy)라는 사립
고등학교를 졸업하고, 대학 진학 전에 이스라엘 건국을 돕기 위해 부
조종사로서 유럽에서 이스라엘로 난민을 수송하는 일을 도왔다. 이

때 나치 박해하에 처한 유대인들의 문제를 도덕적 사고와 연관하여 성찰하였다. 1948년 시카고대
학교에 입학하여 1년 만에 학부를 졸업하고, 같은 대학의 대학원 심리학 과정에 진학, 아동의 도덕적
판단에 관심을 가지고 Piaget의 도덕성발달 이론을 심화·발전시켜 박사학위논문을 썼다. 1968
년, 제자 Gilligan은 Kohlberg의 도덕성발달 이론이 성 편향적이라며 반박하였고, Kohlberg와
논쟁을 벌이기도 하였다. 1969년, Kohlberg는 이스라엘 방문의 계기로 정의 공동체(just com-
munity)라는 개념을 제시하였다. 예일대학교, 시카고대학교를 거쳐 하버드대학교에서 교수로 역임
하면서 교육학, 사회심리학을 가르쳤다. 저서로는 「도덕발달의 철학」, 「도덕발달의 심리학」, 「교육
과 도덕발달」 등이 있다. 1974년에는 하버드대학교의 도덕교육센터의 소장으로 취임하였고, 1987
년 59세의 나이로 돌아가셨다(Kohlberg, Levine, & Hewer, 2000; 나무위키).

1) Kohlberg의 도덕성발달 단계

Kohlberg는 Piaget가 아동 중심으로 연구하여 제시한 도덕성발달 이론
을 성인으로까지 확대하여 체계화하였다. Kohlberg도 Piaget가 주장한 바와
같이 서로 다른 문화권에서도 유사한 발달단계를 보이고, 도덕성발달이 인지
발달과 함께한다는 주장을 지지하였다. 즉, 다른 수준의 발달단계에서의 도
덕성은 다른 수준의 인지능력을 요구한다고 보았다.

Kohlberg는 도덕적 수준을 측정하기 위하여 도덕적 갈등의 상황인 도덕
적 딜레마(moral dilemma)를 제시하면서 면담을 진행하였다. Kohlberg가 도

덕적 추론에 사용한 가장 유명한 도덕적 딜레마는 「하인츠(Heinz)의 이야기」이다.

[하인츠(Heinz) 딜레마]

　한 부인이 희귀한 암으로 죽어가고 있었다. 그런데 그 부인이 사는 마을에서 한 약사가 그 암을 치료할 것으로 기대되는 신약을 개발했다. 약사는 그 약을 개발하기 위해 200달러를 투자했으며, 약 한 알에 2,000달러의 가격을 책정하였다. 죽어가는 부인의 남편 하인츠는 있는 힘을 다해 돈을 융통하고자 노력했으나, 결국 1,000달러 정도밖에는 모으지 못하였다. 할 수 없이 하인츠는 약사를 찾아가 자기 아내가 죽어가고 있으니, 그 약을 반값에 팔거나, 아니면 나중에 갚겠다고 간청하였다. 그러나 그 약사는 거절하였다. 결국 몹시 절망한 하인츠는 약사의 연구실을 침입하여 그 신약을 훔쳐내었다.

　Kohlberg는 이 딜레마와 관련하여 도덕적 추론을 끌어내기 위해 두 가지 종류의 질문을 하였다. 첫째는 '약을 훔친 하인츠의 행동은 옳은가, 아니면 옳지 않은가?' 둘째는 '하인츠의 행동이 옳다고, 또는 옳지 않다고 생각하는 이유는 무엇인가?'이다. 첫 번째 질문으로 하인츠의 행동이 도덕적인 행동이 었는지를 묻고, 두 번째 질문으로는 첫 질문에 대한 대답을 한 판단의 근거를 묻고 있다. 이렇듯, 두 질문에 대한 답변의 도덕적 추론을 분석하여 도덕성발 달 단계를 3수준 6단계로 구분하여 제시하였다.

(1) 전인습적 수준(pre-conventional level)

　이 수준에서는 개인의 필요성과 지각이 도덕적 판단의 근거이다. 사회의 인습이나 규칙을 정확하게 이해하지 못하는 수준으로 벌이나 물질적 보상이 도덕성 판단의 기준이 된다.

- 1단계: 벌과 복종의 지향 단계로, 처벌과 나쁜 결과를 막기 위해 규칙을 준수하는 단계이다. 이 단계의 아동은 처벌 여부에 따라 좋은 행동과 나쁜 행동을 구분한다. 그리고 처벌을 내릴 수 있는 권한이 있는 사람에게는 복종해야 한다고 생각한다. 하인츠의 딜레마와 관련하여 보

면, 하인츠가 힘이 있는 사람의 말을 따르지 않거나, 행동으로 말미암
아 누군가에게 벌이나 꾸중을 듣게 된다면 좋은 행동이 아니라고 판단
한다.

- 2단계: 보상 및 상호교환 지향단계로, 어떤 행동이 옳고 그르냐는 자
  신과 타인을 포함한 개인의 필요성과 욕구가 충족되는가에 따라 결정
  된다. 어떤 행동의 결과로 보상받기를 원하며, 이 단계에서 욕구의 충
  족은 나의 행동이 상대에게 도움이 되고, 상대도 나에게 도움을 주는
  행동의 상호교환행위이다. 하인츠의 딜레마와 관련하여 보면, 하인츠
  는 아내를 살리고 싶은 욕구 때문에 약을 훔친 것이니 하인츠의 행동
  은 나쁘지 않다. 사업가로서 약사의 돈을 벌려는 욕구는 나쁜 것이 아
  니다. 즉, 하인츠가 약을 훔치면 약사의 욕구 충족이 되지 않으므로 옳
  은 행동이 아니라고 생각할 수 있다. 이 단계에서는 도구적 상대주의
  (instrumental relativism)와 도덕적 쾌락주의(moral hedonism) 관점을 볼
  수 있다. 도구적 상대주의는 개인적이고 주관적인 관점에서 도덕성을
  판단하는 것이고, 도덕적 쾌락주의는 욕구의 충족에서 오는 즐거움의
  추구를 계속 원한다는 점이다.

(2) 인습적 수준(conventional level)

이 수준에서는 자신이 속한 가족, 집단, 사회, 국가의 기준과 기대하는 바
에 맞게 규칙, 인습, 법률에 기초하여 도덕성을 판단한다. 대인관계의 조화,
또는 법질서의 준수 여부가 도덕성 판단의 기준이 된다.

- 3단계: 착한 소녀 착한 소년 지향 또는 대인관계 조화지향의 단계로,
  타인의 인정과 칭찬을 받는 행동, 타인을 도와주고 기분 좋게 하는 행
  동, 그리고 타인과 좋은 관계를 유지하는 행위는 좋은 행동이다. 이 단
  계의 아동은 타인의 관점과 의도를 이해할 수 있고 그들이 기대하고
  인정하는 행동을 하고자 한다. 하인츠의 딜레마와 관련하여 보면, 하인
  츠가 아내를 사랑하는 좋은 남편이 되기 위해 약을 훔친다면 그 행위
  는 나쁜 행동이 아니다. 또한 아내가 훔치는 것을 원하지 않아서 훔치
  지 않는다면 그 행위도 나쁜 행동이 아니다. 아내가 치료받지 못해 죽

더라도 그것은 하인츠의 잘못이 아니며, 약사가 이기적이고 무정한 것
이다.

- 4단계: 법과 질서 지향단계로, 사회 속 법과 질서를 지키며, 사회제도
를 유지하려 한다. 개인적인 문제보다 공동체 전체를 위한 의무감이
더 중시된다. 하인츠의 딜레마와 관련하여 보면, 하인츠가 약을 훔치는
것은 도둑질이고, 이는 법을 어기는 행위로 나쁜 행동이다.

(3) 후인습적 수준(post-conventional level)

이 수준에서는 사회의 규칙과 법이 도덕성 판단의 절대적 준거가 아니다.
사회의 규칙에 제한되지 않으며 보편적인 원리 및 윤리에 초점을 두어 판단
한다.

- 5단계: 사회적 계약 지향단계로, 이 단계의 아동들은 법이라는 것이 사
람들의 합의에 따라 만들어진 것이고, 필요하다면 다시금 수정될 수
있다는 것을 알고 있다. 하인츠의 딜레마와 관련하여 보면, 하인츠가
약을 훔친 것은 잘못이나, 아내를 구하기 위한 행동이었으니 어느 정
도 정상참작 또는 정당화될 수 있다. 또는 하인츠가 처한 상황에서의
훔치는 행동이 이해는 되나, 누구나 힘들다고 도둑질을 해도 되는 것
은 아니므로 하인츠의 행동은 정당화될 수 없다.

- 6단계: 보편적 원리 및 윤리 지향단계로, 법이나 타인의 판단을 넘어서
서 정의, 평등, 생명 존중과 같은 추상적이고 보편적인 원리를 지향한
다. 즉, 사회적 법규에 제약받지 않고 양심에 비추어 행위를 판단하고
자 한다. 이 단계는 도덕성이 가장 내면화된 단계로 석가모니, 예수, 간
디, 테레사 수녀 등 극소수의 사람들만이 이 단계에 속한다. 하인츠의
딜레마와 관련하여 보면, 하인츠가 생명을 존중하고 그 생명을 살리기
위해 약을 훔치는 것은 도덕적으로 나쁜 행위라고 할 수 없다. 또한 자
기의 아내만 생각하지 않고 그 신약이 필요한 모든 생명의 가치를 위
해서 양심에 따라 하인츠가 약을 훔치지 않는다면 그 행동도 좋은 행
동이다.

2) Kohlberg 도덕성발달 이론의 제한점과 교육적 시사점

인지적 관점에서 도덕성, 도덕적 추론을 체계화한 Kohlberg의 도덕성발달 이론은 다음과 같은 제한점을 보인다.

첫째, Kohlberg는 도덕적 행동이 아닌 도덕적 추론 능력에 따라 도덕성발달 단계를 구분하고 있다. 그는 도덕적 판단이 도덕적 행동으로 동기화될 수 있다고 믿었다. 그러나 도덕적 판단이 곧 도덕적 행동을 의미하지는 않는다는 점과 도덕적 행동의 동기화에 미칠 수 있는 도덕적 정서 등 다양한 요인이 있을 수 있다는 점을 간과하고 있다. Milgram(1963)의 실험은 도덕적 사고가 반드시 도덕적 행위와 일치하는 것은 아니라는 것을 잘 보여준다. 다만, 도덕적 단계가 높은 수준의 사람들이 더 높은 비율로 도덕적 행동을 보이기는 했으나, 반드시 도덕적으로 행동하는 것은 아니었다.

둘째, Kohlberg가 제시하는 도덕성발달 단계는 서로 분리되지 않고, 순차적이거나 일관되어 보이지 않는다. 사람들은 Kohlberg의 여러 발달단계를 동시에 반영하는 도덕적 판단을 할 수 있으며, 도덕적 딜레마에 대한 반응을 채점하는 방식도 주관적이어서 개인의 발달단계를 특정하기 어렵다. 특히 도덕성발달이 매우 활발하게 진행되는 초·중등 학생들에게는 여러 단계의 도덕적 추리가 나타날 수 있어, 어느 한 단계로 특정하기 어렵다.

셋째, 일상에서의 도덕적 선택이 도덕적 추론 이상의 것일 수 있다는 점을 간과하고 있다. Kohlberg는 도덕성에 관한 인지적 추론을 강조하였다. 그러나 일상생활에서 도덕적 문제를 해결하는 기질이나 가치 등의 도덕적 성숙도에 관련된 여러 요소를 간과하였다(Walker & Pitts, 1998). 즉, 개인의 도덕적 추론에는 인지적 요인뿐만 아니라 정의적 요인 및 상황 등이 그 선택에 영향을 미칠 수 있다.

넷째, Kohlberg의 이론은 연구 대상이 속한 미국의 백인 남성과 백인 중산층 문화에 편향되어 있다. 특히, 인습 이후 수준의 발달단계는 개인주의적 특성을 중시하는 서구사회의 가치를 반영하고 있으며, 여성과 남성이 보이는 도덕적 판단의 차이를 제대로 설명하지 못한다는 비판이 있다.

마지막으로, Kohlberg는 도덕성발달 단계가 문화 보편적으로 계열성을 갖는다고 주장하였으나, Kohlberg가 진행한 연구 대상의 문화권에서도 후인습적 단계를 찾아내지 못해 후인습적 수준의 적합성에 대한 논란은 계속되고 있다. 아래 [그림 9-1]에서 볼 수 있듯이, 성인들 대부분이 3, 4단계의 도덕적 판단을 보이고 있으며, 10대 후반에서야 5단계의 판단이 나타나고 있으나 그 증가도 매우 미미하다. 또한 6단계에 속하는 사람은 볼 수 없었다(Colby et al., 1983).

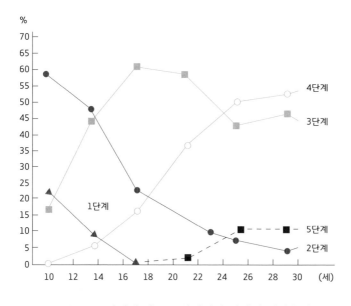

그림 9-1 **연령에 따른 도덕성발달 단계의 변화추이**

※ 출처: Colby 외 (1983).

더불어, 우리는 Kohlberg의 도덕성발달 이론이 교육적으로 시사하는 바에도 주목할 필요가 있다.

첫째, Kohlberg의 이론은 아동에게 어떻게 도덕교육을 해야 하는지에 대한 방향성을 제시하며 구체적인 지침을 마련하고 있다. Kohlberg는 아동이 자신의 인지발달 수준보다 더 높은 수준의 도덕적 판단을 할 것이라고 기대하기 어려우므로 아동의 나이에 따른 행동과 도덕적 판단수준에 대응하여 도덕교육이 이루어져야 한다고 강조하였다. 또한 초등 및 중등 교육단계에서의 도덕성발달이 매우 활발함을 보여주는 종단연구(Colby et al., 1983)의 결과는, 이 시기에 도덕적 사고를 발달시킬 수 있는 교육이 필요함을 시사한다.

둘째, Kohlberg는 Piaget가 사용한 몇몇 아동의 관찰 및 면접법 등을 넘어서서, 도덕판단 면접법(Colby & Kohlberg, 1987), 도덕판단력 검사(Rest, 1979) 등의 측정 도구를 활용한 종단연구를 수행하였고, 도덕교육 프로그램의 효과를 검증하였다. Kohlberg는 학생의 인지발달 수준에 맞는 내용과 방법으로 교육해야 함을 강조하며, 도덕교육의 방법으로 도덕성발달을 위해 모델링과 역할극을 활용할 것을 권장하였다. 교사 또한 학생에게는 모델링의 대상이다. 교사는 학생에게 기대하는 바를 몸소 실천하는 살아있는 본보기가 되기 위해 노력해야 하며, 도덕적 갈등의 상황과 관련하여 다양한 모범적인 사례를 접하도록 마련해줄 필요가 있다. 또한 역할극은 도덕적 딜레마 상황에서 역지사지로 타인의 관점에서 생각하고 타인의 입장이 되어보는 경험을 제공하여 학생들이 더욱 성숙한 도덕적 추론을 할 수 있도록 도와줄 수 있다.

셋째, 실생활 속의 실제적인 도덕적 딜레마 상황을 다루는 토론식 도덕교육 수업이 확대될 필요가 있음을 시사한다. 기존의 지시적인 도덕교육의 한계를 넘어, 강요되고 지시되는 덕목의 행동들이 왜 필요한지에 대해 성찰하게 함으로써 도덕적 사고력을 키워주는 교육이어야 함을 강조한다. 학생들은 토론을 통해 주어진 도덕적 딜레마에 대한 모든 측면을 고려해보며 다양한 도덕적 판단이 있을 수 있다는 것을 알게 된다. 학생들은 다른 학생들의 의견을 적극적으로 경청하고 그들의 추론 과정을 분석해가며 도덕적인 판단 능력을 키울 수 있다(Kruger, 1992).

3 C. Gilligan의 돌봄의 윤리

1) Gilligan의 도덕성발달 단계

Gilligan(1982)은 Kohlberg의 도덕성발달 이론이 오직 미국 백인 남성들
만을 포함한 종단적 연구로 진행된 점을 지적하면서 여성이나 다른 문화권에
서의 도덕적 추론의 발달을 잘 설명하지 못하고 있다고 비판하였다. Gilligan
은 소녀와 소년이 다르게 양육되어왔으며 그것이 Kohlberg 발달단계의 추론
과정에 반영되었다고 주장하였다. 즉, 소년은 독립적이고 추상적인 사고를
하도록 교육되며, 소녀는 돌보기를 중요시하도록 양육되고 있음을 피력하였
다. 그 결과, 남성은 추상적 판단에 기초한 정의적 관점에서, 여성은 인간관계
와 타인 돌보기의 관점에서 도덕적 추론을 할 수밖에 없다고 주장하였다.

Gilligan(1977)은 Kohlberg가 사용한 도덕적 딜레마 상황이 현실과 많이
동떨어져 있음을 비판하면서, 당시 연구대상자들에게 와닿는 실제적인 딜레
마 상황을 제시하고자 하였다. 낙태 여부를 결정해야 하는 29명의 여성을 대

상으로 Kohlberg식 질문으로 추론을 분석하였고 인간관계의 돌봄, 애착, 책임을 강조하는 여성의 도덕성발달 단계를 제시하였다. Gilligan은 개인의 도덕성이 초기에는 자기의 이익에서 특정한 타인과의 관계로 초점이 변하고, 그 다음에는 책임의 원리와 모든 타인 돌봄의 원칙을 토대로 발달한다고 하였다. Gilligan의 도덕성발달 단계는 자신과 타인의 관계를 중심으로 3수준 2전환기로 설명된다.

• 1수준: 자기 지향

자기중심적이고 실제적인 관점에서 갈등의 상황을 해결하려고 한다. 자신의 욕구에 근거하여 원하는 방향으로 도덕적인 판단을 하는 성향을 보인다.

○ 첫 번째 전환기: 타인과의 관계형성과 애착이 중요하다고 여기면서, 이기심에서 벗어나 책임감과 관계성을 중시하는 방향으로 추론한다.

• 2수준: 자기희생으로서의 선(善) 지향

자신의 욕구보다는 타인의 입장을 중시한다. 타인과의 관계에서 배려와 자기희생이 선(善)이라고 생각한다. 이 수준에서의 타인은 주로 사적인 관계의 타인이다.

○ 두 번째 전환기: 이 시기는 개인의 자아개념 형성과 관련된다. 타인에 대한 자기희생에 대하여 의문을 가지며, 배려와 희생 대상으로서의 타인의 범위가 사적인 관계에서 더 넓게 확장된다.

• 3수준: 비폭력 도덕성 지향

자신의 권리와 함께 타인에 대한 책임이 조화를 이루어야 한다고 생각하면서 비폭력, 평화, 박애, 자비 등의 보편적 원리에 기초하여 도덕성이 발달한다. 이 수준은 Kohlberg 도덕성발달 단계의 후인습수준과 유사한 특징을 갖는다.

요약하면, Gilligan은 여성의 도덕성이 자신의 욕구에 따르는 이기적 수준에서 점차 타인의 욕구를 중시하는 단계로 나아가며, 마지막 수준에서는 자신에게 부여된 책임의 중요성을 인식하고 타인의 범위가 더 넓어짐으로써 타인의 요구에 최선을 다하는 모습으로 발달한다고 하였다. 여성은 남성과 달리 추상적인 원리보다 자기희생을 감내하더라도 대인관계에서의 책임을 강조하고 타인에게 배려지향적인 성향을 보인다고 생각하였다. 도덕성의 문제에서 남성적 지향성과 여성적 지향성이 통합될 때 최상의 인간다움이 발휘될 수 있다고 보았다(허승희, 이영만, 김정섭, 2020).

2) Gilligan 이론의 제한점과 교육적 시사점

Gilligan의 이론에서 제기되는 제한점과 교육적 시사점을 기술하면 다음과 같다.

첫째, Gilligan은 Kohlberg가 제시하였던 도덕적 딜레마 상황이 현실과 동떨어져 있음을 비판하여 자신의 연구에서는 실제적 딜레마 상황을 사용하였다는 점은 높게 평가된다. 그러나 Kohlberg의 이론이 도덕적 사고가 반드시 도덕적 행위로 연결되지는 않는다는 점에서 비판받았다는 것을 고려해 볼 때, 여전히 도덕적 추론 능력으로 도덕성의 발달을 설명하고자 하였다는 한계를 지니고 있다.

둘째, 도덕성발달과 관련된 연구 결과를 종합한 메타분석 연구(Jaffee & Hyde, 2000)에 의하면, Gilligan이 주장하는 남녀의 성향 차이는 매우 미미하였다. 도덕적 추론은 추론하는 사람의 성별보다는 딜레마의 맥락과 내용에 따라 더 큰 영향을 받는 것으로 나타났다. 즉, 대인관계 딜레마 상황에서는 남녀 모두 돌봄(care)으로, 사회적 딜레마 상황에서는 정의(justice) 원리를 토대로 추론하였다. 다만, 여성은 일상생활에서 돌보기를 소홀히 했을 때, 남성은 분노를 참지 못하고 물리적 싸움이나 기물파손행위를 한 것에 대해 죄책감을 느낀다고 하였다(Williams & Bybee, 1994). 최근의 도덕성발달에 관한 성차 연구에서도 일관된 결과를 보이지 않고 있다. 여성이 남성보다 더 친사회적이고 다른 사람을 돕는 경향을 보였다는 Gilligan의 주장을 지지하는 연구(Eisenberg, Fabes, & Spinard, 2006)도 있으나, 흑인 대학생을 대상으로 한 연구에서는 남녀 간 배려 상황에서의 도덕적 판단에 차이가 나타나지 않았다(Knox, Fagley, & Miller, 2004).

이러한 제한점에도 불구하고 Gilligan의 연구는 도덕성발달에 대한 우리의 시각을 넓혀주었다는 점에서 그 의의가 있다. 남성이 여성보다 도덕적으로 더 성숙한 판단을 한다는 해석보다는 성별에 따라 지니게 되는 도덕성의 특징이 다를 수 있다는 점과 남녀 모두 자기중심적인 관점에서 벗어나면서 도덕성이 발달해감을 강조함으로써 남, 여 청소년의 도덕성을 이해하는 관점을 확장시켜 주었다. 또한 돌봄과 배려의 도덕성이 타인과의 관계에서 매우 중요하고, 학생들이 교육을 통해서도 배워야 하는 발달과업임을 상기시키고 있다. Noddinngs(1995)는 자신 돌보기, 가족과 친구 돌보기, 낯선 이와 세계 돌보기 등의 돌봄의 주제가 교육과정 안에 조직되어야 한다고 주장하였으며, 학생들에게 타인에 대한 배려심을 키워주는 것이 도덕지능을 키우고 공격성을 줄이는 데 매우 효과적이라는 연구도 있다(이연수, 2012). 이러한 점에서 학생들에게 돌봄과 배려의 도덕성을 키우기 위한 구체적 지도방안이 요구되고 있음을 시사한다.

제10장

성격 및 사회성발달

인간은 신체적, 인지적 발달과 함께 정의적 특성도 발달시켜 나간다. 정의적 특성은 학교 장면뿐 아니라 일상 생활 속 사회의 구성원으로서 원만한 대인관계를 형성하는 데 매우 큰 영향을 미친다. 인간의 대표적인 정의적 특성으로 성격과 사회성을 들 수 있다. 성격특성은 개인의 행동을 설명해주는 사고 및 감정과 관련된 다양한 요인을 포함하고 있으며, 개인이 속한 집단과 사회에 잘 적응하기 위한 사회성의 발달과도 중요한 관련이 있다. 부모와 교사는 아이들의 성격과 사회성발달에 관한 적확한 이해를 통해 그들과 좋은 관계 속에서 바람직하고 건강한 성격과 사회성의 발달을 이끌어야 한다. 아이들과 함께하는 좋은 관계 속에서 부모와 교사가 아이들의 발달을 위해 할 수 있는 좋은 역할이 보인다.

1 S. Freud의 심리·성적 성격발달 이론

성격은 한 개인의 독특한 특성으로 자신에게 주어진 환경에 대처하기 위해 사고, 감정, 그리고 행동하는 모든 방식이 총체적으로 반영되어 이루어진다. 성격에 대한 정의는 학자들의 관점에 따라 다양하다. Allport(1961)는 성격을 독특한 행동과 사고 및 감정의 양상을 창조해 내는 개인 내부의 심리적이고 신체적인 체계의 역동적인 조직으로 정의한다. Sullivan(1953)은 사람들과의 상호관계 속에서 개인의 행동을 특징지어주는 지속적인 심리적 특성으로 묘사하고 있고, Mischel(1986)은 한 개인의 가장 현저한 특징으로 보고 있다.

여기에서는 인간의 성격을 주로 본능적 충동과 동기의 측면에서 연구하고 발전시킨 정신분석학적 관점에서의 Freud의 심리·성적 발달이론과 이를 전 생애발달 이론으로 확장한 Erikson의 심리·사회적 발달이론을 살펴보기로 한다.

Sigmund Freud의 생애

Freud(1856~1939)는 정신분석학 이론의 창시자로서 20세기의 대표적인 사상가이다. 1856년, 현 체코슬로바키아의 일부 지역인 모라비아에서 3남 5녀 중 맏이로 출생하였다. 1860년에는 유대인 박해를 피해 오스트리아의 빈으로 이주하여 대부분의 삶을 이곳에서 보냈다. 1873년, 17세의 나이로 오스트리아 빈 의과대학에 입학하여 의사가 되었고, 1885년, 파리에서의 유학 과정에 J. Charcot을 만나 히스테리 이론을 접하고 신경증 연구를 시작하였다. 최면술(hypnosis)을 통해 무의식 속 억압된 감정을 드러내고자 하였으며, 마음속에 떠오르는 생각을 자유롭게 이야기함으로써 무의식 속 사고와 감정을 알아내고자 하는 자유연상법(free association)을 개발하여 환자를 치료하였다. 전 세계적으로 정신분석학회의 잇따른 설립과 함께 Freud의 명성도 높아졌으나, Adler, Jung과 같은 차세대 정신의학자들은 Freud의 의견과 다름을 주장하며 결별을 선언하기도 하였다. 1923년에는 구강암 선고를 받았고 계속된 수술에도 1937년 다시 발병하였다. 1938년, 나치 독일은 오스트리아를 병합, Freud는 유대인이라는 이유로 책과 재산을 모두 몰수당하고 영국으로 망명하였다. 1939년에 그는 「정신분석학 개론」을 완성하지 못하고 생을 마쳤다. 대표 저서로는 「히스테리 연구」(1895), 「꿈의 해석」(1990), 「정신분석학 입문」(1917) 등이 있다(Thomas, 2005).

Freud는 신경의학자이자 의사로, 환자들을 치료하면서 전통적인 생리학으로는 설명하기 어려운 신체 증상을 호소하는 사례에 접하게 되었다. 이러한 사례들과 Charcot의 최면 실험[11] 사례들 사이에 어떠한 관계가 있는지, 인

---

11 J. M. Charcot(장 마르탱 샤르코)의 최면 실험: 사람들에게 최면상태에서 특정 신체적 증상을 겪게 될 것이라고 말하자 그 신체적 증상이 생겼고, 신체적 아픔을 겪고 있는 환자들에게 최면상태에서 그 신체적 증상이 없어질 것이라고 말하자 환자들의 신체적 아픔이 사라졌다(Thomas, 2005).

간의 성격은 어떻게 형성되고 인간의 몸과 마음은 어떤 연관이 있는지 답하기 위해 수십 년에 걸쳐 성격에 관한 정신분석학 이론을 발전시켰다. 정신분석학에서 Freud는 성격의 발달단계를 최초로 구분하였고, 성격은 생물적 성숙요인에 기초하여 형성된다고 보았다.

Freud는 인간의 마음에는 우리가 인지하는 '의식(conscious aspect of mind)'과 인지하지 못하는 '무의식(unconscious aspect of mind)'이 있다고 하였으며, 무의식을 '전의식(preconscious)'과 '원형 무의식(prototype unconscious)'이라는 두 가지 수준으로 구분하였다.

의식은 빙산이 수면으로 드러난 부분으로, 개인이 현재 자각하고 있는 생각이다. 대부분의 빙산이 수면 아래에 있는 것처럼 마음은 대부분 무의식으로 이루어져 있다. 무의식이란 생각을 위한 '정신의 그릇'으로 비유된다.

전의식은 의식과 무의식 사이에 존재하는 그림자 영역(shadow zone)으로, 개인이 주의를 기울이려 노력하면 의식의 수준으로 끌어올릴 수 있다고 하였다. 무의식(원형)은 Freud가 가장 중요하게 생각한 마음의 수준으로, 전의식보다 더 깊이 들어가 있어 접근하기 어렵다. 무의식에는 저항하는 힘으로 억눌린 생각들이 머물러있다.

Freud는 성격을 원초아(id), 자아(ego), 초자아(super-ego)로 나누었다. 이 세 구조는 각각이 고유의 기능과 특성, 기제 및 역동성을 가지고, 서로 밀접한 관계 속에 상호작용하면서 행동으로 나타난다. 원초아는 자아와 초자아가 작동하는데 필요한 정신에너지를 제공한다. 태어난 직후 인간에게는 원초아만 존재하며, 자라면서 현실적인 제약과 다양한 요구에 직면하여 자아가 발달한다. 초자아는 부모나 양육자와의 지속적인 관계에서 내면화된 사회의 이상과 가치를 자아에 요구하면서 발달한다.

원초아는 성격의 가장 원시적인 부분으로 모든 본능의 저장소이다. 무의식 수준에 있으면서 본능에 의해 움직인다. 태어나면서 생긴 성격으로, 도덕성의 개념이 없이 '쾌락의 원리(pleasure principle)'[12]에 따른다. 자아는 성격의

---

12 쾌락의 원리는 가능한 많은 양의 즐거움을 즉각적으로 얻고자 하는 원리이다(Thomas, 2005).

심리적 구성요소로, 원초아의 쾌락적 욕구와 초자아의 도덕적 가치 사이를 조율하는 의사결정자이다. 자아는 개인이 접하는 환경을 인지하고 '현실의 원리(reality principle)[13]'에 따른다. 초자아는 성격의 사회적 구성요소로, '도덕의 원리(morality principle)'에 따른다. 인간은 태어날 때는 도덕적이지도 비도덕적이지도 않은 '도덕의 부재' 상태에 놓여있지만 사회의 이상 및 도덕적 가치들을 받아들이면서 초자아가 형성된다. 초자아는 개인의 내적인 도덕심인 '양심'과 개인이 추구하고자 하는 '자아 이상'으로 구성된다.

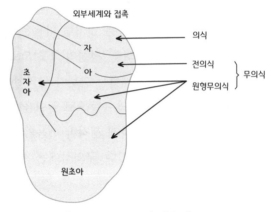

그림 10-1 Freud의 마음의 구조

1) Freud의 심리·성적 발달단계

Freud는 성격 발달이 성적 에너지이자 생활 에너지인 '리비도(libido)'가 신체의 어느 부위에 집중(cathexis)되느냐에 따라 심리성적으로 구성된다고 보았고 5단계로 구분하였다. 각 단계에서 욕구불만이 생기거나 지나치게 몰두하게 되면 리비도가 다음 단계로 이동하지 않고 머물러있는 고착(fixation) 현상을 일으킨다. 단계별 발달이 순조롭게 진행되지 않거나, 발달과정에서

---

13 현실원리는 상황과 욕구를 인식하고 원초아의 욕구를 충족하면서 세상에 받아들여질 수 있는 방법을 찾는 원리이다(Thomas, 2005).

해결되지 못한 성격의 문제는 무의식에 머물러있다가 성인기에 신경증의 원인이 되기도 한다.

- 1단계: 구강기(Oral, 출생~18개월)

리비도가 입과 입술에 집중되는 시기로, 영아는 빨기, 씹기, 깨물기와 같은 '구강 활동'으로부터 쾌락을 얻으며 세상을 탐색한다. 나와 내가 아닌 것을 구분하기 시작한다. 영아가 욕구를 충분히 만족하지 못하거나 과잉 충족을 하게 되면 손가락 빨기, 손톱 물어뜯기와 같은 좋지 않은 습관을 형성하고, 성인이 되어서도 과식, 과음, 지나친 음주, 흡연, 약물남용 등의 성격적 결함을 볼 수 있다. 이 시기를 전·후반부로 나누었을 때 전반기 고착으로는 다른 사람의 물건을 소유하고자 하는 욕구가 강하게 나타날 수 있다. 후반기 고착의 증상으로는 남을 잘 비판하고 야단치는 행동을 보일 수 있다. 반면, 욕구가 적절히 충족되면 낙천적이고 먹는 것을 즐기는 성격의 소유자가 된다.

- 2단계: 항문기(Anal, 18개월~3세)

리비도가 항문에 집중하는 시기이며 배변 훈련의 시기로 아이와 양육자 사이에 큰 갈등이 생길 수 있다. 유아는 자발적인 배뇨와 배변으로부터 만족감을 얻는다. 이 시기도 전·후반부로 나누었을 때, 전반부에는 배변으로 인한 쾌감 획득하는 것과 양육자의 기대에 부응하기 위해 쾌감을 억제하는 것 사이에 갈등을 느낄 수 있다. 아이에게는 사랑, 칭찬, 인정을 받는 법을 배우는 중요한 시기로, 깨끗함에 결벽 성향을 보이거나 욕을 즐겨하는 고착적 행동을 보일 수 있다. 후반부에는 배변을 자기의 의지로 보유하면서 만족을 느끼게 되지만 고착적 행동으로는 지나치게 물건을 수집하려 할 수 있다. 항문기의 성격은 양극으로 상반될 수 있다. 욕구가 적절히 충족되면 생산적이고 창의적인 성격을 가지게 된다.

- 3단계: 남근기(Phallic, 3~6세)

리비도가 생식기에 집중하는 시기로 전·후반부로 나눌 수 있다. 아이는 성기를 만지며 만족을 느낀다. 전반부에는 이성 부모를 향해 무의식적 욕구를 발달시키는 오이디푸스 콤플렉스(Oedipus complex)[14]와 엘렉트라 콤플렉스(Electra complex)[15]를 보이는 시기이다. 점차 이성 부모에 대한 욕구를 접고 동시에 동성 부모와 동일시하며, 이성 부모의 성역할과 도덕 기준을 내면화하면서 초자아를 형성하는 시기이다. 이 단계에 고착되는 경우, 이 시기의 갈등이 무의식에 남아 청소년기와 성인기의 성격에 왜곡을 초래할 수 있다. 후반부는 오이디푸스 콤플렉스가 해결된 이후의 시기이다.

- 4단계: 잠재기(Latency, 6세~12세)

리비도가 여전히 생식기에 집중되어 있으나 오이디푸스 콤플렉스를 극복하기 위해 성적인 표현을 억제하고 있어서 행동으로 드러나지 않는 시기이다. 이 시기에는 아동이 주로 동성 친구와 함께 어울려 놀면서, 일상생활과 게임을 할 때는 규칙을 지키는 것이 매우 중요해진다. 리비도가 지적 탐구를 통해 발휘되며 일상에서의 기술과 사회 속에서 타인과 관계 맺는 것을 배우게 되므로 도덕성과 심미성이 더욱 발달한다. 고착될 경우, 성인이 되어서도 이성에 대해 불편함을 느끼고 수치감, 혐오감을 보이며 성관계를 거부하거나 공격적인 관계의 모습이 나타날 수 있다.

- 5단계: 성기기(Genital, 12세 이후)

사춘기에 이차 성징이 시작되는 시기로 이성에 관한 관심이 증가한다. 청소년기의 성관계를 금기시하는 사회적 분위기에 따라 '승화'라는 방어기제를 통해 시 쓰기, 문학작품 읽기, 또는 운동으로 욕구를 표출하기도 한다. Freud는 이 시기까지 고착 현상을 보이지 않고 원만한 발달을 이루게 되면 세상을 객관적인 시야로 보게 되면서 이타적이고 건강한 성격의 소유자가 된다고 하였다.

---

14 오이디푸스 콤플렉스는 남아가 이성인 어머니에 대해 느끼는 무의식적 욕구에서 비롯된 갈등으로, 어머니는 남아의 사랑의 대상인 반면, 아버지는 이를 위협하는 사랑의 경쟁자로 인식한다(Thomas, 2005).

15 엘렉트라 콤플렉스는 여아가 이성인 아버지에 대해 느끼는 무의식적 욕구에서 비롯된 갈등으로, 아버지는 여아의 사랑의 대상인 반면, 어머니는 이를 위협하는 사랑의 경쟁자로 인식한다(Thomas, 2005).

2) Freud 이론의 제한점 및 교육적 시사점

Freud의 이론은 성격발달에 관한 중요한 기초적 가설을 제공하였으나 다음과 같은 제한점도 있다.

첫째, 아동을 직접적으로 관찰하거나 평가하지 않고, 환자의 꿈과 기억으로 도출된 상징적 자료만을 사용하였기 때문에 연구대상자의 생각에 따라 주관적으로 이론이 해석될 수 있다(Thomas, 2005). 또한 신경증의 치료과정에서 형성된 이론으로 과연 일반인의 성격을 설명하는데 적절한지 의문이 제기되고 있다.

둘째, Freud는 성격이 생물적 요인에 의해 형성되고 학령 전에 모든 성격이 결정된다는 초기 정신결정론(psychic determinism)의 입장을 견지한다. 즉, 어릴 적 이미 형성된 성격은 변하지 않는다고 하였다. 그러나 인간의 성격은 생물적 성숙의 영향 이외에도 자라면서 경험하게 되는 환경의 영향도 받기 마련이다. 어릴 적 경험이 성인이 된 이후 삶의 행복과 관계가 없다는 연구(Vaillant, 2002)는 어릴 적 이후 삶에서 마주하는 환경이 건강한 성격에 미치는 영향도 매우 클 수 있음을 시사한다.

셋째, Freud의 이론은 성적인 면을 지나치게 강조하고 있어, 유럽과 미국 전역에 충격을 안기기도 하였다. 또한 성적 본능인 리비도만으로 인간의 행동을 충분히 설명할 수 있는지에 대한 논란이 있으며, 남아의 성역할발달에 기초하여 여아의 성역할발달을 설명하고 있다는 점이 지적되고 있다.

넷째, Freud의 이론은 청년기 이후의 성인기에 대해서는 자세히 설명하지 않고 있어, 전 생애 관점으로 확대될 필요가 있음이 제기되었다.

이러한 제한점에도 불구하고, Freud 이론의 교육적 시사점을 보면, 첫째, 이 이론은 임상 연구의 기초로 수많은 아동 발달과 관련된 연구를 고무시키고 있으며, 성격발달에 있어 유아기(출생~5세경)의 경험이 중요함을 강조하여 유아교육의 중요성을 일깨워 주었다. 둘째, 건강한 성격을 가진 아동으로 키우기 위해서는 단계별로 적절한 시기에 생리적 본능의 충족을 적절히 얻도록 도와야 함을 시사하고 있다.

2 E. Erikson의 심리·사회적 성격발달 이론

Erikson(1963, 1968)은 Freud의 이론을 사회·환경적인 상황과 연계하여
확대하였다. 즉, 인간의 성격을 신체적·심리적으로 성장하는 개인이 사회적
영향과 상호작용하면서 형성되므로, 생애주기를 통한 발달적 변화, 사회·역
사적 요인에 기초해 성격을 이해하는 것이 중요하다고 강조하였다. Erikson
은 점진적 분화의 원리(epigenetic principle)[16]에 의해 심리·사회적 발달이 이

---

16 점진적 분화의 원리(점성 원칙)는 성장하는 모든 것은 유전적으로 예정된 것에 의해 지배된다고 보
　　았으며, 각 부분은 우세한 시기가 있으며, 각각의 모든 부분이 증가하여 전체적으로 통합되어 기능

루어진다고 보고, 아동의 자아정체감의 발달과 사회화에 관심을 기울였다. 인간의 발달은 자아정체성이 없는 상태에서 있는 상태로 움직이는 과정에서 이루어진다고 보았다. 원초아를 인간 행동의 기초로 본 Freud와 달리, Erikson은 자아를 자율적인 성격의 구조로 보았다. Freud는 초기 아동기의 경험을 중요시하고 성격의 정신 초기결정론을 주장한 반면, Erikson은 사회적 경험의 영향을 강조하며 전 생애에 걸친 심리·사회적 성격발달을 설명하였다.

1) Erikson의 심리·사회적 발달단계

Erikson은 연속적인 전 생애발달 단계를 제시하며 '인간의 여덟 개 시기(나이)'에 따라 구분된 각 단계에서 심리·사회적 발달 위기(developmental crisis)를 경험하게 되는데 그 위기를 잘 해결했을 때 건강한 성격발달이 이루어진다고 보았다. 이때 개인이 단계별 위기를 해결하는 방식은 미래에 마주할 수 있는 위기 대처방식에 영향을 주게 되며, 나아가 자기상(self image)의 형성과 사회를 바라보는 관점에도 지속적인 영향을 미치게 된다. Piaget가 인지발달 이론에서 언급한 것처럼, Erikson도 제시된 단계별 시기(나이)는 위기를 해결하기 위한 가장 적절한 시기일 뿐 개인에 따라 다를 수 있다고 하였다. Freud가 단계별 고착의 가능성을 설명하는 것과는 다르게, Erikson은 개인이 어느 한 단계를 성공적으로 해결하지 못하더라도 다음 단계로 나아갈 수는 있다고 하였다. 다만, 어느 한 단계를 성공적으로 해결하지 못한 사람은 이후에도 계속 해결하지 못한 갈등에 마주할 수 있다고 하였다. Erikson의 심리·사회적 발달 이론은 자기(self)의 인식, 정체성 형성, 타인과의 관계, 그리고 평생에 걸친 문화의 역할에 주목하고 있음을 알 수 있다.

• 1단계(출생~18개월): 신뢰(trust) 대 불신(mistrust)

1단계는 Freud의 구강기에 해당한다. Erikson은 생애 첫 단계에서의 신뢰감 형성이 후에 맺게 되는 모든 사회관계에서의 성공 여부와 관련되므로,

---

하게 되는 것으로, Erikson은 물리적인 성장을 넘어 사회적·심리적 성장에도 이 원리를 적용하였다(Thomas, 2005).

이 시기가 가장 중요하다고 하였다. 양육자는 영아에게 안정적이고 일관된 돌봄을 제공하여, 영아가 세상에 대한 기본적인 신뢰감을 형성하도록 해야 한다. 즉, 주된 양육자와의 안정적인 애착 형성은 영아들의 신뢰감 발달에 도움을 주며, 문제가 되는 불신의 환경에 대해서도 알게 해준다. 무조건적 맹신이나 무조건적 불신 모두 영아가 세상을 살아가는데 문제일 수 있다. 즉, 양육자가 영아에게 모든 상황에서 신뢰감을 형성하도록 해주는 것은 가능하지 않으며, 바람직하지도 않다. 어느 정도 불신의 경험은 앞으로 닥쳐올 수 있는 위기 상황에서의 대처 능력을 키워줄 수 있다. 즉, 신뢰감과 불신감 형성의 적절한 조화가 필요하다. 불신감은 부정적인 속성이나 자기 보호를 위해 어느 정도는 필요한 속성이기도 하다.

• 2단계(18개월~3세): 자율성(autonomy) 대 수치심(shame), 의심(guilt)

2단계는 Freud의 항문기에 해당한다. 이 시기는 자기조절과 자기 신뢰(self-confidence)의 시작을 의미한다. 유아는 걷기, 잡기, 음식 먹기, 대소변 가리기, 옷 입기 등을 스스로 하려고 하면서 자기의 의지를 나타낸다. 예를 들면, '나', '내가', '내 것' 등의 말을 자주 사용하며, '안 해', '싫어'라는 말로 자기주장을 하려 한다. 이때 양육자는 너무 엄격하게 혹은 과잉보호하지 않도록 해야 하며, 유아의 신체적 발달이 이루어지도록 지지해 주어야 한다. 양육자의 지지 속에서 유아는 수치심을 느끼지 않게 되고 자신의 능력에 대해서도 의심하지 않게 된다. 이 단계에서 유아가 느끼는 수치심과 지나친 의심은 생애 전반에 걸쳐 자신감의 결여로 나타날 수 있다. 다만, 지나치게 어렵거나 위험한 일에 대한 어느 정도의 의구심도 필요하다는 것을 알아야 한다.

• 3단계(3~6세): 주도성(initiative) 대 죄책감(guilt)

3단계는 Freud의 남근기에 해당하는데, Erikson(1963)은 자율성과 능동성을 고무시키는 과제의 선택, 계획, 실행 등의 요소를 강조하였다. 아동은 이 시기에 언어능력과 운동기능이 성숙하면서 매우 공격적으로 환경을 탐색한다. 양육자가 아동의 적극적인 관심에 지지해 주어야 아동이 목표나 계획을 이루려는 목표지향적인 행동을 주도적으로 하게 된다. 또한 양육자는 아동이 원하는 모든 것을 다 할 수는 없다는 것 또한 알려주어야 한다. 행동에 무조건적 제재를 가하는 것이 아니라 적절히 조절하도록 도울 필요가 있다. 아동이 혼자의 힘으로 이뤄내는 경험이 없으면, 자신이 무엇인가를 하고 싶어 하는 마음을 갖는 것 자체가 잘못된 것이라는 죄책감을 가질 수 있다. 그러나 죄책감의 발생이 전적으로 부정적인 것은 아니다. 죄책감이 있어야 행동을 조심하고 통제할 수 있다. 이러한 경험을 통해 아동은 Freud가 말한 초자아 즉, 양심의 근원으로 하지 말아야 하는 행동에 대해 배울 수 있게 된다.

• 4단계(6~12세): 근면성(industry) 대 열등감(inferiority)

4단계는 Freud의 잠복기에 해당한다. 이 단계는 아동 대부분이 초등학교에 입학하는 시기로, 부모의 영향력보다는 교사와 친구들의 역할이 더 중요해지며, 인지발달이 급속도로 이루어진다. 아동은 학교라는 새롭고 낯선 장면에서 많은 시간을 보내며, 자율적으로 행동하고, 학교의 규칙에 맞춰 행동하는 법을 배워야만 한다. 새로운 것을 배우는 기회와 성취한 것에 대한 인정으로부터 근면성을 발달시킨다. 동시에 다른 아동들과 비교가 되기도 하며 실패의 경험을 통해 부정적 자아상과 열등감을 형성하기도 한다. 그러나 열등의식의 이면에는 자신을 낮추고 겸손의 자세로 남들과 협력할 수 있는 행동을 발달시킬 수도 있음을 주목해야 한다.

• 5단계(청년기): 정체감(identity) 대 역할 혼미(role confusion)

5단계는 Erikson이 강조한 발달단계 중 하나이다. 사춘기가 시작되는 초기 10대들은 이차 성징을 보이며 호기심이 증가한다. 사회에서 요구하는 자신의 역할에 대한 인식과 기대가 변함에 따라 자신의 정체감에 의구심을 갖는다. 이에 '나는 누구인가'에 대한 질문을 하며, 이상적인 직업, 가치관, 이념 등과 관련해 신중한 선택과 결정을 하려 한다. 청소년들은 자신의 삶을 인지함으로써 현실의 목적을 이해하려는 힘을 키우게 된다. 정체성 충동에 방어하고자 영웅이나, 파벌, 패거리 등과 지나치게 어울리려는 성향을 보일 수 있고, 정체성 혼란의 방어 수단으로 영웅과의 과잉 동일시, 배타적 집단을 배척하는 태도 등을 보이거나 부모, 형제자매, 가까운 사람들과 갈등을 겪기도 한다. 자신의 선택을 잘 통합할 수 있을 때 정체성은 성취되었다고 볼 수 있으며, 자신이 미숙하고, 편협, 파벌적이며 선택할 능력이 없다고 느낀다면 정체성 혼미의 상태라고 할 수 있다. Erikson은 청년기에는 이전 단계의 위기를 다시 반복한다고 하였다. 즉, 1단계에서처럼 양육자를 대신해 믿고 따를 만한 친구를 찾으며, 2단계의 아동처럼 자율적으로 자신의 미래를 선택하고자 한다. 3단계에서처럼 그들의 미래 역할의 탐색에 능동적이다. 또한 4단계에서처럼 자신이 인정받을 수 있는 직업을 선택하려 한다.

- 6단계(성인 초기): 친밀감(intimacy) 대 고립감(isolation)

성인기 단계에서의 위기는 모두 인간관계의 질과 관련된다. 6단계는 성인 전기에 해당하는 시기로 타인과 친밀한 관계를 맺으려 한다. 즉, 배우자나 직장 동료 등 타인과 친밀감을 이루는 것이 중요한 발달과업이며, 상대방과 공유하는 정체감이 필요한 시기이다. 청년기에 확고한 정체성을 확립해야 성인기에 진정한 친밀감을 가질 수 있다고 한다. 그렇지 못한 상태에서는 타인과의 관계를 두려워해 스스로 고립될 수도 있다.

- 7단계(성인 중기): 생산성(generativity) 대 자기 도취/침체감(self-absorption/stagnation)

7단계는 다음 세대를 염려하고 다음 세대에게 방향성을 제시하는 것이 과업인 단계로, 생산성은 결혼하여 자녀를 낳아 잘 키우는 것 또는 직업적 성취를 이루는 것과 관련된다. 생산성이 제대로 발달하지 않으면 침체감을 느끼며, 타인에 대한 배려, 관대함이 부족하게 되고 자신에게만 몰두하는 삶을 살 수 있다.

- 8단계(성인 후기): 통합감(integrity) 대 절망감(despair)

8단계는 노인기로 이제까지 살아온 삶을 온전히 통합하는 시기이다. 자신의 삶을 되돌아보고 그 삶이 무의미하게 다가온다면 절망감에 빠질 수 있지만, 의미가 있었다고 느끼면 삶의 지혜로 통합시킬 수 있다. 이 시기의 통합감은 앞선 단계들이 요구하는 심리·사회적 위기들이 잘 해결되어 성취한 자아의 능력들에 기초하는 것이라고 할 수 있다. 자아통합성을 보이는 노인은 자신의 생애를 받아들이고 물리적, 경제적 위기에 대응하여 그들의 삶이 지닌 존엄성을 지켜내게 된다.

2) Erikson 이론의 교육적 시사점

Erikson의 이론은 청소년들이 속한 사회·문화적 요인이 성격발달에 미치는 영향을 설명함으로써 발달단계별 청소년들에게 필요한 능력이 무엇인지를 설명하는 기본적 체계를 제시하였다. 즉, 학생들이 발달과정에서 겪을 수 있는 단계별 갈등에 대하여 이해하도록 해주었다는 점에서 초·중등 교육 현장에 시사하는 바가 크다.

우선, 초등현장에서는 아동이 3단계(주도성 대 죄책감), 4단계(근면성 대 열등감)에서의 위기를 성공적으로 해결하도록 이끌어주어야 함을 강조한다. 이를 위해, 교사는 학생들이 새로운 과제를 수행하고 도전하도록 적극적으로 지지하여야 한다. 또한 적절한 수준의 과제를 제시하여 성취감을 느낄 수 있는 활동을 격려할 필요도 있다. 학생들이 언제나 성공만 할 수는 없다는 것도 받아들이도록 하여야 하며, 실패 경험으로 인해 죄책감을 느끼기보다는 학습 과정의 자연스러운 일부로 인식하도록 도와줄 필요도 있다.

둘째, 중등 교육에서는 5단계(정체성 대 역할 혼미)의 학생들이 긍정적 정체성을 형성하도록 도와야 함을 주장한다. 이를 위해, 학교에서는 학생들에게 자신을 이해하는 교과목을 제시하여, 학생들이 정체성을 형성하기 위한 탐색의 시간을 규칙적으로 갖도록 하고 발달적 위기를 극복하도록 이끌어줄 필요가 있다. 또한 학생들에게 지역사회 봉사활동, 체험활동, 그리고 다양한 인턴십 활동 등을 충분히 경험하도록 해야 한다.

3) Erikson의 정체성 형성이론의 확장

정체성이란 자기 자신에 대한 일반적인 생각이나, 신념, 태도 등을 포함하며, 자기의 다양한 측면과 역할을 모두 통합하는 개념이다(Wigfield et al., 2006). 일반적으로 정체성은 자기보다 더 광범위한 개념이다.

Marcia(1991, 1994, 1999)는 Erikson의 정체성 형성이론을 확장하기 위

해 정체성 형성의 두 요인으로 탐색(exploration)과 전념(commitment)을 제시하였다. 탐색은 다양한 신념, 가치, 역할 등에서 자신에게 가장 적합한 것을 찾아내기 위한 노력의 과정이고, 전념은 탐색한 노력의 결과에 기반을 둔다. Marcia는 두 요인과 관련된 네 가지의 정체성 지위(<표 10-1>)를 설명하였다.

▷ **표 10-1** Marcia의 정체성 지위

정체성 지위(status of identity)	탐색(exploration)	전념(commitment)
정체감 혼미(혼란)	X	X
정체감 상실(유실, 폐쇄)	X	O
정체감 유예	O	X
정체감 성취	O	O

• 정체성 성취(identity achievement)

개인이 현실적인 여러 선택사항을 고려하고 탐색한 후, 결정을 내리고 자신이 내린 결정을 이루기 위해 전념하는 상태를 말한다. 탐색 활동이 고등학생 시기에 마무리되는 경우는 매우 드물며, 대학생인 경우에도 전공을 바꾸는 등 탐색의 과정은 지속될 수 있다. 또한 이미 정체성을 성취한 성인이라도 새로운 정체성을 위해 다시 시도하는 경우는 비일비재하다. 이렇듯, 정체성은 이미 성취되었더라도 변경될 가능성은 항상 열려있다(Adams, Berzonsky, & Keating, 2006).

• 정체성 유예(identity moratorium)

다양한 개인적인 선택 및 직업의 선택에 있어 자신은 어떠한 방향으로 어떤 일을 하며 살아갈지 탐색하고 있는 상태를 말한다. 유예는 정체감 형성을 위해 다양한 역할, 신념, 행동을 하는 탐색의 과정이며, 적절한 선택에 앞서 결정이 지연(delay)되는 현상을 의미하는 것으로, 청소년기에는 보편적이고 건강한 현상이다. 즉, 정체성의 유예는 정체성 성취를 위한 당연한 과정으로 볼 수 있다.

- 정체성 유실(identity foreclosure)

정체성 형성에 있어 탐색의 과정을 거치지 않고 자신의 일에 전념하고 있는 상태를 말한다. 예를 들어, 부모님이나 교사의 진로 권유 또는 특정 종교단체의 설득 등 자신이 아닌 타인의 영향을 거부감 없이 그대로 받아들여 헌신 또는 전념하고 있는 상태를 일컫는다. 정체성이 유실된 청소년은 융통성이 부족하거나 반항적, 독단적이고 방어적일 수 있으며(Frank, Pirsch, & Wright, 1990), 군중에 의해 쉽게 동요 또는 휩쓸리거나 약물남용의 위험성에도 노출될 가능성이 높다(Kroger, 2000).

- 정체성 혼미(identity diffusion)

어떤 가능성을 위한 탐색의 과정도 없고, 어떤 선택된 활동에 전념도 하고 있지 않은 상태를 말한다.

3 사회성발달에 영향을 미치는 요인

인간은 사회적 존재로 자신이 속한 사회에 잘 적응하기 위해 사회화과정을 거친다. 사회화는 사회의 구성원으로서 다른 사람들과 상호작용하며 좋은 관계를 맺어가기 위해 문화, 지식, 기술 등을 습득하는 과정이다. 이러한 사회화과정을 통해 얻은 능력은 자신이 처한 사회환경에 잘 적응하게 하며, 건강한 자아 및 사회·정서적 발달에도 영향을 미친다(Waters & Sroufe, 1983). 인간발달의 한 부분으로서 사회성발달은 학교를 포함하여 개인이 속한 공동체 안에서 효과적으로 생활하도록 이끌어 준다. 아이들의 사회성발달을 촉진하기 위해 부모와 교사는 어떠한 노력을 해야 할지 성찰이 필요하다.

사회적 관계 속에서 사회적 판단과 자기통제 등의 사회적 행동을 습득하게 되면 자신이 소속된 사회의 책임 있는 구성원으로서의 역할을 할 수 있게 된다. 청소년의 사회성발달에 영향을 미치는 대표적인 요인으로 가정환경, 또래 집단, 그리고 교사 등을 들 수 있다.

1) 가정환경

가정환경의 요인에는 가정 및 그 구성원, 가족의 구조, 개인이 형성한 애착유형, 부모의 양육방식과 개인이 속한 문화 등이 포함될 수 있다. 인간이 태어나 가장 먼저 맞이하는 사회는 가정이며, 가족은 아이가 가장 먼저 접하게 되는 사회구성원이다. 가족이 태아에게 미치는 영향력은 태어나기 전부터 존재하며 부모, 형제를 비롯한 가족 구성원들과 함께 정서적 유대감을 형성하게 된다. 가족의 구조는 매우 다양해지고 있으며, 아이가 속한 가족구조 또한 아이의 사회성발달에 영향을 미친다. 대가족 체계에서 조부모, 이모, 삼촌, 형제 등과 함께 사는 아동과 한 부모, 혼합가정(재혼 가정, blended families) 등에서 성장하는 아이의 사회화과정 및 발달 정도에는 분명히 차이가 있을 것이다.

부모는 아동의 사회관계에 영향을 미치는 가장 중요한 가족 구성원이다. 어린 시절 양육자와의 관계에서 신뢰를 토대로 형성한 안정된 애착은 성인이 되어 더 큰 사회의 일원으로 잘 적응하며 살아가도록 도울 수 있다. H. Harlow의 가짜 원숭이 실험(Harlow & Zimmerman, 1959; Slater, 2005)은 사랑의 본질에 관한 실험으로 통한다. 실험실 새끼 원숭이들은 우유를 들고 있는 금속 재질의 가짜 어미보다 부드러운 천으로 만든 가짜 어미를 더 선호하였다. 이는 먹이보다 접촉 위안(contact comfort)이 애착의 형성에 더 중요함을 깨닫게 하였다. Harlow는 접촉 위안이 주는 편안함을 넘어, 어미의 얼굴 모습 또한 애착 형성에 영향이 있을 것이라 가정하고, 새끼 원숭이에게 원숭이를 실제로 닮은 예쁜 얼굴의 어미 모습을 보여 주었다. 그러나 어미의 얼굴 가면이 완성되기 전에 태어났던 실험실 원숭이들은 처음 뇌리에 각인되었던, 눈과 코도 없이 담요로 덮여 있는 특징 없는 어미를 더욱 편안해하고 사랑했으며, 예쁜 어미의 가면에는 관심을 보이지 않았다. 가짜 어미에 완성된 가면을 씌워주려 하였을 때 새끼들은 공포심을 보이며 난폭한 반응을 보였다고 한다. 그러나 처음 본 어미의 얼굴을 가장 사랑스러운 얼굴로 여기며 천 어미 밑에서 자란 원숭이들은 제대로 성장하지 못했고 폭력적이며 반사회적인 반응과 자폐증 및 감염증 등의 증상을 보였다. 이에 가짜 어미를 움직이게 하고, 하

루 30분 동안 실제로 살아있는 원숭이와 놀이 시간을 갖도록 한 후에야 부적
응 상태가 호전되었다고 한다. 이러한 결과는 우리 아이들에게 젖병을 물려
주는 것만으로 충분하지 않다는 것을 알게 해주었다. 아이들을 안아주고 흔
들어주고 쳐다봐 주고 웃어 주는 등 살아있는 원숭이와의 상호작용이 매우
중요함을 시사하고 있다.

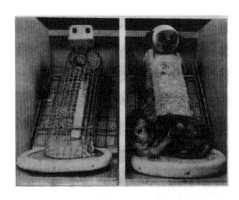

그림 10-2   H. Harlow의 가짜 원숭이 실험

※ 출처: Harlow (1958).

부모의 양육방식 또한 아이의 성격 및 사회성발달에 영향을 미친다.
Baumrind(1991)는 온화함(warmth)과 통제(control)의 수준에 따라 4개의 양
육방식으로 구분하여 설명한다. 권위가 있는(authoritative) 양육방식은 부모
가 자녀에게 한계 및 제한점을 명확하게 전달하고 따를 것을 요구하면서도
따뜻하고 세심하게 배려해준다. 부모는 자녀의 관심사에 귀 기울이고 규칙에
대하여 충분히 설명하며 보다 민주적인 결정을 허용한다. 부모의 통제에 관
해서도 귀납적 추론방식인 유추를 하며 자세히 설명해주기 때문에 자녀는 강
압적으로 느끼기보다는 부모의 말을 이해하며 마음에 새기게 된다. 이 방식
으로 양육된 아동은 안정적이고 도전적인 성격을 보인다. 독재적인(권위주의
적인, authoritarian) 양육방식의 부모는 아동에게 성숙하게 행동할 것과 시키
는 대로 순응할 것을 요구한다. 아동은 위축되어 있고 나중에 반항적으로 되
기 쉽다. 부모는 엄격하여 냉정해 보이나 그들의 자녀를 사랑하고 있음을 부

인할 수는 없다. 다만 표현되지 않아 차가워 보일 뿐이다. 허용적인(permissive) 양육방식의 부모는 자녀에게 따뜻하게 대하며, '아이는 아이일 뿐'이라고 생각하므로 자녀들이 성숙한 행동을 할 것을 강요하지 않는다. 또한 자녀 스스로 행동을 하도록 무조건 허용함에 따라 아동은 자기통제가 부족하고 충동적이기 쉽다. 마지막으로, 방임하는(uninvolved) 양육방식의 부모는 자녀에게 온화함이나 통제도 없이 자유방임적이다. 이런 부모 밑에서 양육된 아동은 목표나 동기가 부족하고 쉽게 좌절하며 자기 통제력이 부족하다.

부모의 양육방식은 문화에 따라 그 의미와 영향이 다를 수 있다. 예를 들어, 아시아와 아프리카계 학생들에게는 부모의 독재적인 양육방식이 높은 학업성취로 나타났고(Glasgow et al., 1997), 가난한 도시지역 아동들에게 권위가 있는 양육방식은 높은 학업성취도 및 정서적 성숙도와 관련되었다고 보고한다(Garner & Spears, 2000). 개인주의보다는 집단 중심적이며 어른에 대한 공경과 예를 중시하는 문화권에서의 부모의 양육방식을 독재적으로 해석하는 것은 잘못일 수도 있다(Lamb & Lewis, 2005).

2) 또래 집단

아동은 또래 집단 속에서도 발달하며, 또래 집단은 아동에게 소속감을 준다. 또래 집단의 가치, 태도 등을 서로 공유하며 내면화하는 과정에서 동조현상을 보이기도 한다. 아동들은 또래가 수용하는 방식으로 옷을 입고, 또래의 말로 대화하며, 행동을 따라 하면서 또래 문화를 조성한다. 또래는 자신과 남을 비교할 수 있는 거울이 되기도 하며, 공통된 일을 함께 하면서 정서적 유대감을 형성하기도 하고, 자신의 고민에 대해서 상담도 해준다. 물론 긍정적 영향력만을 보이는 것은 아니다. Steinberg(1996, 1998)가 고등학생을 대상으로 한 연구에 따르면, 또래 집단이 아이들에게 용인되는 행동과 그렇지 못한 행동을 정해주는 것이 관찰되었는데, 이는 교사의 행동 방식에도 변화를 주며 아동이 속한 학교의 문화까지도 만든다고 하였다. 학교에서 성적우등생을 놀림거리로 만들 수도 있고, 부정행위를 하도록 또래 압력(peer pressure)을 가할 수도 있다. 즉, 학생들에게 부모가 아닌 또래 집단이 학업에 열중하고 성실한 학교생활을 할 것을 결정하게 하는 더 영향력 있는 요인일 수 있다(1998, p.331). 또래 집단의 응집력이 강할수록 또래 집단의 영향력은 더 커질 수 있다.

3) 교사

가정의 틀을 벗어나 학교에 머무는 시간이 점점 더 길어짐에 따라 교사가 청소년 발달에 미치는 영향력 또한 증가하고 있다. 권위 있는 부모의 양육방식처럼 권위를 지닌 교수접근 방법이 학생과의 긍정적인 관계를 촉진하고 학습동기를 높여줄 수 있다. 교사는 학생에게 학업적인 돌봄(academic caring)뿐만 아니라 개인적인 돌봄(personal caring)의 역할을 해야 한다. 학업적인 돌봄은 교사가 자신의 전문적 지식을 잘 전달하는 수업 능력과도 관련되며, 학생의 성취 능력에 적절한 기대감을 보이며 학생들이 설정한 목표에 도달할 수 있도록 동기화하는 과정이다. 개인적 돌봄은 정서적 친밀함과 신뢰감을 쌓고 학생들의 관심사 및 개인적인 고민거리에 관심을 보이는 경우를 말한다. 학생들에게는 교사의 두 가지 돌봄이 모두 필요하나, 높은 성취를 보이는 학생들에게는 교사의 학업적인 돌봄이 더 중요할 수 있으며, 위기 상황이나 소외된 학생들에게는 교사의 개인적인 돌봄이 더 요구될 수 있다(Woolfolk Hoy & Weinstein, 2006). 교사는 학생들에게 높은 성취기대감과 동시에 따뜻한 돌봄으로 학생들의 발달을 잘 이끌어주어야 하는 부모, 상담자, 또는 인생의 조력자와 같은 존재이다. Davis(2003)는 학생에게 필요한 진정한 돌봄은 학급에서 친절하게 지식을 전수하는 것뿐만 아니라 학생의 성취 가능성을 포기하지 않는 것을 의미한다고 하였다.

4 U. Bronfenbrenner의 생태학적 발달이론

Urie Bronfenbrenner의 생애

Bronfenbrenner(1917~2005)는 러시아, 모스크바에서 출생했으나 6세 때 미국으로 이주했다. 1938년 코넬대학교에서 심리학과 음악 학사 학위를 취득, 1940년에는 하버드대학교에서 교육학 석사학위를, 1942 년에는 미시간대학교에서 발달심리학 박사학위를 취득하였다. 박사학 위 취득 후에는 심리학자로서 군 복무와 임상 연구를 하였고, 미시간대학 교에서 2년간 교수로 재직하였다. 1948년 이후 죽기 전까지 코넬대학교 에서 아동 발달과 사회적 영향에 대하여 중점적으로 연구와 교육을 수행 하였다. 전통적인 심리학자로서 교육받았음에도 불구하고, 그는 아동심리  학, 사회학, 인류학에 초점을 두어 자신의 이론을 확장하였고, 인간 발달에 관한 생태학의 아버지로 알려졌다. 그는 연구에서의 발견을 우리의 삶 속에 적용하는 것이 중요하다고 하였으며, 저소득층 어 린이들과 가족을 위한 미국 연방정부 프로그램인 헤드 스타트(Head Start)의 기획 및 실천에 지대 한 영향을 끼쳤다. 평생 300편 이상의 연구논문과 14편의 저서를 남기고, 2005년 당뇨합병증으 로 생을 마쳤다. Bronfenbrenner는 어린 시절부터 동물학 박사이면서 신경 병리학자인 아버지로 부터 유기체를 둘러싼 물리적이고 사회적인 환경이 그들의 성장에 미치는 영향이 얼마나 큰지를 배우 며 성장하였다. Bronfenbrenner는 아동들이 사는 환경이 너무나 다양하고 서로 얽혀있어서 그들 에 미치는 환경의 영향력을 쉽게 이해하기 위해서는 그 환경을 체계화시킬 필요성이 있다고 보고 생 태학적 이론을 제안하였다(Thomas, 2005; 네이버 지식백과).

1) U. Bronfenbrenner의 생태학적 체계모형

Bronfenbrenner는 이 모형을 제시하며 인간발달에 영향을 주는 요인을 바이오 생태학적 요소로 종합적으로 설명하고자 하였다. 바이오는 발달의 유 전적 영향이 있음을 전제하고 있으며, 생태학적 요소는 발달이 전 생애에 걸 쳐 다양한 환경 간의 상호작용에 의한 것임을 나타내고 있다(Bronfenbrenner & Moris, 2006, p.817). 다양한 환경적 요소에는 가족, 또래, 학교, 그리고 사회 적 기관 등 개인이 속하게 되는 공동체 및 문화를 포함한다.

개인은 Bronfenbrenner 생태학적 모형의 중심에 위치하며, 발달은 유전과 환경의 상호작용으로 이루어지고 있음을 보여준다. Bronfenbrenner는 다섯 수준의 환경을 미시체계, 중간체계, 외체계, 거시체계, 그리고 시간체계로 제시하며, 이 다섯 체계가 동시에 개인의 사회성발달에 영향을 미치고 있다고 하였다.

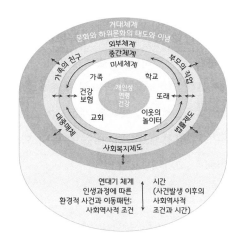

그림 10-3 U. Bronfenbrenner의 생태학적 체계모형

※ 출처: Shaffer & Kipp (2013).

• 미시체계(microsystem)

미시체계는 아동이 직접적으로 접하는 환경으로 발달에 가장 강력한 영향을 준다. 가족, 학교, 또래, 교사 등이 포함되며 항상 변화하고 유동적이다. 아동은 이러한 직접적인 환경요소에 의해 영향을 받으며, 또한 아동의 기질, 능력, 성격 등도 환경 내의 성인들의 행동에 영향을 미치므로 모든 관계는 상호적이다.

• 중간체계(mesosystem)

중간체계는 미시체계 속 구성요소 간의 상호관계를 의미한다. 즉, 미시체계 속 아동과 부모, 학생과 교사, 교사와 학부모, 친구들이 서로 연결되어 관계를 맞음으로써 영향을 미친다. 아동의 건강한 발달은 이들 요소가 어떻게 효과적으로 작용하는가에 달려있다. 예를 들어, 효과적인 교사는 학부모와 긴밀한 유대로 학생의 교육에 긍정적인 영향을 미칠 수 있다.

• 외체계(exosystem)

미시체계와 중간체계 모두에 미치는 사회적 영향을 포함한다. 아동 개인과 직접적인 관련성은 없으나 간접적인 영향을 미치는 모든 사회적 구조인 가족의 친구, 부모의 직업, 대중매체, 이웃, 사회복지기관, 지역 정부기관 등의 각종 서비스가 포함되는 체계이다. 사회적으로 고립된 가족은 다양한 긍정적인 사회적 영향이 차단되어 아동의 발달에 부정적일 수 있다. 예를 들어, 느린 학습자에게 학교가 맞춤형 프로그램을 제공하지 않고 정규 교육과정 속에 그대로 남아 배우도록 결정하였다면, 이는 아동의 학습향상에 긍정적인 영향을 줄 수 없다(Thomas, 2005).

• 거시체계(macrosystem)

거시체계는 아이가 속하여 자란 문화의 영향을 의미한다. 개인에게 영향을 미치는 사회문화적 규범, 관념, 법, 전통과 같은 더 큰 사회가 포함되며, 아동의 즉각적인 경험에서 가장 멀리 떨어져 있는 수준의 체계로 간접적인 영향을 미친다. 사회가 지향하는 보편적 가치는 아동의 발달을 긍정적 방향으로 이끌어주어야 한다.

• 시간체계(chronosystem)

이 체계는 시간의 차원으로 아동의 발달에 영향을 주는 변화를 포함한다. 아동은 성장하면서 변화하는 사회·역사적 환경의 영향을 받으며, 아동 또한 자신의 환경과 경험을 선택하면서 환경의 변화를 초래하기도 하므로 서로 상호작용하고 있다. 예를 들어, 부모의 이혼은 아동이 접하는 시기에 따라 아동에게 미치는 영향이 다를 것이다. 또한 여성의 사회직 진출에 대한 아동의 인식도 자기가 속한 시대에 따라 달라지고 있다.

2) Bronfenbrenner 이론의 제한점과 교육적 시사점

Bronfenbrenner의 이론은 다음과 같은 점에서 제한점을 지닌다(Eggen & Kauchak, 2011; Thomas, 2005). 우선, 인간발달에 있어 인지의 영향을 고려하지 않고 있다. 즉, 아이들이 다른 사람들과의 관계에서 스스로 생각하는 인지과정이 그들의 발달에 미치는 영향도 매우 클 것이라는 점을 간과하고 있으며, 발달과정을 설명하는 단계를 제시하지 않고 있다. 둘째, 이론에서 제시하는 환경적 요인들이 모두 아동의 발달과 관련이 있으나, 요인 간의 상호작용에 대한 구체성과 정확성이 다소 부족하여 이론을 실제로 적용하기 어렵다. 셋째, 환경이 아동의 발달에 영향을 미친다는 점은 새로운 발견은 아니며, 이론이 아직도 초기 발전 단계에 머무르고 있다는 비판을 받고 있다.

이러한 제한점에도 불구하고, Bronfenbrenner의 이론은 아동의 양육, 교육장면, 사회복지, 아동상담 분야 등에 적용되어 크게 이바지할 수 있을 것으로 기대된다. 이에 교사, 부모, 전문가들은 각 체계의 영향력을 고려하여 학생의 바람직한 발달을 이끌기 위해 서로 간의 협력과 적극적인 역할을 수행해야 한다. 이 이론은 발달이 유전과 환경의 영향을 받고 있다는 점을 통합적으로 설명하고 있다. 즉, 개인적 수준에서 가족과 사회적 요인에 이르기까지 발달의 영향 요인을 확장하여, 각각의 체계가 아동의 발달에 미치는 종합적 영향을 설명한다. 이론을 교실 현장에 적용한 예를 들면, 고등학교의 한 역사교사는 학습 내용과 학생들의 삶을 연결하고자 노력한다. 학생들의 거시체계 및 시간체계와 관련지음으로써 교사는 사회적 요인이 직업과 학교 교육 측면에서 미래의 삶에 어떠한 영향을 미치는가를 학생들에게 이해시킬 수 있다(Eggen & Kauchak, 2011).

5 R. Selman의 사회적 조망수용이론

조망수용능력은 타인의 사고, 정서 및 행동을 이해하는 능력으로 모든 인간관계의 기초가 된다. 사회적 상황에서 타인에 대한 이해는 사회적 관계를 지각하는 사회인지(social cognition)의 발달을 의미한다. 사회인지의 발달은 타인의 사고와 의도 및 정서를 이해할 수 있는 사회적 조망수용능력의 발달을 포함한다. 사회적 조망수용능력은 타인과 성숙한 관계를 유지하게 하는 능력이다. 사회적 조망수용능력이 발달한 아동은 다른 사람의 정서 상태를 대리적으로 경험하는 감정이입능력과 동정심을 지니고 있으며, 어려운 사회적 상황을 잘 처리하는 사회적 문제해결능력도 지니고 있다(Eisenberg & Strayer, 1987).

Selman(1980)은 대표적인 사회인지 이론가로서 아동이 자신의 관점과 다른 사람의 관점이 다를 수 있다는 것과 다른 사람 간의 관계를 이해할 수 있는 능력이 발달하면서 자신과 타인을 이해하게 된다고 보았다. 즉, 사회적 조망수용능력은 자신과 타인을 독립된 객체로 이해하고, 타인의 관점에서 그들의 행동을 인지함으로써 타인의 의도, 태도, 감정을 추론할 수 있게 한다. Selman은 대인 간의 갈등 사례를 토대로 행위자들의 상호반응을 분석하여 사회적 조망수용능력을 0단계에서 4단계까지 제시하였다.

- 0단계(3~6세): 자기중심적 관점수용단계(The egocentric undifferentiated stage of social perspective taking)로, 이 단계의 아동은 타인을 자기중심적으로 보기 때문에 타인이 자신과 다른 생각과 느낌의 관점을 가지고 있다는 것에 대해 이해하지 못한다. 즉, 사회적 상황에 대한 자신의 해석과 타인이 보는 관점을 명확하게 구분하지 못하고 자신의 지각이 잘못될 수도 있음을 놓치게 된다.
- 1단계(5~9세): 주관적 조망수용단계(The differentiated and subjective perspective taking stage)로, 이 단계의 아동은 같은 상황에 대한 타인의 조망이 자신의 조망과 다를 수 있다는 점은 이해하나 여전히 그들의 입장만을 고수하려 한다. 그들의 행동을 타인의 조망을 통해 평가하지 못하고 자기 일방적인 조망에 머무르고 있다.
- 2단계(7~12세): 자기반성적 조망수용단계(The self-reflective thinking or reciprocal perspective taking stage)로, 이 단계의 아동은 타인의 의도와 목적, 행동을 이해할 수 있으며, 행동과 동기를 타인의 관점에서 조망

할 수 있다. 그러나 이 과정이 동시에 이루어지지는 않아 보다 일반적인 제삼자적 조망으로 연결되지는 않는다.

- 3단계(10~15세): 상호적 조망수용단계(The third person or mutual perspective taking stage)로, 이 단계의 아동은 자신의 조망과 상대방의 조망을 넘어서, 다른 사람과의 관계 또는 상호작용 속에서 발생하는 문제에 대해 객관적으로 바라보는 제삼자적 조망도 가능하다.

- 4단계(12세~성인): 사회적 조망수용단계(The in-depth and societal perspective taking stage)로, 이 단계의 개인은 다른 사람이 같은 상황에 대하여 나와 다른 생각을 한다고 해서 그 조망이 잘못되었다고 생각하지 않으며, 또한 자신이 타인의 조망을 충분히 이해하지 못할 수도 있음을 인식할 수 있다. 아동은 제삼자적 입장을 확장하여 사회구성원이 갖는 일반화된 관점에서 이해할 수 있다. 자신과 타인을 포함하여 개인은 물론 집단과 전체 사회시스템의 조망이 가능한 최상의 조망수용 능력 단계이다. 사회시스템은 사회의 구성원들이 공유하는 견해의 결과라고 생각하여, 사회적 합의나 타인의 견해 등에 관심을 가지며 사회적 관계를 보다 더 이해할 수 있게 된다. 이 단계의 청년과 성인들은 유대감을 형성하기 위해서는 상대를 이질적이거나 배타적인 관계로 규정하지 않고, 서로를 독립적인 개체로 존중해 주어야 한다는 것을 이해하고 있다. 만약, 이 단계의 조망수용능력을 지녔음에도 폭력적인 행동을 보이는 아동이 있다면, 이는 사회적 조망수용능력의 문제가 아닌 다른 개인적 특성 및 문제일 수 있으므로 종합적으로 행동을 이해하려는 노력이 필요하다.

부모와 교사는 아동의 사회적 조망수용능력의 발달을 도와 반사회적 행동을 줄이고, 감정이입과 친사회적 행동(prosocial behavior)을 향상시킬 수 있도록 노력해야 한다. 친사회적 행동은 도와주기, 나눠주기, 돌보기, 위로하기, 협력하기 등의 행동을 말한다. 사회적 조망수용능력의 발달을 위한 지도와 교육은 점점 저연령화되고, 집단화 양상을 보이며, 관계적, 정서적, 지속적 폭력 유형이 증가하고 있는 학교폭력의 문제를 예방하고 대응하기 위한 근본적인 노력이 될 수 있다. 사회적 조망수용능력의 발달은 가정환경, 사회적 상황 등의 영향 속에서 이루어지는데, 나이와 상관없이 청소년이나 성인도 주관적 조망수용단계에 머무를 수 있음을 알아야 한다.

e d u c a t i o n a l   p s y c h o l o g y

제4부

개인차와 학습

학습자는 발달적 관점에서의 이해와 함께 '개인차'의 관점에서도 이해되어야 한다. 인간 존재로서의 발달은 여러 방식에서 유사함을 보여준다. 동시에 학습자는 개인마다 보이는 다양한 차이인 개인차(individual differences)를 지니고 있다. 이러한 차이는 교수학습과 관련하여 중요한 시사점을 주고 있다.

이란의 접착쌍생아 랄레흐 비자니와 라단 비자니는 29년이나 한 몸으로 붙어살았다. 랄레흐와 라단은 같은 유전자와 성장 환경을 지녔으나, 그들의 세계관, 생활방식 및 삶의 목표는 달랐으며 성격 또한 달랐다. 29년이나 함께 살아온 두 사람은 서로 다른 존재임을 인식하고 따로 떨어져 살기 위해 생존 가능성 50%의 위험한 분리 수술에 임했으나 수술 도중 사망하여 결국 따로 묻혔다. 또 다른 예로, 같은 시기에 같은 집에서 같은 부모 밑에서 자란 일란성 쌍둥이인 조지와 도날드도 성격이 서로 다른 별개의 인격체였다. 서로 다른 유전자나 다른 환경, 그 어떤 것도 그들의 차이를 충분히 설명할 수 없다 (Harris, 2019).

각 개인은 다른 사람과 같지 않은 유일한 존재임을 인정해야 한다. 각자에게 내재화되어 차이를 만드는 가장 보편적인 기준은 무엇인가에 대한 답을 찾기 위해서는 '개인차 연구'가 필요하다. 지능의 개인차를 규명하기 위한 최초의 노력은 천재 가문에서 태어난 아동을 다른 가문에서 양육하였을 때 그들의 천재성이 지속될 것인가에 대한 연구였다(Galton, 1822~1911).

제11장

지능

지능 관련 연구는 개인차 연구에 해당하는 영역 중 하나이다. 교육에서 지능의 개념은 중요하다. 지능은 과거에 어떠한 경험을 하였는지에 따라 영향을 받으며 앞으로의 변화에 열려있는 현재의 상태를 말해 준다. 지능과 관련하여 잘못된 이해에서 비롯되는 관행과 논란의 여지가 있는 부분들을 제대로 인지할 필요가 있다.

1 지능의 의미

지능은 무엇을 의미하는가? 이 물음에 답하기 위한 연구는 끊임없이 이루어져 왔다. 초기의 연구들은 지능을 학습하기 위한 역량, 지능검사가 보고하는 점수, 한 개인이 획득하는 지식의 총합, 그리고 새로운 상황과 환경에 성공적으로 적응하는 역량이라고 정의해왔다. 최근에는 여기에 연역적 귀납적 추론 능력인 고등사고의 수준까지 포함하고 있다(Woolfolk, 2013). 지능에 포함될 수 있는 하위 속성은 무엇인가에 대한 설문에 임했던 전문가들은 추상적 사고 혹은 추리(99.3%), 문제해결 능력(97.7%), 지식획득 역량(96.0%), 기억력(80.5%), 적응력(77.2%), 정신 속도(71.7%), 언어적 적성(71.0%), 수학적 적성(67.9%), 일반지식(62.4%), 그리고 창의성(59.6%)이라고 응답하였다(Snyderman & Rothman, 1987). 전문가들이 동의하는 지능의 주요 속성은 상징이나 원리, 개념, 관계성, 아이디어와 같은 추상성을 다루는 능력, 새로운 상황을 다루거나 문제를 해결하는 능력, 그리고 언어나 상징이 포함된 추상개념을 배우고 다루는 능력이다(신명희 외, 2018).

심리측정론적 접근(psychometric approach)에서는 지능을 양적으로 측정하고자 하며 지능검사를 통해 개인의 지능이 모집단 내에서 어느 수준에 속하는지를 보고자 하였다. 반면, Piaget는 지능에 대한 질적 접근을 통해 인지발달의 단계를 제시하고 모든 개인은 단계마다 습득할 수 있는 능력이 다르다고 주장하였다. 또한 정보처리모형에서는 개인의 인지과정을 설명하고 인간이 어떻게 지능을 사용하는지를 설명하고자 하였다.

이렇듯, 지능이 무엇을 의미하는지에 대한 학자들의 견해는 매우 다양하여 지능을 한마디로 정의하기는 쉽지 않다. 또한 지능을 이루는 하위 속성이 단일 특성인지 아니면 여러 복합적 특성으로 이루어져 있는지에 대한 학자들의 의견도 다양하다. 지능에 관한 전통적 관점이라 할 수 있는 심리측정론적 관점에서는 인간의 지적 능력을 대표할 만한 다수의 행동 표본을 검사 문항으로 제작하고, 이 검사를 시행하여 얻은 문항 점수들에 대해 요인분석을 통해 지능을 구성하는 하위요인으로 묶었다. 요인의 수와 요인 구조의 형태에 따라 일반요인이론, 다요인이론, 지능위계이론 등이 있다. 지능에 대한 또 다른 관점은 지능은 단일개념이 아니라 여러 능력으로 구성되어 있다는 다중지능의 관점으로, 개인이 속한 문화의 관점도 고려하여 지능을 이해하고자 하였고, 지능은 교육 및 환경과의 상호작용을 통해 향상될 수 있다고 본다. Gardner의 다중지능이론과 Sternberg의 삼원지능이론이 이에 속한다. 그 외에 개인의 정서적 특성을 이해, 조절하고 관리하는 데 도움을 줄 수 있는 정서지능(감정지능)이 점점 요구되고 있으며, 이러한 지능도 교육과 훈련을 통해 발전시킬 수 있다고 강조하고 있다.

2 지능이론

1) 전통적 지능이론

전통적 지능이론은 심리측정론적 관점에서 지능검사의 개발과 지능검사 결과해석에 대한 이론적 토대를 제공하였다. 지능은 대체로 타고난다고 보았으며 지능을 지능검사 문항에 바르게 답하는 능력이라고 정의한다. 즉, 학생들이 '무엇을 할 수 없는지'에 초점을 두어 열등 학생의 '선별' 기능에 중점을 두어왔다. 이러한 전통적 관점에서는 논리수학, 언어 및 공간지각 능력 등을 지능의 주된 범주로 보고 있다.

(1) Spearman의 일반요인이론(general factor theory)

Spearman(1927)은 요인 분석적 접근을 통해 여러 측정 문항 간의 상관이 높아 지능은 하나의 요인으로 구성된다는 일반요인이론을 주장하였다. 이 이론은 일반요인(general factor, g 요인)과 특수요인(specific factor, f 요인)으로 설명하고 있어서 2요인 이론이라고도 불린다. 일반요인은 개인차는 있으나 모든 개인이 공통으로 가지고 있는 능력으로, 다양한 인지 활동과 과제수행에 적용할 수 있는 지능이다. 일반지능으로는 언어, 수, 정신 속도, 주의, 상상 등의 5요인이 공존한다고 보았다. 특수요인은 특정 상황이나 특정 과제에만 사용되는 능력으로 일반지능에 덧붙여 있다고 하였다. 인간은 일반지능과 특수지능 모두에서 개인차를 보이며, 이 두 요인이 함께 정신적 수행을 결정한다고 보았다.

(2) Thurstone의 기본정신능력이론(primary mental ability theory)

Thurstone(1938)은 다요인이론의 대표적 학자이다. 그는 모든 지적 활동에 영향을 주는 하나의 일반요인이 아니라 일곱 개의 기본적인 정신능력이 있다고 주장하였다. 기본정신능력으로 언어이해요인, 기억요인, 추리요인, 공간지각능력요인, 지각속도요인, 단어유창성요인, 그리고 수리적 사고요인 등의 일곱 가지를 제시하였다. 이 기본정신능력은 현대 지능검사의 하위영역 구성의 기초가 되었다.

(3) Guilford의 지능구조이론(structure of intellect theory)

Guilford(1967, 1988) 또한 다요인이론의 대표적 학자로서, Thurstone의 기본정신능력이론을 확대하여 지능구조이론을 제안하였다. 그는 지능이 여러 종류의 정보를 다양한 방법으로 처리하는 능력들의 체계적인 집합체로서, 내용(content) 차원, 조작(operation) 차원, 산출(product) 차원의 세 가지 필수적 차원을 지니고 있다고 하였다. 내용 차원은 주어진 정보의 내용, 심리 활동을 일으키는 각종 자극으로, 시각, 청각, 상징(부호), 의미(문장의 의미와 개념), 행동(자신과 타인의 행동)의 다섯 개 하위요인이 있다. 조작 차원은 문제해결을 위한 정신적인 조작과 각종 자극이 일으키는 심리 활동으로 인지, 기억 파지, 기억 부호화, 확산적 사고, 수렴적 사고, 평가의 여섯 개 하위요인이 있다. 인지요인은 기존의 정보를 깨닫고 새로운 정보를 발견하는 활동이며, 기억의 부호화 요인은 기억자료를 저장하기 위해 좋은 부호로 바꾸는 과정이다. 기억의 파지요인은 기억자료를 계속해서 기억하는 활동이며, 확산적 사고요인은 하나의 문제해결을 위해 다양한 의견을 도출해내는 사고이고, 수렴적 사고요인은 하나의 문제해결을 위해 다양한 대안 중에서 가장 적합한 답을 찾아내는 사고이다. 확산적 사고와 수렴적 사고는 모두 창의성과 연결되는 사고이다. Guilford는 지능구조모형에서 이 사고를 언급하면서 지능 안에 창의성이 포함됨을 보여주었다. 마지막으로, 산출 차원은 주어진 내용을 특정한 방법으로 조작하여 얻어진 결과이다. 산출 차원에는 단위, 유목, 관계, 체계, 변환, 함축(은유)의 여섯 개 하위요인이 있다.

Guilford는 이러한 내용, 조작 및 산출 차원의 조합으로 180(5×6×6)개의 정신능력이 있다고 제안하면서, 우리의 지능을 바라보는 관점을 넓혀주었으나 동시에 이 이론의 한계점도 드러낸다. 즉, 이론 자체가 실제상황과 교수계획에 적용하기에 너무 복잡하다는 비판이 있으며(Woolfolk, 2013), 사람들이 실제로 지능검사를 받은 결과 Guilford가 제시한 180개의 지적 영역이 고유의 것이 아니라 상호 관련된 영역이 있을 수 있다는 점이 나타났다(신명희 외, 2018).

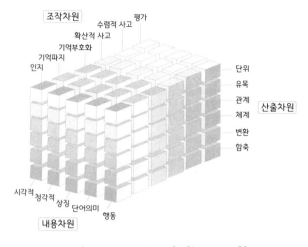

그림 11-1　Guilford의 지능구조모형

(4) Cattell과 Horn의 유동성 지능(fluid intelligence)과 결정성 지능이론 (crystallized intelligence)

Cattell(1963)은 Thurstone의 기본정신능력이론의 검사를 분석 후, 지능의 일반요인(g 요인)을 유동성 지능(Gf)과 결정성 지능(Gc)으로 분류하였다. 유동성 지능은 유전적이며 선천적으로 주어지는 능력으로, 뇌와 중추신경계의 성숙에 비례하여 발달하고 쇠퇴하는 특성을 보인다. 지각 및 일반적 추리 능력, 기억 능력, 지각 속도 등의 능력이 포함된다. 반면, 결정성 지능은 환경 및 경험, 문화적 영향에 의해 후천적으로 발달하는 지능으로 가정환경 및 교육의 정도, 직업 등의 영향을 받아 습득된 지식을 활용하는 능력이다. 어휘이해력, 일반지식, 문제해결력, 상식 등의 능력이 포함되며, 환경적인 자극이 지속되는 한 성인기 이후에도 계속 발달한다.

Horn은 Cattell의 유동성 지능과 결정성 지능(Gf-Gc) 이론을 확장하여 지능을 유동성 지능, 결정성 지능 외에도 시각적 처리능력, 청각적 처리능력, 단기기억, 장기기억, 수량적 능력, 읽기 · 쓰기 능력, 과제수행 처리속도, 정확한 결정속도 등 열 가지 능력으로 구분하였다(Sattler. 2001).

(5) C-H-C(Cattell-Horn-Carroll) 위계적 지능이론

Carroll(1993, 2003)은 Spearman의 일반요인이론과 Cattell의 유동성 지능과 결정성 지능(Gf-Gc)이론을 결합하여 C-H-C (Cattell-Horn-Carroll) 모형을 제안하였다. 이 모형은 위계적 지능이론으로 불리는 3층 모형으로 상층에는 일반지능을 두고, 중간계층에는 열 개의 하위 능력(유동적 추론, 결정적 지능, 수리적 지식, 읽기와 쓰기, 장기기억, 단기기억, 시공간적 능력, 청각적 처리, 인지과정 속도, 결정 및 반응시간 등)을 배치하고, 맨 하층에는 최소 70여 개의 세부 속성으로 구성하였다. Carroll은 기존의 지능이론들보다 더 다양한 하위요인을 세분화하여 제시하면서 각 개인은 일반 정신능력과 함께 특정 영역에서 필요한 특수한 정신능력을 포함하여 다양한 인지능력을 가지고 있다고 설명하고 있다.

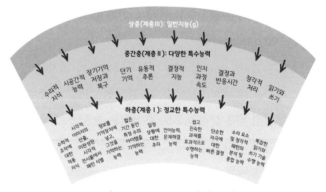

그림 11-2   C-H-C 위계모형

2) 다중지능이론

다중지능이론을 설명하는 대표적인 학자로 Gardner와 Sternberg를 들수 있다. 다중지능이론에서는 지능이 여러 개의 고유한 능력의 조합으로 이루어져 있다고 본다. 다중지능이론은 기존의 전통적 지능이론들이 지능의 범위를 언어지능, 논리·수학지능, 공간지능 등으로 제한하여 지능지수로 평가하고자 하였고, 그 지능이 대체로 타고나며 변화가 어렵다고 보고 있다는 점을 비판하며 지능을 새로운 관점에서 설명하고 있다. 다중지능이론에서는 지능을 유용하게 쓰일 수 있는 정보를 처리하는 생물·심리학적 잠재력으로 보고 있으며, 모든 개인은 다양한 지능 모두를 가지고 있으나 각자의 지능의 조합(프로파일)이 다를 뿐이라고 한다. 개개인의 지능은 교육과 환경 속에서 향상이 가능하며, 단지 향상속도만이 다를 뿐이라고 주장한다. 다중지능이론은 전통적 지능이론들과 다르게 개개인이 '무엇을 할 수 있는지'에 중점을 두고 있어, 선별보다는 개개인의 능력을 '진단'하는 것이 주된 기능이라고 보고 있다.

(1) H. Gardner의 다중지능이론(multiple intelligence theory)

Howard Gardner의 생애

Howard Gardner(1943~)는 "사람들은 모두 다르게 태어나며, 지능 또한 다르다."고 보았다. 하버드대학교에서 발달심리학 박사학위를 받았고(1971년), 1972년에는 Nelson Goodman의 기금으로 David Perkins와 함께 진행된 "우리는 지능에 대하여 아무것도 모른다."는 의미에서 명명된 "프로젝트 제로(Project Zero)"에서의 연구를 통해 기존의 지능이론과 다른 새로운 패러다임의 지능이론을 제시하였다. 이 연구는 Gardner의 합류로 과학자들의 논리적, 언어적 능력을 넘어, 인간의 예술적, 창의적 능력의 발달에도 탐색이 시작될 수 있었다. 아동은 문화적으로 고안된 다양한 상징적 의미체계를 통하여 발달한다고 주장하였다. 미국에서 출생한 미국의 심리학자로서 현재 하버드대학교 교육심리학 교수로 재직 중이며, 미국 보스턴 대학교 의과대학 신경학과 교수, 하버드대 프로젝트 제로 연구소의 운영위원장 등의 경력이 있다. 대표적 저서로는 「마음의 틀(Frames of Mind)」(1983), 「다중지능, 인간지능의 새로운 이해(Intelligence Reframed)」(1999), 「열정과 기질(Creating Mind)」(2004), 「다중지능(Multiple Intelligence)」(2007) 등이 있다.

다중지능이론에서는 모든 학습자는 서로 다른 능력과 흥미, 동기를 가진다고 전제하고 있으며, 그렇기에 그 능력과 동기를 고려한 교수학습 방법이 적용되어야 함을 강조한다. Gardner(1999)는 지능을 문화적으로 유용한 것을 창조하거나, 문화적 가치정보를 토대로 문제를 해결하는 생물·심리적인 잠재력이라고 정의한다. 인간 뇌의 해부학적 구조와 개인이 속한 문화의 관점에 주목하여 지능을 분석하였고 그 결과, 여덟 개의 다중지능이론을 제시하였다.

언어지능(linguistic intelligence)은 구어와 문어에 대한 민감성, 언어학습 능력, 특정 목표를 달성하기 위한 언어의 활용 능력이다. 논리·수학지능(logical-mathematical intelligence)은 어떠한 문제를 논리적으로 분석하고, 수학적 조작을 하고, 과학적인 방법을 사용하여 문제를 해결할 수 있는 능력이다. 공간지능(spatial intelligence)은 좁은 공간뿐만 아니라 항해사나 비행기 조종사가 경험하는 넓은 공간을 인지하고 다루는 능력이다. 신체운동지능(bodily-kinesthetic intelligence)은 문제를 해결하거나 사물을 아름답게 꾸미기 위해 몸 전체나 손 혹은 얼굴표정과 같은 신체의 일부를 활용할 수 있는 능력이다. 음악지능(musical intelligence)은 연주를 하거나 음악적 양식을 이해하고 작곡하는 능력이다. 음정과 리듬에 대한 민감성, 음악의 정서적인 측면에 대한 이해 등도 포함된다. 대인간지능(interpersonal intelligence)은 타인의 욕구와 동기, 의도를 이해하고 타인과 효과적으로 일할 수 있는 능력이다. 개인내지능(intrapersonal intelligence)은 자신을 이해하고 자신의 욕구, 두려움 등을 잘 다루어 효율적인 삶을 살아가는 능력이다. 자연지능(naturalist intelligence)은 자연에 존재하는 여러 종에 대한 인식과 분류에 탁월한 전문지식과 능력으로 자연과의 교감을 능숙하게 할 수 있는 능력이다. 그 외에 인간의 존재에 대한 근원적 물음에 대하여 사고할 수 있는 능력인 실존지능(existential intelligence)에 대하여도 언급하고는 있으나 과학적 실증적 뒷받침이 부족한 상태이다.

다중지능이론에서 각각의 지능들은 상호 독립적이며 하나의 지능이 높다고 다른 지능들도 높은 것은 아니다. 모든 지능이 중요하며, 개인 내적 비교를 통해 개인의 강점지능은 지속하게 하고 약점지능은 보완해주어야 한다고 강조한다. 다음은 다중지능 프로파일을 토대로 적용해볼 만한 과제는 무엇이 있을지 고려해볼 필요가 있음을 제안한다(Campbell, Campbell, & Dickson, 2004). 언어지능 관련해서는 수업주제와 관련하여 특정인 인터뷰하기, 편지

쓰기, 토론하기, 시 또는 뉴스 기사 쓰기, 발표하기, 구호 만들기, 라디오 프로그램 만들기 등이 있다. 논리·수학지능 관련해서는 법칙으로 바꾸어보기, 실험을 계획하고 수행하기, 전략 게임 만들기, 도식을 활용하여 설명해보기, 삼단논법 구성하기 등이 있다. 신체운동지능 관련해서는 역할극, 흉내 내기, 동작을 통해 개념 설명하기, 모형 만들기, 과학기술을 활용하여 신체 놀이하기 등이 있다. 공간지능 관련해서는 도표·지도·그래프 그려보기, 벽보·게시판·벽화 디자인하기, 삽화 제작하기, 광고 만들기 등이 있으며, 음악지능 관련해서는 음악 반주와 함께 발표하기, 작사해보기, 짧은 뮤지컬 만들기, 교육 장면에 배경음악 활용하기 등이 있다. 대인간지능 관련해서는 짝과 함께 문제 해결하기, 다른 사람의 입장이 되어보기, 다른 사람을 가르치기, 지역 관련 또는 세계적 문제를 이해하기, 피드백 주고받기 등이 있다. 개인내지능 관련해서는 스스로 목표 설정하기, 자신의 강점지능과 진로를 연결해보기, 공부는 왜 하는지 성찰하기, 자기 평가해보기 등이 있다. 마지막으로 자연지능 관련해서는 식물·동물 기르기, 관찰일기 쓰기, 기상현상 비교하기, 야외활동 참여하기 등을 제시하고 있다. 여기에 더하여 시대적 흐름과 상황을 고려하여 적용할 수 있는 과제 활동은 무엇이 있을지 끊임없이 성찰할 필요가 있다.

(2) Sternberg의 삼원지능이론(triarchic theory of intelligence)

Sternberg는 인간이 특정 문제를 해결하고 인지적 행동을 하기 위해 정보를 어떻게 수집하고 사용하는지의 관점에서 삼원지능이론을 제시하였다. 그의 이론은 모든 이에게 공통으로 나타날 수 있는 인지과정을 강조하며, 인간의 지능은 분석적(analytical) 지능, 창조적(creative) 지능, 실제적(practical) 지능의 세 가지 능력으로 구성되어 있다고 보았다. 분석적 지능은 요소하위이론(componential sub-theory), 창조적 지능은 경험하위이론(experiential sub-theory), 실제적 지능은 상황하위이론(contextual sub-theory)의 핵심 능력으로 명명되기도 한다(신현숙 외, 2019).

분석적 지능은 일반적으로 학문적 영역의 지능을 의미하며, 메타요소, 수행요소, 지식습득요소로 구성된다. 메타요소는 어떤 일을 미리 계획하거나 일이 진행되는 동안의 점검, 수행 결과의 평가를 위한 통제와 같은 인간의 고등정신과정에 관여된다. 수행요소는 메타요소가 계획한 것을 실행하는 과정이며, 지식습득요소는 문제해결 방법을 학습하는 과정과 관련된다.

창조적 지능은 인간의 과제수행에서 경험의 영향을 중시한다. 인간의 정보처리과정은 과제와 관련하여 이전 경험의 정도에 영향을 받을 수밖에 없으며, 신기성을 다루는 능력과 정보처리 자동화 능력으로 구성된다. 신기성(novelty)은 통찰력과 새로운 상황을 효과적으로 다루는 창의적인 능력이며, 자동화 능력은 새로운 상황을 직면했을 때 많은 인지적 능력을 요구하지 않고 빠르게 풀어낼 수 있는 능력이다.

실제적 지능은 학교 과제를 수행하는 상황이 아닌, 일상생활에서의 인간의 정신작용 과정과 관련된다. 이 지능의 관점에서는 학생 개개인이 처하고 있는 문화, 시대, 생애주기 등에 따라 그들의 인지적 행동은 다를 수 있다. 실제적 지능은 전통적인 지능검사나 학업성취도와는 무관하며, 정규학습 과정에서보다는 일상에서의 개인의 경험을 통하여 획득되고 발달하는 지능으로서, 환경의 선택, 적응, 조성이라는 세 부분으로 구성된다. Sternberg(1998)는 이 지능을 활용하여 인간이 성공할 수 있는 환경을 스스로 선택하고 그 환경에 적응할 수 있다고 보았다. 필요하다면 환경을 변화시킬 수 있어야 하며, 우리가 속한 사회의 문화야말로 성공적인 환경의 선택, 적응, 조성을 결정하는 데 중요한 영향을 미치는 요소라고 주장하였다.

Sternberg는 분석적, 창조적, 실제적 지능에 해당하는 특별한 능력 간의 균형이 유지될 때 자신의 목표를 이루며 성공을 경험할 수 있다고 생각하였고, 이러한 관점에서 성공지능(successful intelligence)의 개념을 언급하였다. 또한 지능은 교육과 훈련을 통해 향상될 수 있다고 주장한다. 삼원지능을 향상시키기 위해서는 다음과 같이 교육과정에 적용해 볼 수 있다(Eggen & Kauchak, 2011). 이진수로 표현하기, 로미오와 줄리엣이 비극으로 설명되는 이유 설명하기, 고흐와 모네의 화풍과 화법을 비교하기 등은 분석적 지능과 관련된다. 피타고라스 정리를 이해하였는지 측정하는 도구 문항 제작하기, 로미오와 줄리엣 작품을 희극으로 바꿔보기, 자유의 여신상이 피카소에 의해 제작되었다면 어떤 모습일지 상상해보기 등은 창조적 지능과 연결된다. 건설에 기하학 활용방안 구상하기, 로미오와 줄리엣 연극에 대한 TV 홍보물 제작하기, 미술 교과에서 다룬 특정 미술가를 선정해 그 스타일을 활용하여 미술대회 포스터 제작하기 등은 실제적 지능을 키우는 데 도움이 될 수 있다.

3) 정서/감정지능(Emotional Intelligence)

정서지능 이론은 지능을 인지적 관점이 아닌, 새로운 관점에서 설명하고자 하는 접근이다. 인지적 능력뿐만 아니라 정서적 능력도 인간 정신의 중요한 부분이며, 그 능력도 학업에 미치는 영향력은 매우 크다. 학교 현장에서 아이들에게 정서를 파악하고 관리하며 조절하는 능력이 인지능력 못지않게 요구되고 있다. 정서를 관리하고 조절하는 능력의 수준을 나타내는 지표로 EQ(Emotional Intelligence Quetient)가 있다. 즉, EQ는 정서능력을 지수화한 것이다. 정서지능을 과학적으로 접근하고자 다양한 연구가 진행되어 왔으며, Goleman, Mayer, Salovey 등이 대표적 학자이다.

Goleman(1998)이 제시하는 정서지능은 자신이 느끼는 정서를 재빨리 인식하고 알아차리는 능력인 '정서인식능력', 인식된 자신의 정서를 적절하게 처리하고 변화시킬 수 있는 능력인 '정서통제능력', 어려움을 참아내어 자신의 성취를 위해 노력할 수 있는 능력인 '동기부여능력', 타인의 정서를 자신의 것처럼 느끼고 타인의 정서를 읽는 능력인 '타인의 정서인식능력', 그리고 인식한 타인의 정서에 적절하게 대처할 수 있는 능력인 '대인관계 관리능력'의 5가지를 포함한다. Goleman(1998)은 이 다섯 가지 능력을 개인적 능력(the personal competences)과 사회적 능력(the social competences)으로 구분하고 있다. 개인적 능력에는 자기인식, 자기조절, 동기화 능력이 포함된다. 타인, 다양성 활용, 정치의식 등을 포함하는 공감(empathy)과 의사소통, 갈등관리, 리더십, 촉매적 변화, 유대 결속, 화합, 협력, 그리고 팀 역량을 포함한 사회적 기술은 사회적 능력으로 구분하고 있다. 또한 정서지능을 정서의 지각, 정서의 사고촉진, 정서의 이해, 그리고 정서의 조절로 구분하여 설명하기도 한다(Caruso, Mayer, & Salovey, 2002). 각각의 능력을 정의하면 다음과 같다. 우선, 정서지각능력은 정서를 처리하는 가장 기본적인 능력으로 정서를 정확히 인식하고 평가하며 표현하는 능력이다. 정서의 사고촉진능력은 추리, 문제해결, 창의성, 의사소통과 같은 인지활동의 향상을 위해 정서를 활용하는 능력이다. 정서이해능력은 정서적 정보를 바탕으로 제공된 정서적 지식을 활용하는 능력이며, 정서조절능력은 자신과 타인의 정서를 무의식적, 의식적 체계 안에서 관리하고 조절하는 능력을 말한다.

정서지능은 학업에 영향을 주는 중요한 변인으로 간주되고 있으며(Caruso et al., 2002), 정서지능이 높은 아이일수록 어려운 인지적 과제를 끝까지 인내하며 풀어낼 수 있다고 한다(Schutte et al., 1998). 정서지능은 구성원에게 비전, 목표, 동기, 지적 사고를 촉구하여 개인의 잠재력을 발현시킬 수 있는 변혁적 리더십과도 관련이 있다(Downey, Papageorgiou, & Stough, 2006). 『사피엔스』의 저자, Harari는 4차 산업혁명 시대와 인공지능(Artificial Intelligence: AI) 도래 시대에, 미래의 우리 아이들은 교과목 지식이 아닌 '정서지능(Emotional Intelligence)'과 '마음의 균형(Mental Balance)'을 배워 변화하는 세상에 유연하게 대처할 수 있어야 한다고 주장하였다(다음 뉴스, 2017). 정서지능은 자신과 타인의 감정을 잘 다스려 원하는 결과를 가져오는 능력이며, 마음의 균형은 마음의 평정심과 연결된다. 점차 정서지능을 높이기 위한 노력이 더욱 절실해지고 있음을 시사한다.

다행스럽게도 정서지능도 정체되어 있지 않고 변화될 수 있으며 학습에 의해 향상할 수 있다. 정서지능의 고취는 교사의 개인적이고 전문적인 삶에도 심오한 변화를 가져올 수 있으며, 궁극적으로 학생들의 삶에 미치는 영향력 또한 매우 크다(Eloff & Swart, 2018). Eloff와 Swart(2018)는 정서지능을 함양하기 위한 시간을 갖는 것은 매우 가치가 있다고 말하며 아래의 몇 가지 팁을 제안한다.

- 당신 자신의 감정을 알아차려라. 알지 못한다면 감정을 조절할 수 없다.
- 감정(feeling)과 반응(reaction) 사이의 공간을 마련해라. 10까지 세어라.
- 타인의 감정을 읽어내려고 애써라. 그러나 관찰에 근거해야 한다. 당신의 생각이 옳다고 가정하지 마라. 서로 다른 사람들은 그들이 느끼는 바를 서로 다른 방식으로 드러낸다.
- 당신 자신과 타인들의 감정을 확인해라. 그래야 자신과 그들이 느끼는 바를 간과하지 않을 수 있다.
- 당신 자신과 타인들의 감정을 보고 듣는 공간을 만들어라. 보고 듣기 위해 말하기, 스포츠 활동 또는 다른 활동들을 할 수 있는 공간을 만들어라.
- 정서지능이 작동하는 교실을 만드는 것은 훈육의 부족, 따돌림, 무시하기 등의 문제해결에 효과가 있을 것이다.

※ 출처: Eloff & Swart (2018).

3 지능의 측정 및 검사점수의 의미

학자에 따라 지능이 무엇인가에 대하여 다양한 견해를 보이고 있으나, 지능이 학업성취 및 업무능력을 예언하는 변인이라는 점에는 동의하고 있다. 인간의 지능은 표준화 검사도구를 통하여 간접적인 측정만이 가능하며, 신뢰도가 매우 높은 검사도구라도 개인의 지능을 정확하게 측정해주지는 못한다. 즉, 개인이 처한 특수한 상황, 동기 상태, 물리적 환경 등에 따라 지능검사의 결과는 달라질 수 있기에, 검사 결과로 나온 지능지수에 대하여 신중히 접근해야 한다.

1905년 프랑스 정부의 의뢰로 만들어진 Binet-Simon 검사는 지능을 측정하기 위한 최초의 검사 도구이다. 이 검사는 정규 교육과정에서 뒤처지면서 특수교육이 필요한 아동을 변별하고, 학습부진아로 가정되는 학생들의 학습권을 보호하기 위한 목적으로 만들어졌다. 지능지수는 지능검사 문항에 대한 정답의 비율을 나타내는 점수이다. Binet-Simon 검사에서는 정신연령의 개념을 사용하여 지능의 수준을 점수화하였다. 예를 들어, 실제나이가 8세인 아동이 9세 문항을 성공적으로 수행하였다면, 그 아이의 정신연령은 9세인 것으로 간주 된다.

1) 비율지능지수(ratio intelligence quotient)

Terman은 Binet-Simon 검사를 Stanford-Binet 검사로 개정하여 독일 심리학자 Stern(1914)이 제안한 지능지수(intelligence quotient)의 개념을 수용하였고, 지능검사의 결과를 점수화하였다. 지능지수(IQ)는 비율지능지수로 아동의 정신연령을 실제 생활연령으로 나눈 값에 100을 곱한 것을 의미한다. 예를 들어, 정신연령이 10세이고 실제 생활연령이 8세이면 그 아동의 지능지수는 125[(10÷8)×100]이다. Stanford-Binet 검사는 네 차례에 걸쳐 개정되었음에도 여전히 제한점을 보인다. 성인기 이후의 정신연령은 15세 이후 거의 증가하지 않고 인지기능이 정체 또는 쇠퇴하는 영역도 있을 수 있으나, 실제 생활연령은 계속 증가하기 때문에 비율지능지수의 개념은 성인들의 지능지수를 계산하는 데는 적합하지 않다.

2) 편차지능지수(deviation intelligence quotient)

비율지능지수의 한계를 극복하기 위해 도입된 지능지수가 편차지능지수이다. 이 지능지수는 현재 가장 널리 쓰이고 있으며, 지능검사에서 얻은 점수를 동일 연령대의 점수와 상대적으로 비교하여 나타내 주는 수치이다. 편차지능지수는 검사점수가 모집단에 정규 분포되어 점수의 분포가 종의 모양을 이룬다는 정상분포 곡선을 가정한다. 이때 지능지수의 평균은 100, 표준편차는 Wechsler 검사의 경우에는 15이고 Binet 검사의 경우에는 16이다. 표준편차 ±2 수준까지는 정상 지능에 속하며, +2 이상은 영재, -2 이하는 장애를 지닌 아동의 지능이라고 해석하며 특수학습자의 대상으로 구분하고 있다.

편차지능지수 또한 두 가지 문제점을 드러낸다. 첫째는 표준편차 ±2 경계선상의 지능지수를 보이는 사람들의 지능은 어떻게 해석해야 하는지의 문제이다. 그 지능지수가 정상 지능과 비정상 지능으로 구분할 절대적인 조건은 아니라는 점이다. 둘째로 주목할 점은 Flynn 효과이다. 이는 해가 거듭될수

록 지능검사의 평균점이 점차 높아지는 현상을 의미한다. 뉴질랜드의 정치학
자, Flynn(1999)은 미국 군입대 지원자의 지능검사 결과를 분석하여 신병의
평균 지능지수(IQ)가 10년마다 대략 3점씩 상승한 사실을 발견하였다. 또한
벨기에, 네덜란드, 이스라엘에서는 한 세대 즉 30년 만에 평균 지수가 20점
이 올랐고, 13개국 이상의 개발도상국에서도 5~25점이 증가하였음을 보고
하였다.

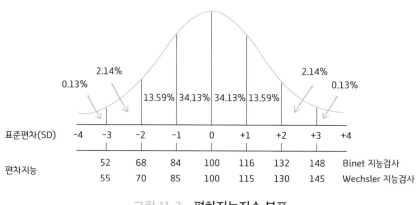

그림 11-3 **편차지능지수 분포**

3) 지능 및 지능지수에 관한 올바른 이해

편차지능지수가 보이는 문제점들은 우리가 지능지수를 이해하고 해석할
때 매우 신중해야 함을 시사한다. 특히, 지능점수 분포의 경계선상에 놓여있
는 학생들에 대해서는 더욱 신중한 해석이 요구되며, 지능검사에 따라 그들
의 검사결과는 얼마든지 달라질 수 있다는 점이 고려되어야 한다. 또한 Fly-
nn 효과(effect)는 개정 및 개발되고 있는 지능검사의 문항 난이도 조정이 필
요함을 시사한다.

지능과 지능지수(IQ)에 대하여 올바른 이해가 필요하다. 우선, 지능과 지
능지수는 동일 개념이 아니다. 지능지수는 지능을 표시하는 하나의 지표에
불과하다. 둘째로, 지능지수는 변하지 않는다는 관점보다는 일생에 걸쳐 상
당한 정도로 변화할 수 있는 것으로 여기고 아이들의 지능을 높이기 위해 노

력하는 것이 필요하다. 셋째로, 지능검사에 의해 인간관계 기술, 심미적 능력, 창의력 등과 같은 중요한 모든 능력을 측정할 수 있는 것은 아니라는 점을 이해해야 한다. 또한 지능점수는 학습에 대한 일반적성의 평가일 뿐이며, 학습능력을 예언해 줄 수 있을 뿐이다. 특히 전통 지능검사에서는 언어, 논리수학, 공간지각과 같이 학습영역과 관련된 능력의 평가에 치우치고 있음을 잊지 않아야 한다. 넷째, 지능검사는 문화적으로 공정하지 않다는 점이다. 이에 점차 문화적 형평성을 표준화 검사 도구의 새로운 요건으로 요구하고 있다. 마지막으로, 지능점수가 개인검사 또는 집단검사의 결과인지를 확인할 필요가 있다. 특히 집단검사의 경우에는 피험자의 언어능력, 검사 당일 피험자의 상태, 검사 환경요인 등의 영향이 매우 크므로 결과를 해석할 때는 더욱 신중해야 한다.

④ 학습부진과 학습장애

특수학습자(exceptional learner)는 정서적 특성, 감각 특성, 신체운동 및 신체적 특성, 사회적 행동이나 의사소통 능력 등에서 정상 아동으로부터 지나치게 이탈되어 있어 그들의 잠재력을 발휘하기 위해서는 특수교육과 관련된 서비스를 받아야 하는 학습자들이다. 교사는 유형별 특수아의 특성을 이해하고, 맞춤형 지도방안을 숙지한 후 적용할 필요가 있다. 이 장에서는 학습부진과 학습장애(learning disorder)의 특성을 비교하고 어떻게 접근해야 하는지를 알아본다.

학습부진과 학습장애는 개념적으로 구분할 필요가 있다. 우선, 학습부진은 정상적인 지능 수준을 가정하는 기대-불일치(under-achievement) 모델이 아닌, 일정 수준 이하의 낮은 성취(low achievement)를 의미한다. 학습부진아는 체계적인 도움이 필요한 보충학습 대상자이다. 학습부진아 교육은 낮은 성취를 보이는 학생 중에서 교사가 권고하는 학생들을 대상으로 선택형 체제로 지원되어야 한다. 그리고 학습장애 교육은 통합교육의 차원에서 의뢰 전 단계 체제로 전환하여 특수교육과의 연계 서비스로 구축될 필요가 있다.

Carroll(1963)은 학습부진을 설명하는 모형으로 학교학습모형(Model of school learning)을 제안하였다. 이 모형에서 학습($L=f(Ta/Tn)$)은 학생이 실제로 투입한 학습 시간의 양(Ta)과 학생이 학습을 위해 필요한 시간(Tn)의 함수 관계로 설명된다고 하였다. 학습 시간의 양에 영향을 미치는 학생 변인에는 학습지속력이 있으며, 교사의 변인에는 학습기회의 제공을 들 수 있다. 학습을 위해 필요한 시간에 영향을 미치는 학생 변인에는 학습자의 적성과 수업이해력(능력)이 있으며, 교사 변인에는 교수(수업)의 질을 들 수 있다. 즉, Carroll의 모형은 학습자의 적성, 수업이해력, 학습지속력에 교사가 최적의 학습 조건을 제공하면 거의 완전히 학습할 수 있다는 이론이다. 또한 Bloom(1968)은 Carroll의 학교학습모형을 토대로 완전학습모형을 제안하면서 학습이 학생의 특성보다도 교육시스템의 영향을 더 많이 받는다고 하였다.

학습장애를 보이는 학생의 경우에는 실제로 투입한 학습시간의 양(Ta)에 비하여 학습을 위해 필요한 시간(Tn)이 상대적으로 너무 증가하는 경우라고 볼 수 있다. 학습장애는 발달적 학습장애와 학업적인 학습장애로 구분한다. 발달적 학습장애는 주로 학령전기 아동들에게 나타나며 구어장애, 주의집중장애, 지각장애, 기억장애, 그리고 사고장애 등과 같은 학습 관련 기능에 현저한 어려움을 보이는 경우이다. 학업적인 학습장애는 비교적 일반적인 지적 능력을 지니고 있음에도 불구하고, 학령기 이후 특정 뇌 기능 영역의 결함으로 읽기, 쓰기, 수학에서 장애를 보이는 경우이다. 초등학교급 이상에서 두 개 학년 이상의 현저한 학업능력의 차이를 보인다.

모든 학생에게 자기주도적이고 실제적 문제에 기반한 학습을 강조하는 구성주의 학습을 하도록 이끌기는 어렵다. 자기주도적 구성주의 학습은 높은 성취를 보이는 학습자들에게는 가능할 것이다. 그러나 학습부진을 보이는 낮은 성취의 학습자들에게는 완전학습, 프로그램학습을 통한 개별화된 학습이 더 적합할 것이다. 교사가 수업의 질을 높이고 학생들의 수업이해력을 높이면 학생들의 학습에 필요한 시간을 줄여줄 수 있다. 또한 학업을 보충하고 교정이 기회를 늘리면서 학생들이 학습동기를 높이기 위한 전략을 통해 학생들이 실제로 학습에 몰두하는 시간을 늘려주면 학생들의 학습효과는 극대화될 수 있다.

학습부진을 지능과 성취에서의 차이, 지속기간, 범위, 영향력, 내/외적 요인의 차원에 따라 구분하면(김동일 외, 2019) <표 11-1>과 같이 이해할 수 있다.

▷ **표 11-1** 학습부진의 유형 구분

구분	설명
지능/성취의 차이	• 일치(미확인) : 지능과 성취가 모두 낮거나 평균 정도, 측정되지 않은 능력이 있을 수 있으므로 성취가능성이 숨겨져 있음 • 불일치 : 높은 지능에도 학교에서의 성적이 낮음
지속기간	• 일시적/상황적 : 일시적인 기간(가정환경의 변화, 질병, 전학, 대인관계의 갈등 등) 동안 나타남 • 만성적 : 장기간에 걸쳐 학습부진이 발생함
범위	• 특정 교과 및 기능 결핍 : 수학, 과학 등 특정 과목이나 미술, 체육과 같이 신체 발달과 관련된 영역에서 학생의 흥미나 동기가 부족하여 적절한 수준이 나타나지 않음 • 기초 학습기능 부진 : 읽기, 셈하기와 같이 기초실력이 부족하여 높은 수준의 학습이 어려운 경우 • 전반적 학습부진 : 전반적으로 모든 교과목에서 지능에 비해 낮은 수행 수준을 보이며 성취가 낮음
영향력	• 경미한 경우 : 정서적 적응과 사회 행동은 정상이며 전반적인 부정적 영향이 나타나지는 않음 • 심각한 경우 : 성공 경험의 부족으로 자아존중감이 낮고 자기비판적 성향이 강해짐, 부적응적 대처행동으로 학교생활 전반에서 파괴적인 모습을 보임
내/외적 요인	• 내적 요인 : 건강상의 문제, 성격적인 결함, 낮은 학습 동기와 학습 실패 경험의 누적, 학습전략 부족 등 • 외적 요인 : 잦은 이사, 가족 구조의 변화, 교사나 또래 관계에서의 어려움, 사회적 변화 등

학습부진의 원인은 복합적이어서, 지능이나 기초학습능력의 부족 이외에도 시험불안이나 우울과 같은 정서적 요인, 학습 자원과 보상이 충분히 제공되지 않는 물리적 및 심리적인 환경 요인, 학습에 대한 비합리적 신념과 저하된 학습동기와 같은 인지적 요인, 자기통제력과 의지력 부족, 시간관리 실패 등의 행동적 요인에 영향을 받게 된다(이창현, 이은주, 2018; 황매향, 2016). 학급에 학습부진을 겪고 있는 학생이 있다면 그 원인이 무엇인지 면밀하게 파악한 다음, 그에 따라 적절한 도움을 제공하는 것이 바람직할 것이다.

제12장

창의성

인공지능 프로그램인 알파고와의 바둑 대결(2016. 02.)은 흙수저들에게는 일자리 경쟁에서 금수저를 넘어, 먹지도 쉬지도 않고 일할 수 있는 철수저 노동자의 존재를 부각시키며 인공지능 포비아를 가져왔다. 이제는 말하는 인공지능 Chat GPT까지 등장하였고 계속 버전이 업그레이드되고 있으며, 이를 제대로 알고 잘 활용할 능력을 요구하고 있다. 이렇듯 인공지능이 가져온 4차 산업혁명 시대라는 화두는 앞으로 현존할 일자리는 무엇이며, 미래의 우리 아이들에게 어떠한 진로 방향을 제시하고, 진로 교육은 어떻게 해야 할지 고민하게 하고 있다. 여전히 미래의 변화를 읽어내는 혜안이 요구되고 그 변화에 적응해야 하는 시대에 살고 있으며, 그 변화의 중심에 창의적 역량이 요구되고 있음을 주목하게 된다. 이에 창의적 역량의 향상도 가능하다는 인식이 확산되고 있으며 학생들 각자의 다름을 인정하면서 창의적 잠재력을 키워 주기 위한 교육적 환경의 마련과 실천은 시대적 요청이 되고 있다.

1 창의성의 개념

자율주행, 메타버스, 스마트시티, 스마트공장 등 계속된 신기술로 인한 다양한 신사업의 등장으로 획기적인 변혁이 일어나고 있는 새로운 시대는 우리에게 다시금 창의성을 요구하고 있으며, 창의성이 중요하다고 말하고 있다. Csikszentmihalyi(1996)는 인간은 창의적인 활동을 통해 강한 생명력을 느끼며, 인간에게 창의성이 없어진다면 더 이상 생존할 수 없게 되기에, 결국 인류의 생존은 창의성에 달려있다고 하였다. 평생 창의성을 연구하였던 Torrance(1995)도 인간에게 창의성은 매우 중요한 능력이라고 하였다. 인성의 발달과 정신건강을 위해서, 정보의 습득 및 지식을 일상의 개인적·전문적인 문제에 적용하기 위해서도 창의적 사고는 중요하며, 한 문명의 미래는 다음 세대의 창의적 상상력에 달려있다고 하였다. 창의성이 이렇게 중요한 능력임에도 불구하고 학문적 관심은 그리 오래되지 않았다.

그래서 정작 창의성이란 무엇인가에 대하여 정의하기는 쉽지 않다. Goldman(1965)은 창의성은 매우 포괄적인 개념이어서 그 안에 무엇이 있는지 파악하기 어렵다고 하였다. 19세기 이전까지는 극소수의 사람만이 선천적인 능력으로 창의성을 가진다고 보았으며, 20세기 초반까지도 과학적이고 객관적인 창의성 연구는 진행되지 못하였다. Guilford는 1950년 미국심리학회 기조연설에서 창의성의 중요성과 경험적 연구의 필요성을 강조하였고, 이로 말미암아 창의성 연구가 다양한 관점에서 시작되는 계기가 되었다.

Guilford(1968)는 자신의 지능구조모형에서 확산적 사고와 수렴적 사고를 창의성의 기본 사고유형으로 보았으며, 창의성을 새롭고 신기함을 드러내는 힘이라고 정의하였다. 확산적 사고의 예로는 제한된 시간 안에 많은 답을 내는 유창성(fluency)과 다양한 답을 내는 유연성(flexibility, 융통성), 남들과 다른 답을 내는 독창성(originality) 등이 있으며, 수렴적 사고의 예로는 아이디어를 세심하게 수정 발전시킬 수 있는 정교성(elaboration)과 재정의(redefinition) 능력이 포함된다. 이러한 인지적 요소들과 함께 창의적 사고를 일으키는 정의적 요소로 개방성(openness)과 민감성(sensitivity) 등이 요구되고 있다.

Torrance(1977)는 창의성이란 곤란한 문제를 인식하고 그것을 해결하기 위해 아이디어를 내고, 가설을 검증하며, 그 결과를 전달하는 과정이라고 정의하였고, Rogers(1959)는 창의성이 있어야 자신의 내적 경험을 토대로 자아실현 경향성으로 연결될 수 있다고 하였다.

Edward de Bono(1990)는 수평적 사고가 창의적인 사고임을 강조하였다. 수평적 사고는 정확한 해결법을 찾고자 자료를 토대로 논리적 단계에 따라 사고하는 수직적 사고와 달리, 판단을 유보하고 가능한 다양한 아이디어를 탐색하는 사고이다. 광의의 개념으로 창의성은 새로우면서(novel)도 유용하고 적절한(appropriate) 것을 만들어내는 행동 또는 정신적 과정으로 정의할 수 있다. 또한 창의성은 자연스러우며 이해할 수 있고, 통제도 가능한 과정이며, 누구나 훈련을 통해 생산적인 사고를 할 수 있다는 특성을 지니고 있다(Treffinger, Isaksen, & Dorval, 2000).

2 창의성 연구접근

창의성에 관한 연구는 창의성을 정의하는 방식에 따라 창의적 인물(creative person), 창의적 사고과정(creative thinking process), 창의적 산물(creative product), 창의적 환경(creative press)에 관한 4P 접근, 그리고 창의성에 관한 통합적 접근으로 정리할 수 있다.

1) 창의성의 4P접근

창의성 연구의 4P는 창의적인 인물(Person), 창의적 사고과정(Process), 창의적 산물(Product), 그리고 창의적 환경(Press)의 네 가지 범주를 의미한다(Rhodes, 1961). 이 범주들 외에 '설득(Persuasion)'과 '잠재력(Potential)'을 추가하여 6P접근으로 제안되기도 하였다(Runco, 2004; Simonton, 1994). 창의적인 사람들은 남들에게 그들의 아이디어가 창의적임을 설득할 수 있어야 하며, 창의적 잠재력은 현재 바로 나타나는 창의적인 행동과 향후 발현되어 창의적일 수 있는 행동으로 구분하여 연구할 수 있다.

첫째, 창의적인 인물에 관한 연구이다. 역사적으로 매우 창의적이었던 예술가, 발명가, 과학자들의 자서전 및 전기, 그리고 현재 창의적인 인물로 알려진 사람들과의 인터뷰 등을 통해 자료를 수집하고 분석하여 그들의 공통된 특성을 찾아낸다(Barron, 1988). 또한 창의적인 사람들의 성격적 특성을 밝히기 위한 검사 도구를 개발할 수도 있다(Plucker & Renzulli, 1999).

Maslow(1987)는 자아실현의 과정이 창의성과 긴밀하며, 창의적인 사람은 독립적이고 자율적이며 최적의 건강과 복지를 위해 노력한다고 하였다. 또한 삶의 즐거움과 살아있음에 대해여 감사할 줄 안다고 하였다. Sternberg(1988)의 연구에 따르면, 창의적인 사람은 모호한 것을 잘 참으며 방해가 되는 상황을 잘 극복하려는 의지, 성장하고자 하는 의지, 내적 동기, 모험심, 인정받으려는 욕구 등이 높다. Torrance(1995)는 창의성의 원동력은 자신의 꿈이나 미래에 대한 끊임없는 열정이라고 하면서, 자신이 몰입할 수 있는, 진정으로 원하는 미래상을 가지고 있는가는 미래의 창의적인 성취를 예언하는 주요 변인이라고 하였다. Amabile(1996)의 연구에서는 창의적인 사람은 모호하고 복잡한 문제를 포기하지 않고 해결하려는 끈기, 자기 절제, 위험을 감수하려는 자발성 등을 보이며, 창의성이 요구되는 특정 분야의 지식과 기술을 가지고 있다고 본다. 더불어 보상 등의 외적 수단에 집착하지 않고 과제 그 자체를 즐기려는 내재 동기가 강하다.

정리해보면, 창의적 인물은 낙관적(optimistic) 성향으로 개방적, 직관적이고, 도전적이어서 모험심 또한 강하며, 비관습적 사고를 하는 경향이 있다. 또한 특정한 활동에 대한 높은 관심과 몰입, 열정 등의 내재 동기를 보인다. 한편, Csikszentmihalyi(1996)는 창의적 인물의 양면적 특성에 대하여 언급하였다. 매우 활동적으로 움직이다가도 때로는 조용한 휴식이 필요하며, 상상과 공상에 젖어 있다가도 매우 현실적인 모습을 보이는 등 반항적이고 개혁적인 동시에 보수적이고 전통적인 성향도 가지고 있다고 하였다. 이러한 양면성을 조화롭게 활용하면서 창의적인 새로움을 만들어 낼 수 있는 것이라고 하였다.

둘째, 창의적인 사고의 과정에 관한 연구이다. 창의성을 사고의 과정으로 보며 창의적인 문제해결과 통찰의 과정이 있음을 강조한다. 창의적 사고의 과정은 새로운 사고를 조합하거나 새로운 관계를 인지하는 과정이다. Wallas(1926)는 창의적 사고의 과정을 준비단계, 배양단계, 영감단계, 그리고 검증단계의 4단계로 구분하였다.

- 준비(preparation)단계는 직면한 문제의 해결을 위해 다양한 가능성을 탐색하고 해결방안을 모색하는 단계이다. Torrance(1995)는 준비단계

에서 교사의 역할이 매우 중요함을 피력한다. 교사는 학생들이 호기심과 기대감으로 문제가 되는 상황에 주의를 집중하도록 이끌어야 하며, 학생들의 상상력을 자극하고 구체적인 목표를 이루기 위해 동기부여가 되도록 도와야 한다. 또한 창의적 사고의 정의적 요소인 개방성을 높여야 한다. 개방적 사고는 낯선 것을 익숙하게 하고 익숙한 것은 낯설게 보도록 도와준다. 즉, 다른 시각에서 볼 수 있어야 하며 제한된 정보에서 확장된 사고가 가능하여야 한다. 마주한 문제에 대하여 낙관적이며 도전적인 태도로 임하며 적극적으로 사고할 수 있는 능력이 배양되도록 도와야 한다.

- 배양(incubation)단계는 당면한 문제에 대하여 충분한 시간을 가지며 생각하는 단계이다. 창의적인 사고의 과정에서 배양단계의 중요성은 점차 커지고 있다. Kubie(1958)는 배양단계를 퇴행적이 아닌 건강하고 적응적인 과정이라고 하였으며, May(1975)는 사람들이 자신의 잠재적 능력을 실현하는 과정으로서 인지적, 의지적, 정서적 기능이 함께 이루어지는 초합리적인 사고의 과정이라고 보았다. 배양의 시기야말로 '창의적 문제해결의 단계'이다(Smith & Dodds, 1999). 배양단계에서 문제를 마주하며 생기는 피로감을 회복할 수 있고 부정확한 정신상태를 잊어버릴 수 있다면 문제의 해결방안을 찾게 된다.

- 영감(inspiration)단계는 배양단계에서의 여러 생각들이 갑작스레 직관이나 통찰의 형태로 떠오르는 확산적 사고의 단계이다. 영감은 어떤 문제에 대한 해결책이나 기발한 아이디어가 갑자기 의식 수준에서 떠오르는 것이다. 시인 Hausman은 그의 시가 '이미 만들어진 상태'에서 영감을 통해 다가온다고 하였으며, 과학자 Kekule도 영감을 통하여 벤젠의 화학구조를 발견하였다고 전해진다(신명희 외, 2018).

- 검증(verification)단계는 모색한 해결방안의 타당성을 검증해보는 것으로 수렴적 사고의 단계이다. 창의적 결과물은 영감만으로는 가능하지 않으며 검증단계가 요구된다. 과학이론도 오랜 기간 여러 차례의 검증과정을 거쳤으며, 시, 소설, 노래 등과 같은 예술작품도 계속된 수정,

재수정을 거치는 정교화의 과정을 통해 탄생되었다. 이렇듯, 창의적 사고의 과정은 확산적 사고와 수렴적 사고가 함께 이루어지는 과정이다.

셋째, 창의적 산물에 관한 연구로, 이는 창의성을 드러내는 결과물이다. 창의적인 결과물을 만들도록 요구하고 그 결과물을 평가하는데 있어 중요한 것은 새로움과 함께 유용성 또는 적절성(appropriateness)을 모두 지녀야 한다는 점이다.

넷째, 창의적 환경에 관한 연구이다. 창의적 환경이란 창의적 사고를 촉진하고 이러한 사고를 토대로 창의적인 결과를 산출하기까지 지속적인 영향을 미치는 심리적, 물리적 자원을 포함한다. 즉, 창의성이 발현되도록 촉진할 수 있는 사회적 환경, 물리적 환경, 가정환경 등을 넘어, 창의적인 사고에서 산출물로까지 연결되는 심리적 환경과 창의성을 발현시켜주는 다양한 자원을 포함하는 통합적 개념의 환경 등 전반적인 환경요인이 고려되어야 한다(Amabile, 1996). Csikszentmihalyi(1996)는 한 개인의 창의적 능력만으로는 사람들의 창의적인 아이디어가 어떻게 나오는지를 설명하기 어렵다고 하였다. 학생들이 다양한 문화를 경험하면서 남들과 다른 자신의 생각을 주저하지 않고 말할 수 있고, 자신이 흥미를 보이는 일을 마음껏 할 수 있는 환경이 주어질 때 창의적인 능력은 고취될 수 있다(Amabile, 1996; Simonton, 1994). 요컨대, 창의적 환경이란 개인이나 집단이 창의성을 드러내고 구체화하는 과정에 긍정적인 영향을 줄 수 있는 외적인 요인이면서(박병기, 박상범, 2009), 인간이 잠재적인 창의성을 발현, 증진, 촉진할 수 있도록 지속적인 기여를 제공하는 심리적, 물리적 환경요인들의 총체라 볼 수 있다(김미숙, 최예솔, 2014).

2) 창의성의 통합적 접근

최근에는 창의성 연구의 여러 맥락이 통합적으로 접근되어야 함을 강조한다. Csikszentmihalyi(1996)는 창의성 연구가 창의적인 개인의 성격이나 사고의 범위를 넘어 창의적 환경과 영역이 함께 고려되어야 한다는 입장에서 창의성 체계 모델을 제시하였다. 그에 의하면, 창의성은 기존의 영역에서 새로운 변형을 만들어내는 행위, 사고 또는 결과물이다. 영역(domain)과 창의적 개인(person)은 서로 영향을 주고받는 관계에 있다. 모델의 첫 번째 요소인 영역(domain)은 우리가 일반적으로 문명이라고 부르는 특정 공동체나 인류가 공유하는 상징적 지식으로 미술, 음악, 수학, 과학 등의 분야를 말한다. 분야의 내용은 해당 영역의 개인들에 의해 지식, 규칙, 접근법 등으로 전수된다. 두 번째 요소인 활동현장(field)에서는 개인이 만든 새로운 아이디어나 창작물을 영역 속에 포함할지를 결정한다. 현장에서의 논의 과정은 새로운 아이디어가 나올 때마다 이어지는 순환의 과정이다(강충열 외, 2017). 현장에는 다양한 영역과 관련된 종사자, 전문가, 기관, 그리고 단체들이 포함된다. 세 번째 요소는 개인이다. 개인에게는 앞서 언급한 창의적 인물이 가지는 능력과 소양이 요구된다.

요컨대, 개인의 창의적 역량은 활동현장(field)의 개방성과 창의성을 지지하는 환경이 함께할 때 한층 높아질 수 있다. 창의성은 세 요소 간의 상호작용과 시간의 흐름에 따른 변화를 통해 정의된다. 개인은 그들이 처한 사회·문화적, 역사적, 진화적인 맥락 안에서 자신의 잠재력을 표현할 수 있다. 특정한 재능의 인정은 시대정신과도 무관하지 않다. 어떤 재능은 시대정신이 받아들여 인정될 수 있지만, 또 다른 재능은 시대정신이 변해야만 성취될 수 있기 때문이다(Feldman, 1994). 천동설이 지배적인 중세 시대에 지동설을 주장한 코페르니쿠스가 왜 사형당하여만 했겠는가?

통합적 접근에 따르면 창의성은 개인의 인지적, 정의적 특성과 함께 환경적 측면의 영향도 함께 고려되어 통합적으로 설명되어야 하는 것이다.

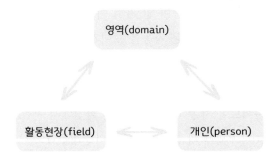

그림 12-1　**Csikszentmihalyi(1996)의 창의성 체계 모델**

3 창의성과 지능의 관계

Guilford(1956)는 창의성에 지능이 어느 정도는 필요하나, 지능이 높다고 해서 반드시 창의성도 높은 것은 아니라고 하였다. 5학년에서 12학년의 학업성적 우수자들을 대상으로 지능검사와 창의성 검사를 하였을 때, 연구참여자들의 IQ가 130 이상이었으나 그들의 지능과 창의성 간에는 낮은 상관을 보였다. 이는 IQ가 어느 수준 이상이 되면 창의성과 지능은 거의 관계가 없다는 문턱(식역, 문지방) 이론(threshold theory)으로 설명할 수 있다. 학자 및 학문영역에 따라 IQ의 문턱을 110, 120, 130(Cropley, 2004) 등으로 다르게 제시하고 있지만, 학자들 대부분은 창의성과 지능이 어느 정도까지는 관계를 보이나 어느 기준점 이상에서는 별개의 능력이라는 점에 동의하고 있다. Terman(1925)은 지능지수가 140 이상을 보이는 1,500여 명을 대상으로 추적 연구를 진행하였는데, 그들 중 놀랄만한 창의적인 업적을 이룬 사람은 거의 없었다고 하였다. 이는 지능이 창의성의 필요조건이 될 수는 있으나 충분조건은 아니라는 점을 말해 주고 있다.

Gardner(1993)는 자신의 다중지능이론과 창의성의 관계를 보기 위해 다중지능 중 한 분야에서 뛰어난 창의적 공헌자 8인(S. Freud, A. Einstein, P. Picasso, I. F. Stravinsky, M. Graham, M. Gandhi, C. R. Darwin, T. S. Eliot)을 연구하였다. 그들의 생애를 분석한 결과, Freud는 개인내지능, Einstein은 논리·수학지능, Picasso는 공간지능, Stravinsky는 음악지능, Graham은 신체운동지능, Gandhi는 대인간지능, Darwin은 자연지능, 그리고 Eliot은 언어지능이 우수하였다. 대부분 우수한 지능이 한 가지 이상이었지만, 때로는 특정 분야 이외의 다른 영역에서 매우 낮은 지능을 보이기도 하였다. 그러나 그들은 모두 유년기에 다른 또래들보다 창의성을 지지해주는 경험에 노출되어 있었음을 발견하였다. 예를 들어, Stravinsky는 배우이자 오페라 가수인 아버지 덕분에 오페라와 콘서트를 자주 관람할 수 있는 환경에서 자랐으며, Picasso의 아버지는 Picasso가 9세에 대규모 전시회를 마련해주었다(신명희 외, 2018).

4 창의성과 교육

Torrance(1995)는 창의성은 인간 누구나 가질 수 있는 보편적 능력이며 교육과 훈련으로 향상될 수 있다고 보았다. 그 어느 때보다도 창의성이 중요하게 요구되는 시대에, 미래를 이끌어 갈 아이들의 창의적인 역량을 키우기 위한 노력이 가정과 학교에서 어떻게 이루어져야 할지 실제적 성찰이 필요하다.

가정에서 자녀의 창의성을 키우기 위한 부모의 역할은 매우 중요하다. 창의적인 아동의 부모는 일반아동의 부모들과 남다를 수 있다. 그들은 질문하는 습관이 있으며 새로운 시각, 새로운 방법으로 주어진 문제를 바라보고 해결하면서 자녀에게 역할모델이 되어 준다. 자녀와 함께 문제와 관련해 토론하고, 조사, 탐구하는 과정을 통하여 자녀의 창의적인 문제해결의 능력을 길러줄 수 있다. 자녀와 함께하되 지나친 간섭은 피하며 스스로 배우고 도전하며 해결할 수 있도록 충분한 시간과 기회를 허용한다. Gardner의 연구(1993)에서, Picasso와 Stravinsky의 부모처럼 자녀에게 특별한 경험이나 모험을 제공하고 지원하는 경우, 자녀의 창의성이 발현될 기회가 더 많아진다고 볼 수 있다. 부모가 자녀와 친밀한 관계를 유지하며 자녀의 호기심, 자기표현, 확산적 사고, 상상력 등에 관심을 보이면 자녀들의 창의성 발달에 긍정적인 영향을 줄 수 있다(Runco, 2014). 창의적인 가정환경은 자녀의 창의적 인성과 정적상관이 있으며, 학습자가 새로운 것을 시도할 때 심리적 불안과 두려움을 이겨내도록 해주는 역할을 한다(이아름, 김소연, 정정희, 2019). 즉, 부모는 우선 자신들의 내면을 들여다 보고 자신들의 창의성 발현에 개방적인 태도를 보이고 있는지 성찰할 필요가 있다. 부모가 먼저 창의적 태도를 지녀야 일상적인 루틴, 규칙, 일정 그리고 기대에서 벗어나 우리의 자녀들에게 창의성 발현의 기회를 줄 수 있다. 이러한 과정은 부모 자신에게는 새로운 가능성을 여는 것이며 동시에 자녀들의 사고 확장을 돕는 것이다(Golinkoff & Hirsh-Pasek, 2021).

아이들은 학년이 높아짐에 따라, 가정에 머무르는 시간보다 학교에 있는 시간이 점점 길어진다. 교사는 학생을 평가하는 권한까지 가지고 있어 교사의 영향력은 점점 커지고 있다. 이에 학생들의 창의성 향상을 위해 교사의 역할도 점점 중요해지고 있다(Bloom, 1985; Torrance, 1988). 부모가 자녀를 어떻게 양육하고 있느냐보다도 교사가 지닌 창의성 수준과 태도가 유아의 창의성 증진에 더 영향력이 컸다는 연구도 있다(최인수, 이채호, 2008). 일반적으로 현장의 교사는 교사의 지시와 규칙 등을 잘 따르고 다른 사람의 의견을 수용하는 태도를 독창성, 대담함보다 더 선호하며, 뛰어난 기억력과 정확한 회상 능력을 보이는 학생들을 비판적 사고와 독창적인 의사 결정력을 가진 학생들보다 더 선호하는 경향이 있다(Torrance, 1965). 교사는 창의적인 아동을 선호하지 않는 경향이 있다(Westby & Dawson, 1995). 미국의 한 초등학교 교사는 창의적인 학생을 덜 창의적인 학생보다 파괴적이라고 평가하기도 하였다(Scott, 1999). 이러한 경향은 교사의 권위주의적인 태도에서 기인할 수 있으며, 교사의 이러한 태도는 아동의 호기심을 억제하고 동기유발을 제한하며 자아존중감을 낮춘다. 아동에게 미치는 교사의 영향력이 부모에 의한 영향력보다 훨씬 더 클 수 있음을 유의해야 할 것이다(Amabile, 1989).

우리나라 창의성 교육의 역사를 보면, 1989년부터 시행된 제5차 교육과정에서 창의적인 인간의 양성을 강조해왔다. 2009년부터는 국가 교육과정에 창의적 체험활동이 도입되었으며, 2012년부터는 융합 인재교육(STEAM)이 본격적으로 추진되면서 과학기술에 대한 학생들의 흥미와 이해를 고취하여 창의적인 문제해결의 기회를 높이고자 하였다. 2016년부터는 자유학기제가 중학교 1학년 학생들을 대상으로 실시되었고, 2018년부터는 자유학년제로 운영되어 진로의 방향을 고민하고 그들의 적성도 찾을 수 있는 활동 중심의 무시험 기간으로 운영되었다. 그러나 여전히 대학 진학을 위한 단편적 지식의 암기와 문제 풀이 위주의 교육이 진행되고 있어, 학생들에게 새로운 것에 대한 개방성과 그것을 새로운 시각으로 볼 줄 아는 능력, 갑작스레 마주한 일에 도전할 수 있는 용기 등과 같은 창의적인 능력의 제고에 기여하고 있는지는 의문이다.

창의성의 학교급별 연구에 따르면, 초·중·고 연령에 따른 창의성 수준의 변화양상이 대체로 비선형적인 양상을 보이고(김진우, 박혜성, 이선영, 2020),

초등학생들의 창의성이 그들이 처한 사회 문화적 인습에 더 민감하게 반응하는 4학년을 기점으로 눈에 띄게 줄어든다고 한다(Torrance, 1968). Torrance(1968)는 전반적인 학교 환경이 사춘기로 진입하는 학생들의 창의성에 큰 영향을 미친다고 하면서, 이 현상을 '4학년 슬럼프'라고 표현하였다. 이 점은 4학년의 슬럼프 시기를 잘 극복하여 초등학생들의 창의성이 중·고등학생들까지 지속적인 성장으로 이어질 수 있도록 창의적인 교육환경의 제공이 요구되고 있음을 시사한다(박가영, 이정민, 2021).

학교 교실에는 창의성과 지능이 모두 높은 집단, 창의성은 높으나 지능은 낮은 집단, 창의성은 낮으나 지능은 높은 집단, 그리고 지능과 창의성이 모두 낮은 학생들 집단이 공존하고 있다. 그들 집단의 특성을 알아본 연구에 의하면(Wallach & Kogan, 1965), 창의성과 지능이 모두 높은 집단은 자아존중감과 자아통제력, 표현력 등이 높고 외향적이며 대인관계능력도 우수하였고, 주의 집중력이 강하며 학구적이고 높은 감수성을 지니고 있었다. 창의성은 높으나 지능이 낮은 집단은 교실에서 가장 인정받고 있지 못하는 집단으로 자아존중감이 낮고 주의 집중력이 떨어졌다. 평가가 없는 상황에서는 높은 수행 능력을 보였으나 실제 평가 상황에서는 불안해하며 두려움이 있는 것으로 나타났다. 창의성은 낮으나 지능이 높은 집단은 학교에서의 학업성취에 예민하고 성공을 중요시하며, 대인관계가 좋고, 우수한 성적을 보이나 시험에 대한 불안이 있는 것으로 나타났다. 마지막으로, 창의성과 지능이 모두 낮은 집단은 학업의 성취는 낮으나 외향적이고 학교 활동에 적극적으로 임하였으며 자아존중감은 창의성만 높은 집단에 비해 오히려 더 높았다. 이 연구는 교사가 교실에서 가장 인정받지 못하는 집단에 특히 주목하고 그들에 대한 교사의 역할은 무엇인지 성찰할 필요가 있음을 말해 준다.

교사의 이러한 영향력을 고려할 때, 교육 현장에는 창의적이고 창의성을 촉진하는 교사가 있어야 한다. Bennett(1976)의 연구에 의하면, 학생의 창의성 향상에는 교실 환경이 폐쇄적 또는 개방적으로 조직되었느냐의 여부보다 교사의 역할이 더 중요하다. 우선 '창의적인' 교사가 필요하다. 교사는 창의성에 대하여 이해하고 창의성 교육이 중요함을 인식해야 한다. 교사의 인식은 자신의 수업에 대하여 반성적 성찰을 함으로써 새로운 창의적 수업을 실천하게 할 수 있다. 창의적인 교사는 창의적인 학생들을 더 지지하는 경향을 보이며, 창의적인 행동의 모델을 제공하고, 학생들의 창의적인 행동에 강화와 격려를 해주며, 따돌림과 비난을 받지 않도록 피난처를 제공하기도 하며 창의성을 지지하는 환경을 만들어준다(Cropley, 1992). 더불어 창의적인 교사는 자신의 전공지식 및 교육학적 지식을 다른 영역의 지식과 연결하여 융복합적 사고로 학생들의 창의적 사고를 자극하고 격려할 수 있도록 창의적인 행위 모델이 되어야 한다.

'창의성을 촉진하는' 교사(Beghetto & Kaufman, 2014; Cropley, 1992; Hallmann, 1970)는 창의적인 학생들이 기존의 지식을 충분히 익혀서 이를 토대로 창의적인 사고를 할 수 있도록 인지적 유연성을 길러주어야 한다. 학생들이 독립적으로 학습하도록 독려하면서, 협동적이고 사회적으로 통합적인 수업을 해야 한다. 교실 내에서 창의성을 촉진할 수 있는 활동의 기회를 마련해주어야 하며, 이를 위해서는 상상과 탐색 그리고 선택의 기회를 제공하여 나름의 방식으로 문제를 해결해보고 협동하는 경험이 되도록 지원하여야 한다. 교사 자신의 의견을 즉답하기보다는 학생들이 그들의 생각을 충분히 표현할 수 있도록 기다리며, 학생들의 제안과 질문을 신중하게 받아들여야 한다. 또한 학생들이 성공만을 위해 노력하지 않고 실패나 실망도 이겨내어 새롭고 낯선 환경에서도 도전할 수 있도록 부분적인 것보다 전체적인 것을 보게 하는 능력을 키워주어야 한다.

더불어 창의적인 사고를 격려하고 지지하는 훌륭한 수업(Beghetto & Kaufman, 2014)은 교과 내용을 깊게 이해하는 수업이다. 수업에서 다루는 전체 내용에 대하여 구조적이고 통합적인 이해를 넘어, 내용과 관련하여 비판적 이해와 주어진 내용 이상으로 상상해보는 창의적 사고까지 연결되는 수업이어야 한다.

Beghetto(2017)는 지금까지의 많은 창의성 연구와 담론이 창의성 교육을 위한 창의적 사고기법의 훈련 그리고 그 훈련이 창의력 증진에 미치는 효과에만 관심을 두어왔다고 지적한다. 교사가 마련하는 창의성 교육은 창의성을 위한(teaching for creativity), 창의성에 관한(teaching about creativity), 그리고 창의성을 가지고 하는(teaching with creativity) 스펙트럼상의 수업으로 확장되어야 한다고 강조한다. 창의성을 위한 수업은 학생들에게 창의적 사고의 요령과 방법을 직접적으로 가르치고자 하는 것이다. 창의성에 관한 수업은 창의성을 주제로 관련 지식과 이해를 함양시킨다. 그리고 창의성을 가지고 하는 수업은 교과목의 내용을 창의적 사고의 방법과 요령을 사용하여 배우고 가르치며, 나아가 학습에서의 사고 과정을 스스로 의식하고 통제할 줄 아는 능력을 기르게 하는 창의적인 방법의 수업이다.

학교에서 창의성 교육을 활성화하는 것은 현 교육의 실제와 동떨어진 별개의 과정이 아니라 그것을 개선해가며 새롭게 변화시켜가는 여정이다. 현행 2015년 개정 교육과정이 추구하는 '창의 융합형 인재' 육성의 중심에는 창의성이 있고, 그 목표를 이루기 위한 학교교육의 교수학습과정에서는 결과 중심의 창의성보다 과정 중심의 창의성이 더 강조되고 있다. 천재들의 창의성이 아닌 일반학생들의 '일상의' 창의성이 다루어져야 하며, 누구나 창의적 잠재력을 가지고 있고 그 능력은 교과 및 비교과 수업 활동에서 연습과 훈련을 통해 향상 가능하다고 전제한다(김영채, 2020). 비대면 학습을 불가피하게 만든 COVID-19는 교육을 포함한 가정과 학교의 환경 전반에 적지 않은 영향을 주었으며, 환경의 관점을 사회·문화적 맥락까지 광범위하게 아우르게 하였다(Amabile, 1996). COVID-19 이전과 이후의 교육환경을 비교해보며 앞으로 마주할 수 있는 팬데믹 상황에서도 가능할 수 있는 창의적인 교육환경이 가정과 학교에서 모색되어야 한다.

5 특수학습자: 영재

특수학습자는 정규 교육과정이 아닌 특별한 교육적 서비스를 받아야 하는 학습자를 의미한다. 편차지능지수를 기준으로 정상 지능의 분포범위를 벗어난 집단으로, 영재와 장애 학습자집단이 포함된다. 이 상에서는 영재의 의미, 판별과 영재의 교육에 대하여 알아보고자 한다.

1) 영재의 의미

영재에 대한 정의는 지능이론의 변화, 시대적 가치 및 준거에 따라 변화해 왔다. 초기에는 지능이 우수한 학생들이 영재로 지칭되었으나(Terman, 1925), 점차 잠재력의 측면이 강조되고 있다.

우리나라의 영재교육 진흥법에는 '재능이 뛰어난 사람으로서 타고난 잠재력을 계발하기 위하여 특별한 교육이 필요한 사람'으로 정의하고 있다. 미국 교육부는 Marland(1972)의 초기 보고서에서 정의내린 영재의 다섯 가지 능력에 신체·운동능력을 추가하였다. 다섯 개의 능력은 일반지적능력, 특정교과 능력, 창의적·생산적 사고능력, 리더십, 시각 및 행위예술 능력으로 이 중 한 개 이상의 분야에서 탁월한 자를 영재로 정의하였다.

Renzulli(1978)는 영재성이 평균 이상의 지능, 평균보다 높은 과제집착력, 평균 이상의 창의성으로 정의될 수 있다는 세 고리 모형을 제시하였다. 이 세 가지 특성 중 하나의 요인만으로는 영재성을 구성하지 못하고 세 가지 특성이 균형을 이루어 상호작용할 때 영재성이 발휘된다고 보았다. 평균 이상의 지능은 언어능력, 수리능력, 공간지각능력, 기억력 등을 포함하는 일반능력과 실제 생활에서의 특수능력을 포함하며, 과제집착력은 비인지적 특성으로 인내심, 몰입 등을 포함한다. 창의성은 문제를 독창적으로 인식하고 해결하며 호기심과 모험심을 가지고 접근하는 능력을 말한다.

Tannenbaum(1983)은 영재를 '훌륭한 성취자, 창출자가 될 잠재력을 가진 사람'으로 정의하며, 일반지적능력, 특수능력, 비인지적 능력, 환경적 요소, 그리고 기회적 요소가 영재성 발휘에 필요하다고 하면서, 여전히 지능 이외의 다른 요소가 필요함을 강조하고 있다.

그 외에, Gagnè(1985)는 영재성은 일반적 능력으로 타고나는 것이며 그 능력이 개인의 환경, 인성, 동기 등과 함께 해야 재능에서 높은 성취를 가져올 수 있다고 하였다. Sternberg(1986)는 영재성이 일반지능이라는 단일개념으로 설명되는 것을 비판하면서, 분석적, 종합적, 실제적 영재성과 같이 폭넓은 차원에서 영재성을 설명해야 한다고 주장하였다. Sternberg가 말하는 분석적 영재성은 문제를 분석하고 부분들의 관계를 파악하는 능력이며, 종합적 영재성은 창의성과 통찰력으로 새로운 상황에 대처하는 능력이다. 그리고 실제적 영재성은 분석적, 종합적 능력을 다양한 실제상황에 적용하고 활용하는 능력이다.

2) 영재의 판별

성공적인 영재교육은 영재의 판별이 정확해야 가능하다. 영재임에도 판별되지 못하는 경우와 영재가 아님에도 영재로 판별되는 오류를 범하지 말아야 한다. 그러나 현실에서는 창의적이고 생산적인 영재가 아닌 사교육에서 만들어진 학업성취 우수자들이 영재로 선발되어 영재교육을 받고 있을지 모른다.

영재판별의 오류를 최소화하기 위해서는 판별의 원칙이 잘 정비되어 있어야 하고, 판별이 그 시스템에 따라 정확히 이루어져야 한다. 우선, 영재성의 정의와 판별은 일관되게 이루어져야 한다. 영재성을 인지적 능력에 초점을 두는지, 아니면 창의적 문제해결력에 두는지에 따라 영재의 판별시스템은 달라질 수 있다. 한 번이 아닌 단계별, 다면적 판별 전략이 요구되며, 가능한 조기에, 배타적이 아닌 포괄성의 원칙에 따라 이루어져 지속적인 교육이 이루어지게 할 필요가 있다. 일반학생들을 위한 도구가 아닌 영재판별 대상의 수준, 나이 등을 충분히 고려하여 신뢰도와 타당도가 높은 도구를 사용하여야 천장 효과(ceiling effect)를 막고 오류를 최소화할 수 있다. 또한 판별에 쓰이는 도구의 내용, 방법, 목표는 판별 이후 제공하게 될 영재교육프로그램의 목표, 성격, 특성 등과 연계되어야 한다(최선일 외, 2018).

Renzulli는 일회적인 영재판별의 문제점을 지적하면서 삼부 심화학습 모형을 제시하였다. 이는 영재의 판별 도구인 동시에 영재에게 학습 선택의 자유와 개별화 교수의 학습 환경을 제공하는 교육프로그램이다. Renzulli는 영재들이 1, 2단계의 준비과정을 통해 3단계에서의 탐구활동을 할 수 있도록 도와야 한다고 하였다. 이 모형의 가장 큰 장점은 단계에서 상호 넘나들 수 있는 '회전문 장치'를 두어 영재들이 그들의 수준에 맞는 단계를 선택하도록 하였다는 점이다. 모형에서 유형 I 은 지원자의 15~20%를 선발하여 전공을 구분하지 않고 통합수업의 형태로 진행한다. 이 단계에서는 선발 비율을 대

폭 확대함으로써 숨은 영재들에게 선정의 기회를 제공한다는 점에서 그 가치
가 있다. 유형Ⅱ에서는 유형Ⅰ에서 온 영재들을 대상으로 집단별 수업을 진
행하며, 유형Ⅲ에서는 유형Ⅰ과Ⅱ에서 온 영재들을 대상으로 전공영역에 대
한 심화 수업을 실시한다(Renzulli & Reis, 1997). 그러나 판별과 교육이 동시에
이루어지기 때문에 판별의 기간이 너무 길고 재정적 부담이 커진다는 단점이
있다. 이에 타당도와 신뢰도가 검증된 객관적인 판별 도구와 Renzulli 모형
을 적절히 융합하여 적용하는 방식이 대안으로 제안되고 있다.

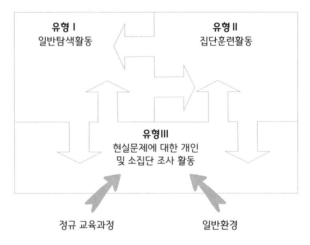

그림 12-2 **Renzulli의 삼부 심화학습 모형**

※ 출처: Renzulli & Reis (1997).

3) 영재의 교육

영재교육의 목적은 궁극적으로 사회에 기여 가능한 창의적이고 생산적인
잠재력을 가진 아동들을 발견하고 그 능력을 최대한 이끌어주어 잘 활용할
수 있도록 돕고자 하는 것이다. Terman은 1916년 Binet-Simon 검사를 개
정하여 Stanford-Binet 검사를 발표하고 영재에 대한 종단연구를 진행하였
다. 이에 Terman은 영재교육의 선구자로 불리며, 영재를 '지능이 탁월한 사
람'으로 정의하였다. 이후 Terman은 영재의 특성을 지능이라는 단일 차원이
아닌 다차원적인 개념으로 정의해야 한다는 비판을 받아왔다. 이어 미국의

심리학자 Hollingworth는 영재교육의 양육자로 일컬어진다. Hollingworth는 영재의 판별과 교육에 적극적으로 참여하면서, 영재들의 독창적 사고가 창의적 산출물로 이어지도록 하였고, 그들의 리더십을 키워줄 수 있는 교수적 도움이 필요함을 주장하였다. 또한 영재들은 인지적 발달이 신체적 발달을 앞서는 경향이 있어 정서·사회적 문제가 야기될 수 있으므로 영재의 정서교육에도 힘써야 함을 강조하였다(최선일 외, 2018).

영재교육의 과정은 영재의 개념, 판별 원칙 등과 일관되게 연계되어 있어야 한다. 영재교육도 일반학생교육과 마찬가지로 영재의 잠재력을 최대한 이끌기 위한 것이며, 영재 개개인의 능력, 학습 속도, 선호하는 학습양식을 토대로 세워진 목표에 따라 개별화된 교육이 시행되어야 한다.

영재교육을 위해서는 속진(acceleration)학습과 심화(enrichment)학습이 모두 활용될 수 있다. 영재교육의 초기에는 월반(grade-skip)제도와 같은 속진학습이 보편적으로 활용되어왔다. 그러나 속진 제도가 영재의 빠른 학습 능력만 고려할 뿐 그들의 폭넓고 깊이 있는 사고능력을 제한시킬 수 있고 또래와의 분리 등으로 사회성발달을 저해할 수 있다는 비판이 제기되어왔다. 이에 점차 정규 교육과정의 내용을 깊이 있게 재구성하여 심화학습을 하게 하는 것이 요구되고 있다. 그러나 심화 과정을 가르칠 수 있는 전문 인력이 부족하고 그 과정을 위한 재정적 부담 또한 크며, 효과적인 프로그램의 개발도 쉽지 않은 한계점이 있다.

이에 속진 및 심화교육을 따로 구분하여 적용하기보다는 통합하거나 상호보완하여 적용하는 것이 더 바람직하다는 주장이 일반적이다. 일반학생 대상 교육과정을 압축하여 속진교육과 심화교육을 통합하여 실행하는 것도 하나의 대안이다(Renzulli, 2004). 교육과정의 압축은 학습의 손실 없이 영재를 위한 일상적 교육과정으로 내용을 축소할 수 있으며, 줄여진 시간을 활용하여 정교화 과정을 거친 새로운 내용에 주안점을 두고 심화학습을 하도록 할 수 있다는 장점이 있다. 해당 학년의 속진학습이 아닌 교과목별 속진학습도 영재교육의 대안이 될 수 있으며, 추상적 사고와 창의성을 키우기 위한 교육, 높은 수준의 책이나 원서 읽기 등도 많이 장려되고 있다. 일반적으로 영재들의 독립성을 키워주는 교육 방법이 적절한데 이는 출중한 능력의 학생들이 함께 활동하는 협동학습은 오히려 서로 비교됨으로써 해당 영재 학생의 학업 관련 자아개념을 낮아지게 할 수 있기 때문이다.

영재교육을 담당하는 교사는 상상력이 풍부하고 융통성이 있어야 하며 학생의 능력으로 위축되거나 위협받지 말아야 한다. 영재교육 담당 교사는 학문적 전문성, 수업에서의 개방성과 융통성, 유능한 교수학습 능력, 자료를 활용하고 개발하는 능력, 이해와 관용의 자세, 인내심과 성실성, 지원하고 수용하는 자세, 의사소통 기술 및 영재 판별능력, 그리고 상황기반 전문성에서 역량을 갖추어야 한다(한기순, 이현주, 2011). 또한 철학적 이해와 사명감, 전문적 자질, 인성적 자질도 필요하다(여상인, 최남구, 2014). 결국 인지적 요인과 함께 정의적 요인도 지녀야 한다. 영재의 부모나 교사는 영재의 흥미를 넘어서는 연습이나 완벽성을 강요하지 말아야 한다.

제13장

인지양식과 학습전략

1 인지양식

개인차를 설명하는 변인 중 지능, 창의성 외에 인지양식(cognitive style)에 대하여도 알아볼 필요가 있다. 개인이 지니는 독특한 사고의 유형인 인지양식은 개인 간의 지적 수행의 차이를 가져온다(Cronbach & Snow, 1977). 인지양식이 서로 다른 학생들의 학업성취를 높이기 위해서 그들에게 맞는 최적의 학습 방법과 교수 방법을 탐색하고 어떻게 적용하여야 할지 탐구할 필요가 있다.

1) 인지양식(cognitive style)의 정의

인지양식에 대한 정의는 학자들의 관점에 따라 다소 차이를 보인다. 그러나 인지양식이 개인의 능력 차이에서 비롯되는 것이 아니고 개인마다의 사물을 알아차리고 인지하는 독특한 방식이라는 점에는 동의하고 있다. 인지양식은 인지행동에서의 개인차를 설명한다. 인지양식은 개인이 인지적 과제를 하며, 자극 상황이나 내적 사태를 초월하여 보이는 일관적인 반응양식을 지칭하며 넓은 의미에서는 개인의 전형적인 정보처리양식을 말한다. 인지양식은 인간의 다양성을 설명해주는 구조화된 인지적 태도로, 개개인의 인지양식에 따라 정보를 처리하고 문제를 해결할 때 선호하는 전략이 사용될 수 있다. 개인의 문제해결 능력 자체를 의미하지는 않지만, 특정한 과제를 수행할 때 선호하는 전략의 사용과 밀접하게 연관되어 있어서 수행의 질에 차이를 가져올 수 있다.

인지양식에 대한 학자들의 정의를 보면, Kagan은 외부의 환경을 개념적으로 유목화하고, 지각하면서 조직하는 방식에 있어 개인이 보이는 일관적인 선호라고 하였으며, Witkin은 개인이 자신의 지각 및 인지 활동에서 보여주는 특징적이고 일관된 기능적 양식이라고 정의하였다. 또한 Goldstein은 지식 또는 정보를 조직하고 처리하는 개인 특유의 정보처리전략이라고 보았다.

2) 인지양식의 유형

인지양식은 정보의 수집, 처리, 조직의 단계별로 그 유형을 세분할 수 있다. Jonassen과 Grabowski(1993)는 장·독립형과 장·의존형, 시각형과 언어형, 그리고 총체형과 순차형의 세 가지로 구분하고 있다. 장·독립형과 장·의존형은 학습자가 새로운 정보를 수집할 때 정보 자체에 집중하는지 또는 정보가 주어지는 맥락에 주목하는지에 따른 구분이며, 시각(visual)형과 언어(verbal)형은 학습자가 정보를 처리할 때 이미지를 선호하는지 또는 말과 글을 선호하는지에 따른 구분이다. 또한 학습자가 정보를 처리할 때 숲을 먼저 보는지, 나무를 먼저 보는지에 따라 총체형과 순차형으로 구분하고 있다.

신경희와 김초복(2013)은 인지양식 유형 중 시각(visual)과 언어(verbal) 양식에 주목하여 이에 대해 '시각 대 언어'라는 단일 차원을 넘어, 뇌 과학 및 신경학의 연구에 기반한 '대상-공간-언어'의 세 차원으로 이루어진 인지양식으로 확장할 것을 제안하였다. 즉, 같은 시각형이라도 대상 자체에 집중하느냐 또는 대상 간의 관계에 주목하느냐에 따라 대상형과 공간형으로 정교화시킬 수 있다고 주장한다. 각각의 양식이 작업기억에서의 과제수행에 미치는 영향을 알아본 연구에 따르면, 대상형 인지양식을 선호하는 학습자는 대상양식을 활용하는 과제를 더 잘하고 공간형 인지양식을 선호하는 학습자는 공간양식을 활용한 과제를 더 잘 수행하는 것으로 나타났다. 따라서, 인지양식은 작업기억의 개인차를 설명하는 중요한 요인이며, 인지양식에 따른 정보처리전략의 훈련을 통하여 작업기억의 능력이 향상될 수 있다는 것이다.

이 장에서는 여러 인지양식 가운데 교육 장면에서 주목을 받아온 유형으로, Witkin의 장·독립형과 장·의존형 인지양식과 Kagan의 충동형과 숙고형 인지양식을 알아보고자 한다.

• 장·독립형과 장·의존형 인지양식

각자에게 주어진 상황에 따라 정보를 받아들이는 양식은 개인차를 보이며 독특하다는 점에서 인지양식은 장·독립(field-independence)적 및 장·의존(field-dependence)적인 양식으로 분류될 수 있다(Witkin & Goodenough, 1977). 장·독립적이고 장·의존적인 정도는 인지과정에서 정보나 자극에 대한 심리적인 분화의 정도를 보여주는 지표이다. 즉, 전체적인 장의 구조가 그 속에 포함된 자극의 지각에 영향을 주는 정도를 의미한다. 잠입도형검사는 복잡한 선으로 이루어진 도형 속에 숨겨진 간단한 도형을 찾아내는 검사로 개인이 장·독립형인지 또는 장·의존형인지를 확인하게 도와준다. 아래에 제시한 잠입도형검사(Embedded Figure Test: EFT)에서 장·독립형들은 특정 도형을 쉽게 찾을 수 있다. 반면, 장·의존형들은 숨어있는 특정 도형을 찾는 데 시간이 오래 걸리며 끝내 찾지 못할 수도 있다.

질문 복잡한 동형 속에 숨겨진 단순도형이 어느 것인지 찾아보시오.

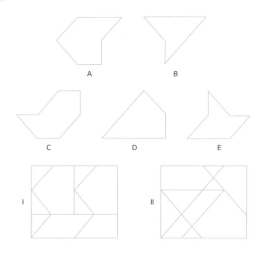

그림 13-1 잠입도형검사 예시

※ 참조: 신명희 외(2018).

장·독립형 학습자들은 사물을 지각할 때, 그 사물의 배경이 되는 주변의 장의 영향을 받지 않거나 적게 받아 심리적 분화가 잘 되는 사람으로, 자신의 주변에 있는 다른 사람이나 상황을 좀 더 독립적으로 분리하며, 경험한 것을 잘 분석하고 구조화할 수 있다. 자신이 정보를 처리하는 과정에 대한 인식과 시각적 장에 대한 조직을 할 수 있으며 각각의 독립적인 부분을 하나의 패턴으로 통합하거나 전체 패턴을 부분적 구성 요인으로 쉽게 분리해낼 수도 있다. 복잡한 자극을 접하더라도 자신에게 필요한 요소와 불필요한 요소를 독립적으로 구분해가며 주어진 자극을 지각하고 인지한다. 또한 자아와 비자아를 엄격히 구분하려는 자기 지향적 사고방식을 가지고 있어 내적인 준거 체계에 따라 주어진 정보나 단서에 반응하는 경향을 보인다.

장·의존형 학습자들은 사물을 지각할 때, 그 사물의 배경인 장(field)의 영향을 받고 심리적 분화가 잘 이루어지지 않아 주어진 대상을 전체적인 특징으로 지각하는 경향이 있다. 즉, 그들은 장의 구조가 보이지 않을 때 장을 분석하거나 어떤 구조를 분리하지 않고 시각적 장(visual field)에서 보이는 그대로를 전체적으로 지각한다. 따라서 주어진 상황에서 한 측면에 집중하거나 세부적인 사항을 선택적으로 변별 또는 문제를 해결해야 할 때 자신이 사용하는 전략을 조절하는 데 어려움을 느낀다.

Witkin 등에 따르면, 장·의존적인 학습자들은 외적인 관련성(external referents)에 의존하는 경향이 있으며 사회 분야에 관심이 많고 본인의 생각을 결정하는 데 있어 다른 사람들에게 의존하는 경향이 있다. 또한 사람들의 관계를 연구하는 사회과학 관련 학문에 관심이 많고 가르치는 직업에 종사하는 것을 선호한다. 반면, 장·독립적인 학습자는 내적인 관련성(internal referents)에 의존하는 경향을 보여 사람 간의 상호작용을 덜 강조하는 천문학이나 공학과 관련된 직업을 선호하고 수학, 물리학 등의 과목을 선호한다. 장·독립형과 장·의존형 인지양식이 대학생의 정보탐색행위에 미치는 영향을 추적한 연구(최문정, 정동열, 2013)에 따르면, 장·독립형 학습자가 장·의존형 학습자보다 더 적은 수의 검색어를 사용하여 더 많고 다양한 사이트를 탐색하였다.

아래에 제시한 <표 13-1>은 장·독립형과 장·의존형의 차이(Garger &

Guild, 1984)를 잘 설명해주고 있다. 이러한 차이는 학교에서의 교수학습과정에 영향을 줄 수 있으므로 잘 이해하고 적용할 필요가 있다.

▷ **표 13-1** 장·독립형과 장·의존형의 차이

학습 양식	장·독립형	• 분석적으로 지각 • 구조나 제한조건을 만들며 경험 • 개념을 구체적으로 구분 • 개념 그 자체에 관심 • 자신이 세운 목표와 강화를 가짐 • 사회과목을 단지 과제로만 학습
	장·의존형	• 전체적으로 지각 • 주어진 구조 안에서 전체적 방식으로 경험 • 개념의 일반적 관계를 봄 • 자신의 경험관련 자료에 흥미를 보임 • 외적으로 부과된 목표와 강화를 요구 • 사회과목 선호하고 가장 잘함
교수 양식	장·독립형	• 강의법 선호, 수업의 인지적 측면 강조 • 주제를 소개하기 위해 질문사용 • 교수가 조직한 학습상황 이용 • 교사는 원리를 적용하도록 하는 사람으로 인식 • 정확한 피드백: 부정적 평가를 사용 • 학습을 조직하고 안내하는 학습 환경을 마련 • 수업상황을 확인하기 위해 질문 사용
	장·의존형	• 학생들과의 상호작용 및 토론 선호 • 학생중심의 활동 이용 • 교사는 사실을 전달하는 사람으로 인식 • 적은 피드백: 부정적 평가를 피함 • 따뜻하고 인격적인 학습 환경 마련
학습 동기화	장·독립형	• 점수 • 경쟁유도 • 활동의 선택, 개인의 목표설정 • 본인에게 과제의 유용성 제시 • 구조를 자유로이 구성하도록 함
	장·의존형	• 언어적 칭찬 • 교사를 돕기 • 외적 보상 • 대리적 강화: 다른 사람에게 과제의 가치를 보여줌 • 윤곽과 구조를 제시

※ 출처: Garger & Guild (1984).

• 충동형과 숙고형 인지양식

　Kagan 등(1964)은 아래에서 제시한 '같은 그림 찾기 검사(Matching Familiar Figure Test)'를 통해 과제에 대한 반응속도와 반응에서의 오답 수를 확인하였고, 개념적 속도에 따라 충동형(impulsive)과 숙고형(reflective) 인지양식으로 구분하였다.

　충동형 인지양식을 가진 학습자들은 정보를 빠르게 처리하지만 실수가 많고 모든 대안에 대하여 탐색하지 않는 경향을 보인다(Kagan & Kogan, 1970). 반면에 숙고형 인지양식을 가지는 학습자들은 실수는 적지만 반응하기 전에 모든 대안을 신중히 검토하느라 다소 늦게 처리하는 경향이 있다. 단순한 문제의 경우에는 충동형이 더 나은 과제수행을 보이고, 다차원적인 복잡한 과제의 경우에는 모든 대안을 고려하는 숙고형의 수행 수준이 더 높게 나타나는 경향이 있다.

　그러나 극단적인 충동형과 숙고형은 모두 문제가 될 수 있다. 즉각적으로 반응하더라도 정답을 제시할 수 있으며, 충분한 시간을 할애하더라도 오답을 내놓을 가능성 또한 존재한다. 충동형 학습자들의 오답률이 높고, 숙고형 학습자들의 정답률이 높을 수는 있으나, 어느 유형도 제한된 시험시간 내에서의 학업성취와 정적 상관을 예견할 수는 없다. 그러므로 충동형과 숙고형의 장점을 살리고 약점은 보완할 방법을 모색하는 것이 필요하다. 충동형 학습자들은 문제해결 과정을 말로 표현해 보거나(Meichenbaum & Goodman, 1971), 객관식 문제풀이에서 연필로 먼저 답을 찾아 표시하는 등 실수를 줄이는 방법을 연습해야 한다(Sternberg & Williams, 2002). 숙고형 학습자들에게는 쉬운 문제를 먼저 풀면서 제한된 시간을 고르게 분배하는 연습이 필요하다.

질문 　주어진 그림과 똑같은 그림을 아래 그림에서 찾아보시오

그림 13-2 　**같은 그림 찾기(MFFT)의 예시**

3) 인지양식과 교육

학습자의 인지적 특성을 이해하기 위해서는 능력의 측면에서뿐만 아니라 양식의 측면에서도 검토해야 한다. 인지양식은 학습법, 교수법, 학생과 교사의 상호작용, 전공 및 직업 선택에 영향을 줄 수 있다. 개인이 가지고 있는 인지양식이 반드시 다른 인지양식보다 더 적절한 것이라고 말하기는 어렵다. 적절성은 실제의 문제 상황이 요구하는 특성에 따라 달라진다. 장·독립형은 복잡한 상황을 잘 분석하여 정보를 추출하는 데 강하지만 사회적 기술은 미숙할 수 있다. 반면, 장·의존형은 대인관계에 관심이 많으나 분석적 능력은 상대적으로 약할 수 있다. 또한 특정 과제에서는 숙고하는 학생들이 충동적인 학생들보다 탁월한 성취를 보이기도 하고, 그 반대의 상황도 얼마든지 찾아볼 수 있다. 인지양식(장·독립형과 장·의존형)에 따른 협력적 문제해결학습의 영향을 분석한 연구(권보섭, 2018)에 의하면, 인지양식과 문제해결력의 향상 간에는 상관이 없는 것으로 나타났다. 반면, 중학생의 학습 부적응의 원인을 탐색한 연구(전은순, 원효헌, 황미영, 2019)에 의하면, 부적응의 원인을 극복하기 위해서는 학생들의 정서적 요인과 함께 그들의 인지 처리양식 및 구체적인 학습전략을 파악하여 접근하는 것이 중요하다고 하였다. 인지 처리양식

은 지식의 획득, 저장 및 인출과 관련이 있으며, 이 양식은 학습자가 정보를 처리하고 저장하는 방식, 학습의 과정에도 영향을 미친다(Connell, 2008). 학생들의 학업성취를 높이기 위해서는 그들의 인지양식과 인지 처리양식 등에 대한 이해가 필요하다.

인지양식을 교육장면에 적용해보면, 학습자들에게는 학습양식으로, 교사들에게는 교수양식으로 활용될 수 있다. 학생들이 선호하는 학습양식은 학업성취에 영향을 줄 것이며, 교사가 선호하는 교수양식은 교사가 어떤 방식의 수업을 할 것인지 결정하는 선택에 영향을 준다. 학생의 학습양식과 교사의 수업 양식은 서로 영향을 주고받는다. Felder와 Solomon(2007)의 학습양식검사(ILS: Index of Learning Style)에서는 학습자들의 학습양식을 감각적(sensory)-직관적(intuitive), 시각적(visual)-언어적(verbal), 활동적(active)-반성적(reflective), 그리고 순차적(sequential)-통합적인(global) 유형으로 구분하고 있다. 이 검사 도구를 토대로 대학생의 학습양식에 따른 학업성취와 진로결정 수준과의 관계를 알아본 연구(고영남, 2005)에 따르면, 감각적 유형의 학습자는 사실(fact), 데이터, 관찰을 선호하며 구체적이고 실제적, 규칙적, 사실 지향적이고 절차 지향적인 경향을 보였다. 반면, 직관적 유형의 학습자는 개념, 원리, 모형을 선호하고 상상적이며 이론 및 의미를 지향하는 경향을 보인다. 더불어 활동적인 학습자는 그룹 활동을 선호하며 어떤 일을 시험해 보면서 몸소 학습할 수 있는 상황에서 학업성취를 보였다. 반면, 반성적 학습자는 어떤 일을 진행하기에 앞서 많은 숙고를 하고 혼자서 또는 친한 동료와 학습하기를 선호하며 제시되는 정보에 대하여 성찰의 기회가 제공되는 상황에서 학습을 더 잘하였다. 대학생의 학습양식에 따라 선호하는 교수유형이 달라질 수 있다. 연구(유정아, 2011)에 따르면, 평균적으로 직관 및 언어에 대한 선호도가 감각 및 시각에 대한 선호도보다 큰 폭으로 낮았으며, 전공별로도 선호하는 학습양식이 다르게 나타났다. 학습양식 유형에 상관없이 대학생이 선호하는 교수양식의 유형은 강의식(약 70%)이었으며, 종합적인 사고능력, 발표능력, 협동능력, 대인관계 등의 포괄적인 능력을 요구하는 팀 프로젝트 유형은 20%의 선호도에 그쳤다. 또한 활동적, 감각적, 총체적 유형의 학습자들이 반성적, 직관적, 순차적인 유형의 학습자들보다 팀 프로젝트 유형의 수업을 더 선호하는 것으로 나타났다.

학습자의 인지양식이 메타인지기술, 작업기억에서의 수행능력, 정보탐색 행위, 및 학업성취도, 그리고 교수양식 등에 영향을 미치고 있음은 분명하다. 이에 교수자는 수업계획 수립에 있어 개별 학습자들의 인지양식을 이해하고 고려해야 한다. 학습자의 인지양식에 대한 이해를 교육 현장에 어떻게 적용해야 할 것인가에 대한 논의는 크게 두 관점으로 나누어진다(구광현, 가영희, 이경철, 2016).

첫 번째 관점은 인지양식과 교수의 실제를 될 수 있는 한 일치시켜야 한다. 즉, 교사는 학습자의 학습욕구와 선호도에 맞게 학습환경을 최대한 맞추어 줄 필요가 있다는 것이다. 그렇지 않으면, 학습자들이 욕구의 좌절, 동기 저하 등을 경험하며 오랫동안 비효과적인 학습에 머물게 될 위험이 있다. 학생들의 학습양식이 교사의 교수양식과 매칭될 때 잘 배우고 우수한 성취 결과를 가져올 수 있을 뿐만 아니라, 서로 긍정적으로 평가하고 의사소통도 원활해진다. 장·독립형 교사는 장·독립형 학생을, 장·의존형 교사는 장·의존형 학생을 우수하다고 평가할 수 있다(신봉호 외, 2016). 고영남(2005) 또한 학습양식을 고려한 수업계획의 수립이 필요함을 주장한다. 누구나 학습을 하지만 모든 학습자가 같은 방법으로 학습을 하는 것은 아니다. 학습자들의 다양한 학습양식을 진단하고 이에 맞추어 수업을 계획, 실행하는 것이 학생들의 잠재력을 발현시키는 하나의 방법이며, 취학 전 교육, 초·중등교육, 대학 교육 등 모든 학교급에서 학생들의 학업성취와 학습태도의 향상에 효과적일 수 있다고 보고하고 있다. 학습자의 인지양식에 따른 정보처리전략의 훈련을 통하여 작업기억 능력의 향상이 가능했다는 연구 결과(신경희, 김초복, 2013)도 이 관점을 지지한다.

다른 관점은 학습자의 학습양식에 교사의 교수양식을 일치시키는 것이 바람직한지 의문을 제기한다. Patridge(1983)는 학생들의 효율적인 학습증진을 위해 학습양식과 수업을 연계하는 것이 중요하다고 하면서도 그와 동시에 학생들이 하나의 학습양식만을 습관적으로 이용한다면 다른 방식을 이용해야 하는 경우 심각한 불편함과 불리함을 겪어야 한다고 주장하고 있다. 선호하는 학습양식과 교수양식의 일치는 오히려 학습자들에게 의타심을 길러주고 공부하지 않으려는 합리화만을 하게 할 뿐이므로(Guild, 1994), 자신의 강점이 아닌 영역에 대처하고 극복할 힘도 필요하다고 주장한다. 예를 들어, 감각적 양식의 학습자들이 직관적 학습양식을 가지는 학생들보다 학업성취가 더 높았으며(고영남, 2005), 직관적 유형의 학습자들이 감각적 학습자들보다 학교에서 제공하는 다양한 교수법에 덜 긍정적으로 반응했다(유정아, 2011). 또한 시각형(visual) 양식의 학습자들이 언어형(verbal) 학습자들보다 메타인지적 사고를 보다 많이 경험하고 더 잘하였다(김선연, 조규락, 2010). 이런 결과들은 가끔은 학생들이 선호하는 양식이 아닌 특정 양식의 능력을 경험하도록 하여 그 범주에 상응하는 학습능력을 개발하는 것이 보다 높은 학업성취를 이끌어 내고 메타인지적 사고도 진작시킬 수 있다는 것을 보여준다.

인지양식의 각 차원은 상황에 따라 적응적인 가치가 다르므로 두 차원의 특성을 효과적으로 활용할 수 있는 교육환경을 마련해주어야 한다. 사실, 실제 생활에서는 자신에게 불리한 교수 상황이 존재할 수 있다는 점에서 학생들에게 그들의 인지양식에 일치하는 교수양식만을 제공하기보다는 상대적으로 어려운 상황에서도 잘 이겨낼 힘을 키워주는 것이 더 바람직하다. 교사와 학생의 인지양식이 일치하지 않는 경우, 상반되는 수업을 의도적으로 제시하여 학생이 균형적으로 성장할 수 있도록 자극해 주어야 한다. 다시 말하면, 장·의존형 학생에게는 장·독립형 사고를, 장·독립형 학생에게는 장·의존형 사고를 촉진할 수 있는 교육환경을 의도적으로 제공할 수 있다. 또한 충동성을 줄이고 사려성을 높이기 위한 훈련 및 교육적 방안들이 연구 및 적용되어야 한다. Meichenbaum과 Goodman(1971)은 다른 사람의 행동을 관찰하는 것이 반응시간을 늘려줄 수는 있으나 오류를 줄이는 데는 큰 효과가 없다고 하였다. 오히려 Vygotsky가 사적 언어(private language)의 활용을 주장한 바와 같이, 문제해결 과정을 자기 자신에게 말로 표현하는 것(혼잣말)이 오류를 줄일 수 있다고 하였다. 지나치게 숙고하는 성향은 역효과를 가져올 수 있다. 지나치게 생각하는 시간이 길면 결단력이 부족한 학생으로 여겨질 수 있으며, 충동적인 학생이 오히려 카리스마가 있다고 인정받을 수도 있다. 실제로 확산적 사고와 같은 창의적 사고를 요구하는 과제수행에서 충동형은 틀리는 것에 구애받지 않고 제한된 시간에 더 많은 아이디어를 내는 것이 중요하다고 여기기 때문에 숙고형보다 더 나은 성과를 보일 수 있다.

최적의 교수양식은 학생들이 선호하는 학습양식에 일치하는 방식으로 학습하도록 하면서도, 종종 반대의 방식으로도 학습하게 하여 그 방식의 불편감과 불리함을 극복할 수 있도록 적절히 균형을 맞추는 것이다. 상반된 교수양식의 균형된 적용은, 대학생들과 비교해볼 때 아직은 선호하는 학습양식이 고착되어 있지 않을 초등, 중등 학습자들이 "유연한 학습자들(김선연, 조규락, 2010)"이 되는 데 도움을 줄 수 있다. 유연한 학습자라면 다양한 문제 상황에서 여러 인지양식을 활용하면서 문제를 해결할 수 있을 것이다.

대부분의 인간 행동은 학습된 것이며, 학습을 통해 새로운 경험과 지식을 쌓는 과정에서 발달과 적응을 완성해간다. 학습이란 연습이나 경험의 결과로 일어나는 행동의 지속적인 변화를 말하는 것으로 비교적 영속적이면서 바람직하고 진보적인 변화를 의미한다(서울대 교육연구소, 1999). 예를 들어, 질병이나 약물에 의한 일시적인 행동변화나 배고픔, 수면부족으로 인해 이를 해소하려는 차원에서 발생한 단순한 행동 변화를 학습으로 여기지는 않는다. 개인과 환경이 상호작용을 하는 과정에서 발생하는 연습과 경험이 학습에 이르게 하며 학습의 결과, 학습 이전에는 할 수 없었던 것을 할 수 있게 된다. 학교에서 학생들이 보여주는 행동 역시 학습 경험에 의한 결과라 할 수 있으며, 새로운 것을 학습하기 위해 주어진 과제를 해결하는 과정에서 사용하게 되는 학습전략의 차이에 따라 학습 결과도 달라질 수 있다. 학교학습 장면에서 학생들이 보여주는 적응적 혹은 부적응적 학습 행동을 이해하기 위해서는 효율적인 학습 활동에 적합한 전략은 무엇이며 학습전략 활용에서 나타나는 개인차는 어떠한지 살펴볼 필요가 있다.

학습전략(learning strategies)이란 학습자가 학습 목표를 성취함에 있어 자신의 학습이 좀 더 효과적으로 이루어질 수 있도록 적절한 방법을 적용하고자 하는 것으로, 의도적이며 목표지향적인 학습 활동이라 할 수 있다(Schunk,

2012). 일반적으로 학습전략은 인지 전략, 메타인지, 자원관리 전략으로 구분해볼 수 있으며(McKeachie et al., 1987) 학습에 필요한 인지적 전략뿐만 아니라 자신의 학습 행동을 통제하고 관리하고자 하는 행동적 전략도 포함하는 것으로 알려져 있다(Zimmerman & Martinez-Pons, 1986). 이어지는 절에서는 학습전략을 인지 전략, 학습전이, 문제해결력과 비판적 사고력으로 구분하여 살펴보고, 행동적 전략에 해당하는 주요 개념으로 메타인지와 자기조절학습에 대하여 설명하고자 한다.

2 인지 전략

학습자의 학습행위는 정보의 저장 및 인출능력, 인지적인 기술 사용, 인지 전략을 포함하고 있는 내적 과정이다(Gagné & Briggs, 1974). 학습의 과정에서 무엇보다 요구되는 것이 바로 과제수행에 적합한 전략이 무엇인지를 이해하고 이를 선택하여 적용하는 것이다. 적절한 전략의 사용은 과제의 종류와 난이도에 따라 달라질 수 있으며, 학습자의 사전지식과도 관련이 있다. Gagné(1984)는 학습에 의해 나타날 수 있는 성과(learning outcomes)를 다섯 가지 범주로 설명하였는데, 절차적 지식이라 할 수 있는 지적 기술(intellectual skills), 선언적 지식에 해당하는 언어적 정보(verbal information), 인지 전략(cognitive strategies), 움직임 기술(motor skill), 태도(attitude)로 구분하였다. 각 범주는 서로 독립되고 구분된 학습 행동과 효과를 나타내는 것으로 볼 수 있다.

이 중 인지 전략은 학습자가 과제에 주의를 기울이고 지각하고, 부호화 및 정교화, 기억, 시연을 하는 학습 정보 처리 과정에서 통제와 관리를 실행시키는 기능을 한다. 문제해결에 필요한 시간과 선언적 및 절차적 지식을 사용하여 학습에 도움을 줄 수 있으므로 학습을 지속시키고, 후속 학습에 긍정적 영향을 끼치기도 한다. 인지 전략은 한 가지 과제에 매번 같은 방식을 적용하는 것이 아니라 학습자의 특성과 학습 맥락에 따라 다양하게 선택될 수 있다. 인지 전략의 사용은 교육과 훈련을 통해 향상될 수 있으므로 문제해결에 요구되는 인지 전략의 유형을 잘 알아두고 필요할 때 적절하게 사용할 수 있도록 지도한다면 학습을 촉진하는데 도움을 줄 수 있다.

인지 전략을 사용하기 위해서는 학습 내용에 대한 효과적인 지식 습득이 선행되어야 한다. 선언적 지식의 습득 과정에서 기억술(mnemonics)과 암기(memorization)는 유용한 학습기술이 될 수 있다. 기억술은 낯선 내용이나 쉽게 외워지지 않는 정보를 기억해야 할 때, 학습자가 원래 알고 있는 단어나 머릿속의 심상과 연결 지어 학습하는 기술이다. 구체적으로는 장소법(loci method), 약어법(acronym), 연쇄기억술(chain mnemonics), 핵심 단어법(key-word method) 등이 있다. 핵심 단어법을 활용할 때는 새롭게 연결시키려는 단어나 심상을 자신만이 기억할 수 있는 방법을 찾아 직접 만들어 낼 때 잘 기억할 수 있다. 타인이 단어나 이미지를 형성해줄 경우 쉽게 잊혀지거나 오히려 기억 인출에 혼동을 일으킬 수도 있다(Woolfolk, 2013).

▷ **표 13-2** 지식 습득을 위한 기억술

	설명	예시
장소법	• 자신에게 친숙한 장소를 머릿속에 떠올리고 기억해야 할 정보를 특정한 위치에 지정시킨 다음 심상 이미지로 저장	• 사과, 배, 우유, 빵, 신문을 암기하기 위해 내 방을 활용한다면, 방문을 열었을 때 내 방을 한 바퀴 돌아보는 순서대로 "탁자 위에 사과가 있고, 책꽂이 위에 배가, 책상 위에 우유가, 침대 위에 빵이, 바닥에 신문이 놓여 있다"는 이미지를 그리며 단어들을 암기할 수 있음
약어법	• 기억해야 할 단어의 첫 글자를 따서 익숙한 단어를 만듦	• 태정태세문단세... • 소금, 고추장, 기름의 순서를 기억해야 한다면 첫 글자를 따서 "소고기"
연쇄기억법	• 암기하려는 항목을 그다음에 오는 항목과 계속 연결시켜서 의미를 구성함	• 긴 것은 기차, 기차는 빨라, 빠른 것은 비행기, 비행기는 높아, 높은 것은...
핵심 단어법	• 기억해야 할 새로운 내용을 유사한 단어나 이미지로 연결시켜 기억하고 이를 인출단서로 활용함 • 외국어 학습에서 유용 • 3R을 활용함 • Recode(핵심어로 재부호화), Relate(핵심어를 연결), Retrieve(원하는 내용 회상)	• "esophagas"의 뜻(식도)을 기억하기 위해 'soup'과 'gas'로 기억함, 수프를 먹었을 때 뜨거운 열기가 식도로 내려가는 느낌을 상상하면서 단어의 뜻을 떠올리게 됨 • "excavate"를 "cave"로 재부호화, 동굴이라는 핵심어와 연결, 동굴 밖으로 나가려는 이미지를 떠올려 '발굴하다'는 뜻을 회상

암기를 할 때는 단순하게 외우는 기계적 암기보다 학습해야 할 내용이 학습자에게 어떤 의미가 있는지 파악한 후 그 내용을 이해하는 것이 중요하다. 기계적 암기가 필요한 경우라면 초두효과(primary effect)와 최신효과(recency effect)로 대표되는 계열위치효과(serial-position effect)를 염두에 두는 것이 좋다. 초두효과란 먼저 받아들인 정보가 기억에 전반에 더 큰 영향을 미치는 경향성을 말하며, 최신효과란 목록에 있는 단어를 회상하는 과제에서 마지막에 있는 단어들이 더 잘 기억되는 현상을 말한다(Nolen-Hoeksema et al., 2014). 많은 내용을 단기간에 암기해야 할 경우, 학습자들은 주어진 분량의 앞부분과 마지막 부분에서 학습한 지식은 비교적 쉽게 인출하는 반면, 가운데 부분에 위치하였던 학습 내용은 잘 기억하지 못하게 된다. 따라서 분산학습(distributed practice)을 통해 중간 내용 학습에 대한 부담을 덜어주는 것이 도움이 된다.

이는 인지 전략 중 복습의 원리에도 적용될 수 있다. 전체를 한꺼번에 복습하는 집중학습(massed practice)보다 여러 개의 짧은 분량으로 쪼개 놓은 내용을 꾸준히 복습하되, 처음부터 시작하여 매일 정해진 부분까지 반복하여 학습하는 것이 효과적이다(Woolfolk, 2013). 이는 집중학습에서 오는 인지부하와 피로감을 낮춰주고, 잊어버리기 쉬운 중간 부분을 줄여주면서 초두효과와 최신효과를 학습에 활용할 수 있는 복습 방법이 된다. 기억술과 암기 방법 이외에도 Dunlosky 등(2013)은 인지 전략에 필요한 구체적인 학습 기술을 다음의 열 가지로 제안하였다.

▷ **표 13-3** 열 가지 학습 기술(learning techniques)

	구분	설명
1	정교하게 질문해보기 (elaborative interrogation)	명백하게 진술된 사실 혹은 개념이 왜 참인지를 주어진 새로운 정보와 사전 지식을 통합하여 설명해본다.
2	스스로 설명해보기 (self-explanation)	새로운 정보가 이미 알고 있는 정보와 어떻게 연관되는지 설명한다. 문제를 해결해 가는 각 단계를 설명한다.
3	요약하기 (summarization)	학습한 텍스트를 다양한 분량으로 요약하여 써 본다.

4	강조하기/밑줄치기 (highlighting/underling)	읽으면서 학습하게 된 내용 중 중요하다고 생각하는 부분에 밑줄이나 표시한다.
5	핵심어로 기억하기 (keyword mnemonic)	언어로 표현된 학습자료들을 핵심어나 심상 이미지를 사용하여 연관 지어 생각하고 기억한다.
6	텍스트를 이미지로 바꿔보기 (imagery for text)	읽기나 듣기를 하는 동안 텍스트 자료를 심상 이미지로 구성해보려고 노력한다.
7	반복해서 읽어보기 (rereading)	처음에 읽기를 한 후에 텍스트 자료를 다시 한번 탐구한다.
8	연습문제 풀어보기 (practice testing)	전반적인 학습 내용에 대한 연습문제를 풀거나 스스로 문제를 만들어 테스트해본다.
9	시간을 두고 연습문제 풀어보기 (distributed practice)	학습 후 시간이 지난 후에 학습 활동을 확장할 수 있는 연습문제를 풀어본다.
10	여러 문제를 교차로 풀어보기 (interleaved practice)	여러 난이도의 문제를 섞어서 연습 문제를 풀어본다. 한 과목 혹은 여러 과목의 다양한 학습 내용을 섞어서 공부해본다.

※ 참고: Dunlosky 외 (2013). p.6.

교실에 앉아 있는 여러 학생들 중에는 수업을 듣고, 교과서를 읽고, 문제집을 푸는 활동에 참여하면 저절로 지식이 습득되는 것으로 생각하는 경우가 있다. 또는 학습 태도가 좋고 공부할 의지가 있으며 집중력도 나쁘지 않지만 실제 학습결과는 좋지 않은 학생들도 있다. 이들 중에는 자신에게 필요한 인지 전략이 부족하거나 인지 전략이 무엇인지도 알지 못하는 학습자들이 있을 수 있다. 수업 시간에 교사가 제시하는 학습자료들을 자신의 지식으로 소화할 수 있으려면 수업 시간뿐만 아니라 개별 학습 장면에서도 구체적인 학습 기술을 적용할 수 있어야 한다. 인지 전략을 바탕으로 꾸준한 시간과 노력을 들여 과제에 적합한 학습 방법을 터득할 수 있을 때 실질적인 지식 습득이 이루어질 수 있다.

앞서 언급한 여러 가지 인지 전략을 활용하여 학습자들이 적용해볼 수 있는 구체적인 학습 방법으로 텍스트 분석과 읽기 전략, 노트필기하기, 자료를 조직하는 개념도 그리기를 소개하고자 한다.

학습 과정에서 텍스트 분석과 읽기는 반드시 필요한 핵심적 기술이다. <표 13-3>에서 언급한 요약하기, 강조하기, 반복해서 읽어보기 등의 전략을 활용하여 글 속에 나타난 여러 가지 주요 정보들을 효율적으로 습득할 수 있을 때 노트필기와 개념도 그리기 등의 학습 방법도 원활하게 사용할 수 있다. 전략적으로 학습하기 위해서는 텍스트를 읽으며 학습 주제가 무엇인지 정확하게 파악하고 학습 내용을 자신에게 의미 있는 정보들로 재해석할 수 있어야 한다.

글 속에 있는 몇 가지 단서들은 핵심 아이디어를 파악하는데 도움을 줄 수 있다. 이를 테면 텍스트의 장이나 절의 대제목과 소제목, 번호나 특수 기호(·, -, * 등)가 매겨져 있는 목록, 밑줄이 그어져 있거나 굵은 글자체로 표시된 것, 장이나 절의 도입부에서 전체 내용이 무엇인지 소개하고 있는 단락을 주의 깊게 읽는 과정에서 텍스트가 전달하고자 하는 방향을 파악하고 맥락에 맞는 정확한 정보를 받아들일 수 있다(Eggen & Kauchak, 2011; Vacca & Vacca, 2008).

읽기를 통해 텍스트에서 파악한 정보들을 정교화하고, 연결하고, 조직화하며 요약하는 과정에서 학습자들은 정보를 심층적으로 처리하게 된다. 읽기에서 활용할 수 있는 전략으로 Friend와 Bursuck(2012)은 READS의 첫 글자에 따라 다섯 단계로 소개하였다.

> R : Review: 제목과 중제목, 소제목 살피기
> E : Examine: 굵은 글자로 표시된 단어나 내용 꼼꼼히 살피기
> A : Ask: 텍스트를 읽으면서 무엇을 학습해야 하는지 스스로에게 질문하기
> D : Do it-Read: 읽기 활동에 집중하기, 읽기 실행하기
> S : Summarize: 읽고 이해한 내용을 자신의 말로 요약하기

또 다른 읽기 전략으로는 SQ3R이 있다. 이 전략을 적용하며 읽기 활동을 할 경우, 학습자가 스스로 이해하고 있는지 계속 확인할 수 있다는 장점이 있다(Thiede, Anderson, & Therriault, 2003; Topping & McManus, 2002).

S : Survey: 목차나 제목을 훑어보며 읽고자 하는 텍스트가 어떤 내용인지 먼저 살펴보기

Q : Question: 앞 단계에서 파악한 것을 바탕으로 앞으로 읽게 될 내용을 좀 더 정교화할 수 있는 질문거리 만들기

R : Read: 중요한 내용에 줄을 치거나 강조 표시를 하면서 글 읽기

R : Recite: 지금까지 읽은 내용을 반추하면서 앞 단계에서 만들어둔 질문에 답해보기, 지금 읽고 있는 단락과 앞 단락을 비교하며 단락들 간의 관계 파악하기, 읽은 내용을 정확하게 기억하고 있는지 점검하기, 자신의 말로 바꾸어서 기억해보기

R : Review: 읽은 텍스트의 내용을 요약하기, 확실하게 이해되지 않는 부분이 있다면 다시 읽기, 필요할 경우 읽고 있는 내용에 대하여 노트필기하기

읽기 전략을 적용하였을 때 학습자는 읽는 내용 전체를 한꺼번에 이해해야 하는 부담을 덜면서 각 장의 구조를 더 잘 파악하게 된다. 동시에 제목과 중요한 단서가 전달하는 가이드를 따라감으로써 맥락을 놓치지 않게 되어 글의 전체 구조를 쉽게 이해할 수 있다.

읽은 것을 간략하게 기술해보는 '요약하기'는 텍스트를 잘 이해하고 있는지 스스로 점검하는 데 효과적인 전략이다. 읽기의 분량에 따라 단락별 요약하기와 전체 요약하기 등으로 적용해볼 수 있으며, 전체 혹은 단락 주제가 무엇인지, 주제문은 어디에 있는지, 중요한 내용과 중요하지 않은 내용은 무엇인지 찾아보도록 연습하는 과정에서 향상될 수 있다. 처음에는 짧고 간략한 문단을 요약해보고 점차 길고 복잡한 문단, 혹은 전체를 요약한다. 각자 요약한 내용을 발표하면서 그렇게 생각한 근거와 이유에 대해 논의하고, 서로의 생각을 비교해볼 수 있다.

질문하기 역시 효과적인 읽기에 필요한 전략이다. 핵심 내용을 잘 이해하기 위해서는 주요 개념들 간의 관련성, 구체적인 사례, 이전에 알고 있던 지식과의 공통점 및 차이점은 무엇인지 질문을 하면서 읽는 것이 중요하다. 질문을 구성하고 답을 찾는 활동은 읽기 과제에 대한 흥미를 높여주고 새로운 질문거리를 탐색하여 관련된 지식을 확장할 수 있도록 이끌어준다.

• 노트필기하기

학습 내용을 노트에 정리하는 것은 수업시간에 교사가 제시하는 것을 단순히 받아적기만 하는 것이 아니라 정보를 효율적으로 처리하여 스스로 이해할 수 있도록 작업기억을 돕는 과정이다. 노트필기는 수업과 교과서 내용을 기록하는 것에서부터 개인 학습 과정에서 자신이 이해한 주요 내용을 정리하는 것, 시험에 대비하여 핵심 주제를 재정리하는 것과 때로는 긴 단락을 읽고 주제를 요약하거나, 기본 개념에 자신만의 아이디어를 추가하기 위해 간단한 메모를 하는 것 등 다양한 형태로 실행될 수 있다.

노트필기는 읽기와 쓰기를 비롯한 여러 학습 기술을 동시에 활용하게 하므로 지식 습득에 도움이 되는 다양한 인지 전략을 적용할 수 있는 기회가 되며, 학습에 여러 가지 긍정적 효과를 가져올 수 있다(Eggen & Kauchak, 2011; Woolfolk, 2013).

첫째, 학생들이 학습 내용에 주의를 집중하고 스스로 인지활동에 참여하도록 도울 수 있다. 단, 필기하는 행위 자체가 목적이 되어 지나치게 몰입할 경우에는 학습 내용을 듣고 이해하는데 오히려 방해가 될 수도 있다. 쓰기에 시간이 오래 걸리는 학생도 교사의 수업 속도를 따라가지 못하여 필요한 학습이 충분히 일어나지 못할 수 있다.

둘째, 주요한 내용을 잊어버리지 않도록 기록함으로써 정확한 정보를 확인하고 효율적인 학습이 유지될 수 있도록 도움을 주며, 다음 학습 활동으로 확장될 수 있게 한다. 사전 지식이 부족한 학생들은 노트필기를 하는 과정에서 학습 내용을 파악하는 데 도움을 얻을 수 있으며, 핵심 내용과 개념들의 관계를 잘 정리해 둔 노트는 지식을 반복적으로 복습할 수 있는 확장된 저장고(extended storage)의 역할을 한다.

셋째, 핵심 주제를 찾고 정보를 조직화할 수 있는 기술을 익힘으로써 학생들의 전략적 학습 능력을 향상시킬 수 있다. 노트필기는 단순히 주어진 자료를 옮겨 적기만 하는 것이 아니라 학습자가 듣고, 보고, 읽은 것을 이해하는 과정에서 정보를 정교화 및 조직화하게 한다. <표 13-2>와 <표 13-3>에서 제시한 학습 기술을 활용하여 학습 내용을 더 잘 기억하고, 더 깊이 있게 이해할 수 있도록 자신만의 전략을 찾아서 적용할 수 있도록 기회를 제공한다.

노트를 잘 정리하는 것은 쉬운 일이 아니다. 노트필기가 효율적인 학습 방법이 되기 위해서는 중요한 내용을 빠짐없이 기록하는 것만으로는 부족하다. 전략적으로 노트필기를 하고 이를 사용하려면 언어화 작업기억(verbal working memory)이 주어진 정보를 잘 간직하여 체계적으로 정리할 수 있도록 다음과 같은 몇 가지 조건이 갖춰져야 한다(Peverly et al., 2007).

첫째, 노트필기를 할 내용에 대하여 학습자가 학습 영역별로 특화된(domain specific) 기본 학습 기술(각 과목별로 요구되는)을 갖추고 있어 유창성(fluency)과 자동성(automaticity)이 실행되어야 한다. 그렇지 못할 경우 작업기억이 더 높은 수준의 인지적 기술을 사용할 수 있는 용량에 제한을 받을 수 있다. 예컨대, 필기된 단어의 의미를 모르거나 기본 개념을 전혀 이해하지 못한 상태에서 그저 받아적기만 한 자료들은 언어적 정보만 전달할 뿐 핵심 내용과 내용 간의 관련성을 파악하는 데 활용될 수 없다.

둘째, 기본 학습 기술이 자동화되어 작업기억의 부담을 줄여주었다면 해당 내용에 대한 지식, 전략, 실행 점검 등의 인지적 자원을 활용하여 필기하여야 한다. <표 13-4>와 같은 인지 전략을 적용하여 주요 내용을 기록하고, 자신이 기록한 내용을 해석하며 적절하게 노트필기 활동이 수행되고 있는지 모니터링 해야 한다. 시험이 끝난 후에 노트를 점검하면서 잘 몰랐거나 기록이 부족하였던 것으로 판단되는 부분을 보충하며 자신의 노트필기에서 보완해야 할 점을 찾아보아야 한다.

셋째, 정보를 적절하게 처리할 수 있는 작업기억의 역량이 충분히 갖추어져야 한다. 이는 단순히 필사를 하는 기술을 의미하는 것이 아니라, 주의를 산만하게 하는 불필요한 정보는 제어하고 능동적이면서 신속하게 노트필기에 참여할 수 있는 역량을 포함하여, 중요한 정보를 식별하고 구성하는 능력과 관련이 있다. 이를 위해 노트 작성 지침을 제공하여 노트필기 전략을 알려 주거나 수업시간 중 교사가 나눠준 단서, 핵심 내용, 내용들 간의 관계를 기록할 공간이 표시된 유인물을 보면서 작업기억 향상에 도움이 되는 노트필기 방법을 가이드받을 수도 있다. [그림 13-3]은 노트필기 가이드(guided note)의한 예시이다.

---

1. 다음의 요소들이 기후에 어떤 영향을 미치는지 예를 들어보세요.
    • 위도
    • 풍향
    • 해류
    • 지형

2. 각각의 기후를 기술하고 이러한 기후를 가지고 있는 나라, 이러한 기후에서 살
   수 있는 식물, 동물의 예를 들어보세요.
    • 지중해성 기후
       국가
       식물
       동물
    • 아열대성 기후
       국가
       식물
       동물

그림 13-3   **지리교과 노트필기 가이드 예시**

※ 참고: Eggen & Kauchak (2011). p.411.

• 개념도 그리기

개념도(concept map)는 개념들 간의 관계를 시각적으로 구성하는 것으로, 학습 자료를 보면서 파악한 주요 개념을 도표로 그리거나 핵심 주제와 관련된 개념들을 위계적 구조나 그물망으로 나타내는 것을 말한다. 일반적으로 수학, 과학 과목에서는 위계적 개념도가 개념들 간의 관계를 나타내는 데 유용하며, 읽기나 사회과학 과목에서는 그물망이 효과적으로 활용될 수 있다 (Eggen & Kauchak, 2011).

학생들은 개념도를 구성하는 과정에서 정보의 정교화와 조직화를 경험하

게 되고 인지적 활동에 능동적으로 참여하게 된다. 이는 개념들과의 중복성, 위계성, 관계성을 파악하는 데 도움을 주며, 유사한 개념들 간의 공통점과 차이점을 이해할 수 있게 한다.

개념도를 그릴 때는 도표로 나타내고자 하는 학습 내용의 주제를 선정하고, 개념도에 사용할 주요 개념을 추출하여 개념표로 제시한다. 개념들 중 위계를 정하여 상위와 하위에 위치할 단어가 무엇일지 생각해본다. 개념과 개념 사이를 설명할 연결어가 필요하다면 연결선을 긋고 필요한 내용을 서술한다. [그림 13-4]는 '도형'과 '소설'을 주제로 개념도를 그린 예시이다.

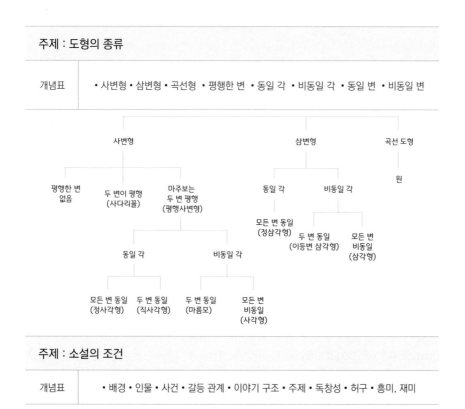

주제 : 도형의 종류

개념표	• 사변형 • 삼변형 • 곡선형 • 평행한 변 • 동일 각 • 비동일 각 • 동일 변 • 비동일 변

주제 : 소설의 조건

개념표	• 배경 • 인물 • 사건 • 갈등 관계 • 이야기 구조 • 주제 • 독창성 • 허구 • 흥미, 재미

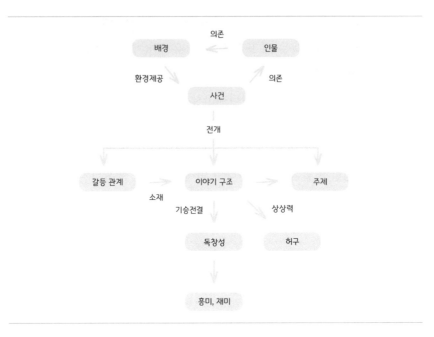

그림 13-4　개념도 예시

※ 참고: Eggen & Kauchak (2011). p.413.

3　학습전이

　　학습 내용의 주요 개념과 핵심 원리를 파악하고 규칙과 절차를 찾아 다음 학습에 적용할 줄 아는 학생은 수업시간에 다루는 내용만을 이해하는 수준에 그친 학생보다 생산적이며 효율적으로 학습에 참여하게 된다. 특정 상황에서 학습한 것을 새로운 상황에 적용할 수 있는 능력을 전이(transfer)라 한다 (Barnett & Ceci, 2002; Greeno, Collins, & Resnick, 1996). 전이는 단순하게 정보를 회상하는 것이 아니라, 이전에 배운 내용을 활성화하여 새로운 개념을 습득하고 새로운 예시를 제시할 수 있는 능력이며 새로운 학습 전략을 적용할 수 있는 생산적 학습 활동(De Corte, 2007)이라 볼 수 있다. 수업시간에 교사는 교과서의 모든 내용, 학생들이 배워야 할 모든 것을 일일이 가르쳐 줄 수는 없다. 하지만 이미 학습한 내용을 바탕으로 새로운 내용을 이해하고 문제를 해결하도록 일깨워줄 수 있다면 학습자는 이전과 다른 맥락에서도 효율적인 학습을 경험할 수 있게 된다.

학습전이의 원리로 Thorndike(1913)의 동일요소의 원리(identical elements)에 의하면, 초기학습과 이후학습 사이에 일치하는 학습 요소가 많고 두 학습 상황 간 서로 동일한 요소들을 많이 지니고 있어 유사한 반응을 요구할수록 동일한 반응이 발생할 가능성도 높아진다. 따라서 학습행동이 요구될 것으로 예상하는 환경과 동일한 환경에서 학습행동을 형성하고 이를 연습할 때 학습전이가 일어날 수 있다. 하지만 동일요소의 강조는 과제에 집중하는 시간, 적절한 학습원리의 추정, 문제해결력과 창의성 및 학습동기와 같은 학습자의 특성은 설명하지 못하였다(Bransford, Brown, & Cocking, 2000).

정보처리이론에 의하면 기억 속에 저장된 정보가 많고 서로 연계되어 있을수록 전이는 활발하게 일어날 수 있다. 어떤 기술이 숙달되었다면 의식적 사고 없이도 다른 상황으로 자발적으로 전이가 발생할 수 있는데(예, 운전), 이를 자동적 전이(low-road transfer)라 한다. 이 경우 학습한 상황과 전이될 상황 간의 차이가 크면 어려움을 겪게 되기도 한다(소형차 운전 vs.대형버스 혹은 경운기 운전). 이를 극복하기 위해서는 이전 학습에서 습득한 추상적 지식을 다른 상황의 문제해결에 적용하려는 의도적인 노력이 필요하다. 이는 의식적 전이(high-road transfer)이며, 지식을 습득하는 과정에서 주요 원리와 전략, 혹은 문제 해결의 절차를 의도적으로 찾아서 이를 추상화(의도적 추상화: mindful abstraction)하는 학습자는 한가지 상황뿐 아니라 여러 학습 분야에서 생산적이며 창의적으로 문제를 해결할 수 있게 된다(Bransford & Schwartz, 1999; Sternberg & Williams, 2002). 이는 다음 절에서 설명할 메타인지와 자기조절학습에서도 중요한 역할을 할 수 있다.

전이는 적용되는 방식에 따라서도 구분할 수 있다. 기초 학습 능력을 기반으로 좀 더 복잡한 개념을 이해하게 되었을 때(예, 알파벳 쓰기 실력을 단어 철자 쓰기와 암기, 의미 파악에 활용함) 이를 수직 전이라 한다. 또한 과제와 과제 간 유사성이 있을수록 새로운 과제를 더 잘 수행하게 되는 것을 근접 전이(near transfer)라 하며, 학교에서 배운 것을 일상 생활에서의 문제해결에까지 적용하게 되었을 때 원거리 전이(far transfer)라 부른다.

전이의 유형은 사용되는 맥락에 따라서 여섯 가지 차원으로 구분되기도 한다(Barnett & Ceci, 2002, p.621). 첫째, 지식 영역(knowledge domain)에서의 전이로(교과목 간 전이는 이에 해당된다), 수학에서 배운 내용을 과학에 적용하거나 생물학의 원리를 경제학에, 과학의 기본 법칙을 역사과목에 전이할 수 있을 것이다(수평적 전이라고도 함). 둘째, 물리적 공간과 관련된 전이로, 학교의 교실에서 배운 것을 학교 내 다른 공간에서, 실험실에서, 집에서, 공원에서 적용해볼 수 있다. 셋째, 시간 맥락 차원에서는 학습한 것을 당일에, 다음 날에, 일주일 후나 한 달, 일 년 후에 전이할 수 있다. 넷째, 기능적 맥락의 차원에서는 학문적 목적으로 학습한 것을 일상생활이나 놀이에 적용해볼 수 있다(원거리 전이). 다섯째는 사회적 맥락 차원이다. 혼자 학습한 지식을 짝과 함께, 소집단에서, 대집단에서, 지역사회에 전이할 수 있다. 마지막으로는 전이하는 양식 차원으로, 글로 쓰여진 학습자료에서 습득한 지식을 에세이 쓰기 과제에, 면접 시험에, 와인 시음이나 목재 조각에 전이할 수 있다.

전이는 선행학습이 후행학습에 미치는 영향에 따라 정적 전이(positive transfer), 부적 전이(negative transfer), 무전이(zero transfer)로 구분할 수 있다 (Schunk, 2012). 정적 전이는 선행학습의 긍정적 영향으로 후행학습이 촉진되는 것을 의미한다. 예를 들어 영어 단어를 외울 때 기본 어근이 가진 뜻을 배우고 난 후 그 어근을 포함한 새로운 단어를 더 빨리 학습할 수 있게 된다. 반대로 부적 전이는 선행학습이 후행학습을 방해하여 오히려 학습을 더 어렵게 만드는 경우이다. 어근의 뜻을 정확하게 알지 못하고 유사한 철자를 가진 다른 어근들과 헷갈릴 경우 이는 오히려 새로운 단어 학습을 방해할 수 있다. 마지막으로 무전이는 선행학습이 후행학습에 아무런 영향을 끼치지 못하는 것을 말한다.

학습전이에 영향을 주는 요인으로는 학습 상황 간 유사성, 이전 학습에 대한 이해 수준, 구체적인 예시와 학습경험의 다양성, 학습 맥락, 메타인지의 적용 등이 있다(Eggen & Kauchak, 2011). 학습전이 영향 요인이 포함된 투입(inputs)과 산출(outputs), 이로 인한 전이 상태를 하나의 과정으로 나타내면 다음과 같다(Baldwin & Ford, 1988, p.65). 오른쪽 전이의 일반화와 유지는 가운데 위치한 교육 성과로 습득하게 된 학습과 기억(retention)에 직접적인 영향을 받게 되므로 학습 상황이 서로 유사하고 이전 학습에 대한 이해 수준이 깊을 수록 학습경험이 다양할수록 전이를 향상시킬 것이다.

왼쪽에 배치된 교육 참여는 학습하는 과정과 관련된 투입 요소이면서 전이에 직간접적으로 영향을 주는 요인이라 볼 수 있다. 학습자의 특성에는 학습 능력, 개인의 성격, 학습동기와 같은 인지적 및 정의적 특성이 포함되며, 교육 설계에는 학습의 원리, 순차적인 학습과 교육 내용이 해당된다. 학습 환경에는 교사나 부모, 학습 자원으로부터 제공되는 지원과 학습한 내용을 활용해볼 수 있는 기회가 포함된다. 이러한 요소들은 교육 성과에 직접 영향을 주고 이를 통해 전이 상태에 간접적인 영향을 줄 수 있다. 동시에 전이 상태로의 직접 경로도 가정하고 있어서, 학습과 기억이라는 교육 성과와는 상관없이 학습에 참여한 학습자의 특성, 교육 설계, 학습 환경에 따라 전이가 달라질 수 있다는 것을 보여준다.

그림 13-5　**학습전이 과정 모형**

학습전이는 다음과 같은 교육적 시사점을 지니고 있다(Bransford, Brown, & Cocking, 2000). 첫째, 이전에 학습해서 잘 알고 있는 내용이 있어야 전이가 일어날 수 있다. 또한 읽기, 쓰기, 말하기, 계산하기 같은 기본 기술은 전이에 필수적인 요소이다. 따라서 기초 학습에 해당하는 내용을 반복해서 숙달함으로써 전이가 일어나기 쉽도록 준비해야 한다.

둘째, 지나치게 맥락화된(contextualized) 지식은 오히려 전이를 방해할 수 있으며, 지식의 추상적인 표상이 도움을 줄 수 있다. 학습 상황에서의 맥락을 벗어나는 학습장면에서도 다양하게 적용할 수 있으려면 초기 개념을 변경하고 다양한 방식으로 접근할 수 있도록 문제해결의 원리를 이해할 수 있어야 한다.

셋째, 전이는 특정 학습 경험의 수동적인 최종 결과물이 아니라 능동적이고 역동적인 학습 과정으로 다루어져야 한다. 학생들이 학습에 능동적으로 참여하여 스스로 이해하였을 때 지식을 새로운 상황으로 전이할 가능성이 커진다. 또한 메타인지전략을 가지고 학습하였을 때 학습 전이에 성공할 가능성도 높아진다.

넷째, 모든 새로운 학습은 선행(previous)학습으로부터 전이된 것이라는 사실은 학습을 촉진하는 수업을 설계하는 데 중요한 의의를 지니고 있다. 이전에 학습한 것 때문에 오히려 새로운 학습을 이해하지 못하거나 관련된 지식을 알고 있지만 문제해결 방법을 떠올리지 못하는 학생들을 돕기 위해 교사는 전이에 도움이 되는 단서들을 제공하고, 학습자가 융통성 있는 사고를 할 수 있도록 수업을 운영해야 할 것이다.

학습전이가 일어나기 위해서는 훈련과 연습이 필요하다. 성공적인 전이를 위해서는 습득 단계(acquisition phase)에서 전략과 사용법에 관한 교육을 받고, 그 전략이 언제, 어떻게 사용되는지를 인식하면서 전략을 시연하고 연습해야 한다. 파지 단계(retention phase)에서는 피드백이 주어지는 연습을 많이 하면서 전략사용이 능숙해지도록 연마한다. 마지막 전이 단계(transition phase)에서 교사는 학생에게 겉으로 보기에는 다른 문제처럼 보일지라도 동일한 전략으로 해결될 수 있는 다양하고 새로운 문제를 제공해 주어, 학생들이 전이를 연습하도록 이끌어주어야 한다(Woolfolk, 2013).

4 문제해결력과 비판적 사고력

1) 문제해결력

문제해결(problem solving)이란 자동적인 해결책을 가지고 있지 않은 어떤 목표를 성취하려는 학습자의 노력(Schunk, 2012, p.299)을 의미하며, 문제해결력은 목표를 달성하기 위해 이전에 배웠던 규칙을 그대로 적용하는 것이 아니라 새로운 해결책을 만들어 내는 것을 포함한다(Woolfolk, 2013). 학교에서의 모든 학습활동에 문제해결력이 반드시 필요한 것은 아니다. 자동적 사고에 의해 과제 목표를 달성할 수 있을 정도로 학습자가 충분한 학습 기술을 지니고 있거나 쉬운 과제를 수행할 경우에는 문제해결력이 없어도 학습에 참여할 수 있기 때문이다. 하지만 새로운 내용을 학습하게 되거나 새로운 학습 기술을 적용해야 하는 상황에서는 각 문제영역에 대해 구체적이면서 효과적인 해결 전략을 찾아 사용하는 방법을 알고 있어야 한다(Schunk, 2012).

문제해결의 과정은 순차적으로 따라가는 선형적 진행이 아니라, 필요에 따라 특정 단계로 되돌아가거나 반복하는 순환의 형태로 진행된다(Sternberg & Williams, 2002). 일반적으로 문제를 발견하여 규명(identifying)하고, 목표를 설정하며, 가능한 해결책과 그 결과를 탐색한 후 실행하고, 최종적으로 성과를 평가하는 과정을 거친다(Bruning, Schraw, & Norby, 2011; Sternberg, 1996; Woolfolk, 2013).

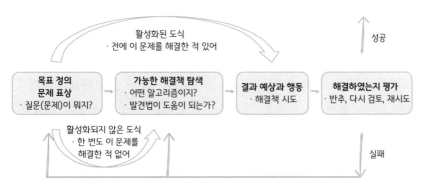

그림 13-6 **문제해결 과정**

※ 참고: Woolfolk (2013). p.334.

문제해결에 필요한 첫 번째 단계는 학습자가 문제를 발견하고 인식한 후 문제해결을 위해 목표를 설정하는 것이다. 문제를 발견하기 위해서는 필요한 정보에 주의를 기울이고 수업 시간에 배운 내용을 이해하여 적용할 줄 알아야 한다. 학생들이 주어진 질문(문제)이 무엇인지 정확하게 파악하고 정의할 수 있어야 해결책을 찾는데 도움이 될 도식을 활성화시킬 수 있다. 이는 곧 문제가 요구하는 것이 무엇인지 해석(translation)하는 것으로(Jonassen, 2003), 개념을 이해하고 적절한 도식을 선택하여 정보를 표상하는 과정이다. 예컨대, 수학 문제를 풀 때 문제를 읽고 이것이 도형 문제인지, 거리 계산 문제인지, 최소공배수를 활용해야 하는 비율 문제인지 정확하게 이해할 수 있을 때 이에 해당하는 도식을 사용하여 접근할 수 있다.

　　만일 문제를 잘못 이해하여 부적절한 정보를 사용하게 되면 정답과는 멀어지는 쪽으로 문제를 표상할 수도 있다. 때로는 자신이 정확하게 이해하지 못한 것이 무엇인지도 모르는 학생들은 자신이 해결할 수 있는 과제인데도 배운 적이 없다고 생각할 수 있다(Sternberg & Williams, 2002). 예컨대, 최소공배수를 활용하여 문제를 해결해야 하는 과제에서 문제를 잘 못 표상한 학생은 이미 배웠는데도 계산을 할 줄 모른다고 대답하거나 최소공배수를 모른다고 생각할 수도 있다. 문제 확인의 실패 원인으로는 사전 지식과 문제 확인 경험의 부족, 성급한 해결책 결정, 또는 한 가지 측면만 보려는 경향 등이 있다(Eggen & Kauchak, 2011).

　　목표 정의와 문제 표상의 결과, 낯선 문제가 아니라 이전에 해결해본 과제라는 것을 알게 되면 활성화된 도식의 경로를 따라 곧바로 해결책을 시도하게 된다. 하지만 과제 해결을 평가하거나 채점을 하였을 때 정답이 아닌 것으로 밝혀진 경우, 두 번째 단계로 돌아가야 한다. 혹은 문제 해결의 실마리가 되는 도식이 활성화되지 못한 경우에도 이 단계를 거쳐 가야 한다. 가능한 해결책을 탐색하는 단계에서는 주로 절차적 지식(procedural knowledge)의 한 형태인 연산법(algorithm; 알고리즘)과 발견법(heuristic)을 문제해결의 전략으로 사용하게 된다(Eggen & Kauchak, 2011; Schraw, 2006; Schunk, 2012; Sternberg, 1996; Sternberg & Williams, 2002; Woolfolk, 2013).

• 연산법

　연산법은 특정 주제와 관련하여 구체적인 단계를 하나씩 거쳐 가며 해결책을 구하는 것이다. 예를 들어, 분수의 덧셈을 하기 위해 분모를 통분한 후 분자끼리 더하기, 직사각형의 넓이를 구하기 위해 가로와 세로의 길이를 곱하기 등이 이에 해당한다. 연산법은 정확한 단계를 따라 제대로 적용하였을 때 해답을 얻을 수 있다. 하지만 어떤 순서로 해야 할지 알고리즘을 잘 모르는 경우 이 공식 저 공식 대입해보느라 시간을 낭비할 수도 있다. 우연히 문제를 해결하게 된 학생들은 다음에 유사한 문제를 보아도 어떤 단계로 문제를 풀어야 할지 여전히 모르거나 해결 방법을 떠올리지 못할 수 있으며, 더 쉬운 방법이 있는데도 알아차리지 못하고 잘못된 연산법을 맹목적으로 적용할 수도 있다(Schunk, 2012; Sternberg & Williams, 2002; Woolfolk, 2013).

• 발견법

　과제가 복잡하고 익숙하지 않거나 문제를 해결할 수 있는 분명한 연산법이 없을 때 해답을 찾기 위한 일반적인 전략으로 발견법을 사용하게 된다(Bruning, Schraw, & Norby, 2011; Chronicle, MacGregor, & Ormerod, 2004; Greeno & Simon, 1988; Schunk, 2012; Sternberg, 1996). 대표적으로 사용할 수 있는 발견법으로 수단-목적 분석(means-ends analysis), 시행착오(trial and error), 생성-검사(generate-and-test), 유추적 추론(analogical reasoning) 등이 있다.

▷ 표 13-4　발견법

구분		정의	예시
수단-목적 분석		추구하는 목표의 관점에서 문제를 분석하여 현 상태와 목적 사이의 거리를 좁혀 가는 문제 해결 방법	30분 분량의 발표 준비에 필요한 하위목표를 설정한 후 각 목표 달성에 필요한 수단을 실행
	순방향 작업	문제의 앞에서부터 뒤로 문제를 해결해 나가는 것	발표 14일 전에 초기 상태에서 완성본에 이르기까지 순차적으로 하위목표를 하나씩 달성함

역방향 작업	뒤에서부터 시작하여 앞으로 문제를 해결해나가는 것	최종본 완성에 필요한 하위목표를 발표일로부터 역산하여 설정하고, 시간 내에 하나씩 완성해감
시행착오	체계적이지 않더라도 일단 시행해보고 그것이 적합하였는지 판단하는 과정에서 더 체계적인 대안을 찾아 문제를 해결하는 것	보고서 서론을 쓰기 위해 일단 몇 단락 쓰고 난 후 다시 읽으며 문장의 오류는 없는지, 논리적 전개는 적절한지 검토하며 수정함
생성-검사	제한된 해결책으로 목표를 달성할 수 있을지 하나씩 검사하면서 방법을 찾아가는 것	갑자기 불이 꺼졌을 때 '불 꺼짐'과 관련된 지식을 동원하여 하나식 테스트하면서 원인을 찾음
유추적 추론	해결해야 하는 문제와 이미 알고 있는 내용을 비교한 후 유사한 상황을 떠올려 문제를 해결하는 것	미지수가 2개인 연립방정식을 풀기 위해 미지수가 1개인 방정식과의 유사점을 찾아 해법을 적용함

수단-목적 분석은 최종적으로 도달하고자 하는 목표와 현재 상태를 비교하여 둘 간의 차이를 확인한 후 이를 줄이기 위해 중간목표나 하위목표에 각각 수단-목적 분석을 적용하고, 목표가 달성될 때까지 문제를 해결해나가는 방법이다(Greeno & Simon, 1988). 앞에서부터 문제를 해결하는 순방향 작업과 뒤에서부터 시작하여 문제를 하나씩 해결해가는 역방향 작업으로 구분해볼 수 있다. 예를 들어, 2주 후에 교육심리 주제발표가 있어서 이를 준비해야 하는 문제해결 과제가 주어졌다고 가정해보겠다. 30분 분량의 발표를 위해 주제 선정, 자료 찾기, 개요 짜기, PPT 작성, 발표 연습 등의 중간/하위목표를 세운 다음 각 목표 달성에 필요한 수단을 찾아서 실행할 수 있을 것이다. 주제 선정의 수단으로 교재 읽기, 선배에게 도움 요청을 선택할 수 있으며, 자료 찾기의 수단으로는 자료 검색, 도서관 가기를 적용할 수 있다. 개요 짜기의 수단으로는 교재 분석, 교수님의 강의 자료 복습, 중요내용 요약, 마인드맵 등을 활용할 수 있다. 나머지 하위목표인 PPT 작성과 발표 연습을 달성하기 위해서도 필요한 수단을 찾아볼 수 있다. 이때 순방향 작업은 처음 상태에서 시작하여 목표에 점차 가까이 다가가기 위해 하위목표를 하나씩 달성하는 것으로 주제 선정, 자료 찾기, 개요 짜기, PPT 작성, 발표 연습이라는 하위 목표를 발표일에 맞춰 하나씩 수행하는 것이다. 반면, 역방향 작업은 2주 후에

완성될 최종본과 아직 아무 것도 준비되지 않은 지금의 상태를 비교하여 발표준비가 완료되려면 어느 정도의 시간과 노력이 필요한지 생각하여 남은 2주 동안 최종 목적에 도달하는데 요구되는 선결조건을 역산하는 방식으로 하위목표를 설정한다. 이를테면 발표 하루 전날에 최종본을 보며 연습을 할 수 있으려면 3일 전까지 PPT 제작이 끝나야 하고, 7일 전까지는 개요 작성이 완료되어야 하고, 그러려면 10일 전까지는 자료를 찾아야 하니 13일 전까지(하위 목표를 세우는 오늘을 기준으로 내일까지) 주제 선정을 완료해야 한다는 식의 목표를 세우고 이를 해결할 수단을 찾아 문제를 해결할 수 있다.

시행착오 방법은 체계적이고 완성된 문제해결책을 떠올리지 못하는 경우에 유용하게 사용될 수 있다. 우선 실행을 하고 나서 산출한 내용에 대하여 검토와 수정을 반복하는 과정을 거치는 동안 더 나은 대안을 찾아 문제를 해결하는 방식이라 할 수 있다(Bruning, Schraw, & Norby, 2011). 예를 들어, 보고서를 쓰기 위해 서론을 작성하고자 할 때 일단 처음 몇 단락 쓰고 난 후 다시 읽으며 단락의 전개가 논리적인지, 작성자가 주장하고자 하는 바가 명확하게 전달되고 있는지, 진술한 문장에 오류가 있지는 않은지 검토 및 수정하면서 문제를 해결할 수 있다. 머릿속에 무엇을 쓸 것인지 구상하는 것만으로는 문제가 해결되지 않고 먼저 쓴 후 시행착오를 거쳐 좀 더 나은 문장과 문단을 찾아가는 과정에서 과제를 완성할 수 있기 때문이다.

생성-검사 방법은 제한된 문제해결책이 문제해결에 도움이 되는지 하나씩 테스트해볼 수 있는 상황에서 사용할 수 있다(Resnick, 1985). 이는 해결할 수 있는 몇 가지 방법을 이미 알고 있을 때 유용하며 그 중 어떤 것이 적절한지 판단할 수 있을 때 효과적이다. 예컨대, 갑자기 불이 꺼졌을 때 그 원인을 찾기 위해서는 '불꺼짐' 현상과 관련된 과학적, 상식적 지식이 있을 때 가능한 일이다. 전구나 퓨즈의 문제인지, 스위치 연결의 문제인지, 전기 배선의 문제인지 하나씩 원인을 찾아보고 검증하려면 어느 정도 관련 지식을 갖추고 있어야 할 것이다. 그것도 아니면 주변에 전기 시설 공사가 진행 중인 것은 아닌지, 오늘이 전기안전 점검일은 아닌지도 따져보아야 할 것이다.

유추적 추론은 이미 해결한 문제와 지금 해결해야 하는 생소한 문제를 비교하여 공통점을 찾아 도움을 받을 수 있는 방법이다. 예컨대, 미지수가 하나인 방정식을 푸는 과정과 해법을 이해하고 있는 학습자가 미지수가 두 개인 연립방정식을 해결해야 할 때, 유추적 추론을 통해 방정식 해법의 인과적 유사성(미지수만 남기고 나머지는 모두 이항한다면 문제를 해결할 수 있음)을 떠올려야 할 것이다. 첫 번째 방정식을 변형한 후 두 번째 방정식에 대입하여 하나의 미지수로 치환을 하는 과정에서도 동일한 원리가 적용되므로 유사성의 발견은 두 식을 모두 만족하는 두 개의 미지수를 성공적으로 찾아낼 수 있도록 도와줄 것이다. 이는 학습자들의 선행 경험에 영향을 받게 되므로 이전에 해결했던 경험을 쉽게 떠올리지 못하거나 유사점을 찾는데 어려움을 겪을 경우 문제해결이 쉽지 않을 수 있다. 따라서 풍부한 사전지식을 습득하는 것과 더불어 적절한 인출이 가능하도록 다양한 연습이 필요하다. 유추를 효과적으로 사용하기 위해서는 학습한 주요 원리를 말로 설명하거나 유사한 문제를 반복적으로 풀기, 인과적 관계를 그림으로 그려 보기 등을 활용할 수 있다.

학습자들이 논리적 추론에 어려움을 겪거나 문제가 요구하는 방식으로 사고하지 못하게 되면 해결책을 찾는데 실패할 수 있다. 자동적 사고에 의해 제일 먼저 떠오른 생각을 근거로 결론을 도출하게 되면 비논리적인 사고를 할 수 있다. 발견법에서 쉽게 범할 수 있는 오류로 가용성 발견법(availability heuristic) 오류와 대표성 발견법(representativeness heuristic) 오류를 들 수 있다(Nolen-Hoeksema et al., 2014). 가용성 발견법의 오류는 자신이 기억에서 떠올리기 쉬운 정보를 바탕으로 판단을 내리면서 나타나는 오류이다. Kahneman과 Tversky(1973)이 실험참가자들에게 r로 시작하는 단어(예, robot)와 철자의 세 번째에 r이 들어가는 단어(예, care) 중 어떤 것이 더 많은지 질문한 결과 대부분의 응답자들이 'r로 시작하는 단어'가 더 많다고 답을 하였다. 실제로는 세 번째 철자에 r이 들어가는 단어가 더 많지만 그러한 단어는 떠올리는 것보다 r로 시작하는 단어를 떠올리기가 더 쉽기 때문에 잘못된 결론에 이르게 된다.

대표성 발견법 오류는 특정 대상이나 사건이 어떤 범주를 대표하는 것이라고 착각하게 되는 것을 말한다. 고정관념은 정확한 판단을 흐리게 만들 수 있으며 이로 인해 도출된 해결책은 개연성이 떨어질 수 있다. 예를 들어, 자연재해와 질병 중 어느 쪽이 사망자가 더 많을지 추정하는 문제에서 최근에 매스컴에 의해 홍수나 지진이 크게 다루어졌다면 자연재해로 인한 사망자는 과대 추정하는 반면 특정 질병에 의한 사망자는 과소 추정할 수 있다(Nolen-Hoeksema et al., 2014). 100원짜리 동전을 여섯 번 던졌을 때 앞뒤앞앞뒤앞이 나올 확률과 앞앞앞앞뒤앞이 나올 확률 중 어느 쪽이 더 높은지 학생들이 추론하는 과정에서 전자가 더 높을 것이라 착각할 수 있다. 하지만 무작위(random)로 던진다는 것을 고려하면 두 경우의 확률은 동일하다(Sternberg & Williams, 2002).

발견법에서 발생하는 오류는 문제해결에 장애요인으로 작용할 수 있다. 자신의 신념과 상충되는 증거보다 일치하는 증거를 더 신뢰하는 확증편향(confirmation bias)을 갖게 되면 자신의 생각을 확인해주는 정보만을 찾게 된다(Nolen-Hoeksema et al., 2014). 예를 들어, 자연재해로 인한 사망자가 더 많다는 자신의 신념을 확증하기 위해서는 사망률에 대한 일반적인 규칙을 찾으려 하기 보다 최근에 보도된 뉴스를 기억하고 떠올려 자신의 생각을 뒷받침하려 한다. 구매하기로 결정한 상품의 장점은 더 크게 부각시키고, 다른 상품은 단점만 보려 하는 방식으로 자신이 합리적 소비자임을 확신하고자 하는 경향성을 나타낼 수도 있을 것이다.

과잉자신감(overconfidence)은 자신의 판단을 과대신뢰하는 것으로, 믿고 싶은 바를 어떻게든 확인하여 실패를 합리화시키려는 경향을 말한다. 과제해결에서 과잉자신감을 가지고 있는 학생들은 수학문제 풀이 과정을 검토하거나 검산하지 않으려는 경향이 있다. 정답이라고 확신을 하기 보다 답안지를 제출하기 전에 마지막으로 재점검하는 것이 중요하다는 것을 알려주어야 할 것이다. 자신의 과제를 지나치게 신뢰하지 않는(underconfidecne) 특성 또한 잘못된 해결책을 찾게 만들고 과제해결의 의지를 감소시켜 포기하게 만들 수 있다(Sternberg & Williams, 2002).

문제해결에 필요한 대상의 다양한 측면을 고려하지 못하거나 새로운 형태의 사용을 떠올리지 못할 경우 기능적 고착(functional fixedness)의 오류를 범할 수 있다(Bruning, Schraw, & Norby, 2011). 기능적 고착에 빠질 경우 익숙한 도구나 해결책이 다른 기능을 수행하는 데에도 사용될 수 있다는 것을 깨닫지 못하게 되므로 새로운 방식의 접근과 시도를 적용하여 문제를 해결하는 데 방해를 받게 된다(Sternberg, 1996).

문제해결의 전문가가 되기 위해서는 정확한 판단을 흐리게 하는 장애물을 극복하고 적절한 해결 전략을 적용할 수 있어야 한다. 전문적인 문제해결자는 초보자에 비해 다음과 같은 특성을 지니고 있다(Bransford, Brown, & Cocking, 2000; Schunk, 2012).

- 정보의 특징과 패턴을 정확하게 지각하고, 문제의 형태를 쉽게 인지한다.
- 풍부한 선언적 지식을 지니고 있으며 주의를 많이 기울이지 않아도 쉽게 인출할 수 있다.
- 지식이 단편적인 조각으로 분리되어 있지 않으며 맥락에 따라 적용할 수 있도록 구조화되어 있다.
- 주어진 문제를 분석하는 데 시간을 투자하여 무엇이 중요한지 정확하게 파악하고, 문제를 심층적으로 이해한다.
- 과제 수행 시간은 더 짧지만 오류는 더 적고, 더 효율적인 전략을 사용한다.
- 자신의 수행 결과가 적절하였는지 주의 깊게 점검한다.

2) 비판적 사고력

M. Simon의 다큐멘터리 영화 『유치원 전쟁(Nursery University)』에서는 뉴욕의 고등교육을 받은 부유층 부모들이 연간 등록금이 5만 달러에 육박하는 뉴욕의 명문 사립 달턴 스쿨에 5세 자녀들을 입학시키려 한다. 자녀의 유치원 지원 에세이를 수정하기 위해 맨해튼에 넘쳐나는 전문 컨설턴트들을 찾으며, 명문유치원 입학을 위한 경쟁과 이후 대학진학까지의 과정을 폭로한다. 즉, 명문 유치원에서의 지식주입이 그들의 대학 입학에 연결되고 인생에

서의 성공을 위한 티켓을 쥐어주는 것이라 생각하는 문화적 만트라(의식, 주문)를 드러낸다. 작가 F. Brani는 이러한 현상을 '대학입시광증'이라고 부르며 이 현상이 유치원 입학에서부터 시작된다고 하였으며, 『어떤 대학에 가는지가 당신이 어떤 사람이 될지 말해주지 않는다』는 저서에서 명문사립학교가 자녀와 부모의 삶에서 반드시 중요한 것이 아님을 주장하고 있다(Golinkoff & Hirsh-Pasek, 2021).

넘쳐나는 정보로 빅데이터 시대에 살고있는 우리는 많은 지식의 주입이 아니라 비판적으로 사고하는 것이 더욱 필요하다. 비판적 사고(critical thinking)는 무조건적인 수용이 아니라 의문을 가져보는 회의적인 태도에서 나온다. 비판적 사고력은 다음과 같은 점에서 문제해결력과 구분된다(Bruning, Schraw, & Norby, 2011). 첫째, 문제해결력은 특정 영역(과목)에 제한된 문제에 올바른 해법을 적용할 것을 요구하며(수학문제, 과학문제 등), 학습자의 사전 지식과 높은 관련성이 있다. 반면, 비판적 사고력은 여러 영역(과목)에 걸쳐 발생할 수 있는 일반적인 문제(환경오염, 지구온난화 등)들에 대하여 가능한 많은 해결책을 적용하거나 때로는 해결되지 않는 문제에 대해 생각하도록 요구한다. 둘째, 문제해결력은 학습자가 주어진 문제를 이해하여 이에 대한 해결책을 도출하는 것이 목적인 반면, 비판적 사고력은 반성적(reflective) 사고를 통해 문제의 본질을 이해하고 의사결정에 필요한 심층적 사고를 하는 인지적 활동이다.

비판적 사고는 무엇을 생각할지(what to think)보다 어떻게 생각할지(how to think)와 관련된 것으로 개인의 비판적인 기질(disposition) 및 능력(ability)과 관련이 있다(Ennis, 1987). 비판적 사고의 소유자는 열린 사고를 가지고 있고 타인의 감정과 지식에 예민하며, 다양한 관점을 고려하여 증거를 이용한다. 또한 새로운 것을 배울 때는 서슴지 않고 도전하는 자세를 지닌다. 비판적 사고자들은 시기별로 올바른 정보를 조합하고 그것을 비판적으로 받아들이며 지혜롭게 중요한 정보를 종합하는(synthesizing) 사람들이다(Golinkoff & Hirsh-Pasek, 2021) 아래 <표 13-5>에서는 비판적 사고자이 주요 특성에 대해 기술하였다.

▷ **표 13-5** 비판적 사고자의 특성

☑ 개방적이고 다양한 대안을 탐색한다.

☑ 자세히 알려고 노력한다.

☑ 자료가 믿을만한지 잘 판단한다.

☑ 결론, 이유, 및 가정을 규명한다.

☑ 논쟁의 이유, 가정, 및 증거 수용가능성을 포함한 논쟁의 질을 잘 판단한다.

☑ 합당한 위치를 잘 개발하고 방어할 수 있다.

☑ 적절하고 명확한 질문을 한다.

☑ 설득력 있는 가설을 설정하고 실험계획을 잘 짠다.

☑ 문맥에 적절한 방법으로 용어를 정의한다.

☑ 단호하면서도 신중한 결론을 도출한다.

☑ 무엇을 믿으려고 결정할 때 이들 목록에 있는 모든 요인을 통합한다.

※ 출처: Ennis (1987).

비판적 사고력의 구성요소로는 지식(knowledge), 추론(inference), 평가 (evaluation), 메타인지(metacognition) 등을 들 수 있다(Bruning, Schraw, & Norby, 2011; Schunk, 2012).

첫째, 지식은 비판적 사고에 필요한 요소이기도 하면서 비판적 사고의 결과로 습득하게 되는 것이기도 하다. 지식은 사고에 대한 판단을 가능하게 하고, 새로운 정보를 분석하여 조합할 수 있도록 하며, 비판적 사고의 관점으로 대상에 접근할 수 있도록 구체적인 전략과 방향성을 제공해준다.

둘째, 추론은 둘 이상의 지식을 연계하여 문제를 더욱 심층적으로 이해할 수 있도록 도와준다. 주어진 과제를 분류(clarification)하고 귀납적 혹은 연역적으로 추론함으로써 논리적이고 비판적으로 사고할 수 있다. 이는 대상들의 유사점과 차이점을 구분할 수 있게 하고 더 나은 해결책은 없는지 따져볼 수 있게 한다.

셋째, 평가는 분석, 판단, 가늠, 가치 판단 등을 포함한 요소이다. 분석은 적절한 정보를 확인하고 선별하는 활동이며, 판단은 자료가 믿을만한 정보인지 평가하고 편견을 제거하는 것을 말한다. 가늠은 모든 정보들을 서로 비교하여 가장 적절한 정보를 찾고 가능한 논리적으로 조직화하는 것이며, 가치판단은 의사결정에 영향을 주는 정보에 대한 도덕적, 윤리적 반응을 고려하는 것을 의미한다.

마지막으로 메타인지는 비판적 사고력의 핵심적 요소로서, 의사결정 및 판단의 적절성과 정확성을 검토하게 한다. 정보가 부족하거나 의견이 상충될 때 중요한 결정을 보류해야 하거나 정확한 판단을 하지 못할 수 있다. 이러한 경우 학습자는 메타인지 전략을 사용하여 자신의 사고를 인지하고 수정이나 보완해야 할 내용은 없는지 점검할 수 있게 된다(메타인지에 대해서는 다음 절에서 자세히 다룰 예정이다).

비판적 사고기술은 역사기록물, 매체 광고, 및 뉴스기사 등을 평가하는 것에 이르기까지 수업시간에 개발될 수 있어야 하고 개발되어야 하며 거의 모든 우리의 일상에서 사용되어야 한다. 이 기술은 한 번의 교육으로 충분하지 않으며, 숙달된 후에도 지속적인 학습으로 자동화되어 새로운 환경에 전이될 수 있어야 한다(Mayer & Wittrock, 1996). 학생들이 비판적 사고를 하게 하기 위해서는 관찰, 경험, 숙고, 추론 및 의사소통 등의 과정에서 나온 정보를 분석, 종합하고 평가하는 법을 배우는 것이 필요하다.

비판적 사고력을 자극하는 방법으로 '보드게임', '스토리텔링', '독서', '이유 물어보기' 등을 들 수 있다. 게임하는 과정에서 의견의 불일치는 협상방법 및 비판적 사고를 계발하도록 이끌어 준다. 스토리텔링은 학생들에게 청취의 재미를 주며, 질문을 통해 궁금한 점을 해소하고 비판적인 생각도 발전시킬 수 있으며 화자가 교사이든 부모이든 서로의 유대감을 형성시켜줄 수 있다. 독서 또한 학생들에게 대안적 현실세계를 마주하게 하여 다양한 의문과 질문을 가능하게 하는 방법이다. 학습자의 비판적 사고를 키워주기 위해서는, 그들의 작은 관심과 의문 하나 하나에 귀 기울이고 그들이 편하게 질문할 수 있도록 하며 그들의 관점을 고려하고 그들이 이해할 수 있는 방식으로 답을 해주어 사고가 확장되도록 도와야 한다(Golinkoff & Hirsh-Pasek, 2021). 왜 그렇게 생각했는지 이유를 묻고 학생들은 자신의 생각에 증거를 제시하도록 요구받는 경험은 스스로의 생각을 다시 한번 돌아보고 메타인지적 사고를 할 수 있도록 도와준다.

5 메타인지

1) 메타인지의 개념

앞서 1절에서 살펴 본 인지양식이 고정적이고 일관되게 나타나는 개인의 속성으로 볼 수 있다면, 메타인지는 비교적 변화가능성이 큰 인지적 특성이다. 학습자 개개인이 지니고 있는 상이한 인지양식은 메타인지 향상을 위한 처방과 지도에서 고려되어 학습자들의 학업성취도를 향상시킬 수 있다. 인지양식이 "정보를 수집, 처리하며 조직하는 방식에서 나타나는 개인적 특성"이라면 메타인지(metacognition)는 "그 정보의 수집, 처리 및 조직방식에 대한 인지" 즉, 인지에 대한 인지 또는 사고에 대한 사고를 의미한다. 여러 인지양식유형 중 학습자의 정보처리와 관련된 인지양식이 메타인지에 유의미한 영향을 주는 것으로 나타났다. 즉, 정보처리에 있어서 말과 글을 선호하는 언어형보다 이미지를 선호하는 시각형의 학습자들이 메타인지적 사고를 보다 많이 경험하고 더 잘 할 수 있다고 하였다(김선연, 조규락, 2010).

메타인지(metacognition)란 자신의 지식이나 사고, 학습행동에 대한 고차적 지식, 그리고 이러한 인지적 과정을 관리(management)할 줄 아는 능력 (Brown, 1980; Flavell, 1976; Snowman & Biehler, 2000)으로, 선언적 지식과 절차적 지식을 언제, 어떻게 활용해야 하는지 알고 있는 조건적 지식(conditional knowledge)으로 볼 수도 있다. 학습의 목표를 설정하고, 계획을 세우며 학습 전략을 실행하는 과정에서 자기점검과 자기평가를 하여 학습에 대한 통찰을 가지게 되는 것을 포함한 개념이다(Greeno, Collins, & Resnick, 1996). 메타인지는 처음에는 주로 학습부진 아동의 학습결함을 치료하는 수단으로 활용되었으나(Snowman & Biehler, 2000), 전차 기억과 이해(Flavell, Miller, & Miller, 1993), 문제해결(Siegler & Jenkins, 1989), 자기조절학습(Zimmerman, 1990), 학습전이와 학습 전략(Mayer & Wittrock, 1996)으로 활용 영역이 확대되어 왔으며, 최근에는 학업성취와 관련된 학습자의 특성 중 가장 큰 영향력을 지니는 인지적 특성인 것으로 나타났다(김지은, 구병두, 2002).

메타인지가 정확하게 무엇인지 정의되지 않은 채 연구와 교육에서 비교적 빠르게 통용되었던 초기에는 '명확하지 않은 개념(fuzzy concept)', '오용된 개념(abused concept)', '애매모호한 말(buzzword)'이라는 비판을 받기도 하였다(Hiebert & Raphael, 1996). 이는 아마도 인지와 메타인지의 개념이 뚜렷하게 구별되지 않는다는 점 때문일 수도 있다. 따라서 메타인지의 개념을 이해하기 위해서는 인지와의 대조를 통해 그 본질을 파악하려는 노력이 필요할 것이다(Snowman & Biehler, 2000).

인지는 정보가 처리되는 과정을 설명하는 것으로, 학습자료에 주의를 기울여 인식하고 부호화하여 장기기억에 저장한 후 과제해결을 위해 인출하는 과정에서 습득하게 되는 지식을 의미한다. 메타인지는 그러한 인지의 작동에 대한 지식을 말하는 것으로 학습 목표의 성취를 위해 그것들이 어떻게 사용되는지 알고 행동으로 실천하는 것을 포함한다. 메타인지는 행동적 학습전략으로 볼 수도 있는데, 성공적인 학습을 위해서는 인지 전략뿐만 아니라 이를 적절하게 활용하여 통제할 수 있는 메타인지 전략도 필요하다. 인지 전략을 잘 알고 있는 학습자라 하더라도 어떤 과제를 성취하는데 어떠한 기능과 자원을 선택해야 하는지, 학습 상황에 따라 언제, 어디서, 어떻게 그 전략을 사용해야 하는지 이해하지 못한다면 학습에 실패할 수도 있다(Corno, 1986). 인지 전략이 학습내용을 효율적으로 기억하고 유지하는 데 도움을 주는 학습방법을 의미한다면, 메타인지 전략은 인지 전략을 활용하는 자신의 학습 과정에 대한 개념을 형성하는 것으로 이를 통해 효과적인 학습 방법을 선택하고 학습 행동을 통제할 수 있게 된다. 인지 전략이 인지적 진전을 이루어내기 위해 수행되는 것이라면, 메타인지 전략은 그러한 진전이 처음에 의도한 방향으로 적절하게 진행되고 있는지 점검하고 필요하다면 방향을 재설정하고 수정하기도 하는 활동이다(Flavell, Miller, & Miller, 1993).

일반적으로 메타인지는 메타인지적 지식과 메타인지적 자기-점검으로 구분되기도 한다(Flavell, Miller, & Miller, 1993; Simons, 1996; Snowman & Biehler, 2000). 메타인지적 지식이란 자신의 인지에 관한 지식을 의미하며, 메타인지적 자기-점검은 진행되고 있는 인지 과정을 능동적으로 조정하는 것이다.

2) 메타인지적 지식과 자기-점검

메타인지적 지식은 '인지에 관한 인지(cognition to cognition)' 즉, 인지적 작업과 관련하여 습득하게 된 여러 가지 지식으로, 자신의 학습 과정에 대한 의식(awareness)이 경험을 통해 장기기억 속에 축적되고 저장된 상태라고 볼 수 있다(Flavell, Miller, & Miller, 1993). 메타인지적 지식에 대한 연구는 1970년대 발달심리학 분야에서 시작되었다(Simons, 1996). 1970년대 이전의 연구에서는 아동의 기억에 대한 지식(메타기억)의 발달이 12세 정도에 어느 정도 완성된다는 생각이 지배적이었다. 하지만, 메타인지적 지식에 대한 연구로 인해 성인들조차 연구 문제와 과제에 따라 각기 다른 능력을 지닐 수 있음이 주목받기 시작하였다. 메타기억에서 시작되었던 메타인지적 지식에 대한 연구는 점차 새로운 영역으로 확장되어 단순한 기억과제 대신 읽기, 텍스트 처리 과정(text-processing), 문제해결과 같은 복잡한 과제를 중심으로 연구되었다.

메타인지적 지식은 개인 범주, 과제 범주, 전략 범주의 세 가지 개념으로 구분하여 설명될 수 있는데, 각 범주들은 두 가지나 세 가지의 결합 또는 상호작용의 형태로 나타나기도 한다(Flavell, Miller, & Miller, 1993; Schunk, 2012).

첫째, 개인 범주는 인지적 정보처리자로서 학습자에 대하여 사람들이 획득하게 되는 지식과 신념을 포함하는 것으로, 개인 내의 인지적 차이, 개인과 개인 간 인지적 차이, 사람들의 보편적인 인지 속성에 대한 지식을 포함한다.

둘째, 과제 범주는 상이한 종류의 과제들이 각기 다른 정보처리 과정을 요구한다는 경험으로부터 개인이 얻게 되는 지식을 말한다. 이는 과제 해결에 필요한 정보의 특성과 요구 조건과 관련이 있다.

셋째, 전략 범주는 어떤 전략이 어떠한 인지적 목적을 달성할 가능성이 있는지에 대한 지식에 해당한다. 개인이 인지 과정을 점검하는 과정에서 적절한 전략이 무엇인지 탐색하고 적용하게 된다.

Paris, Lipson, Wixson(1983)은 메타인지를 활용한 전략적 읽기(reading) 연구에서 메타인지적 지식을 선언적 지식, 절차적 지식, 그리고 조건적 지식의 사용으로 설명하였다.

첫째, 읽기에 대한 선언적 지식은 읽기에 영향을 주는 요인이 무엇인지를 이해하는 것이다. 둘째, 절차적 지식은 읽기에 필요한 기술이 어떻게 작동하며 어떻게 적용되는지 아는 것이며, 이에 대한 평가를 포함하고 있다. 셋째, 읽기에 대한 조건적 지식은 읽기에서 특정 전략이 언제 요구되며, 이것이 왜, 어떠한 방식으로 읽기에 영향을 주는지 이해하는 것이다. 예를 들어, 읽기에서 메타인지적 지식은 대충 훑어보는 것도 읽기의 한 전략이라는 것을 아는 것(선언적 지식), 어떻게 훑어보는지를 아는 것(절차적 지식), 언제, 왜 훑어보아야 하는지를 아는 것(조건적 지식)을 포함한 복합적인 지식이며, 이를 활용하여 자신의 읽기 과정을 평가하고, 계획하고 조절하는 기술이라 할 수 있다.

노트필기에 적용하였을 때, 메타인지적 지식을 지니고 있는 학습자들은 자신의 노트필기에 대하여 중요한 내용을 기록하고 있는 건지 아니면 불필요하고 사소한 내용만을 기록하고 있는지, 필기할만한 내용 위주로 핵심 내용을 명확하게 받아 적고 있는 것인지 아니면 너무 많은 내용을 장황하게 받아 적고 있는 건지, 노트필기한 내용이 공부할 때 적절한 예시를 떠올리며 학습 내용을 구체화할 수 있도록 작성되었는지 아니면 단순한 정보를 전달하도록 기록되었는지 등을 점검하게 된다.

요컨대, 메타인지적 지식이란 자신의 인지적 자원에 관한 지식, 또는 학습자가 학습상황에서 과제가 요구하는 것이 무엇인지 알고 있는 지식을 의미한다. 학습과 기억에 영향을 미치는 요인들과 과제 완수에 필요한 기술, 전략, 및 자원 등으로 무엇을 해야 할지를 아는 지식, 전략을 어떻게 사용해야 하는지를 아는 지식, 그리고 과제를 완수하기 위해 절차와 전략을 언제. 왜 적용해야 할지에 관한 조건을 아는 지식을 포함한다(Bruning, Schraw, & Norby, 2011). 또한 자신의 지식과 능력에 대한 평가를 근거로 적절한 학습 활동을 적용할 수 있는 지식이라 할 수 있다(Cross & Paris, 1988). 또한 메타인지는 학습상황에서 인지 전략을 적용하는 가치에 대한 지식을 포함하며(Pressley & Harris, 2009), 결과적으로 메타인지 지식은 사고와 학습을 조절한다(Brown, 1980; Nelson, 1996).

다음으로 메타인지적 자기-점검은 문제를 해결하는 동안 인지적 점검과 자기 관리, 자기 통제 등을 활용하여 학습자가 적극적으로 사용하는 자기조절 기제와 관련된다. Sternberg(1990)는 지능이론에서 메타구성요소를 지능에 포함시킬 필요가 있음을 주장하였다. 이는 주어진 문제를 해결하는 과정에서 계획, 조정, 평가를 수행하고 실행적 통제의 역할을 하는 요소이다. 메타인지 지능은 "문제 발견, 문제의 본질 판단, 좀 더 수월한 방식으로 문제해결, 이러한 요소들을 구성할 전략 선택, 활용할 수 있는 전략과 구성요소들의 정신적 표상(mental representation) 선택과 수행, 문제해결 과정 모니터, 결과에 대한 평가"의 절차를 거쳐 실행적 통제의 역할을 하는 것으로 설명된다(Sternberg, 1990, p.269).

메타인지 지식이 많을수록 과제에 필요한 전략을 인식하고 적절하게 선택할 가능성이 높아지지만 이것만으로는 충분하지 않다. 선택된 전략을 효과적으로 수행하고 있는지 전략의 사용과정을 점검하고, 이를 지속하기 위해 자신의 행동을 통제 및 조절할 수 있는 기능이 필요하다. 이러한 인지적 자기 통제, 자신의 사고에 대한 관리를 메타인지적 자기-점검이라고 볼 수 있다.

Garner(1987)는 읽기 과제를 하는 동안 자기 점검과 통제에서 어떠한 차이가 있는지 분석하기 위해 오류발견하기, 텍스트 검토, 학습시간 배분, 요약의 네 가지 영역으로 구분하여 연구를 진행하였다. 먼저 독해를 하는 동안 텍스트 속에 의도적으로 숨겨진 오류를 찾게 하고 실패할 경우 명백한 힌트를 주면서 다시 찾게 하였다. 텍스트 검토 단계에서는 학습자의 기억과 이해에 제한이 있을 것이라는 가정하에 특정 부분을 회상하도록 하였다. 학습시간 배분에서는 이해하기 어려운 부분을 읽는데 더 많은 시간을 소모하는지 분석하였다. 요약하기에서는 텍스트에서 중요한 부분이 어디인지 판단하게 하고 이를 요약하도록 하였다. 연구에서 전 연령을 대상으로 오류탐지율을 분석한 결과 성인의 경우에도 오류발견에 실패하였으며, 힌트가 주어져도 여전히 오류를 간과하는 비율은 높은 것으로 나타났다. 텍스트 검토와 학습시간 배분에서는 저학년 학생이나 읽기 능력이 떨어지는 고학년 학생들은 어려운 텍스트 이해에 더 많은 시간을 투자하지 않았다. 요약하기 과제에서 정보를 압축하거나 자료의 중요성을 판단하는 기능에서는 연령별 차이가 있어, 이러한 메타인지적 점검은 비교적 나중에 발달하는 것으로 나타났다.

학습자료를 읽으면서 오류를 찾고 텍스트를 이해한 후 핵심 내용을 찾는 과업을 성공적으로 해내기 위해서는 자신의 학습능력에 대해 잘 알고 적합한 전략을 사용할 줄 알아야 하며, 학습내용을 기억하고 있는지 중간중간 점검하면서 이해하지 못한 내용이 있다면 과제의 난이도에 맞춰 노력과 시간을 더 많이 투자하는 등의 판단력과 실행 능력이 갖춰져야 한다. 메타인지적 자기-점검은 학습자가 과제해결에 필요한 전략의 사용법을 알고 이를 효과적으로 활용하기 위해 학습목표 달성에 방해가 되는 요소를 감지하여 이를 통제하는 기술을 의미한다. 이에는 학습자 자신의 장단점에 대한 지식과 자기 통제 및 관리 능력, 그리고 학습된 메타인지적 자기-점검 전략을 다른 과제에도 적용할 수 있는 능력을 포함하고 있다.

3) 메타인지와 학습

메타인지 능력이 뛰어난 학생은 그렇지 않은 학생보다 더 많이 학습하고(Smith, Rook, & Smith, 2007) 그 결과 더 높은 학업성취를 나타낼 수 있다(Hartman, 2001; Kuhn & Dean, 2004). 자신의 인지 활동 점검에 실패할 경우 학습에 여러 가지 문제가 발생할 수 있다. 메타인지에서의 개인차는 학습자의 연령과 발달 수준, 경험과 학습전략의 습득 정도, 학업성취 수준에 영향을 받는다. 메타인지가 학습결과에 영향을 주는 이유에 대하여 Eggen과 Kauchak(2011)은 다음과 같이 네 가지로 설명하였다.

첫째, 자신의 인지과정을 이해하고 주의집중의 중요성을 깨닫고 있는 학생은 효과적인 학습환경을 조성하려고 노력하며 수업시간에 중요한 내용을 놓치지 않으려고 노력한다.

둘째, 자신이 알고 있다고 생각하는 것이 실은 그렇지 않을 수도 있다는 것을 가정하고 확실하게 이해하고 있는지 점검한다.

셋째, 메타인지는 학습하고 있는 새로운 내용을 자신의 사전 지식과 관련지어 이해하고 있는지 의식적으로 점검하게 한다. 이는 정보의 정교화와 조직화에 영향을 주고 유의미한 부호화가 더욱 활성화됨으로써 통해 효율적인 학습이 이루어지도록 도울 수 있다.

넷째, 정보처리 과정에서 작업기억의 용량에 한계가 있다는 것을 알고 있으므로 잊어버리지 않으려고 의도적인 노력을 기울이게 된다. 예를 들어, 잘 외워지지 않는 중요한 개념에 대한 기억을 떠올리기 위해 '여기에 적어두면 잘 잊어버리지 않을 거야. 이렇게 외우면 쉽게 잊어버리지 않을 거야' 등의 메타기억 전략을 적용함으로써 학습이 향상될 수 있다.

메타인지와 학습의 관계를 탐구함에 있어 연구자들은 메타인지적 관점에서 학습을 다음의 여섯 가지 가정으로 접근하고자 하였다(Jones et al., 1987).

▷ **표 13-6** 메타인지적 접근에서의 학습에 대한 기본 가정

	내용	설명
가정 1	학습은 목표지향적이다.	주어진 문제가 무엇을 의미하는가를 이해하고 그 문제를 해결하기 위해 자신의 학습을 어떻게 조절해 나갈 것인가를 궁리하는 것이다.
가정 2	학습은 새로운 정보를 사전 지식과 관련시키는 것이다.	정보는 '스키마타(schemata)'라는 지식 구조 속에 저장된다. 이는 단순한 정보의 집합체가 아니고 서로 관련되어 있으며, 추리나 평가와 같은 반성적이고 계획적인 다양한 인지활동에 학습자들이 참여할 수 있도록 하는 능동적 속성을 지니고 있다.
가정 3	학습은 지식을 조직하는 것이다.	조직에는 심리적 조직과 논리적 조직이 있는데, 아이디어나 정보를 알아볼 수 있도록 배열하는 능력이다.
가정 4	학습은 전략적이다.	학습자들이 특정 기능과 전략을 인식하고 사용하기 위한 노력을 한다는 점에서 학습은 전략적이고, 인지과정에 대한 통제라는 점에서 메타인지적 특징을 지니고 있다.
가정 5	학습은 단계적으로 이루어지나 순환적이다.	일반적으로 사고는 학습준비단계, 정보처리단계, 정보 다지기 및 확장단계의 3단계를 거친다.
가정 6	학습은 발달의 영향을 받는다.	학업성취도가 낮은 학생들에게 메타인지 요소에 관한 수업을 통해 피드백을 제공함으로써 다양한 상황에서 기능을 연습하고 응용할 수 있는 기회를 계속적으로 제공할 필요기 있다.

메타인지 능력은 지식의 습득, 파지, 활용, 전이 능력과 관련이 있으므로 읽기와 쓰기를 포함한 인지 과정 전반에 걸쳐 학업성취에 중요한 예언변인으

로 밝혀졌다. 또한 문제해결에서 사고의 실행적 기능을 작동시켜 지식과 전략 사용을 지휘 및 감독하는 역할을 하게 되므로 인지뿐만 아니라 동기와 태도에도 영향을 끼쳐 자기주도적 학습에 필수적인 역할을 한다고 볼 수 있다(이연섭, 1998). 메타인지를 활용한 학습에서 문제해결은 학습자의 능동성을 전제한다. 과제가 완결된 후에도 결과를 확인하고 다음 단계를 계획하거나 자신이 사용한 전략의 효율성을 점검하여 필요에 따라서는 수정하기도 한다. 메타인지는 학습의 모든 단계와 관련이 있어서 과제를 시작하기 전에 과제에 대한 흥미와 난이도, 최상의 전략을 사용하는 데 필요한 시간을 예측할 수 있으며, 과제를 하는 동안 완성에 요구되는 노력의 정도와 전략의 효과성을 판단할 수 있다. 과제가 끝난 후에는 학습결과물의 완성도와 수준을 정확하게 평가할 수 있으며, 과제에 대한 흥미와 만족감과 자신감을 경험하게 된다(Efklides, 2006).

메타인지는 5~7세 경에 발달하기 시작하여 학령기 동안 서서히 발달한다(Flavell, 1986). 연령이 낮은 학습자도 간단한 문제라면 자신의 활동을 점검할 수 있으며, 점검이 필요 없을 정도의 너무 쉬운 과제나 무엇을 해야 하는지 알지 못하는 매우 어려운 과제보다는 중간 정도 난이도의 과제에서는 대부분의 학습자가 자신의 인지적 시도를 능동적으로 통제하는 경향이 있는 것으로 알려져 있다(Schunk, 2012).

학습 장면에서 메타인지의 개인, 과제, 전략 범주는 서로 상호관련성을 지니고 있다. 학습자가 학습해야 할 교재의 유형과 길이를 고려해볼 때 적절하다고 판단되는 학습 전략이 무엇인지 알고 있더라도 실제로는 이를 메타인지 활동으로 실행하지 않을 수 있다. 예컨대, 메타인지를 적용한 학습 행동을 원하지 않을 수도 있으며, 좀 더 적절한 전략이 무엇인지 알고 있음에도 연습이 부족하여 자동적으로 사용하지 못할 수도 있으며, 여러 전략 중 자신에게 좀 더 익숙한 것을 습관적으로 선택하려 할 수도 있다. 메타인지가 학습에 유용하게 활용하기 위해서는 학습의 어떤 구성요소에 대하여 언제, 어디에서, 왜 사용하는지 알고 있어야 하며, 이를 실행하는데 필요한 기능이 갖춰져야 한다(Schunk, 2012). 메타인지 전략은 개인, 과제, 전략의 세 범주가 서로 긍정적 상호작용을 할 수 있도록 도움을 준다.

4) 메타인지 전략

계획세우기, 목표설정, 질문하기, 이해한 것에 대한 자기 점검, 새로운 자료 숙고, 중심 주제의 탐색, 이미 알고 있는 것에의 연관성 찾기, 추론과 예측, 그리고 그것들이 옳은지에 대한 점검, 메모하기와 조직, 시연, 해석, 요약, 자신만의 암기법 만들기, 개념지도 만들기, 시간 관리 등의 전략은 메타인지를 활용한 학습에서 중요한 역할을 한다. 이러한 전략을 적극적으로 사용할 때 학생들은 더 많은 노력과 시간을 들여 학습 행동을 하게 된다. 학습에 대한 의지는 있지만 과제가 요구하는 것이 무엇인지, 이를 해결하는데 필요한 전략이 무엇인지 모르거나 혹은 사용 방법을 모르는 학생들에게 교사는 메타인지전략들을 가르쳐 줌으로써 학습자가 자신의 학습을 계획하고 점검하여 학습결과를 향상시키도록 도움을 줄 수 있다(Hattie, Biggs, & Purdie, 1996; Hofer, Yu, & Pintrich, 1998; Pintrich, 1999).

메타인지 전략은 계획(planning) 전략, 점검(monitoring) 전략, 평가(evaluation)와 조절(regulation) 전략으로 구분해볼 수 있다(Brown et al., 1983).

계획 전략은 어떤 전략과 정보처리를 사용할 것인지 계획을 세우는 것으로, 책을 읽기 전에 목차부터 살펴본다거나 무슨 내용에 대한 것인지 대강 훑어보듯이 과제의 속성을 파악하여 구체적인 계획을 세우는 것으로 시작할 수 있다. 예컨대, 과제에 어느 정도의 시간을 들여야 할지, 어떤 전략을 사용할지, 어떻게 시작할지, 어떤 자원을 수집해야 할지, 어떤 순서로 처리할지 등을 결정할 수 있다.

점검 전략은 과제를 하는 동안 자신의 수행 과정을 짚어가며 집중하고 있는 내용을 충분히 이해하였는지 확인하는 전략으로, 실시간으로 학습자가 스스로 어떻게 진행하고 있는지를 인식하는 과정이다. 과제를 제대로 하고 있는지 자신의 인지활동을 체크하여 목표 달성 정도에 따라 부족한 부분을 보충할 수 있도록 판단을 내리고, 필요에 따라 계획을 수정하기도 한다.

평가와 조절 전략은 사고와 학습에 대한 과정과 결과에 대하여 판단하고 그에 따라 실행하는 작업이므로 점검 전략과 밀접한 관련이 있다. 자신의 사고 및 학습의 과정을 점검하는 과정에서 문제가 발견되면 앞으로 되돌아가 다시 한번 학습하고 이해하기 어려운 부분에서는 학습 속도를 줄여 반복하도록 한다. 중간평가 결과 잘못 이해한 부분이 있다면 좀 더 적절한 인지 전략을 적용할 수 있도록 학습행동을 교정하고 학습결과를 최종적으로 평가하여 다음 학습계획의 근거로 삼는 전략이다.

메타인지 전략을 사용하는 학습자는 그렇지 않은 학습자보다 학업성취도가 높다(Kuhn & Dean, 2004). 메타인지적인 학습자는 목표와 동기를 계획하고 통제하는 방법을 알고 있다. 정보에 주의를 기울이고, 변형, 조직, 재생하도록 도와주는 심상화, 정교화, 조직화 등의 여러 인지전략을 알고 이에 익숙하며, 주의집중의 중요성을 지각하고 있어 자신에게 효과적인 학습환경을 조성할 줄 안다. 메타인지가 부족하면 자신이 어떤 부분이 취약한지, 실력을 더 키우기 위해 무엇을 보완해야 하는지 모르게 된다. 공부한 내용에 대해 다 알고 있다고 생각하지만 실은 그것이 착각일 수 있으며 다른 해결책을 생각하고 새로운 시도를 해야 하지만 그 때가 언제인지 모르고 있는 경우도 많다. 아는 것과 모르는 것을 구별할 수 없기 때문에 자신의 능력을 향상시킬 수 있는 기술이 점점 부족해진다.

메타인지는 우리가 사고하는 방식을 평가하고 진단할 수 있게 하므로, 학생들이 자신의 학습 과정을 스스로 진단해 보도록 연습시킴으로써 메타인지 전략을 향상시킬 수 있다. 충분히 학습되지 않은 부분을 찾아서 보완하기 위해서는 자주 시험을 보며 학습내용을 시연하고, 자신이 아는 지식과 연결시켜 인출하는 연습을 해야 한다. 시험이나 퀴즈를 통해 학습한 내용을 잊어버리지 않고 효율적인 학습이 일어나도록 도와주는 것을 시험 효과(testing effect)라고 한다. 단순하게 학습할 분량을 반복하는 것보다 자체 시험이나 퀴즈를 통해 학습한 내용을 떠올리고, 자신이 정확하게 학습하였는지 확인하는 것이 효과적이다. 이 때 한 과목을 공부하고 이에 대한 문제를 집중적으로 푸는 것보다 시간 간격을 두고 여러 번에 걸쳐, 다양한 과목과 다양한 유형의 문제를 섞어서 시험을 보는 것이 효과적이다. 이는 집중 연습보다 시간 간격을 둔 반복 연습, 다른 종류의 학습을 끼워 넣는 교차 연습, 다양하게 변화를 준 연습이 지식정보의 인출에 더 효과적이기 때문이다(Brown, Roediger, & McDaniel, 2014). 시험이나 퀴즈에서 틀린 문제를 확인하고 나면 정확한 내용을 다시 한번 학습하고 자체 시험을 여러 번 반복하면서 부족한 부분을 보충해야 한다.

문제지나 기출문제를 풀어보는 것도 좋지만 학습자가 직접 시험이나 퀴즈 문제를 만들어보는 것도 유용한 방법이다. 직접 시험문제를 출제하고 풀이과정과 정답을 서술할 수 있다는 것은 시험에 나올 만큼 핵심적이고 중요한 내용이 무엇인지 알 수 있을 정도로 학습 내용을 확실하게 이해했다는 것을 의미한다. 이는 문제발견력과도 관련이 있다. 교사는 수업에서 학습한 내용에 대해 각자 시험문제를 만들게 하고 학생들끼리 문제를 교환하여 풀고, 잘 모르는 문제에 대하여 서로 설명하고 가르쳐주는 과정에서 메타인지를 적용한 학습이 일어나도록 유도할 수도 있다.

메타인지는 타인과의 상호작용을 통해 향상시킬 수 있는 능력이다. 부모나 교사가 학습자의 목표를 상기시켜 문제해결의 단계별로 목표에 도달하는 방법을 계획할 수 있도록 도와주고, 과제와 과제해결 전략에 대한 정보를 제공하며 자신의 향상 정도를 계속 점검하도록 안내함으로써 필요한 메타인지 전략을 적용해볼 수 있다. 메타인지 프로그램에 대한 연구결과들은 메타인지 전략의 교육적 효과에 시사점을 주고 있다. 자기-언어화(self-verbalization), 모델링, 자기-모니터링, 자기 강화 등을 활용하여 메타인지를 훈련하였을 때 과활동적 아동의 주의집중력이 향상되었고(Douglas et al., 1976), 읽기 과정 중 텍스트를 이미지화하고 자신의 학습경험을 언어화하도록 한 결과 참여자들의 독해력이 50% 향상되는 결과가 나타나기도 하였다(Linden & Wittrock, 1981).

메타인지 전략은 집중력, 독해력과 같은 기초학습능력뿐만 아니라 수학, 과학에서의 문제해결능력 향상으로 전이될 수 있다. 시험문제에서 단어의 의미를 이해하지 못해서 문제해결의 정보를 찾지 못하거나 계산 방법을 잘 모르는 학생들에게 언어적, 절차적 지식을 활용하여 메타인지 전략을 훈련하고 자신의 수학 문제 풀이 과정을 모니터하도록 하였다. 그 결과 훈련 전 학업 수행 수준이 낮았던 학생들의 수학 점수와 수학에 대한 태도가 향상된 것으로 나타났다(Candalle-Elawar, 1992). 과학 과목에서의 메타인지 전략 훈련은 과학적 지식과 이해력, 추리력의 향상을 보여주었고(Chi & Bassok, 1989; Linn, Songer, & Eylon, 1996), 생물과 화학과목에서 개념 지도를 구성하여 기본 개념을 익히면서 자신의 이해력을 분석하고 학습과정을 숙고하도록 한 결과 과학 지식의 습득 수준이 향상되었다(Novak, 1983). 요컨대, 읽기, 수학, 과학 과목에서 메타인지 전략을 활용한 수업을 도입한 결과 학습자들의 이해력과 개념습득에 도움을 줄 수 있었다. 메타인지 전략이 학교학습과 개인학습 장면에서 유용하게 활용될 수 있도록 메타인지를 촉진시키는 적절한 교수방법이 요구된다.

5) 메타인지 전략 촉진을 위한 교수

효과적인 학습전략을 가르치기 위해서는 특정 과제 해결에만 국한된 학습방법과 지식만을 가르치는 것에 그치지 않고, 학습자들이 자신의 학습 과정을 이해하면서 학습상황에 맞추어 적절한 학습전략을 사용하고 필요에 따라 이를 조정하여 사용할 수 있도록 가르쳐야 한다. 학습전략의 유용성과 함께 메타인지 전략을 이해하고 이를 활용할 수 있도록 지도해야 한다.

Pressley(1990)는 메타인지 전략을 가르치기 위한 지침을 다음과 같이 제시하였다. 처음에는 하나의 과제해결에 필요한 학습전략을 가르치고 처음 전략이 정착된 후 추가 전략을 가르쳐준다. 전략을 어떻게 수행해야 하는지 학생들에게 분명하게 설명하고 나서 교과과정 내에서 가르치고 있는 특정 과목에 적용해볼 수 있게 한다. 이해하기 어려워하는 전략이 있다면 다시 한번 설명하면서 학습전략을 재설계해준다. 해당 학습전략을 왜 사용해야 하는지 이유를 알려주고 이를 통해 달성하고자 하는 바가 무엇인지, 어떤 상황에서 사용하는 것이 적절한지 알려준다. 학생들이 사용하고 있는 학습전략에 강화와 피드백을 제공하고 가능한 많은 과제에 적용해볼 수 있도록 행동을 유도한다. 학생 스스로 자신의 학습전략 사용을 점검하고 다양한 학습 장면으로 전이하여 사용할 수 있도록 격려한다. 자신의 학습 과정을 장기적으로, 심도 있게 모니터함으로써 학습에서의 불안을 낮출 수 있도록 지원해주고, 스스로 자신의 학습 행동을 통제하여 과제에 집중할 수 있도록 도움을 준다.

Simons(1996)는 메타인지 전략을 활용한 교수 프로그램의 기본 원리들을 다음과 같이 제안하였다. 아래의 원리들이 모두 포함될 필요는 없지만 이와 같은 것들이 고려될 때 좀 더 효과적인 메타인지 전략 수업이 진행될 수 있다.

- 학습 결과보다 학습 활동과 과정을 강조해야 한다(과정의 원리).
- 학생들이 자신의 학습전략, 자기조절 기술, 학습목표에 대한 전략과 기술의 관계를 알도록 도움을 주어야 한다(반영의 원리).
- 인지와 메타인지, 학습에서의 정서적 요소 간의 상호작용이 고려되어야 한다(정서성의 원리).
- 지식과 기술의 연계가 기능적으로 계속 사용할 줄 알아야 한다(기능성의 원리).
- 학습 전이와 일반화가 일어나도록 노력해야 한다(전이의 원리).
- 학습전략과 자기조절 기술을 익히는데 충분한 시간을 제공하고 규칙적으로 실행될 수 있도록 학습맥락을 제공해야 한다(맥락의 원리).
- 학생들이 자신의 학습을 어떻게 진단하고, 조절하고, 수정할 수 있는지 배워야 한다(자기 진단의 원리).
- 학습 활동의 양와 질이 적절하게 균형을 이룰 수 있도록 수업을 설계해야 한다(활동의 원리).
- 학습에 대한 책임과 주도권이 점차 학생에게로 전환되어야 한다(스캐폴딩의 원리).
- 어린 학습자의 경우 자기조절된 학습의 초기에 부모나 성인들의 관리가 필요하다(수퍼비전의 원리).
- 학습자들 간의 협력과 토론이 필요하다(협력의 원리).
- 심층적 인지 과정이 요구되는 고등 인지적 학습 목표가 강조되어야 한다(목표의 원리).

- 새로운 주제는 사전지식이나 선행 개념과 잘 연결될 수 있도록 학습되어야 한다(선행개념의 원리).
- 교수(instruction)는 학생들이 최근에 학습한 내용에 적합하여야 한다(학습 개념의 원리).

학생들에게 주어지는 과제는 적당히 어려워야 한다. 과제가 지나치게 쉬우면 일상적이고 자동적인 절차에 의지하게 되므로, 학습조절 과정의 필요성을 느끼지 못하게 된다. 같은 이유로 지나치게 어려운 과제 또한 문제가 될 수 있다. 실제 생활에서 마주칠 수 있는 소재를 사용하거나 실생활에서의 문제해결과 유사한 과제를 제시할 때 학습 전이와 메타인지 전략의 일반화 가능성이 높아질 수 있다(Solomon & Perkins, 1989).

6 자기조절학습

1) 자기조절학습의 개념

학습자의 지적 능력이 뛰어나고 학습에 필요한 전략을 적절하게 사용하는 방법을 알고 있다 하더라도 목표 달성을 위해 성실하게 자기주도적으로 학습에 참여하지 않는다면 최고의 학습 성과가 따라올 수 없다. 열심히 하는 것 같지만 실제로는 성적이 오르지 않는 학생들 중에는 학습계획과 시간관리, 학습전략과 학습자원의 실행, 학습에 필요한 도움 요청에서 자기조절 능력(Hallahan & Sapona, 1983)이 부족한 경우가 많다. '자기조절학습(self-regulated learning)'이란 목적을 달성하기 위해 자신의 인지, 정서, 행동을 체계적으로 사용하여 활성화시키고 유지하는 능력(Zimmerman & Schunk, 2011. p.1)을 일컫는 용어로, 자기조절학습 능력이 있다는 것은 목표를 달성하기 위해 학습에 가치를 부여하고 긍정적인 결과가 나올 것이라는 긍정적인 신념을 유지하며(Schunk, 2012), 자신의 인지, 정서, 행동뿐만 아니라 학습 환경까지도 스스로 조정할 수 있다는 것을 의미한다(Vassallo, 2013). 자기조절학습은 메타인지(Corno, 1986; Winne, 2011), 자기효능감과 같은 학습동기(Pintich & De

Groot, 1990; Zimmerman, 2001)와 관련이 있으며 학습자의 지식과 의지력(vo-lition)에도 영향을 받는다(Corno, 2001; Woolfolk, 2013). 자기조절은 개인의 내면에서부터 오는 학습의 의미, 목표, 전략을 형성하는 과정이므로, 자신이 수립한 목표에 부합한 의도적인 행동을 할 때 이를 자기조절행동이라 부를 수 있다. 이를테면 학습 목표를 달성하기 위해 스스로 행동을 안내하고 필요에 따라 자기 관찰, 목표 설정, 계획 수립, 자기점검과 같은 전략적 행동을 사용하는 만큼 자기조절이 될 수 있다(Vassallo, 2013).

자기조절능력은 새로운 학습 상황으로 전이될 수 있는 인지적 기술이며 개인차가 존재한다. 자기조절학습 능력은 경험과 훈련에 의해 향상시킬 수 있으며, 자신의 학습 행동과 관련된 인지적, 동기적 기제를 이해하고 통제할 수 있을 때까지 노력과 연습이 필요하다. 학생들에게 자기조절에 필요한 지식이나 기술을 가르쳐주었을 때 학생들은 능력이 고정되어 있지 않고 통제가 가능하며 향상될 수 있다고 여기게 되므로, 개인의 인지적 한계를 넘어서 스스로 학습환경을 구성하고 장기적으로 학습에서 주체성(agency)을 가질 수 있게 한다(Bandura, 1986; Hadwin, Järvelä, & Miller, 2017; Vassallo, 2013). 교사가 직접 자기조절 방법을 가르치지 않아도 자기조절을 지원하는 수업과 과제를 설계하여 학습 맥락을 구조화함으로써 학생들이 자기조절적 사고 과정에 참여하도록 지원할 수 있다.

학교에서 자기조절은 공동조절(co-regulation)과 사회적으로 공유된 조절(socially shared regulation)을 통해 발달할 수 있다. 공동조절은 모델링, 교사나 또래에 의한 피드백을 경험하는 과정에서 자기조절학습 능력이 뛰어난 학습자를 관찰하거나 함께 학습 활동을 하며 자기조절 기술을 연습함으로써 적합한 자기조절 기술을 점차 배워가는 것으로, 학습과 발달에 대하여 Vygotsky 이론에 기초를 두고 있다(Hadwin과 Oshige, 2011; McCaslin, 2009). Hadwin과 Oshige(2011)은 공동조절을 공동체 일원이 공통된 문제해결 계획을 공유하면서 점차 사회적, 문화적 맥락에 맞춰 조정되는 동안 학습자의 자기조절학습 습득에서 전환이 일어나는 과정(p.258)이라고 정의하였다. 처음에는 유능한 사람들이 학습과제에 적용하는 활동이나 참여, 상호관계를 공유하다가 결국 개인의 적절한 자기조절적 사고와 행동으로 전환되는 것으로(McCaslin, 2009), 서로의 자기조절학습에 영향을 주며 함께 발달한다는 점에서 사회적 학습과정이지만 학습결과에 있어서는 개인적인 성취를 강조한다(Schunk, 2012).

학습에서의 자기조절의 또 다른 형태로 사회적으로 공유된 조절학습이 있다. 이것은 공동의 목표와 결과를 달성하기 위해 상호의존적으로 협력적 집단 활동을 하는 과정에서 발달하는 것으로(Hadwin, Järvelä, & Miller, 2011), 목표와 기준이 공동으로 구성되고 최종 결과물도 공유된다는 점에서 집단 조절의 형태를 지니고 있다. 사회적으로 공유된 조절학습에서 개인의 목표가 곧 타인과의 상호작용으로 공동의 목표를 함께 추구하는 것이므로 그 과정에서 사회적으로 인지를 서로 공유하도록 설계된다. 구성원들이 모두 같은 방식으로 사고하거나 행동하지는 않지만 각자의 목표, 사고 과정, 행동을 공동의 목표에 맞춰 조절하고, 한 팀이 되어 집단 활동을 모니터링하고 평가한다. 집단 내에서의 개인의 역할과 조절 과정을 사회적으로 구성된 과정의 일부분으로 간주한다(Vassallo, 2013).

전문가로부터 자기조절능력을 학습하는 것은 관찰, 모방, 자기통제, 자기조절의 수준(level)을 거치게 된다(Zimmerman, 2001). 초보자는 전문가 모델을 관찰하는 수준에서 전문가의 자기조절 기능이나 전략을 알 수 있게 되며, 수행을 모방하면서 자기조절 행동을 배우게 되고 그로 인한 행동적, 사회적 결과는 기능을 더욱 향상시키려는 동기로 작용하게 된다. 학습자 스스로 자기조절 기능을 활용할 수 있으려면 자기통제를 통해 전문가의 기능을 의도적으로 연습해야 한다. 이때 결과보다는 과정에 초점을 맞춰 연습할 때 자기조절의 기능을 더욱 효과적으로 학습할 수 있다. 최종적으로 자기조절 수준에 이르게 되면 상황적 조건에 맞게 수행 능력을 변화시킬 수 있으며, 모델이 없어도 필요에 따라 전략을 변형하거나 적절한 전략을 사용할 수 있게 된다.

2) 자기조절학습 전략

자기조절학습은 일반적으로 먼저 주어진 학습과제를 분석하고, 과제수행에 필요한 목표를 수립하여 학습계획을 세우며, 과제 달성에 필요한 학습전략을 적용하는 단계를 거쳐 최종적으로 학습을 조절하는 과정으로 진행된다(Woolfolk, 2013). 자기조절학습이 일어나는 과정은 학습이론 및 학습동기이론에 따라 각기 다른 관점에서 설명될 수 있다.

▷ **표 13-7** 학습이론에 따른 자기조절학습 과정

구분	내용
행동주의 학습이론	• 학습자에게 주어지는 자극과 조건맥락 강조 • 핵심과정 : 자기점검, 자기교수, 자기강화 • 학습과 관련된 변별자극 설정, 필요할 경우 수업에 참여, 수행 점검, 설정한 기준에 도달하면 강화 제공
사회인지주의 학습이론	• 목표를 설정하고 향상 정도를 관찰하고 판단하며 반응 • 핵심과정 : 자기관찰, 자기판단, 자기반응 • 사전 고려·수행·자기성찰의 순환 모형
정보처리 학습이론	• 절차적 지식을 포함한 메타인지 강조 • 학습전략 : 시연, 정교화, 조직화, 점검, 긍정적 환경 조성하기와 시간관리 등
구성주의 학습이론	• 기억, 계획, 종합, 평가와 같은 정신적 과정의 조정 강조 • 언어나 상징을 사용하여 내용과 상황에 대한 의미를 구성 • 내면화 : 환경으로부터 습득한 자기조절전략을 자신에 적합하도록 수정
학습동기 이론	• 목표설정, 자기효능감, 성과기대와 가치, 목표지향성, 도움추구와 관련이 있음 • 성공적인 자기조절학습은 학습을 지속할 수 있도록 동기를 유발

Zimmerman과 Pons(1986)는 자기조절학습 행동을 <표 13-8>과 같이 구분하고 이를 확인할 수 있도록 질문을 구성하였다. 이에 따르면 자기조절 전략에는 목표를 설정하고, 자신의 학습환경을 구조화하며 필요할 때 자기 보상(self-rewarding)과 자기 처벌(self-punishment), 자기 평가(self-evaluation)를 적용하는 것이 포함된다고 하였다. 인지적 활성에 필요한 정보 조직화, 변형, 탐색 및 수집 전략, 학습내용에 대한 시연, 핵심 사항을 기록한 노트필기 자료 복습, 다양한 암기방법을 사용할 수 있다. 필요에 따라 학습을 도와줄 사

회적 자원을 찾고 주변에 도움을 요청하는 것도 자기조절학습 전략이라 할 수 있다.

▷ **표 13-8** 자기조절학습 전략의 범주

전략 범주	내용	점검 사항
목표 설정과 계획하기	목표 설정, 목표와 관련된 학습활동을 수행할 순서와 시간을 정하기, 완성할 수 있도록 계획 세우기	• 시험 2주 전부터 공부를 시작해서 나의 학습 속도에 맞춰 공부하였나?
조직화와 변형	학습 향상에 도움이 될 만한 교육 자료들을 자발적으로 재배열해보는 것	• 과제를 작성하기 전에 개요를 작성해 보았나?
노트필기 복습	수업이나 다가올 시험을 준비하기 위해 시험지, 노트, 교과서를 복습하려고 노력	• 시험 준비를 위해 노트필기한 것을 복습하였는가?
정보 탐색	과제가 주어졌을 때 더 많은 정보를 얻기 위해 자발적으로 노력하는 것	• 과제 작성을 시작하기 전에 주제에 관해 가능한 한 많은 정보들을 찾아보았는가?
시연과 암기	암기해야 할 것이 있다면 여러 번 연습하면서 노력	• 수학 시험에 대비하기 위해 외워질 때까지 공식을 쓰면서 암기하였는가?
기록과 점검	수업 내용이나 결과를 기록하기 위해 자발적으로 노력	• 수업시간에 토론한 것들을 노트필기하였는가? • 틀린 문제를 확인하고 재정리하였는가?
자기-평가 (self-evaluation)	자신의 학습 수준과 성취를 자발적으로 평가하는 것	• 정확하게 학습하였는지 확인하기 위해 과제를 재검토하였나?
학습환경 구조화	학습을 좀 더 수월하게 하기 위해 물리적 환경을 자발적으로 선택하거나 정리하려고 노력하는 것	• 공부할 때 나를 산만하게 하는 것들을 멀리 하였는가? • 공부에 집중하기 위해 휴대폰을 꺼두었는가?
자기-결과 (self-consequences)	자신의 성공과 실패에 보상이나 처벌을 주려고 준비	만일 이번 시험을 잘 본다면, 영화를 보러 갈 것이다.
사회적 지원 추구	동료, 교사, 주변 성인들로부터 필요한 도움을 자발적으로 요청하려는 노력	수학 숙제를 하다가 모르는 게 있을 때 주변 사람들(친구, 형제, 교사, 부모님)에게 도움을 청하였는가?

※ 참고: Zimmerman & Pons (1986). p.618.

과제에 필요한 시간을 예측하고 학습 시간을 효율적으로 사용할 수 있는 시간관리도 중요한 자기조절학습 전략 중 하나이다(Paris, Lipson, & Wixson, 1983). 자기조절학습 전략을 습득하는 과정에서 자기효능감이 향상될 수 있으므로(Zimmerman & Bandura, 1994), 자기조절 전략은 전문가로 성장해가는 과정에서만 사용되는 것이 아니라 전문가로서의 자질을 유지하고 더욱 향상시키는데 긍정적으로 활용될 수 있다(Zimmerman, 2001). 자기조절학습 능력은 지능이나 학업 적성 등 인지적인 요소만으로 설명하지 못하는 학습자의 적극성을 다루고 있으며 자발적인 학습시간의 증가와도 관련이 있으므로 학업성취에 대한 높은 예언력을 보여주는 중요한 학습자 특성이다(양명희, 2000). 자기조절학습은 학습을 촉진시키며 유능감을 지각하게 하며 노력에 대한 긍정적 정서를 경험하게 하기 때문에 학습 장애물과 환경적 어려움을 극복하고 목표를 달성하게 하는 원동력이 될 수 있다. 성공적인 자기조절 경험은 새로운 목표를 달성하기 위한 동기와 자기조절을 계속적으로 강화하는 결과를 가져오게 한다(Pintich & De Groot, 1990). 학생들에게 책임감을 부여하는 것은 학생들의 자기조절 전략을 발달시키기 위한 필수적 요소이다. 교사는 자기조절 전략을 알려준 후 학생들이 과제 상황에서 직접 사용하도록 상기시켜 주고 점차 학생이 독립적으로 활용할 수 있도록 한다. 교사의 조언과 주변의 도움에 의해 자기조절학습을 반복적으로 연습하다 보면 새로운 상황에서 다양한 전략을 도모할 수 있게 된다(Stipek, 2002).

e d u c a t i o n a l p s y c h o l o g y

제5부

학습동기

교육심리학에서 동기는 학업성취를 결정하는 중요 개념으로 다루어지고 있다. 특히 학습동기는 결정적인 개인차 특성(예, 지능, 인지양식 등의 인지적 특성)에 비해 교육환경과 교사나 학부모 등의 중요한 타자들의 개입방식에 따라 유동성이 크기 때문에 교육적으로 의미 있는 심리적 요소라 할 수 있다.

학업성취에 영향을 미치는 다양한 요인들은 학습자의 개인적 변인군과 교수변인 그리고 학습자를 둘러싼 환경적 변인군으로 분류하여 탐색할 수 있다. 이와 관련하여 Bloom(1971)은 학습자의 개인적 특성변인군과 교수변인은 학업성취에서의 개인차 변량의 약 90%를 설명한다고 추계하였으며, 이 중 학습자의 개인적 특성변인군의 설명변량은 약 75%로서 절대적인 영향력을 가지는 것으로 보았다. 또한 학습자의 개인적 특성변인군 중 지적 특성변인은 50%, 정의적 특성변인군은 약 25%를 설명한다고 하였다. 이에 대하여 정의적 특성변인이 학습자의 학업성취를 결정하는 중요한 변인이지만 지적 특성변인에 비해 그 영향력이 적은 것으로 평가되고 있을 뿐만 아니라 학습동기는 전체 정의적 특성 중 한 변인이기 때문에 학생들의 학업성취에 미치는 영향이 미미할 것으로 판단할 수도 있다. 하지만, 학습동기는 Bloom의 통계적 추계이상으로 학업성취와 관련하여 교육적으로 중요한 의미를 가지는 변인으로 볼 수 있는데 그 이유는 다음과 같다.

첫째, 학습자의 지능과 동기는 학업성취에 영향을 미치는 대표적인 개인적 특성변인으로 볼 수 있다. 앞서 언급한 대로 일반적으로 지능은 비교적 안정적인 개인적 특성변인으로 인식되는 반면, 동기는 학습과제와 학습상황에 따라 가변하는 개인적 특성변인이기 때문에, 교육적 처방과 관련하여 그 의의가 크다고 할 수 있다. 지능과 동기 중 어느 것이 학업성취를 더 강력하게 설명하느냐의 문제는 이론적 문제로서 의의를 가진다. 하지만, 교육은 모종의 변화를 시도하는 처방적 활동이다. 변화를 일으키려면 그 처방도 변화 가능한 원인에 집중되어야 할 것이다. 따라서 안정된 개인의 특성요인보다는 변화 가능한 개인적 특성요인인 동기에 대해 보다 많은 관심을 가져야 하는 것이다. 그렇지 않을 때, 학업성취 관련 개인적 특성변인을 탐색하는 것은 교수-학습상황에서 학습자 개인을 낙인하는 결과만을 가져올 것이다. 지능에 대한 심리학자들의 관심은 실제로 교육장면에서 이러한 부정적인 결과를 가져온 측면이 있다. 따라서 교육적 처방을 통하여 변화 가능한 학습자의 개인적 특성변인만을 고려했을 때, 학습동기가 학업성취에서의 개인차를 설명하는 효과는 크다고 할 것이다.

둘째, 학업성취와 관련되는 대부분의 정의적 특성변인들은 학습동기와 직접적으로 관련되는 변인들이라는 점이다. 학습동기는 다른 여타의 학업성취 관련 정의적 특성들(흥미, 태도, 자아개념, 기대, 포부수준)과 직접적으로 관련되는 변인일 뿐만 아니라 그 정의적 특성 변인들이 학업성취와 가지는 관련성은 대부분 학습동기의 관점에서 분석되고 해석된다. 어떤 의미에서는 학업성취 상황에서 논의되는 대부분의 정의적 특성들은 학습동기를 표현하는 각기 다른 방식의 표현에 불과하다고 볼 수 있는 측면이 있다. 정의적 특성들은 심리학적 이론체계에서 각각 조작적으로 정의되어 개념적으로 구분될 수 있지만, 실제 학습활동에서 이들이 서로 분리되어 작용하지는 않을 것이다. 오히려 그 다양한 정의적 특성들은 학습동기라는 보다 일반적인 정의적 특성을 중심으로 통합적이고도 역동적으로 학업성취에 작용할 것이다. 따라서 정의적 특성변인이 학업성취도에서의 개인차를 설명하는 중요한 변인으로 인식되는 한 학습동기는 학업성취 개선을 위해 중요하게 고려해야 할 변인인 것이다.

마지막으로 학습동기는 여전히 학업성취를 결정하는 중요한 요인으로서 결코 과소 평가될 수 없다는 점이다. 비록 Bloom이 학습자의 정의적 특성변인이 지적 특성에 비해 학업성취를 설명하는 데 있어서 그 효과가 상대적으로 적은 것으로 주장하였지만, 이는 어디까지나 상대적인 비교일 뿐 절대적인 기준에서 정의적 특성이 학업성취에 미치는 영향력은 크다고 할 수 있다. Bloom의 추계에 의존하더라도 정의적 특성변인은 학업성취의 25%를 결정하며, 학습동기는 학업성취와 관련된 정의적 특성변인군의 핵심적인 변인이다.

제2부에서 소개한 교육심리학의 주요 이론들은 서로 다른 명칭을 사용하지만 공히 학습동기를 중요한 주제로 다루면서 동기의 조성과 유지 및 발달에 대해 각기 다른 입장들을 보이고 있다. 본 장에서는 학생들의 학업성취와 인지적, 정서적, 행동적 학습 참여에 중요한 역할을 하는 학습동기에 대하여

살펴보고, 이를 향상시킬 수 있는 방안을 탐색해보고자 한다.

• 학습동기의 개념

동기(motivation)는 행동을 유발하고(activating), 유도하고(guiding), 유지(maintaining)하는 내적 과정이다(Slavin, 2008, p.327). 학습동기는 학습자로 하여금 새로운 학습을 선택하여 시작하게 하고, 학습의 방향과 조건을 제공하여 학습 행동의 빈도와 강도를 높이거나 변화시키기도 한다. 학습동기는 학습자의 생각과 감정 모두에 영향을 끼칠 수 있으며 또 받기도 한다. 학습 결과에 대한 만족감과 이후의 학습 태도와도 관련이 있어서 학습의 시작과 과정, 결과와 다음 학습에까지 영향을 미치는 결정적 요인이다. 학습의 강도와 지속성이 높으면서 그 지향하는 방향과 목표가 분명한 학습자의 특성과 이를 유발하는 요소에 관한 연구는 교육심리학자들의 주요 관심사가 되어 왔다.

Maehr(1984)는 학습자의 행동 중 동기적 지표로 볼 수 있는 다섯 가지의 유형을 제안한 바 있다. 첫째, 학습자의 '주의집중 활동의 방향성'이다. 여러 과제 중 한 가지를 선택하여 그 일에 집중하는 학생이 있다면 특정 과제나 일에 동기화되었다고 할 수 있다. 예컨대, 수학 자습시간에 숙제를 열심히 하는 학생과 옆 친구와 장난치는 학생을 보면 이 둘은 각기 다른 활동에 몰입하도록 동기화된 것이다. 전자는 수학이 재미있어서 혹은 교사를 기쁘게 하여 외적 보상을 얻기 위해 동기화되었을 수 있다. 반면 후자는 친구들 사이에서 얻을 수 있는 인기에 동기화된 행동을 하는 것으로 볼 수 있다. 수학 숙제를 열심히 하지 않는 학생이라고 해서 동기화되지 않았다고 할 수는 없으며, 다만 교사가 의도하는 것 이외의 것을 성취하고자 동기화된 것이라 할 수 있다. 학생들은 학교에서 교사와 다른 목표를 가질 수 있으며 다른 목표에 동기화될 수 있다(Wentzel, 1989, 1991). 고등학생들에게 학교에 있는 동안 가장 중요하게 생각하는 것이 무엇인지 물어본 결과, 평균 성적의 학생들은 '친구를 사귀거나 친구와의 관계를 유지하는 것'이라 대답하였으며, 평균 이하의 성적을 보인 학생들은 '놀기'를 첫 번째로, 친구사귀기는 두 번째로 선택하였다. 평균 이상의 학생들만이 '공부하기'를 중요한 목표로 지목하였다.

두 번째 지표는 '행동의 지속성(persistence)'이다. 학생들이 어떤 활동에 몰입한 시간의 길이, 특히 어려운 과제에 몰입하는 시간의 분량은 동기의 행동적 지표로 사용된다. 어려운 문제를 쉽게 포기하는 학습자들은 그 반대의 학습자보다 덜 동기화되었다고 볼 수 있다.

세 번째, '활동수준' 역시 동기에 대한 행동적 지표로 사용된다. 학생들이 어떤 과제에 열정적으로 참여하기도 하지만 주변의 재촉에 의해 얕은 수준으로, 마지 못해 하기도 한다. 행위 강도의 수준은 학생의 동기 수준과 어느 정도 관계가 있다.

네 번째 동기의 행동적 지표는 '동기의 자발성과 유지'이다. 외적 유인가가 없이도 자발적으로 과제에 참여하고 후속 과제에서도 이러한 행동이 유지되는 학생은 그렇지 않은 학생보다 동기가 높다고 할 것이다. 예컨대, 학교나 가정에서 교사나 부모의 요구 없이도 복습과 예습을 하거나 책을 읽고 문제집을 푸는 행위가 여기에 해당된다.

다섯 번째 행동적 지표는 '수행(performance)'인데, 이는 앞서 언급한 네 요인의 결과이기도 하다. 과제를 강도 높게 학습하거나 어려운 과제도 포기하지 않고 끈기 있게 시도하고, 외적 보상이 없이도 과제에 몰입하는 학습자는 과제를 회피하거나, 마지못해 하거나, 혹은 쉽게 포기하는 학습자보다 더 많은 양의 학습을 더 잘 할 것이다. 하지만 상당한 노력과 높은 수행 수준을 보여주는 학습자일지라도 실제 학습 결과는 낮을 수 있으며, 역으로 별로 노력하지 않고도 학업 성취가 향상되는 학습자도 있을 수 있기 때문에 수행 지표와 학습동기는 독립적으로 고려되어야 한다.

Schunk, Pintrich와 Meece(2008)는 현대 동기 이론들이 다음과 같은 몇 가지 본질을 가정하고 있다고 설명하였다. 첫째, 동기는 인간의 사고와 신념, 목표와 같은 인지적 요소를 포함하고 있어서 자신의 행동을 지시하는 역할을 한다. 둘째, 동기 자체가 곧 성취결과를 의미하는 것은 아니며 결과와 서로 영향을 주고받거나 이전 동기가 다음 동기에 영향을 줄 수도 있다. 셋째, 동기는 개인의 발달에 따라 변화할 수 있으며 학습자의 환경과 문화, 사회적 맥락에 따라 차별적인 효과를 나타낼 수 있다. 따라서 특정 학생의 특정 상황에서의 행동을 설명할 수 있었던 학습동기 요인이 같은 학생의 다른 상황이나 다른 학생에게 동일하게 적용되지는 않을 수 있다는 것이다.

동기는 환경과 상호작용하는 방식에 따라 행동주의적 관점, 사회인지적 관점, 인지주의적 관점으로 다르게 해석될 수 있다. 행동주의적 관점에 의하면 인간의 행동은 강화와 보상, 처벌에 의해 동기화되기 때문에, 개인의 선택이나 신념과 같은 심리적 특성을 강조하기보다는 관찰 가능한 행동이나 외부환경에 주목한다. 반면 사회인지이론에서 인간은 환경적 조건에 수동적으로 반응하는 존재가 아니라 상황과 환경을 해석하고 강화에 관한 기대를 형성하는 존재이므로 이러한 해석과 기대에 따라 동기화된다고 설명한다. 인지적 동기이론도 행동주의적 입장과는 대조적으로 인간을 적극적으로 사고하는 이성적인 존재로 보며, 자신과 관련된 문제를 해결하기 위해 환경을 이해하고 세상에 대해 능동적으로 대처해 나가기 위한 기본적 욕구에 따라 동기화된다고 가정한다. 따라서 행동주의적 관점에서는 보상과 처벌 등의 외재 동기를 강조하는 경향이 있는 반면, 인지주의 이론가들은 흥미나 호기심, 과제 자체나 과제해결이 주는 성취감 등의 내적이고 개인적인 요인들에 의해 유발되는 내재 동기를 강조한다(Pintrich & Schunk, 1996; Stipek, 2002; Woolfolk, 2013).

• 내재 동기와 외재 동기

일반적으로 동기는 보상의 유형에 따라 두 가지로 구분된다. 보상에는 자발적으로 행동의 과정이나 결과에 대해 만족을 느끼는 내적 보상과, 외부로부터 주어지는 외적 보상이 있을 수 있고, 그에 따라 내재 동기와 외재 동기로 구분될 수 있다. 이해를 돕기 위하여 어부와 낚시꾼의 예를 들어보자. 어부와 낚시꾼은 '고기잡이'라는 동일한 행동을 한다. 하지만, 그들은 각기 다른 이유에서 고기잡이를 할 수 있다. 전자는 생업을 위해 돈을 벌기 위해서 고기를 잡으며, 후자는 생계와는 상관없이 소위 '손맛'을 보기 위해 고기를 잡는다고 한다. 여기서 손맛은 고기잡이로 인한 내적 보상의 은유에 해당되며, 고기잡이를 통해 생업을 위한 돈벌이는 외적 보상의 은유에 해당된다. 우리는 흔히 낚시꾼들이 고기를 잡고서도 그것을 놓아주는 행동을 목격한다. 하지만 어부에게서 이러한 행동을 찾아보기는 힘들다. 그 이유는 고기잡이의 목적이 다르기 때문이다. 요컨대, 흥미나 호기심 또는 자기만족감 등에서 비롯되는 동기를 내재 동기라 하는데, 이는 활동 그 자체가 그 활동의 보상으로 작용한 경우로서 특별히 외부로부터의 별다른 보상을 필요로 하지 않는다.

내재 동기(intrinsic motivation)는 활동 그 자체가 보상과 연결된 동기로, 개인적 흥미를 추구하여 무언가에 도전하고 그것을 정복하려는 자연스러운 인간의 경향성이라고 할 수 있다. 외재 동기(extrinsic motivation)는 보상이나 벌과 같은 외적 요인에 의해 만들어지는 동기로서 과제 그 자체보다는 그것이 무엇을 가져다 줄 것인가에 관심을 가지게 된다.

내재 동기와 외재 동기의 구분은 단순히 이론적인 개념상의 구분 이상으로 실제적인 의미를 가진다. 앞의 예에서 어부와 낚시꾼은 공히 고기를 잡지만 고기 잡는 행동에서 많은 질적 차이를 보일 수 있다. 어부의 경우 고기 잡는 행동 그 자체보다는 얼마나 많은 고기를 잡느냐가 관심의 대상인 반면, 낚시꾼의 경우는 성과와 상관없이 고기잡이 행동 그 자체에 몰입한다. 어부의 경우에는 고기잡이라는 행동 그 자체는 즐거움의 대상이라기보다는 수동적이고 의무적인 형태를 띠는 반면, 낚시꾼의 고기잡이 행동은 능동적이며 자발적인 형태를 띤다.

요컨대, 외재 동기는 동기유발이 즉각적일 수 있으나 행위의 지속성이 낮은 반면, 내재 동기는 동기유발은 어려우나 행위의 지속성과 자발성이 높다는 특징이 있다. 이러한 행동상의 차이는 학습상황에서도 그대로 적용될 수 있다. 내적으로 동기화된 학습자는 학습과제를 수행함에 있어서 개인적 흥미를 추구하고, 과제 자체를 성취하는 데 관심을 가지며, 도전할만한 과제를 선택하고, 그것을 정복하는 자발적인 태도를 가진다. 반면, 외적으로 동기화된 학습자는 학습활동 그 자체보다는 그 활동으로 인해 얻게 될 결과, 즉, 성적이나, 보상 혹은 처벌에 민감해진다. 즉, 내재 동기가 높은 학습자는 학습활동 그 자체가 목적인 반면, 외재 동기가 강한 학습자는 학습활동을 또 다른 목표를 위한 수단으로 여긴다. 학습행동의 지속성에서도 차이를 보인다. 내적으로 동기화된 학습자는 과제 수행 자체에 의미를 두므로 성취결과와 상관없이 과제를 지속하는 경향이 있는 반면, 외적으로 동기화된 학습자는 주어진 목표가 달성되면, 과제수행이 중단되는 경향이 있다.

지금 가르치고 있는 학생들의 동기가 내재 동기인가 아니면 외재 동기인가? 이 질문은 내재 동기와 외재 동기 간의 이분법적 판단을 요구한다. 하지만 학습활동은 전적으로 내재 동기일 수 없으며, 전적으로 외재 동기에 의해 유도될 수도 없다. 다시 말해서 학습자들이 학습하는 것은 전적으로 자기 결정적인 것일 수도 없고, 그렇다고 해서 전적으로 타인결정적일 수도 없다. 학교에서는 내재 동기와 외재 동기가 모두 중요하다. 많은 활동들이 학생들에게 흥미로울 수 있고 가르치는 것은 학생들의 호기심을 자극하거나 혹은 학습을 하는 과정에서 스스로를 유능한 존재로 지각하도록 만들기도 한다. 하지만 항상 그러한 조건에서만 학습활동을 전개하기는 힘들다. 예컨대, 수학 문제나 영어 문법을 학습하고자 하는 학생들의 내재 동기가 낮다고 해서 그것들을 가르치지 말아야 하는가? 내재 동기의 유발이 학습에 매우 효과적이기는 하지만 학교학습에서 두 가지 동기는 모두 중요하다. 학습활동의 상당 부분은 흥미나 호기심을 자극하는 등 내재 동기를 장려함으로써 이루어질 수 있다. 하지만 흥미와 호기심을 자극할 수는 없지만 반드시 학습하여야 할 내용을 외적 수단에 의해 가르쳐야 할 때도 있다.

내재 동기와 외재 동기의 상보성을 연구한 Lepper와 Greene, Nisbett(1973)은 외적 보상의 부여가 내재 동기를 약화시키는지 확인하는 실험연구를 실행하였다. 이 실험에서 자유롭게 그림을 그리는 활동은 내재 동기 수준을 측정하는 지표로 활용되었다. 연구자들은 유치원생을 세 집단으로 구분하여 첫 번째 집단에게는 그림그리기 결과에 따라 보상을 하였고, 두 번째 집단에게는 그림그리기 결과와 상관없이 보상을 하였다. 마지막 집단에게는 보상을 전혀 실시하지 않았다. 4일 간의 실험 기간이 경과한 후 첫 번째 집단이 자유롭게 그림을 그리는 시간은 나머지 두 집단의 절반 정도에 불과하였다. 이 결과는 수행결과에 따른 보상(이전 보상)에 의해 자유롭게 그림 그리는 활동, 즉, 내재 동기의 수준이 현저히 감소한다는 점을 보여준다.

하지만 보다 나이 든 학생들을 대상으로, 그림그리기와 같은 놀이 과제가 아닌 학교 교과 학습활동 상황에서 내재 동기와 외재 동기의 관계를 분석한 연구(Cameron & Pierce, 1994; Eisenberger & Cameron, 1996)에 의하면, 외적 보상이 내재 동기를 약화시키지 않았다. 오히려 외적 보상의 부여가 내재 동기를 증가시키기도 하였는데, 그것은 보상의 여부보다는 어떠한 조건에서 보상을 제공하는지가 더 중요하다는 점을 보여주었다. 즉, 외적 보상이라 하더라도 그것이 활동 참여량 보다는 과제수행의 질에 따라서 부여되거나, 단순한 결과보다는 능력을 인정하는 방식으로 주어지거나, 물질적 보상보다는 사회적 보상의 형태로 제공될 때는 내재 동기를 증가시키는 결과를 보였다.

내재 동기와 외재 동기는 배타적인 관계를 초월하여 상보적인 관계로 재정립될 수 있다. 학습의 초기단계에서는 학습활동을 시작할 수 있도록 지원하기 위해 외재 동기의 자극이 유효할 수 있다(예를 들어, 2시간 공부한다면 원하는 게임기를 사주겠다고 부모가 약속). 그러나 외재 동기에만 호소할 경우 학습은 피상적이고 수동적인 형태로 흐를 수 있다. 따라서 학습의 과정에서 내재 동기가 형성되어 학습과제에 자발적으로 참여할 수 있도록 도전감과 흥미, 내적 성취와 자부심 같은 긍정적 정서들이 함께 길러져야 할 것이다. 외적 동기자극들에 의해 마지못해 혹은 매우 어렵게 시작된 학습이라도 그 결과가 만족스러우면, 자부심과 보람, 흥미 등을 가질 수 있는데, 이는 외재 동기에서 출발하여 내적 동기화가 이루어진 경우로 볼 수 있다. 이러한 현상을 Allport(1961)는 기능적 자율성(functional autonomy)이라 하였다. 내재 동기와 외재 동기의 정도와 수준에 따라 결정되는 자율성에 대한 이론은 제14장의 자기결정성 이론에서 자세히 다룰 것이다.

제14장

학습동기 이론

학습동기의 주요 이론들은 학습이론에 기초를 두고 있으며, 관점에 따라 다섯 가지 이론으로 구분해볼 수 있다.

▷ **표 14-1** 학습동기 이론의 구분

	유인가	예시
행동주의	외적 강화물(보상, 처벌)	• 시험 점수, 용돈이나 장학금, 칭찬/비난, 특권부여/박탈
사회학습이론	성공/실패에 대한 기대 과제 가치	• 시험에서 성공/실패할 가능성과 과제에 부여하는 중요/흥미/효용가치를 함께 고려(기대와 가치에 따른 내/외적 강화)
사회인지주의	자기효능감	• 수학시험에서 좋은 성적을 받을 자신이 있음 • 과학 수행평가를 잘 해낼 자신이 있음
인지주의	귀인 신념	• 성적 향상(하락)이 노력/능력/운/난이도 때문이라고 생각
인본주의	자기결정성	• 어려운 과목을 공부하면서 자신의 유능함과 자율성을 지각하게 됨 • 외적 보상 때문에 공부를 시작하게 되었지만, 점차 학습 이유를 내면화하게 됨
	학습목표지향성	• 과제에 흥미를 느껴서 내용을 숙달하는 것이 학습목표임 • 타인에게 유능하게 보이는 것 학습목표임

1 행동주의 관점에서의 학습동기

행동주의자들은 심리학의 탐구대상으로서 관찰 가능한 외현적 행동에 주목하였으므로 직접적으로 동기라는 용어를 언급하거나 그와 같은 심리적 개념들을 다루지는 않았다. 하지만 외적 보상이나 유인체계가 행동을 유발하고, 지속시키고 강화하는 원리를 탐구하였다는 점에서 학습동기의 한 유형인 외재 동기의 개념을 형성하는 이론적 기반을 제공한다. 보상(rewards)은 특정한 행동의 결과에 따라 주어지는 유쾌한 자극을 말하며, 유인체계(incentive)는 행동을 조장하거나 단념시키는 사물이나 사건을 말한다.

행동주의 이론의 관점에서 동기란 환경(강화나 처벌)에 영향을 받아 행동 발생의 빈도나 속도, 행동의 유형이 변화하는 것으로 볼 수 있다. 따라서 행동주의 원리에 따라 조건화 및 강화된 '학습동기'라고 할 때는 학습행동을 하게 된, 또는 학습하고자 하는 개인의 생각이나 의지, 감정이나 태도 등이 아니라 교사나 부모가 제공하는 어떤 자극에 반응하여 나타나게 된 관찰 가능한 행동을 의미한다. 학교학습장면에서 학습결과에 대해 점수를 부여하고, 칭찬하고, 벌을 주는 교사의 행동들은 모두 외적 수단에 의해 학습자를 동기화하려는 것으로 행동주의 원리를 따르고 있는 것이다. 학생의 동기를 이해하기 위해서는 교실에서 제시되는 보상과 유인체계를 주의 깊게 분석해보아야 한다.

행동주의 학습이론의 주요 학자들 중 Thorndike(1913)는 학습은 자극과 행동 사이의 지속적인 연결에 의해 점진적으로 일어나며, 반복된 성공과 실패를 통해 서로 연합된다고 보았다. 어떤 행동의 결과에 보상이 주어질 때 그 행동은 동기의 역할을 하여 학습이 일어나게 하며, 어떤 행동을 할 준비가 되어 있을 때 그 행동은 행위자에게 만족감을 준다고 생각하였다. 요컨대, 행위자가 특정 행동을 할 준비가 되어 있고, 그 행동에 바람직한 보상이 주어질 때 긍정적 동기가 형성된다는 것이다. 학습동기에 적용해보자면, 열심히 공부할 준비가 되어 있던 학생이 열심히 공부해서 그 결과로 만족할만한 보상(심리적이든 성적을 포함한 물질적이든)을 받게 된다면 앞으로 이러한 학습행동이 일어날 확률은 높아질 것이며 학습동기가 고양된 것으로 설명할 수 있다.

Skinner(1953, 1974)의 조작적 조건화에 의하면 자극에 반응하는 개인의 선택에 따라 제공되는 강화와 처벌을 달리하여 다양한 행동적 변화, 즉 동기적 변화를 유도할 수 있다. 교사나 부모가 제공하는 강화물의 사용 방식에 따라 학습 행동(동기)이 더 자주 나타날 수도, 오래 지속될 수도 있고, 반대로 처음 며칠은 학습동기가 있는 듯 보이다가 그 효과가 금방 사라질 수도 있다. 이는 강화에 반응하는 행동이 과제의 내용이나 강화가 주어지는 시기에 따라 그 강도와 빈도가 달라질 수 있기 때문이다.

하지만 조건화는 개인에 따라 그 효과와 지속성이 달라질 수 있으며, 어떤 사람에게는 정적 강화물로 작용하는 것이 다른 이에게는 그렇지 않을 수도 있고(교사가 정적 강화물로 칭찬과 관심을 제공하였지만 이것을 혐오하는 학생에게는 수여성 처벌이 될 수도 있다), 역으로 바람직하지 않은 행동의 빈도를 낮추기 위해 제공한 처벌이 의도하지 않게 보상이 될 수도 있는 일이다(수업시간에 떠들어서 교사가 혼을 내는 처벌을 하였지만, 처음부터 관심을 끌고 싶었던 학생에게는 보상이라는 정적 강화물이 제공된 것일 수도 있다). 무엇을 강화하려 하였는지 정확한 정보가 제공되지 않았을 때는 학습동기와 상관없이 보상받은 행동 자체만 강화될 수도 있다(교사는 어려운 과제를 해결하기 위해 도움을 청하는 학생의 '노력'에 보상하고자 하였으나 이러한 정보가 정확하게 전달되지 못하여 '도움구하기' 행동에 보상이 주어졌다고 받아들이게 되면 스스로 노력하기보다 매번 타인에게 도움을 청하여 문제를 해결하려고 한다).

개인의 강화사(history of reinforcement)에 따라 어떤 이에게는 정적 강화인 것이 또 다른 이에게는 처벌이 될 수도 있으며, 같은 강화물이라도 때에 따라서 어떤 때는 적극적인 행동(학습동기)의 결과로 나타나기도 하고 어떤 때는 그렇지 않기도 하여서 행동주의적 관점에서 설명하는 행동의 결과로 학습동기를 설명하기에는 한계가 있다. 학습된 무기력 현상이 대표적인 예라고 할 수 있다. 학습된 무기력(learned helplessness)이란 자신이 아무 것도 할 수 없는 고전적 조건화 상황을 경험하고 나면 스스로 무력하다는 것을 학습하게 되어 조작적 조건화 상황에 더 이상 반응하지 않게 되는 현상이다(Maier & Seligman, 1976; Miller & Seligman, 1975; Seligman, 1972). 스스로의 힘으로는 안 좋은 상황을 끝낼 수 없다는 것이 조건화될 경우 더 이상 벌이 주어지지 않는 상황에서도 적극적으로 피하려는 반응을 하지 않게 되고, 결국 반복된 실패 경험에 의해 조건화된 무기력이 다른 상황에도 일반화되어 더 이상 새로운 학습행동을 하지 않게 된다. 학습된 무기력은 외부로부터 주어지는 것이 아니라 자신은 상황을 통제할 수 없어 더 이상 아무 것도 할 수 없다는 스스로의 지각이 강력한 동기를 제공한 결과이다. 반복된 학업 실패로 인해 학습된 무기력의 태도를 지니게 된 학생은 처음에는 공격적이고 반항적인 행동을 하다가 점차 아무 것도 하지 않으려 한다. 학교학습에서 수업 참여에 수동적이고 위축된 모습을 보이고 장기적인 학습 부진에 빠지거나 학업뿐 아니라 학교생활 전반에서 무기력하고 우울한 문제를 호소하게 된다.

요컨대, 행동주의자들은 동기란 과거의 강화 역사와 현재 환경 사이의 유관성(contingency)에 의해 결정되기 때문에 인간의 선택, 신념, 기대, 정서와 같이 관찰할 수 없는 심리적 변인은 고려하지 않았다. 개인이 동기화되었다는 것은 겉으로 표출된 행동을 통해 알 수 있으며, 목표 행동이 드러나지 않는다면 그 이유가 개인이 속한 환경에 있으므로 어떤 문제가 있는지 찾아 환경을 변화시켜야 한다고 생각하였다(Stipek, 2002). 그러나 강화와 처벌의 원리만으로 복잡한 상황에 놓인 인간의 복잡한 의사결정구조와 동기를 이해하기에는 한계가 있을 것이다.

지나친 보상은 동기 자체를 감소시킬 수 있어서 동기가 유발되어 있는 학생에게 외적 보상을 주거나 외적 보상이 학습 경험과 그로 인한 성장보다 보상 자체에 관심을 가지게 하는 잘못된 메시지를 전달하게 되면 오히려 수행 욕구가 감소될 수 있다(Deci & Ryan, 2000). 앞서 예로 든 학습된 무기력에서처럼, 인간은 단순히 주어진 환경에 의해 보상을 받았다고 해서 더 열심히 행동한다거나, 반대로 처벌이 주어진다고 해서 갑자기 어떤 행동을 철회하지도 않는다. 목표한 바를 달성할 수 있을지 가능성을 판단하고 도저히 할 수 없을 거라고 생각하는 일에는 시도조차 하지 않거나, 할 수 있다고 하더라도 현재 상황에서 그것을 할 가치나 필요가 없다고 생각할 경우 행동을 하지 않으려 할 수도 있다. 즉, 현재 처해진 환경을 해석하고 과거, 현재, 미래의 자기 자신과 관련된 상황이 어떠할지 예측함으로써 행동을 지속할지 혹은 더욱 매력적으로 보이는 다른 행동을 할지 결정하는 것이다.

이렇듯 행동주의적 관점만으로는 설명할 수 없는 '인간행동의 이유'를 이해하기 위해 동기 연구자들은 행동의 변화뿐 아니라 강화와 처벌에 대한 반응과 이를 해석하는 인지적 과정에도 관심을 가지게 되었다.

2 사회학습이론에 의한 기대-가치 이론

사회학습의 관점에서 학습동기는 개인의 내적 조건과 외적 환경이 함께 동기를 유발하는 것으로 가정되고 있으므로 행동주의 접근과 인지주의 접근이 결합된 이론이라 볼 수 있다(Sternberg & Williams, 2002). 사회학습이론에 기초한 기대-가치 이론은 정적 강화물로 작용할 수 있는 환경을 개인이 어떻게 해석하고 받아들이느냐 즉, 원하는 목표(강화물)를 얼마나 가치 있게 여기는지, 그리고 목표한 행동을 자신이 실제로 얼마나 잘 해낼 수 있을지 기대하는 정도에 의해 동기가 형성된다고 보았다. 행동주의 동기 이론과는 달리 동기에 영향을 주는 것은 강화와 처벌 자체가 아니라 이로 인해 변화된 인지가 개인의 신념에 작용한다는 것이다. 학습자가 환경으로부터 받아온 강화에 의해 과제 가치의 종류와 유인가를 결정한다는 점에서 행동주의 동기 이론의 입장을 유지하고 있으면서 성공과 실패를 기대하는 정도는 개인적 신념에 달려있다고 가정하는 점에서 동시에 인지주의 동기 이론을 도입하는 것으로 볼 수 있다. 이에 기대-가치 이론은 행동주의적 관점에서 인지주의 관점으로 동기 연구가 확장되는 데에 학문적 기여를 한 것으로 평가되기도 하였다(Schunk, 2012).

기대-가치 이론은 어떤 일에 대한 개인의 기대와 가치의 곱(expectancy × value)이 동기를 형성하는 것으로, 기본적으로 사회적 학습이론의 관점을 지니고 있다. 이론에 의하면 인간의 동기란 두 가지 요인 즉, 목표에 도달할 수 있을 것인지에 대한 개인의 판단을 의미하는 '기대'와 그 목표가 행동을 유발할 만큼의 의미를 지니고 있는지 판단하는 '가치'에 의해 결정된다. 전자는 인지적 접근법에서 강조되는 동기의 근원이며, 후자는 행동주의 학습이론이 강조하는 동기의 근원이다. 즉, 원하는 목표(강화물)를 얼마나 가치 있게 여기는지와 목표한 행동을 얼마나 잘 해낼 수 있을지 기대하는 정도에 의해 동기가 형성된다. 동기의 주 근원인 기대와 가치가 모두 충족될 때에만 개인은 특정행동을 수행하려는 동기를 형성하게 되지만, 만일 이 두 요소 중 하나만 충족되지 않아도 동기는 유발되지 않는다는 특성을 가지고 있다. 따라서 과제를 성공적으로 해 낼 수 있는 가능성이 매우 높다 하더라도 그 과제가 학습자에게 가치가 없는 것으로 여겨질 경우 학습 행동을 유발하지 못한다. 같은 방식으로 특정 과제가 학습자에게 매우 높은 가치를 지니고 있음에도 그것을 해 낼 자신이 없을 때에도 학습 행동은 일어나지 않는다.

본 절에서는 학습자의 기대와 가치에 의해 형성된 동기가 어떠한 결과로 나타나는지 살펴보기 위해 Atkinson(1964)의 성취동기에 관한 기대 가치 이론(expectancy-value theory of achievement motivation)과 Eccles와 Wigfield의 사회인지적 기대-가치 이론(social cognitive expectancy-value theory)(Eccles & Wigfield, 2002; Wigfield & Eccles, 2000; Wigfield, Eccles, & Rodriguez, 1998)을 중심으로 주요 개념을 설명하고 이를 학습동기에 적용해보려 한다.

1) Atkinson의 성취동기에 대한 기대-가치 이론

학습자의 성취동기는 교육 장면에서 중요한 역할을 한다. Atkinson(1964)은 성취동기에 관한 기대-가치 이론을 주장하여 모든 개인은 성공에 대한 기대를 갖게 하는 일에는 접근하려 하지만 실패할 것 같은 두려움을 주는 일은 회피하려는 마음 사이에서 갈등을 하게 된다고 보았다. 개인의 성취동기는 성공하게 됨으로써 느끼게 될 자부심과 실패로 인한 수치심의 가능성을 견주어 본 결과에 영향을 받게 되며, 이에 따라 성취 행동이 나타나기도 하고 그렇지 않기도 한다. 따라서 학업적 성취동기 형성에 학습자의 정서적인 고려사항이 중심 역할을 하게 된다(Stipek, 2002).

Atkinson(1964)은 과제에 접근하려는 동기 즉, 성공을 추구하는 동기는 비교적 안정된 성향이며 자부심을 경험하고자 하는 무의식적인 신념(Atkinson, 1964, p.214)이라고 생각하였으므로 주제통각검사(Thematic Apperception Test: TAT)를 사용하여 측정하였다. 주제통각검사는 사람들이 성취가치와 신념을 그림의 해석에 "투사"할 것이라 가정하고 있다. 모호한 그림을 보여주고 어떤 일이 일어났는지 기술하도록 요구하는 방식으로 진행되는데, 그림에 대한 반응은 피험자의 진술 내에 성취(accomplishment), 성취에 대한 관심, 성취와 관련된 감정 표현 등이 어느 정도 들어 있느냐에 따라 채점된다. 반면에 실패로 인해 수치심을 경험하게 될 것 같을 때 사람들은 이를 피하고자 하여 과제로부터 멀어지게 된다. 실패 회피 동기는 자기보고식 시험불안 질문지를 사용하여 측정되었다.

결과적으로 성취 행동은 아래와 같이 동기(motives), 성공가능성(probability for success), 유인 가치(incentive value)의 곱셈 함수를 통해 예측할 수 있다.

- 성공 추구 행동 = 성공 추구 동기 × 성공가능성 × 성공유인가
- 실패 회피 행동 = 실패 회피 동기 × 실패가능성 × 실패유인가
- 성취 행동 = 성공 추구 행동 − 실패 회피 행동
  = (성공 추구 동기 × 성공가능성 × 성공유인가)
  − (실패 회피 동기 × 실패가능성 × 실패유인가)

위 공식에서 개인의 성취 행동은 첫째, 성공에 대한 희망을 품게 되는 긍정적 정서와 실패에 대한 두려움을 가지게 하는 부정적 정서를 모두 고려하여 두 동기의 상대적 강도에 따라 결정된다. 이는 서로 상반된 작용을 하기 때문에 결과적으로 성취 행동은 과제에 접근하려는 '성공 추구 행동'에서 과제를 회피하려는 '실패 회피 행동'을 뺀 값이라 볼 수 있다. Atkinson은 성공 추구 동기와 실패 회피 동기가 부모의 자녀양육 행동에 영향을 받는 것으로 보았으며, 비교적 안정된 무의식적 성향으로 성격적인 특성이라 가정하였다(Stipek, 2002). 예를 들어, 부모에게서 성취에 대한 노력을 격려받고 자신의 능력을 보여줄 기회를 제공받았던 아이들은 비교적 높은 성공 추구 동기를 발달시키는 반면, 부모에게서 성취 노력에 대해 처벌(자녀가 성공하지 못했을 때 화를 내거나 불만스러워 하거나 혹은 불가능한 기준을 계속 따르도록 하는 것)을 받은 아이들은 강한 실패 회피 동기를 발달시키게 된다. 어린 시절 부모로부터 성공에 대한 자부심(실패로 인한 수치심)을 받은 경험은 정서적 기억으로 남게 되

고 이는 어른이 된 후에도 성취 행동에 영향을 주게 된다는 것이다.

성취 행동에 영향을 주는 다음 요인으로, 성공이나 실패에 대한 가능성과 이에 수반되는 유인가를 들 수 있는데, 이는 주어진 상황에 대한 의식적 해석의 결과라 할 수 있다. 특정 과제에 대해 성공의 가능성이 높다고 확신하는 사람들은 성공할 기회가 적을 거라 생각하는 사람들보다 더 많이 과제에 접근하려 할 것이다. 이 때 성공가능성과 이에 따르는 유인가를 함께 고려하게 되는데, 쉬운 과제보다는 어려운 과제 즉, 성공가능성이 낮은 과제에서 더 큰 유인가를 가지게 되므로 두 요소는 서로 반비례의 관계를 지니게 된다. 성공가능성이 높았던 과제보다 성공가능성이 낮았던 과제에 도전하여 그것을 해냄으로써 더 큰 자부심을 느끼게 되는 것이다. 마찬가지로 실패가능성이 높았던 과제보다 실패가능성이 낮았던 과제를 실패했을 때 개인이 느끼는 수치심은 더 클 것이다.

성취동기에 대한 기대-가치 이론에 의하면 성취 행동은 성공 추구 행동과 실패 회피 행동의 차이에 의해 결정되므로, 이를 학습동기와 성취 행동에 적용해볼 때 학업에서 성공을 추구하려는 행동 경향성이 실패를 회피하려는 행동 경향성보다 훨씬 더 클 때 학습동기는 향상되며 성취 행동이 자주 나타난다고 볼 수 있다. 학업에서 높은 성취 행동을 나타내는 학생들은 성공이 보장되지 못하는 어려운 과제는 피하려 하며, 성공이 보장된다 하더라도 너무 쉬운 과제에서는 만족감을 느끼지 못하기 때문에 중간 정도의 어려운 과제 즉, 도달가능하면서 성취감(자부심)을 줄 수 있는 과제에 도전하려고 할 것이다. 반면, 학업에서 성취 행동이 낮은 학생들은 쉬운 과제를 선택하여 적은 노력으로 성공을 추구하려 하거나 아예 어려운 과제를 선택하여 실패유인가(수치심)를 낮춰 실패로 인한 부정적 감정을 줄이려고 할 것이다.

예를 들어, 같은 반 학생인 A와 B의 수학 중간시험 대비 성취동기를 위 공식에 대입하여 예측해보겠다. A의 성공 추구 동기는 4, 실패 회피 동기는 2, B의 성공 추구 동기는 6, 실패 회피 동기는 8이며, 성공가능성과 실패가능성은 두 학생 모두 80%, 20%로 동일하다고 가성해보사. 가능성이 동일하므로 성공유인가(과제에서 성공하였을 때 경험하게 될 자부심)와 실패유인가(과제에서 실패하였을 때 경험하게 될 수치심)도 각각 .20(=1-.80)과 .80(=1-.20)으로 같다. 성공 가능성이 80%로 큰, 쉬운 과제이기 때문에 성공유인가가 실패유인가보다 훨씬 적다고 할 수 있다. 다음과 같은 계산에 의해 A와 B의 성취 행동이 예상된다. B의 성공 추구 동기가 A보다 높다 하더라도(B=6>A=4) 실패 회피 동기 또한 A보다 높기 때문에(B=8>A=2) B의 성취 행동은 A에 비해 훨씬 낮으며, 과제에 접근하려 하기 보다 회피하려는 경향이 나타날 것이다.

- A의 성취 행동 = (4 ×.8 ×.2) - (2 ×.2 ×.8) = .64 - .32 = .32
- B의 성취 행동 = (6 ×.8 ×.2) - (8 ×.2 ×.8) = .96 - 1.28 = -.32

Atkinson의 기대 가치 이론은 주어진 목표(강화물)에 대한 가치와 이에 대한 기대를 조합하여 성취 행동을 선택한다고 가정함으로써 행동주의와 이후 연구된 인지주의 동기 이론을 연결시켰다고 할 수 있다. 이는 동기 연구의 초점을 단순히 자극과 반응의 관계가 아닌 개인의 주관적 측면으로 옮겨가게 하였으며, 동기와 관련된 인지적 요소들을 고려한 연구로 범위를 확장시킨 것으로 평가되었다(김아영, 2010; Schunk, 2012; Stipek, 2002).

그러나 성공(실패)에 대한 동기가 무의식적인 것이라 가정하였으므로 측정이 어렵다는 점과 성공(실패)에 대한 유인가가 과제 중요도와는 상관없이 전적으로 성공(실패)가능성에 의해 결정될 것이라는 점에서는 한계가 있다. 성공(실패)으로 인한 자부심(수치심)은 가능성 뿐만 아니라 과제의 종류와 난이도에 따라 달라질 수 있으므로 유인가가 단지 성공(실패)가능성에 의해 결정되는 것은 아니다. 예컨대, 쪽지 시험과 중간 시험에 대한 성공가능성이 동일하다 하더라도 성공으로 인한 자부심과 이를 반영한 유인가까지 동일하지는 않을 것이다. 또한, 개인이 과제에 부여하는 가치의 유형에 따라 유인가의 유형과 수준도 달라질 수 있다. 이에 대한 연구는 이후 사회인지적 기대-가치 이론에서 세분화되었다.

성공(실패)가능성과 유인가가 반비례 관계일 것이라는 점, 즉 사람들은 성공할 거라 기대했던 과제보다 실패할 거라 기대했던 과제에서 성공할 때 이를 더 가치롭게 여긴다는 설명도 보완이 필요해 보인다. 때로 사람들은 성공이나 실패와 상관없이 자신이 그것을 해 낼 수 있을 만큼 충분한 능력을 가지고 있다고 생각하는 과제에 더 많은 가치부여를 하고, 더 높은 동기를 나타내기도 하기 때문이다.

몇 가지 한계에도 불구하고 Atkinson의 성취동기에 대한 기대-가치 이론은 동기를 설명함에 있어 성공(실패)에 대한 기대, 이로 인한 정서적 요소가 반영된 가치를 모두 강조하였다는 점에서 인지주의 동기 이론들이 더욱 정교하게 발전할 수 있는 기틀을 마련하였다.

2) Eccles와 Wigfield의 사회인지적 기대-가치 이론

사회인지적 기대-가치 이론은 Atkinson의 성취동기에 관한 기대-가치 이론의 기본 가정을 기반으로 하였으며, 사회인지적 상황에 대한 지각이 인지적 변인으로 작용하여 개인의 동기 형성에 영향을 주는 것으로 보았다. 이는 과제 해결에 대한 성공(실패) 기대뿐만 아니라 동기를 형성하는 또 다른 중요 요소인 과제가치(task value) 신념으로도 나타난다(Eccles & Wigfield, 2002; Wigfield & Eccles, 2000; Wigfield, Eccles, & Rodriguez, 1998). 이 이론은 Eccles와 Wigfield에 의해 주로 연구되었으며, 성취 행동과 관련된 가치를 세분화하여 제안하였다. 개인이 성취 행동을 하기 전 '내가 왜 이 과제를 해야 하나?'는 질문에 어떤 대답과 신념을 가지고 있느냐에 따라 가치는 획득(혹은 중요) 가치(attainment or important value), 활용 가치(utility value), 흥미(혹은 내재) 가치(interest or intrinsic value)로 구분되며, 과제를 수행하는 과정에서 치루게 되는 비용(cost)도 과제 선택 행동의 고려사항으로 작용한다.

• 획득(혹은 중요) 가치

주어진 과제가 자신에게 얼마나 중요한 것이며 자신의 사회적 욕구를 어느 정도 실현시켜주는지에 따라 결정된다. 예를 들어 스스로 공부를 잘하는 학생이라는 생각을 가지고 있으며 이에 만족하는 아이는 책을 읽거나 지적인 활동에 참여하는 것이 자신에게 중요한 문제이며, 이러한 능력을 획득하는 활동을 가치 있게 여기게 된다. 반면 현재 상황에서 운동을 잘하는 것이 무엇보다 중요한 학생은 운동과 관련된 과제들이 다른 어떤 활동보다 중요하며 이를 더욱 가치 있게 생각할 것이다.

• 활용 가치

과제 그 자체보다는 목표를 성취하는 수단으로서의 유용성과 관련된 것으로, 과제 수행이 미래의 나에게 어떤 혜택이 있을 것인지, 어떤 점에서 유용하게 활용할 수 있을 것인지에 따라 결정된다. 내가 원하는 일을 하기 위해 자격증에 도전하거나 원하는 직업을 갖기 위해 시험을 보고 대학 졸업장을 따는 것 등이 이에 해당된다.

• 흥미(혹은 내재) 가치

과제를 하면서 얻게 되는 즐거움과 만족감을 의미하는 것으로, 획득이나 활용보다는 과제를 하는 것 자체가 얼마나 재미있는지에 따라 결정된다. 내재적 가치를 지니고 있는 과제를 수행할 때는 과제 그 자체에 몰입하게 된다.

• 비용 신념(cost belief)

가치 추구에 따라 과제를 수행하는 과정에서 발생하게 되는 학업적, 사회적, 재정적 비용에 대한 지각을 의미한다. 한 번에 여러 개의 과제를 선택할 수는 없으므로(공부를 열심히 하면서 동시에 운동도 열심히 할 수는 없다) 어떤 과제를 선택하느냐에 따라 개인은 어느 정도의 비용을 치를 수밖에 없게 된다. 어느 쪽에 더 비중을 두고 어떤 선택을 하느냐에 따라 과제에 쏟는 시간과 에너지, 실패로 인한 수치심을 각오해야 하는 심리적 위험, 그 과제를 하느라 다른 과제를 할 수 없게 되어서 일어나는 결과 등을 감수하도록 대가를 요구한다.

사회인지적 기대-가치 이론의 모형에 따르면 각각의 가치를 지니고 있는 과제와 비용을 선택할 때 개인은 여러 가지 사회인지적 요인에 영향을 받게 된다(Eccles & Wigfield, 2002; Wigfield & Eccles, 2000).

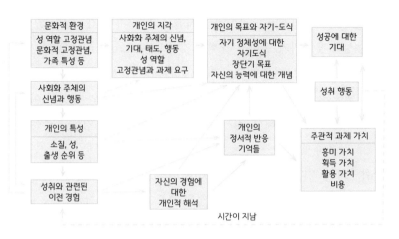

그림 14-1　성취 동기의 사회인지적 기대-가치 모형

※ 참고: Eccles & Wigfield (2002). p.119.

　　모형의 왼쪽에 배치된 요인들 즉, 문화적 환경과 사회적 요인, 누적된 성취 경험들은 동기의 인지적 요인에 영향을 주는 외부 환경에 해당하는 것으로 볼 수 있다. 개인의 타고난 소질과 성, 출생 순위 등이 소속된 가정 및 지역사회에 의해 형성된 문화적 환경과 상호작용한 결과 사회화의 주체로서 신념과 행동을 형성하게 되고 이는 성취와 관련된 이전 경험과 영향을 주고 받게 된다.

　　모형의 가운데 배치된 요인들은 사회문화적 환경을 개인이 어떻게 인식하고 받아들이느냐와 관련된 것으로, 타인의 태도와 기대에 대한 개인의 인식, 정서적 기억 및 이전 성취 결과에 대한 자신의 해석 등이 포함된다. 이는 다시 자신의 역량에 대한 인식, 과제에 대한 어려움, 개인의 목표와 자기 계발과 같은 과제 특수적인 신념에 영향을 주게 된다.

　　이러한 사회인지적 요인에 영향을 받아서 형성된 성공에 대한 기대와 주관적 과제 가치가 상호 간에 영향을 주고받은 결과 성취 행동으로 표출된다. Eccles와 Wigfield(1995)는 확인요인분석을 통해 세 가지 과제 가치는 같은 과목에 대해서도 각기 다르게 지각될 수 있으며 성공에 대한 기대와도 구분되는 차별적 개념임을 밝혔다. 가치는 기대와 정적 관련성이 있으므로 자신이 성공할 것이라 예측되는 과목의 가치를 높게 평가할 가능성이 있다. 이는 성공가능성과 유인가가 반비례 관계일 것이라는 Atkinson(1964)의 가정과는 배치되는 결과임을 보여주고 있다(Schunk, Pintrich, & Meece, 2008).

성취 행동은 시간이 지남에 따라 누적되어 다시 성취와 관련된 이전 경험이 되어 개인의 지각과 해석, 정서적 반응에 대한 기억에 영향을 주는 순환적 방식으로 작용하게 된다.

사회인지적 기대-가치 이론은 Atkinson의 기대-가치 이론을 확장하여 사회적 환경 요인과 개인의 인지적 과정을 모두 포함한 통합 모형을 구성하여 동기를 설명하였다는 점에서 현대 동기이론의 발전을 촉진시켰다는 평가를 받고 있다(김아영, 2010). 기대와 가치를 성공과 실패의 입장에서만 고려하는 것이 아니라, 문화 및 사회화라는 환경적 측면과 개인의 목표와 이를 이룰 수 있을지에 대한 인식, 누적된 성취 경험, 정서적 기억과 같은 인지적 측면이 함께 작용하여 기대와 가치에 영향을 준다는 것을 보여주었다. 학습과 관련된 개인의 유전적 특성과 환경, 반복된 학습 경험에 의해 형성된 사회인지적 요인에 영향을 받아 자신이 과제에 부여하는 획득성, 활용성, 흥미, 비용이 결정되고 선택한 과제를 성공적으로 해낼 수 있을 것이라는 기대를 갖게 됨으로써 학습동기가 유발되는 것으로 설명할 수 있다.

이론에 의하면, 같은 과목을 두고서도 학습자가 부여하는 가치의 유형은 다양할 수 있다. 예컨대, 학습자가 수학 공부에 부여하는 가치는 수학에서 좋은 점수를 얻는 것이 대학 진학에 필요한 수단이 되기 때문이기도 하고, 수학 자체가 재미있어서이기도 하고, 둘 중 어느 것도 아니지만 수학적 지식을 획득하는 것이 자신에게 중요하기 때문이기도 하다. 과제에 부여하는 가치가 개념상 서로 구별되는 개념이긴 하지만, 학습자는 이 중 한 가지 종류에만 가치를 부여할 수도 있고 동시에 여러 개를 고려할 수도 있으며 성취 상황에 따라 가치이 우선순위에 변회기 있을 수도 있다. 수학 단원의 내용과 과제의 난이도, 자신의 능력에 대한 지각에 따라 이번 수학 시험에서 좋은 성적을 낼 것이라는 기대도 달라질 수 있다.

학습동기는 특정 과목에서 누적되어온 학습 결과와 무관하지 않으며 성취 행동을 통해 얻고자 하는 강화물(흥미 충족을 포함한)의 종류와 이를 실제로 해낼 수 있을 것이라는 신념 간의 결합에 의해 유발 및 유지된다. 성공할 것이라는 기대가 부족하다는 것은 실패를 예상하는 경향이 강하다는 것을 의미한다. 학습에 대한 성취동기는 성공에는 접근하고 싶지만 실패는 피하고 싶은 당연한 계산에 의해 조정되며, 이로 인해 발생하는 정서적인 문제까지 고려하게 된다. 과거 학습경험은 기대에 영향을 주는 주요인이므로 실패경험이 누적된 학생의 학습동기를 증진하는 일이 교사에게 쉬운 일이 아니다. 다시 과제에 도전하여 성공할 것이라는 기대를 별로 하지 않기 때문에 과제에 대한 가치도 낮게 평가할 가능성이 높다.

3 사회인지적 관점의 자기효능감 이론

사회인지적 동기 이론은 사회적 영향력의 중요성을 강조하면서도 개인의 행동이 자신의 신념과 가치에 기초하여 결정된다는 관점을 취하고 있어서 동기에 대한 행동주의와 인지주의를 통합하고 절충한 접근법으로 볼 수 있다. Bandura(1982, 1997)는 행동주의 원리가 인간 행동을 완벽하게 설명할 수 없다고 생각하였는데, 사람들이 외적 자극에 의해서만 전적으로 조절되지 않으며 환경적 조건에 수동적으로 반응하지도 않는다는 것이다. 그가 강화이론의 대안으로 구축한 사회인지이론에서는 인지적 요소가 행동에 대한 환경의 효과를 매개하는 것으로 가정하고 있다. 인간과 환경이 서로 영향을 주고받는 상호결정론적 입장을 취하였으므로, 행동의 효과나 결과에 관한 행동주의적 관심과 개인적 신념과 기대의 영향에 대한 인지주의적 관심 모두를 수용한 것으로 볼 수 있다.

Bandura(1997)는 환경, 개인, 행동의 3요인이 서로 호혜적 상호성(triadic reciprocality)을 지니고 있어서 신념이나 기대, 태도를 포함한 개인적 요인, 사회적 및 물리적 환경, 개인이 선택하는 행동, 이 셋은 서로에게 영향을 주고받으며 상호작용한다고 생각하였다. 동기에 있어서 특히 행위 결과에 대한 기대의 역할을 강조하였는데, 강화가 반드시 직접적인 효과를 가진다기보다 이에 대한 기대를 갖게 하므로 미래에 무엇을 할 것인지 신념을 형성하여 행동을 유발한다고 보았다. 따라서 강화와 처벌이 주어지지 않는 상황에서도 학습자는 개인적 작용성(personal agency)에 의해 자신의 학습동기를 조절하고 행동을 통제할 수 있다.

사람들은 환경으로부터 무언가를 학습하게 되었을 때 그것이 행동으로 즉각 나타날 수도 있고, 행동으로 나타나지는 않지만 이후에 그 행동을 하는 것이 적합하다고 생각될 때 그것을 실행하도록 동기를 부여할 수도 있다. 특히 과제상황에서 특정 행동이 어떤 결과를 가져올 것인지 판단하고 그렇다면 자신은 그것을 얼마나 성공적으로 수행할 수 있을지 평가한 다음 성취 행동에 착수할 수도 있다. Bandura(1986)는 정적 강화인으로서 개인적 평가의 중요성을 강조하였고, 과제 수행에서 자신의 목표와 성취기준을 만족시키고자 더욱 노력하게 하는 원동력으로 '자기효능감(self-efficacy)'과 관련된 동기 연구를 수행하였다. 그에 의하면 동기란, 행동에 따르는 결과기대 및 이러한 행동을 수행할 수 있다는 자기효능감에 의해 유발되고 지속되는 목표지향적인 행동이다. 이는 사회인지 동기 이론의 핵심 개념으로, 자극을 받아들이고 타인으로부터 학습하며, 다양한 전략을 적용하여 자신의 행동을 조절하고, 자기반성적으로 사고하는 존재로서의 주체적 인간을 강조한다(김아영, 2010; Bandura, 1982, 1993, 1997, 2001).

1) 자기효능감의 개념

자기효능감이란 특정의 시점에서 주어진 과제를 자신이 잘 해낼 수 있을지에 대한 스스로의 판단을 의미한다(Bandura, 1997). 자기효능감은 당면한 과제를 수행할 수 있다(혹은 할 수 없다)는 개인의 신념이며 인지적 정보 처리, 성취 행동, 동기, 자기가치감, 과제 선택과 관련이 있다. 과제를 선택하기 전에 사람들은 두 가지 기대, 즉 결과기대(outcome-expectancy)와 효능기대(efficacy-expectancy)를 가지고 이에 대해 생각하게 된다(Bandura, 1997, 2001). 자신이 그 과제를 해낼 수 있다고 믿는 것은 효능감에 대한 판단(효능기대)이라 할 수 있고, 그 결과 자신에게 주어질 칭찬이나 보상, 자기만족에 대하여 생각해보는 것이 결과기대이다. 과제를 수행할 때 자신의 능력이나 기술, 지식으로 이것을 해낼 수 있을 것인지 판단함과 동시에 그것이 성공이든 실패이든 수행 후에 무엇이 주어질지 생각하게 된다. 여기서 특정 과제를 잘 해낼 수 있을 것이라는 스스로에 대한 믿음(효능기대)이 바로 자기효능감이다.

자기효능감에 대한 신념과 결과에 대한 기대는 서로 관련이 있지만 높은 자기효능감을 지니고 있다고 해서 반드시 결과기대가 높지 않을 수 있다. 예컨대, 줄넘기 연습을 하면서 자신이 내일 있을 줄넘기 대회에서 잘 해낼 것이라는 효능감을 가지는 것과 치열한 경쟁을 뚫고 대회에서 입상을 하게 될 것이라는 결과기대는 서로 상이할 수 있다. Bandura는 효능기대와 결과기대를 서로 교차하여 이에 따른 구분이 개인의 행동이나 정서를 예측하게 해 줄 것이라 제안하였다(Bandura, 1982, 1986, 1993).

먼저, 효능감과 보상에 대한 결과기대가 모두 높을 경우(수학문제를 잘 풀 수 있고 수학경시대회에서 상도 받음) 과제에서의 수행을 잘 할 수 있을 것이라 확신감이 높고 적극적으로 행동에 임하게 된다. 효능감은 높지만 결과기대가 낮을 경우(수학문제를 잘 풀 수는 있지만 수학경시대회에서 상을 받을 수는 없음)에는 과제 자체가 재미있어서 열심히 하긴 해도 과정과 결과가 별개일 수도 있다고 생각한다. 열심히 노력해도 입상을 할 수 없는 상황에 대하여 항의를 하거나 경쟁률을 낮춰줄 것을 건의할 수도 있다. 다음으로 효능감이 낮으면서 결과에 대한 기대가 높은 경우(수학문제를 잘 풀 수는 없지만 어쩌면 수학경시대회에서 입상은 할 수도 있다고 기대), 자신이 과제를 잘 해낼 수는 없어도 할 수만 있다면 이에 해당하는 적절한 보상을 받기를 바란다고 할 수 있다(Schunk, Pintrich, & Meece, 2008). 그러나 잘 해낼 수 없는 원인을 자기자신으로 두기 때문에 스스로를 부정적으로 평가할 가능성이 높다. 마지막으로 효능감과 결과에 대한 기대가 모두 낮은 경우(수학문제를 풀 수 없을 것이고 수학경시대회에서 보상도 없음)에는 과제에 참여하더라도 어차피 잘 해내지도 못 할 것이고 이에 대한 보상도 주어지지 않을 것이라 생각하기 때문에 노력을 하지 않으며 쉽게 포기하거나, 과제 자체에 아예 관심을 가지지 않으려 한다. 이 유형의 사람들은 실패의 원인을 자기자신보다는 주로 환경에 두는 경향이 있다.

▷ **표 14-2** 효능기대와 결과기대 상호작용에 의한 반응

		결과기대 판단	
		낮음 (수학경시대회 입상 불가능)	높음 (수학경시대회 입상 기대)
자기효능감 판단	높음 (수학을 잘 함)	• 항의, 불만 • 환경 변화 요구	• 적극적인 참여, • 성공 확신, 열망
	낮음 (수학을 못 함)	• 체념, 무관심, 냉담	• 자기평가절하, 절망

※ 참고: Bandura (1982). p.140, Bandura (1997). p.20.

자기효능감은 개인의 목표에 대한 노력과 동기 및 행동의 지속성에 영향을 미친다. 만일 주어진 과제에 높은 자기효능감을 가질 경우 높은 목표를 세우게 되며, 과제를 해결하는 과정에서 어려움에 처하더라도 포기하지 않고 끝까지 해내려 할 것이다. 반대로 자기효능감이 낮은 학생들은 불안해하며 실패할 것을 미리 걱정하여 작은 난관에도 쉽게 포기하려 한다(Bandura, 1993). 자기효능감은 귀인과도 관련되는데, 주어진 과제에 대해 강한 자기효능감을 가지는 경우 자신의 실패를 노력으로 귀인하는 반면, 자기효능감이 낮은 학습자는 그 실패를 능력으로 귀인하게 된다.

자기효능감은 모든 영역에 일반화할 수 있는 것이 아니라 구체적인 과제 해결에 필요한 일련의 행위 과정을 조직하고 실행하는 것을 의미하는 영역 특수적(domain-specific) 개념이다(Bandura, 1982, 1993, 1997, 2006; Pajares, 1996). 따라서 막연히 잘 하겠지, 잘 할 수 있을 거야 등의 일반적인 자기지각과는 구분되며, 상황 특수적(situation-specific) 판단에 근거하여 특정 상황과 맥락에서 요구되는 인지적 기술과 전략 등의 역량을 가지고 있는지를 종합적으로 고려하여 내리게 되는 판단이다. 예컨대, 글을 읽고 핵심을 파악할 수 있는지, 일차 연립방정식을 해를 구할 수 있는지, 특정 연대기의 역사적 사실의 순서와 의미를 파악할 수 있는지, 과학실험에서 다루게 되는 용액의 특성과 과학적 발견이 무엇인지 설명할 수 있는지 등과 같이 과목학습에서 요구하는 구체적인 기술을 자신이 지니고 있는지에 근거하여 판단하는 것이다.

2) 자기효능감의 정보원

자기효능감은 어떻게 형성되고 발달하는 것일까? Bandura에 의하면 사람들은 4가지 종류의 정보원으로부터 자기효능감에 대한 자원을 제공받는다 (Bandura, 1997).

• 실제 숙달 경험(enactive mastery experience)

이는 특정 과제를 직접 숙달(master)해 본 경험을 의미하는 것으로 효능감에 정보를 주는 가장 강력하고 영향력 있는 근원이 된다. 특히 비슷한 상황에서의 성공 경험은 자기효능에 대한 신념을 강하게 해 주지만, 실패 경험, 특히 자기효능감이 제대로 형성되기 전에 실패하게 되면 효능감이 형성되지 못한다. 쉽게 주어진 성공 경험으로 인해 섣부른 성공을 예측하고 있다가 만일 실패하게 될 때도 자기효능감이 쉽게 꺾일 수 있다. 반대로 장애물을 극복하기 위해 끈질기게 시도하고 여러 번 반복해서 노력한 끝에 얻은 성공 경험은 자기효능감을 더욱 강하게 만들어 준다.

그러나 자기효능감과 실제 경험과의 관계는 단순하지 않아서, 경험 이외에도 과제를 하기 전에 가지고 있던 자신의 신념, 기대, 과제난이도, 노력의 정도, 주변의 도움과 같은 다른 요인들을 추론하여 내린 결론에 영향을 받는다(Stipek, 2002). 예를 들어, 줄넘기 과제에 성공하였더라도 자신의 수준에서 너무 쉬웠거나 별다른 노력을 하지 않았다면 줄넘기 과제에 대한 효능감을 크게 고양시키지 않는다. 따라서 성공 경험에 대한 귀인은 운이나 타인의 도움과 같은 통제불가능 요소보다는 개인의 노력이나 전략과 같은 요소로 이루어졌을 때 자기효능감 향상에 도움이 될 것이다.

• 대리 경험(vicarious experience)

자기효능감은 직접 학습(enactive learning)뿐만 아니라 모델링(modeling)이나 관찰 학습(observational learning)과 같은 간접 학습(대리 학습, vicarious learning)을 통해서도 형성될 수 있다. 사람들은 직접 행동하지 않아도 누군가 다른 사람이 수행하는 것을 관찰하면서 그것이 강화되는 과정을 보는 것만으로도 행동의 결과가 어떨 것인지 예측할 수 있으므로, 이는 자신의 행동 선택에 영향을 주게 된다. 때로는 개인 학습보다 집단 학습 상황에서 자기효능감이 더욱 향상될 수 있다.

특히 관찰하는 사람이 관찰 대상 즉, 모델과 동일시하는 경향이 클수록 효능감에 미치는 효과는 더 커지는데, 모델이 잘 해낸다면 관찰자의 자기효능감은 높아지지만 모델이 잘 해내지 못할 때는 자신의 효능감에 대한 기대도 줄어든다고 할 수 있다(Woolfolk, 2013). 개인의 행동에 영향을 주는 환경으로서의 모델링은 강화를 주는 대상의 능력과 열정, 개인과 대상과의 유사성, 관찰자에게 주는 신뢰성에 따라 그 동기적 효과도 다양할 수 있다(Schunk, Pintrich, & Meece, 2008). 자기효능감의 정보원으로서 대리 경험은 과제수행의 직접적인 개인 경험이 부족한 상황일수록 그 영향력이 크다고 할 수 있다.

• 언어적 설득(verbal persuasion)

언어적 설득 혹은 사회적 설득은 행위자에게 주어지는 격려나 말, 자신의 수행 결과에 대한 구체적인 피드백이나 평가를 의미한다. 특히 어려운 과제를 하고 있을 때 주변의 의미 있는 사람들이 잘 해낼 것이라는 신뢰감을 표현해줄 때 효능감 유지에 도움이 된다.

그러나 언어적 설득만으로는 자기효능감 향상에 한계가 있다. 과제 수행 시 어려움을 겪고 있는 행위자에게 누군가 잘 해낼 수 있는 격려의 말을 건넬 때, 스스로 그 과제를 제대로 수행할 능력이 있다고 생각하고 있다면 더 노력해서 어려움을 극복하고 성공하려고 할 수 있다. 이럴 경우 효능감이 유지될 수 있을 것이다. 그러나 스스로 뭔가 부족하여 과연 잘 해낼 수 있을지 의구심이 드는 상황에서 사회적 설득이 주어질 때는 오히려 자신감이 떨어지고 효능감에도 나쁜 영향을 끼칠 수 있다.

• 신체적, 정서적 각성(physiological and affective states)

개인의 신체적, 정서적 각성 상태도 특정 과제 효능감을 가지도록 정보원의 역할을 한다. 특히 과제가 신체 활동과 관련되어 있거나 스트레스를 이겨내야 하는 것이라면 더욱 그러할 것이다. 정서적으로 불안한 상태이거나 과제 수행에 대한 걱정이 앞선 상황이라면 자기효능감에 부정적인 영향을 끼칠 것이다. 반대로 스트레스가 낮고 과제를 잘 해낼 수 있는 최상의 컨디션이면서 뭔가 준비된 느낌을 받는다면, 즉 긍정적인 흥분 상태일 때는 자기효능감 또한 높은 수준으로 유지될 수 있을 것이다.

자기효능감 신념은 역동적이고 변동가능하므로 주어지는 과제의 특성(양, 난이도)과 사회적 환경(일반적 교실 정황)과 같은 외부적 조건뿐만 아니라 과제 수행에 임하는 학습자의 마음자세와 신체적 상태(아픔, 피곤), 정서적인 기분으로 인해 변화할 수 있다. 네 가지 정보원들도 과제가 주어진 다양한 상황에 따라 각기 다른 수준으로 자기효능감에 영향을 끼칠 수 있다. 학습자들은 이 중 하나의 정보원에만 의지하여 자기효능감을 가지기보다는 과제와 상황에 따라 여러 정보들을 통합하여 자신의 능력을 평가하고 이에 따라 더욱 노력해서 어려움을 극복하여 성공에 도달할 것인지, 아니면 그만 포기하고 말 것인지를 결정하게 된다.

3) 자기효능감 영향 요인

자기효능감에 영향을 줄 수 있는 과제 참여 요인들로는 수업의 목적과 학습 내용 제시 방법, 학습 난이도, 정보처리과정, 학습전략 적용 능력 등이 있으며, 개인적 요인으로는 성공이나 실패 등의 수행결과 경험, 귀인, 적절한 모델링과 학습 목표 등이 있다(Schunk, Pintrich, & Meece, 2008).

교사가 수업 시간에 방금 설명한 것들이 다가오는 시험과 어떤 관련성이 있는지 알려줄 때 이전에 성공한 경험이 있는 학습자는 높은 자기효능감을 보일 수 있지만, 실패한 경험이 있는 학습자들은 오히려 불안을 느낄 수 있다. 또한 학생이 쉽게 이해할 수 있는 방식으로 학습 자료를 전달할 때 습득한 내용에 대한 이해도가 높아지고 학업적 자기효능감도 높아질 수 있다. 교사가 학생들에게 과제를 잘 해낼 것이라는 기대감을 드러낼 때 학생들은 자신의 능력을 인정해주는 교사로 인해 효능감이 높아질 수 있다. 교사가 학생의 과제 수행에 지나치게 도움을 주게 되면 특정 학습 기술만 향상될 수 있는 반면, 적절한 도움과 함께 성공적인 학습에 대해 피드백(잘했어, 앞으로 더 잘 할 수 있을 거야)을 전달한다면 자기효능감을 향상시킬 수 있다.

특히 학생의 노력과 관련된 피드백은 긍정적 효능감 형성에 도움이 된다. 학습 난이도의 경우, 간단한 계산과 같이 비교적 쉬운 내용을 학습할 경우 누구나 쉽게 자신감을 가질 수 있지만, 다소 어려운 방정식을 풀어야 할 때 자신의 실력을 믿지 못하는 학생은 높은 효능감을 가질 수 없다. 과제와 관련된 정보처리에 어려움을 느끼는 학생은 인지적 전략을 충분히 적용할 수 있는 학생보다 효능감이 낮을 수 있다. 이와 관련하여 효과적인 학습전략을 이해하고 적용할 수 있다고 생각하는 학생은 자신의 학습을 스스로 통제할 수 있다고 믿기 때문에 효능감이 높아질 수 있다. 따라서 문제해결에 요구되는 다양한 학습전략을 알려주고 교사의 도움이 없이도 적절하게 활용할 수 있도록 지도할 필요가 있다.

자기효능감에 영향을 줄 수 있는 개인적 요인으로는 학습과제에서의 성공 경험이 있다. 성공은 자기효능감을 증진시키는데, 특히 처음에는 잘 하지 못했다가 점점 향상되고 있다는 것을 스스로 느끼게 될 때, 자신의 성공이 노력 때문이라고 귀인하게 될 때 학습자는 높은 효능감을 가지고 과제를 지속할 수 있게 된다. 전문가인 교사를 모델로 삼았을 때보다 자신과 학습수준이 유사한 또래가 성공하는 것을 모델링하는 것이 자기효능감 향상에 도움이 될 것이다. 실패를 모델링하는 것은 효능감에 부정적인 영향을 주게 된다. 자신이 성취할 수 있을 정도의 어려운 목표는 쉬운 목표보다 자신의 학습 능력에 대해 더 많은 정보를 제공할 수 있으므로 결과적으로는 효능감 향상에 도움이 된다.

자기효능감은 자기충족적 예언(self-fulfilling prophecy)과도 관련이 있어서 학습자가 스스로 할 수 있을 거라 믿을 때 더 많은 노력과 자원을 기울일 수 있다(Sternberg & Williams, 2002). 연속된 성공 경험은 계속 성공할 수 있을 것이라는 긍정적 신념으로 자리잡아 강한 학습동기로 작용하게 된다. 따라서 교사는 과제 자신감이 낮아서 노력을 기울이지 않거나 시도조차 하지 않으려는 학습자에게 현실적이고 성취 가능한 작은 성공부터 경험하게 해 주어 점차 효능감을 높일 수 있도록 지원할 수 있을 것이다. 또한 자신의 능력이 선천적으로 결정되어 있는 것이 아니라 노력에 의해 얼마든지 향상될 수 있다고 생각할 때 자기효능감은 향상된다(Wood & Bandura, 1989).

▷ **표 14-3** 자기효능감 영향요인

구분		내용
과제 참여 요인	수업 방법	• 수업 내용의 분명하고 이해하기 쉬운 전달 • 적절한 도움제공 • 노력에 대한 긍정적 피드백
	과제 난이도	• 학습자의 성취 수준에 적절한 난이도
	정보처리와 학습전략	• 학습내용에 대한 정보처리의 용이성 • 과제해결에 필요한 학습전략 사용력
개인 요인	수행경험	• 성공 경험 • 실패 후에 점진적 성공 경험
	귀인	• 성공에 대한 노력 귀인
	능력에 대한 신념	• 노력하면 능력이 향상될 수 있을 것이라 생각
	모델링	• 자신과 학습수준이 유사한 또래의 성공을 모델링
	학습목표	• 성취할 수 있을 정도의 어려운 목표

4) 자기효능감의 효과

학업적 자기효능감은 학습상황에서 학습자의 행동과 사고, 정서적 반응에도 영향을 줄 수 있다. 할 수 없을 것이라 믿고 있는 과제는 선호하지도 않고 시도조차 하지 않으려 하고, 과제를 하게 되더라도 실패할까봐 미리 불안해하거나 걱정하게 된다. 반면 학습자가 주어진 과제를 잘 해낼 수 있을 것이라는 신념을 가지고 있다면 난이도가 높은 문제에 더 많은 노력과 시간을 들여서라도 해결하려고 할 것이다.

자기효능감에 대한 연구에 의하면 효능감이 높은 사람들은 대체로 목표를 높게 설정하며, 어려운 과제를 선택하는 경향이 있었으며, 과제수행 지속성이 높았고(Bandura, 1986, 1993; Zimmerman & Bandura, 1994), 성취 결과도 더 좋은 것으로 나타났다(Zimmerman, 1995). Collins(1985)는 학습자들을 학업 성취가 낮은 집단, 중간 집단, 높은 집단으로 분류한 후 이들의 학습행동을 관찰한 결과, 세 집단 모두에서 상대적으로 자기효능감이 높은 학생들이 낮은 학생에 비해 문제를 더 정확하게 해결하였으며, 틀린 문제를 재학습하려는 경향이 높은 것으로 보고하였다. 자기효능감이 높을수록 학습에서 교과서와 교실수업 간의 연관성을 찾거나 자료를 재검토하거나, 개요를 구성하는 등의 전략을 더 많은 사용하였다(Pintrich & De Groot, 1990).

수학 과목에 대한 자기효능감이 높은 학생은 단순한 계산 문제를 계속 푸는 것보다 이를 활용한 더 어려운 문제에 도전하기를 선호하며 과제 참여에 긍정적인 정서를 가지고 있다. 어려운 문제를 해결하고 난 후 효능감이 더 향상되므로 난이도가 더 높은 문제를 만나도 오히려 문제해결 전략에 집중하여 성공적으로 해내고자 할 것이다. 과제에 실패하게 되더라도 다시 한번 도전하여 목표를 성취하고자 할 것이다. 교사는 학생들이 각 과목과 각 단원의 구체적인 내용에서 학업적 자기효능감을 가지고 도전할 수 있도록 지도할 필요가 있다. 자기효능감의 네 가지 자원은 구체적 영역에서 어떻게 효능감을 향상시킬 수 있을지 지침을 주고 있다. 자신이 능숙하게 수행하고 있다는 것을 교사로부터 피드백 받은 학습자는 이전보다 유능해졌다는 생각을 할 수 있게 되고 효능감은 더욱 향상될 수 있다.

▷ **표 14-4** 자기효능감의 효과

	자기효능감이 높은 학생	자기효능감이 낮은 학생
과제지향	• 도전감을 주는 과제 선호	• 도전감을 주는 과제 회피
노력	• 도전감을 주는 과제를 할 때 더 노력함	• 도전감을 주는 과제를 할 때 덜 노력함
인내심	• 목표에 도달하지 못해도 포기하지 않음	• 목표에 도달하지 못하면 포기함
신념	• 자신이 성공할 것이라 믿음 • 목표에 도달하지 못해서 생기는 스트레스와 불안감을 통제하고 조절하려 함 • 자신이 환경을 통제하고 있다고 생각	• 자신이 무능하다고 생각 • 목표에 도달하지 못했을 때 스트레스와 불안감을 느낌 • 자신이 환경을 통제히지 못한디고 생각
전략 사용	• 비생산적인 전략이라고 생각되면 사용하지 않음	• 비생산적 전략을 계속 사용함
수행	• 같은 능력을 가지고 있으면서 낮은 자기효능감을 가진 학습자보다 높은 수행을 보임	• 같은 능력을 가지고 있으면서 높은 자기효능감을 가진 학습자보다 낮은 수행을 보임

※ 참고: Eggen & Kauchak (2011). p.461.

자기효능감이 높은 학생은 스스로를 유능하다고 생각하므로 자신이 사용하는 인지 전략이 만족할만한 성취 결과를 가져올 것이라는 기대를 갖고 있고, 자기조절학습과 메타인지도 잘 활용할 수 있다(Pintrich & De Groot, 1990; Tollefson, 2000). 학습뿐만 아니라 생활면에서도 적응적이고 숙달된 행동을 할 가능성이 높아서 불안을 유발할 수 있는 스트레스 요인을 잘 통제할 수 있다(Seifert, 2004).

4 인지주의 관점의 귀인이론

동기에 대한 인지주의 관점의 이론들은 행동주의 관점에 대한 비판에서 출발했다. 인지이론가들은 어떤 행동이 단순히 과거에 그 행동을 보상받았는지 아니면 처벌받았는지에 따라 결정되는 것이 아니라 우리의 사고에 의해 결정된다고 믿는다. 행동은 계획되고, 유목적적이며, 기대와 행동결과에 대한 귀인(歸因)방식 및 기타 신념들에 근거하여 시작되고 유지되고 조절된다는 것이다. 따라서 행동을 유발시키고 지속시키기 위해서 외적 자극에 의존할 필요 없이 보상이 없이도 그 일에 대해 알고 싶어 하고, 자신이 원하는 일을 즐기기 위해 행동을 지속할 수 있다고 생각한다.

사회인지적 기대-가치 이론에서는 사회문화적 환경이나 이전 성취 행동과 정서적 경험을 어떻게 받아들이고 해석하느냐에 따라 형성된 과제 수행 기대가 동기의 중요한 구성요소가 됨을 설명하였다. 본 절에서는 과거에 자신이 성취한 일의 원인을 무엇이라 생각하는지, 즉 원인을 무엇에 귀인(attribution)하는지에 의해 형성되는 개인의 기대 신념과 이와 관련된 동기적 특성을 설명하고자 한다.

귀인이론은 동기에 대한 인지주의 이론으로, 인간은 자신과 관계있는 문제들을 해결하고 그와 관련되는 정보를 찾는 적극적이고 호기심 많은 존재라는 것을 중심가정으로 하여 접근한다. 인간은 외부의 사건이나 자극에 단순히 반응하는 존재가 아니라 그런 외적 자극과 사건들을 적극적으로 해석하고 지각하는 존재이며, 이러한 인지적 요소들이 행동을 결정한다는 점을 강조한다.

1) 귀인 이론의 기본 개념

귀인(attribution)이란 사건이나 행동의 결과(성공 혹은 실패)를 놓고 그 결과에 작용한 원인을 탐색하는 행위를 말한다. 즉, "⋯⋯는 ⋯⋯의 탓이다."라는 진술은 귀인행동을 반영하는 설명에 해당된다. 귀인이론은 동기에 대한 인지주의 이론이므로 인간은 환경에 적응하기 위해 자신을 둘러싼 환경과 스스로를 이해하고 이를 기반으로 행동하려 하는 이성적 의사결정자라는 것을 전제로 한다. 따라서 행동의 원인을 결정하는 요인이 무엇인지 추론하고, 그 행동이 그럴듯하게 설명될 수 있을 때까지 다양한 정보들을 참고하여 자신과 타인을 이해하려 한다(Heider, 1958; Weiner, 1980, 1985).

귀인이론의 창시자라 할 수 있는 Heider(1958)는 이른바 상식심리학(common-sense psychology)을 주창하여 어떤 결과의 원인을 탐색하는 행위는 전문적인 과학자뿐만 아니라 모든 인간에게 나타나는 기본적인 특성 중의 하나로 가정하였다. 모든 인간은 상식적 과학자(common sense scientists)라는 설명과 함께 이를 이론적으로 체계화하였다(Moskowitz, 2005). Heider는 사람들이 자신의 삶 속에 중요한 사건의 원인이 있다고 믿으며 이를 찾기 위해 그 원인을 개인의 내적 속성과 환경적 상황으로 이분화한다고 생각하였다.

이 때 특정 행동을 감행한 원인이 그 사람의 태도나 특징, 성격에 있다고 생각한다면(예를 들어, 그 사람은 원래 성격이 좋아서 그렇게 말한다) 이는 내적 귀인(internal attribution)에 해당할 것이며, 그 사람이 처한 상황의 특징에 있다고 가정한다면(누구나 그 상황에서는 그렇게 말했을 것이다) 이는 외적 귀인(external attribution)이라 할 수 있다.

Kelly(1973)도 사람들이 정보를 수집하여 이를 기반으로 귀인을 형성한다고 생각하였는데, 특히 특정 사건의 자극 대상, 행위자, 시간과 장소의 상황이 함께 변하는 방식을 관찰하고 공변성을 발견하여 추론하는 과정에서 귀인하게 된다는 공변 모형(covariation model)을 주장하였다. 이론에 의하면 사람들은 귀인을 함에 있어 세 가지 정보 즉, 자극 대상에 대한 사람들 간의 일치성(consensus) 정보, 행위자가 다른 자극에 반응하는 방식의 독특성(distinctive-ness) 정보, 자극 대상과 행위자 사이에서 나타나는 특정 행동이 시간과 상황에 걸쳐 어느 정도 반복되는지의 일관성(consistency) 정보를 검토하여 반복되는 규칙을 발견하여 그 상황을 논리적으로 추론하려 한다. 관찰된 단서가 무엇이냐에 따라 이를 조합하게 되면 내적 귀인, 혹은 외적 귀인의 방식이 정해진다는 것이다.

예를 들어, 자주 지각을 하고 등교를 거부하는 중학생의 태도를 보고 교사가 이러한 행동의 이유를 찾게 되는 과정을 공변 모형에 적용하여 추론해볼 수 있다. 이 때 자극 대상은 잦은 지각과 등교 거부, 행위자는 중학생, 상황은 지각이나 등교를 거부하는 행위의 빈도와 일관성이다. 만일 같은 학급의 다른 학생들도 갑자기 지각을 하기 시작하거나 등교를 거부한다면 특정 학생과 다른 학생 간의 일치성 정보에 의해 학교에 오지 않으려는 이유를 외부에서 찾게 된다.

따라서 교실이나 학교 밖 요인 즉, 최근에 학생들의 가정에서, 혹은 하교 후에 무슨 일이 있었는지 알아보려 할 것이다. 그러나 이 학생이 반항적 성격의 소유자이며 평소에도 학교 규칙을 자주 어기는 행동을 했다면 이는 학생-자극대상(지각과 등교거부)의 관련성에 의한 만들어진 독특성 정보에 귀인하게 되므로, 학생의 성격과 특성에서 원인을 찾는다. 마지막으로 학생의 지각과 등교거부 행위가 시간과 상황이 바뀌어도 계속 반복적으로 관찰된다면 일관성 정보를 참고하게 된다.

▷ **표 14-5** 공변 모형으로 판단한 귀인 방식의 예

정보의 공변성			귀인 방식
일치성	독특성	일관성	
낮음	낮음	높음	내적 귀인
• 혼자 지각, 등교거부	• 평소에도 반항적, 규칙을 어김	• 지각, 등교거부 행동의 반복	학생의 특성
높음	높음	높음	외적 귀인
• 모든 학생이 지각, 등교거부	• 평소에는 규칙을 어기지 않음	• 지각, 등교거부 행동의 반복	가정, 학교 밖

낮음 혹은 높음	낮음 혹은 높음	낮음	외적 귀인
		• 지각, 등교거부가 처음	상황의 특이성

이 세 가지 정보를 조합하여 추론하였을 때 교사는 학생의 지각이나 등교 거부 행동의 이유를 내적 귀인 또는 외적 귀인할 수 있다. 일치성과 독특성 정보는 낮은데 일관성 정보만 높다면 이는 내적 귀인으로 형성될 가능성이 높다. <표 14-5>에 제시된 예시처럼 학급의 다른 아이들은 등교를 거부하지 않고(일치성 낮음) 평소에도 이 학생은 반항적이고 규칙을 자주 어기는 성격이 면서(독특성 낮음) 등교거부 행동이 반복된다는 사실을 알게 되면 교사는 지각 이나 등교거부 행동의 원인이 성격이나 내부적 특성에 있다고 귀인을 할 가 능성이 높다. 그러나 평소에 그러지 않던 학생이 갑자기 잦은 지각이나 등교 거부를 하였는데(독특성 높음, 일관성 높음) 학급의 다른 학생들도 그런 행동을 한다면(일치성 높음), 행동의 원인을 가정이나 등하굣길 등 학교 밖의 외부적 요인에서 찾으려 할 것이다. 또한 일치성과 독특성이 낮건 높건 아이의 등교 거부 행동이 이번이 처음이라면 평상시와는 다른 행동이 발생하게 된 특이한 사건이나 상황에 귀인하게 될 것이다.

특정 사건이 발생한 원인에 대하여 추론할 때 사람들은, 세 유형의 정보 를 모두 똑같이 사용하지는 않는다. 하지만 주어진 환경과 상황에 대한 단서 를 보고 귀인을 형성하는 과정에서 몇 가지 인과적 법칙이 나타난다(Fiske & Talyor, 1991). 첫째, 원인은 반드시 결과보다 앞선다. 둘째, 두 가지 사건이 시 간적, 공간적으로 근접하였을 때 인과요인으로 보일 수 있다. 또한 인과적 관 계가 있을 것이라고 추정되는 여러 사건이 있을 경우 현저히 두드러져 보이 는 사건에 주목하게 된다. 마지막으로 원인과 결과는 서로 비슷한 특성을 공 유하기 때문에 과거 유사한 사건의 결과와 비교하여 같은 유형의 행동이 반 복되었다면 대표직 원인에 귀인하려 한다.

2) Weiner의 성취에 대한 귀인 이론과 동기

귀인 이론에서 가정하는 인과적 판단을 자기자신에게 적용하게 될 때 이는 성취 행동의 지속성, 안정성, 통제가능성에 영향을 주는 동기적 요소로 작용하게 된다(Weiner, 1980, 1985). 자신의 성공과 실패에 대한 학습자 개인의 설명, 정당화, 변명은 학습동기와 이후 학습 행동에 영향을 주게 된다. 학습 상황에서 학습자들이 자신의 학습결과를 놓고 탐색한 원인 그 자체보다는 탐색된 원인이 어떠한 속성을 지니고 있느냐에 관심을 가져야 하는데, 그 이유는 이에 따라 학습동기와 수행 수준이 달라지기 때문이다. Weiner는 학습장면에서의 귀인 행동을 체계화하여 다음과 같은 귀인 요인의 질적 분류체계를 마련하였다.

▷ **표 14-6** 귀인 요인의 질적 분류체계

분류기준		통제소재(Locus of Control)	
		내부 귀인	외부 귀인
통제가능성 (Controllability)	통제가능	노력	교사의 편향 타인의 도움
	통제불가능	능력 (주로 지능)	가정환경 과제난이도, 운

일반적으로 귀인 요인들은 원인의 소재가 개인의 내부에 있는지 외부에 있는지에 따라 통제소재(locus of control) 차원, 사건의 원인이 시간이나 상황에 관계 없이 항상 일정한지에 따라 안정성(stability) 차원, 그리고 개인이 그 원인을 통제할 수 있는지에 따라 통제가능성(controllability) 차원으로 분류된다. 안정성 차원과 통제가능성 차원은 개념적으로 중첩되기 때문에 그 구분이 용이하지 않아 통제소재와 통제가능성 차원으로만 논의되기도 한다.

통제소재 차원이란 학습자가 행동이나 수행결과를 놓고 원인을 추론함에 있어서 그 원인을 자신의 능력이나 노력과 같은 내적 상태(internal status)에 귀인할 것인지 아니면 운, 과제난이도, 가정환경, 타인의 도움과 같은 외적 세력(external forces)에 귀인할 것인지에 관한 것이다. 이 차원은 귀인성향을 분류함에 있어서 가장 일반적으로 적용되는 준거이다.

다음으로, 통제가능성 차원은 귀인하는 내용들이 행위자의 입장에서 통제 가능한 것인지 아니면, 통제가 불가능한 것인지에 관한 것이다. 예컨대, 내부 귀인 요인들인 노력(effort)과 능력(ability) 중에서 노력은 비교적 개인의 통제나 의지에 따라 그 양이 변화가능한 것으로 판단되지만, 능력(주로 지능)은 개인의 통제범위를 넘어서는 통제불가능한 개인적 특성요인으로 인식된다. 마찬가지로 외부 귀인 요인들도 통제가능성 차원에서 분류될 수 있다. 교사의 편향이나 타인의 도움과 같은 것은 학습자의 행동에 의해 통제가 가능한 것으로 생각할 수 있는 반면, 가정환경이나 과제난이도, 시험 당일의 운과 같은 것들은 통제가 불가능한 것으로 인식될 수 있다.

Weiner(1980, 1985)의 성취에 대한 귀인이론은 결과의 원인을 무엇으로 보느냐에 따라 미래에도 그와 같은 성공을 할 수 있을 것인지 기대가 달라질 수 있음을 가정하였다. Weiner의 기대 원리(expectancy principle)에 따르면 성취를 잘 변하지 않는 요인(예, 능력)으로 귀인할 경우 미래에도 동일한 결과가 나타날 것이라는 기대가 강해진다(나는 항상 실패했어. 그러니까 이번에도 실패할거야). 반면, 변할 수 있는 요인(노력, 운, 어렵거나 쉬운 과제)으로 귀인할 경우 미래의 결과가 달라질 수 있을 것이라 기대하게 된다. 타인이 얼마나 잘 수행하는지와 관련된 합치(consensus) 정보도 귀인의 통제소재에 영향을 줄 수 있다(Stipek, 2002). 예컨대, 이번 시험에 똑같이 높은 점수를 받은 학생이 많다면, 학생들은 대부분 외부 귀인을 할 수 있다(과제가 쉬웠어, 선생님이 점수를 잘 주신다 등). 하지만 다른 학생들에 비해 나만 좋은 점수를 받았다면 내부 귀인을 할 가능성이 커진다(난 역시 이 과목을 잘해, 이번에 진짜 열심히 공부했거든 등).

자신의 성과를 판단함에 있어 귀인의 여러 요인 중 한 두 가지를 우선적으로 고려하는 것으로 볼 수도 있다(Schunk, 2012). <표 14-7>에서 제시된 바대로 시험에서 원하는 성과가 나타났을 때 대부분의 학생들은 과제난이도나 운으로 귀인하기 보다 주 원인을 능력과 노력으로 생각할 수 있기 때문이다.

> **표 14-7** 시험 결과에 대한 귀인 예시

결과	귀인	귀인 요인
성적 향상(성공)	나는 과학 능력이 뛰어나다.	능력
	나는 이번에 과학과목을 열심히 공부했다.	노력
	나는 과학을 잘 하며, 이번에 열심히 공부했다.	능력+노력
	이번 과학 시험이 쉬웠다.	과제난이도
	운이 좋았다. 시험 직전에 본 자료집에서 문제가 나왔다.	운
성적 하강(실패)	나는 원래 과학을 잘 못한다. 과학 능력이 부족하다.	능력
	나는 이번에 시험대비 과학공부를 충분히 못 했다.	노력
	나는 과학을 잘 못하며, 이번에 열심히 하지도 않았다.	능력+노력
	시험이 너무 어려웠다. 다들 못 봤을 것이다.	과제난이도
	운이 나빴다. 내가 본 자료집에서 문제가 나오지 않았다.	운

※ 참고: Schunk (2012). p.369.

귀인 요인의 안정성과 불안정성이 절대적으로 변하지 않는다고 볼 수는 없다. 일반적으로 능력은 안정적인 것으로, 노력은 불안정적인 것으로 분류하긴 하지만, 사실 각각을 어떻게 지각하는지에 따라 귀인의 안정성이 달라질 수도 있기 때문이다. 또한 성취에 기여한 자신의 능력과 노력을 구분하는 일도 쉽지 않다. 노력하지 않고 온전히 나의 능력만으로, 능력과는 별개로 오로지 노력만으로 지금의 성취를 이룰 수 있다고 할 수는 없을 것이다. 결국 중요한 것은 능력이냐, 노력이냐 보다는 그것이 어느 정도 안정성을 가지고 나의 미래 행동에 통제가능한 동기적 요인으로 작용하는지 일 것이다.

과거의 성취 결과를 노력 귀인하는 것은 실패 상황에서도 다음에는 수행이 나아질 것이라 기대를 갖도록 긍정적인 영향을 줄 수 있다(Weiner, 1994). 과거의 실패를 노력 부족으로 귀인하는 학생이 다음 과제에서 기꺼이 더 많은 노력을 기울일 마음이 있다면 미래에는 성공할 수 있을 것이라 희망을 가질 수 있다. 반면, 과거 실패를 능력 부족으로 귀인하게 되면, 능력의 전제조건 없이는 성공을 기대할 수 없기 때문에 다음번 과제에서 노력하려 하지 않을 것이다. 노력이 중요한 성공 요인이라는 지각은, 능력을 갖춘 학생일지라도 어느 정도의 노력 없이는 성공이 성취될 수 없다는 인식을 갖게 한다(Stipek, 2002).

반대로, 성공을 능력만으로 귀인하는 것은 성취 상황에서 행동에 부정적인 영향을 끼친다. 별다른 노력 없이 얻게 된 성공이라고 생각하게 되면 다음 과제에 성공하는데도 노력이 필요 없다고 생각하게 된다. 그러므로 미래의 주어질 과제에도 계속 노력하지 않을 것이고 그 결과, 실제 능력보다 수행은 더 떨어지게 된다.

Bandura(1997)는 자기효능감이 귀인 형성에 영향을 미칠 수 있다고 하였다. 효능감이 높은 학습자들은 결과를 자신의 주체적 의지(agency)에 귀인하는 반면, 효능감이 낮은 학습자들은 결과를 자신의 무능력함에 귀인하는 성향이 있다.

3) 능력에 대한 견해

능력과 노력의 관련성에 대하여 Dweck과 Elliott(1983)은 사람들이 능력에 대하여 두 가지 종류의 개념을 가지고 있다고 생각하였다. 고정적 견해(entity view)를 가지고 있다면 능력이란 IQ와 같이 개인차에 의해 결정된 고정적이며 안정된 특질로 보게 되는 반면, 증가적 견해(incremental view)를 가지고 있다면 과제 특수적이면서 연습을 통해 발달시킬 수 있는 속성을 지니고 있다고 생각한다는 것이다(Cain & Dweck, 1989; Dweck & Leggett, 1988; Molden & Dweck, 2000). 일반적으로 능력하면, 지능을 떠올리고, 그 지능은 안정적(stable)이고, 선천적(innate)이며 통제불가능한(uncontrollable) 개인의 특성으로 인식되지만, 이러한 신념은 사람들마다 다를 수 있다.

대개 초등학교 저학년의 경우에는 능력과 노력에 대한 개념이 미분화되어서 똑똑한 사람들은 열심히 노력하고, 열심히 노력하면 똑똑해질 수 있다고 믿는다. 하지만, 11세 내지 12세 이후에 이르게 되면, 능력과 노력은 뚜렷이 구분되는 개념으로 인식하기 시작하며, 전혀 노력을 하지 않고도 성공하는 사람이 진짜 똑똑한 사람이라고 믿기 시작한다.

능력을 고정적 속성으로 인식하고 있으면서 자신의 능력에 자신감이 있는 학생이라면 그 능력을 증명해 보일 수 있는 기회가 주어지길 기다릴 것이다. 반면 자신의 능력에 대해 자신감이 없으면서 동시에 능력에 대해 고정적 개념을 가지고 있는 학생들은 자신의 능력부족이 공개되는 성취상황을 피하기 위해 성공을 담보할 수 있는 매우 쉬운 과제를 선택하거나 혹은 반대로 실패하더라도 자신의 낮은 능력 때문이 아닌 과제난이도로 귀인할 수 있도록 매우 어려운 문제를 선택할 수 있다.

반면, 능력에 대한 증가적 개념을 가진 학생들은 실패상황에서도 조금 더 연습하고 노력하면 다음 번에는 성공가능성이 높아질 것이라 믿기 때문에, 완수하기 어려운 고난도 과제나 별다른 노력 없이도 이룰 수 있는 쉬운 과제보다는 자신의 수준에 적합한 난이도의 과제를 선택하는 경향이 있다. 다소 어렵게 느껴지는 도전적인 과제를 만나더라도 무력해지기 보다는 노력의 강도를 높이거나 문제해결에 필요한 새로운 전략을 모색하려고 한다(Burhans & Dweck, 1995; Cain & Dweck, 1989).

지능에 대한 고정적 견해를 가진 사람들은 학습이나 수행상황에서 노력의 역할을 축소해서 보기 때문에 노력이 성공에 특별한 역할을 하지 않는다고 생각할 가능성이 크다. 때에 따라서는 유능해 보이기 위해 능력보다 노력에 더 많이 귀인하는 상황을 유도하기도 하는데, 많은 노력을 기울였다는 사실이 오히려 개인의 유능감을 훼손할 수도 있고 좀 더 적게 노력한 사람이 더 많이 노력한 사람보다 더 유능해보일 것이라 생각하기 때문이다. 예컨대, 밤새 열심히 공부했는데도 70점을 받았다고 하는 것보다는 시험공부를 열심히 하지 않았는데도 70점을 받았다고 하는 것이 고정된 속성으로서의 자신의 유능성을 지키는데 더 효과적인 방법이 될 수 있다고 생각한다. 게다가 공부를 하지 않았음에도 불구하고 어쩌다 좋은 점수를 받게 된다면 자신이 진정으로 유능한 사람임을 남들에게 입증해보일 수 있는 효과까지 노려볼 수 있기 때문이다.

동기의 문제에 있어 능력과 노력의 개념을 구분하는 것 자체보다는 스스로 능력 있는 사람과 노력하는 사람 중 어떤 유형의 인간을 선호하느냐가 중요하다. 일반적으로 초등학생보다는 중등학교 학생들이, 중등학교 학생들보다는 대학생들이 노력형(hardworker)보다는 능력형(smarter)을 선호하는데, 이는 나이가 들수록 능력에 대한 개인의 신념이 오히려 학습동기를 위협하는 중요한 요소로 작용하고 있음을 보여주는 것이다.

4) 귀인과 자기가치감의 유지

귀인 유형은 동기와 관련된 정서적 반응을 일으키기도 하지만(3. 학습동기와 정서 참조), 반대로 사람들의 정서가 귀인을 왜곡시키거나 조작하기도 한다. Covington(1992)의 자기가치이론에 의하면, 사람들은 스스로의 가치를 평가한 자기가치감을 지니고 있으며 이를 유지하여 자존감을 지키려는 본성을 지니고 있다. 특히 성취 상황에서 자신이 능력 있어 보이거나 혹은 능력이 없어 보이는 결과(성공이나 실패)가 나타날 때 이는 자기가치감에 위협을 줄 수도 있기 때문에 결과를 미리 예측하고 이에 대비하는 행동을 하게 된다는 것이다. 따라서 남들에게 자신의 유능성과 우수성을 나타내기 위해 실패상황에서 능력 귀인보다는 노력 귀인을 의도적으로 조작하기도 한다.

남들에게 유능하고 가치 있는 존재로 보이고 싶은 동기를 가지고 사람이라면 실패상황에서 그 원인을 능력으로 귀인할 경우 자존감에 심한 손상(예컨대, 수치심 등)을 입을 수 있다. 따라서 실패하게 되면 원래는 잘 하던 것인데 갑자기 하기 싫어져서 이번엔 열심히 하지 않았기 때문(노력 귀인)이라고 이야기하고, 반대로 성공하게 되면 별다른 노력을 기울이지 않아도 원래 그 방면에서 자신이 뛰어나기 때문(능력 귀인)이라고 설명한다. 상위권 학생들 중 자기가치감을 유지하는 것이 무엇보다 소중한 아이들이라면, 성적이 떨어진 결과는 시험 하루 전날까지 수행평가 준비 때문에 열심히 공부하지 못했기 때문이라며 노력 귀인하고, 성적이 향상된 결과는 공부할 시간이 부족했지만 자신은 원래부터 머리가 좋아서 성적이 잘 나온 것이라며 능력 귀인을 하는 이중성을 보일 수도 있다.

자기가치감을 지키기 위한 또 다른 방어적 수단으로 과제의 성공 자체를 평가절하할 수도 있다. 실패할 것이 자명하다고 예측될 경우 자신은 원래부터 그 일에 전혀 관심이 없었다거나 갑자기 흥미가 떨어졌다고 하기도 하고, 성공해봤자 별 이득도 없을 것 같아서 처음부터 참여에 의의를 두었다고 공공연한 핑계를 댈 수도 있다. 또는 벼락치기와 같이 '꾸물대기' 전략을 사용하여 노력할 수 있는 시간이 부족하도록 스스로에게 불리한 조건을 만들어놓고 짧은 시간에 다 해낼 수 없었다는 것을 드러냄으로써 실패가 자신의 낮은 능력 때문이 아니라는 점을 강조할 수도 있다.

한편, 실패가 확실시 되는 상황에서 역설적으로 자신이 도저히 도달할 수 없는 높은 성취에 도전하는 경우도 있다. 평소 자신의 수준에 맞는 목표였는데 이에 실패할 경우 능력이 부족하다는 것이 드러나게 되므로, 극도로 어려운 과제에 도전하여 이 실패가 반드시 낮은 능력 때문만은 아니라는 인상을 주려는 것이다. 비현실적인 목표에서 실패하더라도 이는 능력 귀인 뿐 아니라 운이나, 난이도 등 다른 요인의 귀인 여지가 많아지게 되므로 자신의 능력이 부족하지 않다는 가치감을 지킬 수 있게 된다. 이와 관련하여 Miller(1985)는 학생들에게 과제가 어렵다고 말하는 것만으로도 과제 수행불안을 낮춰주고 노력을 향상시킬 수 있음을 증명하였다. 그는 난이도가 높은 과제에서 실패한 학생들에게 다음 과제를 줄 때 '적당히 어렵다'는 말을 들은 아이들보다 '매우 어렵다'는 말을 들은 아이들이 더 나은 과제수행 결과를 보인다고 설명하였다. 두 번째 과제가 매우 어려울 것이라는 메시지는 첫 번째 과제에서 실패했던 아이들의 수행불안을 경감시키고, 실패로 인해 자기가치감이 떨어질 걱정을 덜어주었을 것이라 추측해볼 수 있는 연구결과였다.

능력 귀인으로 인해 자기가치감에 손상이 가지 않도록 하기 위해 도전적인 과제는 피하고 쉬운 과제만을 선택할 수도 있다. 만일 다소 어려운 과제에 도전해야 할 상황이 생기면 자신은 이 과제에 '소질(능력)이 없다'고 미리 말해두어 주변 사람들로부터 큰 기대를 갖지 않게 함으로써 작은 성공에도 사람들이 능력 있는 것으로 인식하게 할 수도 있을 것이다.

5 인본주의 관점의 자기결정성 이론

1) 욕구와 동기의 관계

인본주의 심리학자들은 자신의 욕구를 만족시키는 과정에서 동기가 나타날 수 있음에 주목하였다. 욕구(needs)란 "생리적 혹은 심리적 요구로서 사람들로 하여금 목표를 향해 움직이도록 동기화시키는 일종의 결핍상태"를 말한다. 목표는 사람들이 중요하게 생각하는 욕구가 무엇이며 그것을 어떻게 채우고자 하는지와 관련된다. 자신에게 중요한 욕구가 무엇인지에 따라 목표를 설정하게 되고 이에 도달하기 위해 동기가 생성 및 발현되는 것이다.

욕구는 항상 완벽하게 만족되는 일이 거의 없으며, 보다 나은 상태로의 향상을 가능하게 한다. 하지만 인간의 욕구는 단순히 결핍상태만을 반영하는 것이 아니라 그 이상의 것들을 반영한다. 예컨대, Maslow(1987)는 인간의 욕구를 결핍욕구(deficiency needs)와 존재욕구(being needs) 혹은 생각욕구로 구분하였고, 아래쪽 결핍욕구와 위쪽 존재욕구가 위계를 이룬다고 생각하였다(제2부 제6장 인본주의 심리학과 교육 참조). 이론에 의하면 인간은 생존, 안전, 소속, 자존감과 같은 아래 단계의 욕구가 충족되지 못하면 높은 단계의 욕구가 만족될 수 없으므로, 이를 충족하는 목표에 따라 동기를 가지고 행동하게 된다. 결핍욕구가 충족되고 나면 더 높은 쪽에 위치한 존재욕구를 향해 성장하고자 한다.

Maslow의 이론은 몇 가지 점에서 비판을 받아오긴 하였으나, 학습자들을 이해하는데 고려해야 할 사항이 무엇인지 시사점을 주고 있다. 배가 고프다거나 수면부족으로 피곤하다거나 너무 춥고 더운 교실에 앉아 있는 학생들이 수업에 집중하기는 힘든 일이다. 혹은 학교의 낯선 환경에 적응하기 위해 애를 쓰고 있거나 또래 관계에서 어려움을 경험하고 있는 학생, 자아존중감이 낮아 정서적으로 힘들어하는 청소년들에게는 학업을 통해 자신을 실현하는 것보다 결핍욕구를 충족시키는 일이 우선일 수 있다. 교사는 학습자의 신체적, 정서적, 지적 욕구들은 서로 연계되어 있다는 것을 염두에 두고 학생을 전체로서 이해하려 노력해야 하며, 이들의 학습동기를 북돋우기 위해 관련된 욕구가 어떤 역할을 하는 것인지 알아두어야 할 것이다.

본 장에서 설명하고자 하는 자기결정성 이론(self-determination theory)은 욕구와 동기의 관계를 설명함에 있어 인간은 누구나 자신이 선택권을 가지고 의사결정하고자 하는 내재적 동기를 지니고 있어서 이를 통해 환경을 통제하고자 하는 욕구를 지니고 있음을 가정한다(Ryan & Deci, 2000, 2017). 이는 Maslow가 설명한 소속감 및 자아존중의 욕구와 유사한 면을 지니고 있다(Eggen & Kauchak, 2011; Woolfolk, 2013).

1) 자기결정성 이론의 기본 가정

자기결정성 이론은 동기에 대한 인본주의적 관점을 지니고 있다. 인본주의 심리학자들은 동기의 근원을 설명함에 있어서, 인간은 본래부터 선천적으로 '자아실현'을 위한 생득적 경향성과 '자기결단'을 위한 욕구를 가진 존재이기 때문에 행동주의자들처럼 동기를 유발하기 위해 별도의 외적 환경적 자극을 필요로 하지 않을 뿐만 아니라 그러한 외적 통제는 오히려 개인의 자아실현과 성장하려는 동기를 저해한다고 비판하였다(DeCharm, 1976). 즉, 인간은 자신의 잠재력을 실현시키기 위한 생득적 욕구를 가지며, 이것이 동기의 본질적 요소라고 본다. 따라서 인본주의자들에게 있어서 동기화한다는 것은 사람들의 내적자원, 즉, 유능감, 자존감, 자율성과 자아실현 등을 격려해줌을 의미한다.

특히 DeCharm(1976)은 인간의 자기결단 욕구를 들어 행동주의의 강화원리를 비판하였다. 그는 자기결단과 타인결단 간의 차이를 보여주기 위해 인간을 '주인형' 사람과 '노예형' 사람으로 구분한 바 있다. 그는 사람들이 자신의 모든 행동의 원인으로 작용하기를 바라지, 다른 사람으로부터 규율되기를 원치 않는다는 점을 부각시켰다. 즉, 사람들은 자신이 행동의 주인이 되고자 하기 때문에 다른 사람들에 의해 만들어진 규칙, 계획, 마감일자, 명령이나 제한 등과 같은 외부 통제로부터의 압력에 대항해 지속적으로 투쟁한다고 보았다. 예컨대, 엄마가 "공부 좀 해야지!"라고 하면 마침 공부하려고 책상 앞에 앉았다가도 갑자기 하기 싫어지고 동기가 절감되는 학생들의 심리가 이에 해당된다.

DeCharm은 학생들이 내재 동기보다는 외재 동기에 의해 지배된다는 사실을 관찰하고, 내재 동기의 근원이 되는 자기결단 욕구를 자극하기 위한 프로그램을 개발하였다. 이 프로그램은 현실적 목표를 세우고, 그 목표에 도달하기 위한 활동을 스스로 계획하고, 활동에 대한 책임감, 자신감을 가질 것을 강조한다. 학생들이 노예처럼 느끼기보다는 주인처럼 느낄 때 더 높은 자존감을 갖고 유능하게 느끼며, 자신의 학습에 대해 책임감을 느끼고 그 결과 더 높은 학업성취를 보인다는 점을 강조한 것이다.

인본주의적 동기 이론의 대표적인 이론인 자기결정성 동기 이론(Deci & Ryan, 1987; Ryan & Deci, 2000, 2017)은 외적으로 동기화된 행동이나 가치가 자아에 의해 통합되어 내면화(internalization)되는 과정에 주목하였고, 자기결정성이라는 주관적 지각의 정도에 따라 동기를 외재 동기(외적인 통제를 따름)에서 내재 동기(내적 자율성을 따름)로 이어지는 연속체로 설명하고 있다(최병연, 2002; Stipek, 2002).

자기결정성(self-determination)이란 개인이 무엇을 어떠한 방법으로 할 것인가를 선택하고자 하는 욕구이며, 외적 보상이나 억압보다 스스로 행동을 결정하고자 하며 자신의 행동에 책임을 지고자 하는 바람을 의미한다(한국교육심리학회, 2006, p.320). 자기결정성을 발휘하기 위해서는 자신의 장점과 한계점을 이해하여 이를 인정하고, 자신의 욕구를 충족시키기 위해 원하는 것을 스스로 선택(결정)할 수 있어야 한다(Schunk, Pintrich, & Meece, 2008). 자기결정성 이론은 사람들에게는 자신의 능력을 찾아 발달시키고 싶어 하는 유능성(competence), 자신이 속한 사회 속에서 타인과 연결되고자 하는 관계성(relatedness), 자율적인 의지에 의해 활동에 참여하고 싶어 하는 자율성(autonomy)이라는 기본적 심리 욕구를 충족시키고자 하는 선천적 경향성이 있으며, 이를 통해 성장 및 발달하게 된다고 가정한다(Ryan & Deci, 2000, 2002, 2017).

• 유능성

사람들은 누구나 타인, 과제, 환경과의 상호작용에서 자신의 유능감을 느끼고 싶어한다. 유능성 욕구는 사람들로 하여금 자신의 능력에 가장 적합한 능력을 찾고 다양한 활동을 통해 이러한 기술과 능력을 지속적으로 유지하고 향상시키기 위해 노력하는 원동력이 된다(Ryan & Deci, 2002, 2017). 인간에게 이러한 기본 욕구가 없었다면 진화의 과정에서 인류는 환경에 적응하지 못하고 살아남지 못했을 것이다(Schunk, Pintrich, & Meece, 2008)

학교에서 유능성을 추구하는 학생은 더 좋은 성적을 거두기 위해 더욱 노력하게 되고 이는 성공적인 학습결과로 나타난다. 도전적이고 다소 어려운 과제를 해결하는 과정에서 학습자는 자신의 유능성을 다시 한번 확인하게 되지만 너무 쉬운 과제에 참여하는 것은 학습자의 유능성에 대한 별다른 정보를 제공하지 않는다.

유능성은 획득된 기술이나 능력을 의미하는 것이 아니라 학습자가 자신의 학습활동에서 느끼는 자신감과 효과성(Ryan & Deci, 2002, p.7)이므로, 특정 영역에서 잘 해내고자 하는 성취동기와 유사한 면이 있다(Eggen & Kauchak, 2011). 따라서 학생들이 학습과정에서 자신의 능력이 점차 향상되고 있음을 지각할 수 있도록 정보를 제공하는 것은 유능성 향상이 도움이 될 수 있다(예, 적절한 칭찬 제공, 노력 귀인 등).

• 관계성

관계성은 Maslow(1987)가 제기한 소속감의 욕구와 유사한 개념으로서, 어딘가에 소속되어 있다는 느낌, 타인과 연결되고 통합되어 받아들여지고 싶은 경향성을 의미한다. 이는 성취 결과나 지위, 목표 달성과 관련 없이 다른 사람들과 정서적으로 안정된 유대감과 친밀감을 느끼고 싶어하는 심리적 욕구(Ryan & Deci, 2002, p.7)라 할 수 있다.

학생들은 학교에서 교사, 급우들과 친밀감을 느끼고 싶어 하며 긍정적으로 평가받고 싶은 인정 욕구를 지니고 있다. 특히 청소년들은 또래관계 내에서 자신이 원하는 집단에 소속되기를 원하며, 집단으로부터 거부되는 것에 대한 두려움을 지니고 있다(한국청소년정책연구원, 2016). 또래 집단에 소속되지 못하는 것으로 느낄 때 학생들은 소외감과 고립감을 느낄 수 있으며 이는 학업이나 학교적응에도 부정적 영향을 끼칠 수 있다.

관계성 욕구는 학업성취를 통해 타인으로부터 수용되고 긍정적으로 평가

받을 수 있다는 생각으로 연계될 수 있다는 점에서 학습동기 향상에 도움을 준다. 한 연구에서 학생들은 교사, 부모, 다른 학생들과 연계되어 있다고 느끼고, 교사가 자신을 이해하고 공감해준다고 생각할 때 수업활동에 행동적, 인지적, 정서적으로 더 열심히 참여하는 것으로 나타났다(Furrer & Skinner, 2003). 교사가 보여주는 관심과 친밀함은 학습자의 관계성 욕구를 충족시켜 주고 학습 목표를 성취할 수 있도록 지원할 것이다.

• 자율성

자율성 욕구는 자기결정성 중 핵심적인 요인으로, 외부의 영향을 받는 것보다 자신이 원하는 것을 스스로 선택하고 결정하고자 하는 것이다. 자율성과 타율성의 관계는 독립성과 종속성의 관계와 유사하다고 할 수 있다(Ryan & Deci, 2002, p.8). 사람들은 자율성이 있을 때 자신의 행동에 주도권을 가질 수 있으며 이에 따른 가치를 느낄 수 있으므로, 타인의 요청에 대해서도 자율적이고 합리적인 판단을 내리고 주도적으로 행동할 수 있다. 반면, 자율성이 없을 경우 순응적 태도를 보이거나 타인에게 의존적으로 행동하게 된다.

자율성 욕구와 유능성 욕구는 연관성이 높아서 학습자의 유능성이 높을수록 자율성도 높게 지각하는 것으로 나타났다(Bruning, Schraw, & Norby, 2011). 학교학습 상황에서 학습자가 과제 선택에 어느 정도 자율성을 가질 수 있을 때 자신이 선택한 과제(흥미와 상관 없이)를 중요한 것으로 여길 수 있다 (Reeve, 2002). 반면, 교사에 의해 모든 것이 통제되는 교실 환경에서 학습자는 쉽고 빠른 해결책을 찾아 적용하려 하며 수동적으로 학습에 참여하게 된다(Woolfolk, 2013).

자율성 욕구를 증진하여 적극적인 학습참여를 이끌어내기 위해 교사는 학급 내 규칙을 제정하는 과정에서 학생들의 의견이 적극 반영되도록 하여 학습 및 생활지도와 관련된 규율을 자율적으로 지킬 수 있도록 한다. 각자의 학습 목표를 스스로 설정하고 이를 점검할 수 있도록 독려하며, 자신이 선택한 과제에 대해 책임지고 완성할 수 있는 기회를 부여하는 것이 필요할 것이다.

종합하자면, 학습자들은 교실에서 통제력은 적게 경험하면서 자율적인 분위기에서 수업 및 자신의 학습에 참여할 수 있을 때, 자신의 유능감이 증가하고 있다는 정보를 전달받으며 스스로 실감할 수 있을 때, 교사, 부모, 또래와 긍정적인 관계를 유지하면서 이들로부터 받아들여지고 있음을 지각할 수 있을 때 학습의 내재적 동기가 증가하게 된다.

2) 인지적 평가 이론

자기결정성을 추구하는 과정에서 중요한 역할을 하는 의지(will)는 다른 욕구와의 갈등을 해결하기 위해 내재적 동기의 에너지를 활용한다(Reeve, 2002; Ryan & Deci, 2017). 자기결정성 욕구와 내재 동기의 관련성을 설명하기 위해 자기결정성 이론에서는 하위 이론으로 인지적 평가이론(cognitive evaluation theory)을 개념화하였다. 이는 사람들의 내재 동기에 영향을 주는 사회적 맥락과 관련된 것으로, 행동의 통제와 정보 제공의 정도가 개인의 사건에 대한 지각과 동기에 영향을 미친다고 설명한다(Ryan & Deci, 2002. p.10). 환경의 압력과 통제를 느끼게 될 때 개인의 내재 동기는 감소하며, 반대로 유능성에 대한 정보를 제공하게 되면 내재 동기는 증가하는 것으로 볼 수 있다 (Woolfolk, 2013).

예를 들어, 과제 해결에 참여한 학생에게 교사가 통제적인 방식으로 반응하여 자신의 학습 행동이 외부에서 결정되는 것으로 지각하게 되었다면 학습 흥미는 떨어지고 내재 동기는 감소할 수 있다. 이는 처벌뿐만 아니라 보상에도 해당될 수 있다. 하지만 앞서 언급한 바대로 학생이 과제 선택과 해결 방안에서 선택권을 가지게 되고, 과제 참여 과정에서 자신의 성취가 향상되고 있다는 정보를 제공받게 되었을 때 내재 동기는 증가하게 되며 이를 바탕으로 학습 의지는 더욱 고양될 수 있다.

자신의 학습 행동과 결과에 대하여 통제할 수 있다는 기대를 가지게 되면 학습동기가 높아질 수 있다. Skinner, Wellborn, Connell(1990)은 지각된 통제(perceived control)를 개념화하여 특히 학교학습 상황에서 중요한 역할을 하는 전략 신념(strategy beliefs), 역량 신념(capacity beliefs), 통제 신념(control beliefs)이 긍정적인 기여를 할 수 있음을 밝혔다. 전략 신념(혹은 수단-목적 신념: means-ends beliefs)은 목표 달성에 도움을 주는 것으로, 학교에서 성공하기 위해 나에게 필요한 것(예, 노력, 능력, 도와줄 힘이 있는 타인, 운이나 알려지지 않은 어떤 것)들을 얼마나 효과적으로 사용할 수 있는지에 대한 기대를 의미한다. 역량 신념(혹은 행위주체 신념: agency beliefs)은 효과적인 수단에 접근할 수 있다는 개인의 신념(Skinner & Zimmer-Gembeck, 2011. p.39)을 의미하는 것으로 성공에 필요한 노력, 능력, 도와줄 힘이 있는 타인, 운을 자신이 가질 수 있다는 기대를 의미한다. 이는 자기효능감과 유사한 개념으로 볼 수 있다. 통제 신념(혹은 성공에 대한 기대: expectancies of success)은 특별한 수단이 없이도 학교에서 잘 해낼 수 있는지 여부에 대한 기대를 의미한다. 학습자의 활동에 대해 교사가 제공하는 기대와 일관성 있는 피드백, 긍정적인 관심, 적절한 학습 자료와 의견 제공 등은 학생의 지각된 통제와 학습 참여에 영향을 줄 수 있다.

3) 자기결정성 동기 스펙트럼

행동의 원인이 자기 자신이며 자신의 내부 결정에 따른다고 생각할 때 이를 내재 동기(intrinsic motivation)라 하며, 반대로 보상이나 타인을 기쁘게 하기 등 외부 요인 때문에 행동한다고 생각한다면 이를 외재 동기(extrinsic motivation)라 한다. 자기결정성 동기 이론은 사람들이 선천적으로 자기결정의 욕구를 가지고 태어나기 때문에 스스로의 의지대로 선택하고 행동할 수 있도록 외적 제재나 보상을 최소화하는 것이 가치 있다고 제안한다. 또한 내재 동기에 의해 수행하는 행동은 반드시 자기결정에 의해 작용되며, 외재 동기에 의해 수행하는 행동에도 어느 정도의 자기결정이 포함되어 있다고 보았다(김아영, 2010; 최병연, 2002; Reeve, 2002; Stipek, 2002; Woolfolk, 2013). 이에 동기를 소재 여부와 외재 동기를 내면화하는 정도에 따라 구분하여 일련의 스펙트럼으로 제시하였다.

자기결정성 이론(Deci & Ryan, 1987; Ryan & Deci, 2000, 2002, 2017)에 의하면, 인간은 사회적 환경을 관찰하고 강화됨으로써 가치를 내면화하게 되는데, 특히 자신에게 의미 있는 타인으로부터 사회의 가치를 학습하고 자신의 것으로 수용하게 되면 그와 일치되는 방향의 자기결정에 따라 행동하려 한다. 내재 동기가 없는 상태에서는 특정 행동을 하게 하기 위해 외재 동기(보상, 처벌 회피 등)가 필요하지만, 점차 주변의 중요 타인의 기대에 반응하기 위해 규칙을 내면화하게 된다는 것이다. 따라서 외적 보상과 강화로 인해 경험하게 된 정서와 행동을 점차 자신의 가치로 수용하게 되고, 자기결정적 자아의 관여가 클수록 점차 내면으로 통합되어 최종적으로 내재 동기로 전환된다고 한다. 이 단계에 이르고 나면 외적 보상이 없이도 자기결정과 의지에 따라 자신이 원하는 활동을 하게 된다.

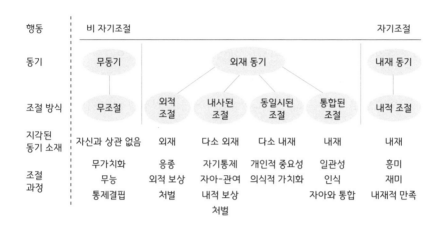

행동	비 자기조절					자기조절
동기	무동기		외재 동기			내재 동기
조절 방식	무조절	외적 조절	내사된 조절	동일시된 조절	통합된 조절	내적 조절
지각된 동기 소재	자신과 상관 없음	외재	다소 외재	다소 내재	내재	내재
조절 과정	무가치화 무능 통제결핍	응종 외적 보상 처벌	자기통제 자아-관여 내적 보상 처벌	개인적 중요성 의식적 가치화	일관성 인식 자아와 통합	흥미 재미 내재적 만족

그림 14-2 **자기결정성 동기 스펙트럼**

※ 참고: Ryan & Deci (2000). p.72, Ryan & Deci (2002). p.16.

• 무동기

내적으로도 외적으로도 동기화되는 않는 상태는 '무동기(amotivation)'라고 볼 수 있다. 이러한 상태에서는 과제에 대한 자기가치감이 낮고 자기결정력이 없어서 어떤 것에도 흥미를 느끼지 못하거나 무기력한 상태일 가능성이 높다.

외재 동기에는 사회적 가치의 내면화와 자기결정성의 작용 정도에 따라 네 가지 유형이 포함된다. 보상이나 처벌과 같은 외적 수단을 통해 행동이 조절되는 '외적 조절(external regulation)', 행동의 이유를 내면화하기 시작하는

'내사된 조절(introjected regulation)', 자신에게 중요한 가치를 스스로 채택한 것으로 지각하기 시작하는 '동일시된 조절(identified regulation)', 타인의 가치와 요구를 완전히 자신의 것으로 받아들이게 되는 '통합된 조절(integrated regulation)'이 있다.

• 외적 조절

내재적으로 동기화되어 있지는 않기 때문에 과제에 흥미가 높지 않고 자발적 참여가 쉽지 않은 상태이다. 앞서 행동주의 동기 이론에서 살펴본 바와 같이 보상을 받거나 처벌을 회피하기 위해 과제에 참여하게 된다. 예를 들어, 2시간 동안 문제지를 풀면 원하는 게임기를 얻을 수 있으므로, 공부하지 않으면 매일 강제로 운동을 해야 하므로, 성적이 올라가면 부모님께 칭찬을 받을 수 있으므로 과제를 하게 된다. 행위자에게 자기결정성이 거의 없다고 볼 수 있다.

• 내사된 조절

행위자는 보상과 처벌에 의해 동기화되면서도 동시에 스스로 '이것을 해야만 한다'는 심리적 압박을 느끼게 된다. 예를 들어, 시험 전날에도 늦게까지 게임을 하면 후회와 죄책감이 들 것이라 생각하는 학생은 공부해야 한다는 동기를 가지게 된다. 외적 조절에 비하여 자기결정성의 정도가 강해지기 하였으나 결국 과제에 대한 흥미보다 하지 않았을 때 외부로부터 주어지는 결과를 의식한 결정이므로 여전히 다소 외재적이라 할 수 있다.

• 동일시된 조절

행위자에게 중요하고 가치 있는 과제이기 때문에 동기화되는 상태이다. 개인의 목표를 이루기 위해 결정된 의식적 선택이기 때문에 지각된 동기의 소재에 있어 다소 내재적이라 할 수 있다. 그러나 과제에 대한 내재적 가치보다는 그 과제의 결과가 자신에게 활용 가치(앞서 설명한 성취 동기 중 하나)가 있기 때문에 참여를 결정한다는 점에서 여전히 외재 동기로 분류된다.

목표한 대학과 상위권 성적에 도달하기 위해 하루 10시간씩 공부하는 학생의 예를 들어보자. 학생이 목표로 설정한 대학과 하루에 몇 시간씩 공부하겠다는 선택은 부모님, 친척, 교사와 같은 주변 주요인물이나 학력을 중시하는 사회적 분위기 즉, 외부로부터 부여받은 가치를 자신에게 중요한 일로 받아들여(사회적 가치의 동일시) 스스로 내면화한 것이다. 따라서 공부 자체가 매우 즐겁고 재미있지 않더라도 개인적으로 매우 중요한 일임을 의식적으로 가치화하여 '하고 싶다'는 생각을 하면서 과제에 참여할 수 있다.

• 통합된 조절

외재 동기의 마지막 단계는 통합된 조절이다. 이는 개인에게 주어진 과제와 상황을 종합하여 외적 보상과 내적 만족감을 모두 고려한 선택과 행동을 하게 된다. 다음 단계인 내재 동기보다는 과제 자체가 목적인 것은 아니지만, 앞서 언급된 외재 동기의 다른 조절 유형보다 자기결정성의 기여가 더 크다. 이 상태에서 개인은 과제 참여에 주어지는 외적 보상이 자신에게 주는 의미를 파악하고 과제를 지속할 수 있도록 스스로 동기화하여 내·외부 조절을 통합하려 한다. 이전 단계인 동일시된 조절 상태에서 과제의 활용 가치가 중요한 참여 요건이었다면 통합된 조절 단계에서는 수단적 가치가 중요하면서도 과제 자체에 대한 흥미와 즐거움을 찾으려는 노력의 비중이 높아지고 이를 통합하려는 노력이 더해진다고 할 수 있다.

• 내재 동기

최종적으로 내재 동기 단계에 이르게 되면 사람들은 과제에 참여하는 것 자체가 즐겁고 만족스러워서 스스로 어떤 활동을 하게 되는 경지에 이르게 된다. 자신의 의지와 자기결정적 선택에 의해 동기화되기 때문에, 성취하였을 때 외적 보상이 주어지건 그렇지 않건 스스로에 대한 만족감과 자부심이 증대된다. 목표 달성에 도움이 되는 도전적인 과제를 선호하며, 어려움에 맞서 노력하려 하고 때론 과제에 집중하느라 시간 가는 줄 모르고 몰입하게 될 수도 있다.

자기결정성 이론에서 제시한 외재 동기의 세분화와 사회적 기준의 내면화 정도는 한국을 비롯한 동양 문화권의 부모-자녀 관계에서 이해해볼 수 있다. Cheung과 Pomerantz(2012)는 동양의 "효" 사상과 관련된 부모-자녀 관계의 독특성에 착안하여 "parent-oriented motivation"이라는 개념을 연구하였다. 이는 자녀의 삶에서 부모가 차지하는 중요성 때문에 부모에 의해 일깨워지는 동기이다. 처음에는 부모와 같은 중요한 타인의 인정을 받으려는 외적 동기(controlled motivation)에서 시작하지만, 부모가 자녀에게 필요한 목표에 대해 지속적으로 의미를 제공하다 보면 시간이 지남에 따라 그 목표를 자녀가 내면화(identified motivation)하게 되므로 점차 자율적 동기(autonomous motivation)로 변화하게 된다고 한다. 특히, 부모가 학교와 관련된 일에 적극적으로 참여하게 되면 자녀에게 학교는 중요한 곳이라는 인식을 심어 주게 되고, 학교에 대한 이러한 가치는 내면화된다. 부모의 학교 참여를 부모의 헌신이라고 생각하는 자녀는 부모에 대한 신뢰와 화답, 가족에 대한 의무감으로 인해 학교생활에 열의를 가지고 노력하게 된다는 것이다. 결국 부모지향동기(parent-oriented motivation)는 자녀가 부모를 친근하게 느낄 때 부모와의 유대관계(relatedness)로 인해 동기가 향상되고, 학교에 대한 부모의 가치 또한 내면화된다는 개념이다. Ryan과 Deci(2000)도 자기결정성 동기 이론에서 자녀와 부모 간 유대관계가 학습자의 자율성에 긍정적 영향을 줄 수 있음을 설명한 바 있다.

개인이 특정 과제에 대하여 자기결정성을 가진다는 것은 스스로에 대한 장점과 능력을 인식하면서 동시에 한계를 인정할 수 있을 때 가능한 일이다. 자신이 원하는 바가 무엇인지 정확하게 알고 욕구를 만족시키기 위해 자기를 조절하고 환경을 통제할 수 있는 방법을 찾아 스스로 결정할 수 있어야 하기 때문이다(Schunk, Pintrich, & Meece, 2008).

6 학습목표지향 이론

1) 목표와 학습동기

목표는 사람들에게 행동의 방향을 제시해주고 성취하고자 하는 것을 위해 대상에게 접근할 것인지 회피할 것인지를 안내해줌과 동시에 행동의 원동력이 된다. 이는 동기 심리에서 오랫동안 연구되어 온 주제이기도 하다

(Schunk, Pintrich, & Meece, 2008). 목표의 수립은 과제에 대한 주의를 결집시키며, 노력을 동원하게 하고, 과제수행의 지속성을 유지하게 하며, 목표달성에 필요한 다양한 전략들을 강구하도록 함으로써 사람들을 동기화시킨다.

Locke와 Latham(2006)은 목표와 동기의 관계를 다음과 같이 설명하였다. 첫째, 높은 목표는 적당히 어렵거나 쉽거나 모호한 목표보다 더 많은 노력과 끈기를 요구한다. 둘째, 목표는 목표를 달성하는 데 필요한 활동에만 주의, 노력, 행동을 집중하게 하고 목표와 관련 없는 행동은 더 이상 하지 않게 한다. 셋째, 목표 달성은 관련된 능력이 뒷받침될 때 가능하므로 목표와 관련된 전문지식을 갖추고 사용하도록 독려한다. 넷째, 목표는 자신이 기존에 지니고 있던 능력 이외에 새로운 지식을 탐색하도록 동기를 부여하므로 필요한 자원과 전략을 찾고 활용하도록 한다. 이는 특히 새롭고 복잡한 작업을 해야 할 때 필수적인 역할을 하게 된다.

이를 학습자의 목표와 학습동기에 적용하였을 때 학습상황에서 설정한 목표는 학생들이 과제를 해결할 때까지 인내심을 가지고 매달리게 할 것이다. 학습목표와 관련 없는 행동은 줄이고 과제에 주의집중하여 노력을 기울이고 몰입하게 할 것이다. 또한 목표를 이루는 과정에서 필요한 지식을 습득하는데 시간을 투자하게 되고 효율적으로 공부할 수 있도록 적절한 학습전략을 찾아 적용할 것이다. 낯설고 어려운 과제를 만났을 때 새로운 방법을 찾거나 자신에게 필요한 학습자원을 동원하여 문제를 해결함으로써 목표를 향해 나아가고자 할 것이다.

학습자는 자신에게 중요하고 의미 있는 학습 목표를 세우고 도전할 때 성공적인 결과에 대한 성취감을 느낄 수 있다. 목표는 성과에 대한 자기 만족의 기준을 설정하게 하므로, 학습상황에서 높거나 어려운 목표를 설정한 학생은 낮거나 쉬운 목표를 선택한 학생보다 더 많은 것을 달성하기 위해 스스로 만족할 때까지 동기를 부여하게 한다. 이에 학습목표는 실현가능하면서도 도전가능한 수준에서 결정되어야 한다. 목표가 개인의 현재 능력에 비해 과도하게 높거나, 도전적이지 못할 정도로 너무 낮으면 오히려 동기가 유발되지 않기 때문이다. 비현실적인 학습목표는 학습자에게 좌절과 실패감을 줄 수 있으므로 정서적으로도 부정적인 영향을 끼칠 수 있다. 특히 완벽주의 성향이 강한 학습자의 경우 다음 학습을 위한 시도조차 하지 않으려 할 수 있으므로 학습자의 특성과 목표 추구의 유형, 다른 학습동기와의 관련성을 파악하는 것이 중요하다.

2) 학습목표지향성의 유형

목표 지향 이론(goal-oriented theory)은 추구하는 목표의 방향이나 목표 뒤에 숨은 개인의 의도에 따라 사람들의 동기, 행동 및 행동의 지속성이 달라질 수 있다는 관점을 가지고 있다. 목표지향 이론에서 목표는 다양한 유형으로 분류될 수 있는데, 그 목표가 어떠한 유형이냐에 따라 학습동기와 학업성취 행동도 달라질 수 있다(Pintrich & Schunk, 1996; Schunk, 2012).

학습자의 목표를 과제 수행의 몰입 차원에 따라 분류하면 과제개입형 (task-involved) 목표와 자아개입형(ego-involved) 목표로 구분할 수 있다(Nicholls & Miller, 1984). 과제개입형에서 학습자가 가지는 목표의 특징은 과제에 참여하는 과정에서 얼마나 실수를 많이 하는지 혹은 남에게 어떻게 보이는 지에 관계없이, 자신이 내용을 얼마나 이해할 수 있는지 지식이 얼마나 향상 되는지에 관심을 갖는다는 것이다. 이들은 도전할 만한 과제를 선택하며, 어려움에 직면하여 좌절하지 않고 지속적으로 과제를 수행하는 특징을 보인다. 다른 학습자들과 어떻게 비교되고 평가되는지보다는 과제자체에 흥미와 호기심을 가지고 있으며 해당 내용에서 자신이 지식을 어느 정도 습득할 수 있는지 숙달의 성취 정도에 관심을 가지고 있다. 과제개입형 학습자의 학습목표지향성은 숙달목표지향성(mastery goal orientation)의 특성을 지니고 있다.

이와는 대조적으로 자아개입형에서는 자신이 다른 사람과 어떻게 비교되고 평가되는지에 관심을 두고 있기 때문에, 학습 과정과 결과를 통해 자신이 똑똑해 보일 수 있는 과제는 선택히고 무능하게 보일 가능성이 있는 과제는 회피하려 한다. 따라서 도전적인 상황을 피하기 위해 어려운 과제보다는 쉽게 해결할 수 있거나 자신의 수준에 맞는 과제만을 선택하는 경향이 있다. 자아개입형 학습자는 학습내용을 얼마나 이해했는가와 얼마나 열심히 노력했는가 보다는 자신의 수행에 대한 평가에 관심을 갖는다. 이에 감당하기 힘든 과제상황에서는 관심 없는 척하기도 하고, 실패를 할 것 같은 상황에서는 노력을 기울이지 않은 것처럼 가장하여 자기가치감과 유능감을 유지하려고 하기도 한다. 이러한 유형의 학습자가 지닌 학습목표지향성은 수행목표지향성(performance goal orientation)의 특성을 지니고 있다.

숙달목표지향적 학습자들은 목표에 도달하기 위해 자기효능감을 느끼며, 노력을 기울이고 효과적인 전략을 사용하는 등 과제해결에 적합한 행동을 하기 위해 동기화된다. 과제수행에서 자신이 향상되고 있다는 것을 지각하면서 성취를 획득하게 된다. 반면, 수행목표지향적 학습자들은 과거에 비해 현재 어느 정도 향상되었는지 진전 정도를 평가하기보다는 자신과 타인의 수행을 비교하는 경향이 있다(Schunk, 1996). 이를 도식화하면 [그림 14-3]과 같다.

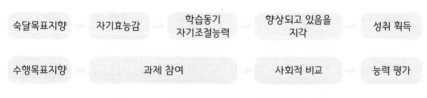

그림 14-3 **동기에 대한 목표지향성의 영향**

※ 참고: Schunk (1996). p.360.

학습목표지향성은 동기 소재가 외재적인지 혹은 내재적인지에 따라서도 설명될 수 있다. 외재적인 이유로 과제에 참여할 경우 남보다 더 똑똑하고 유능하다는 사회적 인정을 받는 것이 목표이므로 수행목표지향성을 나타내지만, 내재적 이유로 과제에 참여할 경우에는 숙달목표지향성이 두드러진다고 할 수 있다(Ames & Archer, 1988; Maehr, 1984; Nicholls, 1984; Pintrich, 2000). 수행목표지향자를 동기화시키는 것은 주로 부모를 즐겁게 해주거나 혹은 부모로부터의 부정적인 규제를 회피하는 것(예, 숙제를 안 하면, 부모님이 화가 날 것이고 나를 괴롭힐 것이다), 교사를 즐겁게 하기 위한 것, 좋은 성적을 받기 위한 것, 학교에서의 부정적인 처벌을 피하는 것(예, 공부를 게을리하면, 나는 교사와의 관계에서 문제가 발생할 것이다), 혹은 확실한 보상을 얻기 위한 것(예, 내가 학교공부를 열심히 하면 부모님으로부터 특별한 것을 받아낼 수 있다) 등으로 그 성격이 주로 외재적이다. 하지만 숙달목표지향자는 내재적인 것(예, 내가 학습하는 것의 대부분은 매우 흥미로운 것이다. 나는 사물들을 이해하는 것이 즐겁다. 그것은 도전할만하다 등)에 의해 동기화된다.

학업성취 상황에서 숙달목표지향성 동기를 가진 학생들은 도전적인 과제를 선호하며, 학습과정에서 어려움에 직면하였을 때 과제 해결을 위해 더 많은 노력을 기울이려 한다. 인지적으로는 심층적인 정보 처리와 학습전략을 사용하며 학습전략에 수정이 필요한지 스스로 점검하는 편이다. 이들은 성공에 대한 책임감이 강하고 새로운 기술과 지식을 배우는 것을 선호한다. 자신이 학습에 기울인 노력과 학습내용을 완전히 숙달한 정도를 근거로 자신의 능력을 판단하게 된다(Ames, 1992; Dweck & Elliott, 1983; Dweck & Leggett, 1988; Elliot, 1999; Nicholls, 1984; Pintrich & Schunk, 1996).

반면, 수행목표지향성 동기를 가진 학생들은 남들에게 자신이 능력 있는 것처럼 보이려 노력하고 부족한 능력이 드러날 것이 예상되는 상황은 회피하려 한다. 이들에게 스스로의 능력을 평가하는 기준은 타인과 비교하여 자신의 유능함이 얼마나 드러났는가이며 외적 피드백에 민감하다. 도전적 과제를 선택하더라도 어디까지나 자신의 능력을 뽐내기 위해서이므로 실질적인 학습의 진전보다는 즉각적인 목표를 달성하는데 필요한 지름길을 선택하는 경향이 있다(Ames, 1992; Dweck & Elliott, 1983; Dweck & Leggett, 1988; Nicholls, 1984; Pintrich, 2000).

숙달목표지향적 동기를 가진 사람들은 문제해결 전략과 과제 해결에 필요한 인지 및 메타인지적 능력이 뛰어나서 과제해결을 위해 계획을 세우고 필요한 정보를 조직하며 새로운 정보와 사전 지식 간의 관련성을 분석하는 능력이 높다. 또한 숙달목표지향적일수록 학습과제에서 보다 높은 정서적 몰입감과 기쁨을 경험한다. 이들은 자신이 지각한 유능감 성노와 상관없이 과제에 몰입하는 경향이 있다. Csikszentmihalyi(1975)는 강력한 숙달목표지향성 동기를 '몰입(flow)'이라는 용어로 표현하였다. 몰입을 경험하는 사람들은 과제에 대해 너무도 강렬한 집중력을 보인 나머지 시간과 공간에 대한 지각을 하지 못할 정도라고 하였다. 위대한 예술가와 학자들, 고도의 창의성을 지닌 사람들은 자신의 분야에서 엄청난 몰입의 경험을 하였을 것이다.

귀인 방식 또한 목표지향성과 관련이 깊다. 일반적으로 숙달목표지향성을 가진 학생들은 성공을 과제를 이해하려는 자신의 노력과 효과적인 학습 전략으로 귀인하는 반면, 높은 수행목표지향성을 지닌 학생들은 자신의 실패를 능력이나 과제난이도, 운에 귀인하는 특성이 있다(Ames, & Archer, 1988; Nicholls et al., 1990).

자신의 능력에 대한 지각 역시 사람들의 목표지향성에 따라 다르게 나타날 수 있다. 숙달목표지향성은 노력을 더 많이 할수록 스스로 더 높은 유능감을 가지는 반면, 수행목표지향성은 사람들에게 자신의 성공 여부를 타인과의 수행과 비교하는 관점에서 해석하게 하기 때문이다(Jagacinski & Nicholls, 1984). 학생들에게 수행목표지향의 관점에서 자신의 성공의미를 해석하게 하였을 때 자신이 다른 사람들보다 덜 노력하였음에도 타인보다 성공하였을 때 더 긍정적 정서를 드러내는 것으로 나타났다. 숙달목표지향의 관점에서 같은 해석을 하게 하였을 때는 이와 반대의 결과가 나타나, 노력을 많이 기울이는 것이 더 뛰어난 것으로 지각하였다. 요컨대, 수행목표지향성으로 동기화된 학생들은 많은 노력에도 불구하고 실패하게 되면 자신의 무능함이 드러나는 것으로 인식하게 되므로 차라리 노력을 기울이지 않고서 실패하는 쪽을 선택하는 것이다. 이는 자신의 능력에 대해 불리한 평가를 피하고 타인보다 우월해 보이고 싶어하는 일종의 자기 보호적(self-protective) 행동이라고 할 수 있다(Dweck & Leggett, 1988; Pintrich & Schunk, 1996).

한편 수행목표지향성 동기를 가지면서 자신의 능력을 신뢰할 수 없는 학습자들은 자신의 무능함을 감추기 위해서 쉬운 과제를 선택한다. 과제수행 중 어려움에 직면할 경우에 부족한 능력이 드러나는 상황을 회피하기 위하여 일부러 자기 패배적인 전략을 쓰거나 도전을 쉽게 포기해 버린다. 자기효능감이 낮거나 자신의 능력에 확신이 없고 스스로 잘 해 낼 수 있을 거라는 자신감이 없어 자신의 능력을 불신하는 학생들일수록 숙날녹뵤시양성 통기보다 수행목표지향성 동기를 가지고 있을 가능성이 높다(Elliott & Dweck, 1988).

능력을 고정된 것으로 생각하는지, 아니면 노력에 의해 증가시킬 수 있는 것으로 생각하는지에 따라서도 사람들의 목표지향성이 달라질 수 있다. 능력이 변하지 않고 고정된 특성이라고 생각하게 되면 과제를 수행하는 자신이 타인에게 어떻게 보일까를 신경 쓰게 된다. 스스로 능력이 뛰어나다는 자신감을 가지고 있다면 숙달목표지향적 행동을 하면서 목표에 달성하려고 하겠지만 스스로 능력이 없다고 생각하고 있다면 도전을 회피하고 무기력하게 행동할 가능성이 높다. 반면 능력은 개인의 노력에 의해 증가될 수 있다고 생각하는 학습자들은 타인과 비교하기보다 자신이 역량을 향상시키기 위해 노력하고자 하는 숙달목표지향적 행동을 하게 될 것이다.

학습자가 성공적으로 해낼 수 있다는 효능감 신념을 가지고 있을 때는 수행목표를 지니고 있다고 해서 학습자의 인지, 정서, 행동이 저하되지 않으며, 숙달목표지향적인 학습자와 유사한 학습행동의 패턴을 보여준다(Dweck & Leggett, 1988). <표 14-8>에 의하면, 자신의 능력이 제한적이라고 생각하는 학습자는 수행목표를 지향할 가능성이 있는데, 이 때 자신이 높은 능력을 지니고 있다고 생각한다면 숙달목표지향적 행동을 할 수도 있다. 하지만 스스로 낮은 능력을 지니고 있다고 생각한다면 학습에서 무력감을 느끼게 될 것이다. 반면 자신의 능력이 노력을 통해 발전할 수 있다고 믿는 학습자는 숙달목표를 지향할 가능성이 크다. 이 경우 자신의 능력이 높다고 생각하든 그렇지 않든 숙달목표지향적 학습행동을 선택하게 될 것이다.

▷ **표 14-8** 능력에 대한 신념과 학습목표지향성의 관계

능력에 대한 견해	목표지향	능력에 대한 자신감		행동지향
고정적 견해	수행목표	능력이 높다고 생각한다면	⇒	숙달목표지향
		능력이 낮다고 생각한다면	⇒	무기력
증가적 견해	숙달목표	능력이 높거나 낮거나	⇒	숙달목표지향

※ 참고: Dweck & Leggett (1988). p.259.

학습목표지향성에 따라 학습결과를 해석하는 방법에서도 차이가 날 수

있는데, 숙달목표지향적인 학생들은 성공과 실패를 노력 귀인하지만, 수행목표지향성이 강한 학생들은 능력 귀인을 하는 경향이 있다(Dweck & Leggett, 1988).

3) 학습목표지향성과 과제 접근/회피

학습목표지향성은 학생들이 특정 과제에 접근하는 방식과 행동에 영향을 준다. 앞서 성취동기의 기대-가치 이론에서 성공에 접근하려는 동기와 실패를 회피하려는 동기적 성향에 대하여 설명한 바 있다. 학습자가 추구하는 목표지향성도 바람직한 결과를 위해 과제에 접근하고자 하는 동기와 바람직하지 않은 결과를 방지하기 위해 회피하려는 동기와 결합하여 서로 다른 특성을 보여주게 되며, 이와 관련된 동기적 정서와 학습 태도에도 영향을 주게 된다.

학습 목표에 접근하려는 동기와 회피하려는 동기는 숙달목표지향성, 수행목표지향성이 교차하여 각각 숙달접근목표, 숙달회피목표, 수행접근목표, 수행회피목표의 네 가지 동기(2×2 성취목표 모형)로 나타날 수 있다(Elliot, 1999; Elliot & McGregor, 2001; Pintrich, 2000).

▷ **표 14-9** 학습목표지향성과 과제 접근/회피 성향

	접근목표	회피목표
숙달목표	• 목적 : 주어진 내용을 이해, 지식을 습득하는 것 • 행동적 특성 : 도전적 과제 선호, 학습몰입, 내재적 동기	• 목적 : 주어진 내용을 이해하지 못하는 상황을 피하는 것 • 행동적 특성 : 틀리지 않고 실수하지 않으려는 행동 추구
수행목표	• 목적 : 잘 해내는 것을 타인에게 보여주는 것, 실력을 인정받는 것 • 행동적 특성 : 경쟁에서 이기기 위해 노력, 외재적 동기	• 목적 : 어리석어 보이거나 타인과의 경쟁에서 지는 것을 피하는 것 • 행동적 특성 : 상대적 최악이 되지 않으려 함, 꼴찌가 되지 않으려 함

일반적으로 숙달접근목표 동기를 가진 학습자는 과제를 학습하는 과정에서 내용을 이해하고 지식을 습득하는 것이 목적이므로 학습 결과를 통해 자신이 향상되었다는 것을 확인하고 유능성을 확인하는 것이 중요한 동기가 된

다. 이들은 다소 어렵더라도 도전적인 과제를 선호하고 내재적 동기를 바탕으로 주어진 과제에 몰입하는 행동을 나타낼 때가 많다.

숙달회피목표 동기가 높은 학습자는 과제를 학습하는 과정에서 자신이 세워 놓은 기준에 도달하지 못할 것을 염려하는 경향이 있다. 지나치게 완벽주의 성향이 강한 사람들이 이 유형에 해당될 수 있다. 내용을 이해하거나 문제를 풀 때 실수하거나 틀릴까봐 걱정하기 때문에 학습 행동을 시작하기 어려워하기도 한다.

수행접근목표 동기가 강한 학습자는 자신이 똑똑하다는 것을 주변 사람들에게 보여주기 위해, 주어진 과제를 잘 해내서 다른 사람을 이기고 최고 점수를 받아서 실력을 인정받고자 과제에 참여하게 된다. 이들에게 평가는 자신의 우수함을 보여줄 수 있는 기회가 되기 때문에 외재적 동기로 작용하게 된다.

반대로 수행회피목표가 강한 학습자는 자신이 잘 못 해내고 실수할 것이 두려워서 다른 사람들 앞에서 어리석어 보이는 상황을 피하는 것이 목적이다. 자신의 체면을 유지하기 위해 상대적으로 덜 나빠 보이는 것을 선택하는 경향이 있으며, 실패가 누적될 경우 학습무기력에 빠질 수 있다. 자기효능감이 낮은 편이어서 자신의 능력을 낮게 보고 불신하는 경향이 있다. 학급 내의 경쟁적 분위기는 수행목표지향의 과제 접근 성향에 따라 다른 효과를 나타낼 수 있다. 경쟁을 해야 하는 상황에 놓여졌을 때 수행접근지향적인 학습자는 오히려 수행이 촉진될 수 있지만 수행회피지향성이 강한 학습자에게는 수행을 방해하고 부정적인 영향을 줄 수 있다(Murayama & Elliot, 2012).

최근 Elliot, Murayama, Pekrun(2011)은 성공에 접근하고 실패는 회피하려는 성향이 학습자가 과제, 자신, 타인을 기준으로 하였을 때 달라질 수 있다고 가정하였다. 과제 기준 목표(task-based goal)는 과제의 절대적인 요구(예: 정답 찾기, 핵심 내용 이해)를 준거로 사용하므로 과제를 잘 수행할 수 있는지 없는지를 고려하여 접근과 회피 여부를 결정하게 된다. 자기 기준 목표(self-based goal)는 자신의 지나온 학습 이력을 평가하여 과거에 성공한 경험이 어느 정도 있었는지, 미래에 성공할 잠재력이 있는지를 고려하게 된다. 타인 기준 목표(other-based goal)는 다른 사람에 비해 자신이 상대적으로 잘 할 수 있을지 그렇지 못한지를 평가 기준으로 삼는다. 이에 접근과 회피 동기를 과제, 자신, 타인 기준 목표로 세분화하여 3×2 성취목표 모형으로 결정되는 여섯 가지 동기를 제안하였다.

	과제	개인 내(자기)	개인 간(타인)
성공 접근	과제접근목표	자기접근목표	타인접근목표
실패 회피	과제회피목표	자기회피목표	타인회피목표

그림 14-4 **3×2 성취목표 모형과 행동**

※ 참고: Elliot, Murayama, & Pekrun (2011). p.634.

과제 기준 목표와 자기 기준 목표는 모두 숙달목표지향성 동기에 해당하는 것으로 볼 수 있으며 접근과 회피 성향으로 구분되었을 때 과제접근목표와 자기접근목표, 과제회피목표와 자기회피목표로 분류된다.

과제접근목표와 자기접근목표가 강한 학습자는 숙달접근지향성을 지닌 학습자와 유사한 동기를 보여줄 것이다. 과제접근목표지향자는 학습 내용을 숙달하는데 목적을 두고 과제에 접근하여 몰입하고자 할 것이며, 자기접근목표지향자는 과제 자체보다는 자신의 성취를 평가하고자 과제에 접근할 것이다. 타인이 아닌 자신과의 비교를 통해 실력이 예전보다 향상되었음을 확인하는 것이 과제 참여의 동기가 된다.

과제회피목표와 자기회피목표가 강한 학습자는 숙달회피지향성을 지닌 학습자와 유사한 학습 행동을 한다. 과제회피목표지향자는 과제를 완벽하게 이해하지 못하고 실수하는 것이 두려워 회피하려는 동기가 강하며, 자기회피목표지향자는 과제를 이전보다 더 잘 해내지 못할 것이 염려되어 학습에 참여하는 것을 두려워할 것이다.

타인 기준 목표는 수행목표지향성 동기와 유사한 특성을 나타내므로, 타인접근목표가 높은 학습자는 다른 사람보다 잘하는 것을 보여주기 위해 동기화될 것이며, 타인회피목표는 다른 사람보다 잘 해내지 못하는 상황이 두려워 과제를 회피하려 할 것이다.

학습목표지향성은 학습자들이 추구하는 목표에 따라 학습동기와 행동이 달라질 수 있음을 보여준다. 숙달목표와 수행목표는 서로 배타적이지 않아서 과제 특성에 따라 달라질 수 있으며, 한 학생이 하나 이상의 목표를 동시에 가질 수도 있다(Pintrich, 2000). 숙달목표는 학업적 자기효능감, 귀인 성향, 자신의 학습에 대한 지각된 통제감(전략 신념, 역량 신념, 통제 신념), 노력 귀인, 내재적 동기와 관련성이 있어서(Dweck & Leggett, 1988) 학습 행동에 긍정적 영향을 줄 수 있다. 수행목표지향성도 높은 학습자신감과 성취동기를 가지게 할 수 있으며 경쟁 상황에서는 내재적 동기도 높일 수 있어서 학습자의 상황에 따라 적극적인 학습 참여를 이끌어 낼 수 있다. 학습자가 선호하는 학습목표지향성에 따라 숙달이나 수행 차원에서 적절한 학습전략을 적용할 수 있도록 도와주고 실패 상황에서도 과제를 회피하지 않고 접근할 수 있도록 학습기술을 향상시켜 주어야 할 것이다.

지금까지 학습이론의 관점에 따라 몇 가지 학습동기의 개념을 구분하여 설명하였다. 실제 학습 상황에서 학습동기는 과제의 종류와 학습자의 특성에 따라 다양한 양상을 띨 수 있으며 서로 연합하여 시너지를 높이고, 학업적 성취 행동을 추구하도록 학습자를 동기화할 수 있다(Woolfolk, 2013). <표 14-10>은 최적의 학습동기가 형성될 수 있는 동기 특성의 조합을 보여주고 있다.

▷ **표 14-10** 최적의 학습동기 특성

	촉진(최적화)	저해(감소)
보상의 유형	• **내재적 보상** : 욕구, 흥미, 호기심, 재미와 같은 개인적 요인	• **외재적 보상** : 강화(보상), 사회적 압력, 처벌과 같은 환경적 요인
목표설정과 몰입 (관여) 유형	• **숙달목표** : 도전적 과제에서 향상과 만족감을 느낌, 적절한 난이도의 과제와 도전감을 주는 목표를 신택하는 경향이 있음 • **과제몰입형** : 과제를 숙달하는 것에 관심을 가짐	• **수행목표** : 자신의 수행을 타인으로부터 인정받고자 함, 매우 어렵거나 매우 쉬운 목표를 선택하는 경향이 있음 • **자아몰입형** : 타인의 이목을 비친 학습자 자신에게 관심을 가짐

성취 동기	• **성공 지향 동기**(숙달지향) 　(과제접근지향성, 자기접근지향성)	• **실패 회피 동기**(불안 성향)
귀인 유형	• 성공과 실패를 **통제가능한 요인**에 귀인	• 성공과 실패를 **통제불가능한 요인**에 귀인
능력에 대한 신념	• **증가적 견해** : 열심히 노력하면 능력이 　향상되고, 지식과 기술이 늘어날 수 있 　다고 생각 • 높은 자기효능감	• **고정적 견해** : 능력은 고정되어 있어서 　통제불가능한 특성이라고 생각 • 낮은 자기효능감

※ 참고: Woolfolk (2013). p.456.

　내재 동기, 숙달목표(Dweck & Leggett, 1988), 성공 지향 동기(Covington, 1992)를 지닌 학습자들은 과제에 긍정적인 정서를 지니고 있으며 적극적이며 적절한 인지 전략을 사용하는 경향이 있다. 어려움에 부딪혀도 쉽게 포기하지 않으며 실수로부터 배움을 얻고자 한다. 자신의 유능성과 자기결정성을 강하게 믿고 있어서 통제력이 강하고 성공과 실패에 대해 내부적이고 통제가능한 귀인을 선호하며 자신이 '운명의 주인'이라는 신념을 지니고 있다 (Seifert, 2004). 노력을 통해 자신의 능력이 충분히 향상될 수 있다고 생각하며, 자기효능감이 높다.

　반면에, 외재 동기, 수행목표, 실패 회피 동기를 지닌 학습자들은 인지적 정보 처리에 적극적이지 않고 정교한 학습 전략을 사용하지 않는다. 학습의 결과가 자신의 통제 범위 밖에 있다고 생각하는 경향이 있으며 성공과 실패를 능력이나 통제할 수 없는 요인으로 귀인하는 성향이 있다. 자기가치감을 지키기 위해 자존감을 위협하는 실패의 상황을 최소화하고자 하며 이를 위해 적극적인 회피 전략을 추구한다. 능력이란 더 이상 향상되지 않는 고정적 특성을 지니고 있다고 생각하며 자기효능감이 낮은 특성을 지니고 있다.

　학습자들이 최적의 학습동기를 형성하여 자신의 목표를 이루고 이를 유지할 수 있도록 돕기 위해 교사는 학생들이 가지고 있는 동기의 다양성을 인정하고 각 특성들이 학습에 필요한 인지 과정과 학습전략, 자기주도적인 학습에 긍정적으로 작용될 수 있도록 지원해야 할 것이다. 학습동기를 높일 수 있는 수업 지도에 대해서는 제6부에서 구체적으로 논의하게 될 것이다.

제15장

정서와 학습동기

1 흥미와 호기심

1) 흥미(interest)

누구에게나 갑자기 어떤 것이 재미있게 느껴져 더 알고 싶고 궁금한 게 많아지던 때가 있었을 것이다. 타인이 시켜서가 아니라 자신이 흥미로워하는 일을 하면서 호기심을 해결해가는 즐거움은 시간 가는 줄 모르고 사람들을 몰입하게 한다. 하지만 처음에는 흥미를 가지고 관심 있게 주목하였던 것들도 학교에서 공부나 과제로 접하다 보면 재미없고 힘든 과업으로 다가올 수 있다. 교육심리학의 여러 연구에 의하면 저학년에서 고학년, 초등학생에서 고등학생이 될수록 학생들의 학업적 관심과 흥미는 감소하게 된다고 한다(Woolfolk, 2013). 학습자가 학습자료나 과제, 수업에서 가지게 되는 흥미는 주의(attention), 목표(goal), 학습 수준(level of learning)에 영향을 주는 것으로 알려져 있다(Hidi & Renninger, 2006). 학생들이 학교에서 배우게 되는 여러 내용에 좀 더 흥미를 가질 수 있다면 학습동기도 더 오랫동안 지속될 수 있으며, 일상생활에서도 적극적인 학습태도와 학습행동을 유지할 수 있을 것이다.

흥미는 내재 동기와 관련된 개념으로, 일반적으로 개인적 흥미(personal interest)와 상황적 흥미(situation interest)로 구분되며 이 둘은 서로 다른 특성을 지니고 있다(Hidi & Renninger, 2006; Krapp, 1999; Renninger, 2009; Schunk, Pintrich & Meece, 2008).

• 개인적 흥미

수학, 과학, 국어 등 개인이 관심을 가지고 있는 과목이나 어학, 음악, 운동, 영화와 같이 오랜 시간 동안 즐겨온 지속적인 경향성이라 할 수 있다. 이는 특정 주제나 영역에 대해 가지고 있는 비교적 안정적인 특성이다. 만일 수학, 지구환경과 생태계, 음악, 등산에 동시에 흥미를 가지고 있다면 이와 관련된 주제를 선호하며, 시간이 지나도 꾸준히 관련된 활동에 참여하고자 하는 기질과 성향을 가지게 된다.

• 상황적 흥미

특정 주제에 대해 상황 특수적인 것으로, 어떤 활동에 참여함으로써 주의를 끌고 일깨워지는 관심이다. 환경 자극에 의해 그 순간에 촉발되는 정서적 반응을 의미하는 것으로, 시간이 지남에 따라 지속될 수도 있고 그렇지 않을 수도 있다. 어려운 단원을 가르쳐야 할 때 학생의 관심을 높이기 위해 다양한 학습교재를 사용하는 교사는 학습자의 상황적 흥미를 높일 수 있다. 상황적 흥미는 맥락의 특성에 의해 활성화되므로 여기에는 개인적 흥미는 포함되어 있지 않다.

개인적 흥미와 상황적 흥미는 모두 학습자의 인지적 수행에 긍정적 영향을 줄 수 있다. 개인적 흥미는 과제 수행 과정에서 주의, 인식(recognition), 회상(recall)을 향상시키고 학습동기를 높여준다. 상황적 흥미는 문제 해결에 필요한 추론, 주의집중, 사전지식과 정보의 통합 등 인지적 학습행동에 긍정적인 영향을 미친다(Hidi & Renninger, 2006). 두 유형의 흥미는 서로 관련성이 있어서 외적으로 부과되었던 상황적 흥미의 각성이 개인적 흥미를 불러올 수도 있다(Stipek, 2002). 처음에는 과제나 활동에 흥미가 없었더라도 과제제출을 해야 해서 자연환경에 관한 책을 읽기 시작한 학생이 열심히 하다보니 궁금한 게 더 많아져 지구온난화에 대한 자료를 더 찾아서 읽게 되고, 제출한 과제도 좋은 성적을 받게 된다면 흥미도 더 높아진다. 성공을 경험함으로써 자신의 유능성을 느끼게 되었으므로, 과학 수업에서 이와 관련된 내용이 나오면 더욱 주의를 집중하고 과학실험에도 적극적으로 참여하게 된다. 과제 때문에 접하게 되었던 주제가 학생에게 흥미를 불러 일으키고 결국 좀 더 깊이 있게 공부하기 위해 대학에서 전공을 하여 과학자의 길을 선택하게 할 수도 있다.

흥미는 학습자가 어떤 정보를 선택해서 지속적으로 수행을 할 것인지 결정하는데 중요한 역할을 하여 깊은 수준의 이해와 정보처리를 도와주며, 효과적인 학습전략을 사용하게 한다(Hidi & Renninger, 2006; Renninger & Su, 2012). 흥미 발달의 초기 단계에서 상황적 흥미는 과제에 관심을 집중시키고 긍정적인 감정을 갖게 하므로, 처음에는 정서적으로 호감을 갖게 되는 문제에 접근하게 된다. 관련 주제에 흥미를 가질수록 긍정적 감정뿐만 아니라 학습자에게 저장된 가치와 지식이 복합적으로 연계되며 과제해결에 반복적으로 참여하게 된다. 흥미가 증가하거나 감소하는 정도에 따라 학습자의 노력, 자기효능감, 목표 설정 및 행동의 자기조절능력도 달라질 수 있다(Hidi & Renninger, 2006; Krapp, 1999).

흥미로 인한 선택에는 감정이 포함되어 있으면서 지식이나 가치와 같은 인지적 요소가 반영되기도 한다. 어떤 학생은 환경 보호에 가치를 두고 지구온난화에 흥미를 느낄 수 있는 반면, 다른 학생은 비행, 절도, 마약과 같이 사회적으로 승인되지 못하는 것들에 흥미를 가질 수 있다(Stipek, 2002). Krapp(1999)은 교육심리학적 관점에서 흥미와 동기, 학습의 관계를 분석하는 과정에서 흥미 연구의 세 가지 접근 모형을 제시하였다.

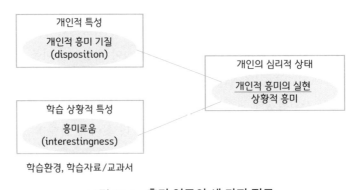

그림 15-1 흥미 연구의 세 가지 접근

※ 참고: Krapp, Hidi, & Renninger (1992). p.10, Krapp (1999). p.24.

• 실현된 개인적 흥미

흥미를 불러일으키는 학습상황이 개인적 흥미와 상호작용하여 개인적 흥미가 실현된(actualized) 상태를 의미한다. 인권에 관심이 많았던 학생이 윤리 수업 시간에 교사가 제시한 학습 영상을 보면서 관련 주제에 더욱 흥미를 느끼게 되고, 국어나 사회 교과서를 읽을 때 다른 내용보다 인권과 관련된 텍스트에서 더 높은 심리적 상태의 흥미를 경험하게 된다. 이는 곧 개인적 흥미가 실현된 상태로 볼 수 있다.

관심을 가지고 있는 주제에 지식을 가지고 있는 학습자는 과제에 흥미를 느끼겠지만 지식이 부족하다면 단지 매력을 느끼는 상태에 불과할 수 있다. 역으로 지식을 가지고 있더라도 낮은 가치를 부여한다면 흥미를 느끼지 못할 수도 있을 것이다(Schunk, Pintrich, & Meece, 2008). 흥미가 심화됨에 따라 관심 있는 주제에서 느끼는 정서적 매력과 함께 지식과 가치에 대한 욕구도 동시에 높아진다. 관련 분야에 대한 지식이 없을 경우 학습자는 호기심을 질문으로 발전시키거나 질문에 답을 구하려는 노력을 하지 않을 것이다. 흥미의 인지적 요소인 내용 지식은 흥미의 발달 단계를 구분하는 중요한 지표가 된다(Hidi & Renninger, 2006; Renninger & Su, 2012). 연구자들은 흥미가 다음과 같은 네 단계로 발달하는 것으로 보았다(Hidi & Renninger, 2006; Renninger, 2009; Renninger & Su, 2012). 상황적 흥미는 흥미의 발달에 있어 초반에 흥미를 발동시키는 역할을 하며, 시간이 지남에 따라 개인적 흥미로 자리잡을 수 있도록 도와준다.

▷ 표 15-1 흥미발달의 네 단계

단계	정의	학습자 특성
1단계 상황적 흥미 촉발	인지적, 정의적인 단기간의 변화로 인해 흥미가 발동된 심리적 상태	• 순간적으로 내용에 주의집중 • 학습에 참여하려면 타인이나 수업 상황에서 지원 필요 • 긍정적 혹은 부정적 감정 경험을 경험할 수 있음 • 경험을 반성적으로 인식할 수도 아닐 수도 있음

2단계 상황적 흥미 유지	상황적 흥미가 촉발된 후 시간이 지나도 주의와 지속성이 연장되고 재발하는 심리 상태	• 이전에 촉발된 학습내용에 재참여 • 자신의 학습 기술, 지식, 사전 경험을 연결해 줄 수 있는 타인으로부터 지원 필요 • 긍정적 감정 • 내용적 지식의 발달 • 학습 내용의 가치를 높게 인식
3단계 개인적 흥미 발현	특정 종류의 내용을 반복적으로 추구하는 성향이 나타나기 시작하는 심리 상태	• 흥미 지속에 외부 도움 필요 • 질문을 추구하는 호기심을 지님 • 내용에 대한 지식과 가치 저장 • 자기자신의 의문사항에 집중
4단계 개인적 흥미 발달	특정 종류의 내용에 다시 참여려는 성향이 지속적으로 나타나는 심리 상태	• 질문을 재구성하고 답을 찾는데 있어 자기조절적임 • 목표에 도달하기 위해 좌절과 도전으로부터 인내함 • 적극적으로 피드백 추구

※ 참고: Renninger (2009). p.108, Renninger & Su (2012). p.170.

• 1단계 : 상황적 흥미 촉발(Triggered Situational Interest)

촉발된 상황적 흥미는 어울리지 않는 듯하지만 놀라움을 주는 학습 정보와 개인적 관련성을 제공하는 학습 환경에 의해 자극될 수 있다. 처음에는 외부의 지원에 의해 발생할 수 있지만 흥미가 좀 더 높아진다면 다음 단계의 흥미로 발전할 수 있으며 시간이 지난 다음에도 해당 과제에 다시 참여하게 된다. 교실 수업에서 집단 활동, 퍼즐, 컴퓨터 활용 등이 상황적 흥미 촉발에서 유용한 것으로 알려져 있다.

• 2단계 : 상황적 흥미 유지(Maintained Situational Interest)

유지된 상황적 흥미는 1단계 이후에 발생하는 심리적 상태를 말하며, 과제 참여가 개인적으로 의미 있을 때 시간이 지난 후에도 주의가 유지되고 지속되는 단계이다. 프로젝트 기반 학습(PBL), 협력 학습, 일대일 지도와 같이 의미 있고 개인적으로 참여할 수 있는 활동을 제공하는 교육 조건이나 학습 환경이 주어질 때 2단계의 흥미를 유지하는 데 도움이 된다.

• 3단계 : 개인적 흥미 발현(Emerging Individual Interest)

개인의 흥미의 발현은 시간이 지남에 따라 특정 내용의 수업(혹은 과제)에 반복적으로 재참여하려는 심리적 흥미 상태이다. 이 단계에서는 긍정적인 감정, 저장된 지식, 저장된 가치가 역할을 한다. 이전 참여를 기반으로 3단계에서의 흥미와 관련된 과제에 다시 참여하게 될 기회를 얻게 되면 기꺼이 참여하고자 한다. 이 단계에서 학습자는 자신에게 떠오르는 '호기심'과 관련된 질문을 생성하기 시작한다. 호기심에 의한 질문에 답을 찾고 과제가 요구하는 것을 해결하기 위해 자신의 인지적 자원을 활용하고자 노력한다. 이 단계의 흥미는 대개 자체적으로 발생하기도 하지만, 또래나 전문가를 모델링할 수 있는 교육 조건이나 학습 환경이 주어졌을 때 북돋워진다. 이 단계에서 학습자는 난이도가 높은 과제에 끈기있게 도전하기 위해 주위의 격려를 필요로 한다.

• 4단계 : 개인적 흥미 발달(Well-Developed Individual Interest)

잘 발달된 개인적 흥미는 시간이 지남에 따라 특정 내용의 수업(과제)에 다시 참여하려는 지속적인 성향(predisposition)을 나타내는 심리적 상태이다. 긍정적 감정, 개인적 흥미의 발현을 포함하여 자신이 선호하는 내용에 대한 지식과 가치를 더 많이 활용한다. 이 단계의 학생은 자신이 생성한 호기심을 충족시키고 질문에 답을 찾는 과정에서 장기적이고 창의적인 노력을 지속하며, 더 많은 유형과 더 깊은 수준의 학습 전략을 적용할 수 있다. 이 단계의 흥미는 학습자가 문제를 해결하는 과정에서 과제의 맥락과 내용을 모두 고려할 수 있도록 도와주며, 자기조절학습 능력을 촉진시킨다. 학습자는 좌절감에 직면하더라도 끈기 있게 과제를 수행하고 질문에 답하고자 노력하게 된다. 다른 학생들과 상호작용하거나 도전적인 과제에 참여하여 지식을 형성하도록 유도하는 교육 조건이나 학습 환경을 제공할 때 이 단계의 호기심을 발달시키고 심화하는데 도움이 된다.

발달적 관점에서 볼 때, 흥미의 각 단계적 특성은 이전 발달의 결과이면서 후속 단계의 흥미가 발달하고 심화할 수 있도록 도와주는 전달자의 역할을 하는 것으로 볼 수 있다. 흥미의 4단계 모형은 학생들이 주어지는 상황에 참여함으로써 얻게 된 흥미에 호기심, 긍정적 감정, 지식이 더해지면서 어떻게 발달하고 심화될 수 있는지에 대한 설명을 제공한다(Hidi & Renninger, 2006; Renninger, 2009; Renninger & Su, 2012). 교사는 학습에 의욕이 없는 학생들의 학문적 관심을 높여 학습에 참여할 수 있도록 유도하기 위해 각 개인의 흥미를 높이거나, 개인의 흥미에 맞춰 수업을 구성하는 것이 현실적으로 어려울 수 있다. 흥미발달의 4단계 모형은 상황적 흥미를 높이는 과제를 제공함으로써 학생의 관심을 끌 수 있다면 시간이 지나면서 개인적 흥미로 발달할 수 있음을 보여준다. 즐겁게 참여할 수 있는 활동, 실생활과 관련된 학습 내용, 다양한 학습 기술을 활용할 수 있는 수업을 통해 지속적으로 학생들의 흥미를 조성해갈 수 있다(Schunk, 2012).

이 때 흥미를 발견하게 하는 것도 중요하지만 유지할 수 있도록 지원하는 것이 더 힘들고 도전적일 수 있다(Pintrich, 2003). Mitchell(1993)의 연구에 의하면 모둠 활동, 퍼즐, 컴퓨터를 활용한 고등학교 수학 수업에서 학생들의 흥미가 촉진 및 활성되기는 하였지만 유지되지는 못하였다. 실생활 문제와 연계된 수학 활동과 같이 개인적으로 의미 있는 내용이나 실험실 활동, 적극적으로 참여할 수 있는 과제 등에 참여하였을 때 학생들의 흥미가 유지되는 것으로 나타났다. 학습자의 상황적 흥미가 개인적 흥미로 발달하기 위해서는 흥미의 유지가 필수조건이다(Renninger & Su, 2012). 흥미가 유지될 수 있는 학습 환경을 제공할 수 있을 때 학생들의 학문적 관심과 과제 참여 의지가 높아질 것이며, 이를 통해 자신의 잠재력을 발견하고 학습동기를 증진시킬 수 있을 것이다.

2) 호기심(curiosity)

호기심이란 자극을 주는 대상에 접근하여 더 자세히 조사하려는 본능적 충동(McDougall, 1960. p.49)이며, 환경에 의해 일깨워진 일종의 동기라 볼 수 있다. 호기심은 인지적 측면(대상을 이해하고자 함), 행동적 경향성(동기회된 행동), 정서적 측면(감정적으로 흥분된 상태)을 모두 포함한다. Kashdan, Rose, Fincham(2004. p.291)은 호기심 척도를 개발하는 연구에서 호기심을 '새롭고 도전적인 기회를 인식(recognition)하고, 추구(pursuit)하며 스스로 조절하는(self-regulation) 긍정적인 정서적 동기 부여 시스템'으로 정의하였다. 호기심이 강한 사람들은 일반적으로 명료하지 않고 낯선 내용을 학습할 때도 포기하지 않고 참을성 있게 견딜 수 있으며, 학업성취도가 높은 편이다(Silvia, 2012).

호기심은 흥미와 관련이 있지만, 흥미보다 좀 더 광범위한 영역에서 다양한 활동에 관심을 두는 개인적 특성(Pintrich, 2003)이라 할 수 있다. 예를 들어, 지구환경에 호기심을 지니고 있다면 이와 관련된 구체적인 탐구활동을 하지는 않더라도 지구환경에 대해 알려주는 폭넓고 다양한 주제(topics)에 관심을 가지게 될 수는 있다. 호기심은 사람들의 지식의 격차를 채우고 불확실성을 줄이도록 동기화하는 내재 동기에 해당되므로 보상과 처벌이 없이도 학생들이 스스로 탐구하고 학습할 수 있도록 도움을 준다(Silvia, 2012).

앞서 흥미발달의 4단계 모형에서 살펴보았듯이, 호기심은 개인적 흥미의 발달 과정에서 질문을 생성하고 답을 찾아가기 위해 지식을 조직하도록 도와준다. 상황적 흥미가 개인적 흥미로 발달함에 있어 호기심을 충족시키기 위해 질문을 만들어내고 탐구하고자 노력하는 것은 과제 수행에서 긍정적 정서와 지식을 함께 활용하여 학습을 이끌어가는 구심점이 된다(Hidi & Renninger, 2006). 호기심은 흥미를 느끼고 있는 주제에서 지식이 부족함을 스스로 인식하게 될 때 생겨난다고 볼 수도 있다. 이는 Piaget가 설명한 불평형 상태와 유사한 개념이며 알고 싶은 것을 추구하고자 하는 욕구와 관련이 있다(Woolfolk, 2013). 때문에 호기심이 유발되기 위해서는 자신이 주목하고 있는 분야에 어느 정도 기본적인 지식을 지니고 있으면서 동시에 충분히 이해하기에는 지식이 부족하다는 것을 스스로 인식할 수 있어야 한다. 이는 곧 메타인지 능력이 높다는 것을 의미한다. 자신의 흥미에 대해 반영적 사고를 하고(reflect) 호기심에 가득 찬 질문을 탐구하는 성향이 높은 학습자들은 흥미 수준이 높고 성취 욕구가 강하면서 메타인지 능력도 뛰어난 것으로 볼 수 있다(Renninger & Su, 2012). 흥미를 가지고 있는 주제에서 지식이 쌓일수록 호기심은 더 강해질 수 있다. 교사는 학생들이 관심 분야에서 기본적인 지식을 습득하고 부족한 지식이 무엇인지 점검하는 과정에서 호기심을 더욱 발동시킬 수 있도록 적절한 피드백을 제공하여야 할 것이다.

학습 과정에서 과제의 유형과 학생의 특성에 따라 적정 수준의 각성은 호기심 자극에 중요한 역할을 할 수 있으며, 학습동기 향상과 수업 참여에 도움이 될 수 있다(Sternberg & Williams, 2002). 흥미를 느끼고 있는 주제에서 궁금한 것은 무엇인지, 더 알고 싶은 내용은 무엇인지 질문을 써 보게 하고, 수업 시간뿐만 아니라 일상생활에서도 궁금증을 해소하는 데 도움이 될 자료들을 찾아 보게 하는 것은 학습자의 호기심을 높여주고 내용에 집중할 수 있게 도와준다. 학생들이 질문을 던질 때 경청해주고 이에 대해 긍정적인 반응을 보여줄 때 호기심 향상에 도움이 될 수 있다. 또한 이미 잘 알고 있어서 더 이상 호기심이 생기지 않는 주제나 새롭기는 한데 이해하기에는 너무 어려운 주제보다는, 관심을 끌 수 있으면서 적절한 수준의 난이도를 지니고 있는 학습 자료(조절과 동화를 통해 불평형 상태를 평형화할 수 있는)가 무엇일지 고려해야 할 것이다.

학습자의 각성 수준은 호기심을 자극하여 내용에 집중하게 하며 학습동기 유발에 도움이 되기도 하지만, 지나칠 경우 긴장과 심리적 불편함을 불러일으켜 주의를 산만하게 하거나 학습에 방해가 될 수도 있다. 특히 시험을 앞두고 있는 학생들이 시험 결과에서의 성공과 실패를 지나치게 의식하게 되면 스트레스를 유발하여 바람직한 학습이 이루어질 수 없다. 다음 절에서는 학습동기와 관련된 정서적 반응으로 불안에 대해 살펴보고자 한다.

2 불안

1) 학습과 불안

학습에는 문제를 추론하고 해결하는 인지와 정보처리뿐만 아니라 학습내용과 학습 상황에 관한 느낌과 정서적인 자극이 복합적으로 작용하게 되며, 이는 학습 행동에 영향을 주게 된다(Pintrich, 2003). 적절한 각성과 긍정적 정서 경험은 학습자의 상황적 흥미와 개인적 흥미를 높여주고 내재 동기를 활성화시켜 주지만, 부정적 정서는 정보처리와 적절한 학습 전략을 방해할 수 있으며, 특히 과제 수행 과정과 결과에 대한 걱정과 공포, 불안의 감정은 학습 수행을 감소시킬 수 있다(Schunk, Pintrich, & Meece, 2008).

학습 결과가 실패로 나타날지 확신할 수 없는 상황에서 걱정과 긴장감을 경험할 때 학습자는 불안을 느끼게 된다. 준비가 충분하였고 학습에 자신감이 있는 학생들보다 준비가 부족하였고 실패할 것이라 생각하는 학생들이 불안을 더 많이 경험한다. 과제가 그렇게 어렵지 않다면 약간의 불안은 학생들을 공부하게 하고 성취를 높여주기도 하지만, 지나친 불안은 동기와 성취를 방해할 수 있다(Cassady & Johnson, 2002; Eggen & Kauchak, 2011).

불안(anxiety)이란 사람들이 불안에 방어하려는 정도에 의해 나타나는 특성을 가리키는 것으로, 비교적 안정적인 성격 특성인 기질적 특성 불안(trait anxiety)과 일시적인 정서 상태인 상태 불안(state anxiety)으로 구분해볼 수 있다(Spielberger, 1966. p.12-13). 예를 들어, "A는 불안하다"라고 할 때, A가 상대적으로 영구적인 개인의 특성으로서 긴장, 예민함, 죄책감, 의심, 당황하는 성향 등 불안의 속성을 나타내는 몇 가지 특성을 지니고 있다면 이는 기질적 특성 불안이 높은 것이라 볼 수 있다.

반면, A가 특정 사건(조건)에서 다른 사람들보다 힘들어하거나 스트레스를 많이 받는다면 이는 상태 불안이 높은 것에 해당한다. 상태 불안은 상황 특수적이며, 개인이 이전 경험에 근거하여 특정 자극을 어떻게 해석하는지에 따라 달라질 수 있는데, 실제 위험과는 상관 없이 자신이 위협적이라고 해석하게 되면 불안을 느끼게 된다. 상태 불안은 시간이 지남에 따라 강도가 다양하게 변하거나 일시적이라는 점에서 특성 불안과 차이가 있다(Spielberger, 1966). 특성 불안이 높은 학습자가 학업 스트레스를 받으면 상태 불안을 더 많이 경험할 수는 있겠지만 성공에 대한 자신감이 높아지고 평가에 대한 위협이 주어지지 않는 상황에서는 불안이 최소화될 수 있다(Stipek, 2002).

2) 시험 불안

학습 상황에서 학생들이 자주 경험하게 되는 불안은 시험 불안(test anxiety)의 측면에서 연구되었다. 시험 불안이란 시험 혹은 시험과 유사한 평가

상황에서 실패나 부정적인 결과가 나타날까봐 걱정하는 학습자들에게 나타나는 현상을 의미한다(Tobias, 1986). 시험을 보기 전에는 자신이 모르는 내용의 문제가 출제될까봐, 시험을 치르는 동안 답을 떠올리지 못할까봐, 시간 내에 문제를 다 풀 수 없을까봐, 시험 결과에 대해 성적이 떨어져서 부모님이나 교사에게 혼날까봐 등과 같이 불안이 동반된 인지적 현상이 나타날 수 있다. 또한 시험을 생각하기만 해도 두렵거나 기분이 좋지 않거나 불안해지는 정서적 현상이 나타날 수 있으며, 손에 땀이 나거나 심장 박동수가 증가하고, 소화가 잘 되지 않는 신체적 현상을 경험할 수도 있다(Zeidner, 1998). 이로 인해 학생들의 학습 행동과 정보처리 및 인지 과정에 부정적 영향을 줄 수 있다(Cassady & Johnson, 2002; Tobias, 1986; Zeidner, 1998).

첫째, 시험 불안은 평소 학습에서 학생들에게 걱정과 부정적인 생각을 야기시켜 주의를 산만하게 하고 집중력을 저하시킬 수 있다. 또한 새로운 정보의 효율적인 정보처리를 방해하여 배워야 할 것을 놓치게 된다. 학습 내용의 조직화를 어렵게 하여 자료를 이해는 하지만 구체적인 적용은 못 하게 될 수 있으며, 정보의 산출이 어려워져 내용을 기억하지 못하거나 효과적인 문제해결 전략을 떠올리지 못하게 된다(Tobias, 1986; Zeidner, 1998).

둘째, 시험 대비 과정에서 요약하기, 스스로 질문해보기 등의 학습 전략보다는 단순 암기와 같은 방법으로만 공부하게 되어 결과적으로 적절한 방법으로 제대로, 충분히 공부하지 못할 수 있다. 혹은 시험이나 과제를 수행하는 방법을 모를 수도 있어서 학업 성취가 떨어지게 된다(Cassady & Johnson, 2002; Zeidner, 1998).

셋째, 시험을 보는 중에도 자신이 본 적이 없는 내용이 출제되었다는 당황스러움이나 시험과 관련 없는 생각을 떠올리게 되는 탓에 작업기억의 원활한 정보처리를 방해할 수 있으며, 갑자기 머리가 하얘지거나 시간이 얼마나 흘렀는지 잊어버리는 등 적절한 대처 행동을 하지 못하게 된다. 즉 시험 전에 보았고 시험에 나올 줄 알고 있었던 내용이라 하더라도 헷갈리거나 회상해내지 못하게 된다(Zeidner, 1998).

결과적으로 시험 불안은 집중력 저하와 부적절한 학습 전략 사용, 낮은 성적 등의 결과를 가져오고 이것이 반복될 경우 시험 불안이 더 높아지는 악순환을 초래하게 된다. 자신의 능력과 학업 성적에 대한 성취 수준을 과도하게 높게 설정하였거나, 현재의 우수한 성적을 계속 유지해야 한다는 부담감이 클 경우, 주변 사람들의 기대를 충족시키겠다는 열망이 지나치게 클 경우에도 시험 불안은 학습자에게 심리적 압박감을 더해 줄 것이다(Stipek, 2002). 반복된 시험 불안과 실패는 학습자에게 무력감을 경험하게 하거나 심할 경우 학습부진과 무동기 상태에 빠지게 할 수도 있다.

시험 불안은 학습자가 지니고 있는 기질적 특성 불안과 학습 상황에 의해 조성되는 상태 불안 모두와 관련이 있다(Covington, 1992; Zeidner, 1998). 상태 시험 불안은 대부분의 학습자들에게 조건적 불안하에 놓이게 한다. 중요한 시험이나 대학입시, 성적 반영 비율이 높은 테스트 등의 상황이나 이를 위해 경쟁해야 하는 학급 분위기, 성적이 강조되는 교육 환경은 학업 스트레스를 높이고 강한 시험 불안을 경험하게 한다. 기질적 시험 불안이 높은 학생들은 시험이나 평가가 강조되는 환경을 강한 자극 조건으로 해석할 가능성이 높으며, 이로 인해 불안이 더 높아질 수 있다. 이는 성적이 높은 학생들에게도 예외가 아니다. 반면, 기질적 특성 시험 불안이 낮은 학생들은 같은 상황에 대해 자신을 위협하는 것으로 간주하지 않을 수 있으며 상태 불안도 높아지지 않을 수 있다.

시험 불안으로 인한 과제 수행의 저하는 정서적 요소보다 인지적 요소의 영향이 더 크며(Covington, 1992), 학습자 개인이 맥락을 어떻게 지각하고 평가하는지에 따라 달라질 수 있다(Zeidner, 1998). 따라서 시험 불안에 대처하기 위해서는 정서적인 것뿐만 아니라 불안과 인지의 상호작용적 특성을 파악하고 적절한 학습 전략과 메타인지 전략의 적용을 장려할 필요가 있다(Schunk, Pintrich, & Meece, 2008; Zeidner, 1998). 학생들이 학급에서 경쟁을 지나치게 의식하지 않도록 조성해주고, 다양한 예시와 적절한 설명, 학생 참여를 촉진하는 교수법으로 학습 내용을 충분히 이해할 수 있도록 수업을 설계하며, 평가에 대한 구체적인 피드백을 제공하여 실수를 줄일 수 있도록 도와주어야 할 것이다.

표 15-2 시험 불안 대처 방법

구분	방법
정서적 문제	• 학생들과 함께 스트레스를 주는 시험 상황에 대해 역할극을 한다. 한 학생에게 교사 역할을 하게 하고 시험 불안을 느끼는 학생에게 조언을 하게 한다. • 학생들과 함께 시험에 대한 긍정적인 자아상, 긍정적이고 신뢰할 수 있는 태도에 대해 생각해보게 하고, 다음과 같이 설명해준다. 　– 시험은 내가 알고 있는 것을 보여주는 것이다. 　– 시험은 내가 어떤 것을 배울 수 있는 기회이다. 　– '나는 이번 시험을 잘 볼 수 있어'라고 말해 본다. 시험을 잘 보고 있는 나를 상상해본다. 　– 시험은 단지 간단한 능력을 평가하는 것이니, 앞에 놓여진 시험지에 최선을 다하기만 하면 된다. • 시험 상황에서 머리를 맑게 하고 평정심을 찾기 위해 시험을 잘 볼 수 있는 비법을 듣고 토론하며 시연해본다. • 주의집중, 안정 찾기, 긍정적인 생각을 할 수 있는 법 등의 전문 기술을 배워본다.
신체적 문제	['너무 배고파요, 졸려요, 집중하기 힘들어요' 등의 신체 컨디션 관리] • 시험 전날 학생들에게 평소대로 먹고 잠을 자야 한다고 알려준다. • 평소와 똑같이 자고, 먹고, 휴식을 취하고, 운동하도록 한다. • 신체적 리듬을 지키기 위해 친구들과 협조하도록 한다. 서로 잘 시간을 알려주거나 아침 식사를 하고 오는지 체크하게 한다.
인지적 문제	[문제를 이해하지 못하거나 정보를 망각하거나 당황하는 경우를 대비] • 학생들에게 시험에 나올 내용을 서로 설명하고 질문하도록 한다. • 시험지를 받자마자 여백에 잊어버릴지도 모를 공식이나 중요한 내용, 암기하고 있던 사실들을 써 놓도록 한다. • 어려운 문제가 나오면 표시를 해두고 일단 넘어가고, 비교적 쉬운 문제부터 풀고 나서 다시 도전하게 한다. • 시험을 잘 볼 수 있는 기법을 알려주고, 평소에 연습할 수 있게 한다. • 시험을 망칠까봐 평소에 걱정하고 상상하는 일들이 시험 당일에 실제로 일어나지 않는다는 것을 알게 한다. • 시험 상황에서 일어날 일들을 통제할 수 있는 능력이 학습자 자신에게 있다는 것을 깨닫게 한다.
상황적 문제	[시간 부족, 노트나 필기도구가 없음에 대비] • 시험 시작할 때 시간제한을 확인하게 한다. • 평소에 시험 문제에 시간을 어떻게 할당해야 하는지 연습을 시킨다. • 시험 전날 필요한 것들을 미리 챙겨놓게 한다. [시험 방식과 문제 유형] • 경쟁을 해야만 하는 수행지향적인 시험보다는 숙달지향적 시험이 될 수 있도록 시험 방식과 문제 유형을 구성한다. • 쉬운 문제를 앞쪽에 배치하여 문제를 풀면서 성공적으로 시험을 치를 수 있다는 자신감을 갖게 하고 준비운동을 하게 한다. • 형성평가 방식의 시험을 자주 제공하여 자신이 무엇을 알고 모르는지 확인하고, 아직 숙달하지 못한 내용을 학습할 수 있게 한다. • 쪽지 시험이나 퀴즈와 같이 위험 부담이 적고 상대적으로 불안도가 낮은 시험을 자주 경험하면서 시험 불안을 낮추는 연습을 할 기회를 갖게 한다.

- 정답이 잘 떠오르지 않거나 헷갈리는 문제 아래 칸에 이 문제에 대한 학생들이 생각을 적게 한다. 의견을 작성하는 과정에서 학생들은 문제를 다시 한번 분석하게 되고 불안감이 다소 감소하게 된다. 교사들은 학생들이 어떤 유형의 문제를 어렵게 여기는지, 무엇을 아직 이해하지 못하고 있는지 정보를 얻게 된다.
- 시간적 압박이 있는 시험보다 집에서 풀어오거나, 시간적 여유를 가지고 해결할 수 있는 과제를 준다.

[시험이 끝난 후]

- 공개적으로 점수를 발표하여 학생들이 사회적 비교에 의해 자신감이 떨어지지 않도록 주의한다.
- 무엇을 잘 했는지, 앞으로 더 잘 할 수 있는 것은 무엇인지 점검해보게 하고, 필요한 학습전략을 가르쳐 준다.

※ 참고: Sternberg & Williams (2002), Woolfolk (2013), Zeidner (1998).

3 학습동기 관련 정서

1) 귀인, 자기효능감, 학습목표지향성과 정서

학습자가 과제 수행 과정에서 경험하는 유능감과 통제력, 과제와 관련된 정서는 학습동기 유형을 결정하는 데 영향을 준다. 정서는 동기에 촉매제 역할을 하기도 하는데(Seifert, 2004), 특히 귀인으로부터 발생한 무력감, 희망참, 자부심, 죄책감 등은 학습자들의 다음 학습 행동에 영향을 주는 것으로 알려져 있다(Schunk, 2012; Seifert, 2004; Stipek, 2002; Weiner, 1980, 1985). 학생들은 성공이나 실패에 대한 귀인과 상관없이 성공했을 때 행복감을 느끼고, 실패했을 때 슬프고 좌절감을 느낄 것이다. 이에 더해 학습의 성공 혹은 실패를 무언가에 귀인하게 되면 원인을 인식하는 방식에 따라 추가적인 감정이 일어나기도 한다. 이는 동기적 요소가 되어 다음 학습 행동에 영향을 주게 된다.

일반적으로 귀인의 차원 중 통제소재(내/외부)는 학습자들의 다양한 정서적 반응과 관련된다. 통제소재에 따른 내·외부 귀인성향은 성취상황(성공이나 실패냐)에 따라 그 효과를 달리하게 된다. 성공상황에서의 내부 귀인은 긍정적인 자아개념과 높은 자존감을 갖도록 하지만, 실패 상황에서의 내부귀인은 죄책감, 후회, 목적의식의 상실 등과 같은 부정적인 정서적 반응과 관련된다. 또한 성공상황에서 운이나 타인의 도움과 같은 외부 요인에 귀인하게 되면 고마움과 놀라움의 정서적 반응을 보이게 하지만, 실패상황에서의 외부귀인은 분노, 놀라움, 적개심을 가지도록 한다.

　통제가능성 차원과 정서적 반응과의 관련성에 있어 실패를 계속 통제불가능하면서 잘 변하지 않는 요인으로 귀인하게 되면 실패가 지속될 것이라는 생각이 절망감을 불러일으킬 수 있다. 하지만 변화할 수 있는 것으로 귀인하게 되면 희망의 감정을 불러올 수 있다. 내적이면서 통제가능한 원인에 귀인하는 학생들은 자부심, 만족감, 자신감을 느끼게 되어 자존감이 높아질 가능성이 높다.

　성공을 스스로 열심히 한 것(노력)이나 타고난 재능(능력)으로 귀인하는 학생은, 타인으로부터의 도움으로 귀인하는 학생보다 자부심을 더 많은 느낄 것이다. 하지만 실패를 노력이나 능력 부족과 같은 내적 원인으로 귀인하면, 실패를 불공정했던 교사, 시험 보는 중 방해가 된 소음과 같이 외적 요인 탓으로 돌리는 것보다 수치심을 더 많이 느끼게 될 것이다.

　예컨대, 시험 결과 한 학생만 95점을 받았을 경우 성공을 자신의 노력이나 능력에 귀인할 가능성이 높다. 하지만 모든 학생이 95점을 받았다면 이를 성공으로 받아들이더라도 원인을 변별력 없이 문제를 출제한 교사에게 두거나 과제가 너무 쉬웠다고 생각할 것이다. 객관식 시험에서 공부를 전혀 하지 않았기 때문에 정답을 추측하였는데도 점수가 잘 나왔다면 자신의 성공을 행운으로 귀인할 것이다. 이는 외적 귀인이므로 안도감과 행복감을 경험하게 되겠지만 자부심을 느끼지는 못하고 자존감도 높여줄 수 없을 것이다.

　자부심은 학습자가 어려운 과제를 만나더라도 노력을 지속하게 하지만 수치심은 과제 접근성을 떨어트리고 회피하게 만들 수 있다(Atkinson, 1964; Weiner, 1985). Weiner(1980, 1985)는 실패에 대하여 노력 부족에 귀인시킴으로써 생기는 죄책감이 수치심보다 훨씬 바람직한 부정적 감정이라고 주장하였는데, 죄책감은 다음 번에 노력을 더 기울여 부족한 점을 보안히려는 갈망을 불러일으키지만 수치심과 창피함은 뒤로 물러나 회피하고 싶은 정서를 불러일으키기 때문이다(Pintrich & Schunk, 1996; Stipek, 2002).

　귀인 이외의 학습동기도 정서와 관련성이 있다. 학습자의 동기 형성에서 신념, 정서 및 행동은 서로 연관성이 있으며, 이들 간의 관계에서 정서가 중심적인 역할을 한다(Seifert, 2004). 과제가 주어지면 학생들은 과제에 대한 판단을 내리고 과제와 개인적 특성에 따라 행동 참여에 영향을 줄 정서적 반응을 생성한다. 과제에 대해 가지고 있는 학습자의 신념과 정서는 행동의 방향을 결정한다.

자기효능감은 특정 과제를 잘 할 수 있을 것인지 자신의 역량을 평가한 결과, 주체성과 자신감을 느끼게 될 때 적극적으로 참여할 수 있음을 강조하였다(Bandura, 1997). 높은 수준의 자기효능감은 높은 수준의 과업 참여로 이어지는 반면, 낮은 자기효능감은 과제 참여에 두려움을 느끼게 하고 실패를 회피하고 싶은 행동을 유발할 수 있다(Covington, 1992).

학습목표지향성도 학습자의 정서와 관련성이 있다. 숙달목표지향자들은 자신의 학습 활동에 초점을 맞춰 과제를 통해 스스로 똑똑해지는 것을 중요하게 여기므로 자기효능감과 내재 동기, 지각된 통제감(전략 신념, 역량 신념, 통제 신념)이 높다(Dweck & Leggett, 1988). 따라서 학습에서 즐거움, 호기심, 흥미, 자부심을 느끼며, 지루함과 분노는 덜 느낀다(Woolfolk, 2013). 하지만 앞서 성취목표 행동을 과제, 자신, 타인의 차원으로 구분하였을 때 숙달적 자기접근목표를 가진 학습자의 경우 자신의 이전 성취보다 나아지지 못했을 때 (실패 경험) 죄책감이나 스스로에 대한 실망감을 가질 수 있다. 하지만 다음 번 학습에서 성공의 자부심을 경험할 것이라는 희망을 가지고 다시 도전하게 될 것이다. 과제회피목표와 자기회피목표를 가진 학습자들은 실수와 성취 저하에 대한 두려움의 정서를 경험하게 된다.

수행목표지향적 학습자는 성공의 상황에서는 자부심을 느끼지만 실패의 경우 스트레스와 부끄러움을 느끼게 된다. 수행회피지향성이 강한 학습자는 실패 상황을 예측하면서 강한 불안, 절망감과 수치심에 대한 두려움을 갖게 된다.

학습동기와 관련된 정서적 반응과 학습수행 상의 차이점들이 <표 15-3>에 제시되었다. 전술한 바대로 성공을 내부 귀인하고 동시에 실패를 외부 귀인하는 학습자는 자신에 대해 긍정적인 정서적 반응을 보인다. 특히 성공적인 성취결과를 내부의 통제가능한 귀인요인인 '노력'으로 귀인할 경우 학습자는 그 성취에 대해 자부심을 느끼며, 장래의 성취상황에도 성공적일 것이라고 기대한다. 따라서 학습 결과와 상관없이 과제 성취와 완성에 보다 많은 노력을 기울이는 '과제몰입형'이나 학습 자체에 목표를 두고 성취를 위해 도전하는 '숙달지향형' 학습행동을 취하게 된다.

▷ **표 15-3** 학습동기, 정서, 학습행동의 관계

성취결과	귀인유형	정서적 반응	학습행동
성공	내부귀인(P)	유능감, 자신감, 만족감	
	외부귀인(N)	감사, 놀라움	
실패	내부귀인(N)	죄의식, 후회, 목표상실감	
	외부귀인(N)	분노, 놀라움, 자존감 훼손	
성공	통제가능귀인(P)	자기효능감 및 자존감, 통제감 고양, 성공기대	과제몰입형학습 숙달지향학습
	통제불능귀인(N)	자기효능감, 자존감 및 성공기대를 가질 수 있으나 지나칠 수 있다(예, 자만심)	자아몰입형학습 실패회피형학습
실패	통제가능귀인(P)	실패로 인한 정서적 결손이 거의 없음	과제몰입형학습 숙달지향학습
	통제불능귀인(NN)	학습된 무력감, 목표상실	실패수용형학습

※ 주: P=Positive, N=Negative, NN=Negative & Negative.

성공을 통제불가능한 내부 귀인요인인 '능력'으로 귀인할 경우에는 자신이 통제할 수 없는 요인에 의해 그러한 결과가 나타났다고 생각하기 때문에 그 성취결과에 대해 단지 고마움을 느낄 뿐이다. 따라서 앞으로도 그와 같은 행운이 계속되기만을 기대하거나, 극단적인 경우에는 자만심에 빠지게 되어 오히려 학습동기가 낮아질 수 있다. 성공으로 인해 자신이 유능해 보이는 현새 상태를 유지하는 데만 신경을 쓰다보면 지나친 '자아몰입형' 학습행동이 나타날 수 있으며, 다음 번 도전에서 실패할 것을 염려하여 도전적인 과제를 회피하고 더 이상의 노력을 기울이지 않으려는 '실패회피형' 학습자가 될 수도 있다.

역으로 실패상황에서의 능력 귀인은 노력 귀인에 비해 상대적으로 더 부정적인 정서와 관련된다. 내부적이면서 통제가능한 귀인요인인 '노력'에 실패를 귀인할 경우, 실패하더라도 이로 인한 정서적 결손은 거의 없다. 대신 앞서 성공에 대한 노력 귀인 유형과 마찬가지로 결과에 연연해하지 않고 성취를 위해 더 많은 노력을 기울이거나 미래의 성공을 위해 새로운 학습전략을 세우고 분발하게 된다(과제몰입형, 숙달지향형 학습행동). 반면, 실패를 통제가 불가능한 외부요인으로 귀인할 경우 실패를 극복하기 위해 자신이 할 수 있는 일이 더 이상 없다고 생각하기 때문에 무력감에 빠지기 쉽고, 목표를 상실해 과제에 냉담해지거나 자포자기하는 '실패수용형' 학습행동이 나타날 수 있다.

2) 학습동기와 자기가치감

Atkinson(1964)의 기대-가치이론에 의하면 인간은 성취가능성이 높은 과제에 접근하려는 성공추구행동과 실패가능성이 높은 과제를 회피하려는 실패회피행동의 차이에 의해 성취 행동을 하게 된다. 학습 결과를 예측해보건대 성공의 가능성이 높을 것이라 생각하는 학습자는 이로 인해 자부심을 느끼게 될 것임을 알고 있다. 하지만 실패의 가능성이 높은 상황이라면 과제 수행 결과 수치심이나 창피함을 느끼게 될 거라는 것도 알고 있다. 실패의 가능성이 있는데도 과제에 접근하는 학습자는 어쨌든 성공 추구 행동 값이 실패 회피 행동 값보다 크기 때문에 학업적 성취행동을 하기로 결정한 것이다. 결국, 학습자가 실패의 두려움과 수치심이라는 위험을 무릅쓰고 과제 수행을 선택하게 된 것은 성공적 결과가 가져다 줄 자부심을 추구하고자 하는 열망이 더 컸기 때문이라 볼 수 있다.

성공에 접근하려는 동기와 실패를 회피하려는 동기는 각각 연관된 긍정 혹은 부정적 정서를 불러일으킬 수 있다. 과제에 참여하는 동안 학습자들의 성공 접근 동기와 실패 회피 동기의 높낮이에 따라 이로 인한 긍정 혹은 부정적 정서를 둘 다 경험할 수도 있다. 이를테면 성공 접근 동기에 비례해서 실패 회피 동기가 낮아지는 것이 아니라 성공에 접근하고 싶으면서 동시에 실패를 피하고 싶은 마음이 들 수도 있는 것이다. Covington(1992)은 성공 접근과 실패 회피를 교차하여 성취 행동 유형을 2×2의 행렬로 나타낼 수 있다고 하였다.

이 모형에 의하면 성취 행동의 유형은 성공 접근 동기와 실패 회피 동기의 정도에 따라 네 가지 유형으로 분류된다. 성공 추구 동기와 실패 회피 동기가 모두 높은 학습자는 과잉노력의 특성을 보이며, 실패 회피 동기가 높고 실패 회피 동기가 낮으면 실패회피의 특성을 나타낸다. 성공 접근 동기가 높고 실패를 회피하려는 동기가 낮으면 성공을 지향할 것이고, 성공 접근 동기와 실패 회피 동기가 모두 낮은 학습자는 실패를 수용하려 할 것이다(Covington, 1992; Schunk, Pintrich, & Meece, 2008).

⟨성공 접근 동기⟩

		높음	낮음
⟨실패 회피 동기⟩	높음	과잉노력 학습자	실패회피 학습자
	낮음	성공지향 학습자	실패수용 학습자

그림 15-2 **성취 행동의 유형**

※ 참고: Covington (1992). p.40, Schunk, Pintrich, & Meece (2008). p.99.

• 과잉노력 학습자 (둘 다 높음)

이 유형의 학습자들은 성공을 위해 적극적으로 노력하여 자신의 유능성을 느끼고 자부심과 뿌듯함을 경험하고 싶으면서도 동시에 실패할지도 모른다는 두려움 또한 매우 크다고 할 수 있다. 따라서 열심히 노력하면서도 자신의 능력을 의심하거나, 실패할까봐 걱정스런 마음에 노심초사할 수 있다. 불안한 마음을 달래기 위해 성공할 것이라는 확신이 들 때까지 몇 번이고 반복해서 학습하는 경향이 있으며 과잉노력을 지속하려는 행동을 보이게 된다. 성적에 집착하거나 학업 스트레스가 높고 완벽주의 성향이 강하기 때문에 성공 경험 없이 실패만 주어질 경우 실망감과 분노, 수치심 등의 부정적 정서를 경험하게 된다.

- 실패회피 학습자 (성공 접근 동기 낮음, 실패 회피 동기 높음)

성공에 접근하고자 하는 동기는 낮고 실패를 회피하는 것을 중요하게 여기는 학습자들은 실패에 대한 부담감이 크기 때문에 과제를 수행하는 과정에서 두려움과 불안함을 통제하지 못한다. 실패를 피하는 것이 가장 큰 목적이므로 이와 관련된 부정적 정서를 감추기 위해 과제 참여를 꺼리거나 시도조차 하지 않으려 할 수 있다.

- 성공지향 학습자 (성공 접근 동기 높음, 실패 회피 동기 낮음)

가장 이상적인 유형으로, 높은 성공 접근 동기로 인해 학습에서 높은 성취 행동을 나타낸다. 실패에 대한 두려움이 낮아서 어렵거나 새로운 도전을 선호하며 성공적으로 해내는 과정을 통해 성취감과 자기통제감을 경험하고자 한다. 시험이나 평가 상황에서 상태 불안을 느낄 수 있겠지만 이는 자신의 실력을 증명하고 스스로 유능성과 자기결정성을 느낄 수 있는 기회가 되므로 적극적인 성취 행동을 통해 불안함과 걱정을 이겨내고자 한다.

- 실패수용 학습자 (둘 다 낮음)

접근하려는 동기도 회피하려는 동기도 모두 낮은 학습자들은 학업 성취에 무관심하기 때문에 성공으로 인한 자부심을 추구하지도 실패를 두려워하지도 않는다. 주로 실패를 낮은 능력에 귀인하고 능력은 고정된 것이라 생각하는 경향이 있다. 학습에 무기력과 냉담함, 절망감을 느껴 쉽게 포기하며 우울한 성향을 보이기도 한다. 만일 학업뿐만 아니라 학교 생활 전반에서 의욕이 없거나 무기력한 경우, 또래로부터 수용을 받지 못하고 따돌림의 어려움을 겪거나 부적응의 문제를 나타내기도 한다(김동일 외, 2019).

Covington의 자기가치감 이론에 의하면, 인간은 누구나 가치감을 유지하려는 욕구를 가지고 있다. 특히 공개적 상황에서 자기가치가 위협될 때 부적응적 행동을 하게 되는데, 실패의 결과가 자신의 능력이 부족하다는 것을 직접적으로, 공개적으로 보여주는 것이라 생각하기 때문에 이로 인해 닥치는 수치심이나 고통을 피하고 싶어한다. 따라서 자기효능감이 낮고 능력에 대한 고정적 견해를 지니고 있으며, 학습 결과를 자신의 능력으로 귀인하는 학생들은 실패가 예견되는 상황이 닥치기 전에 자신의 부족한 능력이 공개됨으로써 동반될 것이라 예상하는 부정적 감정을 회피하고자 적극적으로 전략을 사용하게 된다.

예컨대, 일부러 시험공부를 하지 않았다고 공공연하게 떠들고 다니거나(노력했는데도 실패하게 될까봐) 공부하는 것의 가치 자체를 깎아 내림으로써 자기가치감이 바닥에 떨어지는 것을 미연에 방지하려 한다. 공부를 매우 잘하는 학생들조차 자신에 대한 스스로와 타인의 기대감에 방어벽을 구축하여 선수를 치려한다. 그러한 노력의 일환으로 '이번에는 특히 열심히 공부하지 않았음'을 시험 전에 미리 공표하기도 한다. 이는 사실 실패를 피하기 위해서가 아니라 실패로 인해 자신의 무능력이 드러나는 것을 막아 자신과 타인으로부터 스스로의 가치감을 보호하는 것이 목적이므로 일종의 방어기제로 볼 수도 있다(Seifert, 2004).

실패 회피 학습자들이 주로 사용하는 전략으로는 노력 철회(시도조차 하지 않음), 과제나 공부 미루기, 책상이나 공부 환경의 무질서한 상태 유지, 너무 낮거나(쉽게 성공하므로) 높은(실패하더라도 자신의 부족한 능력 때문이 아니라 난이도 때문으로 보일 수 있도록) 목표 설정, 시험 부정 행위, 변명거리 준비해두기(공부할 시간이 더 있었다면 더 잘할 수 있었을 텐데, 급체를 하지 않았다면 100점을 받았을 텐데, 이번엔 좋은 점수를 받고 싶지 않아서 일부러 공부하지 않았어) 등이 있다. 학교에서 학생들이 자신과 타인에게 능력 없어 보일 수 있다는 위험을 감지하게 될 때 이러한 자기구실 만들기(self-handicapped) 전략(혹은 자기불구화 전략)을 사용하거나 방어적인 행동을 보이는 것도 이러한 이유 때문이라고 할 수 있을 것이다.

Jordan 등(2003)에 의하면, 자기존중감이 불안정히게 높은 사람들은 안정적으로 높은 사람들보다 일상적 사건을 대하는 자기가치감에 지나치게 의존적이다. 따라서 긍정적인 자기관이 도전을 받게 되는 상황이 닥치면 자기 이미지를 보호하기 위해 방어적으로 행동하는 경향이 강하다고 한다. 겉으로 보이는(명시적) 자기존중감은 높지만 암묵적(내면적) 자기존중감이 낮은 사람들은 나르시시즘이 강하고, 인지적 부조화 상황에서 자신의 행동을 정당화함으로써 부조화를 축소하려는 경향이 있다고 한다.

교사는 학생들의 자기가치감을 지켜주면서 과제를 회피하지 않고 자신의 학습에 책임을 질 수 있도록 독려할 필요가 있다. 학생들의 자기가치감을 장려하기 위해서는 능력이란 고정된 것이 아니라 향상가능하다는 것을 알려주고, 숙달목표와 수행목표의 차이를 설명해주면서 자신만의 목표를 세울 수 있도록 지원해야 한다. 스스로 향상도를 체크하면서 도움이 필요한 영역이 있다면 학급에서 서로 도울 수 있도록 지도한다(Woolfolk, 2013).

▷ **표 15-4** 교실에서 자기가치감 장려하기

내용	예시
능력은 고정된 것이 아니라 향상가능하다는 것을 강조하기	• 과목이나 과제에 따라 자신의 지식과 기술을 어떻게 향상시켰는지 구체적인 사례들을 공유하게 한다. • 처음엔 실패를 경험하였지만 새로운 학습전략을 시도한 결과 성공적인 결과를 거두었던 적이 있었는지 이야기를 나눈다. • 초보 수준에서 작성되었던 과제가 나중에 완성도 있는 높은 수준의 결과물로 바뀔 수 있다는 것을 증거자료로 보여주고, 자신의 노력과 주위의 지원에 의해 학생들의 능력이 향상될 수 있다는 것을 직접 확인하게 한다.
숙달목표와 수행목표의 차이점 가르치기	• 한 과목 내에서 작은 목표를 설정하게 한다. • 개인적이고 솔직한 칭찬을 자주 제공하여 자신의 향상도를 깨닫게 한다. • 학생들 간의 경쟁은 지양하고, 스스로 도달하고 싶은 최고 목표를 설정하게 한다.
실패는 무엇을 더 향상시켜야 하는지 알려줄 뿐이라는 것을 설명해주기	• 수업 중에 틀린 대답을 할 경우, '분명히 다른 사람들도 그렇게 생각할 것 같아. 하지만 적절한 답이 아니니 그 이유를 찾아봐야겠다. 그렇게 하면 이 문제를 좀 더 깊이 파고들 수 있는 기회가 될 거야. 잘 했어'와 같은 방식으로 피드백을 준다. • 향상되고 있다는 것을 강조하면서 수정, 개선, 다듬기, 재시도를 권장한다. • 학생들이 수정해서 제출한 과제와 높은 점수 간에 관련성이 있음을 보여주고, 실력이 늘어나고 있음을 강조해준다.
도움 구하기와 도움 주기를 서로 실천할 것을 권장하기	• 학생들이 이해하지 못하는 것이 무엇인지 분명하게 설명할 수 있도록 가르친다. • 학급 내에서 도움을 주는 학생들을 인정해준다. • 컴퓨터 사용 가이드나 진도 체크와 같이 계속 도움이 필요한 부분에서 수업 전문가를 양성한다.

※ 참고: Woolfolk (2013). p.447.

모든 학생들은 자신이 흥미를 가지고 있는 분야에서 즐겁게 배울 수 있으며, 교사의 역할은 가르침을 통해 학생들이 스스로 성장할 수 있도록 돕는 것이다. 배움이 학생들에게 성장하는 삶의 동력이 될 수 있게 하려면 배움의 즐거움을 방해하는 두려움, 무기력, 절망감, 분노, 수치심, 열등감을 걷어낼 수 있도록 도와야 한다.

e d u c a t i o n a l   p s y c h o l o g y

제6부

교사와 교육

제16장

효과적인 학급 운영

학창 시절 자신이 경험했던 최고의 학급과 최악의 학급은 몇 학년 몇 반이었는지, 그 때 교사와 학생들 사이에 어떤 일이 있었는지 떠올려보자. 교실에서의 경험들은 누군가에겐 졸업 후에도 가끔 생각나는 좋은 추억으로 떠오를 수 있지만 또 누군가에겐 그다지 기억하고 싶지 않은 사연으로 남아 있기도 하다. 힘들게 공부하였던 것마저도 좋은 기억으로 남아 있다면 교실에서 함께 시간을 보낸 급우들과 또 학급을 이끌어 준 교사와의 만남이 스스로에게 의미 있게 느껴지기 때문일 것이다.

교실은 학생들과의 만남의 장소이면서 교사로서의 삶이 시작되는 곳이며, 교육심리학의 여러 이론과 주요 개념이 실현되는 공간이다. 교실은 학생과 학생, 학생과 교사와의 관계맺음과 공동체 경험을 통해 청소년들이 학교 밖 세상에서도 건강한 시민과 사회의 구성원으로 살아갈 수 있도록 연습하고 준비하는 장소이기도 하다. 교사의 학급 운영 방식은 학생의 학업성취와 인성 및 사회성발달에 영향을 주게 된다. 교사와 학생이 모두 성장하는 학급을 만들고 싶은 교사라면 스스로 교실을 행복한 공간으로 여기고, 교사의 교육적 신념(교육철학)이 실천될 수 있을 것이라는 기대와 설레는 마음으로 학급을 꾸려가야 할 것이다. 그러할 때 학생들의 배움과 학습 참여도 살아날 수 있다.

본 장에서는 지금까지 살펴본 교육심리학의 여러 이론들을 학교 현장의 교사(담임교사)로서 학급 및 수업 운영에 어떻게 적용할 수 있을지 생각해보고자 한다.

1 학급 운영과 관리

1) 학급 운영 계획과 새 학기 시작

교사가 학급을 운영하는 동안 수행해야 할 과업은 크게 다섯 가지로 생각해볼 수 있다(Evertson & Weinstein, 2011. p.5). 첫째, 학생들이 서로를 배려하고 지지하는 관계를 형성할 수 있도록 돕기, 둘째, 학생들이 학습에 접근할 수 있는 최적의 방식으로 수업을 구성하고 구현하기, 셋째, 학생들의 과제 참여를 격려할 수 있는 집단 활동 운영하기, 넷째, 학생들의 사회적 기술과 자기조절능력 발달을 촉진하기, 다섯째, 학생의 문제 행동에 적절하게 개입하기가 있다. 효과적인 학급 운영을 위해서는 학기 초에 교사가 다섯 가지 영역에서 학급을 어떻게 관리할 것인지 계획을 세우고 구체적으로 어떻게 실행할 것인지 생각해 두어야 한다. 단, 교사가 너무 많은 것을 관리하려 하거나 학생이 참여해야 하는 활동이 지나치게 많을 경우 교사와 학생 모두 지칠 수 있다는 것을 주의해야 한다. 과도하게 계획하기보다 일상생활에서 실천할 수 있는 기본 사항 위주로 계획을 짜고 상황에 따라 분기별 혹은 학기별로 학생들과 함께 만들 수 있는 주요 행사를 기획하는 방법을 생각해볼 수 있다.

학급 운영 계획을 세울 때는 교사의 교육관을 바탕으로 학급 운영의 원칙과 방향을 설정하고, 교사 자신과 학생들의 발달상의 특성을 고려하여 일 년 동안 무엇을 목표로 어떤 활동을 할 것인지 찾아본다. 일반적으로 책임감, 자신과 타인을 존중하는 마음, 정직, 자비심, 배려 등 더불어 살아가는 사회에서 반드시 익혀야 하는 개념을 배울 수 있도록 구상한다. 교사의 교육철학은 학급 문화 내에 녹아들어 함께 실천될 수 있으므로 교실 문화 속에 공동체 생활의 미덕을 경험하고 정착될 수 있도록 지도한다. 학기 초에 '우리 반은 ○○반이다'라는 가치에 합의하고 이를 급훈으로 만들어 교실 내에 게시함으로써 1년 동안 공유할 수 있도록 한다.

첫 학기 첫 날은 누구에게나 긴장감을 불러오는 시작일 것이다. 3월 한 달은 새 학년 새 학기를 여는 중요한 시기로, 새로운 시작을 함께 하게 될 학생들과 교사가 서로에 대해 알아가는 시간이다. 교사는 청소년기의 발달적 특징인 지적 호기심 증가, 부모로부터의 독립과 자율성 추구, 자아정체성 탐색, 또래 영향력의 증가, 소속감과 사회적 수용 욕구 증대 등을 고려하여 학생들을 이해하려는 노력을 지속해야 한다. 특히 중학교 1학년에게 3월은 중등교육을 받게 되는 전환기로서 모든 것이 낯설고 어렵게 느껴질 수 있다. 우리나라 중학생의 전환기 학교적응에 관한 연구에 의하면, 늘어난 학업량, 어려워진 교과 내용, 평가 횟수 증가에 대한 부담과 학업 스트레스, 전반적인 생활 패턴의 변화로 인한 피로감, 교우관계에서의 자신감 상실, 교과교실제 적응의 어려움 등을 주로 경험하는 경향이 있다. 하지만 교사와의 긍정적 관계를 형성하면서 새로운 학교급에 의해 발생하는 염려를 극복하고 점차 학교행복감이 높아지는 것으로 나타났다. 반면 교사의 통제가 부재한 수업, 교사와의 부정적 관계, 선배에 대한 두려움을 경험하게 되면 중학교 1학년의 학교행복감은 떨어질 수 있다(김태은, 2014). 고등학생으로의 전환기인 1학년 신입생들은 늘어난 학업에 대한 부담과 스트레스뿐만 아니라 적절한 학습 방법과 전략 사용에 대한 고민, 진로 탐색과 대학 입시에 대한 걱정이 더해지는 것으로 나타났다(박지선, 2019).

교사는 학생들의 발달적 특성과 학교 적응에서의 어려움을 이해하고 새로운 교실에서의 첫 만남에 긴장하지 않도록 신경 써야 한다. 긍정적인 학급 분위기를 조성하여 긴장과 불안을 낮춰주고, 학생들이 새로운 환경에 적응하는데 필요한 절차와 규칙들을 알려준다. 교실에서 학생들이 지켜야 하는 것과 자발적으로 수행해야 하는 역할이 무엇인지 숙지할 수 있도록 자세히 알려준다.

▷ **표 16-1** 새 학년을 시작하는 지침

지침	예시
긍정적인 학급 분위기 조성	• 차분하고 부드러운 목소리로 교사 자신을 소개하고 관심사를 이야기한다. • 교사의 학급 운영 방침을 간단하게 설명하고 상호의존성을 강조해준다. • 가능한 학생들의 이름을 빨리 외우고 서로 친해질 수 있는 활동을 한다. • 첫 번째 학급 회의를 열어 학급 규칙을 만들고 학생들이 교실 질서에 대해 서로 토론할 수 있게 한다.

규칙과 절차 가르치기	• 등하교 시간, 점심 시간, 수업 시간과 쉬는 시간, 교실 이동 시간 등의 학교 생활에서 기본적으로 지켜야 하는 규칙과 절차를 가르쳐준다. • 3월 첫 주나 둘째 주에 급훈, 학급조직, 학급 규칙 제정을 안건으로 학급 회의를 개최한다. • 교실 내 1인 1역할, 학급규칙 준수와 관련된 사항들을 잘 이해하고 책임감 있게 실천할 수 있도록 독려한다.
구조화된 수업 계획	• 학생들의 학습 태도와 기존 지식의 수준이 어떠한지 주의 깊게 관찰한다. • 소집단보다는 대집단 혹은 전체 수업으로 시작한다. • 수업 중 학생들과 시선을 맞추고 편안한 마음으로 수업에 참여할 수 있도록 동기화한다. • 어렵거나 복잡한 내용보다 간단한 활동을 실시한다. • 학기 초반이므로 수업 활동을 다양하게 전개하기보다 한 활동을 꾸준히 지속한다.
학부모와의 소통 시작	• 1년 동안의 학급 운영에 관한 안내와 교사의 긍정적인 기대를 소개하는 안내문을 작성하여 발송한다. • 학부모와 소통하고 협력할 수 있는 방법을 생각해보고 이에 대해 안내한다.

※ 참고: Eggen & Kauchak (2011). p.555, Evertson & Emmer (2009). p.62-78.

2) 학급 조직과 규칙 제정

학생들이 학습에 적극적으로 참여할 수 있는 조건을 만들어 주고 학습 행동이 유지될 수 있도록 활동을 조직하여 관리할 수 있다면, 문제가 발생하였을 때 되도록 학습에 방해를 받지 않으면서 효율적으로 해결할 수 있다. 질서 있는 교실을 유지하기 위해 어떻게 학급을 조직하고 구성할 것인지 미리 생각해두고, 효과적인 수업 운영에 필요한 절차들도 함께 준비한다(Eggen & Kauchak, 2011).

학급조직은 학생들을 서열화시키거나 지나친 경쟁으로 몰지 않는 방향으로 설정되어야 한다. 학생들의 배움에 대한 열정이 꺾이지 않도록 경쟁보다는 협력을, 타율보다 자율을, 소수보다는 전체가 참여할 수 있는 학급조직을 만들고 토의를 통해 담당자와 역할을 결정한다. 되도록 1인 1역할을 부여하여 모두가 참여할 수 있게 하며, 업무의 경중을 조정하여 특정 역할을 꺼리는 일이 없도록 한다. 구체적으로 어떤 활동을 하게 되는지 자세히 설명해주고 자신이 맡은 일이 무엇인지 잘 이해하고 있는지 확인한다. 역할 수행 기간은 어느 정도로 할지, 이후에 역할 담당자를 어떻게 선정할지 등에 대해서는 학급 회의에서 토의한 후 결정한다.

성공적인 공동체 생활에는 학급 내 안정감과 질서 유지에 도움을 줄 수 있는 규칙이 필요하다. 학기 초에 교사와 학생들이 서로 합의하여 규칙을 제정하고 이를 어떻게 지킬 것인지 토론하여 공유할 필요가 있다(Evertson & Emmer, 2009; Evertson & Weinstein, 2011). 학급규율을 만들기 전에 규칙이 행동을 통제하고 벌을 주기 위해서가 아니라 학생 자신과 타인에게 미치는 영향력을 고려하여 바람직한 행동의 지침과 기준을 마련하기 위함이라는 취지를 알려주고 교사의 학급 운영 방침에 대해서도 전달한다(박병량, 2004).

규칙은 명확한 근거를 가지고 있어야 하며 학생들에게 공정하고 일관성 있게 적용될 것이라는 믿음을 줄 수 있어야 한다. 모두가 자발적으로 참여하는 것이 의무이면서 책임이라는 것을 알려주고, 학생들의 참여를 유도하기 위해 되도록 긍정적이면서 바람직한 행동 방향을 제시하는 형태이어야 함을 설명해 준다. 너무 많은 수보다는 최소화되면서 필요한 규정은 모두 포함할 수 있도록 구상한다(Eggen & Kauchak, 2011). 규칙의 목록을 만들 때는 전적으로 학생들이 개발하여 구성할 수도 있고 필요에 따라서 교사가 미리 준비한 몇 가지 규칙에 학생들이 제안한 것을 추가할 수도 있다. 또한 교실에서 지켜야 할 것이 무엇인지 명시하기 위해 필요하므로, 관찰가능하면서 구체적인 행동 지침을 알려주는 방식으로 진술한다(Evertson & Emmer, 2009).

약속된 규칙을 지키지 않았을 때 어떻게 할 것인지도 함께 토론한 후 이에 따른 벌이나 행동 수칙을 결정한다. 규칙을 어기거나 바람직하지 못한 행동을 했을 때 어떠한 결과가 따르는지 학급 구성원 모두 분명히 알 수 있도록 하고, 기록해둔다. 완성된 학급 규칙은 목록화한 후 교실 공간에 게시하여 항상 주지할 수 있게 한다. 규칙을 준수하는 것이 습관화될 수 있도록 시범을 보여주고 실행에 옮길 수 있게 반복해서 연습시킨다. 규칙이 잘 지켜지고 있는지 주기적으로 점검하고 자신의 행동에서 개선할 사항이 있다고 생각하는 학생에게는 스스로 해결할 수 있는 기회를 마련해주어 책임감을 기를 수 있게 한다(Woolfolk, 2013). 만일 규칙을 변경해야 할 사유가 발생할 경우 학급

회의를 통해 재점검하고 수정하도록 한다. 규칙 준수를 장려하기 위해 필요하다면 적절한 강화와 피드백을 제공하여(간식 파티, 일정 점수 이상을 획득할 경우 선물 증정 등) 끝까지 규칙이 잘 지켜질 수 있도록 독려한다.

3) 교실 공간 가꾸기

교실은 학생들이 매일 생활하는 장소이며 학습공간, 생활공간, 문화표현 공간으로서의 의미를 담고 있다. 첫째, 학습공간으로서 교실은 학생들이 수업에 집중할 수 있도록 조성될 필요가 있다. 스스로 탐구하고, 개념을 이해하고, 자신의 생각을 펼치고, 토론할 기회를 제공하는 교실이어야 한다. 교육활동에 필요한 자료들이 잘 갖추어져 있는지, 책상과 의자, 교탁의 배치가 적절한지 점검하고, 학생들의 시력과 앉은키, 집중력을 고려하여 수업 중 칠판이나 모니터가 잘 보이는지 확인하며 교사의 시선이 모든 학생에게 도달할 수 있는지 점검할 필요가 있다. 교실 앞면은 학습에 방해가 되거나 지나치게 시선을 사로잡은 게시물보다 시간표와 주요 전달 사항 위주로 안내한다. 뒷면에는 학습자료나 학생들의 학습 향상도를 적절하게 게시하여 학업적 성장을 확인할 수 있게 도와주고, 고등학생의 경우 입시나 진로와 관련된 자료를 게시하여 참고할 수 있게 한다.

둘째, 생활공간으로서 교실은 따뜻하고, 시원하고, 깨끗하고, 편안하고 안전한 장소이면서 피곤할 때는 쉬면서 우정을 쌓고 기쁨과 슬픔을 함께 할 수 있는 곳이어야 한다. 교실의 온도, 채광, 조명, 청결 상태가 적절한지, 소음이나 먼지가 통제될 수 있는지 확인하고 교실 내 시설들이 학생들이 드나들기에 불편함을 주지 않는지 살펴본다. 사진이나 그림, 시를 게시하여 예술적 감수성을 높여주고 화분, 꽃을 비치하고 돌볼 수 있게 하여 정서와 사회성발달을 지원해준다.

셋째, 문화표현 공간으로서 교실은 교사의 교육철학이 실천되고 학생들의 자신의 모습과 성장을 담아 나눌 수 있는 공간이어야 한다. 교실 문화는 참여와 소통이 있고 상호 존중하는 학급, 생활과 배움이 분리되지 않는 학급, 학생들이 자신의 재능을 마음껏 발산할 수 있는 학급으로서의 교육적 가치를 지향할 수 있도록 지도해야 할 것이다. 교실 내 공간에 자신의 인지적, 정서적 성장 과정을 자유롭게 표현하면서 학생들은 소속감과 공동체 의식을 기를 수 있다. 어떠한 모습을 어떻게 담을 것인지 학기 초에 의논하고, 학생들의 재능과 창의력이 펼쳐질 수 있도록 공간을 마련한다. 또한, 교사-학생, 학생-학생 간 의사소통의 공간으로 활용할 수 있으므로 교실 내 우편함 등을 비치하여 의견을 교환할 수 있게 한다.

교실 공간을 가꾸기 위해서는 편리성, 효율성, 조화성, 민주성, 협동성, 환경친화성의 원칙을 고려해야 한다(우리교육, 2004). 편리성, 효율성, 조화성 추구를 위해 교실은 학습과 연계되어 교육활동에 도움을 주면서 학생들의 동선이 고려된 편리한 구조를 갖추어야 하고, 여러 물품들이 효율적으로 배치되면서 전체적으로 서로 조화로워야 할 것이다. 민주성과 협동성을 위해서는 교사가 일방적으로 결정하기보다 학생들의 의견을 반영하여 다함께 공간을 가꾸려 노력하여야 한다. 마지막으로 공간을 가꿀 때 물품을 아껴 쓰고 재활용품을 활용할 수 있도록 독려하며, 교실 내 분리수거함을 마련해두는 등 친환경적 실천 경험이 가능하도록 한다. 지구 환경에 대한 기사와 안내 자료를 게시하는 것도 방안이 될 수 있다.

4) 수업 준비하기

수업에서의 교사의 역할은 학습 내용을 명료하게 표현하고 설명하여 전달하고 담당 과목에 대한 열정을 보여주어 학생들에게 학습에 흥미를 갖도록 하는 것이다(Woolfolk, 2013). 교사는 교과에 대한 지식뿐만 아니라 교육학적 지식을 갖추고 있어 효과적인 교수와 학습의 원리를 전문적으로 활용함으로써 학생들이 효율적으로 배울 수 있도록 도와야 한다. 수업을 준비하기 위해 수업 시간에 다룰 단원의 목표와 내용 및 개념을 확인하고 주된 내용을 설명할 때 사용할 예시자료나 질문, 활동들을 기록한다. 수업이나 과제 활동 중 학생들이 경험할 수 있는 문제나 어려움이 무엇인지 생각해보고 이에 대해 설명할 내용들을 정리한다(Evertson & Emmer, 2009). 수업 중 활용할 교자재가 있는지 체크하고 필요하다면 구비한다. 학생들이 이해하기 어렵고 지루해하는 내용을 수업해야 한다면, 시작 단계에서 호기심을 이끌어 낼 수 있는 특별한 활동이 필요하지는 않은지 살펴보고 집중력을 유지할 수 있도록 내용을 구성한다. 학생들이 수업 내용을 어느 정도 이해했는지 확인하기 위해 발표, 문제풀이, 빈칸 채우기, 퀴즈 등을 구상하고 이에 대한 평가와 보상 방식을 기록해둔다.

효과적인 수업을 운영하기 위해 교사가 갖추어야 할 교수기술(teaching skill)은 수업에 대한 계획, 태도, 조직화, 의사소통, 집중, 피드백, 질문하기, 점검과 정리로 나누어 볼 수 있다(임규혁, 임웅, 2018; Eggen & Kauchak, 2011).

• 수업에 대한 계획

학습할 주요 내용과 수업의 흐름, 수업시간에 실시할 활동을 고려하여 수업시간에 다룰 내용과 개념을 점검하고 이에 따른 학습 목표를 확인한다. 학생들의 이해를 어떻게 도와줄 것인지 결정하고, 목표를 어느 정도 달성하였는지 점검할 방법도 계획에 포함시킨다. 주 내용을 설명할 때 필요한 예시 자료, 모형, 시범 등을 기록하고 미리 준비해두어야 할 교자재가 있다면 메모한다(Evertson & Weinstein, 2011). 새로운 용어 중 어려운 단어가 있는지 확인하고 이전에 배운 내용들과 연결하여 쉽게 풀어줄 방법을 찾아본다. 특히 한자어로 구성된 낱말은 중학교 저학년 학생들에게 어려울 수 있으니 쉽게 풀어서 설명할 수 있도록 미리 준비한다.

과목과 단원에 따라 유독 어려워하는 내용이 포함되어 있을 경우 예상되는 질문이 무엇일지, 이해하기 어려워하는 개념이 무엇일지 사전에 확인하여 학생들의 흥미를 높이고 집중력을 유지시킬 수 있는 방안이 있는지 찾아본다. 수업 당일 학생들의 학습동기와 태도, 학습 환경의 맥락에 따라 수업 진행이 달라질 수 있으므로 융통성 있게 수업을 이끌어 갈 수 있도록 계획한다.

• 태도

교사가 수업에서 보여주는 태도와 열정은 교수 능력 못지않게 학생들의 학업 성취에 긍정적인 영향을 준다(Eggen & Kauchak, 2011). 교사는 교수 방법이나 내용 전달 기술을 향상시키려는 노력 이전에 수업에 대한 적극적이고 열성적인 태도, 학생들의 배움에 도움을 주고자 끊임없이 노력하는 모습을 보여줄 필요가 있다. 전문성에 있어 전공분야의 숙달을 위해 노력하고 지속적인 학습의욕을 유지하며 자신의 전문적 성장을 추구하는 교사이면서, 인성적으로는 정서적으로 안정되며 책임감이 강하고 포용성을 지니고 있어 학생들에게 신뢰감을 주는 교사가 바람직한 모습이라 할 수 있다(박병량, 2004).

학생들을 존중하고 배려하면서 학습에 성공할 것이라는 높은 기대감을 보여주는 교사, 자신의 수업에 높은 열정을 나타내고 스스로 학습의 모델링이 되고자 노력하는 교사는 높은 학습동기를 이끌어낼 수 있다(임규혁, 임웅, 2018; Bruning, Schraw, & Norby, 2011; Eggen & Kauchak, 2011). 교사가 학생들에게 보여주는 기대는 실제 학습의 과정과 결과에 많은 영향을 줄 수 있으며 시간이 지나면서 누적이 되어 그 효과는 더 커질 수 있으므로, 교사는 이러한 판단에 고정관념이나 편견을 갖지 않도록 주의해야 한다(Stipek, 2002).

• 조직화

수업 진행 중 효율적인 학습 활동이 일어나기 위해 교사는 교실에서 일어나는 일들을 관리하고 학습할 내용을 조직화하여 전달할 필요가 있다. 조직화는 관리상의 조직화(managerial organization)와 개념상의 조직화(conceptual organization)로 구분해볼 수 있다(임규혁, 임웅, 2018). 관리상의 조직화를 위해서는 수업을 정시에 시작하고, 사전에 필요한 교자재나 도구를 준비하여 적절하게 사용하며, 계획한 수업을 차례대로 진행해야 한다. 수업 중에 발생할 수 있는 학생의 문제 행동을 예방하고 학생들이 수업에 집중하도록 하기 위한 노력이 이에 해당된다.

개념상의 조직화는 수업을 주의 깊게 조직화하여 수업의 목적에 초점을 맞출 수 있도록 함으로써 학생들의 학습에 도움을 주기 위함이다. 수업내용에 대한 간단한 개요를 칠판에 적어 학습 목표를 분명하게 하고, 명료하고 정확한 내용전달이 가능하도록 학습자료를 논리적으로 구성하며, 쉬운 내용부터 단계적으로 접근하여 여러 개념을 연결하여 통합적으로 이해할 수 있도록 설계해야 한다(Woolfolk, 2013). 수업 내용이 개념적으로 조직화되어 있을 경우 새로운 정보를 이전 학습과 연계하여 보다 쉽게 정보를 처리할 수 있을 뿐만 아니라 교사가 질문을 해서 학생들의 이해 정도를 확인하고 체계적인 피드백을 주는 데도 도움이 된다(Schunk, Pintrich, & Meece, 2008).

- 의사소통

수업 중 효과적인 의사소통 능력은 교사의 수업 기술에서 반드시 필요한 요소이다. 이를 위해 명확한 언어 사용, 수업 주제, 전환 신호(transition signal), 강조의 네 가지를 점검하여야 한다(Eggen & Kauchak, 2011). 먼저, 교사는 개념 정의와 설명에서 불명확하거나 모호한 표현을 사용하지 않아야 하며 특히 질문에 대답할 때는 학생이 이해하기 쉬우면서 정확한 용어를 사용하여야 한다. 다양한 수준의 학습자를 고려하여 모든 학생이 이해할 수 있는 설명을 하며, '어떤 것, 어떤 사람, 어쨌든, 별로, 그다지, 대부분, 어느 정도, 기타 등등'과 같은 표현은 쓰지 않도록 한다(Woolfolk, 2013).

수업은 일관성 있게 순서대로 제시되어야 하며 주제를 벗어나지 않아야 학생들에게 혼란을 주지 않는다. 관련 주제에 대하여 학생들이 잘 따라오고 있는지 확인할 수 있도록 중간중간 질문이나 문제를 포함시켜 주제를 주지시키고 핵심내용을 복습하게 한다. 한 주제가 끝나고 새로운 주제로 넘어갈 때는 새로운 개념으로 이동하였음을 학생들이 알아차릴 수 있게 전환 신호를 사용하여 학생들이 새로운 정보를 받아들일 준비를 하게 한다(Eggen & Kauchak, 2011).

수업 중 특히 중요한 내용에 주의를 기울이게 하기 위해서는 언어적 및 음성적 강조의 형태를 사용하여 잘 기억하도록 도와준다. 예를 들어 "시험에 나와요, 이거 중요해요, 밑줄 그어 주세요, 형광펜 색칠, 이건 꼭 알아둬야 하는데 너무 어려우니까 선생님이 한번 더 설명할게요, 헷갈리고 틀리기 쉬운 내용이에요, 수능 기출문제였어요. 이 부분을 이해하지 못하면 다음에 나오는 것도 계속 모르게 되어요." 등의 표현을 사용하여 학생들의 주의를 환기시키고 강조한다. 목소리를 크게 하거나 천천히 다시 한번 말하는 것, 때로는 강조를 위해 침묵을 사용하는 것도 음성적 강조의 형태가 될 수 있다(Woolfolk, 2013).

- 집중

유능한 교사들은 학생들이 수업 시간에 학습 내용에 집중할 수 있도록 유도할 수 있다. 수업의 시작과 도입 부분에서 학생들의 집중을 이끌어내기 위해서는 주의를 산만하게 하는 요소 없애기(예, 시끄러운 경우 창문을 닫기, 어지러운 책상 정리하기 등), 이전 수업과 연결되는 부분 소개하기, 동기유발이 강한 활동 내용으로 시작하기(재미있는 이야기, 관련 영상 시청, 만화, 인터넷 자료 등)를 활용할 수 있다(박병량, 2004).

수업 중 주의집중을 유지하기 위해서는 학습 내용이 지루하지 않고 학습자에게 유의미하면서 흥미롭게 받아들여져야 한다. 지루한 설명이 연속되기보다는 핵심 내용에 대한 설명을 들은 후 실례, 그림, 모형, 소품, 그래프나 표를 보며 구체적으로 확인할 수 있게 하고, 내용을 충분히 이해하였는지 빈칸 채우기 등을 하며 생각을 정리하게 할 수 있다(Evertson & Emmer, 2009). 단, 지나치게 다양한 형태를 보여주거나 한꺼번에 여러 가지 자극을 주는 학습 자료를 사용할 경우 학생들이 학습 내용보다 자료 자체에 집중하게 되므로 오히려 수업에 방해가 될 수 있다(임규혁, 임웅, 2018).

때로는 침묵을 지키는 것이 소란스러움을 가라앉혀 집중하게 하는 효과를 나타내기도 하며 학생들에게 학습 내용을 이해할 수 있는 시간을 주고 강조의 의미를 전달하기도 한다(박병량, 2004).

- 피드백

학생들의 수행 결과에 대하여 정확성과 적절성을 판단하여 의견을 전달하는 교사의 피드백은 학습자들에게 지식의 정확성을 점검하여 정교화하고 자신의 향상도에 대한 정보를 제공받아 향상도를 확인할 수 있게 한다(Eggen & Kauchak, 2011). 이는 학생들이 제출한 과제나 보고서에 서면으로 의견을 작성해 주는 문어적 피드백(written feedback)이나 질문에 대답하는 과정에서 구두로 반응하는 구어적 피드백(verbal feedback)으로 전달할 수 있다. 또한 틀린 문제에 대한 교정과 오답노트 작성 지도 등의 형태로 제공될 수도 있다(임규혁, 임웅, 2018). 교사의 피드백은 '긍정적인 교실 학습 환경의 조성' 절에서 추가 설명할 것이다.

• 질문하기

수업 중 교사가 제공하는 질문은 인지적 갈등을 촉발시켜 동화와 조절이 일어날 수 있게 하며 정보 시연과 회상을 도와줄 수 있으므로 효과적인 학습 내용 습득과 학업 성취 향상에 기여할 수 있다. 교사의 질문이 문제해결에 단서를 제공할 수 있으며 호기심과 흥미를 유발시킬 수도 있다(Woolfolk, 2013). 질문하기는 교사와 학생, 학생과 학생 간 상호작용을 강화할 수 있으며 주의 집중에 도움을 주고 학습이해 정도를 점검할 수 있게 한다. 효과적인 질문-대답-반응의 과정이 일어날 수 있도록 교사와 학생 모두 좋은 질문을 하고 이에 대답하는 방법을 익힐 필요가 있다.

질문은 학습 내용과 학습 과정이 모두 포함될 수 있어서 학습 주제에 대한 배경 지식과 관련된 질문을 제공할수록 학습에 더 큰 도움을 받을 수 있게 되며, 대답하는 과정에서 문제해결력과 비판적 사고력을 향상시킬 수 있다(임규혁, 임웅, 2018). 질문에는 하나의 정답이 요구되는 수렴적 질문(convergent question)과 여러 개의 답이 도출될 수 있는 확산적 질문(divergent question)이 있다(Woolfolk, 2013). 교사는 수업 중 질문의 빈도를 어느 정도로 할 것인지 계획해두고 학습 목표에 적합한 인지적 수준의 질문을 준비하며, 가능하면 여러 학생에게 골고루 질문하여 되도록 많은 학생들이 참여할 수 있게 한다 (Eggen & Kauchak, 2011).

개인 혹은 집단에게 질문을 던진 후 곧바로 대답을 하지 못한다면, 힌트를 주거나 질문을 좀 더 단순화하여 재질문할 수도 있으며 생각을 정리하여 답할 수 있도록 시간을 좀 더 제공할 수도 있다. 질문에 대한 대답에서 학습 내용을 잘못 이해하고 있는 것이 나타날 경우 핵심 개념을 다시 가르쳐주고 오개념을 수정할 수 있도록 지도한다.

• 점검과 정리

교사는 수업 중 학생들이 충분히 이해하고 있는지 확인하기 위해 학생들의 언어적, 비언어적 행동을 계속 관찰할 필요가 있다. 새로운 개념을 설명하였을 때 혼란스러워하거나 이해하기 어렵다는 반응을 보인다면 다시 한번 천천히 반복해준다(Evertson & Emmer, 2009). 정보처리에서 인지적 과부하가 일어나고 있지는 않은지 수업 중 지속적으로 학생들의 반응에 주의를 기울인다.

새로운 정보를 수용하고 기존의 지식에 통합할 수 있도록 수업 중 자습 시간을 제공하고 학생들 사이를 돌아다니며 효과적인 학습이 일어나고 있는지 점검한다(박병량, 2004; Schunk, Pintrich, & Meece, 2008). 자습 중 교사의 도움이 필요하다면 어떻게 요청해야 하는지 알려주고(예를 들면, 손을 들어서 도움 요청을 알린 후 기다리기) 개별적으로 지도해준다. 자습 중 학생들이 공통적으로 어려워하는 부분이나 추가 설명이 필요한 내용이 발견된다면 메모해 두었다가 자습이 끝난 후 다시 한번 가르쳐준다. 수업이 끝날 때쯤 주요 학습 내용을 다시 한번 요약하여 의미 있는 도식으로 구조화할 수 있게 도와주고 (Eggen & Kauchak, 2011) 숙제가 있다면 학습내용과의 연계성, 수행 방법, 제출 기한 등을 알려준다.

2 긍정적인 교실 학습 환경의 조성

공간은 인간의 행동을 담는 그릇이다. 학교에서 교실은 교사가 지닌 가치를 반영하는 곳으로, 학생들이 목표를 설정하고 자신의 성장과 향상을 확인함으로써 배움을 나누는 장소이다. 교실의 학습 환경이 어떻게 구성되느냐에 따라 학생들의 과제 이해 수준이 달라질 수 있으며 타인(다른 학생, 교사 등)과의 관계를 인지하는 방식도 다양할 수 있다. 이는 과제 수행 과정 및 결과, 최종 성취 목표에 영향을 주게 된다(Ames & Ames, 1984). 학교와 교사는 학생들의 다양한 능력과 발달적 특성이 반영될 수 있도록 효율적으로 구조화된 교실 학습 환경을 모색하고 제공해야 한다.

학생들의 목표 달성과 학습동기를 증진하는 학습 환경으로 TARGET 모형이 연구된 바 있다. 이는 구체저으로 '과제(Task) 제시 방법, 학생의 자율성(Autonomy)과 참여 허용적 권위(Authority), 성취 인정(Recognition)과 보상(Reward), 다른 학생들과 상호작용할 수 있는 집단 활동(Grouping), 개선의 기회를 제공하는 평가(Evaluation), 개인의 요구 사항들이 반영된 과제 수행 시간(Time)'이라는 여섯 가지 요소가 학습 환경에 구조화될 것을 강조하고 있다

(Ames, 1992; Epstein, 1987).

1) Task : 과제 설계 방식

과제는 수업 중 교사가 나누어준 학습자료에 필기를 하거나 메모하기, 모둠 활동 후 제출하기, 집에서 숙제하기, 한 학기 동안 보고서 쓰기 등을 포함하는 학습활동을 의미한다. 과제에 참여하는 과정에서 학습자는 구체적인 목표를 설정하게 되며 문제해결에 필요한 전략을 탐색하게 된다. 특히 이 과제가 학습자에게 흥미를 불러일으킨다면 학습자의 인지와 동기에 긍정적인 영향을 줄 수 있다(Ames, 1992). 과제는 기본 학습 기술을 사용하는 것일 수도 있고 고등사고 기능이나 창의성을 발휘해야 하는 것일 수도 있다. 혼자서 완성할 수 있는 과제일 수도, 모둠원들과 함께 작성해야 하는 과제일 수도 있으며, 과제의 순서나 난이도, 다양성, 사용하는 매체, 활동의 범위, 학생들에게 주는 의미에 따라 과제를 통해 습득할 수 있는 중요 내용이 달라질 수 있다 (Epstein, 1987).

과제는 또한 학생들의 능력 수준에 적절하면서 도전감을 줄 수 있어야 하는데, 과제가 너무 쉬우면 흥미를 불러일으키지 못하고 너무 어려우면 좌절감을 줄 수 있고, 좋은 점수를 받기 위해 수행목표만을 지향하게 될 수 있기 때문이다. 상황에 따라 교사는 모든 학생에게 동일한 과제를 제공할 수도 있고, 집단별로 혹은 개인별로 다양한 과제를 줄 수도 있다. 이를 위해서는 사전에 학생의 학습 수준이 어느 정도인지 알 수 있어야 할 것이다. 학생의 특성에 따라 과제를 다양하게 제공하였을 때의 장점은 사회적 비교의 기회를 줄여주기 때문에 학생들이 숙달목표를 가지고 흥미 있게 학습에 참여할 수 있게 된다는 것이다(Nicholls, 1984). 결과적으로 기본적인 학습 기술(skill)과 내용을 배울 수 있으면서 학생들 각자가 설정한 학습 목표를 달성할 수 있는 수준에서 제시되는 것이 효과가 있을 것이다(Wigfield, Cambria, & Eccles, 2002). 적절한 과제는 학생들이 학습에 더 많은 노력과 시간을 투자할 수 있도록 도와줄 수 있다(Elliott & Dweck, 1988).

과제 수행 기간은 너무 긴 것보다 단기적 목표를 하나씩 달성할 수 있도록 설계되었을 때 학생들에게 효능감을 느끼게 할 수 있다(Ames, 1992). 과제와 과제들이 서로 연계되어 있다는 것과 과제에 참여함으로써 자신의 실력이 점점 향상되고 있다는 것을 확인할 수 있다면 학습자들은 과제가 자신에게 주는 의미가 무엇인지 이해할 수 있게 된다. 반복적이고 지루한 과제는 오히려 흥미를 떨어트리고 심화 학습의 의지를 꺾을 수 있으므로(Epstein, 1987), 처음에는 기본 개념을 익히고 생각을 정리할 수 있도록 쉬운 과제를 부과하고, 차차 문제해결력과 분석적 사고, 비판적 사고력을 활용하여 해당 내용에 대한 깊이 있는 학습이 가능하도록 유도해야 할 것이다.

무엇보다 실패에 대한 두려움이 큰 학생들이 과제를 회피하려는 동기를 발동시키지 않도록 주의를 기울여야 할 것이다. 앞서 기대-가치 이론에서 설명한 바대로 학생들은 부여된 과제에 대하여 세 가지 가치(중요 가치, 흥미 가치, 효용 가치)와 과제에 투자해야 하는 노력 및 시간의 비용, 그리고 성공가능성을 함께 고려하여 과제에 접근하게 된다. 교사는 과제에 참여함으로써 학생들이 획득할 수 있는 것이 무엇인지 구체적인 설명을 제공하고, 자신이 선택한 과제에 긍정적인 가치를 부여하여 성공에 대한 접근 동기를 유지할 수 있도록 도와야 할 것이다.

2) Authority & Autonomy : 권한 부여와 학생의 자율성

두 번째 요소는 교실 내 학습 환경에서 학생들이 지각하는 권한 구조가 어떠한지, 학생들에게 어느 정도의 선택과 자율성이 허용되는지, 자신의 학습에서 독립심과 통제감을 느낄 수 있는 기회가 어느 정도 주어지는지에 관한 것이다(Ames, 1992; Epstein, 1987). 학습 환경의 권위는 교사에 의해서만 행사될 수도 있고, 교사와 학생이 어느 정도 공유할 수도 있다. 교사나 일부 학생에게만 권한이 부여되는 교실 환경에서 학습은 소수의 학생들에게만 의미 있는 활동이 되고 나머지는 소외될 수 밖에 없다(Epstein, 1987). 앞서 자기결정성 이론과 학습목표지향성 이론에서 살펴본 바와 같이, 학생들은 지각된 통제감과 자율성이 높을수록 학습에 대한 흥미를 높이고 인지적 전략을 더 잘 활용할 수 있게 된다(Ames & Archer, 1988; Deci & Ryan, 1987; Pintrich &

Schunk, 1996; Reeve, 2002). 학생들은 자신의 활동과 학습 진행 상황을 어느 정도 통제할 수 있다고 느낄 때 더 효과적으로 공부할 수 있다. 과제에 대한 선택과 결정권을 가질 수 있게 하는 교실 구조는 학습 참여를 높이고 숙달 목표에 관심을 가질 수 있게 한다(Wigfield, Cambria, & Eccles, 2002).

교실에서 권한을 분배하는 것은 학습에 보다 능동적이며 자신감 있는 학습자가 될 수 있게 하므로, 학생의 자율성을 높여주고 학습 태도와 학업적 성취에 긍정적인 영향을 준다(Epstein, 1987; Wigfield, Cambria, & Eccles, 2002), 이를테면 교사의 질문에 적극적으로 대답하는 것뿐만 아니라, 능동적 학습자로서 수업에서 자신의 역할을 선택하거나 과제와 관련된 의사결정에 참여하는 것을 포함한다(Schunk, Pintrich, & Meece, 2008). 예컨대, 자신이 원하는 토론 주제, 과제의 종류와 작성 방식 및 완성 후 제출하는 시기, 학습결과에 대한 피드백 제공 방법, 어려운 내용 이해를 위해 교사의 도움 찬스를 사용할 시기, 같은 모둠에서 활동할 구성원 선택 등에서 의견을 제시할 권한을 부여받을 수 있다.

교사들은 학생에게 결정권을 주는 것이 교사의 고유 권한을 침해하는 것이며 교사의 권위를 떨어지게 하여 교실을 통제하기 어려워질지도 모른다는 걱정을 할 수 있다(Epstein, 1987). 하지만 교실 내 학습 활동의 권한을 공유하는 것이 오히려 질서를 잡고 학습 환경이 안정적으로 운영되는 데 도움을 줄 수 있다(Eggen & Kauchak, 2011). 학생에게 학습에 선택권을 준다고 해서 교사의 영향력이 줄어드는 것은 아니며, 학생 마음대로 모든 것을 하도록 내버려 두거나 방치하는 것을 의미하는 것도 아니다. 권한을 부여하는 것은 학생들에게 학습 결정에 더 많은 몫을 내어주는 것과 동시에 학습에 더 많은 책임을 갖도록 요구할 수 있다는 뜻이기도 하다(Ames, 1992; Epstein, 1987). 따라서 무엇을 선택하고 무엇은 받아들여야 할지 결정하는 것은 여전히 교사의 권한으로 남아 있으며, 학생에게 부여된 자율성을 관리하는 전문가로서의 지위는 더 높아질 수 있다.

학습에서의 권한 부여가 학생의 자율성 향상과 학업 성취로 이어지기 위해서는 몇 가지 사항에 주의하여 적용하여야 할 것이다. 첫째, 너무 많은 선택사항을 주게 되면 오히려 학습에 방해가 되어 목표 달성에 실패할 수 있다는 점을 고려해야 한다(Woolfolk, 2013). 교사가 사전에 설정한 범위를 제시해 주거나 기본적인 몇 가지를 예시로 보여준 후 무엇을 선택하는 것이 효율적인 학습에 가장 필요한 것인지 생각하여 자신이 가장 잘 할 수 있는 것을 고를 수 있게 하면 좋을 것이다. 이 때 수행목표지향성에만 치우쳐 너무 쉽거나 너무 어려운 과제를 선택하지는 않는지 지도가 필요하다.

둘째, 선택과 결정권을 원하지 않는 학생이 있을 수 있다는 점을 고려해야 한다(Schunk, Pintrich, & Meece, 2008). 권한과 자율성 부여에 부담을 갖거나 외부의 압력으로 생각하는 학생이 있다면 참여 기회를 줄여주는 것도 필요하다. 학생의 발달과 학습 수준을 고려하여 점차적으로 자율성을 향상시킬 수 있도록 선택적 구조를 조정할 수 있을 것이다.

셋째, 부여받은 권한과 결정권을 활용하여 자신의 학습에 책임을 질 수 있도록 구체적인 전략을 가르쳐주어야 한다. 학생에게 선택권을 주는 것은 결국 스스로 목표를 세우고 이를 달성하기 위해 노력하도록 숙달지향성과 내재동기를 높여주고자 함이다. 하지만 이를 실현할 수 있는 능력이 부족하거나 구체적인 적용 방법을 모른다면 쉽게 포기해버리거나 자기가치감 유지를 위해 회피하려 할 수 있다. 학생들이 스스로 선택한 목표를 달성함으로써 성취감을 느낄 수 있도록 과제와 학습 완성에 필요한 공부 방법, 문제해결력, 메타인지, 자기조절학습 방법들을 함께 가르쳐주고 자발적으로 노력을 기울일 수 있도록 도와주어야 할 것이다(Ames, 1992).

3) Recognition & Reward : 성취 인정과 보상

긍정적인 학습 환경을 조성할 수 있는 중요한 구조적 요인으로 학생들의 성과와 발전을 인정해주고 이에 맞는 보상을 제공하는 것을 생각해 볼 수 있다. 성취에 대한 인정과 보상은 학습자의 과제 수행 방식과 학습에 투자하는 시간에 영향을 줄 수 있으므로(Epstein, 1987), 학생들의 숙달목표지향성을 발달시키기 위해서 교사는 학생의 노력과 향상도를 인정해주는 것이 바람직하다(Ames, 1992). 중요한 것은 감정적으로만 판단하는 것이 아니라, 학생이 실제로로 획득한 성과에 근거하여 보상과 인정을 제공하여야 한다(Schunk, Pintrich, & Meece, 2008). 성취의 인정에는 시험 점수나 칭찬과 같은 직접적인 보상뿐만 아니라 노력에 대한 교사의 인정과 학습자 스스로가 느끼는 만족감과 자부심도 해당될 수 있다(Epstein, 1987).

학생들의 학습 성취를 보상할 때는 단순히 수행을 더 잘해서가 아니라 끈기 있게 도전하고 노력하였다는 점을 높이 인정해주고 이전보다 향상되었음을 스스로 확인할 수 있게 하여야 한다(Woolfolk, 2013). 성취 결과와 수행 수준에 맞게 보상이 제공될 때 학생들은 실력이 이전보다 향상되었고 자신의 노력이 인정을 받게 되었다는 사실을 인지하게 된다. 그 결과 유능감과 자기효능감이 증가할 수 있다(Schunk, 2012; Stipek, 2002). 하지만 수행 결과와 상관 없이 무분별하게 보상이 주어질 경우, 학생들은 힘들게 노력할 필요가 없다고 생각할 수 있어 자기효능감에도 부정적인 영향을 끼칠 수 있다. 직접적인 보상을 받지 않았더라도 자신과 유사한 것으로 지각되는 모델이 인정받는 것을 관찰한 학생은 보상에 대한 기대가 커질 수 있으며 학습에 관심을 가지게 될 수 있다(Bandura, 1986). 교실의 학습 환경이 노력의 대가로 성취를 이룩한 학생을 인정하고 보상하는 구조일 때, 전반적으로 긍정적인 학습 분위기가 형성될 수 있으며, 목표 달성에 필요한 학습 기술을 습득하기 위해 적극적으로 학습에 참여하게 된다.

보상은 수업 목표에 따라 내용이 정해질 수 있으며, 개인뿐만 아니라 모둠별로 주어질 수도 있다(Epstein, 1987). 만일 학생들에게 협력의 중요성을 알게 하는 것이 수업의 목표라면 이를 장려하는데 보상을 활용할 수도 있다. 학급 내 보상에서 좌절감과 소외감을 느끼는 학생들이 발생하지 않으려면 최고의 성적만을 인정해주는 것이 아니라 목표를 향해 나아가는 과정에도 주목할 필요가 있다. 개인별로 각자의 학습에 전념할 수 있도록 보상 체계를 마련하여 메타인지와 학습동기를 높여주는 것이다. 예컨대, 자신의 학습 목표가 무엇이며 어떻게 달성할 것인지 구체적인 계획을 세우게 하고, 이를 위해 노력할 것, 노력하고 있는 것, 성취한 것이 무엇인지 점검표를 만들게 한 후 각 단계를 성공할 때마다 원하는 보상을 제공할 것을 약속할 수 있다. 점진적인 발전에 대한 보상을 통해 교실 내 학업 성취가 낮은 학생들이 자신의 능력을 향상시키는 데 도움을 줄 수 있다.

교실 내 인정과 보상의 사용에서 유의해야 할 것들은 다음과 같다(Stipek, 2002. p.32).

- 학생들이 흥미를 가지지 않는 활동에 참여할 수 있도록 보상을 사용하고 점차 흥미가 높아지면 보상을 철회한다. 처음에는 어렵게 느껴지던 것도 일단 시작하고 나면 생각보다 어렵지 않고 재미있다는 것을 알게 된다. 계속 하다 보면 처음에 받았던 보상을 잊어버리기도 하므로 다시 제공할 필요는 없다.
- 교사가 보상하려는 것이 무엇인지, 어떤 행동이 보상되는지를 학생들에게 분명히 전달할 필요가 있다. 예컨대, "선생님이 너에게 95점을 준 이유는 네가 정말 열심히 노력했고, 수학 공식을 적용하는 방법이 개선되었으며, 계산 문제에서 실수가 줄었기 때문이야"와 같이 구체적으로 말해 준다.
- 높은 수준의 노력과 지속성, 높은 기준의 달성, 눈에 띄게 줄어든 실수 등과 같이 뛰어난 성취에 대해 보상한다. 반면, 별다른 노력이 필요 없지만 상대적으로 높은 수행 수준을 보인 결과에 대한 보상은 제공하지 않는다.
- 간식, 자유시간, 받고 싶은 선물과 같이 단순히 물리적이고 순간적인 기쁨을 주는 보상도 좋지만, 교육활동의 내재적 기쁨을 전달할 수 있는 보상은 무엇일지 고민해본다. 주어진 보상에 참여하면서 동시에 학업 활동도 가능할 수 있다. 예컨대, 컴퓨터를 활용한 학습 활동이나 퍼즐놀이, 낱말 퀴즈, 게임을 활용한 단어 학습 등과 같은 활동도 보상으로 제공될 수 있다.
- 행동과 보상 간의 간격이 너무 크면 보상의 효과가 떨어진다는 점에 유의하고, 상황에 따라 즉각적인 보상이 주어질 수 있어야 한다.
- 실제적으로 접근 가능한 보상을 제공한다. 도달하기 어려운 목표 성취

가 보상받는 것만을 관찰한 학생들은, 자신은 노력해봤자 학급에서 인정받을만한 성취를 이룰 수 없을 것이라 생각하게 된다. 노력과 개선, 향상도 보상받을 수 있다는 인식을 심어주면 모든 학생들에 접근 가능한 보상으로서 유인가를 지닐 수 있을 것이다.

교사의 신뢰로운 칭찬은 학생의 학습동기를 높여 과제에 집중할 수 있도록 도와주며, 자신의 학업적 향상에 구체적인 정보를 제공해준다. Brophy(1981)는 칭찬을 "행동의 적절성과 정확성에 대한 단순한 피드백 이상의 반응"이라고 정의하였다(p.5). 효과적인 칭찬을 사용하고 있는지 교사가 참고할 만한 지침 사항들은 <표 16-2>와 같다.

▷ **표 16-2** 효과적인 칭찬을 위한 가이드라인

효과적인 칭찬	비효과적인 칭찬
• 행동과 유관성 있게 칭찬한다. • 수행한 것 중 구체적인 것을 칭찬한다. • 즉각적이며, 다양하고 신뢰로운 표현으로 학생의 성취에 관심을 가지고 있다는 것을 분명하게 보여준다. • (노력을 포함한) 구체적인 기준을 세우고 특정 행동을 성취하였을 때 이에 대한 보상으로 칭찬한다. • 학생의 유능성과 성취의 가치에 대한 정보를 전달한다. • 학생들이 자신의 과제 관련 행동을 더 잘 이해하여 문제해결에 필요한 사고를 하도록 유도한다. • 학생들이 이전에 성취했던 것들을 언급하며 현재의 성취가 어떠한지 설명한다. • 어려운 과제에 눈에 띄는 노력을 기울였다거나 성공하게 된 것을 인정해준다. • 성공을 노력과 능력에 귀인하도록 칭찬하여 다음에도 유사한 성공을 기대할 수 있게 한다. • 학생들이 과제가 재미있어서, 과제와 관련된 학습 기술을 향상시키고 싶어서 과제에 노력을 기울였다고 믿을 수 있게끔 내적 귀인을 촉진시킨다. • 학생들이 자신의 과제 관련 행동에 주의를 집중시키는 칭찬을 한다. • 과정을 끝마친 후 칭찬하여, 자신의 과제 관련 행동을 이해하고 바람직한 귀인을 할 수 있도록 돕는다.	• 임의적이고 비체계적으로 제공한다. • 전반적으로 긍정적인 반응을 보인다. • 단조롭고 획일적인 표현을 하여 학생들에게는 관심이 없고 그저 조건화된 반응이라고 느껴지게 한다. • 수행 과정이나 결과를 고려하지 않고 단지 참여하기만 하면 그에 대한 보상으로 칭찬한다. • 학생이 어느 정도 성취하였는지 전혀 정보를 전달하지 않는다. • 학생들이 자기 자신 혹은 타인과 비교하여 경쟁에 필요한 것이 무엇인지 생각하도록 유도한다. • 다른 학생들이 성취한 것을 언급하며 학생의 현재 성취를 설명한다. • 노력의 정도나 성취의 의미에 상관 없이 칭찬한다. • 성공을 오로지 능력에만 귀인하게 하거나 운이나 쉬운 과제와 같이 외적인 요인에서 찾게 한다. • 학생들이 교사를 기쁘게 하거나 경쟁에서 이기고 싶어서, 상을 받고 싶어서 과제에 노력을 기울였다고 생각하게 하는 외적 귀인을 촉진시킨다. • 학습을 조정하는 권위적 인물로 교사를 인식시키고 주목하게 한다. • 수행 도중에 칭찬하여 과제 관련 행동에 집중하지 못하고 주의를 산만하게 하여 방해가 된다.

※ 참고: Brophy (1981). p.26.

학년이 올라가면서 학생들의 관심사와 학습 기술이 다양해지는 만큼 자신의 실력에 대해 인정받고자 하는 욕구와 보상에 대한 유인가도 다양해질 수 있다. 또한 학습자로서 자신의 능력에 대한 강점과 약점, 적합한 공부 방법에 대한 성찰도 깊어질 것이다. 따라서 교실 내에서 공식적으로 주어지는 인정과 칭찬 이외에도 자신에게 유능감을 느낄 수 있게 하는 내재적 보상이 무엇일지 스스로 이해하고 이를 활용할 수 있어야 한다(Epstein, 1987). 교실에서 받는 인정과 보상에서 학습자로서의 유능성을 알려주는 정보를 발견하고 이를 통해 개인적 만족감과 내재 동기, 학업적 흥미를 높일 수 있도록 독려해야 할 것이다.

4) Grouping : 집단 활동과 상호작용

네 번째 구조 요인은 학급 내의 다양한 특성을 가진 학습자들이 상호작용 및 협력하는 과정에서 학습 능력을 신장시킬 수 있도록 학습 환경을 조성하는 것이다. 일정 기간 동안 모둠 활동을 하도록 계획하고 있다면, 성별, SES, 학업 능력, 목표나 관심사 등을 기준으로 서로 유사한 혹은 상이한 학생들끼리 집단을 구성해줄 수 있다. 이는 집단 구성 방법, 집단 내 목표 설정, 집단원의 역할과 실행 과정, 결과에 대한 개별 혹은 공동 과제 방식이 어떻게 결정되는지에 따라 학생들은 다양한 학습 활동을 경험하게 된다(Epstein, 1987; Schunk, 2012).

모둠 활동을 하는 동안 학생들은 인지적 사고 과정과 학습전략을 공유할 뿐 아니라 문제에 접근하는 방식과 학습태도에 대해서도 서로 모델링할 수 있다. 집단은 능력이 같지는 않으면서 서로 다른 특성을 지닌 학생들로 구성하여 효율적으로 과제에 참여할 수 있도록 기회를 제공하는 것이 좋다(Wigfield, Cambria, & Eccles, 2002). 혼자서는 해결하기 어려운 과제일지라도 집단 활동으로 주어졌을 때는 관련 주제를 더 깊이 있게 이해하기 위해 함께 토론하고, 해결 방법을 찾기 위해 협력하며, 포기하지 않고 각자의 역할을 끝까지 완수할 수 있도록 서로를 격려할 수 있다. 특히 학업 저성취 학생이 소집단 활동에 참가하여 공동의 성과를 내게 되면 자신의 몫을 충분히 수행하여 집단의 성공에 함께 기여하였다는 뿌듯함을 갖게 되므로 자기효능감이 증진될 수 있다(Schunk, 2012).

집단과의 상호작용은 학업뿐만 아니라 또래 관계 형성을 위해서도 필요한데, 교실에서 함께 공부하는 학생들의 행동을 받아들이고 이해하려는 노력을 통해 사회적 기술을 형성하게 되기 때문이다(Epstein, 1987). 학생들의 사회적 및 학문적 교류는 의견이 다른 사람들과 갈등을 해결하는 능력을 개발하게 하고, 상대방의 생각을 잘 듣고 수용하는 것과 자신의 의사를 정확하게 표현하는 것이 중요하다는 것을 경험하게 한다.

모든 모둠원이 참여하도록 잘 설계된 집단 활동에서 개인 학습자는 더 많은 책임감을 느끼게 되어 학습참여의 경험이 증가할 수 있고 동시에 개인의 향상도가 어떠한지도 분명하게 알게 된다(Schunk, 2012). 하지만 집단 내 학생들 사이에 압력이 존재하여 몇 명의 발언권이 강해지면 다른 의견들은 무시될 수 있으며, 소수의 학생이 나머지 학생들을 통제하거나 특정 학생에게 과제가 집중될 수 있다. 이러한 상황에서는 학습의 효과가 떨어지고 오히려 부정적인 결과가 나타난다. 집단 활동의 상호작용 수준에 따른 협동학습의 효과를 분석한 결과, 서로에게 관심을 가지고 우호적이며 협력적으로 활동한 집단 구성원들은 교실 환경을 좀 더 긍정적으로 생각하게 되었고 학교에 대한 호감도 증가하였으며, 내재 동기와 자존감이 높아진 것으로 나타났다. 결과적으로 시험 점수도 상승하였다. 이와는 대조적으로 상호작용의 수준이 낮은 집단에서 활동한 학생들의 협동학습 결과는 부정적이었다(Battistich, Solomon, & Delucchi, 1993).

집단 활동에서의 상호작용이 어떠한지 교사는 주의 깊게 살필 필요가 있다. Johnson과 Johnson(2009)은 효율적인 집단 활동이 되기 위해 다섯 가지 요소 즉, 긍정적인 상호의존(positive interdependence), 개인의 의무감과 책임감(Individual Accountability and Personal Responsibility), 촉진적 상호작용(promotive interaction), 사회적 기술의 적절한 사용(appropriate use of social skills), 집단 활동 진행(group processing)이 필요하다고 하였다.

긍정적 상호의존성은 집단에서 활용할 수 있는 자원, 구성원의 역할, 해결해야 하는 과제의 배분에서 각자의 성취가 모두의 성취에 영향을 줄 수 있음을 인지하고 최적의 수행이 될 수 있도록 서로 신뢰하며 지원하는 것을 의미한다. 집단 활동을 시작할 때 필요한 분량과 범위를 나누고, 읽기, 쓰기, 요약하기, 자료 취합하기 등의 역할을 분배하거나 과제 작성의 각 파트를 할당하게 된다. 이때, 공동의 목표를 성공적으로 성취하기 위해서는 나 혼자만 잘해서 되는 것이 아니라 어려움을 겪는 다른 팀원을 도와주어야 하며, 나 또한 필요할 경우 팀원들의 도움을 받아야 더 나은 결과물을 만들 수 있다는 것을 주지시켜야 할 것이다.

상호의존성은 개인의 의무감과 책임감을 다해야 한다는 생각을 불러일으킬 수 있다. 각자 의무적으로 해야 하는 것이 무엇인지 잘 알고 있을 때 개인과 집단의 책임감도 증가할 수 있으므로, 집단 활동의 성과를 위해 자신이 무엇을 해야 하는지 활동 초반에 확실하게 이해할 필요가 있다. 개인의 의무감과 책임감이 떨어질 경우 전체의 책임감도 부족해질 수 있으므로 집단 활동의 중간 평가에서 처음에 계획한 기준과 비교하여 어느 부분에서 보완을 해야 하는지 확인하게 한다. 집단이 너무 클 때, 구성원의 기여도를 파악하기 어려운 과제를 수행할 때, 중복된 역할을 수행하게 될 때, 집단의 응집력이 부족할 때 개인의 의무감과 책임감이 줄어들 수 있으니 이러한 것들을 고려해야 할 것이다.

촉진적 상호작용은 긍정적 상호의존성에 영향을 받는다. 촉진적 상호작용은 집단 구성원 개인의 특성에 해당하는 것으로, 이러한 특성이 높은 구성원은 집단의 목표를 달성하기 위해 서로의 노력을 격려하고 함께 생산적인 결과를 도출하기를 응원한다. 서로에 대한 신뢰감이 높고 서로의 이익을 위해 필요한 정보와 자료들을 효과적으로 교환하며 필요할 경우 피드백과 조언을 제공하기도 한다. 반면, 촉진적 상호작용성이 낮은 구성원은 자신이 생산적인 결과를 내는 것에만 주력하여 다른 사람들의 노력은 무시하거나 견제하게 된다. 서로의 노력을 인정하고 존중하며 격려하려는 마음이 없는 구성원은 결국 공동 과제 수행을 방해하게 되고 그 집단은 더 나은 결과물을 생산하지 못한다.

사회적 기술의 적절한 사용은 집단 구성원들과의 협력과 대인 관계를 효과적으로 유지하기 위해 필요한 것으로, 숙련된 팀워크를 형성하도록 도와준다. 집단 공동의 목표를 달성하기 위해 구성원들은 서로에 대해 이해하고 신뢰하기, 정확하게 의사소통하기, 서로를 수용하고 지지하기, 갈등을 건설적으로 해결하기 등과 같은 사회적 기술을 배워야 한다. 이는 서로 간의 연결고리를 형성해주고 의지할 수 있게 하므로 스트레스와 긴장을 낮춰줄 수 있다. 높은 사회적 기술은 집단 구성원들 간에 긍정적인 인간관계를 구축할 뿐만 아니라 결과적으로 집단이 더 나은 성과를 거둘 수 있도록 도와준다.

집단 활동 진행은 집단 구성원들이 활동한 내용의 효율성을 평가하여 개선하기 위해 필요한 요소이다. 함께 과제를 수행하면서 어떤 부분이 효과적으로 진행되고 있는지 혹은 그렇지 못한지를 반성하고, 남은 기간 동안 어떻게 보완해갈지, 맡은 역할을 계속 수행할지 아니면 변경할지를 점검하기 위해 각자 질문을 해 본다. 이 과정에서 구성원들은 서로가 지금까지의 과제 수행에 기여한 바를 인정하고 존중해야 하며 리더의 제안에 따라 중요한 사안들을 결정하게 된다. 집단 구성원과 리더에 대한 존경심을 가지게 될 때 구성원들의 자존감은 높아질 수 있으며 집단 활동의 부족한 점을 채우기 위해 더욱 노력하려는 단결성을 가질 수 있다. <표 16-3>은 집단 활동 구성에서 교사가 참고할 사항들이다.

▷ **표 16-3** 집단 활동 지도 참고사항

구분	내용
과제 유형 고려	• 구조화된 과제 : 단원 복습, 연습 문제 풀기, 읽고 답하기, 계산 하기, 실험 결과 작성 등 구체적인 답이 정해진 과제 • 비구조화된 과제 : 주어진 문제해결에 필요한 다양한 답이 존재하며 고등 사고력과 창의력이 필요한 과제, 토론과 논의 필요 • 사회적 기술과 의사소통 과제 : 또래 집단에서 사회적 기술을 습득하고 다양성을 이해하는 과제
집단의 크기와 구성	• 과제 유형과 주제에 따라 집단의 크기 결정 • 공통된 관심사, 학업 수준, 기타 학생의 특성을 고려하여 상호작용이 촉진될 수 있도록 구성

역할 분배	• 집단 구성원들의 팀워크와 참여를 장려하기 위해 최적의 역할이 무엇일지 집단 내에서 고민하고 결정하도록 함 • 집단 내에서 리더를 뽑아 집단 활동의 구심적 역할을 할 수 있게 지도함 • 모든 팀원이 골고루 참여하고 있는지, 적절하게 협력하고 있는지 관찰 및 점검 • 역할 수행이 학습에 방해가 되지 않도록 주의
교사의 보조역할	• 집단 과제의 학업 목표뿐 아니라 집단 활동에 필요한 대인 관계의 가치와 지켜야 할 사항을 전달(공정성, 서로에 대한 관심, 존중, 책임감 등) • 집단 활동을 어떻게 수행해야 하는지 구체적인 시범을 보여주고 참고할 수 있는 사례를 제공 • 활동을 시작하기 전에 집단 과제 제출 기한, 과제에 포함되어야 할 필수 내용, 평가 기준 등을 명확하게 제시 • 과제 수행에 필요한 질문하기, 토론하기, 자료 검색하기 등의 방법을 가르쳐주고 연습시킴 • 구성원들 간 갈등을 해결하는데 도움이 될 수 있도록 기본적인 사회적 기술과 의사소통 방법을 가르쳐 줌 • 집단 활동의 마무리 단계에서 집단 과제 수행의 학문적 성과와 사회적 가치에 대해 함께 논의하는 시간을 마련하여 혼자 할 때보다 같이 할 때의 장점이 무엇인지, 더 나은 결과를 위해 무엇을 보완해야 하는지 생각해보게 함

※ 참고: Johnson & Johnson (2009), Woolfolk (2013).

5) Evaluation : 평가와 개선의 기회 제공

평가 구조는 학습을 장려하기 위해 학생의 학습 및 행동이 설정된 기준을 달성하였는지 점검하고 판단하는 절차를 의미하는 것으로, 학생들에게 자신이 무엇을 알고 있는지 혹은 모르고 있는지 정보를 전달하여 개선의 기회를 제공하는 것이 주된 목표이다(Epstein, 1987). 이는 교실 내 학생들에게 보상과 처벌의 형태로 주어질 수 있어 앞서 살펴본 성취 인정 및 보상 구조와 관련이 있으며, 성공적인 학습 환경의 조성을 위해 주의 깊게 설계될 필요가 있다. 학생들이 교실의 평가 구조를 어떻게 인식하는지에 따라 목표 유형과 동기 양식이 달라질 수 있다(Ames & Ames, 1984). 학습자의 학업적, 사회적, 개인적 능력에 대한 교사의 평가는 학습 내용과 평가 목적에 따라 기준이 달라질 수 있으며, 교실 내에서 공개적으로 이루어질 수도 있고 개별적으로 제공될 수도 있는데 이는 학습동기에 영향을 준다. 수업 중에 이루어지는 공개적인 평가가 지나치게 경쟁을 유도하거나 성적만을 강조할 경우 수행목표를 지향하는 학생들이 많아질 것이다. 내재적 학습 동기를 높이고 숙달목표를 가질 수 있도록 돕기 위해서는 규범적 비교나 경쟁적 평가보다 개별적인 향상도와 학습목표 달성을 평가하고, 반드시 평가결과에 대한 피드백을 제공하여 학습이해도를 높일 수 있는 기회가 될 수 있게 하는 것이 바람직하다(Ames, 1992; Eggen & Kauchak, 2011; Wigfield, Cambria, & Eccles, 2002).

교실에서 일어나는 평가는 학생들이 목표를 설정하고 자신의 학습 행동을 유지하며 더 나은 성과를 도출하는 데 지침이 될 수 있다. 평가의 형식, 내용, 빈도 등은 학습자의 자기 평가와 학습전략 개발에 도움을 준다. 긍정적 학습 환경을 조성하기 위해 평가의 절차는 공정하고 명확해야 하며, 평가 내용에는 학습 향상도와 관련된 중요한 정보가 포함되어 있어 평가 과정 및 결과를 통해 자신의 학습 수준을 정확하게 파악하고 앞으로 무엇을 개선해야 하는지 이해할 수 있어야 한다. 불공평하고 불분명한 평가는 학생들이 무엇을 어떻게 개선해야 하는지 정확한 정보를 전달할 수 없으며 학업실패에 대한 실망감을 안겨주고 더 나은 수준으로 향상될 수 있는 기회를 제한하게 된다(Epstein, 1987).

학생의 수행에 대하여 교사가 제공하는 피드백은 평가의 기능을 지니고 있으며 학업 성취 및 동기에 영향을 줄 수 있다. 잘못 이해하고 있는 것을 교정해주고 더 나은 학습이 이루어질 수 있도록 조언하는 피드백은 학생들이 숙달목표를 지향할 수 있게 하고 노력하면 더 향상될 수 있다는 생각을 갖게 한다(Ames, 1992). 피드백은 정답과 오답을 판정하고 문제에 접근하는 방식을 알려주는 교정적(corrective) 역할을 하기도 하고, 학습동기를 높여주고 학습 행동을 지속하도록 학생을 설득하는 역할을 하기도 한다(Schunk, 2012).

수행 결과의 정확성 정보를 전달하는 교정적 피드백으로는 "맞았어, 정확해, 풀이과정은 맞았지만 답이 틀렸으니 이 공식을 적용해보자, 그렇게 해석할 수 있다니 문법을 정확하게 이해하고 있구나, 이 개념을 적용하면 실험 결과를 예측할 수 있지" 등의 표현을 사용하는 것이다. 학습 내용을 올바르게 이해하고 있는지 판단해주면서 동시에 적절한 학습전략에 대한 정보를 제공할 수 있기 때문에 학생들의 자기효능감과 학습동기를 높여줄 수 있다. 귀인 정보를 제공하는 피드백은 "잘 알고 있네. 이번에는 정말 열심히 노력했구나"와 같이 학생의 성공을 노력에 귀인하도록 도와줄 수 있다. 비슷한 수준의 학습자가 성공한 사실을 언급함으로써 학생의 자기효능감을 높여줄 수도 있다. 이를테면 "지난 번에 A가 이 문제를 어려워했지만 세 번 정도 반복해서 풀어보더니 이젠 완벽하게 이해하게 되었지. 너도 문제를 조금만 더 풀어보면 확실히 알게 될 수 있을 거라는 생각이 드네"와 같은 피드백이 해당된다. "처음엔 어려워하더니 결국 이 내용을 이해하게 되었구나. 예전에 비하면 실력이 정말 많이 향상되었네"와 같은 피드백을 주었을 때 학생들의 효능감은 향상될 수 있으며 학습행동을 지속하고자 노력하게 될 것이다.

교실에서 진행되는 평가를 수행 기능과 시점에 따라 유형을 구분하면 진단(diagnostic)평가, 형성(formative)평가, 총합(summative)평가로 적용할 수 있다(황정규 외, 2017). 교사에 의해 만들어지고 결정되는 평가들은 교사의 교수 활동을 향상시키고 학생들이 더 나은 학습을 경험할 수 있도록 돕기 위한 것이다. 진단평가, 형성평가, 총합평가를 활용하여 교사는 교육목표 설정의 타당성과 교육내용 및 과정의 적절성을 판단할 수 있고, 학습자는 학습목표의 달성 정도와 학습 내용의 이해 수준을 확인하여 부족한 점을 보완할 수 있다. 이는 결국 교육의 목적을 충실히 실행하기 위해 반드시 필요한 과정이라 할 것이다(김경희, 2017; 배호순, 2008).

▷ **표 16-4** 교수학습 진행에 의한 평가 시기별 유형 구분

구분	내용	
	시기	특징
진단평가	교수·학습 전	• 학습목표 달성에 요구되는 능력과 기능을 갖고 있는지 확인 • 사전에 학습목표를 달성하였는지 분석 • 학습자의 출발점 행동 진단 • 적절한 교수법이나 대안을 제공하기 위해 학생의 특성을 파악하고자 함
형성평가	교수·학습 중 수시로	• 학습 진전 상황을 확인하고 학습목표 달성을 돕기 위해 실시 • 학습과정에서 학생들이 느끼는 어려움을 확인하여 문제를 해설하고자 함 • 교사의 수업 설계와 활동에 중요한 정보를 줄 수 있음 • 단순한 시험이 아니라 교수학습의 과정으로, 학습자가 정보를 효율적으로 저장하고 인출을 연습할 수 있도록 도와줌(과제, 퀴즈, 발표, 연습문제 풀이 등)

		•평가 결과를 전달하여 개선 사항이 있으면 보완하고 학습동기를 유발하여 행동을 촉진시키고자 함 •수업 중의 학생의 표정, 어조, 음성의 크기, 억양, 발화 간격, 침묵, 시선 등 태도와 관련된 정보도 평가할 수 있음
총합평가	교수·학습 후	•교수학습이 완료된 시점에서 교육목표의 달성 여부나 정도를 종합적으로 판정하는 평가 •성취 수준의 도달 여부 판정, 서열화, 자격증 부여, 집단 간 비교, 프로그램 시행 여부 결정 •교사의 수업 책무성 점검과 수업 목표의 달성 여부를 판단할 수 있음

평가가 '시험'이라는 틀에 갇혀 점수나 결과만 중요시하게 되면 교육활동과 평가활동이 유기적으로 연계되지 못하게 되므로 학습의 효과도 떨어지게 되며, 평가의 본래적 의의와 교육적 의미도 상실하게 된다. 학습에 도움이 되는 평가가 되기 위해 교사는 평가가 수업과 별개의 활동이 아니라는 관점을 가지고 평가의 과정과 결과를 학습 지도에 적극적으로 활용하여야 한다(홍송이, 2022a). 특히 오답 지도는 내용 이해에서의 오류를 수정하여 지식 습득에 도움을 주고 집중력을 높이며 학습동기를 향상시킬 수 있다(서현정, 류희수, 2015; 황희정, 2018). 학생들이 자신의 오답에 무조건 부정적인 생각을 갖기 보다 생각의 오류를 수정하는 기회로 삼아 더 나은 성취를 추구할 수 있도록 지도해야 한다. 평가의 궁극적인 목적은 학생의 성장과 발달에 도움을 주는 것이다. 이를 위해 교사는 자신의 수업뿐만 아니라 학생의 학업성취 과정과 결과, 학습자로서의 특성에 관한 정보를 수집하고 이를 해석하며 수업에 활용할 수 있도록 평가자로서의 전문성(McMillan, 2004)을 향상시켜야 한다.

교사의 평가 전문성에는 평가방법의 선정 역량, 평가도구의 개발 역량, 평가의 실시와 채점 및 성적부여 역량, 평가결과의 분석과 해석 및 활용 역량, 평가에 대한 윤리적 인식 능력이 해당된다(김경희 외, 2006). 평가활동의 적절성과 공정성을 유지하고 평가 결과를 교육적 의사결정에 효율적으로 활용하기 위해서는 동료 교사들과 협력하거나 교사 연수나 연구 활동에 참여하는 등 전문적인 소양을 높이기 위해 노력을 기울여야 한다.

6) Time : 충분한 학습 시간이 주어지는가?

수업 중 몇 가지 학습 활동을 하다 보면 시간에 쫓겨 교사가 준비한 내용을 다 하지 못하고 다음 시간으로 연장하게 되는 경우가 있다. 개인차에 따라 빨리 끝내고 기다리는 학생이 있는 반면, 주어진 시간 안에 다 소화해내지 못하여 급하게 마무리하는 학생들도 있다. 성공적인 학습 환경 조성에 필요한 교실 구조화의 마지막 요소는 학습 시간의 사용과 관련된 것이다. 학습 내용과 주제에 따라 달라질 수 있는 수업 속도, 주어지는 과제량의 적절성, 과제 완성에 할당되는 수업 속도, 과제 완성에 걸리는 시간 등이 이에 포함된다 (Epstein, 1987).

학기 초에 계획한 학습 목표와 단원 내용에 따라 수업 활동의 일부분으로, 때로는 수행평가의 일환으로 학생들은 과제에 참여하게 된다. 교사는 과제 작성에 필요한 시간을 고려하여 제출 기한을 공지하고 이에 맞춰 완성하도록 요구한다. 교사가 설정한 과제 작성 일정이 너무 짧을 경우 이를 완수하고 보상을 받을 수 있는 학생은 소수에 불과할 수 있으며, 기한을 넘기지 않는 것에만 급급하여 형식적인 면에 치우치게 되면 실질적인 학습이 이루어지지 못할 수도 있다. 합리적 시간 설정은 낭비되는 시간을 줄이고 일정에 따라 수월하게 수업이 진행될 수 있도록 돕겠지만 모든 학생들이 최적의 학습 결과물을 제출할 수 있도록 동일한 시간을 예측하여 제공하는 것은 쉽지 않은 일이다. 개인차에 따라 과제에 참여하는 수준과 방식이 다를 수 있으므로 시간에 쫓기면 실수를 연발하거나 학습 의욕이 꺾여 과제를 포기해버릴 수도 있다. 수업 중 과제를 먼저 끝낸 학생들은 지루해할 수 있고, 아직 과제를 하고 있는 학생들에게 방해가 될 수도 있다.

더 많은 학생이 더 나은 학습 경험을 할 수 있도록 유도하기 위해 학습 및 과제 시간 할당을 유연하게 적용하게 되면 마치 교사가 수업을 제대로 관리하지 못하는 것처럼 보일 수 있다(Epstein, 1987). 하지만 실제로는 더 많은 학생의 참여를 이끌어낼 수 있다. 앞서 권한 부여 요소에서 살펴보았듯 교실에서 자신에게 자율성이 주어진다는 것을 학생들이 지각하게 될 때, 좀 더 적극적으로 학습에 참여하게 된다. 학생들이 과제의 속도와 일정을 스스로 결정할 수 있고 자신의 학습 속도에 맞춰 성공적으로 과제를 수행할 수 있다는 사실을 인지하게 하는 것은 숙달목표를 촉진시킨다(Schunk, Pintrich, & Meece, 2008; Wigfield, Cambria, & Eccles, 2002). 과제 작성과 시간 사용에 어려움을 겪고 있는 학생의 요구사항을 반영하여 조정해주기 위해, 자신의 학습 향상도를 높일 수 있는 최적의 시간을 학생이 직접 계획하게 하고 이를 실천하도록 한다. 학생들에게 시간 관리의 통제권을 주는 것은 과제완성에 대한 불안감을 줄여주고, 자기효능감과 자기조절능력 향상에 도움을 주는 것으로 알려져 있다(Schunk, 2012).

수업 중 집단 활동에서는 과제를 빨리 마친 학생들이 다른 학생들이 과제를 작성하는 동안 무엇을 할 수 있는지 미리 알려줄 필요가 있다. 예를 들어, 먼저 작성한 학생이 집단 내에서 간단한 활동(집단 보고서 표지 만들기, 목차 만들기, 집단 구성원 명단 작성하기 등)을 하면서 기다릴 수 있게 하거나 공동 과제일 경우 서로 도움을 줄 수 있게 한다. 집단 간 학습 속도에 차이가 날 때에는 최대한 모든 집단이 시간 안에 과제를 작성하도록 하되, 빨리 완료한 집단이 다른 집단의 과제 제출을 재촉하거나 과도한 경쟁심을 자극하지 않도록 차분히 기다리게 한다. 상황에 따라 다른 학생들에게 방해가 되지 않도록 먼저 제출하고 다른 공간(교실)으로 이동하게 할 수도 있다.

학습 난이도가 높아지고 어려워짐에 따라 집중 시간이 늘어나고 주제를 깊이 있게 공부하는데 더 많은 시간이 필요할 수 있다. 교사는 단원의 내용과 특성, 학생들의 학습 이해도와 수준을 고려하여 학습 및 과제 시간을 유연성 있게 사용하여야 한다(Epstein, 1987). 기초 개념을 습득하는 차시에서는 교사의 설명을 듣고 중요한 용어와 개념들 간의 관계를 이해하는 데 많은 시간을 투자하게 할 수 있다. 기초 지식을 활용하여 좀 더 복잡한 문제를 해결해야 하거나 텍스트를 읽고 새로운 내용을 탐색해야 하는 차시에서는 이전에 학습한 내용을 이해하는 정도에 따라 학습 및 과제 시간을 다르게 적용할 수 있을 것이다. 사선에 설정한 시간을 엄수하고 지키는 것만 중요하게 생각하다 보면 수행목표만 강조하는 학습 환경이 만들어질 수 있다. 학생들의 학습 속도에 의해 나타나는 시간의 차이를 존중하고 어느 정도의 자율성을 인정해주는 교실 환경은 좀 더 효율적인 학습이 일어나는데 도움을 줄 수 있다.

③ 다문화학생의 학습 지도

우리나라의 학령 인구는 점점 줄고 있는 반면 다문화가정 학생 수는 늘어
나고 있는 추세이다. 학교에 적응하지 못하고 학습부진을 겪는 다문화학생이
있다면 이를 지원하기 위한 교사의 노력이 필요하다. 충분한 준비가 갖추어
지지 않은 상태에서 다문화 학습부진아를 지도하는 것은 쉽지 않은 일이다.
다문화가정 학생들이 학업문제에서 겪고 있는 어려움이 무엇인지 이해하고,
다문화 학습부진아의 학습능력을 향상시키기 위해 학급에서 활용할 수 있는
방안들을 모색하여야 한다.

1) 다문화학생의 학습 어려움 이해

다문화학생이 학습에서 겪는 어려움은 언어문제로 인한 학습부진, 인지능
력 부족과 부정적 학습태도, 학부모의 학습지원 부족, 심리적 문제로 인한 부
적응으로 구분하여 생각해볼 수 있다.

첫째, 한국어 능력이 부족한 다문화가정 어머니들과 초기 언어 습득 시기
를 보낸 학생들은 언어 발달이 늦어지거나 한국어 의사소통에 제한을 받게
된다. 부족한 한국어 능력은 학교 수업에서 낮은 학업 성취와 학습부진의 원
인이 되기도 한다(고홍월, 2013; 최일, 김병석, 안정희, 2010). 듣고 말하는 능력은
비교적 짧은 시간 내에 습득할 수 있지만, 학교 학습에 요구되는 수준의 읽고
쓰기가 가능해지는 데는 상당히 긴 시간이 요구된다(오은순 외, 2007). 따라서
일상적인 의사소통에는 큰 문제가 없겠지만 독해와 어휘력, 쓰기, 작문 실력
은 일반 가정 학생들에 비해 떨어질 수 있으며(유희원, 2013; 조영달, 2013), 고
학년이 되어 학습 내용이 더 어려워지고 개념어와 추상어 등의 사용이 많아
질수록 학습과 관련된 한국어를 이해하고 사용하는 데 어려움을 겪기도 한다
(오은순 외, 2007). 학교 교육의 대부분이 교과서 읽기, 학습 활동지 풀기, 숙제
등으로 이루어지므로 읽기 속도가 느리면 학업을 수행하기 어렵다. 언어를

매개로 형성되는 추상적인 사고 능력과 개념화 능력의 발달도 늦어지기 때문에, 한국어 능력의 저하는 다른 교과 학습에도 부정적인 영향을 줄 수 있다(권순희, 2013).

교과서에 등장하는 새로운 개념 지칭어나 추상적인 단어에 대한 어휘 능력이 부족하며 이를 이해하는 데 어려움을 겪기도 한다. 미술이나 수학, 영어와 같이 한국어 의존도가 낮은 교과목을 배울 때는 비교적 수월하게 이해하고 표현하지만, 국어, 사회, 역사와 같이 한국어 의존도가 높고 개념어와 문화적 지시어가 많이 포함된 교과목을 배울 때는 이해나 표현을 어려워하는 경향이 있다(오은순 외, 2007). 특히 한자로 이루어진 개념어와 사회현상을 압축한 어휘들을 많이 내포하고 있는 사회 과목은 한국문화에 관한 경험적 지식이 부족하고, 국사 수업에 대한 불안감을 가지고 있는 다문화가정 학생들에게 학습하기 어려운 과목이다(오상철 외, 2013). 전래동화에서 쉽게 접할 수 있는 사또, 훈장, 나그네 등의 어휘나 기약분수, 대분수, 포유류, 양서류와 같은 교과학습 어휘를 어려워하기도 한다(권순희, 2013).

둘째, 언어표현 양식은 언어를 사용하는 사람들의 인지구조와 사고체계의 기본이 되기 때문에, 초등학교 시기 언어표현 양식을 습득하지 못하고 이를 이해하지 못하게 되면, 학습활동에서 흥미를 잃어버릴 수 있다. 기본 지식 획득에서 뒤처지게 되면 학습자가 성취해야 할 지식, 이해, 문제해결력을 온전하게 얻을 수 없게 된다(백승주, 이동준, 최진용, 2010). 한국어가 미숙한 다문화가정 학생은 수업내용이나 교사의 지시사항, 교과서 지시문 등을 잘 이해하지 못하여 학습 태도가 산만하거나, 토론과 같은 수업 활동에 소극적으로 참여하기도 하며, 숙제를 놓치거나 학습도구를 챙겨오지 않기도 한다(문성식 외, 2012; 오은순 외, 2007). 이로 인해 학습 내용의 수준과 상관없이 문제 자체를 이해하지 못하거나, 논리적 추론이 불가능해지며, 교사가 설명하는 내용의 맥락을 이해하지 못하는 경우도 생긴다.

기초학력부족과 낮은 인지 능력은 집중력을 떨어지게 하고, 산만하고, 지루해하며, 장난을 치는 등의 부정적 학습태도로 이어진다(오은순 외, 2007). 다문화가정 학생들이 초등학교에서 겪게 되는 학습부진은 상급학교인 중·고등학교에 진학하면서 심화되기도 한다. 초등과정에서는 어려운 용어나 학술적 개념이 많지 않고, 있다 하더라도 그것을 모르는 것이 학업성취에 그다지 영향을 미치지 못할 수 있지만, 초등과정에서 이수해야 할 기초학력이 갖추어져 있지 않은 상태에서는 중학교 교과과정의 내용을 따라가기란 더욱 힘든 일이다. 뿐만 아니라, 중등과정에서는 더 심화되고 전문적인 지식에 기초한 개념들을 다루기 때문에 교과 학습을 제대로 이해하지 못하게 되는 것이다(류방란 외, 2012). 또한 중등학교에서는 담임과 교과 담당 교사가 이원체제로 운영되므로 초등학교에 비해 학급 담임이 다문화학생의 학습부진을 파악하기 어렵고, 초등과정보다 학습량도 많아져 진도 나가기 벅차기 때문에 교과 담당 교사도 특별히 지도하고 관심을 가질 여력이 없기 마련이다(권순희, 2013). 기초학습능력 부족과 소극적인 참여로 인해 수업시간에 이해할 수 있는 내용의 범위가 줄어들수록 이들의 집중도는 더욱 떨어지고, 더불어 학교 학습에 대한 흥미도 점점 잃어갈 수밖에 없다.

셋째, 부모의 한국어 능력, 독서습관이나 대화를 포함한 집안의 언어문화 요인은 다문화가정 학생들의 한국어 능력과 직, 간접적으로 연관되어 있다(오은순 외, 2007). 다문화가정의 외국인 엄마들은 한국어를 충분히 익힌 상태가 아니라 생활 한국어 정도만 아는 상태에서 아이를 양육하게 되는 경우가 많다. 이로 인해 자녀가 가족과의 관계 속에서 습득하거나 학습한 한국어의 양이나 질이 일반 가정의 학생들에 비해 낮을 수 있으며, 가정에서 읽기, 쓰기와 같은 문어적인 언어 능력을 지도받지 못하거나 지도받더라도 수준이 낮은 경우가 대부분이다(한혜림, 박정윤, 장온정, 2010). 다문화가정 학생들은 학교에서 받아쓰기 시험을 어려워하며 많이 틀린다. 집에서 받아쓰기 연습을 할 때 엄마가 불러주는 어휘의 발음과 학교에서 선생님이 불러주는 어휘의 발음이 다르다고 호소하기도 한다. 다문화가정의 외국인 어머니들은 여가시간의 문제, 발음상의 문제, 독해력의 문제 등으로 이야기책을 많이 읽어주지 못하며, 가정에서 자녀의 받아쓰기 지도를 하는 데 어려움을 겪는다(권순희, 2013).

다문화가정이 지니고 있는 학부모의 교육적 요인과 경제적 어려움이 함께 작용하여 자녀의 학습부진에 영향을 주는 경우도 많다고 볼 수 있다. 어려서부터 가정에서 교과 학습과 관련된 개념을 이해하는 데에 도움이 되는 대화를 나눌 기회를 갖지 못한데다가 사회경제적 취약함으로 인해 부모가 저녁 늦게까지 일해야 할 경우 적절한 정서적 지원을 받지 못한다. 문화적, 상황적으로 자녀 교육에 관심과 열의가 다소 떨어지는 경우 자녀의 학업에 어려움이 나타나게 된다(류방란 외, 2012; 최일, 김병석, 안정희, 2010). 다문화가정 아동의 언어발달과 심리사회적 적응의 관계를 분석한 연구 결과는 다문화가정의 경제력 수준이 상승할수록 자녀의 언어문제해결력 점수도 올라갈 수 있으며, 다문화가정 부부 간 의사소통 정도가 원활할수록, 자녀와 어머니의 한국어 의사소통 정도가 높을수록 자녀의 언어문제해결력이 증가한다는 것을 보여주고 있다(박주희, 남지숙, 2010).

넷째, 자신의 가정환경이 다른 아이들과 다르다는 것으로 인해 정체성 혼란, 자신감 상실, 정서 불안 등의 심리적 부담을 갖게 되면 이로 인해 학교생활 부적응이 나타나기도 한다(최일, 김병석, 안정희, 2010). 한국 문화에 적응하면서 받는 스트레스는 학습동기나 학업성취에 부정적인 영향을 끼칠 수 있어서 학습부진과 학교생활 부적응 문제가 심각하게 표면화될 경우 학업을 포기할 수도 있다(문성식 외, 2012). 특히 갑자기 입국하여 한국 사회와 문화를 받아들이게 된 경우에는 학교생활 적응에 더 큰 어려움을 겪게 된다. 한국 학교에 입학한 지 6개월에서 1년 정도가 지나면 일상적인 한국어 회화는 무리 없이 익힐 수 있으나, 사회환경과 문화적 차이를 극복하는 과정에서 소외감을 느끼고 학교를 중도에 탈락하거나 학습에 대한 흥미를 잃어버리는 경우도 있다.

체류와 신분의 문제도 이들 가정의 자녀 교육문제에 걸림돌이 된다. 국제결혼가정 자녀들은 한국인 부나 모에 의해 법적으로 한국 국적을 자연스럽게 취득할 수 있는 반면, 외국인 근로자 가정 자녀들은 속인주의 원칙에 따라 법적 신분상 외국인으로 분류된다. 부모의 불안정한 체류 조건으로 인해 불안정한 여건에서 학교에 다니기도 한다. 부모가 강제 출국을 하게 되어 생이별을 하거나 갑자기 동반출국할 수밖에 없는 경우도 발생하기 때문에, 학업 지속성이 낮고 불안정하며, 학습동기 유발이나 학습 집중력도 저하될 수 있다(우희숙, 2013). 다문화가정 자녀들의 불안한 심리적 요인들은 학습동기와 학습 태도 등에 부정적 영향을 끼쳐 학습부진의 한 원인이 되고, 낮은 학업 성취는 학교생활 부적응으로 나타나 자신감 상실과 학습된 무력감으로 악순환될 수 있다.

2) 다문화학생 학습 지원 방안

• 언어능력 향상을 통한 학습 지도

다문화가정의 자녀들은 구어 능력이 충분하여 일상생활에서 의사소통이 가능하다 하더라도 문어 능력이 떨어지거나 전문 어휘 구사력이 떨어질 수 있어서 학교학습 수행에 필요한 별도의 언어능력 교육을 받을 필요가 있다(김혜온, 2012). 부족한 학습언어 지도를 통해 국어 과목을 비롯한 전반적인 학습 능력을 향상시키려면 첫째, 다문화가정 학생들이 특히 어려워하는 추상적 개념, 한자어로 된 단어와 교과학습에 필요한 핵심 개념을 학습할 수 있도록 도와주어야 한다. 입법부, 정당, 권위 등 교과서에 자주 등장하는 추상적인 한자어 개념은 일상생활에서 쉽게 익힐 수 없는 한국어이기 때문에 의식적인 인식 과정을 거치지 않으면 쉽게 잊어버리게 된다. 따라서 저학년들에게는 상상력을 통해 관련된 어휘 알아내기, 연상 어휘 찾기, 끝말잇기와 같은 게임이나 퀴즈를 활용하여 어휘력을 향상시켜 준다. 받아쓰기한 문장을 큰 소리로 읽게 하거나(권순희, 2013), 교과서 뒤편에 실린 색인을 보면서 어려운 단어를 찾아보게 하고, 인터넷으로 사전 찾는 법을 알려주어 스스로 의미를 학습하게 하는 등 학습흥미를 높이면서 어려운 개념들을 학습할 수 있도록 지도해 주는 것이 좋다(우희숙, 2013). 고학년들은 대화, 토론, 독서, 작문 등을 통해 어휘력을 향상시키는 것이 좋다. 특히 문어체 어휘력이 부족한 것을 고려하여 책 읽어주기 프로그램을 시도해본다. 독서에 재미를 느끼고 독서의 필요성을 인식하여 습관화할 수 있는 환경을 만들어 주는 것도 좋은 방법이다(권순희, 2013). 개념의 유의어와 반대어 제시하기, 개념을 활용한 문장 만들기 등으로 개념의 의미를 명확하게 이해할 수 있게 하고, 학생들이 그날 배운 개념을 활용하여 말하거나 써볼 수 있도록 지도한다(우희숙, 2013).

둘째, 언어 학습, 기본 지식 함양, 문화 학습이 함께 이루어질 수 있도록 지도한다(백승주, 이동준, 최진용, 2010). 학습 내용구성에 사회구성원의 의식주, 생활관습, 전통문화, 역사적 사건과 위인, 전래동요, 또래의 놀이문화 등을 포함시키고, 수업 후 개인적으로 한국어 공부를 더 할 수 있도록 만화영화나 노래, 컴퓨터 게임 등을 통한 멀티미디어 교재도 제공한다. 각 교과에서 주로 쓰이는 개념이나 추상적인 용어들을 설명할 때도 학생들의 한국어 능력과 수준에 맞춰 관련된 생활 속 예를 들어 쉽게 설명해주고, 역사적, 문화적 자료나 사진, 동영상 등의 시각적 보조 자료를 활용하는 것이 좋다(우희숙, 2013). 다문화가정 학생들이 특히 어려워하는 역사 과목 개념을 지도할 때는 동화책이나 TV 드라마의 등장인물과 장면을 활용하여 학습 흥미를 높이는 것도 좋은 방법이다(손소연, 이륜, 2013).

셋째, 한국어 교육과 교과서 개념 학습에서 다문화가정 학생들이 가지고 있는 언어적 및 문화적 배경과 지식을 활용한다. 교과의 주요 개념이해를 돕기 위해 일정기간 동안 주요개념이나 용어를 출신국 언어와 병행하여 제시해 줄 수 있다(류방란 외, 2012). 단순히 교과서 내용에 한정하여 접근하기보다 평소 독서 등을 통해 익힐 수 있도록 학교 도서관에 출신국 청소년 도서 및 교과서 등을 비치한 코너를 마련함으로써 자국어 학습 및 한국어 학습과의 매개를 지원하고, 출신국의 교과서에서 한국의 교과 내용과 유사한 내용을 찾아보게 하는 방식으로 학습을 지원할 수 있을 것이다. 한국어가 능숙하지 못한 다문화가정 자녀를 대상으로 교과학습을 지도할 경우 학생들이 가진 스키마를 활용하여 추상적인 한국어 개념을 설명해주면 훨씬 이해하기 쉽다(우희숙, 2013). 다문화가정 학생들의 언어적, 문화적 배경을 활용하여 한국어와 한국문화를 이해할 수 있도록 돕는다면 학습지도가 훨씬 효과적일 것이다.

넷째, 다문화가정 학생들의 수업 집중도와 참여도를 높이기 위해 수업 시간에 자주 사용되는 언어사용을 향상시킬 수 있도록 지도해 준다. 학습에 필요한 어휘력 증진과 맞춤법, 띄어쓰기 등에 대한 교육 외에도 글쓰기, 발표하기, 모둠활동, 질문하기, 수업듣기와 노트 정리, 독서지도 등 학습 수행과 관련된 언어 능력을 향상시킬 수 있도록 지도할 필요가 있다(김혜온, 2012). 수업 시간에 교사와 학생, 학생과 학생 사이에 나누는 학문적인 대화에 뒤처지지 않고 참여할 수 있도록 학습 상황에서 자주 사용하는 말하기, 듣기, 읽기, 쓰기의 언어 수행 능력을 익힐 수 있게 도와주어야 한다. 발음이 분명하지 않아 놀림을 당하게 되거나 실수할까봐 두려운 마음이 들어 발표에 소극적일 수 있으므로(권순희, 2013), 발표에 필요한 언어학습 전략을 수립하고 충분히 연습할 수 있도록 기회를 제공해준다. 전체 학생 앞에서 발표하기 어려워할 경우에는 소집단에서 발표 연습을 한 후 정리하여 학급 전체 학생 앞에서 발표하게 하거나, 두 명 이상의 학생들이 번갈아가면서 협력하여 발표할 수 있도록 배려한다.

다섯째, 다문화가정 학생의 언어능력 교육에만 국한하지 말고, 학습능력 향상을 위해 현재 상황에서 필요한 학습 내용이 무엇인지 판단하는 것이 필요하다. 효과적인 학습지도를 위해 교사는 다문화가정 학생들의 기초학습능력 수준이 어느 정도인지, 학업성취에서 나타나는 불균형이 무엇인지, 어떤 학습이 결손되어 현재의 학습부진 문제가 생겼는지, 현재 시급하게 해결해야 하는 문제는 무엇이며 점차적으로 보충해야 할 것은 무엇인지 파악해야 한다(고홍월, 2013). 다문화가정 학생이 학교수업에 참여할 능력이 안 될 것을 지나치게 배려하여 기회조차 주지 않는 경우도 있는데, 이러한 결정을 내리기에 앞서 해당 학생이 한국어가 부족하여 수업에 어려움을 겪는 것인지, 다른 학습 능력이 떨어지는 것인지 구별해야 한다(김혜온, 2012). 국어수업을 중심으로 하되, 한국어교육과 함께 다른 교과목의 학습을 온전히 따라갈 수 있도록 교과 간, 학제 간에 연계하여 통합적 접근을 하는 것이 좋다. 한국어 의사소통 능력이 지극히 부진하여 수업 목표 성취에 심각한 결손이 예상되는 학생들에게는 방과 후 또는 주말 특별보충과정을 활용하여 각 교과와 연계된 내용들의 어휘나 자료들이 포함된 한국어 향상 프로그램을 실시하도록 한다(서혁, 2009). 언어학습은 언어만으로 이루어지지 않으므로 다양한 교과의 인이를 통합함으로써 언어와 사고의 다양성을 이해하고 적용할 수 있는 기회를 제공하는 것이 좋다(오은순 외, 2007).

• 학습동기 고양과 학습전략 지도

학습에 동기화가 되어 있고, 학습전략이 있으며, 학습 지원이 적절하게 이루어질 경우 다문화가정 학생도 우수한 학업 성과를 나타낼 수 있다(구영산, 2013). 다문화가정 학생들의 학습동기를 높이기 위해서는 첫째, 먼저 이들의 무력감과 좌절감을 이해하고, 필요에 따라 보상을 제공하여 외재 동기를 높이면서 동시에 학생의 장점과 자원을 통해 내재 동기를 형성시켜 학습지도에 활용하여야 한다. 이들이 원래 할 수 없는 것이 아니라 하는 방법이나 실력을 키우는 과정이 없어서 잘 습득하지 못하는 것이라는 점을 강조해주고, 할 수 있는 작은 것부터 시작하여 성취감을 맛보게 함으로써 점차 향상될 수 있다는 용기와 자신감을 갖도록 지도한다. 지식을 알아가는 즐거움, 지식을 통해 문제를 해결하는 즐거움, 유능한 사람이 되기 위해 자신의 삶을 설계하고 원하는 직업을 갖기 위해 공부하는 즐거움과 중요성을 실제적으로 이해할 수 있도록 배려한다(고홍월, 2013). 또한 이중언어 교육을 강화하여 가정에서 외국인 어머니가 자신의 모국어를 자녀에게 가르치도록 격려함으로써 자녀가 자신의 어머니에 대해 긍정적인 태도를 가지게 하고, 다른 학생들에게는 없는 언어능력을 얻게 된다는 자부심을 형성하도록 격려해주는 것이 좋다(김혜온, 2012).

둘째, 학급 내에서 다문화가정 학생이 인정받고 받아들여질 수 있는 분위기를 형성한다. 교사는 다문화가정 학생이 가진 장점을 적극적으로 격려하고 칭찬하여 이들의 학습동기를 높이고, 서로 이해할 수 있는 기회를 통해 일반 학생들도 다문화가정 학생을 인정하고 수용할 수 있도록 유도한다. 다문화가정 학생이 가진 문화적 이질감을 극복하기 위해 협동 학습을 활용할 수도 있다. 다문화가정 학생과 일반 학생이 과제해결을 위해 서로 협동하고 상호 협력하는 과정에서 상호 간에 친밀한 관계를 형성할 수 있으며, 다문화와 관련된 주제를 놓고 대화하면서 상대방의 의견을 주고받거나 토론하는 시간을 갖다 보면 서로에 대한 이해도 깊어질 수 있다.

셋째, 학습 결과를 평가할 때는 또래와의 비교보다 다문화가정 학생 개인의 시점 간 비교나 향상도를 확인하는 것이 효과적이다(고홍월, 2013). 평가 시 다문화가정 학생들의 언어 능력이나 다문화적 특성을 최대한 고려해 주어야 한다. 학생의 다양한 문화적 배경을 고려하지 않고 문제를 출제하거나, 출제자의 문화나 생각에 근거하여 하나의 정답만을 예상할 경우, 다문화가정 학생의 학습 능력이 떨어지는 것으로 평가될 수 있다(박선운, 2013). 다문화가정 학생들의 성과를 확인하기 위해 지필검사에만 의존하기보다 구술평가, 관찰, 학급토론, 면담, 노트필기 등 학생 활동 중심으로 평가하는 것이 좋다. 수행평가나 포트폴리오 평가를 실시할 때는 명확한 언어로 지시하여 과제에 대해 충분히 이해할 수 있도록 도와주고, 과제 작성 시 학생들의 모국어나 사진을 사용할 수 있게 허용해주는 것이 좋다(박선운, 2013; 오은순 외, 2007).

넷째, 필요에 따라 학습상담을 진행하여 학생의 취약과목이 무엇이고, 언제부터 학습 진도를 따라가기 버거웠는지, 어떤 수준에서 시작해야 하는지 등을 파악하고 구체적인 학업 계획을 세워 실천할 수 있게 도와준다. 정규 수업 시간에 다문화가정 학생들만을 별도로 지원하기 힘들다면 방과 후 학습이나 지역사회 프로그램을 연계할 수 있다. 다문화가정 학생들이 특별히 어려워하는 과목은 전문 강사를 초빙하여 가르치도록 하거나 외부 인적 자원을 활용하도록 한다. 교사가 개별 학생에게 전적으로 지원할 수 없다는 판단이 들면 부모, 각 과목 담당교사, 대학생 멘토, 보조교사, 기타 지원 기관의 담당자와 협력하는 것이 효과적이다(고홍월, 2013). 또래의 도움이 좀 더 효과적이라 판단될 경우, 다문화가정 학생의 배경과 발달을 고려하여 학급 내 동료 멘토를 선정해주는 것이 좋다. 또래 멘토링 프로그램은 멘토가 학습이나 생활을 함께 하면서 도움을 주기 때문에 다양한 교육활동과 숙제 도와주기 등을 통해 언어 능력을 향상시키는 데 기여할 수 있다(오은순 외, 2007). 멘토링 프로그램은 특히 다문화가정 학생들의 언어 교육에 유용한데, 멘토와 함께 만들기나 게임 등을 통해 통합적이고 구체적으로 학교교육에 필요한 기초 지식(읽기, 쓰기, 말하기, 듣기)을 습득할 수 있도록 도와준다(백승주, 이동준, 최진용, 2010). 상급생과의 관계 확대를 위해 중 1은 동학교 3학년과, 중 3은 인근 고 2와 멘토링 관계를 맺어주는 것도 좋은 방법이 될 수 있다(류방란 외, 2012).

• 학부모 지원을 통한 가정학습환경 개선

다문화가정 학생의 학습부진 문제를 해결하기 위해서는 학부모와의 유기적인 협조가 매우 중요하므로, 자녀의 학교생활을 위해 가정에서 자녀의 학습을 지원하고 도와주어야 한다는 사실을 교사가 다문화가정 학부모들에게 상기시켜야 한다. 동시에 어떻게 하면 자녀를 도울 수 있는지 구체적인 방법을 알려주는 교육도 병행해야 한다(김혜온, 2012; 최일, 김병석, 안정희, 2010). 학부모와의 지속적인 의사소통을 유지하기 위해 한국어로 전화통화가 쉽지 않은 다문화가정 학부모의 특수성을 인정하고 편지나 문자 등을 통해 의사전달을 하도록 시도한다. 자녀교육을 돕기 위해 교사와 상담사, 사회복지사가 서로 연계하여 수시로 자녀의 상황을 알리고 소통해야 하며 서로 필요한 정보와 자료를 공유하도록 한다(천정웅 외, 2012).

다양한 문화적 배경을 가진 학부모들이 지식과 자원을 펼칠 수 있도록 학교교육에 참여하게 할 필요가 있다. 다문화가정 학부모가 일일 교사가 되어 자국 언어를 소개하고 전통의상이나 전통음식 등 자국 문화를 소개하는 자리를 마련함으로써 학급 내 다문화가정 학생에 대한 편견을 줄일 수 있다. 다문화가정 학생은 학교생활에 대한 자신감을 갖게 되고 다문화가정 학부모는 자녀의 학교와 학교생활 및 교육에 더욱 관심을 가지도록 이끌 수 있다. 한국어를 유창하게 하는 학부모의 경우, 한국어 교수법을 배우게 하여 같은 출신국 학부모나 학생의 한국어 (보조)교사로 활동할 기회를 제공할 수도 있다(김혜온, 2012).

다문화가정 자녀가 갖는 교육적 불리함은 개인보다는 가족의 이주 배경과 다문화가족 형성 과정과 관련이 있으므로 어머니뿐만 아니라 아버지도 자녀교육에 관심을 가질 수 있도록 하여 가족 전체가 함께 노력하도록 한다(류방란 외, 2012). 특히 농촌에 거주하는 외국인 어머니와 한국인 아버지 다문화가정에서 아버지도 자녀교육에 관심을 갖도록 조언할 필요가 있다(김혜온, 2012). 다문화가정 내의 아버지들이 함께 모여 서로 정보를 교류하며 고민도 나누고 대처할 수 있는 방법들에 관해 논의하는 모임을 만들어(류방란 외, 2012) 다문화가정의 특수성과 외국인 아내의 언어나 문화를 이해할 수 있는 자리를 마련하여 가정 내 존재하는 문화의 차이를 줄이고 자녀교육을 위한 아버지의 역할을 배우도록 유도할 수 있다.

4 효율적인 생활지도

생활지도 면에서 교사는 학생들의 학업적 돌봄을 넘어서 개인적 돌봄까지 제공해야 한다. 모든 학생이 생활지도의 대상이지만, 특히 학교로부터 소외되고 학업적 성취가 낮은 학생들일수록 교사의 생활지도는 더욱 중요하다. 또한 학교 현장에서 학교폭력의 문제와 그 변화양상이 점점 새로워지고 그 정도가 심각해지고 있음을 볼 때, 학교폭력에 대한 교사의 적절한 예방적 개입과 사후 대처 능력도 생활지도의 차원에서 요구되고 있다.

1) 생활지도의 개념 및 접근 관점

• 생활지도의 개념

생활지도는 미국학교에서의 가이던스(guidance)에서 온 용어이다. 학생들의 학업, 진로, 인성 등의 영역에서 발달, 의사결정, 문제해결 등의 과정을 돕는 활동으로(Shertzer & Stone, 1980), 학생의 생활 및 행동 지도를 총칭하는, 교과 지도 이외의 모든 활동을 의미한다. 생활지도는 교육전문가로서 모든 교사가 기본적으로 다루어야 하는 교육활동의 일환이며, 좁은 의미에서는 학생이 가지는 여러 문제를 정확히 이해하고 이를 해결할 수 있도록 조력하거나 스스로 해결할 수 있도록 안내하는 활동이다.

학자들에 따라 생활지도와 상담에 대한 개념적 정의에서 차이가 있으나, 학교 장면에서는 점차 상담을 핵심적인 생활지도 방법의 하나로 정의하고 있다(김계현 외, 2020). 상담은 개인의 심리적 어려움을 조력하는 전문적인 활동으로 도움이 필요한 사람(내담자, 학생)과 도움을 제공하는 사람(상담자, 교사) 사이의 관계를 통해 도움을 청하는 사람의 어려움을 이해하고 해결하고자 서로 도우며 적응적인 변화를 이끌고자 하는 교육의 과정이다.

• 생활지도의 접근 관점

생활지도는 교육전문가로서 모든 교사들의 책무이다. 실제로 교육 현장에서는 지식 습득을 위한 교과 지도와 함께 인성 함양을 위한 생활지도가 통합되어 이루어질 수밖에 없다. 학생생활지도는 학생들을 바라보는 관점에 따라 달라질 수 있으며 학교급에 따른 학생들의 발달과정 및 특성에 대한 이해를 기초적으로 요구한다. 여러 관점 중 전인교육과 회복적 생활교육의 관점은 다음과 같다(강진령, 2022; 김은하 외, 2017).

우선, 우리나라의 생활지도는 전통적으로 전인교육을 지향하므로 교육의 모든 영역에서 이를 위한 실천적 노력이 필요하다. 지·덕·체·미의 조화로운 발달을 지향하는 전인적 교육은 생활지도의 기본관점이며 궁극적 지향점이다. 교과 지도가 지(智)에 높은 비중을 둔다면, 생활지도는 덕(德)에 비중을 두어 학생들의 전반적인 발달에 개입한다. 전통적 생활지도는 훈육, 훈계, 처벌, 교외지도와 같은 활동에 치우치는 경향이 있었기 때문에 학생들의 문제행동을 지도하고 교정하는 좁은 개념으로 인식되었다. 이를 극복하고자 광의의 '생활교육' 또는 '회복적 생활교육'의 관점이 등장하였다.

회복적 생활교육(restorative guidance)의 관점은 회복적 사법을 교육 장면에 적용하고자 시작되었다. 회복적 사법은 범죄에 대한 응보적 대응이 아닌 회복적 측면을 강조한다. 기존의 생활지도가 처벌 중심적이고 통제 중심적이었다면, 회복적 생활교육은 학생의 생활 전반에 대한 교육적 접근으로서 처벌보다는 공감, 성찰, 소통, 책임, 배려 및 수용적 접근을 강조한다. 즉, 회복적 생활교육의 관점은 학생들 간의 관계에 초점을 두고, 관계 속에서의 갈등이나 문제의 해결을 위해 소통과 대화 중심으로 접근한다. 단기적으로는 학생들의 부적절한 행동을 줄이고, 장기적으로는 학생들이 자신들의 행동에 대한 자발적 책임, 존중, 그리고 협력을 추구하도록 하여 학생들 간의 갈등이나 학교폭력과 같은 문제에 효과적으로 대처하고자 한다. 구성원 모두가 능동적으로 각자의 책임과 역할을 다하고, 다른 구성원들과 건강한 관계를 형성하도록 돕는 것이 목표이다.

2) 학교상담과 학생면담

• 학교상담의 개념

학교상담은 대학에서 이루어지는 상담과 구분하여 초·중·고등학생들에게 제공되는 상담 서비스이다. 우리나라의 많은 초·중·고등학교에는 전문 상담교사가 배치되어 있고, 교육행정기관에는 전문상담순회교사를 두고 있다(초·중등교육법 제19조 및 시행령, 2004). 학생들은 학교생활 적응, 학업, 교우 관계, 개인의 내면적 갈등 관련 문제들과 진로 발달 및 학교폭력과 관련하여 전문상담(교)사에게 상담을 받을 수 있다. 또한 모든 학교의 조직에는 상담부장, 진로상담부장, 생활부장, 생활지도부장이라 불리는 자리가 있어 학교의 상담 활동과 인성 지도를 총괄하는 역할을 맡고 있다. 더불어 학교폭력예방 및 대책에 관한 법률(2004)에 따라 학교에는 상담실이 설치되어있어야 한다.

학교상담은 학생의 발달을 촉진하고 성숙한 시민으로서 사회적 역할을 하도록 도와주기 위해 실시된다. 미국학교상담자협회(American School Counselor Association)에서 제시하는 학교상담모형에 따르면, 학교상담의 목적은 학생들의 문제를 예방하고 잠재력을 개발하며 발달을 조력하는 것이다. 즉, 학생들의 학업발달, 진로발달, 인성 및 사회성발달의 세 영역에서 포괄적이고 균형된 발달을 이루도록 계획, 점검, 관리해야 함을 강조한다. 학업발달 영역은 학습과 학습방법, 학습 과정에서 겪을 수 있는 학생들의 경험과 관련된 영역으로, 자신의 학습양식을 확인하고 학습 기술, 비판적 사고 기술, 의사결정 기술을 배우며 학급 내에서 책임감 있는 행동을 하여 학교환경에 적응하도록 돕는 것이 목적이다. 진로발달 영역에서는 학생들이 자신의 특성 및 직업 세계에 대하여 바른 이해를 하고, 일에 대한 긍정적 태도를 지녀 성숙한 직업인으로 성장하도록 돕기 위한 발달과업을 제시하고 있다. 마지막으로 인성 및 사회성발달 영역에서는 학생들이 긍정적 자아개념과 건전한 자아존중감을 형성하도록 도와주어야 하며, 효율적인 의사결정 기술을 확립하도록 하고 타인을 이해하고 존중하는 태도를 함양하도록 이끌어야 한다.

• 학생면담의 준비

교사는 생활지도를 하기 위하여 학생을 면담하여야 하는 경우가 있다. 상담은 상담자 교육과 훈련을 받은 전문가가 수행하는 과정이다. 만약 교사가 전문적인 상담자 훈련을 받지 않았다면, 도움이 필요한 학생을 면대면 또는 비대면 상태로 도움을 제공하는 과정은 상담이라기보다는 면담이라고 보는 것이 적절하다(강진령, 2022). 학생면담은 교사가 학생을 대상으로 학교장면에서 학생의 학업, 진로, 개인, 사회성발달과 관련된 사안을 다루며, 그들의 성장과 발달을 돕고자 하는 과정이다. 면담은 일상적인 대화로 이루어지기보다 학생의 정보수집, 문제해결 및 설득을 목적으로 이루어지며 공식적인 성격을 지닌다. 학생들은 발달과정에서 겪게 되는 고민이나 문제를 표출할 수 있다. 학생들의 이러한 문제를 이해하고 해결하는 데 조력자의 역할을 적절하게 하기 위해서는 학생들의 연령별 발달에 관한 지식과 경험이 요구된다.

학생면담의 목적을 달성하기 위해서는 기본적인 의사소통의 원리 및 면담에 필요한 기본자세를 갖추어야 한다. 학생면담은 교사와 학생이 의사소통하면서 이루어지는 과정으로, 의사소통은 구어(말), 문어(글)와 같은 언어적 요소뿐만 아니라 표정, 자세, 몸짓, 시선 등과 같은 비언어적 요소를 통해서도 이루어진다. 언어적 의사소통은 말을 통해 대화를 나누고 정보를 주고받으며 무엇을 말하고 있는가에 해당한다면, 비언어적 의사소통은 어떤 방식으로 말하고, 어떤 행동을 통해 의사를 전달하고 있는가이다. 교사는 면담에서 학생의 표정, 시선 접촉, 몸의 움직임, 자세 등을 놓치지 않고, 신체적 접촉, 사회적 거리, 말의 어조 및 억양 등을 효과적으로 활용해야 한다.

학생면담에는 상담의 기본적인 원리라고 할 수 있는 다음의 세 가지 요소가 필요하다. 교사가 진실한 관심을 통해 감정을 알아주고, 있는 그대로 존중해 주며, 공감적인 이해를 해줄 때 학생들은 자신의 문제를 개방할 수 있다.

우선, 학생에게 진실한 관심을 보이기 위해서는 면담에 임하는 교사의 자세가 중요하다. Egan(1994, p.2013)은 효과적인 면담이 되기 위해 교사의 주의집중하는 태도와 SOLER 자세가 필요하다고 강조하였다. 즉, 학생을 정면으로 바라보고(Squarely), 개방적인 자세를 취하며(Open), 학생 쪽으로 좋은 시선 접촉(Eye contact)을 유지하면서 편안하고(Relaxed) 자연스러운 자세를 취해야 한다. 교사는 학생의 표현에 진심으로 귀 기울여야 한다. 이는 적극적인 경청(active listening)을 의미하는 것으로, 어떤 특별한 공식이 있는 것이 아니다. 온전히 학생에게 주의를 집중하여 그들의 언어적, 비언어적 메시지와 함께 숨어있는 메시지까지 알려고 하는 것이다. 이는 학생의 정서를 알아내고 주제 관련 질문을 하며 그들의 욕구를 어루만져 줄 때 가능하다. 면담에 임하고 있는 학생에 대하여 마치 아는 바가 전혀 없는 것처럼 호기심을 보이며 평가가 아닌 이해를 위해 들어줄 때 적극적 경청이 될 수 있다. 적극적 경청을 통해 학생이 표현하는 바를 있는 그대로 무조건 존중하며 학생의 감정을 알아줄 수 있어야 한다. 특히 학생의 부정적 감정과 스트레스를 적절한 방식으로 인식하고 해소할 수 있도록 도와주어야 한다. 학생의 생각, 감정, 행동에 대해 어떤 판단이나 평가도 없이 온전히 보살펴 줄 때 학생들은 무조건적 존중을 받고 있다고 느끼게 된다.

다음으로 교사는 학생에게 관심과 주의로 공감적 이해를 해줘야 한다. 공감(empathy)은 어떤 점에서 다른 사람과 같다고 여기는 동일시(sameness), 남을 측은하게 바라보는 동정(sympathy), 그리고 자신의 생각, 욕구, 감정을 타인의 것으로 지각하는 투사(projection)와는 구분되는 개념이다. 장대익은 『공감의 원심력과 나눔의 반경』[17]에서 우리끼리의 공감의 구심력인 감정적 공감에는 한계가 있으며, 상대방의 입장이 되어 포용하는 인지적 공감의 반경을 넓힐 때 공감할 내용은 더욱 많아질 수 있다고 주장한다. 또한 공감은 현장성을 잃지 않을 때 가능하다고 하였다.

• 학생면담의 실시

교사의 학생면담은 사안에 따라 면담 시간과 방법이 달라질 수 있다. 대체로 면담은 시작, 중간, 종결의 국면으로 진행된다. 면담은 학생이 신청해서 이루어지는 경우와 교사가 학생을 호출하여 이루어지는 경우로 나누어진다. 어느 경우이든, 학생이 존중받는다는 느낌을 받게 할 때 학생도 교사와의 신뢰가 형성되어 개방적인 태도로 면담에 임하게 된다.

학생면담에서 교사가 주의할 점은 학생의 말에 적극적으로 경청하기보다 학생의 문제에 해결책을 빨리 조언하거나 제시해 주려고 서두르지 않아야 한다는 것이다. 특히 학생의 문제를 알아가는 면담의 초기에 조언이나 충고는 바람직하지 않다. 면담의 중간에 교사는 학생의 문제를 충분히 이해하고 학

---

17 한국나눔교육포럼, 7분 공감.

생이 바라는 심리 사회적 욕구와 행동 사이의 불일치를 알아내어 학생이 자신의 문제를 스스로 인식하고 변화의 주체가 되도록 도와야 한다. 즉, 교사는 학생이 학생 자신과 관심사에 대한 이해뿐 아니라, 더 높은 수준의 사회적 관심, 협력, 그리고 다른 사람에게 관심을 가지도록 도와야 한다. 이때 대화의 시제는 과거형보다는 현재형과 미래형을 사용하며, 학생의 세계관을 탐색하고 학생의 성공 경험이나 강점을 파악하여 학생이 자신의 문제해결에 적극적으로 임하도록 이끌어야 한다. 즉, 교사가 교실 안에서 발생하는 모든 문제의 해결에 직접 개입하는 것이 아니라, 때로는 문제해결의 주체가 학생들 자신임을 알게 해야 한다. 마지막으로 그동안 면담에서 다룬 내용들을 정리하며 학생의 아주 작은 변화와 노력까지도 놓치지 않고 알아주어야 한다. 앞으로의 과제를 이행할 것에 대하여 약속하고 격려하며 사후 점검내용 및 일시를 정한 후 종결할 수 있다.

3) 교사의 생활지도 전략

• 전반적 생활지도 기술의 함양 및 활용

일반교과 교사와 달리 담임교사에게 업무 중 생활지도의 비중은 더욱 높다. 전체 학급이 원활하게 돌아가도록 운영할 책임이 있으며 학급 학생 모두를 대상으로 생활 전반에 걸쳐 학업적 돌봄과 개인적 돌봄을 해야 한다. 담임교사는 학생들의 학교생활 적응을 돕고 학생들의 인성, 사회성발달을 촉진하는 중요한 역할을 담당한다.

담임교사는 학급 학생들 한 명 한 명의 특성, 개인적 상황, 장점을 세심하게 파악해야 하며, 학생들에게 바른 태도 및 기본적 생활 습관을 익히게 하여야 한다. 또한 학생들이 학급 공동체에서 필요한 배려, 의사소통 및 갈등 해결 기술 등을 함양하도록 그들의 생활 전반에 적절하게 개입할 수 있어야 한다. 교사가 사용할 수 있는 대표적인 생활지도 기술에는 반영적 경청, 격려, 비폭력 대화기술이 있다.

○ 반영적 경청(reflective listening)

학생이 하는 말을 잘 듣고 명료화하기 위해서는 반영적 경청이 필요하며, 학생이 말한 핵심적 내용을 간결하게 바꾸어 말하는 재진술과 학생의 감정을 다른 말로 바꾸어 전달하는 감정의 반영이 필요하다. 반영을 통해 학생은 교사에게 이해와 존중을 받고 있고, 자신의 문제가 중요하게 다루어지고 있다는 느낌을 받게 된다. 또한 질문기법은 학생의 감정, 생각, 행동에 대해 더 깊게 탐색하도록 도와줄 수 있다. 확실한 정보를 얻고자 할 때는 폐쇄형 질문도 사용할 수 있으나, 탐색을 위해서는 개방형 질문을 사용하는 것이 더 효과적이다. 개방형 질문은 학생이 정해진 틀에 갇히지 않고 자신의 상황과 심리에 대해 좀 더 구체적으로, 다양하게 말할 수 있도록 도와준다. 교사는 학생이 마주한 어떤 상황이나 문제에 대하여 '어때? 어땠어? 어떻게 하고 싶어? 어떨 것 같아?' 등의 표현으로 개방형 질문을 할 수 있다. 질문은 이중질문이 아니어야 하며, 학생의 대답을 들어가면서 하나씩 다음 질문을 해야 한다. '왜?'라는 표현보다는 '무슨 이유로?'라는 질문이 편안한 대화로 이끌어줄 수 있다. 또한 학생의 긍정적 변화가 어떻게 가능했는지를 물어보는 질문과 변화의 정도를 묻는 척도질문을 사용하는 것도 효과적일 수 있다. 그 외에 요약하기, 직면하기, 정보 제공하기, 조언 및 제안하기 등도 반영적 경청을 위한 기본 기술로 활용될 수 있다.

○ 격려(encouragement)

교사와 학생 관계의 질을 높이기 위해서는 교사의 진솔한 관심, 학생에 대한 무조건적 존중의 태도와 공감적 이해에 기초한 격려가 필요하다. 격려(encouragement)는 학생에게 용기를 북돋아 주는 언어적 및 비언어적 행동으로, 학생에게 긍정적 신념의 변화를 가져오게 하는 유용한 기법이며 Adler가 강조하는 대표적인 상담 치료기법이기도 하다. 학생들은 자신의 이야기를 전하고 싶은 누군가를 필요로 하는 순간들이 있다. 상대가 온전히 관심을 가지고 들어주면서 존중과 위로를 해 줄 때 용기를 얻고 격려받았다고 생각할 수 있다.

교사는 격려를 통해 학생이 사랑과 존중을 받아 마땅하며 가치 있는 인격적 존재라는 사실을 느끼도록 도와야 한다. 특히 학생과의 면담을 마칠 때나 학생이 뭔가 새로운 행동을 하려 할 때 필요하다. 학생들은 좌절을 경험하거나 성공할 수 있는 유용한 능력이 없다고 생각할 때 비행을 저지른다. 교사는 학생에게 있는 그대로의 믿음을 보여주고, 의도적인 격려로 학생들에게 닥친 좌절의 경험을 상쇄시켜서 그들의 강점과 능력을 확인시켜주어야 한다(Drei-kurs et al., 1959).

○ 비폭력 대화(nonviolent communication)

비폭력 대화는 공감 대화로 일컬어진다. 이는 국제평화단체 CNVC(The Center for Nonviolent Communication)의 설립자이며 교육책임자인 M. Rosenberg가 강조하는 비폭력적인 삶의 언어로, 우리가 매일 사용하고 있는 언어와 대화의 방식을 바꿈으로써 따뜻한 세상을 이루고자 하는 비폭력의 정신을 담아 공감하는 의사소통법이다. Rosenberg(2011)는 서로 폭력적으로 행동하게 만드는 특정한 말과 대화 방식을 '삶을 소외시키는 대화'라고 하면서, '평가와 판단'을 예로 들고 있다. 평가와 판단은 다른 사람의 말과 행동을 나의 가치관과 다르다고 해서 비난, 모욕, 비하, 비교하는 방법으로 사용하는 것을 말한다. 실제로 비폭력 대화 프로그램에 참여한 청소년의 공감 능력과 학교생활 적응 유연성이 그렇지 않은 청소년들보다 유의미하게 높은 것으로 나타났다(이미나·나옥희, 2018). 청소년들은 비폭력 대화 방법을 통해 자신의 감정과 욕구를 알고, 내면을 탐색하여 자신을 받아들일 수 있게 된다. 나아가 타인이 처한 상황에서의 느낌, 감정, 욕구를 인식할 수 있게 된다. 비폭력 대화의 네 단계(관찰, 느낌, 욕구, 부탁)는 다음과 같다(Rosenberg, 2011).

비폭력 대화의 첫 단계는 관찰이다. 말하기 전에 먼저 어떤 장면에서 실제로 일어나고 있는 상황을 있는 그대로 관찰하는 것이다. 상황을 평가와 판단하지 않고 관찰한 내용을 명확하고 구체적으로 말하는 것이다. 평가와 분리된 관찰은 상대방의 행동이나 말을 그들의 의도와 상관없이 자신의 주관적 진단으로 평가하고 해석하여 받아들이는 일을 줄여줄 수 있다. 예를 들어, 학급에 지각하는 횟수가 높은 학생이 있을 때, 교사는 "넌 맨날 지각이네."라고 표현하기보다는 "월요일, 화요일에 이어 오늘도 지각이네."라고 관찰한 그대로 말하는 것이다.

두 번째는 느낌을 표현하는 단계이다. 상대방의 어떤 행동을 보았을 때 어떻게 느끼는지를 말하는 것으로, 느낌을 표현할 때는 나에게 드는 느낌과 생각(평가), 해석 등을 구분해야 한다. 느낌은 기쁨, 슬픔, 속상함, 화가 남, 좌절, 실망, 걱정 등과 같은 감정으로 표현될 수 있다. 학생들이 자신의 능력을 평가하면서 "이번 3월 모의 평가에서 망했어요. 머리가 진짜 나쁜 것 같아요."라고 말하기보다 "이번 3월 모의 평가 성적이 좋지 않아요. 저 자신이 실망스럽네요."처럼 시험 결과에서 자신이 느낄 수 있는 감정을 표현해야 한다. 앞선 예에서, 관찰한 그대로 대화를 시작한 후 교사는 "네가 지각하는 무슨 이유라도 있는지 걱정이 되네."라고 말 하는 것이 좋겠다.

세 번째는 알아차린 느낌을 나의 욕구와 연결하여 말하는 단계이다. 욕구는 자신의 가치관, 원하는 것, 중요하게 생각하는 점 등을 의미한다. 다른 사람을 비판, 분석, 해석하는 것은 자신의 욕구를 돌려서 표현하는 것일 수 있다. 상대방의 부정적인 평가 및 판단 속에 숨어있는 느낌과 욕구를 알아주게 되면 서로의 욕구를 충족할 수 있는 방법을 찾을 수 있게 된다. 위의 예에서, 교사는 느낌을 표현한 대화에 이어 "나는 우리 반 담임교사로서 너에게 무슨 일이 있는지 알아야 할 것 같아."라고 말할 수 있다.

마지막으로, 구체적인 부탁으로 대화를 마무리하는 단계이다. 이때 부탁은 상대방이 기꺼이 들어줄 수 있을 내용이어야 한다. 이 단계에서는 상대방과 더 좋은 관계를 유지하기 위해 상대가 나에게 해주기를 바라는 욕구를 말이나 행동으로 부탁하는 것이다. 위의 예에서, 교사는 자신의 욕구 표현에 이어, "요즘 너에게 무슨 일이 있는지 구체적으로 말해줄 수 있어?"라고 연결하는 부탁으로 마무리하며 학생과 대화를 이어갈 수 있다.

○ '비폭력 대화'의 예

우리 반에 이번 주에 지각을 연속적으로 세 번이나 한 학생이 있다고 가정해보고, 담임교사가 그 학생에게 할 수 있는 비폭력 대화 만들어보기.	
관찰	"월요일, 화요일에 이어 오늘도 지각이네."
느낌	"네가 지각하는 무슨 이유라도 있는지 걱정이 되네."

욕구	"나는 우리 반 담임교사로서 너에게 무슨 일이 있는지 알아야 할 것 같아."
부탁	"요즘 너에게 무슨 일이 있는지 구체적으로 말해줄 수 있어?"

● 생활지도 프로그램의 이해 및 활용

담임교사는 학생들이 학급 공동체의 일원으로서 바른 태도 및 기본적 생활 습관을 익히고 바른 언어습관을 형성하며, 인성의 기초가 되는 사회 정서적 능력을 함양할 수 있도록 도덕성, 정서 조절 능력, 공감 능력, 사회적 조망 수용 능력, 의사소통 능력 및 문제해결 능력 향상 프로그램을 선택하여 학급 단위 및 소집단 대상으로 활용할 수 있어야 한다.

국가 수준의 학교폭력 예방교육지원 프로그램인 '어울림 프로그램'은 학교폭력을 예방하고 안전한 학교문화를 형성하기 위해 단위 학교에 제공되고 있다. 이 프로그램은 학생, 학부모, 교사를 대상으로 발달단계별(학교급별: 초등 저학년, 초등 고학년, 중학교, 고등학교) 6개 주제 영역(자아존중감, 감정조절, 갈등해결, 공감, 의사소통, 학교폭력 인식 및 대처)으로 개발되었으며, 단위 학교의 여건 및 상황에 따라 선택하여 활용할 수 있도록 제공되고 있다. 일반학생을 대상으로 하는 기본 수준과 학교폭력 고위험군에 속하는 학생들을 위한 심화 수준으로 구분되어 있고, 각 주제는 학생의 인성 함양 및 심리·사회적 능력의 향상과 밀접하게 관련되어 있다. 특히 교사 대상 프로그램은 학생의 영역별 특성을 강화하는 데 필요한 교사의 개입 및 지원방안을 다루고 있다. 교사는 정규 교육과정의 교과 수업이나 창의적 체험활동 시간에 어울림 프로그램을 활용하여 학교폭력 예방을 위한 생활지도를 실시할 수 있다.

● 전문상담교사 및 진로진학상담교사와의 협력

담임교사의 차원에서 생활지도를 하는 동시에 필요에 따라 전문상담교사나 진로진학상담교사의 도움을 적극적으로 요청할 수도 있다. 이는 업무영역별 전문가나 외부 기관과의 연계를 체계적으로 구축할 수 있다는 점에서 생활지도의 폭을 더욱 확장할 수 있는 장점을 지니고 있다.

전문상담교사는 학교 현장에서 상담 관련 업무를 전담하는 전문 인력으로, 학생들의 심리적 발달을 돕기 위해 모든 학생을 대상으로 상담 서비스를 제공하고 있다. 전문상담교사는 체계적인 또래 상담 및 또래 조정 교육을 통해 또래 상담 및 조정자들이 학생 간 갈등을 대화, 토론 등을 통해 해결함으로써 건전한 또래문화 조성에 큰 역할을 하도록 하고 있다. 또래 상담자와 또래 조정자들은 갈등 당사자들을 판단하거나 결론을 제시하는 것이 아니라 당사자들이 자율적으로 자신들의 문제를 대화로 풀 수 있도록 대화의 과정을 안내하는 역할을 한다. 학생들을 위한 개입뿐만 아니라 학교폭력 예방 어울림 프로그램에 제시되어있는 학부모 대상 자료의 활용 및 다양한 학부모 교육프로그램을 활용하여 학부모 교육 등을 보다 전문적이고 심층적으로 접근할 수 있기에 상호 협력하는 관계에서 학생들을 위한 조력을 할 수 있다.

진로진학상담교사는 소속 학교의 진로지도와 교육을 총괄한다. 학생들의 진로 개발 촉진, 진로 문제의 중재, 입시전형 준비 및 지원, 지역사회와의 지원 연계를 담당하며(교육과학기술부, 2010), 진로 교육을 기획·총괄하고, 진로 진학 관련 학생 지도와 상담, 진로 교육 여건 조성 등 진로 진학에 필요한 광범위한 지도와 상담 지원 업무를 담당한다(교육과학기술부, 2011). 진로진학상담교사는 '진로와 직업'이라는 교과 수업을 담당하면서 학생들의 진로 발달·선택·결정을 촉진하고, 진로 관련 문제를 다루고 있다. 구체적으로 중학교의 경우에는 자유학년제 시행을 위한 프로그램의 기획·개발·운영을 하고 있으며, 고등학교에서는 대학 진학지도, 취업지도, 군입대 관련 정보를 제공하는 업무를 하고 있다(강진령, 2022).

• 심리검사의 이해와 활용

생활지도 과정에서 교사는 학생을 이해하기 위한 자료수집의 한 방법으로 심리검사를 적절하게 활용할 수 있다. 심리검사는 생활지도의 중요한 도구이다. 심리검사는 표준화된 측정 도구를 사용하여 지능, 적성, 성격과 같은 다양한 심리적 구성개념을 양직·질적으로 측정하고 평가하는 일련의 절차이다. 단순히 학생의 정보나 자료를 얻기 위한 수단이 아니라 학생들의 복잡한 심리체계를 이해함으로써 궁극적으로는 그들이 더욱 건강하고 행복한 삶을 살아갈 수 있도록 돕기 위함이다. 심리검사는 누구나 실시하고 해석할 수 있는 간단한 도구가 아니라 전문적인 지식과 임상적 경험이 요구된다. 다만, 교사가 학생에 관한 자료수집의 수단이 필요한 경우 준거 및 절차에 따라 간이 심리검사를 실시할 수 있다. 교사는 학생 개개인이 서로 다르다는 학생의 '개인차'를 염두하고 실시하여야 하며, 검사의 결과에 절대적인 의미를 부여해서는 안 된다. 대부분의 심리검사는 학생들을 이해하는 데 필요한 수많은 정보의 한 부분에 지나지 않으며 학생의 행동, 개별특성 등의 개별 면담자료가 없이는 무의미하다.

학교 장면에서 심리검사를 사용하는 목적은 다음과 같다. 첫째, 학생 개개인의 심리적 특성을 이해하여 학생의 발달을 촉진하고 문제를 예방하며 사후대처의 효율성을 높이기 위함이다. 둘째, 학생 개개인에 관한 객관적인 자료를 활용하여 수업의 효과를 높이는 등 학업지도와 진로지도에 활용하고자 한다. 셋째, 학생의 배치와 선발을 위한 근거자료로 활용하는 데 그 목적이 있다.

5 학부모와의 협력과 파트너십

가정환경은 학생들의 학습과 교사의 학급운영에 많은 영향을 줄 수 있으며 교사와 학부모의 원활한 소통과 협력은 학생의 학업 성취, 사회성발달, 학교 적응력 등에 긍정적으로 작용한다(Cheung & Pomerantz, 2012; Epstein & Sanders, 2002; Grolnick & Slowiaczek, 1994; Reynolds & Clements, 2005). 성공적인 학급운영을 위해 교사는 자신의 학급운영 철학을 학부모에게 전달하여 학생(자녀) 교육에 필요한 공동의 목표를 설정하고, 1년 동안 같은 뜻을 가지고 노력할 수 있도록 학부모의 교육참여를 촉진시켜야 한다(Evertson & Emmer, 2009). 학부모의 교육참여는 자녀를 학교에 맡긴다는 소극적인 태도에서 벗어나 교사와 공동의 책임의식을 가지고 자녀의 학습활동을 지원하며 교육과 관련된 문제를 해결하는 데 적극적으로 기여함을 의미한다(정영수 외, 2005). 이는 학생의 컴퓨터 사용 시간, 외출 시간 등을 지도함으로써 학습에 집중할 수 있도록 돕거나 학부모 회의에 참여하여 학습과 관련된 일을 조율하는 것뿐만 아니라 자녀에게 교육에 대한 긍정적인 태도를 보여줌으로써 학업성취의 중요성을 전달하고 박물관이나 미술관에 데려가는 것을 포함하여 자녀의 교육과 관련된 포괄적인 부모 역할 활동이다(권혜연, 2012; Grolnick & Slowiaczek, 1994).

학부모의 교육참여는 가정에서 자녀의 학습과 생활습관을 지도하고 학업성취의 중요성을 전달하며 학교생활에 대한 대화를 나누고 학습에 필요한 재정적 지원을 제공하는 가정 중심 참여(home-based involvement), 교사와 자녀의 문제를 협의하거나 중요한 의사결정을 전달하고, 학교에 직접 방문하여 교내 행사, 자원봉사, 학부모 모임 등에 참여하는 학교 중심 참여(school-based involvement)로 구분할 수 있다(Hoover-Dempsey & Sandler, 1997). 학부모의 교육참여는 학부모의 권리이자 의무이다. 학생의 성공적 학업성취를 위해 가정과 교사가 상호협력한다는 점에서 교육적 의미가 크지만, 긍정적인 효과에도 불구하고 현실적으로는 여러 장애요인에 부딪히게 된다(Christenseon, Godber, & Anderson, 2005; Hornby & Lafaele, 2011; Walker & Hoover-Dempsey, 2008). 학급운영자로서 교사는 학부모와 협력 관계를 유지하기 위해 학부모의 교육참여 관련 요인과 활성화 조건을 알아둘 필요가 있다.

1) 학부모 교육참여 장애 요인

교사는 학부모에게 학급에서의 교육방침과 학생들의 학습 과정, 결과 등을 공유하며 학부모들이 효과적으로 학급운영에 참여할 수 있도록 기회를 제공해야 한다. 가정의 지원과 협조를 구하는 일은 곧 교사가 학급운영 임무를 효과적으로 수행할 수 있는 방안이기도 한다(박남기, 김근영, 2007). 이는 학부모의 특성과 학부모들이 학급운영에 대해 가지고 있는 기대와 요구, 교사-학부모 간 협력적 관계 정립에 영향을 미치는 요인을 이해하는 데서 시작된다. 또한 교사는 학생과 관련된 정보 중 학부모와 어떤 것을 어느 정도 공유할 것인지 선별할 수 있는 교육적 전문성을 지녀야 한다.

전반적으로 소득수준이 낮을수록, 자녀의 학교급이 올라갈수록 학부모가 인식하는 교육참여 필요성도 낮아지고 실제 참여도 낮아질 수 있다(이강이, 최인숙, 서현석, 2012; 홍송이, 2018; Shumow & Miller, 2001). 이혼가정, 주말가정, 조손가정, 다문화가정 등 다양한 형태의 가정이 늘어나면서 학부모의 교육참여 형태나 정도에도 격차가 나타나게 되었다. 부모의 이혼으로 조부모나 친척이 학부모가 된 경우 학생에 대한 기대나 태도가 달라질 수 있으며 학부모의 역할에 대한 지식이 부족하여 교육참여에 소극적일 수 있다(박남기, 김근영, 2007). 다문화가정의 결혼이민자 외국인 학부모들도 자녀교육 참여에 여러 가지 어려움을 경험하게 된다. 필요성은 느끼면서도 자녀교육 참여에서 언어적, 문화적 장벽을 겪게 되고, 자녀가 외국인 부모님이 학교에 찾아오는 것을 꺼릴 경우에는 학교교육참여가 더욱 부담스러운 일이 된다(남부현, 김옥남, 2012).

Walker와 Hoover-Dempsey(2008)는 학부모의 학교참여를 방해하는 요인을 가정 요인과 학교 요인으로 구분하였고 각각 경제적, 실천적, 심리 문화적 장벽이 있음을 설명하였다. 가정요인으로는 저소득, 빈곤, 교육 수준의 한계와 같은 경제적 장벽과 자녀 양육에 대한 책임감 부족, 교통 접근의 불편함과 직장 근무시간, 학교에 대한 불유쾌한 개인사, 학창 시절 저조한 성적이나 신체 및 정신적 건강의 문제로 힘겨웠던 기억 등의 심리적 장벽을 제시하였다. 학교 요인으로는 행정적 지원의 부족, 학부모와의 협업 능력에 대한 교사의 자신감 부족, 학부모로부터 받을 비판에 대한 두려움, 학부모에게 보다 효율적인 참여를 제안할 전략 지식 부족, 교사들의 노력에 대한 보상 부족이 해당된다. Hornby와 Lafaele(2011)은 학부모의 신념, 참여요청 지각의 정도, 생활 여건과 같은 학부모 특성과 자녀의 연령, 학습부진 정도, 재능, 문제 행동과 같은 자녀 특성도 장애 요인이 될 수 있다고 하였다.

Christenson 등(2005)은 학부모의 교육참여 장애 요인을 학부모 차원, 학교교육자(교사) 차원, 가정과 학교의 관계 차원에서 구조적인 문제와 심리적인 문제로 구분하였다.

> **표 16-5** 학부모 교육참여의 구조적 및 심리적 장애 요인

구분	구조적 문제	심리적 문제
학부모	• 자녀교육 역할모델, 자녀교육에 필요한 정보, 지식, 환경 자원 부족 • 경제적, 정서적, 시간적 제약 • 자녀 돌봄과 교통 문제	• 부모 역량에 대한 자신감 부족 • 자녀교육을 학교에 위탁하려는 수동성 • 학교와 가정 간의 언어 및 문화적 격차 • 학교교육에 대한 신뢰부족 • 학부모 요구에 학교의 관심이 부족함을 경험
학교 교육자 (교사)	• 학교의 가정교육 개입 및 지원 예산 부족 • 학부모와의 파트너십을 유지하는 방법에 관한 교사교육 부재 • 학부모와의 파트너십 유지에 필요한 시간적 제약	• 학부모 참여 범위에 대한 교육당국(학교와 교육청)의 모호한 방침 및 경계 설정 • 학생들의 학교생활과 관련한 학부모와의 부정적 소통 경험 • 학부모에 대한 교육자들의 부정적 고정관념(교육적 실패가 학교교육보다는 가정의 문제에서 기인한다는 교사의 고정관념) • 행동에 대한 세밀한 관찰보다는 편리한 방식으로 사람, 사건, 조건 및 행위를 평가하는 고정관념적 태도 • 학교교육 문제를 학부모와 함께 협의하고 다루기 어려울 것이라는 생각 • 학부모와의 갈등에 대한 우려 • 학부모 역할의 효과가 제한적이라는 교사의 신념
가정과 학교의 관계	• 교사-학부모 간 소통과 의미 있는 대화 시간의 부족 • 학부모-학교 간 신뢰구축을 위한 접촉의 부족 • 학부모-학교 간 협업 역량 및 지식의 부족 • 일상적이고 정기적인 소통체계의 부족 • 서로가 직면하고 있는 어려움에 대한 이해 부족	• 가정-학교 간 협력 강화에 대한 저항 • 학생들의 학습 및 발달을 증진을 위한 파트너십 부재 • 가정-학교에 만연된 상대에 대한 책망적 태도 • 갈등상황에서 발생하는 학부모-교사 간 승패 위주의 경쟁적 태도 • 학생들의 성취에 대한 학부모와 교사의 관점이 다르다는 오해 • 학부모-교사 간 장벽을 만들고 억측을 하게 하는 심리적 문화적 격차 • 상대에 대한 공감과 역지사지의 부재 • 학생(자녀)에 대한 인상을 단 한 가지 환경에서의 관찰에만 비추어 형성하는 편협성 • 학부모와 교사가 동일한 가치와 기대를 가져야 한다는 생각 • 차이점을 강점으로 보지 못하는 문제점 • 학교-가정 간 과거 부정적 경험들 • 지속적인 학교-가정 간 관계유지의 중요성 인식의 부족

2) 학부모 교육참여 활성화 조건

교육심리학자 Hoover-Dempsey와 Sandler(1995, 1997, 2005)는 학부모의 자녀교육 참여와 관련된 교육학, 심리학 이론 및 경험적 연구들을 고찰하여 자녀교육참여 결정요인에 관한 이론적 모형을 제안하였다. 개인의 동기요인인 학부모역할신념과 학부모효능감, 학교와 자녀로부터 받는 교육참여 요청, 개인의 생활 여건을 기반으로 하여(수준 1) 주변의 격려, 모델링, 강화와 지도에 의해 자녀교육에 참여하게 된다(수준 2). 이는 학부모의 가치와 목표, 기대에 영향을 주며 가정 및 학교에서의 구체적인 참여 행동, 학부모와 교사 간 의사소통을 향상시킨다. 격려, 모델링, 강화, 지도를 통해 부모의 교육참여를 자녀가 지각하게 되면서(수준 3) 학생의 학문적 자기효능감, 내재 동기, 자기조절전략과 활용 능력, 교사와의 관계에 대한 사회적 자기효능감이 향상된다(수준 4). 이는 최종적으로 학생의 학업성취에 긍정적 영향을 주게 된다.

수준 5

자녀의 최종 성취			

수준 4 ↑

학업성취에 도움이 되는 자녀의 특성			
학문적 자기효능감	내재적 학습동기	자기 조절 전략 활용 능력	교사와의 관계에서의 사회적 자기효능감

수준 3 ↑

학부모의 교육 참여에 대한 자녀의 지각 방식			
격려	모델링	강화	지도

수준 2 ↑

학부모의 교육참여 기제			
격려	모델링	강화	지도

수준 1 ↑

개인 동기		교육참여 요청			생활 여건	
학부모 역할신념	학부모 효능감	학교의 일반적 요청	학교의 특별 요청	자녀의 특별 요청	지식과 기술	시간, 에너지

그림 16-1 **Hoover-Dempsey와 Sandler (2005)의 학부모 교육참여 모형**

학부모의 교육참여 조건은 학부모의 심리적 특성인 개인적 조건과 생태학적 조건으로 구분하여 설명할 수 있다.

• 학부모 교육참여의 동기적 조건

Hoover-Dempsey와 Sandler(1995, 1997, 2005)의 학부모 교육참여 모형은 특히 중요한 동기적 요소로 학부모역할신념과 학부모효능감을 강조하고 있다(홍송이, 2016). 학부모역할신념은 부모역할 행동에 대해 학부모 자신과 주변의 기대에 의해 형성되는 것으로, 자녀의 학습을 지원함에 있어 자신에게 요구되는 역할이 무엇인지 이해하고 이를 실행하려는 의무감과 관련 있다(Walker 외, 2005). 학부모의 역할신념은 가족 및 학부모가 소속된 집단과의 상호작용에 영향을 받게 되는데 자녀교육에서 자신의 역할과 책임을 어떻게 받아들이느냐에 따라 달라질 수 있으며(Eccles & Harold, 1993), 자녀의 학령기 전에 형성되기 시작하여 학령기 동안 확장된다(Hoover-Dempsey & Sandler, 1997).

이는 자녀의 학교생활과 학업성취를 위해 부모로서 무엇을 어떻게 해주어야 할지 스스로 인식하는 것으로, 이러한 신념이 강해질수록 좀 더 많은 지원을 해 주어야 한다는 심리적 압박감도 증가할 수 있다(홍송이, 뭉흐체첵, 임성택, 2021). 학부모역할신념이 너무 낮아 교육참여에 무관심한 것도 문제일 수 있으나, 지나치게 고양된 역할신념은 자녀 양육에서 죄책감을 느끼게 하고 학부모의 우울감과 스트레스를 증가시킬 수 있다(이금주, 이영민, 2019). 한국의 학부모(특히 어머니)는 자녀의 성취결과에 연대책임을 가지는 경향이 강하기 때문에(임성택, 2018), 과도한 역할신념은 자녀의 학업성적이 높으면 높은 대로, 낮으면 낮은 대로 부모로서 충분한 지원을 하지 못한다는 죄책감이 들게 하고 학부모의 자기가치감을 위협하여 자녀교육동기를 손상시키는 원인이 될 수도 있다(임성택, 홍송이, 2019). 따라서 학부모 교육참여에 저절한 자극제로서 적정 수준의 역할신념을 유지하게 하여 자녀교육에 대한 관심이 지속될 수 있도록 지원하여야 할 것이다.

학부모효능감은 부모 자신의 노력이 자녀의 발달과 학교 활동 및 성취, 또래 관계 형성에 긍정적 영향을 줄 수 있을 것이라는 신념(Bandura, 2006; Ec-

cles & Harold, 1993; Hoover-Dempsey & Sandler, 1997)을 의미한다. 학부모효
능감이 높을수록 자녀의 학교생활스트레스는 낮아지고 심리적 안녕감은 높
아질 수 있으며(임성택, 홍송이, 2018), 자녀 학교교육에 대한 부모의 만족도는
높이고 양육 스트레스는 낮춰주기 때문에 가정에서의 참여와 학교에서의 참
여 모두에 긍정적인 영향을 주는 것으로 알려져 있다(홍송이, 2018). 학부모효
능감이 높은 학부모는 자녀교육에 참여하는 것을 의미 있고 중요한 일이라
인식하는 경향이 있으며 자녀교육 참여 과정에서 긍정적인 정서를 유지하면
서 자녀의 학업적 목표 달성을 위해 자녀, 교사와 협력적 관계를 형성하려는
태도를 지니게 된다(임성택 외, 2015).

　자녀의 학업적 성공을 도울 수 있다는 효능감이 강한 학부모는 자신의
노력이 자녀의 학습에 긍정적인 기여를 할 수 있다고 믿기 때문에 교육참
여에서 노력귀인을 하는 편이며 운은 상관이 없다고 생각한다. 반면, 학부
모효능감이 낮은 부모는 부모의 노력이 자녀의 성적에 영향을 주지 않을
거라고 생각하므로 자녀의 능력이나 교사, 운이 자녀의 학습에서 중요한 영
향력을 행사할 것이라 생각한다(Hoover-Dempsey & Sandler, 1997). 자녀의
능력과 부모의 자녀교육 지원 능력에 증가적 견해를 지닌 학부모는 자녀와
부모 자신의 노력의 가치를 강조하므로 부모로서 자녀교육에 열심히 참여
하려 할 것이며, 결과가 성공적이었을 때 성취감과 뿌듯함, 자부심을 느끼
고 계속해서 자녀와 자신의 역량을 확장시키고자 노력할 것이다(임성택, 홍송
이, 2019).

　Ames와 Archer(1987)는 자녀의 학업성취에 부모가 어떤 목표를 가지고
있는지 연구하기 위해 '공부를 잘하지 못하더라도 학교에서 열심히 노력하
기'를 선호(숙달목표지향)하는지, '열심히 공부하지 않더라도 학교에서 공부를
잘하는 아이가 되기(수행목표지향)'를 선호하는지 조사하였다. 그 결과 60%는
숙달목표를, 40%는 수행목표를 선택하는 것으로 나타났으며, 수행을 강조하
는 학부모들은 자녀 능력 수준 이상의 어려운 과제보다는 성공을 확신할 수
있는 과제가 주어지기를 희망하였다. 부모의 목표지향성은 자녀의 성취에 대
한 반응으로 나타날 수 있어서 자녀에게 무언의 메시지를 전달하게 된다. 수

행목표를 강조하는 학부모는 자녀의 실패에 벌을 주고 성공은 보상하여 높은 성적을 받아오기를 요구하는 반면, 숙달목표를 더 가치 있게 생각하는 학부모는 결과와 상관없이 과제에 몰입하려는 자녀의 노력에 보상을 하며 최선을 다하라고 이야기해 줄 것이다(임성택, 홍송이, 2019). 자녀 성취에 대한 학부모의 숙달목표지향성은 자녀의 학습동기를 높여주고 학업적 소진은 낮춰주는 효과가 있다(이금주, 임성택, 2016). 더욱이 자녀가 지각하는 학부모의 숙달목표지향성보다는 학부모가 스스로 자신이 숙달목표지향적이라고 생각할수록 자녀의 내재 동기 증진과 학업소진 예방에 실질적인 도움을 줄 수 있다(이금주, 2017). 교육참여에서 숙달목표지향이 강한 학부모는 자녀의 학습지원에 필요한 것이 무엇인지 정보를 수집하고 더 나은 지원이 될 수 있도록 노력하는 경향이 강할 것이며 수행목표지향성이 강한 경우에는 교육참여에서 타인에게 보여지는 모습을 중요하게 여겨 남들과 비교하여 더 나은 성과를 거두는데 목적을 둘 것이다.

• 학부모 교육참여의 생태학적 조건

학부모가 가정 및 학교에서 자녀교육에 적극적으로 참여하도록 돕기 위해서는 학부모가 처한 환경과 사회적 맥락을 바탕으로 정서와 인지, 행동을 이해할 필요가 있다. Patrikakou 등(2005)은 학부모의 교육참여에 영향을 주는 요인들을 Bronfenbrenner(1994)의 생태학적 관점에서 분석하여 학부모와 학교의 효율적인 파트너십 형성을 위한 개념적 틀을 설정하였다.

생태학적 관점에서 학부모의 자녀교육 참여는 자녀의 가장 친밀한 환경인 가정, 학교에서의 학습 경험에 영향을 주게 된다. 행위자로서 학부모를 중심에 두었을 때 학부모의 자녀와 가족, 친척, 친구는 학부모역할인식과 같은 자녀교육참여 동기에 영향을 주게 된다. 가족 구성과 가계 규모, 가정에서의 심리적 및 물리적 환경과 그에 따른 교육 방식은 자녀와 학부모 모두에게 미시체계로 작용한다(Seginer, 2006). 가정과 학교라는 미시체계 간의 상호작용에 의해 형성되는 중간체계는 교사와 학부모의 의사소통, 학부모회 참가, 학부모상담 등의 형태로 이루어지며 이에 따라 자녀의 발달과 학업 성취에 다양한 영향을 미치게 된다. 학부모를 중심으로 두었을 때 자녀와 교사의 관계 및 상호작용은 학부모에게 중간체계가 되어 자녀교육참여에 영향을 주게 될 것이다. 교사와의 상호작용으로 얻게 되는 자녀 학업에 대한 정보는 가정에서의 교육참여와 자녀의 성장에 영향을 주게 된다(이강이, 최인숙, 서현석, 2012). 자녀와 학부모가 소속된 학교의 정책, 사회적 네트워크와 이웃, 교육정책과 대학 입시제도는 각각 외부체계와 거시체계라는 교육적 환경으로서 학생의 학업과 학부모의 교육참여에 영향을 주게 된다.

그림 16-2 **가정-학교의 파트너십 형성에 대한 생태학적 관점**

※ 참고: Patrikakou 외(2005). p.10.

학부모의 교육참여에 영향을 주는 생태학적 조건은 가정환경, 학생환경, 지역사회환경, 학부모 문화환경으로도 설명해볼 수 있다(임성택 외, 2015). 학부모의 가정환경은 현재의 가정과 학부모가 자신의 부모로부터 제공받았던 과거의 교육 환경 모두를 포함할 수 있다. 학생환경은 자녀가 경험하고 있는 학교환경과 문화, 자녀의 능력과 특성, 교사의 특성, 교육 제도나 입시 제도를 의미한다. 지역사회환경은 학부모가 소속된 지역사회의 교육여건을 의미하며, 학부모 문화환경은 학부모 모임, 사교육 업체, 언론이나 미디어에 의해 영향을 받는 환경이다. 학부모가 습득한 교육 관련 지식, 신념, 습관 및 여타의 능력을 바탕으로 자녀교육의 과정에서 보여주는 일관된 규칙을 학부모집단이 공유하게 될 때 이는 학부모문화가 된다. 학부모들에게 주어진 사회환경과 교육환경에 대응 전략을 수립하고 자녀교육과 관련된 의사결정을 하게 하며 학부모 집단 내부의 사회적 상호작용의 통로를 제공하여 새로운 활동영역을 확정해주는 역할을 하기도 하므로(이두휴 외, 2007), 학부모의 교육참여에 영향을 주게 된다.

제17장

교사의 특성 이해

1 교사의 지식과 기대

교사가 지니고 있는 전문적인 지식과 교수 전략(teaching strategies), 수업에 관여하는 방식, 학생과의 상호작용과 인간관계에서 보여주는 따뜻하고 온화한 태도는 학생의 학업성취에 영향을 줄 수 있다. Perold(2018)는 교사의 일곱 가지 역할을 ① 학습 촉진자, ② 학습 프로그램이나 자료 해석자와 설계자, ③ 리더, 행정가와 매니저, ④ 학자이자 연구자이자 평생학습자, ⑤ 지역사회와 시민의식 역할자, ⑥ 성적 평가자, ⑦ 학습 영역/과목/학문 분야 전문가로 분류하였다. 교사가 된다는 것은 전공 분야에서 지식을 발달시키고 과목에 대한 통찰과 이해력을 바탕으로 효율적으로 전달할 수 있는 방법을 연구하며, 학습 기술을 가르쳐 학생들이 학문적 사고를 할 수 있도록 지도한다는 것을 의미한다.

숙련된 교사는 전문적인 지식을 바탕으로, 자신이 가르치는 과목에서 발생할 수 있는 문제점을 예상할 수 있으며 학생들의 개인차를 고려하여 어떻게 가르쳐야 하는지 알고 있다. 숙련된 교사가 되기 위해서는 교육심리학적 지식을 활용하여 전공과목을 교육 현장에서 가르치면서 실력을 쌓을 수 있는 경험과 시간이 필요하다(Woolfolk, 2013). 교사가 갖추어야 할 지식에 대하여 Shulman(1987, p.8)은 내용 지식, 일반적인 교육학적 지식(학급 운영과 조직화의 원칙과 전략), 교육과정에 대한 지식, 교육학적 내용 지식(전문가로서 내용 지식과 교육학적 지식을 융합), 학습자의 특성에 대한 지식, 교육적 맥락에 대한 지식

(집단이나 학급 활동, 지역사회와 문화에 대한 이해를 포함), 교수 목표와 목적, 교육의 가치와 철학 및 역사적 배경에 대한 지식으로 구분하여 설명하였다.

특히 교육학적 내용 지식은 내용 지식과 일반적인 교육학적 지식을 융합시켜 특정 주제, 문제, 주요 논점을 학습자의 다양한 관심과 능력에 맞게 구성하고, 제시하고 적용시킬 수 있는 지식을 가리킨다. 이는 교사가 습득해야 할 가장 핵심적인 지식이라 할 수 있으며, 교육학적 내용 지식을 지니고 있는지에 따라 내용 전문가와 그 내용을 가르칠 수 있는 전문가를 구분할 수 있다. 예를 들어 수학이라는 내용 지식을 충분히 습득한 전문가라 하더라도 수학에 대한 교육학적 내용 지식이 없다면 수학 교사라 할 수 없다. 효율적인 수학 교사는 수학에 대한 내용 지식뿐만 아니라 내용 지식과 수학 수업 조직화 전략을 융합하여 수학 교육학적 내용 지식을 활용할 수 있을 것이다. 이에 더하여 수학 과목 교육과정에 대한 지식, 수학을 공부하는 학습자에 대한 특성을 이해할 수 있는 지식을 겸비하고 있을 것이다.

효율적인 교사는 자신의 전공과 교육학적 전문 지식을 활용하는 과정에서 학생들과 긍정적인 관계를 형성한다. 학생 개개인이 존중받으며 모두가 참여할 수 있도록 적절하고 일관된 규칙을 적용하며, 학습을 촉진하기 위해 다양한 교수전략을 활용하여 배움과 연습이 일어날 수 있도록 도와야 한다(Brown et al., 2010). 교사는 교실에서 모델링의 대상이 되므로 학습 태도, 학습전략과 메타인지 적용, 과제 수행 과정을 학생들이 관찰하고 적절한 학습 기술을 발달시킬 수 있도록 시범을 보일 수 있다(Moosa, 2018). 학급 분위기를 긍정적으로 이끌기 위해 교사는 정서적, 인지적, 행동적 측면에서 다음과 같은 것들을 지향할 필요가 있다(Brown et al., 2010).

첫째, 정서적 측면에서는 학생과 교사, 학생과 학생이 온화한 태도를 갖추고 서로 존중하면서 즐거운 관계를 유지하도록 한다. 학급에서 무례한 행동을 하거나 공격적이고 적대적인 태도로 대하지 않도록 지도한다. 이를 위해 교사는 학생들의 학습 및 정서적인 요구가 무엇인지 파악하여 일관적이고 적절하게 대처해야 한다. 학생의 관심사를 파악하여 자율적인 활동을 장려하고 학습동기를 높일 수 있는 긍정적 정서를 고양시켜야 한다.

둘째, 인지적 측면에서는 학생들이 수업 활동과 토론에 활발하게 참여하면서 인지와 고차원적 사고를 발달시켜 새로운 개념을 습득할 수 있도록 돕는다. 구체적이고 과정 지향적인 피드백을 제공하여 학생들의 사고와 학습을 확장시켜 주어야 한다.

셋째, 행동적 측면에서는 행동 관리(behavior management), 생산성(productivity), 교수 학습 구성(instructional learning formats)을 목표로 학급을 조직화한다. 행동 관리에 있어 잘못된 행동이나 문제를 일으키는 행동의 빈도를 확인하고 모니터링하면서 이를 재정향할 수 있도록 교사 역량을 갖추어야 한다. 행동의 생산성을 높이기 위해 교사는 혼란은 최소화하면서 분명하고 규칙적인 활동으로 학생들이 일관된 학습을 경험하도록 준비해야 한다. 수업에 필요한 자료와 양식, 활동을 적절하게 활용하여 학생들이 수업에 집중하여 실질적인 참여 행동이 발생하도록 학급 분위기를 관리한다.

학생에게 보내는 사회적, 정서적 차원의 교사 지원(teacher support)과 학생의 학습에 거는 교사의 기대는 학생들의 실제 학습에 심대한 영향을 미칠 수 있다. 교사의 기대는 교육과정의 내용과 진행 속도뿐만 아니라 수업의 조직, 수업에서의 개개 상호작용, 학습에 대한 학생 자신의 기대에도 영향을 미침으로써 결국 학습 행동에도 영향을 주게 된다(Stipek, 2002). 교사 기대의 효과는 Rosenthal과 Jacobson(1968)의 연구에서 실험적으로 입증되었다. 연구에 의하면 교사가 학문적으로 성장할 잠재력이 높은 학생이라는 기대를 가지고 가르쳤을 때 실력과 상관없이 실제로 다른 학생들에 비해 높은 지능지수가 나타났다. 이는 교사의 높은 기대가 학생들에게 자기충족적 예언(self-fulfilling prophercies)으로 실현될 수 있음을 보여주는 결과이다.

교실에서 발생할 수 있는 기대는 세 가지 유형으로 정의된다(Cooper & Tom, 1984). 첫 번째 유형의 기대는 학생이 특정 영역에서 얼마나 적절하게 수행하는지에 관한 것으로, 미래 성과에 대한 예측이 아닌, 현재 학생이 보여주는 실력에 대한 평가를 의미한다. 두 번째 유형은 특정 기간 동안 학생이 얼마나 많은 학습 향상을 이룰 것인지에 대한 교사의 예측과 관련된 것으로, 학생의 현재 능력과는 별개로 교사가 학생에 대해 지니고 있는 신념에 의해 향상도를 기대하게 된다. 세 번째 유형은 교사가 추정한 학생의 능력(첫 번째 유형의 기대)과 실제로 측정된 결과인 시험 점수 간의 비교에 의해 발생할 수 있는 것으로, 교사가 학생의 현재 수행 수준을 과대 또는 과소 평가하는 정도에 의해 형성된다.

세 유형에 따른 교사의 기대는 학생의 성과에 서로 다른 효과를 가져올 수 있다. 첫째는 '자기충족적 예언 효과'를 생성할 수 있어서 애초에 근거 없이 형성된 교사의 신념일지라도 이를 충족시킬 수 있는 방향으로 학생의 학습 행동이 유도될 수 있다는 것이다. 또 다른 효과로는 '지속되는(sustaining) 기대 효과'가 있다. 이는 처음에 교사가 학생의 능력을 정확하게 평가하고 이에 적절하게 반응하였다 하더라도 이후에 학생의 향상도에 맞춰 자신의 기대를 바꾸지 않을 경우 학생은 교사가 기대하는 방식에 따라 행동하기 때문에 실력을 향상시킬 수 있는 기회를 놓쳐버리게 된다는 것이다(Cooper & Tom, 1984; Woolfolk, 2013). 하지만 교사의 기대는 학습에 대한 교사의 신념과 수업에서 보여주는 교사의 행동이 상호작용하여 학생에게 전달되므로 실제로 교사의 기대가 미치는 영향을 정확하게 예측하기는 어렵다. 교사의 행동에 대한 학생의 해석과 반응도 다를 수 있고 학생과의 피드백에 의해 교사의 기대가 수정될 가능성도 있어서 기대 효과는 학생들마다 상이할 수 있다 (Brophy, 1983).

효율적인 교사는 정확한 판단 하에 개개의 학생들에게 적합하도록 수업 내용과 속도를 잘 조절하면서 모든 학생들이 기본적인 내용을 숙달할 수 있을 것이라는 기대를 가지고 있다(Stipek, 2002). 학생들에 대한 교사의 적절한 기대는 학습을 향상시킬 수 있다. 낮은 기대를 가지고 있는 학생보다 상대적으로 높은 기대를 가지고 있는 학생에게 더 따뜻한 분위기를 형성하고 좀 더 지속적으로 질문하며 비판보다는 칭찬을 더 많이 사용하기도 한다(Cooper & Tom, 1984). 학생들은 교사가 자신에게 많은 기대를 하고 있다는 것을 알게 될 때 학습동기가 높아질 수 있다("선생님은 내가 그것을 할 수 있을 것이라 생각하셔. 나는 그것을 해야 하고, 정말 잘 해낼 수 있을 거야"). 기대가 낮다는 것을 알게 될 때 학습동기가 낮아질 수도 있지만("선생님은 내가 못 해낼 것이라 생각하셔. 그러니 노력하고 싶지 않아."), 오히려 도전하고 싶은 동기("선생님은 나에게 큰 기대를 하지 않으시지만 내가 결국 해낼 것이라는 것을 보여주고 싶어")를 이끌어낼 수도 있다(Schunk, 2012).

부정확한 교사의 기대는 좀처럼 개선되지 않는데, 그 이유는 교사 자신의 기대를 확인시켜주는 자신만의 '이론'을 구축하고 이에 위배되는 정보를 허용하지 않는 방식으로 학습 환경을 구조화하기 때문이다. 교사가 보는 바에 따라 자신의 신념에 일치하는 방식으로 학생의 행동을 해석하게 되면 편향성을 가질 수 있다(Stipek, 2002). 이를테면 교사가 학업 수준에 높은 기대를 가지고 있는 학생이 실수를 하게 되면 교사는 학생의 능력이 부족해서가 아니라 다른 이유(예, 일시적인 피로, 부주의 등) 때문이라고 생각하지만, 낮은 기대를 가지고 있는 학생이 실수를 하면 그것이 학생의 능력이 부족함을 다시 한번 확인시켜주는 것이라 해석할 것이다. 이는 학생에 대한 자신의 기대를 다시 한번 강화하게 된다. 학생과의 상호작용에서 교사가 자신의 기대수준에 따라 차별적인 반응을 하게 되면 학생의 학업 성취에 부정적인 영향을 줄 수 있다. 예를 들어, 대답을 못 할 것이라 예상되는 학생에게는 매번 어려운 질문을 하지 않는다거나 대답을 기다려주지 않고 동정적인 태도로 학생을 대하며 정답을 말해도 칭찬을 덜 할 수 있다. 교사의 이러한 행동은 학생에게 교사가 낮은 기대를 가지고 있음을 전달하게 되므로 자신의 능력을 낮게 지각하거나 성공에 대한 기대수준을 낮춰 노력을 적게 기울이게 한다(Eggen & Kauchak, 2011).

일반적으로 개인의 능력에 대하여 실체적 견해를 가진 교사는 학생을 빨리 판단하고, 모순되는 증거와 부딪힐 때 의견을 수정하는 것이 느린 반면, 증가적 견해를 가진 교사는 숙달목표를 설정하고 학생들이 능력을 향상시킬 수 있는 상황을 모색하는 경향이 있다. 교사의 바람직하지 않은 기대 효과를 피하기 위해서는 첫째, 학생에 대한 부정확한 기대를 형성하지 않도록 해야 한다. 형제나 자매가 공부를 잘 했거나 못 했다고 해당 학생도 그럴 것이라는 추측을 하지 않도록 하고, 이전에 학생을 가르쳤던 교사로부터 학생의 학습 수준에 대해 잘못된 정보를 취하지 않도록 주의한다(예, 1학년 수학교사로부터

작년에 수학을 못 했다는 이야기를 들었다고 해서 2학년이 되어도 계속 수학을 못 할 것이라 단정 짓지 않기). 사회적 고정관념(성별, 경제적 수준, 부모나 가족과의 관계, 다문화 가정 학생 등)에 의한 편견으로 잘못된 기대를 가지게 되는 것은 아닌지 살펴야 한다(Cooper & Tom, 1984; Stipek, 2002).

둘째, 학생의 인지적 성장은 눈에 띄는 변화가 나타나지 않을 수도 있으므로 학생에 대한 기대를 주기적으로 재평가할 필요가 있다(Cooper & Tom, 1984). 교사의 기대가 경직되어 있지 않고 융통성 있고 변화할 수 있을 때 학생들의 행동도 변화할 수 있지만, 교사의 기대가 쉽게 변하지 않는다는 것을 알게 되면 그 기대에 맞춰 학생의 수행도 단속될 수 있다(Schunk, 2012). 따라서 교사는 특히 성장 속도가 느린 학생들에 대한 자신의 기대가 바뀔 수 있다는 것을 염두에 두어야 하며, 평소에 낮은 기대를 가지고 있던 학생이 성공하게 되었을 때 노력을 보상하여 학습 행동을 강화해야 한다. 중요한 것은 모든 학생이 학습할 수 있을 것이라는 기대를 버리지 않고 어떠한 학생도 포기하지 않겠다는 의지를 높이는 것이다(Stipek, 2002).

기대의 부정적 효과를 줄이기 위해 교사는 <표 17-1>과 같은 점에 유의해야 할 것이다.

▷ **표 17-1** 교사 기대의 부정적 효과 줄이기

방법	예시
시험 결과, 성적 자료, 다른 교사로부터 받은 학생의 정보를 주의 깊게 사용	• 학년 초에 학생의 이전 누적 기록 읽는 것을 자제한다. • 다른 교사들에게서 듣는 정보에 비판적이고 객관적 태도를 취한다. • 학생에 대한 자신의 판단이 틀릴 수도 있음을 염두에 두고 융통성 있는 기대를 지니도록 노력한다.
수준별 편성에서 융통성을 발휘	• 학생의 과제를 자주 검토하고 새로운 수준별 편성을 시도한다. • 학습 주제에 따라 다른 수준별 편성을 적용한다. • 협동학습을 위한 모둠을 구성할 때 학생들의 학습수준이 혼합되도록 편성한다.
도전과 지원을 동시에 제공	• '이것은 쉬우니까 너가 할 수 있을 거라고 생각해'와 같은 표현을 하지 않는다. • 약간 어려운 문제를 풀도록 하여 도전감을 주고 모든 학생들이 추가 점수를 받을 수 있도록 한다.

학급 토론 시 저성취학생에 대한 반응에 주의	• 저성취학생에게 즉각적인 피드백을 주고, 단서와 대답할 시간을 준다. • 훌륭한 대답에 충분히 칭찬한다. • 고성취학생 못지 않게 저성취학생도 지명하여 발표와 대답의 기회를 준다.
성별, 인종, 성적 고정관념이나 편견이 반영되지 않도록 주의	• 모든 학생에게 골고루 기회를 주고 있는지 확인할 수 있도록 체크한다. • 누구에게 어떤 일을 주었는지 관리하고 빈도를 확인하여 공평하게 참여할 수 있도록 한다. • 과제 내용 중 차별적 요소가 없는지 점검한다(남학생에게만 어려운 수학 문제를 풀게 하는 것은 아닌지, 영어를 잘 못하는 학생에게는 발표할 기회를 주지 않는 것은 아닌지 등).
평가와 규칙이 공평하게 적용되는지 점검	• 학급 내 규칙이 공평하게 적용되는지, 특정 학생을 편애하는 것처럼 보이지 않는지 확인한다. • 가끔 blind test를 실시하여 편견 없이 평가할 수 있도록 노력한다. • 다른 교사의 객관적 평가 의견을 참고한다.
모든 학생이 학습할 수 있다는 교사의 기대를 학생들에게 전달	• 부족한 과제에도 완성도를 높일 수 있도록 구체적인 피드백을 제공한다. • 즉각적으로 대답하지 못하는 학생이 답을 찾을 때까지 기다려주고 자신의 답을 통해 생각할 수 있도록 지도한다.
비언어적 행동 모니터링	• 특정 학생에게서 멀리 떨어져 있는 것은 아닌지, 다가올 때 누구에게는 웃어주고 누구에게는 인상을 쓰는 등의 차별적 반응을 하지는 않는지 살펴본다. • 학생에 따라 다른 어조로 말하거나 어조가 갑자기 변하지 않는지 확인한다.

※ 참고: Woolfolk (2013). p.540.

2 교사효능감

1) 교사효능감의 개념과 특성

학생들의 학습과 동기에 영향을 줄 수 있는 중요한 요인이면서 교사 전문성의 핵심적인 요소인 교사효능감(teacher's efficacy)에 주목할 필요가 있다. 교사효능감은 학생들의 학습에 긍정적인 영향을 줄 수 있다는 교사 자신의 능력에 대한 신념 체계(Ashton, 1984. p.28)를 의미한다. 교사효능감은 Bandura(1997, 2006)의 사회인지이론과 자기효능감의 개념을 교직 상황에 적용한 개념으로, 학생의 학업 성취를 예언하는 교사의 동기적 특성이다. 교사효능감은 교사의 타고난 성격적 특성이라기보다 교직 환경과 사회화 과정에 의해 발달하게 되는 인지적 구성개념이며, 학생의 성취 결과에 근거하여 교사가 자신의 교수 효과성에 대해 지각하게 된 결과라 볼 수 있다(임성택, 2011).

앞서 자기효능감 이론의 설명에서 결과기대와 효능기대를 언급한 바 있다. 교사효능감 연구자들은 교사의 결과기대와 효능기대를 반영하여 교사효능감을 두 차원으로 구분하였다(Ashton & Webb, 1986; Gibson & Dembo, 1984; Woolfolk & Hoy, 1990). 결과기대는 학교나 교사가 학생에게 미치는 일반적인 효과에 대한 기대와 이에 대한 신념을 의미하는 것으로, 일반적 교수효능감(GTE: general teaching efficacy)이라 보았다. 이는 교사가 학생의 가정환경, 지능, 학교의 조건과 같은 환경적 요인을 극복하고 학생을 성공으로 이끎에 있어 어느 정도 영향력을 끼칠 수 있을지와 관련된 개념이다. 교사효능감에 있어 효능기대는 교사 개인의 능력과 수행 경험으로 인해 형성되는 신념을 의미하며, 개인적 교사효능감(PTE: personal teaching efficacy)으로 설명된다. 개인적 교사효능감은 학생에게 긍정적 변화를 일으킬 수 있다는, 교사 자신의 능력에 대한 판단이라 할 수 있다.

교사 개개인의 효능감뿐만 아니라 학생들이 높은 성취 기준에 이를 수 있도록 지도할 수 있다는 학교 구성원들의 집단적 신념도 학습자에게 중요한 교육적 영향을 끼칠 수 있다. Bandura(1997)는 이러한 요소를 '집단적 학교효능감(collevtive school efficacy)'라 칭하였다. 교사효능감 연구자들은 교사 개인이 지닐 수 있는 일반적 교수효능감이나 개인적 교사효능감 이외에도 소속된 학교의 풍토를 공유한 교사들이 함께 목표를 달성하는 데 긍정적인 기여를 할 수 있다는 공동의 지각을 집단적 교사효능감(collective teacher efficacy)으로 개념화하였다(Goddard, Hoy, & Hoy, 2000). 이는 특정 집단에 소속된 자신이 과제를 잘 해낼 수 있는지에 대한 지각에 더해 집단 내 공통된 과제를 다른 구성원들과 함께 얼마나 잘 수행해낼 수 있을지, 어려움을 만났을 때 그 집단이 얼마나 잘 회복할 수 있을지를 평가한 결과라 할 수 있다(Bandura, 1993. p.1997). 이는 학교 공동체의 집단 효능성에 대한 지각을 의미하므로, 성공적인 교육에 필요한 수업자료의 확보와 접근 가능성, 학교의 물리적 및 심리적 교육환경, 직무에 제공되는 자원과 이를 지원하는 교육정책, 학교 풍토 형성에서의 학교장 역할에 영향을 받게 된다(Goddard, Hoy, & Hoy, 2000). <표 17-2>는 Goddard, Hoy, Hoy(2000)가 개발한 집단적 교사효능감 측정 문항 중 일부분이며(역채점 문항 제외), 집단적 교사효능감의 주요 특성을 반영하고 있다.

▷ **표 17-2** 집단적 교사효능감 측정 문항

> 1. 우리학교 교사들은 학생들을 학습시키는데 필요한 능력과 소질을 충분히 갖추고 있다.
> 2. 우리학교 교사들은 다루기 힘든 학생들도 잘 지도해 낼 수 있다.
> 3. 학생이 학습을 따라가지 못할 경우 우리학교 교사들은 다른 효과적인 대안을 찾으려고 노력한다.
> 4. 우리학교 교사들은 학생들의 동기를 유발하는 능력을 충분히 갖추고 있다.
> 5. 우리학교 교사들은 모든 학생들이 학습할 수 있다고 믿는다.
> 6. 우리학교 학생들은 학습할 자세와 준비가 되어 있다.
> 7. 우리학교의 시설과 환경은 교육하기에 충분할 정도로 양호하다.
> 8. 우리 학교가 소재한 지역사회는 학생들의 학습을 보장할 수 있는 충분한 여건을 갖추고 있다.
> 9. 우리학교의 교사들은 자신이 담당한 교과를 가르치는데 필요한 능력을 충분히 갖추고 있다.
> 10. 우리학교 교사들은 다양한 교수방법을 갖추고 있다

※ 참고: Goddard, Hoy, & Hoy (2000). p.495.

교사효능감 개념 형성의 이론적 기초가 되는 자기효능감이 모든 영역에 일반화할 수 있는 일반적인 지각이 아니라 영역 특수적(domain-specific)이라는 점에서(Bandura, 1993, 1997; Pajares, 1996) 교사효능감도 교사의 직무에 따라 과제특수적(task-specific)이면서 영역특수적(domain-specific)으로 지각된다고 볼 수 있다. Bandura(2006. p.328)는 교사효능감 척도(TSES: teacher self-efficacy scale)를 개발하는 과정에서 교사의 역할영역을 여섯 가지로 구분하였고 이에 해당하는 교사효능감을 개념화하였다. 교사의 직무와 관련된 효능감은 구체적으로 학교에서의 의사결정 효능감(efficacy to influence decision making), 수업 효능감(instructional self-efficacy), 생활지도 효능감(disciplinary self-efficacy), 학부모와의 협력과 소통 효능감(efficacy to enlist parental involvement), 지역사회 참여 효능감(efficacy to enlist community involvement), 긍정적인 학교교육 풍토 조성 효능감(efficacy to create a positive school climate)이다. 교사가 담당하는 모든 업무에서 효능감 수준이 유사할 수도 있겠지만, 특정 직무에서는 효능감이 높고 어떤 것은 그렇지 않을 수도 있다. 예컨대 신규 교

사의 경우 수업에서의 효능감은 높지만 학생을 훈육하거나 학부모 관련 업무에서의 효능감은 떨어질 수 있다. 또한 전공 교과목의 특성과 학교에서 담당하게 된 직무에 따라 교사로서 자신의 능력에 대한 주관적 지각은 다양할 수 있으며 객관적 교사효과성과 일치하지 않을 수 있다.

자기효능감 발달에 영향을 주는 자원으로 숙달 경험, 대리 경험, 언어적 설득, 신체 및 정서적 각성이 설명되었던 것처럼(Bandura, 1997) 교사효능감 형성에도 네 가지 자원은 교사에게 긍정적 영향을 줄 수 있다. 예를 들어, 교직 경험이 부족하여 교사효능감이 낮았던 신규 교사가 교사 연수를 받으며 역량을 강화하거나 같이 근무하는 교사들을 모델링하여 점차 실력을 쌓으면서 여러 직무에서 성공 경험을 하게 되었다면(직접적인 성공 경험과 대리 경험) 교사효능감이 높아질 수 있다. 또한 학교 행정가, 동료 교사, 학생과 학부모로부터 긍정적인 피드백을 받으면서 훌륭한 교사가 될 수 있다는 자신감이 높아졌고(언어적 설득), 어려운 일을 만나도 긍정적인 마음으로 극복하려 하며 스트레스를 낮추기 위해 꾸준히 노력한다면(신체 및 정서적 각성) 교사효능감이 향상될 것이다. 이는 집단적 효능감에도 적용이 가능하다. 같은 학교의 교사들이 서로 협력하여 학교의 공동 목표를 달성하는 성공 경험을 하였고, 그 과정에서 동료교사가 과제수행에 성공한 사례를 관찰하였으며, 목표달성에 어려움을 겪을 때 서로를 격려해주는 언어적 설득과 실패의 두려움에 맞서 용기를 내고 더욱 단결할 수 있는 정서적 상태를 공유하였다면 집단적 교사효능감은 향상되고 유지될 수 있다.

Denham과 Michael(1981)은 교사의 성취욕구, 자아개념, 귀인 성향과 같은 개인적 특성과 과거의 교육 경험과 교사연수 경험, 학교의 의사결정 구조, 교육행정가 및 동료교사로부터 제공되는 직무환경이 교사효능감에 영향을 줄 것으로 예측하기도 하였다. 학교 조직의 통합성과 학교장의 영향력, 학생들의 학습을 장려하는 풍토는 교사효능감 향상에 도움이 되지만(Hoy & Woolfolk, 1993), 교사와 학부모 관계에 갈등이 있을 경우 교사효능감이 저하될 수 있다(Ashton, 1985; Gibson & Dembo, 1984).

2) 교사효능감의 효과

일반적으로 교사효능감이 높은 교사는 학생들의 가정환경이나 학생의 능력과 관계없이 이들이 성공할 수 있도록 도울 수 있다고 믿기 때문에 다루기 힘든 학생도 지도할 수 있다는 자신감을 가지고 있다(Stipek, 2002). 긍정적인 학습 환경을 조성하여 학생의 필요를 충족시키고 학생들의 흥미와 관심, 학문적 자기주도성 발달을 지지해준다(Ashton & Webb, 1986; Bandura, 1997). 이들은 학습 실패 상황에서도 실망하지 않고, 다른 방법으로 가르치면 향상될 수 있다고 생각하기 때문에 수용적이고 인내심 있게 학생들을 가르친다. 또한 수업 시간을 효율적으로 사용하고 상호작용을 통해 학생들이 더 잘 배울 수 있도록 돕는 경향이 있다(Gibson & Dembo, 1984).

자신의 전문적 지식을 바탕으로 학생들을 효율적으로 잘 가르칠 수 있다고 생각하는 교사의 신념은 결과적으로 학생의 학습동기, 학업성취, 포부수준, 자아개념 형성에 긍정적인 영향을 주는 것으로 알려져 있다(김아영, 2012; 임성택, 2011; Ashton, 1984; Bandura, 1997; Tschannen-Moran & Woolfolk Hoy, 2001). 교사효능감은 수업 전, 수업 중, 수업 후의 교사 행동에 모두 영향을 줄 수 있어서 학생들이 더 나은 성과를 보였을 때 더욱 높아질 수 있다(Tschannen-Moran, Woolfolk Hoy, & Hoy, 1998). 교사효능감이 높을수록 권위주의적인 통제보다는 설득적인 수단을 사용하고, 공정하고 분명한 규칙을 일관성 있게 적용하여 학생들의 문제행동을 충분히 해결하는 경향이 있다(Ashton & Webb, 1986). 학생지도를 의미 있고 중요한 직무로 인식하기 때문에 학생들에게 도움이 될 수 있는지 교사 자신의 행동을 점검하고, 학생과의 공동의 목표를 달성하기 위해 협력적 관계를 유지한다(Ashton, 1984).

반면 자기효능감이 낮은 교사들은 학습에 불리한 조건(경제적 어려움이나 학부모의 무관심 등)에 처한 학생을 가르치는 것은 자신의 능력 밖이라고 생각하고, 학습부진 학생을 끈기 있게 가르치려 하지 않는다(Stipek, 2002). 수업 중 고성취학생과 저성취학생에게 차별적인 대우를 하는 경향이 있어 낮은 성취 학생에게는 관심을 적게 기울이지만, 높은 성취를 보이는 학생과 더 자주 상호작용을 하고 칭찬과 피드백도 더 많이 제공한다(Ashton & Webb, 1986). 수업을 계획하거나 학습 자료를 준비하는 일, 수업 전략을 찾아서 적용하는 일에도 많은 노력을 기울이지 않는다(Schunk, Pintrich, & Meece, 2008).

자신의 능력을 초월한다고 생각하는 교수활동을 계획하지 않으며 학생을 가르치는 일과 관련하여 도전감을 주는 상황을 피하려 하기 때문에 가르치는 일에서 자주 좌절감을 느끼며, 학생들이 실패할 것으로 예상되는 일은 시도하지 않으려 하고, 실패의 책임을 학생에게 돌리는 경향이 있다(Ashton, 1984). 학생들과의 관계를 갈등적 관점에서 바라보기 때문에 학생의 문제행동을 교사인 자신의 권위에 도전하는 것으로 생각하고, 교실을 일방적인 규칙과 권위로 통제하려 한다(Ashton & Webb, 1986).

▷ **표 17-3** 교사효능감 수준에 따른 교사 행동

낮음	교사 행동	높음
교수 상황에서 부정적이며 절망적, 학생지도를 성공적으로 해낼 수 없을 것이라 생각	**성취감**	학생지도를 의미 있고 중요한 직무로 인식, 긍정적인 영향을 미칠 수 있다고 생각
학생들이 실패할 것으로 기대하여 노력을 기울이지 않고 부정적 행동	**학생에 대한 기대**	학생이 향상될 것이라 기대하고 교사의 기대에 부응할 수 있도록 지도
학습에 대한 책임을 학생에게 부과, 학생이 실패했을 경우 그 원인을 학생능력과 동기, 태도, 가정환경에서 찾음	**학습 책임 부여**	학습상황을 점검하는 것이 교사의 임무라고 생각, 학생실패의 책임이 자신에게도 있다고 생각하여 도움을 주려고 함
학생을 위한 구체적인 목표를 설정하지 않음, 학생의 성취를 돕기 위한 교사의 목표가 불분명, 교수 전략을 계획하지 않음	**목표 달성 전략**	학생들의 학습계획과 목표를 수립하고 목표를 달성하기 위해 교수 전략을 찾음
학생, 교직, 교사 자신에 대해 좌절을 자주 경험	**정서**	학생, 교직, 교사 자신에 대해 긍정적인 정서를 유지
학생을 지도하는 과정에서 자주 무력감을 느낌	**통제감**	학생들에게 긍정적 영향을 미칠 수 있을 것이라 생각
교사와 학생들이 서로 상빈된 목표와 관심사를 가진다고 생각, 갈등적 관계 조성	**학생과의 관계**	학생과 공통의 목표를 달성하기 위해 협력적 관계를 유지
학습과 관련된 결정을 학생 참여 없이 독단적으로 행하여 일방적으로 부과	**학습 의사결정**	목표설정과 달성을 위해 전략을 세우는 과정에서 학생들을 의사결정에 적극적으로 참여시킴

※ 참고: Ashton(1984). p.29.

선행연구들에 의하면 교사효능감은 교사의 수업과 관련된 긍정적인 정서는 높이고 스트레스는 낮추는 효과가 있으며(Ashton & Webb, 1986), 학생의 행동, 학교행정가와의 관계, 학부모와의 관계에서 직무스트레스를 떨어트리는 것으로 나타났다(Parkay et al., 1988). 또한 교사의 심리적 소진(burnout)을 낮춰주고(Cherness, 1993; Egyed & Short, 2006), 직무 헌신도를 높여준다(Coladarci, 1992; Ebmeier, 2003). 집단적 교사효능감 또한 학생들의 학업 성취 수준(Goddard, Hoy, Hoy, 2000)과 교사들의 직무 헌신도(Ware & Kitsantas, 2007)에 긍정적 영향을 주는 것으로 밝혀졌다.

국내의 연구에서도 교사효능감이 높을수록 교사의 소진은 낮아질 수 있다는 것이 입증되었다(김미라, 이지연, 이인숙, 2011; 김태훈, 김민정, 2017; 임성택 외, 2012; 조민아 외, 2010). 교사효능감은 교사의 수업전문성(강경희, 김영주, 2016; 전상훈, 조홍순, 이일권, 2014; 황흠, 박수정, 박선주, 2016)과 직무만족도(김희정, 백영애, 임유경, 2017; 송종욱, 임성택, 2017; 최권, 도승이, 2015; 황흠 외, 2016)를 높여주고 직무몰입도에 긍정적 영향을 주는 것(임성택, 2001)으로 나타났다. 또한 학부모에 대한 교사효능감이 높을수록 교사로서의 자긍심도 높아지고, 학부모 관련 업무 능력을 향상시키기 위한 전략을 적극적으로 추구하는 경향이 있었다(홍송이, 이순자, 2019).

교사효능감은 학생들을 가르치기 위한 목표 설정과 교사의 포부수준에 영향을 주게 되므로 실제 교직 수행 능력을 향상시킬 수 있다(Tschannen-Moran & Woolfolk Hoy, 2001). 이로 인해 교사 자신뿐만 아니라 학생에게도 긍정적인 영향을 줄 수 있다. 교사효능감이 높은 교사는 학생 통제에서 인본주의적 방식[18]을 사용하는 경향이 있어(Ashton & Webb, 1986; Barfield & Burlingame, 1974; Woolfolk & Hoy, 1990) 학생의 자율성에 가치를 두게 되므로 학습자의 학습동기와 학업 성취를 높이는 긍정적 효과를 보여준다(Ashton & Webb, 1986; Goddard, Hoy, Hoy, 2000; Midgley, Feldlaufer, & Eccles, 1989).

---

18 교육공동체의 관점에서 학생의 협력적 상호작용과 경험을 통한 학습을 강조하고, 엄격한 외부 통제보다 자율적 규제를 강조하는 통제 방식(Willower & Jones, 1963).

3 교사의 소진

1) 소진의 개념과 원인

현대 사회가 복잡해지는 만큼 학생들의 특성도 다양해지고 있으며 교육에서의 자율성 추구경향을 반영하여 교육정책도 다변화되고 있다. 어느 조직에나 갈등은 있기 마련이겠지만 교직의 특수성은 다양한 갈등을 겪게 한다. 교사들은 교육 활동을 주요 업무로 수행하면서 학교 행정가, 동료 교사, 학부모들과 원만한 대인관계를 유지해야 하며, 행정업무와 같은 교육 외 활동도 수행해야 하기 때문이다. 학교 조직은 교원조직과 학생조직으로 이원화되어 있으며 교육의 책무성이 한 개인이 아닌 집단에 귀속되어 있어 그 한계가 모호하다(박종렬 외, 2010). 높은 전문성에도 불구하고 우리나라 교사들의 심리적 고충과 직무스트레스는 증가하고 있다(구본용, 김영미, 2014; 김요진, 이희숙, 2016; 김은진, 2018; 이재일, 2010).

교사가 경험하는 스트레스가 장기간 지속되면 만성적인 신체 및 정신적 고통이 누적되어 결국 교사로서의 소명감을 상실하는 소진(burnout) 현상이 나타난다. 소진을 경험하는 교사들은 열심히 직무를 수행해도 긍정적 결과를 가져올 수 없다는 느낌을 받으면서 지속적으로 스트레스를 겪게 된다(오영재, 1991). 직무스트레스가 모두 소진으로 악화되는 것은 아니지만 이를 알아차리고 적절하게 대처하지 못하면 교사로서의 열의까지 소진하게 되어 결국 교사 자신뿐만 아니라 학생과의 교육활동, 동료교사에게까지 부정적 영향을 줄 수 있다(김영희, 이수정, 구현아, 2005; 박종민, 권재환, 2016).

교사의 소진 원인은 다양하다. 개인의 성별, 연령, 교육경력, 지위, 역할갈등이나 업무와 관련된 심리적 특성에 따라 다를 수 있으며 학생의 학습 수준과 가정경제적 배경, 학교규모, 학교조직의 행정적 특수성 교사 승진기회, 성과 인정 구조에도 영향을 받을 수 있다(오영재, 1991). 필연적으로 교사라는 직업은 교육활동으로 인한 수업 피로(lesson fatigue), 행정업무를 처리해야 하는 기관 피로(institute fatigue), 대인관계에서 요구되는 공감 피로(compassion fatigue)를 경험하게 한다(김현수, 2019). 반복되는 일과와 불충분한 교수법 훈련, 부족한 학습 자료, 지루하고 형식적인 직원회의, 비생산적인 학교 조직, 교사평가 제도에 대한 불안감은 정서적 소진을 겪게 하는 것으로 알려져 있다(김영희, 이수정, 구현아, 2005). 긴장과 불안을 줄일 수 있는 휴식시간이 부족하고 교사 개인의 통제가 불가능한 정책 및 행정 업무를 강요하는 직무 환경도 소진을 심화시킬 수 있다(구본용, 김영미, 2014). 우리사회와 학생, 학부모, 교사 자신이 교직에 기대하는 역할과 교사 자신의 인정 욕구, 교육 활동 과정에서 경험하는 실패감, 동료교사에게서 받는 소외감과 외로움 등은 교사 내면의 상처가 되어 무력감을 경험하게 하고 소진 증후군을 겪게 한다(김현수, 2013). 교사의 완벽주의 성향도 소진과 관련성이 있다(구본용, 김영미, 2014; 이지연, 2011).

2) 소진의 단계와 특성

교사들의 소진은 어느 날 갑자기 나타나는 것이 아니라 어느 정도 전조 현상을 보이며 몇 가지 단계를 거치게 된다(오영재, 1991; Farber, 1991). 소진 전 단계인 첫 번째 단계에서 교사들은 주어진 업무를 반드시 성공적으로 해내기 위해 열성적으로 일하는 경향이 있으며, 신체적인 건강과 개인 생활까지 희생하면서 헌신적으로 직무에 임한다. 힘든 상황에서도 노력하면 된다는 각오로 에너지가 넘친다. 하지만 지나친 열정이 꺾이는 경험을 하게 되면 갑자기 신념을 포기하고 쇠락할 수 있다(Farber, 1991).

목표 달성을 위한 노력이 번번이 만족스러운 결과를 가져오지 못하거나 계속 지치게 된 교사는 두 번째 단계에서, 스트레스를 주는 개인적, 사회적 요인에 좌절과 분노로 반응하기 시작한다. 교수 활동에서 어느 정도 자율성을 보장받지만 수업시간 결정, 담임배치, 수업 이외의 활동이나 행정 업무 배정 등의 관료적인 부분에서는 결정권이 낮기 때문에, 능력 밖의 업무가 부과되거나 과다할 경우 교사의 에너지를 고갈시킨다(이재일, 2010). 열심히 하여도 늘 제자리에 있는 것 같고 교사로서의 재능이 충분히 발휘되지 못하므로 보상을 받지도 못한다고 생각하는 교사는 지칠 수 밖에 없다(Farber, 1991). 이러한 상황이 지속되다 보면 교사는 자기 자신과 학교의 물리적 및 심리적 환경에 대해 우울감, 절망, 화, 짜증 등의 감정을 느끼게 된다.

　세 번째 단계에서는 교사로서의 자신이 보잘 것 없고 무가치한 존재라는 느낌을 받기 시작하여 무력감을 비롯한 부정적인 감정이 심화된다. 부정적 정서 상태에 놓이게 되면 주변의 자극 요소들을 계속 부정적인 관점에서 보게 되고, 시간이 지나고 상황이 변하여도 새로운 관점에서 조망하기보다 일관되게 부정적 시선으로 해석하여 소진이 나타날 가능성이 높아진다(한광현, 2005). 부정적 감정을 통제할 수 있다는 자신감이 약해지면 더 이상 긍정적인 결과를 만들어낼 수 없을 것이라는 무력감에 빠지게 된다(임성택 외, 2012).

　네 번째 단계에서는 교직에 헌신하려는 행동을 기피하게 되어 업무와 관련된 일이 자신에게 무의미한 것으로 여겨진다. 학교에 출근하고 싶지 않고 학생들을 만나기가 두려워지기 시작한다. 만성적인 스트레스는 가르치는 일에서의 흥미를 상실하게 하고 아무리 열심히 해도 그 결과는 실망스러울 거라는 생각이 심화된다(Farber, 1991). 과거에 실패한 일들이 지금의 행동을 결정하며 그 영향에서 벗어날 수 없다고 여기게 되어 무력감이 깊어진다. 두려움과 불안감을 낮추기 위해 문제에 부딪히기보다 피하는 것이 더 낫다는 생각을 하게 하고 이는 소진을 심화시킨다(이희영, 정민상, 2007). 소진되어 가는 교사들은 학생들과 눈을 마주치지 않으려 하거나 대화를 하지 않으려 하며(김현수, 2019), 학생들과 거리를 두면서 교실을 통제하려 한다. 이러한 교사의 태도는 학습자의 자율적 동기 발달을 저해하게 된다

　다섯 번째 단계에서는 두통과 같은 신체적 증상이 나타나고, 자극에 과민 반응하거나 갑자기 슬퍼지는 등 인지적 및 정서적 증상이 심해진다. 무관심으로 학생들을 대하거나 강압적으로 끌고 가려 할수록 관계는 더욱 나빠지고 교사의 체력과 정신력은 더욱 떨어지게 된다(Farber, 1991). 소진의 주요 현상이 나타나, 부정적이고 무기력한 정서가 점차 확대되어 학생들을 자신과 분리시키려 하고(정서적 고갈) 귀찮은 존재로 여기거나 냉담하게 대하며 자신의 실패감을 학생의 잘못으로 돌리려 한다(비인간화). 주의력이 결핍되고 교사라는 직업에서의 실패감과 상실감으로 인해(성취감 박탈) 교직을 떠나려는 생각을 하게 된다(김은진, 2018; 이영만, 2013; Maslach & Jackson, 1981).

표 17-4　교사의 소진 단계와 특성

	특성	심리적 현상의 예
1단계	열성적, 헌신적 업무 수행	• 개인적인 시간을 내서 이렇게 열심히 한 만큼 반드시 성공할거야. 꼭 해내고 말거야. 열심히 했으니 모두가 알아줄거야
2단계	좌절과 분노	• 이번에도 실패하다니 절망적이야. 그렇게 열심히 하는데 아무도 도와주지 않다니... 학생들이 협조적이지 못해서 너무 화가 나
3단계	무력감, 부정적 정서 심화	• 어차피 또 실패할텐데... 나만 손해 보는 짓을 더 이상 하고 싶지 않아. 내가 할 수 있는 일은 아무 것도 없어. 나 자신에게 정말 실망스럽다
4단계	두려움 가중과 업무 회피	• 출근하기 싫다, 학생들을 만나고 싶지 않다, 수업하러 교실에 들어가는 것이 두렵다. 학교를 옮기고 싶다. 모두 귀찮다
5단계	심리적 소진	• 정서적 고갈 : 녹초가 됨, 지침, 허망함 • 비인간화 : 학생을 무시, 무신경 • 성취감 박탈: 상실감, 교직을 그만두고 싶음

3) 소진 예방 방안

　교직생활에서 스트레스를 피할 수는 없지만 지나치게 쌓이지 않고 해소하려 노력한다면 현명하게 대처할 수 있다. 교사의 소진을 예방하기 위해서는 교사 자신과 학생과의 관계에 대한 이해의 폭을 넓혀 정서, 인지, 신체적 대처 능력을 향상시키며, 필요한 자원을 요청하여 적절한 사회적 지원을 받는 등 다차원적인 노력이 필요하다(홍송이, 2022b).

• 교사 자신에 대한 이해와 스트레스 대처 능력 강화

　소진을 예방하기 위해서는 자신이 지금 스트레스로 인해 지쳐가는 것은 아닌지 점검해보고, 스트레스 상황에서 취약한 점이 무엇인지, 스트레스를 이겨낼 수 있는 자신의 장점은 무엇인지 성찰해볼 필요가 있다. 업무에서 왜 스트레스를 받는지 이유를 찾아보고 부정적인 생각을 하게 하는 잘못된 신념을 찾아 이를 수정하게 되면 자아존중감을 높여 심리적 소진을 낮출 수 있다 (박경애, 조현주, 2008). 자신의 정서를 인식하여 실패할 것 같은 두려움과 빈틈

없이 완벽하게 업무를 처리해야 한다는 압박감에서 벗어나려 노력하는 것은 만성적인 소진을 예방하는 데 도움이 된다(김영희, 이수정, 구현아, 2005; 이지연, 2011). 교사의 스트레스를 관리하고 소진을 막기 위한 노력으로 김정휘(2007)는 사물을 바른 시각으로 보기, 밝고 긍정적인 관점 갖기, 균형감각을 갖고 업무와 인간관계 수행하기, 폭식이나 폭음에 의존하기보다 긴장 완화에 도움이 되는 취미나 여가생활, 명상, 요가, 운동 등의 활동에 참여하기, 필요에 따라 상담이나 치료 프로그램에 참여하여 적극적으로 대처하기 등을 제안하였다.

교사로서의 자신의 정체성을 확립하고 교육전문가인 자신의 존재에 대해 긍정적인 생각을 하는 것도 중요하다. 자신의 환경을 통제할 수 있고 스스로 스트레스를 경감시킬 전략을 지니고 있다고 믿으며, 자신의 능력에 확신이 강한 교사는 소진의 영향을 덜 받는다(김정휘, 김태욱, 2006). 스트레스 상황에서 교사효능감 즉, 자신의 능력을 믿고 훌륭한 교사가 될 수 있다는 자신감이 강화될 때 문제해결력과 적응 유연성이 높아지고 소진 현상은 줄어들 수 있다(김미라, 이지연, 이인숙, 2011; 이재일, 2010; 임성택 외, 2012; 조민아 외, 2010; Cherness, 1993; Egyed & Short, 2006; Skaalvik & Skaalvik, 2010). 교사효능감은 부정적인 기분과 생각을 통제하여 적극적으로 스트레스를 관리할 수 있게 하므로 소진을 일으키는 부정적인 정서 및 신체적 증상을 완화시킬 수 있다.

교사로서의 자신의 정체성을 확립하려 노력하는 것은 스트레스로 인해 냉소적이고 부정적으로 학급을 바라보던 관점을 버리고 학생들과의 관계를 개선하는 데 도움이 된다. 학기 초에 계획한 학급 운영 목표와 학생들에 대한 기대치가 과도하지는 않았는지, 학생의 의견을 충분히 반영하지 않고 교사가 일방적으로 끌어오느라 힘들지는 않았는지 점검해보고, 학생들의 협력이 필요한 부분을 찾아 함께 참여할 수 있도록 조정한다면 교사의 부담을 줄이고 소진을 예방하는 데 도움이 될 것이다.

• 학교의 사회적 지원 강화

교사의 정서적 소진은 시간적 압박감과 관련이 있다(Skaalvik & Skaalvik, 2010). 과다한 업무량으로 인해 퇴근 후 저녁 시간과 주말에도 일을 하거나 휴식과 재충전의 시간을 가질 수 없어 바쁘게 보내는 일이 반복될수록 소진

현상이 나타날 수 있다. 또한 갑자기 새로운 업무가 주어져 홀로 책임져야 하는 상황에 처할 때, 주변에 도움을 요청하고 자원을 활용하는 방법을 알지 못할 때 교사의 부담감과 스트레스는 증가하게 된다. 교사의 소진 경감을 위해 학교는 교사가 학생들과의 교육활동에 집중할 수 있도록 근무 여건과 교실 환경을 개선하며, 직무 수행과정에서 요구되는 물질적 및 정서적 자원을 적절하게 제공하여야 한다(Cunningham, 1983; Shen et al., 2015). 새로운 교육정책을 시행하기 전에 정보를 공유하여 주요 내용을 충분히 이해하고 학교 현장에서 무리 없이 실행될 수 있도록 준비시켜야 한다(Koruklu et al., 2012). 효율적인 업무 수행에 필요한 자원을 동원하고 적극적으로 활용할 수 있는 능력, 스트레스와 긴장 이완 훈련법, 업무 시간과 휴식 시간을 계획하고 관리할 수 있는 방법 등을 향상시킬 수 있도록 소진 예방을 위한 역량 강화 및 대처 전략 프로그램에 참여하게 한다(Carson et al., 2011; Cunningham, 1983).

교육행정가, 동료 교사, 가족들로부터 사회적 지지를 받을 수 있는 환경에 소속되어 있을 때 교사의 긴장감과 소진은 감소할 수 있다(김정휘, 김태욱, 2006; 유정이, 2002; 한광현, 2008; Cunningham, 1983; Farber, 2000; Koruklu et al., 2012). 학교장의 적극적인 지원은 교사의 자아존중감과 성취감 향상에 도움을 주고 갈등을 잘 견디게 하여 적극적인 스트레스 대처 전략을 모색할 수 있게 하며(한광현, 2008), 학부모의 교사지원도 교사효능감을 높여 심리적 소진을 낮아지게 한다(임성택 외, 2012). 교사가 지치지 않고 자신의 업무에 헌신할 수 있으려면, 학교 관리자와 동료 교사들과의 관계에서 적절한 자기주장과 협력을 통해 갈등을 해결하고 원활하게 소통할 수 있도록 정서적 지원이 제공되어야 한다(Cunningham, 1983; Koruklu et al., 2012). 재능 있는 교사가 잠재력을 발휘할 수 있도록 자율성을 보장하고 자신의 의견을 개진할 수 있는 효율적인 의사소통 구조가 형성되어 있는 학교 환경에서 교사의 성취감은 높아질 수 있다. 문제가 발생하였을 때 교사 혼자서 감당할 수는 없으므로 교사 개인이 모두 떠맡지 않고 함께 해결책을 찾도록 지원하며, 관리자와 동료 교사들과의 교류를 통해 필요한 도움과 격려를 지속적으로 제공받을 수 있도록 한다(Cunningham, 1983).

강경희, 김영주(2016). 초등학교 교사의 직무수행 정도 및 중요도 인식과 교사효능감 사이의 관계 분석. **중등교육연구, 28**, 1-22.

강진령(2022). **학생생활지도와 상담**. 학지사.

강충열, 김경철, 신문승, 한상우(2017). **창의·인성교육의 이론과 실제**. 학지사.

고영남(2005). 대학생의 학습양식에 따른 학업성취 및 진로결정수준의 관계. **열린교육연구, 13**(3), 215-234.

고홍월(2013). 다문화 가정 학생의 생활지도 및 상담. 권오현 외 공저, **다문화교육의 이해** (pp. 383-417). 서울대학교 출판문화원.

교육과학기술부(2010). 진로진학상담교사 역량 개발. 진로진학상담교사 자격연수교재.

교육과학기술부(2011). 진로진학상담교사 역량 개발. 진로진학상담교사 활동 매뉴얼

교육부(2015). 초중등학교 교육과정 총론. 교육부.

구광현, 가영희, 이경철(2016). **교육심리학**. 동문사.

구본용, 김영미(2014). 중등교사의 직무스트레스와 심리적 소진 및 교사효능감의 관계. **청소년학연구, 21**(7), 275-306.

구영산(2013). 다문화 학습부진학생의 학습 특성 및 학습 환경 실태 분석. 초등학교 다문화 학습부진학생의 기초학력 향상 지원 방안 탐색 세미나. 한국교육과정평가원.

권보섭(2018). 프로그래밍 학습에서 협력적 문제해결능력에 미치는 인지양식의 효과. **한국컴퓨터정보학회논문지, 23**(9), 163-169.

권순희(2013). 다문화 가정 자녀의 언어교육. 권오현 외 공저, **다문화교육의 이해** (pp. 213-258). 서울대학교 출판문화원.

권혜연(2012). 사회경제적 지위와 외부의 개입 요구가 학습관여행동에 미치는 영향. 한양대학교 박사학위논문.

김경희(2017). 한국 초·중등학교 학교교육 성과 종단조사 체제 구축을 위한 기

초연구(Ⅰ). 한국교육과정평가원.

김경희, 김신영, 김성숙, 지은림, 반재천, 김수동(2006). 교사의 학생평가 전문성 기준 개발. **교육평가연구**, 19(2), 89-112.

김계현, 김동일, 김봉환, 김창대, 김혜숙, 남상인, 천성문(2020). **학교상담과 생활지도**. 학지사.

김동일, 신을진, 이명경, 김형수(2019). **학습상담**. 학지사.

김미라, 이지연, 이인숙(2019). 초등 교사의 기능적 완벽주의 성향과 소진의 관계: 교사효능감의 매개효과를 중심으로. **한국심리학회지: 학교**, 8(1), 1-15.

김미숙, 최예솔(2014). 창의환경검사(CEI)의 개발 및 타당화 연구. **한국교육**, 41(3), 61-88.

김선연, 조규락(2010). 상이한 인지양식이 메타인지에 미치는 영향. **교육정보미디어연구**, 16(2), 177-196.

김아영(2010). **학업동기**. 서울: 학지사.

김아영(2012). 교사전문성 핵심요인으로서의 교사효능감. **교육심리연구**, 26(1), 63-84.

김영채(2020). 학교 창의력을 어떻게 교육할 수 있는가. **사고개발**, 16(1). 1-21.

김영희, 이수정, 구현아(2005). 교사의 정서적 개인차와 탈진 경험. **상담학연구**, 6(2), 587-600.

김요진, 이희숙(2016). 교사 직무스트레스 관련 변인에 대한 메타분석. **교육행정학연구**, 34(4), 25-47.

김은진(2018). 교사의 직무스트레스와 소진 간 관계에서 교사 마음챙김의 효과. **스트레스연구**, 26(3), 208-214.

김은하, 고홍월, 조애리, 조원국(2017). **학교 생활지도와 상담**. 학지사.

김정휘(2007). 교사의 직무 스트레스와 탈진, 그 대처 방안. 이윤식 외 공저, **교직과 교사** (pp. 295-333). 학지사.

김정휘, 김태욱(2006). **교사의 직무 스트레스와 탈진**. 박학사.

김진우, 박혜성, 이선영(2020). 부모, 교사, 또래관계가 청소년기 창의성의 종단적 변화양상에 미치는 영향. **창의력교육연구**, 20(3), 91-111.

김지은, 구병두 (2002). 메타분석을 통한 가정특성 관련 변인이 학업성취에 미치는 영향. **동화와 번역**, 2, 271-299.

김태은(2014). 초·중학교 교수학습 연계 지원 방안 탐색. 한국교육과정평가원.

김태훈, 김민정 (2017). 초등교사의 교사효능감과 소진의 관계에 대한 개인주의와 집단주의의 중재효과. **교육종합연구**, 15(2), 19-37.

김현수(2013). **교사상처**. 에듀니티.

김현수(2019). **교실심리**. 에듀니티.

김혜온(2012). **다문화교육의 심리학적 이해**. 학지사.

김희정, 백영애, 임유경(2017). 유아교사의 직무만족도와 교사효능감 및 공감 간의 관계. **육아지원연구**, 12(1), 53-72.

남부현, 김옥남(2012). 여성결혼이민자의 학부모 역할에 대한 질적 연구-수도권의 고학력여성을 중심으로-. **청소년복지연구**, 14(4), 113-142.

류방란, 김경애, 이재분, 송혜정, 강일국(2012). 중등교육 학령기 다문화가정 자녀 교육 실태 및 지원 방안. 한국교육개발원.

문성식, 김이진, 김연경, 김민주(2012). **다문화가정의 이해: 결혼이민가정의 가정폭력, 자녀왕따, 학습부진**. 이담북스.

박가영, 이정민(2021). 국내 창의적 교육환경 연구동향 분석. **창의력교육연구**, 21(1), 1-21.

박경애, 조현주(2008). 인지행동 심리 교육 프로그램이 교사의 직무만족, 심리적 소진, 자아존중감 및 역기능적 신념에 미치는 효과. **한국교원교육연구**, 25(3), 261-279.

박남기, 김근영(2007). **학부모와 함께 하는 학급경영**. 태일사.

박병기, 박상범(2009), 통합창의성이 내재된 다차원 창의적 환경 척도(ICEMCEs)의 개발 및 타당화. **교육심리연구**, 23(4), 839-862.

박병량(2004). **학급경영**. 학지사.

박선운(2013). 다문화 수업과 평가. 권오현 외 공저, **다문화교육의 이해** (pp. 321-347). 서울대학교출판문화원.

박종렬, 권기욱, 김순남, 박남기, 박상완, 신상명, 임연기, 정금현, 정수현(2010).

학교경영론. 교육과학사.

박종민, 권재환(2016). 학교조직문화가 교사의 직무만족도에 미치는 영향: 직무 스트레스 및 교사효능감의 매개효과. **상담학연구, 17**(5), 307-329.

박주희, 남지숙(2010). 다문화아동의 언어발달과 심리사회적 적응. **한국청소년 연구, 21**(2), 129-152.

박지선(2019). 중·고등학교 전환기 학생 지원 방안 연구(Ⅰ) : 교수·학습 특성 및 지원 실태 분석. 한국교육과정평가원.

배호순(2008). **평가하는 학교사회**. 교육과학사.

백승주, 이동준, 최진용(2010). **다문화교육 멘토링 프로그램**. 학지사.

변영계(2005). **교수학습이론의 이해**. 학지사.

서울대학교 교육연구소(1999). **교육학 용어사전**. 하우동설.

서혁(2009). 다문화가정 학생을 위한 한국어교육 방향 및 원리. 다문화가정 학생을 위한 한국어교육 지원 방안 탐색 세미나. 한국교육과정평가원.

서현정, 류희수(2015). 또래 오답노트로 만든 시청각자료가 수학 학습자의 오답 교정에 주는 영향 –초등학교 3학년 '덧셈과 뺄셈' 단원을 중심으로-. **교과교 육학연구, 19**(4), 923-939.

손소연, 이륜(2013). **살아있는 다문화교육 이야기**. 즐거운학교.

송종욱, 임성택(2017). 교사의 직무만족도에 대한 개인적 교사효능감과 집단적 교사효능감의 설명 효과 비교. **교원교육, 33**(1), 23-42.

신경희, 김초복(2013). 대상, 공간 및 언어 인지양식에 따른 작업기억 과제 수행 의 개인차. **한국심리학회지**. 25(4). 539-563.

신명희, 강소연, 김은경, 김정민, 노원경, 서은희, 송수지, 원영실, 임호용(2018). **교육심리학**. 4판. 학지사.

신봉호, 전상준, 이수진, 조영옥, 김회엽, 서동기, 류윤석(2016). **교육심리학**. 동 문사.

신현숙, 오선아, 류성의, 김신미(2019). **교육심리학-이론과 실제-**. 2판. 학지사.

양명희(2000). 자기조절학습의 이론과 실제. 황정규 편, **현대 교육심리학의 쟁 점과 전망** (pp. 287-317). 교육과학사.

여상인, 최남구(2014). 초등영재담당교사의 개인변인에 따른 영재교육전문성 비교분석. **과학교육연구지**, 38(1), 15-28.

오상철, 이화진, 장경숙, 구영산, 김은진(2013). 초등학교 다문화 학습부진학생의 기초학력 향상 지원 방안. 한국교육과정평가원.

오영재(1991). 교사의 소진현상에 관한 이론적 고찰. **교육문제연구**, 4, 197-217.

오은순, 강창동, 진의남, 김선혜, 정진웅(2007). 다문화 교육을 위한 교수·학습 지원 방안 연구(Ⅰ). 한국교육과정평가원.

우리교육(2004). **빛깔이 있는 학급운영 3**. 우리교육.

우희숙(2013). 다문화 가정과 자녀 교육. 권오현 외 공저, **다문화교육의 이해** (pp. 191-211). 서울대학교출판문화원.

유정아(2011). 학습자의 학습양식에 따른 선호 교수유형 분석. **한국교원교육연구**, 28(2), 51-72.

유정이(2002). 교육환경의 위험요소와 사회적 지지가 초등학교 교사의 심리적 소진에 미치는 영향. **초등교육연구**, 15(2), 315-328.

유형근, 정연홍, 남순임, 노인화, 박선하, 이필주(2019). **학교폭력 예방 및 학생의 이해**. 학지사.

윤희원(2013). 다문화 교육의 필요성과 과제. 권오현 외 공저, **다문화교육의 이해** (pp. 121-148). 서울대학교출판문화원.

이강이, 최인숙, 서현석(2012). 학부모 학교참여 활성화 1차년도 연구: 학교급별, 지역별, 학부모 특성별 학부모 학교참여 실태조사에 따른 시범학교 운영방안 연수. 서울대학교 학부모정책연구센터.

이금주(2017). 학부모 자녀교육목표지향성에 대한 학부모지각과 자녀지각이 자녀의 학업소진에 미치는 영향: 학부모지각모형과 자녀지가모형의 비교. **학부모연구**, 4(2), 19-40.

이금주, 이영민(2019). 한국판 어머니 자녀양육감정척도의 타당화. **학부모연구**, 6(3), 67-87.

이금주, 임성택(2016). 자녀교육에 대한 학부모의 목표지향성과 자녀의 학업소

진의 관계: 자녀의 내·외재적 동기의 매개효과. **교육학연구, 54**(3), 151-176.

이두휴, 남경희, 손준종, 오경희(2007). 학부모 문화 연구 –자녀교육지원활동을 중심으로-. 한국교육개발원.

이미나, 나옥희(2018). 청소년을 위한 비폭력 대화 프로그램 효과 연구. **예술인문사회융합 멀티미디어논문지, 8**(5), 857-865.

이아름, 김소연, 정정희(2019). 아동이 지각한 창의적 가정환경이 창의적 인성에 미치는 영향: 또래 압력의 조절효과를 중심으로. **사고개발, 15**(1), 61-82.

이연섭(1998). 인지연구의 최근 동향. 서울대 교육연구소 편, **교육학 대백과사전** (pp. 2161-2179). 하우.

이연수(2012). 초등학생용 배려 증진 프로그램이 초등학생의 도덕지능과 공격성에 미치는 효과. **초등교육연구, 25**(2), 91-116.

이영만(2013). 교사의 심리적 소진에 관한 연구동향. **초등교육연구, 26**(2), 125-152.

이재일(2010). 자아효능감, 교육조직 특성, 교사의 전문적 발달이 교사 소진에 미치는 영향. **교육행정학연구, 28**(1), 57-82.

이지연(2011). 완벽주의 성향과 부정적 기분조절기대치가 초등교사의 소진에 미치는 영향. **아동교육, 20**(1), 45-59.

이창현, 이은주(2018). 학습무동기척도의 개발과 타당화. **교육심리연구, 32**(1), 155-181.

이희영, 정민상(2007). 비합리적 신념이 교사 소진에 미치는 영향. **수산해양교육연구, 19**(3), 467-477.

임규혁, 임웅(2018). **학교학습 효과를 위한 교육심리학.** 학지사.

임성택(2001). 교사의 직무몰입도 결정요인의 구조분석. **교육심리연구, 15**(4), 441-162.

임성택(2011). **교사효능감.** 강현출판사.

임성택(2012). **교육, 심리, 상담연구를 위한 통계적 분석방법 해석.** 원미사.

임성택(2018). **(학)부모 발달심리학.** 강현출판사.

임성택, 김현정, 황성희, 어성민, 홍섭근, 홍송이(2015). 학부모 교육참여 활성화를 위한 학부모의 역할 및 교육계와 학부모의 협력 방안 연구. 경기도교육청.

임성택, 어성민, 이영민, 김나연(2012). 학부모의 교육지원이 교사의 심리적 소진에 미치는 영향 : 교사효능감의 매개효과. **한국교원교육연구**, 29(2), 149-173.

임성택, 홍송이(2018). 청소년의 심리적 안녕감과 부모효능감의 관계: 자녀 학교생활스트레스의 매개효과. **미래청소년학회지**, 15(3), 93-111.

임성택, 홍송이(2019). **학부모 자녀교육동기론**. 대양애드컴.

전상훈, 조흥순, 이일권(2014). 교사의 직무동기와 교사효능감, 교사헌신, 수업전문성과의 관계에 관한 연구. **한국교육학연구**, 20(3), 5-30.

전은순, 원효헌, 황미영(2019). 학습부적응중학생의 인지처리양식, 정서요인, 하급전략의 구조적 관계 분석. **수산해양교육연구**, 31(1), 298-310.

정영수, 정영근, 정혜영, 노상우, 이상오, 김기홍(2005). **교사와 교육**. 문음사.

조민아, 이정화, 송소원, 장석진(2010). 교사의 발달 단계에 따른 교사효능감, 적응 유연성, 심리적 소진의 차이. **교원교육**, 26(1), 93-111.

조영달(2013). 한국 다문화 교육의 현황과 정책. 권오현 외 공저, **다문화교육의 이해** (pp. 149-190). 서울대학교출판문화원.

천정웅, 김삼화, 남부현, 도승자(2012). **다문화 청소년활동론**. 신정.

최권, 도승이(2015). 초등교사가 지각한 직무환경이 개인적, 집단적 교사효능감을 매개로 직무만족도에 미치는 영향. **교육학연구**, 53(2), 161-183.

최문정, 정동열(2013). 장독립-장의존 인지양식이 대학생의 정보탐색행위에 미치는 영향에 관한 연구. **한국문헌정보학회지**, 47(1), 125-147.

최병연(2002). 자기 결정성 학습동기 이론의 교육적 적용. **교육문제연구**, 16, 165-184.

최선일, 손지유, 양정모, 차주환(2018). **교육심리학**. 양서원.

최인수, 이채호(2008). 유아 창의성에 영향을 미치는 교사 창의성, 부모 양육태도 간의 구조모형 분석. 한국아동학회 2008년도 춘계학술발표논문집. 111-112.

최일, 김병석, 안정희(2010). **다문화교육의 이론과 실제**. 학지사.

한광현(2005). 교사의 소진원인과 결과 간 관계 및 사회적 지원의 조절효과. **경영교육연구**, 38, 355-379.

한광현(2008). 교사의 자원과 대처전략 그리고 소진의 관계. **경영교육연구**, 49, 327-349.

한국교육심리학회(2006). **교육심리학 용어사전**. 학지사.

한국청소년정책연구원(2016). **청소년심리학**. 교육과학사.

한기순, 이현주(2011). 바람직한 초등 영재교사의 자질에 대한 교사의 인식. **아시아교육연구**, 12(4), 171-191.

한혜림, 박정윤, 장온정(2010). 초등학교 교사의 다문화 가정 인식에 관한 연구. **실과교육연구**, 16(4), 169-196.

허승희, 이영만, 김정섭(2020). **교육심리학**. 2판. 학지사.

홍송이(2016). 자기결정성 동기 이론을 적용한 학부모의 자녀 학교교육 참여동기 탐색. **학부모연구**, 3(1), 55-73.

홍송이(2018). Exploring predictors of parents' involvement in children's education. **학부모연구**, 5(3), 1-27.

홍송이(2022a). 교육과정과 유리된 평가. 길양숙 편, **교사가 당면하는 문제의 원인 진단 및 처방** (pp. 289-306). 교육과학사.

홍송이(2022b). 교사의 소진. 길양숙 편, **교사가 당면하는 문제의 원인 진단 및 처방** (pp. 379-399). 교육과학사.

홍송이, 뭉흐체첵, 임성택(2021). 몽골 이주 배경 자녀의 가족기능인식과 학부모 양육스트레스의 관계: 자녀 학업효능감과 학부모역할인식의 이중매개효과. **학부모연구**, 8(2), 67-90.

홍송이, 이순자(2019). '학부모에 대한 교사효능감' 연구: 필요성과 가능성 탐색. **학부모연구**, 6(1), 25-49.

황매향(2016). **학업상담의 실제**. 사회평론.

황정규, 서민원, 최종근, 김민성, 양명희, 김재철, 강태훈, 이대식, 김준엽, 신종호, 김동일(2017). **교육평가의 이해**. 학지사.

황흠, 박수정, 박선주(2016). 교사의 전문성 개발 활동과 직무만족이 교사 효능감에 미치는 영향. **교육연구논총**, 37(4), 21-42.

황희정(2018). 플립러닝을 활용한 형태초점교수법과 교정적 피드백이 학습자의 언어사용 정확도에 미치는 영향. **언어과학**, 25(3), 249-272.

Adams, G. R., Berzonsky, M. D., & Keating, L. (2006). Psycho-social resources in first-year university students: The role of identity processes and social relationships. *Journal of Youth and Adolescence, 35*(1), 78-88.

Allport, G. W. (1961). *Pattern and growth in personality.* Oxford, England: Holt, Reinhart & Winston.

Amabile, T. M. (1989). *Growing up creative: Nurturing a lifetime of creativity.* New York: Crown Publishing Group.

Amabile, T. M. (1996). *Creativity in context.* Boulder. CO: Westview Press.

Ames, C. (1992). Classrooms: Goals, structures, and student motivation. *Journal of Educational Psychology, 84*(3), 261-271.

Ames, C., & Ames, R. (1984). Systems of student and teacher motivation: Toward a qualitative definition. *Journal of Educational Psychology, 76*(4), 535-556.

Ames, C., & Archer, J. (1987). Mothers' beliefs about the role of ability and effort in school learning. *Journal of Educational Psychology, 79*(4), 409-414.

Ames, C., & Archer, J. (1988). Achievement goals in the classroom: Students' learning strategies and motivation processes. *Journal of Educational Psychology, 80*(3), 260-267.

Ashton, P. T. (1984). Teacher efficacy: A motivational paradigm for effective teacher education. *Journal of Teacher Education, 35*(5), 28-32.

Ashton, P. T. (1985). Motivation and the teacher's sense of efficacy. In C. Ames & R. Ames (Eds.), *Research on motivation in education. Vol. 2: The classroom milieu* (pp.141-171). Orlando, FL: Academic Press.

Ashton, P. T. & Webb, R. (1986). *Making a difference: Teachers' sense of efficacy and student achievement*. New York: Longman.

Atkinson, J. W. (1964). *An introduction to motivation.* Princeton, NJ: Van Nostrand.

Bakerman, R., Adamson, L. B., Koner, M., & Barr, R. G. (1990). ! Kung infancy: The social context of object exploration. *Child Development, 61,* 794-809.

Baldwin, J. M. (1895). *Mental development in the child and the race: Methods and processes.* New York, NY: Macmillan.

Baldwin, T. T., & Ford, J. K. (1988). Transfer of training: A review and directions for future research. *Personnel Psychology, 41*(1), 63-105.

Bandura, A. (1965). Influence of models' reinforcement contingencies on the acquisition of imitative responses. *Journal of Personality and Social Psychology, 1*(6), 589-595.

Bandura, A. (1977a). Self-efficacy: toward a unifying theory of behavioral change. *Psychological Review, 84*(2), 191-215.

Bandura, A. (1977b). *Social Learning Theory*. Englewood Cliffs, NJ: Prentice Hall

Bandura, A. (1982). Self-efficacy mechanism in human agency. *American Psychologist, 37*(2), 122-147.

Bandura, A. (1986). *Social Foundations of Thought and Action.* NJ : Englewood Cliffs.

Bandura, A. (1993). Perceived self-efficacy in cognitive development and functioning. *Educational Psychologist, 28*(2), 117-148.

Bandura, A. (1997). *Self-Efficacy : The exercise of control.* N.Y.: W. H. Freeman.

Bandura, A. (2001). Social cognitive theory: An agentic perspective. *Annual Review of Psychology, 52*(1), 1-26.

Bandura, A. (2006). Adolescent development from an agentic perspective. In T. Urdan & F. Pajares (Eds.) *Self-efficacy beliefs of adolescents* (pp. 1-43). IAP.

Bandura, A., Blanchard, E. B., & Ritter, B. (1969). Relative efficacy of desensitization and modeling approaches for inducing behavioral, affective, and attitudinal changes. *Journal of Personality and Social Psychology, 13*(3), 173-199.

Barfield, V., & Burlingame, M. (1974). The pupil control ideology of teachers in selected schools. *The Journal of Experimental Education, 42*(4), 6-11.

Barnett, S. M., & Ceci, S. J. (2002). When and where do we apply what we learn?: A taxonomy for far transfer. *Psychological Bulletin, 128*(4), 612-637.

Barron, F. (1988). Putting creativity to work. In R. J. Sternberg (Ed.), *The nature of creativity* (pp. 76-98). NY: Cambridge University Press.

Bateson, P., & Hinde, R. A. (1987). Developmental changes in sensitivity to experience. *Sensitive periods in development,* 19-34.

Battistich, V., Solomon, D., & Delucchi, K. (1993). Interaction processes and student outcomes in cooperative learning groups. *The Elementary School Journal, 94*(1), 19-32.

Baumeister, R., & Leary, M. R. (1995). The need to belong: Desire for interpersonal attachments as a fundamental human motivation. *Psychological Bulletin, 117*(3), 497-529.

Baumrind, D. (1991). The influences of parenting style on adolescent competence and substance use. *Journal of Early Adolescence, 11,* 56-95.

Beghetto, R. A. (2017). Creativity in teaching. In J. C. Kaufman, V. P. Glaveanu & J. Baer (Eds.). *Cambridge Handbook of Creativity across Domains* (pp. 549-564). Cambridge University Press.

Beghetto, R. A. & Kaufman, J. C. (2014). Classroom contexts for creativity. *High Ability Studies, 25*(1), 53-69.

Bennett, N. (1976). *Teaching styles and pupil progress.* London: Open Books.

Berger, K. S. (2006). *The developing person through childhood and adolescence* (7th ed.). New York, NY: Worth.

Bergmann, G. (1956). The contribution of John B. Watson. *Psychological Review, 63*(4), 265276.

Berk, L. E. (1992). Children's private speech: An overview of theory and the status of research. In R. M. Diaz & L. E. Berk (Eds.), *Private speech: From social interaction to self regulation* (pp. 17-53). New York: Psychology Press.

Berliner, D. C. (2006). Educational psychology: Searching for essence throughout a century of influence. In P. A. Alexander & P. H. Winne (Eds.), *Handbook of educational psychology (2nd ed., pp.* 3-42). Mahwah, NJ: Erlbaum.

Biehler, R. F., & Snowman, J. (1997). *Psychology applied to teaching.* Houghton Mifflin.

Bloom, B. S. (1968). Learning for mastery. *Evaluation Comment, 1,* 1-5.

Bloom, B. S. (1971). Individual differences on school achievement: A vanishing point, *Educational at Chicago*, Department and Graduate School of Education, University of Chicago, Winter 1, 1-4.

Bloom, B. S. (1985). *Developing talent in young people*. NY: Ballentine.

Bowlby, J. (1969). Disruption of affectional bonds and its effects on behavior. *Canada's Mental Health Supplement, 59,* 12.

Bransford, J. D., & Schwartz, D. L. (1999) Chapter 3: Rethinking transfer: A simple proposal with multiple implications. *Review of Research in Education, 24*(1), 61-100.

Bransford, J. D., Brown, A. L., & Cocking, R. R. (2000). *How people learn* (Vol. 11). Washington, DC: National academy press.

Bronfenbrenner, U. (1994). Ecological models of human development. *International Encyclopedia of Education, 3*(2), 37-43.

Bronfenbrenner, U., & Morris, P. (2006). The bioecological model of human development. In R. Lerner (Ed.), *Handbook of child psychology: Vol. 1. Theoletical models of human development* (pp. 793-828). NJ: John Wiley & Sons.

Brophy, J. E. (1981). Teacher praise: A functional analysis. *Review of Educational Research, 51*(1), 5-32.

Brophy, J. E. (1983). Research on the self-fulfilling prophecy and teacher expectations. *Journal of Educational Psychology, 75*(5), 631-661.

Brown, A. L. (1980). Metacognition development and reading. In R. J. Spiro, B. C. Bruce. & W. F. Brewer (Eds.), *Theoretical issues in reading comprehension* (pp. 458-482). Mahwah, NJ: Erlbaum.

Brown, A. L., Bransford, J. D., Ferrara, R. A., & Campione, J. C. (1983). Learning, remembering, and understanding. In J. H. Flavell & E. M. Markman (Eds.), *Handbook of child psychology* (Vol. 3, pp. 77-166). NY: John Wiley.

Brown, A. L. (1987). Metacognition, executive control, self-regulation, and other more mysterious mechanisms. In F. Weinert & R. Kluwe (Eds.), *Metacognition, motivation, and understanding* (pp. 65-116). Mahwah, NJ: Erlbaum.

Brown, J. L., Jones, S. M., LaRusso, M. D., & Aber, J. L. (2010). Improving classroom quality: Teacher influences and experimental impacts of the 4rs program. *Journal of Educational Psychology, 102*(1), 153-167.

Brown, P., Roediger, H., & McDaniel, M. (2014). *Make it stick : The science of successful learning*. Harvard University Press.

Bruning, R. H., Schraw, G. J., & Norby, M. M. (2011). *Cognitive psychology and instruction* (5th ed.). Boston, MA: Pearson.

Burhans, K. K., & Dweck, C. S. (1995). Helplessness in early childhood: The role of contingent worth. *Child Development, 66*(6), 1719-1738.

Cameron, J., & Pierce, W. D. (1994). Reinforcement, reward, and intrinsic motivation: A meta-analysis. *Review of Educational Research, 64*(3), 363-423.

Campbell, L., Campbell, B., & Dickson D. (2004). **다중지능과 교수학습** [*Teaching & Learning through Multiple Intelligences*]. (이신동, 정종진, 이화진, 이정규 김태은 공역). 시그마프레스. (원저는 2003년 출간).

Cain, K. M., & Dweck, C. S. (1989). The development of children's conceptions of intelligence: A theoretical framework. *Advances in the Psychology of Human Intelligence, 5,* 47-82.

Carroll, J. B. (1963). A model of school learning. *Teachers College Record, 64,* 723-733.

Carroll, J. B. (1993). *Human cognitive abilities: A survey of factor-analytic studies.* NY: Cambridge University Press.

Carroll, J. B. (2003). The higher stratum structure of cognitive abilities: Current evidence supports g and about ten broad factors. In H. Nyborg (Ed.), *The scientific study of general intelligence: Tribute to Arthur Jensen* (pp. 5-21). Oxford, England: Elsevier.

Cardelle-Elawar, M. (1992). Effects of teaching metacognitive skills to students with low mathematics ability. *Teaching and Teacher Education, 8*(2), 109-121.

Carson, R. L., Plemmons, S., Templin, T. J., & Weiss, H. M. (2011). "You are who you are:" A mixed method study of affectivity and emotional regulation in curbing teacher burnout. In G. S. Gates, W. H. Gmelch (Series Eds.), G. M. Reevy & E. Frydenberg (Vol. Eds.), *Research on stress and coping in education: Vol. 6. Personality, stress and coping: Implications for education* (pp. 239-265). Charlotte, NC: Information Age.

Caruso, D. R., Mayer, J. D., & Salovey, P. (2002). Emotional intelligence and emotional leadership. in R. Riggio, S. Murphy, & F. J. Pirozzolo (Eds.), *Multiple intelligences and leadership* (pp. 55-74). Mahwah, NJ: Lawrence Erlbaum Associates.

Cassady, J. C., & Johnson, R. E. (2002). Cognitive test anxiety and academic performance. *Contemporary Educational Psychology, 27*(2), 270-295.

Cattell, R. B. (1963). Theory of fluid and crystallized intelligence: A critical experiment. *Journal of Educational Psychology, 54*(1), 1-22.

Ceci, S. J., & Roazzi, A. (1994). The effects of context on cognition: Postcards from Brazil. In R. J. Sternberg (Ed.), *Mind in context* (pp. 74-101). New York, NY: Cambridge University Press.

Chance, P. (1999). Thorndike's puzzle boxes and the origins of the experimental analysis of behavior. *Journal of the Experimental Analysis of Behavior, 72*(3), 433-440.

Cherness, C. (1993). Roll of professional self-efficacy in the etiology and amelioration of burnout. In W. b. Schaufeli, C. Maslach, & T. Marck (Eds.), *Professional burnout* (pp. 135-150). Washington DC: Taylor and Francis.

Cheung, C. S. & Pomerantz, E. M. (2012). Why Does Parents' Involvement Enhance Children's Achievement? The Role of Parent-Oriented Motivation. *Journal of Educational Psychology, 104*(3), 820-832.

Chi, M. T. (1983). *Problem Solving Abilities*. Pittsburgh University Learning Research and Development Center.

Chi, M. T., & Bassok, M. (1989). Learning from examples via sel-explanations. In L. B. Resnick (Ed.), *Knowing, learning, and instruction* (pp. 251-282). Routledge.

Christenseon, S. L., Godber, Y., & Anderson, A. R. (2005). Critical Issues Facing Families and Educators. In Patrikakou, E. N., Weissberg, R. P., Redding, S., & Walberg, H. J. (Eds.), *School-Family Partnerships for Children's Success* (pp. 21-39). Teachers College Press. Columbia University.

Chronicle, E. P., MacGregor, J. N., & Ormerod, T. C. (2004). What makes an insight problem? The roles of heuristics, goal conception, and solution recording in knowledge-lean problems. *Journal of Experimental Psychology: Learning, memory, and cognition, 30*(1), 14-27.

Coladarci, T. (1992). Teachers' sense of efficacy and commitment to teaching. *Journal of Experimental Education, 60,* 323-337.

Colby, A., & Kohlberg, L. (1987). *The measurement of moral judgement: Theoretical foundation and research validations.* New York: Cambridge University Press.

Colby, A., & Kohlberg, L. Gibbs, J., & Lieberman, M. (1983). A longitudinal study of moral judgement. *Monographs of the society for research in child development, 48(1-2)*, 1-124.

Cole, M., & Scribner, S. (1977). Developmental theories applied to cross-cultural cognitive research. *Annals of the New York Academy of Sciences, 285*(1), 366-373.

Cole, C. W., Oetting, E. R., & Hinkle, J. E. (1967). Non-linearity of self-concept discrepancy—the value dimension. *Psychological Reports, 21*(1), 58-60.

Collins, J. L. (1985). Self-efficacy and ability in achievement behavior (motivation). Doctoral dissertation, Stanford University.

Combs, A. W. (1965). *The professional education of teachers: A perceptual view of teacher preparation.* Allyn and Bacon.

Connell, J. D. (2008). *Brain based teaching learning strategies.* Seoul: Academician.

Cooper, H. M., & Tom, D. Y. (1984). Teacher expectation research: A review with implications for classroom instruction. *The Elementary School Journal, 85*(1), 77-89.

Corno, L. (1986). The metacongitive control component of self-regulated learning. *Contemporary Educational Psychology, 11,* 333-346.

Corno, L. (2001). Studying self-regulation habits. In B. J. Zimmerman & D. H. Schunk (Eds.), *Handbook of self-regulation of learning and performance* (pp. 361-375). Routledge.

Covington, M. V. (1992). *Making the Grade: A Self-Worth Perspective on Motivation and School Reform*. Cambridge University Press.

Cronbach, L. J., & Snow, R. E. (1977). *Aptitudes and instructional methods: A handbook for research on interactions.* New York: Irvington.

Cross, D. R., & Paris, S. G. (1988). Development and Instructional Analyses of Children's Metacognition and Reading Comprehension. *Journal of Educational Psychology, 80*(2), 131-142.

Cropley, A. J. (1992). *More ways than one: Fostering creativity.* Norwood, NJ: Ablex.

Cropley, A. J. (2004). 창의성 계발과 교육[*More Ways Than One: Fostering Creativity in the Classroom*]. (이경화 · 최병연 · 박숙희 공역). 학지사. (원저는 2001년 출간)

Crossman, E. K. (1991). Schedules of reinforcement. In W. Ishaq (Ed.), *Human Behavior in today's world* (pp. 133-138). New York: Praeger.

Csikszentmihalyi, M. (1975). *Beyond Boredom and Anxiety*. Washington: Jossey-Bass Publishers.

Csikszentmihalyi, M. (1996). *Creativity: Flow and the psychology of discovery and invention.* New York: Harper Collins.

Cunningham, W. G. (1983). Teacher burnout—Solutions for the 1980s: A review of the literature. *The Urban Review, 15*(1), 37-51.

Daniels, M. (1988). The myth of self-actualization. *Journal of Humanistic Psychology, 28,* 7-38.

Davis, H. A. (2003). Conceptualizing the role and influence of student-teacher relationships on children's social and cognitive development, *Educational Psychologist, 38,* 207-234.

De Bono, E. (1990). *Lateral thinking.* London: Penguin Books.

DeCharms, R. (1968). *Personal causation.* New York: Academic Press.

DeCharms, R. (1972). Personal causation training in the schools. *Journal of Applied Social Psychology, 2,* 95-113.

DeCharms, R. (1976). *Enhancing motivation.* New York: Irvington Publishers.

DeCharms, R. (1984). Motivation enhancement in educational setting. In R. E. Ames & C. A. Ames (Eds.), *Research on motivation in education* (Vol. 1, pp. 275-310). SanDiego; Academic Press.

Deci, E. L. (1971). Effects of externally mediated rewards on intrinsic motivation. *Journal of Personality and Social Psychology, 18,* 105-115.

Deci, E. L. Ryan, R. M. (1985). *Intrinsic Motivation and Self-Determination in Human Behavior.* NY: Plenum.

Deci, E. L., & Ryan, R. M. (1987). The support of autonomy and the control of behavior. *Journal of Personality and Social Psychology, 53*(6), 1024-1037.

Deci, E. L., & Ryan, R. M. (2000). The" what" and" why" of goal pursuits: Human needs and the self-determination of behavior. *Psychological Inquiry, 11*(4), 227-268.

De Corte, E. (2007). Learning from instruction: the case of mathematics. *Learning Inquiry, 1,* 19-30.

Denham, C. H., & Michael, J. J. (1981). Teachers' sense of efficacy: A definition of the construct and a model for future research. *Educational Research Quarterly, 6*(1), 39-63.

Dolezal, S. E., Welsh, L. M., Pressley, M., & Vincent, M. M. (2003). How nine third-grade teachers motivate student academic engagement. *The Elementary School Journal, 103*(3), 239-267.

Douglas, V. I., Parry, P., Martin, P., & Garson, C. (1976). Assessment of a cognitive training program for hyperactive children. *Journal of Abnormal Child Psychology, 4,* 389-410.

Downey, L. A., Papageorgiou, V., & Stough, C. (2006). Examining the relationship between leadership, emotional intelligence and intuition in senior female managers. *Leadership and Organization Development Journal, 27*(4), 250-264.

Dreikurs, R., Corsini, R., Lowe, R., & Sonstegard, M. (1959). *Adlerian family counseling.* University of Oregon Press.

Dunlosky, J., Rawson, K. A., Marsh, E. J., Nathan, M. J., & Willingham, D. T. (2013). Improving students' learning with effective learning techniques: Promising directions from cognitive and educational psychology. *Psychological Science in the Public interest, 14*(1), 4-58.

Dweck, C., & Elliott, E. (1983). Achievement motivation. In P. Mussen (Ed.), *Handbook of child psychology. Vol. Ⅳ: Socialization, personality, and social development* (pp. 643-691). New York: John Wiley & Sons.

Dweck, C. S., & Leggett, E. L. (1988). A social-cognitive approach to motivation and personality. *Psychological Review, 95*(2), 256-273.

Ebmeier, H. (2003). How supervision influences teacher efficacy and commitment: An investigation of a path model. *Journal of Curriculum and Supervision, 18*(2), 110-141.

Eccles, J. S., & Harold, R. D. (1993). Parent-school involvement during the early adolescent years. *Teachers College Record, 94,* 568-587.

Eccles, J. S., & Wigfield, A. (1995). In the mind of the actor: The structure of adolescents' achievement task values and expectancy-related beliefs. *Personality and Social Psychology Bulletin, 21*(3), 215-225.

Eccles, J. S., & Wigfield, A. (2002). Motivational beliefs, values, and goals. *Annual Review of Psychology, 53*(1), 109-132.

Efklides, A. (2006). Metacognitive experiences: The missing link in the self-regulated learning process: A rejoinder to Ainley and Patrick. *Educational Psychology Review, 18,* 287-291.

Egan, G. (1994). *The skilled helper* (5th ed.). Monterey, CA: Brooks/Cole Cengage Learning.

Egan G. (2013). *The skilled helper: A problem-management and opportunity-development approach to helping* (10th ed.). Monterey, CA: Brooks/Cole Cengage Learning.

Eggen, P. & Kauchak, D. (2011). 교육심리학[*Educational Psychology*]. (신종호, 김동민, 김정섭, 김종백, 도승이, 김지현, 서영석 역). 학지사. (원저는 2010년 출간).

Egyed, C. J., & Short, R. J. (2006). Teacher self-efficacy, burnout, experience and decision to refer a disruptive student. *School Psychology International, 27*(4), 462-474.

Eisenberg, N., Fabes, R. A., & Spinard, T. L. (2006). Prosocial development. In W. Damon & R. Lerner (Eds.), *Handbook of child psychology, Vol. 3, Social, emotional, nd personality development* (6th ed., pp. 647-702). Hoboken, NJ: John Wiley & Sons.

Eisenberg, N. & Strayer, J. (1987). *Empathy and its development.* Cambridge: Cambridge University Press.

Eisenberger, R., & Cameron, J. (1996) Detrimental effects of reward: Reality or myth?. *American Psychologist, 51*(11), 1153-1166.

Elliot, A. J. (1999). Approach and Avoidance Motivation and Achievement

Goals. *Educational Psychologist, 34*(3), 169-189.

Elliott, E. S., & Dweck, C. S. (1988). Goals: An approach to motivation and achievement. *Journal of Personality and Social Psychology, 54,* 5-12.

Elliot, A. J., & McGregor, H. A. (2001). A 2×2 Achievement Goal Framework. *Journal of Personality and Social Psychology, 80*(3), 501-519.

Elliot, A. J., Murayama, K., & Pekrun, R. (2011). A 3×2 Achievement Goal Model. *Journal of Educational Psychology, 103*(3), 632-648.

Eloff, I., & Swart, E. (2018). *Understanding educational psychology.* Cape Town: Juta and Company Ltd.

Ennis, R. H. (1987). A taxonomy of critical thinking dispositions and abilities. In J. B. Baron & R. J. Sternberg (Eds.), *Teaching thinking skills: Theory and practice* (pp. 9-26). W H Freeman/Times Books/ Henry Holt & Co.

Epstein, J. L. (1987). *TARGET: An Examination of Parallel School and Family Structures That Promote Student Motivation and Achievement.* Report No. 6. Center for Research on Elementary and Middle Schools Report.

Epstein, J. L., & Sanders, M. G. (2002). Family, school, and community partnerships. *Handbook of Parenting, 5,* 407-437.

Erikson, E. H. (1963). *Childhood and society* (2nd ed.). NY: Norton.

Erikson, E. H. (1968). *Identity, youth, and crisis.* NY: Norton.

Estes, W. K. (1972). Reinforcement in human behavior: reward and punishment influence human actions via informational and cybernetic processes. *American scientist, 60*(6), 723-729.

Evertson, C. M., & Emmer, E. T. (2009). *Classroom management for elementary teachers.* NJ: Pearson Education.

Evertson, C. M., & Weinstein, C. S. (2011). Classroom management as a field of inquiry. In C. M. Evertson & C. S. Weinstein (Eds.). *Handbook of classroom management: Research, practice, and contemporary issues* (pp. 3-15). Mahwah, NJ: Erlbaum.

Farber, B. A. (1991). *Crisis in education: Stress and burnout in the American teacher*. Jossey-Bass.

Farber, B. A. (2000). Treatment strategies for different types of teacher burnout. *Journal of Clinical psychology, 56*(5), 675-689.

Felder, R. M., & Solomon, B. A. (2007). *Index of learning styles.* Retrieved from http://www.engr.ncsu.edu/learningstyles/ilsweb.html.

Feldman, D. H. (1994). *Beyond universal in cognitive development* (2nd ed.). Norwood, NJ: Ablex.

Fiske, S. T., & Talyor, S. E. (1991). *Social cognition* (2nd ed.). NY: McGraw-Hill.

Flavell, J. H. (1976). Metacognitive aspects of problem solving. In L. B. Resnick (Ed.), *The nature of intelligence* (pp. 231-235). Hillsdale, NJ: Erlbaum.

Flavell, J. H. (1986). The development of children's knowledge about the appearance-reality distinction. *American Psychologist, 41*(4), 418-425.

Flavell, J. H., Miller, P., & Miller, S. (1993). *Cognitive Development* (3rd ed.). Prentice-Hall.

Flynn, J. R. (1999). Searching for justice: The discovery of IQ gains over come. *American Psychologist, 54,* 5-20.

Frank, S. J., Pirsch, L. A., & Wright, V. C. (1990). Late adolescents' perceptions of their parents: Relationships among deidealization, autonomy, relatedness, and insecurity and implications for adolescent adjustment and ego identity status. *Journal of Youth and Adolescence, 19,* 571-588.

Friend, M., & Bursuck, W. D. (2012). *Including students with special needs: A practical guide for classroom teachers* Boston, MA: Allyn & Bacon/Pearson.

Furrer, C., & Skinner, E. (2003). Sense of relatedness as a factor in children's academic engagement and performance. *Journal of Educational Psychology, 95*(1), 148-162.

Gagne, R. M. (1984). Learning outcomes and their effects: Useful categories of human performance. *American Psychologist, 39*(4), 377-385.

Gagnè, R. M. (1985). *The conditions of learning and theory of instruction* (4th ed.). New York: Holt, Rinehart & Winston.

Gagnè, R. M., & Briggs, L. J. (1974). *Principles of instructional design*. Holt, Rinehart & Winston.

Gardner, H. (1993). *Creating minds: An anatomy of creativity seen through the lives of Freud, Einstein, Picasso, Stravinsky, Eliot, Graham, and Gandhi*. New York: Harper Collins.

Gardner, H. (1999). *Intelligence reframed: Multiple intelligences for the 21st century*. New York: Basic Books.

Garger, S., & Guild, P. (1984). Learning style: The crucial difference. *Curriculum Review, 23,* 9-12.

Garner, P. W., & Spears, F. M. (2000). Emotion regulation in low-income preschool children. *Social Development, 9,* 246-264.

Garner, R. (1987). *Megacognitive and reading comprehension*. Norwood. NJ: Ablex.

Geuter, U. (1992). *The professionalization of psychology in Nazi Germany*. Cambridge University Press.

Gibson, S., & Dembo, M. H. (1984). Teacher efficacy: A construct validation. *Journal of Educational Psychology, 76*(4), 569-582.

Gilligan, C. (1977). In a difference voice: Women's conceptions of self and morality. *Harvard Educational Review, 47,* 481-517.

Gilligan, C. (1982). *In a difference voice: Psychological theory and women's development*. Cambridge, MA: Harvard University Press.

Ginsburg, H. P., & Opper, S. (2006). 피아제의 인지발달 이론[*Piaget's Theory of Intellectual Development*]. 제3판. (김정민 역). 학지사. (원저는 1988년 출간).

Glasgow, K. L., Dornbusch, S. M., Troyer, L., Steinberg, L., & Ritter, P. L. (1997). Parenting styles, adolescents' attributions, and educational outcomes in nine heterogeneous high schools. *Child Development, 68,* 507-523.

Goddard, R. D., Hoy, W. K., & Hoy, A. W. (2000). Collective teacher efficacy: Its meaning, measure and impact on student achievement, *American Educational Research Journal, 37*(2), 479-507.

Goldberg, S. (1983). Parent-infant bonding: Another look. *Child Development, 54*(6), 1355-1382.

Goldman, R. J. (1965). The Minnesota tests of creative thinking. *Educational Research, 7*(1), 3-14.

Goleman, D. (1998). *Working with emotional intelligence.* London: Bloomsbury.

Golinkoff, R. M., & Hirsh-Pasek, K. (2021). **4차 산업혁명시대 미래형 인재를 만드는 최고의 교육**[*Becoming Brilliant: What Science Tells Us About Raising Successful Children*]. (김선아 역). 예문 아카이브. (원저는 2016년 출간).

Gottfried, A. E., Fleming, J. S., & Gottfried, A. W. (1994). Role of Parental Motivational Practices in Children's Academic Intrinsic Motivation and Achievement. *Journal of Educational Psychology, 86*(1), 104-113.

Greeno, J. G., Collins, A. M., & Resnick, L. B. (1996). Cognition and learning. In D. C. Berliner & R. C. Calfee (Eds.), *Handbook of educational psychology* (pp. 15-46), NY: Simon & Schuster Macmillian.

Greeno, J. G., & Simon, H. A. (1988). Problem solving and reasoning. In R. C. Atkinson, R. J. Herrnstein, G. E. Lindzey, & R. D. Luce (Eds.), *Steven's handbook of experimental psychology*, 2nd ed., Vol. II (pp. 589-669). NY: Wiley & Sons.

Greening, T. (2006). Five basic postulates of humanistic psychology. *Journal of Humanistic Psychology, 46*(3), 239-239.

Grolnick, W. S., & Slowiaczek, M. L. (1994), Parents' involvement in children's schooling: A multidimensional conceptualization and motivational model. *Child Development, 65*(1), 237-252.

Guild, P. (1994). The culture/learning style connection. *Educational Leadership, 51*(8), 16-21.

Guilford, J. P. (1956). Structure of intellect. *Psychological Bulletin, 53*(4), 267-293.

Guilford, J. P. (1967). Creativity: Yesterday, today and tomorrow. *The Journal of Creative Behavior, 1,* 3-14.

Guilford, J. P. (1968). *Creativity, intelligence, and their educational implications.* San Diego, CA: Robert Knapp.

Guilford, J. P. (1988). Some changes in the structure of intellect model. *Educational and Psychological Measurement, 48,* 1-4.

Hackenberg, T. D. (2009). Token reinforcement: a review and analysis. *Journal of the Experimental Analysis of Behavior, 91,* 257-286.

Hadwin, A., & Oshige, M. (2011). Self-regulation, coregulation, and socially shared regulation: Exploring perspectives of social in self-regulated learning theory. *Teachers College Record, 113*(2), 240-264.

Hadwin, A., Järvelä, S., & Miller, M. (2017). Self-regulation, co-regulation, and shared regulation in collaborative learning environments. In B. J. Zimmerman & D. H. Schunk (Eds.), *Handbook of self-regulation of learning and performance* (pp. 65-84). Routledge.

Hall, G. S. (1905). *Adolescence: Its psychology and its relations to physiology, anthropology, sociology, sex, crime, religion and education* (Vol. 2). D. Appleton.

Hallahan, D. P., & Kauffman, J. M. (2006). *Exceptional learners: Introduction to special education* (10th ed.). Boston, Ma: Allyn & Bacon.

Hallahan, D. P., & Sapona, R. (1983). Self-monitoring of attention with learning-disabled children: Past research and current issues. *Journal of Learning Disabilities, 16*(10), 616-620.

Hallmann, R. J. (1970). The necessary and sufficient conditions of creativity. *Journal of Humanistic Psychology, 7*(2), 27-45.

Harlow, H. F. (1958). The nature of love. University of Wisconsin. First published in *American Psychologist, 13,* 673-685.

Harlow, H. F., & Zimmerman, R. R. (1959). Affectional responses in the infant monkey. *Science, 30,* 421-432.

Harris, J. R. (2019). **개성의 탄생**[*No Two Alike*]. 초판 7쇄. (곽미경 역). 동녘사이언스. (원저는 2006년 출간).

Harter, S. (1981). A new self-report scale of intrinsic versus extrinsic orientation in the classroom; Motivational and informational components. *Developmental Psychology, 17,* 300-312.

Hartman, H. J. (2001). Developing students' metacognitive knowledge and skills. In H. J. Hartman (Ed.), *Metacognition in learning and instruction: Theory, research and practice* (pp. 33-68). Springer Science & Business Media.

Hattie, J., Biggs, J., & Purdie, N. (1996). Effects of learning skills interventions on student learning: A meta-analysis. *Review of Educational Research, 66*(2), 99-136.

Havighurst, R. J. (1952). *Developmental tasks and education.* New York: David McKay.

Heider, F. (1958). *The psychology of interpersonal relations.* New York: Wiley.

Henle, M. (1978). One man against the Nazis-Wolfgang Köhler. *American Psychologist, 33,* 939-944.

Hergenhahn, B. R., & Olson, M. H. (2001). *An introduction to theories of learning.* Upper Saddle River, NJ: Merrill/Pearson.

Hidi, S. (1990). Interest and its contribution as a mental resource for learning. *Review of Educational Research, 60*(4), 549-571.

Hidi, S., & Renninger, K. A. (2006). The four-phase model of interest development. *Educational psychologist, 41*(2), 111-127.

Hiebert, E. H., & Raphael, T. E. (1996). Psychological perspectives on literacy and extensions to educational practice. In D. C. Berliner & R. C. Calfee (Eds.), *Handbook of educational psychology* (pp. 550-602). NY: Simon & Schuster Macmillian.

Hilgard, E. R. (1996). History of educational psychology. In D. C. Berliner & E. C. Calfee (Eds.), *Handbook of educational psychology* (pp. 990-1004). New York: Crofts.

Hofer, B. K., Yu, S. L., & Pintrich, P. R. (1998). Teaching college students to be self-regulated learners. In D. H. Schunk & B. J. Zimmerman (Eds.), *Self-regulated learning: From teaching to self-reflective practice* (pp. 57-85). Guilford Publications.

Hoover-Dempsey, K. V., & Sandler, H. M. (1995). Parental Involvement in Children's Education: Why Does It Make a Difference? *Teacher College Record, 97*(2), 310-331.

Hoover-Dempsey, K. V., & Sandler, H. M. (1997). Why Do Parents Become Involved in Their Children's Education? *Review of Educational Research, 67*(1), 3-42.

Hoover-Dempsey, K. V., & Sandler, H. M. (2005). Final Performance Report for OERI Grant # R305T010673: The Social Context of Parental Involvement: A Path to Enhanced Achievement. Presented to Project Monitor, Institute of Education Sciences, U.S. Department of Education.

Hornby, G., & Lafaele, R. (2011). Barriers to parental involvement in education: an explanatory model. *Educational Review, 63*(1), 37-52.

Hovland, C. I., Janis, I, L., & Kelley, H. H. (1953). *Persuasion and communication.* New Haven, CT.: Yale University Press.

Hoy, W. K., & Woolfolk, A. E. (1993). Teachers' sense of efficacy and the organizational health of schools. *The Elementary School Journal, 93*(4), 355-372.

Hunt, J. M. (1961). *Intelligence and experience.* NY: Ronald.

Jaffee, S., & Hyde, J. S. (2000). Gender differences in moral orientation. *Psychological Bulletin, 126,* 703-726.

Jagacinski, C. M., & Nicholls, J. G. (1984). Conceptions of ability and related affects in task involvement and ego involvement. *Journal of Educational Psychology, 76*(5), 909-919.

Johnson, D. W., & Johnson, R. T. (2009). An educational psychology success story: Social interdependence theory and cooperative learning. *Educational researcher, 38*(5), 365-379.

Jonassen, D. H. (2003). Designing research-based instruction for story problems. *Educational Psychology Review,* 267-296.

Jonassen, D. H., & Grabowski, B. L. (1993). *Handbook of Individual Differences, Learning, and Instruction.* 1st ed. Lawrence Erlbaum Associates Inc.

Joncich, G. (1968). Edward L. Thorndike. In D. L. Sills (Ed.), *International encyclopedia of the social sciences* (Vol. 16, pp. 8-14). New York: Macmillan and Free Press.

Jones, M. C. (1924a). The elimination of children's fears. *Journal of Experimental Psychology, 7,* 383-390

Jones, M. C. (1924b). A laboratory study of fear: The case of peter. *Pedagogical Seminary, 31,* 308-315.

Jones, B. F., Palincsar, A. S., Ogle, D. S., & Carr, E. G. (1987). *Strategic teaching and learning: Cognitive instruction in the content area.* Association for Supervision and Curriculum Development, 125 N. West St., Alexandria, VA 22314.

Jordan, C. H., Spencer, S. J., Zanna, M. P., Hoshino-Browne. E, & Correll J. (2003). Secure and Defensive High Self-Esteem. *Journal of Personality and Social Psychology, 85*(5). 969-978.

Kagan, J. (1965). *Impulsive and reflective children: In learning and the educational process.* Chicago: Rand McNally.

Kagan, J., & Kogan, N. (1970). Individual variation in cognitive processes. In P. H. Mussen (ed.), *Camichael's manual of child psychology* (Vol. 1, pp. 1273-1365). New York: Wiley.

Kagan, J., Rosman, B. L., Day, D., Albert, J., & Phillips, W. (1964). Information processing in the child: Significances of mental growth. *Grade Teacher Magazine, 79,* 123-130.

Kahneman, D., & Tversky, A. (1973). On the psychology of prediction. *Psychological Review, 80*(4), 237-251.

Kail, R. V., & Cavanaugh, J. C. (2018). *Human development.* New York: Wadsworth.

Kashdan, T. B., Rose, P., & Fincham, F. D. (2004). Curiosity and exploration: Facilitating positive subjective experiences and personal growth opportunities. *Journal of personality assessment, 82*(3), 291-305.

Kelly, H. H. (1973). The process of causal attribution. *American Psychologist, 28,* 107-128.

King, D. B., Woody, W. D., & Viney, W. (2009). 심리학사[*History of psychology: Ideas and context*]. (임성택, 안범희 역). 교육과학사. (원저는 2009년 출간).

Klaus, M. H., & Kennell, J. H. (1976). *Maternal-infant bonding: The impact of early separation or loss on family development.* Missouri: Mosby.

Knox, P. L., Fagley, N. S., & Miller, P. M. (2004). Care and justice moral orientation among African American college students. *Journal of Adult Development, 11*(1), 41-45.

Kohlberg, L., Levine, C. & Hewer, A. (2000). 콜버그의 도덕성 발달 이론 [*Moral Stage: A current formulation and a response to critics*]. (문용린 역). 아카넷. (원저는 1983년 출간).

Köhler, W. (1947). *Gestalt psychology.* NY: Liveright.

Köhler, W. (1976). *The mentality of Apes.* NY: Liveright.

Koruklu, N., Feyzioglu, B., Ozenoglu-Kiremit, H., & Aladag, E. (2012). Teachers' Burnout Levels in terms of Some Variables. *Educational Sciences: Theory and Practice, 12*(3), 1823-1830.

Krapp, A. (1999). Interest, motivation and learning: An educational-psychological perspective. *European Journal of Psychology of Education, 14,* 23-40.

Krapp, A., Hidi, S., & Renninger, K. A. (1992). Interest, learning and development. In K. Renninger, S. Hidi, & A. Krapp (Eds.), *The role of interest in learning and development* (pp. 3-25). Hillsdale, NJ: Erlbaum.

Kroger, J. (2000). *Identity development: Adolescence through adulthood.* Thousand Oaks, CA: Sage.

Kruger, A. C. (1992). The effect of peer and adult-child transactive discussions on moral reasoning. *Merrill-Palmer Quarterly, 38*(2), 191-211.

Kubie, L. S. (1958). *Neurotic distortion of the creative process.* Lawrence: University of Kansas Press.

Kuhn, T. S. (1962). Historical Structure of Scientific Discovery: To the historian discovery is seldom a unit event attributable to some particular man, time, and place. *Science, 136*(3518), 760-764.

Kuhn, D., & Dean, Jr, D. (2004). Metacognition: A bridge between cognitive psychology and educational practice. *Theory into practice, 43*(4), 268-273.

Lamb, M. E., & Lewis, C. (2005). The role of parent-child relationships in child development. In M. H. Bornstein & M. E. Lamb (Eds.), *Developmental science: An advanced textbook* (5th ed., pp. 429-468). Mahwah, NJ: Erlbaum.

Larson, C. A. (1979). Highlights of Dr. John B. Watson's career in advertising. *Journal of Industrial/Organizational Psychology, 16,* 3.

Lashley, K. S. (1942). An examination of the "continuity theory" as applied to discriminative learning. *The Journal of General Psychology, 26*(2), 241-265.

Lepper, M. R., Greene, D., & Nisbett, R. E. (1973). Undermining children's intrinsic interest with extrinsic reward: A test of the" overjustification" hypothesis. *Journal of Personality and social Psychology, 28*(1), 129-137.

Linden, M., & Wittrock, M. C. (1981). The teaching of reading comprehension according to the model of generative learning. *Reading Research Quarterly, 17,* 44-57.

Linn, M. C., Songer, N. B., & Eylon, B. (1996). Shifts and convergences in science learning and instruction. In D. C. Berliner & R. C. Calfee (Eds.), *Handbook of educational psychology* (pp. 438-490), NY: Simon & Schuster Macmillian.

Locke, E. A., & Latham, G. P. (2006). New directions in goal-setting theory. *Current Directions in Psychological Science, 15*(5), 265-268.

Maehr, M. (1984). Meaning and motivation; Toward a theory of personal investment. In R. Ames & C. Ames (Eds)., *Research on motivation in education: Vol. 1. Student motivation* (pp. 115-144). Orlando, FL: Academic Press.

Maier, S. F., & Seligman, M. E. (1976). Learned helplessness: theory and evidence. *Journal of Experimental Psychology: General, 105*(1), 3-46.

Marcia, J. E. (1991). Identity and self development. In R. Lerner, A. Peterson, & J. Brooks-Gunn (Eds.), *Encyclopedia of adolescence* (Vol. 1). NY: Garland.

Marcia, J. E. (1994). The empirical study of ego identity. In H. Bosma, T. Graafsma, H. Grotebanc, & D. DeLivita (Eds.), *The identity and development.* Newbury Park, CA: Sage.

Marcia, J. E. (1999). Representational thought in ego identity, psychotherapy, and psychosocial development. In I. E. Siegel (Ed.), *Development of mental representation: Theories and applications.* Mahwah, NJ: Erlbaum.

Marland Jr, S. P. (1972). Accountability in education. *Teachers College Record, 73*(3), 339-345.

Mascolo, M. F., & Fischer, K. W. (2005). Constructivist theories. In B. Hopkins (Ed.), *The Cambridge encyclopedia of child development.* New York: Cambridge University Press.

Maslach, C., & Jackson, S. E. (1981). The measurement of experienced burnout. *Journal of Organizational Behavior, 2*(2), 99-113.

Maslow, A. H. (1968). *Toward a psychology of being(2nd ed.).* Princeton, NJ:Van Nostrand.

Maslow, A. H. (1987). *Motivation and personality(3nd ed.).* New York; Harper & Row.

May, R. (1975). *The courage to create.* New York: Norton.

Mayer, R. E., & Wittrock, M. C. (1996). Problem solving transfer. In D. C. Berliner & R. C. Calfee (Eds,), *Handbook of educational psychology* (pp. 47-62), NY: Simon & Schuster Macmillian.

McCaslin, M. (2009). Co-regulation of student motivation and emergent identity. *Educational Psychologist, 44*(2), 137-146.

McDougall, W. (1960). *An introduction to social psychology.* London: Methuen.

McMillan, J. H. (2014). *Classroom assessment: Principles and practice for effective instruction.* (3rd ed.). Boston: Allyn and Bacon.

McKeachie, W. J., Pintrich, P. R., Lin, Y., & Smith, D. A. F. (1987). *Teaching and Learning in the College Classroom.* A Review of the Research Literature (1986) and November 1987 Supplement.

McLaughlin, M. L. (1984). *Conversation.* Beverly Hills: Sage.

Meichenbaum, D. & Goodman, J. (1971). Training impulsive children to talk to themselves. A mean of developing self-control. *Journal of Abnormal Psychology, 77,* 115-126.

Midgley, C., Feldlaufer, H., & Eccles, J. S. (1989). Change in teacher efficacy and student self- and task-related beliefs in mathematics during the transition to junior high school. *Journal of Educational Psychology, 81*(2), 247-258.

Milgram, S. (1963). Behavioral study of obedience. *Journal of Abnormal and Social Psychology, 67,* 371-378.

Miller, A. (1985). A developmental study of the cognitive basis of performance impairment after failure. *Journal of Personality and Social Psychology, 49*(2), 529-538.

Miller, P. H. (2011). *Theories of developmental psychology* (5th ed.). NY: Worth.

Miller, S. A. (2009). Children's understanding of second-order mental statuses. *Psychological Bulletin, 135,* 749-773.

Miller, W. R., & Seligman, M. E. (1975). Depression and learned helplessness in man. *Journal of Abnormal Psychology, 84*(3), 228-238.

Mischel, W. (1968). *Personality and assessment.* NY: Wiley.

Mischel, W. (1986). *Introduction to personality* (4th ed.). NY: Holt, Rinehart & Winston.

Mitchell, M. (1993). Situational interest: Its multifaceted structure in the secondary school mathematics classroom. *Journal of Educational Psychology, 85*(3), 424-436.

Molden, D. C., & Dweck, C. S. (2000). Meaning and motivation. In C. Sansone & J. M. Harackiewicz, (Eds.). *Intrinsic and extrinsic motivation: The search for optimal motivation and performance* (pp. 131-159). Elsevier.

Moosa, M. (2018). Teachers as role models. In I. Eloff & E. Swart (Eds.), *Understanding Educational Psychology* (pp. 45-51). Juta and Company Ltd.

Moskowitz, G. B. (2005). *Social Cognition: understanding self and others.* New York: The Guilford Press.

Murayama, K., & Elliot, A. J. (2012). The competition–performance relation: A meta-analytic review and test of the opposing processes model of competition and performance. *Psychological Bulletin, 138*(6), 1035-1070.

Nelson, T. O. (1996). Consciousness and metacognition. *American psychologist, 51*(2), 102-116.

Nicholls, J. G. (1984). Achievement motivation: Conceptions of ability, subjective experience, task choice, and performance. *Psychological Review, 91*(3), 328-346.

Nicholls, J. G., & Miller, A. (1984). Conceptions of ability and achievement motivation. In R. Ames & C. Ames (Ed.). *Research on motivation in education Vol 1 · Student Motivation* (pp. 39-73). New York: Academic Press.

Nicholls, J. G., Cobb, P., Wood, T., Yackel, E., & Patashnick, M. (1990).

Assessing students' theories of success in mathematics: Individual and classroom differences. *Journal for Research in Mathematics Education, 21*(2), 109-122.

Noddings, N. (1995). *Teaching themes of care.* Phi Delta Kappan, 76, 675-679.

Nolen-Hoeksema, S., Fredrickson, B., Loftus, G. R., & Lutz, C. (2014). *Introduction to psychology.* Washington: Cengage Learning.

Novak, J. D. (1983). The use of concept mapping and knowledge vee mapping with junior high school science students. *Science Education, 67*(5), 625-645.

Olson, M. H., & Hergenhahn, B. (2013). *An Introduction to theories of learning,* (9th ed). Pearson Education

Page, L., Garboua, L. L., & Montmarquette, C. (2007). Aspiration Levels and Educational Choices: An Experimental Study. *Economics of Education Review, 26,* 748-758.

Pajares, F. (1996). Self-efficacy beliefs in academic settings. *Review of Educational Research, 66*(4), 543-578.

Paris, S. G., Lipson, M. Y., & Wixson, K. K. (1983). Becoming a strategic reader. *Contemporary Educational Psychology, 8,* 293-316.

Parkay, F. W., Greenwood, G., Olejinik, S., & Proller, N. (1988). A study of the relationship among teacher efficacy, locus of control, and stress. *Journal of Research and Development in Education, 21*(4), 13-22.

Patridge, R. (1983). Learning styles: a review of selected models. *Journal of Nurse Education, 22*(2), 243-248.

Patrikakou, E. N., Weissberg, R. P., Redding, S., & Walberg, H. J. (2005). School-Family Partnerships: Enhancing the Academic, Social, and Emotional Learning of Children. In Patrikakou, E. N., Weissberg, R. P., Redding, S., & Walberg, H. J. (Eds.), *School-Family Partnerships* for *Children's Success* (pp. 1-17). Teachers College Press. Columbia University.

Pavlov, I. P. (1941). *Lectures on conditional reflexes* (vol. 1), (W. H. Gantt, Ed. Trans). New York: International.

Pepper, S. C. (1942). *World hypotheses: A study in evidence* (Vol. 31). Univ of California Press.

Perold, M. (2018). Becoming a teacher. In I. Eloff, & E. Swart (Eds). *Understanding Educational Psychology* (pp. 36-44). Juta and Company Ltd.

Peverly, S. T., Ramaswamy, V., Brown, C., Sumowski, J., Alidoost, M., & Garner, J. (2007). What predicts skill in lecture note taking?. *Journal of Educational Psychology, 99*(1), 167-180.

Piaget, J. (1932). *The moral judgement of the child, trans.* M. Gabin, New York: Harcourt, Brace & World, Inc.

Piaget, J. (1964). Development and learning. In R. E. Ripple and V. N. Rockcastle (Eds.), *Piaget rediscovered.* Ithaca, N.Y.: Cornell University Press.

Piaget, J. (1965). *The moral judgment of the child.* New York: The Free Press.

Piaget, J. (1972). Intellectual evolution from adolescence to adulthood. *Human Development, 15*(1), 1-12.

Piaget, J., & Inhelder, B. (1956). *The child's concept of space.* London: Routledge & Paul.

Piaget, J., & Inhelder, B. (1958). *The growth of logical thinking from childhood to adolescence*, trans. A Parsons and S. Seagrin. New York: Basic Books, Inc., Publishers.

Pintrich, P. R. (1999). The role of motivation in promoting and sustaining self-regulated learning. *International Journal of Educational Research,*

31(6), 459-470.

Pintrich, P. R. (2000). An Achievement Goal Theory Perspective on Issues in Motivation Terminology, Theory, and Research. *Contemporary Educational Psychology, 25,* 92-104.

Pintrich, P. R. (2003). A motivational science perspective on the role of student motivation in learning and teaching contexts. *Journal of educational Psychology, 95*(4), 667-686.

Pintrich, P. R., & De Groot, E. V. (1990). Motivational and self-regulated learning components of classroom academic performance. *Journal of Educational Psychology, 82*(1), 33-40.

Pintrich, P. R. & Schunk, D. H. (1996). *Motivation in education: Theory, research, and applications.* Prentice-Hall, Inc.

Plucker, J. A., & Renzulli, J. S. (1999). Psychometric approaches to the study of human creativity. In Sternberg, R. J. (Ed.), *Handbook of creativity* (pp. 35-61). Cambridge University Press.

Premack, D. (1959). Toward empirical behavior laws: I. Positive reinforcement. *Psychological Review, 66*(4), 219-233.

Pressley, M. (1990). *Cognitive strategy instruction that really improves children's academic performance.* Brookline Books.

Pressley, M., & Harris, K. R. (2009). Cognitive strategies instruction: From basic research to classroom instruction. *Journal of Education, 189*(1-2), 77-94.

Razran, G. (1968). Ivan M. Sechenov. In D. L. sills (Ed.), *International encyclopedia of the social sciences* (Vol. 14, pp. 129-130). New York: Macmillan and Free Press.

Reese, H. W., & Overton, W. F. (1970). Models of development and theories of development. In L. R. Goulet & P. B. Baltes (Eds.), *Life-span developmental psychology* (pp. 115-145). Academic Press.

Reeve, J. (2002). Self-determination theory applied to educational settings. In E. L. Deci & R. M. Ryan (Eds.), *Handbook of self-determination research* (pp. 183-204). NY: The University of Rochester Press.

Renninger, K. A. (2009). Interest and identity development in instruction: An inductive model. *Educational Psychologist, 44*(2), 105-118.

Renninger, K. A., Hidi, S., Krapp, A., & Renninger, A. (1992). Interest, learning, and development. In K. A. Renning, S. Hidi, & A Krapp (Eds.), *The role of interest in learning and development* (pp. 3-25). Hillsdale, NJ: Erlbaum.

Renninger, K. A., & Su, S. (2012). Interest and its development. In R. M. Ryan (Ed.), *The Oxford handbook of human motivation* (pp. 167-187). OUP USA.

Renzulli, J. S. (1978). What makes giftedness? Re-examining a definition. *The Phi Delta Kappan, 60*(3), 180-184.

Renzulli, J. S. (2004). Identification of students for gifted and talented programs. In S. M. Reis (Ed.), *Essential readings in gifted education, 2.* Thousand Oaks, CA: Corwin Press.

Renzulli, J. S., & Reis, S. M. (1997). *The schoolwide enrichment model: A bow to guide for educational excellence* (2th ed.). Mansfield Center, CT: Creative Learning Press.

Resnick, L. B. (1985). Cognition and instruction: Recent theories of human competence. In B. L. Hammonds (Ed.), *Psychology and learning: The master lecture series,* (Vol. 4 pp. 127-186). Washington, DC: American Psychological Association.

Rest, J. R. (1979). *Revised manual for the defining issues test: An objective test of moral judgement development.* Minneapolis, MN: Minnesota Moral Research Projects.

Reynolds, A. J., & Clements, M. (2005). Parental Involvement and Children's

School Success. In Patrikakou, E. N., Weissberg, R. P., Redding, S., & Walberg, H. J. (Eds.), *School-Family Partnerships for Children's Success* (pp. 109-127). Teachers College Press. Columbia University.

Rhodes, M. (1961). An analysis of creativity. *The Phi Delta Kappan, 42*(7), 305-310.

Rogers, C. R. (1951). *Client-centered therapy.* Boston: Houghton Mifflin.

Rogers, C. R. (1959). A theory of therapy, personality and interpersonal relationships as developed in the client-centered framework. In S. Koch (Ed.), *Psychology: A study of a science. Vol. 3. Formulations of the person and the social context.* NY: McGraw Hill.

Rogers, C. R. (1961). *On being a person: A therapist's view of psychotherapy.* Boston: Houghton Mifflin.

Rogers, C. R. (1969). *Freedom to Learn: A View of What Education Might Become.* (1st ed.) Columbus, Ohio: Charles Merill.

Rogers, C. R. (1980). *A way of being.* Boston: Houghton Mifflin.

Rogers, C., Lyon, H. C., & Tausch, R. (2013). *On Becoming an Effective Teacher—Person-centered Teaching, Psychology, Philosophy, and Dialogues with Carl R. Rogers and Harold Lyon.* London: Routledge.

Rosenberg, M. B. (2011). 비폭력 대화[*Nonviolent Communication*]. (한 캐서린 역). 한국 NVC센터. (원저는 2003년 출간).

Rosenshine, B. V. (1978). Academic engaged time, content covered, and direct instruction. *Journal of Education, 160*(3), 38-66.

Rosenthal, R., & Jacobson, L. F. (1968). Teacher expectations for the disadvantaged. *Scientific American, 218*(4), 19-23.

Runco, M. A. (2004). Creativity. *Annual Review of Psychology, 55, 657-687.*

Runco, M. A. (2014). *Creativity: Theories and themes: Research, development, and practice.* Elsevier.

Rutherford, A. (2000). Radical behaviorism and psychology's public: B. F.

Skinner in the popular press, 1934-1990. *History of Psychology, 3,* 371-395.

Ryan, R., & Deci, E. (2000). Self-Determination Theory and the Facilitation of Intrinsic Motivation, Social Development, and Well-Being. *American Psychologist. 55*(1), 68-78.

Ryan, R. M., & Deci, E. L. (2002). Overview of self-determination theory: An organismic dialectical perspective. In E. L. Deci & R. M. Ryan (Eds.), *Handbook of self-determination research* (pp. 3-33). NY: The University of Rochester Press.

Ryan, R. M., & Deci, E. L. (2017). *Self-determination theory: Basic psychological needs in motivation, development, and wellness.* Guilford Publications.

Sargant, W. (1957). *Battle for the mind.* New York: Harper & Row.

Sattler, J. M. (2001). *Assessment of children: Cognitive applications* (4th ed.). La Mesa, CA: Author.

Schneider, W., & Pressley, M. (1997). *Memory development between two and twenty.* (2nd ed.). Mahwah, NJ: Erlbaum.

Schraw, G. (2006). Knowledge: Structures and processes. *Handbook of Educational Psychology, 2,* 245-260.

Schunk, D. H. (1991). Self-efficacy and academic motivation. *Educational psychologist, 26*(3-4), 207-231.

Schunk, D. H. (1996). Goal and self-evaluative influences during children's cognitive skill learning. *American Educational Research Journal, 33*(2), 359-382.

Schunk, D. H. (2001). Social cognitive theory and self-regulated learning. In B. Zimmerman & D. H. Schunk (Eds.). *Self-regulated learning and academic achievement: Theoretical perspectives.* (pp. 125-153). Routledge.

Schunk, D. H. (2012). *Learning theories: An Educational perspectives.* Prentice Hall.

Schunk, D. H., & Pajares, F. (2002). The development of academic self-efficacy. In A. Wigfield & A. J. Eccles (Eds.), *Development of achievement motivation* (pp. 15-31). Academic Press.

Schunk, D. H., & Pajares, F. (2009). Self-Efficacy Theory. In K. R. Wentzel & A. Wigfield (Eds.). *Handbook of motivation at school* (pp. 49-68). New York: Routledge.

Schunk, D. H., Pintrich, P. R., & Meece, J. (2008). *Motivation in Education: Theory, Research, and Application.* Pearson Education, Inc.

Schutte, N. S., Malouff, J. M., Hall, L. E., Haggerty, D. J., Cooper, J. T., Golden, C. J., & Dornheim, L. (1998). Development and validity of a measure of emotional intelligence. *Personality and Individual Differences, 25,* 167-177.

Scott, C. L. (1999).Teachers' biases toward creative children. *Creativity Research Journal*, 12, 321-218.

Seginer, R. (2006) Parents' Educational involvement: A Developmental Ecology Perspective. *Parenting: Science and Practice, 6*(1), 1-48.

Seifert, T. (2004). Understanding student motivation. *Educational Research, 46*(2), 137-149.

Seligman, M. E. (1972). Learned helplessness. *Annual Review of Medicine, 23*(1), 407-412.

Selman, R. L. (1980). *The growth of interpersonal understanding.* New York: Academic Press.

Shaffer, D. R. & Kipp, K. (2013). *Developmental psychology: Childhood and adolescence* (10th ed.). Belmont, CA: Cengage.

Shaw, R., & Colimore, K. (1988). Humanistic psychology as an ideology: An analysis of Maslow's contradictions. *Journal of Humanistic Psychology,*

28, 51-74.

Shen, B., McCaughtry, N., Martin, J., Garn, A., Kulik, N., & Fahlman, M. (2015). The relationship between teacher burnout and student motivation. British *Journal of Educational Psychology, 85*(4), 519-532.

Shertzer, B., & Stone, S. C. (1980). *Fundamentals of counseling* (3rd ed.). Boston: Houghton Mifflin company.

Shulman, L. (1987). Knowledge and teaching: Foundations of the new reform. *Harvard Educational Review, 57*(1), 1-23.

Shumow, L., & Miller, J. (2001). Parents'at home and at school involvement with young adolescents. *Journal of Early Adolescence, 21,* 68-91.

Siegler, R. J., & Jenkins, E. (1989). *How children discover new strategies.* Hillsdale, NJ: Erlbaum.

Siegler, R. S. (2006). Microgenetic analyses of learning. In D. Kuhn & R. S. Siegler (Eds.), *Handbook of child psychology, Vol. 2: Cognition, perceptions, and language* (6th ed., 464-510). Hoboken, NJ: John Wiley & Sons.

Siegler, R. S., & Alibali, M. W. (2005). *Children's thinking* (4th ed.). Upper Saddle River, NJ: Prentice-Hall.

Silvia, P. J. (2012). Curiosity and motivation. In R. M. Ryan (Ed.), *The Oxford handbook of human motivation* (pp. 157-166). OUP USA.

Simonton, D. K. (1994). *Greatness: Who makes history and why?* NY: Guilford.

Simons, P. R. J. (1996). Metacongition. In E. De Corte & F. E. Weinert (Eds.). *International encyclopedia of developmental and instructional psychology* (pp. 436-441). Pergamon.

Simon, H. A., & Newell, A. (1971). Human problem solving: The state of the theory in 1970. *American Psychologist, 26*(2), 145-159.

Skaalvik, E. M., & Skaalvik, S. (2010). Teacher self-efficacy and teacher burnout: A study of relations. *Teaching and Teacher Education, 26*(4), 1059-1069.

Skinner, B. F. (1953). *Science and human behavior.* New York: Free Press.

Skinner, B. F. (1956). A case study in scientific method. *American Psychologist, 11,* 221-233.

Skinner, B. F. (1963). Operant behavior. *American Psychologist, 18*(8), 503-515.

Skinner, B. F. (1974). *About behaviorism.* New York: Knopf.

Skinner, B. F. (1987). Whatever happened to psychology as the science of behavior?. *American Psychologist, 42*(8), 780-786.

Skinner, E. A. (1996). A guide to constructs of control. *Journal of Personality and Social Psychology, 71*(3), 549-570.

Skinner, E. A., Wellborn, J. G., & Connell, J. P. (1990). What it takes to do well in school and whether I've got it: A process model of perceived control and children's engagement and achievement in school. *Journal of Educational Psychology, 82*(1), 22-32.

Skinner, E. A., & Zimmer-Gembeck, M. J. (2011). Perceived control and the development of coping. In S. Folkman (Ed.), *The Oxford handbook of stress, health, and coping* (pp. 35–59). Oxford University Press.

Slater, L. (2005). 스키너의 심리상자 열기[*Opening Skinner's box*], (조증열 역). 에코의 서재. (원저는 2004년 출간).

Slavin, E. R. (2008). *Educational Psychology*. Allyn & Bacon.

Smith, K. S., Rook, J. E., & Smith, T. W. (2007). Increasing student engagement using effective and metacognitive writing strategies in content areas. *Preventing School Failure: Alternative Education for Children and Youth, 51*(3), 43-48.

Smith, S. M. & Dodds, R A. (1999). Incubation. In M. A. Runco & S. R. Pritzker (Eds.), *Encyclopedia of creativity* (Vol. 2, pp. 39-43). San Diego:

Academic Press.

Snow, C. P. (1963). *The two cultures: And a second look: An expanded version of the two cultures and the scientific revolution.* New York, NY, USA: New American Library.

Snow, R. E. (1987). Aptitude complexes. In R. E. Snow & M. J. Farr (Eds.), *Aptitude, learning, and instruction.* (Vol. 3. pp. 11-34). Routledge.

Snowman, J., & Biehler, R. (2000). *Psychology applied teaching.* NY: Houghton Mifflin.

Snyderman, M., & Rothman, S. (1987). Survey of expert opinion on intelligence and aptitude testing. *American Psychologist, 42,* 137-144.

Solomon, G., & Perkins, D. N. (1989). Rocky roads to transfer: Rethinking mechanisms of a neglected phenomenon. *Educational Psychology, 24*(2), 113-142.

Spearman, C. (1927). *The abilities of man.* Oxford, England: Macmillan.

Spielberger, C. D. (1966). Theory and research on anxiety. In C. Spielberger (Ed.), *Anxiety and behavior* (pp. 3-20). Academic press.

Spielberger, C. D., Anton, W. D., & Bedell, J. (2015). The nature and treatment of test anxiety. *Emotions and anxiety: New concepts, methods, and applications, 10*(2), 317-344.

Steinberg, L. (1996). *Beyond the classroom: Why schools are failing and what parents need to do.* NY: Simon & Schuster.

Steinberg L. (1998). Standards outside the classroom. In D. Ravitch (Ed.), *Brookings papers on educational policy* (pp. 319-358). Washington, DC: Brookings Institute.

Stern, W. (1914). *Psychologie der frühen Kindheit bis zum sechsten Lebensjahr* [*The psychology of early childhood up to the sixth year of age*]. Leipzig: Quelle & Meyer.

Sternberg, R. J. (1986). *Critical Thinking: Its Nature, Measurement, and*

Improvement. National Inst. of Education (Ed.), Washington, DC.

Sternberg, R. J. (Ed.). (1988). *The nature of creativity: Contemporary psychological perspectives*. New York: Cambridge University Press.

Sternberg, R. J. (1990). *Metaphors of mind: conceptions of the nature of intelligence.* Cambridge University Press.

Sternberg, R. J. (1996). *Cognitive psychology.* Harcourt Brace College Publishers.

Sternberg, R. J. (1998). Applying the triarchic theory of human intelligence in the classroom. In R. J. Sternberg & W. Williams (Eds.), *Intelligence, instruction, and assessment*, Vol. 2.(rev. ed., pp. 79-84). Alexandria, VA: Association for Supervision and Curriculum Development.

Sternberg R. J., & Grigorenko, E. L. (2006). 학습잠재력 측정을 위한 역동적 평가[*Dynamic Testing: The Nature and Measurement of Learning Potential*]. (염시창 역). 학지사. (원저는 2002년 출간).

Sternberg, R. J., & Williams, W. M. (2002). *Educational psychology.* Boston: Allyn & Bacon.

Stipek, D. (2002). *Motivation to learn.* Allyn and Bacon.

Sukhodolsky, D. G., Tsytsarev, S. V., & Kassinove, H. (1995). Behavior therapy in Russia. *Journal of Behavior Therapy and Experimental Psychiatry, 26*(2), 83-91.

Sullivan, H. S. (1953). *The interpersonal theory of psychiatry.* NY: Norton.

Tannenbaum, A. J. (1983). *Gifted children-psychological and educational perspectives.* New York: Macmillan.

Terman, L. M. (1925). *Genetic studies of genius.* Stanford, CA: Stanford University Press.

Thiede, K. W., Anderson, M., & Therriault, D. (2003). Accuracy of metacognitive monitoring affects learning of texts. *Journal of Educational Psychology, 95*(1), 66-73.

Thomas, R. M. (2005). *Comparing theories of child development*. 6th ed. Thomson: Wadsworth.

Thorndike, E. L. (1913). *Educational Psychology: Vol. 2. The psychology of learning*. New York: Teachers College Press.

Thorndike, E. L. (1924). Mental discipline in high schools. *Journal of Educational Psychology, 15*(1), 1-22.

Thorndike, E. L., & Woodworth, R. S. (1901). The influence of improvement in one mental function upon the efficiency of other functions. *Psychological Review, 8*(4), 384-395.

Thurstone, L. L. (1938). *Primary mental abilities*. Chicago: University of Chicago Press.

Tobias, S. (1986). Anxiety and cognitive processing of instruction. In R. Schwarzer (Ed.), *Self-related cognitions in anxiety and motivation* (pp. 35-54). Hillsdale, NJ: Lawrence Erlbaum Associates.

Tollefson, N. (2000). Classroom applications of cognitive theories of motivation. *Educational Psychology Review, 12*(1), 63-83.

Topping, D. H., & McManus, R. A. (2002). A culture of literacy in science. *Educational Leadership, 60*(3), 30-33.

Torrance, E. P. (1965). *Rewarding Creative Behavior; Experiments in Classroom Creativity*. NJ : Englewood Cliffs.

Torrance, E. P. (1968). A longitudinal examination of the fourth-grade slump in creativity. *Gifted Quarterly, 12*, 195-199.

Torrance, E. P. (1977). *Creativity in the classroom: What research says to the teacher*. Washington, DC: NEA.

Torrance, E. P. (1988). The nature of creativity as manifest in its testing. In R. J. Sternberg (Ed.), *The nature of creativity* (pp. 43-73). NY: Canbridge University Press.

Torrance, E. P. (1995). *Why fly?: A philosophy of creativity*. Norwood, NJ: Ablex publishing Co.

Treffinger, D. T., Isaksen, S. G., & Dorval, V. B. (2000). *Creative approaches to problem solving: A framework for change.* Kendall Hunt Publishing Company.

Tschannen-Moran, M., & Woolfolk Hoy, A. (2001). Teacher efficacy: capturing an elusive construct. *Teaching and Teacher Education, 17,* 783-805.

Tschannen-Moran, M., Hoy, A. W., & Hoy, W. K. (1998). Teacher efficacy: Its meaning and measure. *Review of Educational Research*, 68(2), 202-248.

Vacca, R., & Vacca, J. (2008). *Content and reading*. Boston: Allyn & Bacon.

Vaillant, G. E. (2002). *Aging well: Surprising guideposts to a happier life from the landmark Harvard study of Adult Development.* Boston: Little, Brown and Company.

Vassallo, S. (2013). *Self-Regulation Learning: An application of critical educational psychology.* N.Y.: Peter Lang Publishing, Inc.

Veenman, M. V., & Spaans, M. A. (2005). Relation between intellectual and metacognitive skills: Age and task differences. *Learning and Individual Differences, 15*(2), 159-176.

Vygotsky, L. S. (1978). *Mind in society: The development of higher psychological processes.* Cambridge, MA: Harvard University Press.

Vygotsky, L. S. (2021). 사고와 언어[*Мышление и речь*]. (이병훈 · 이재혁 · 허승철 역). 연암서가. (원저는 러시아어 교재 2004년 출간).

Walker, J., & Hoover-Dempsey, K. (2008). Parent involvement. In T. Good (Ed.), *21st century education: A reference handbook*. (pp. 382-392). Thousand Oaks, CA: SAGE Publication, Inc.

Walker, J. M. T., Wilkins, A. S., Dallaire, J. R., Sandler, H. M., & Hoover-

Dempsey, K. V. (2005). Parental involvement: model revision through scale development. *The Elementary School Journal, 106*(2), 85-104.

Walker, L. J., & Pitts, R. C. (1998). Naturalistic conceptions of moral maturity. *Developmental Psychology, 34,* 403-419.

Wallach, M. A., & Kogan, N. (1965). *Modes of thinking in young children: A study of the creativity-intelligence distinction.* NY: Holt, Rinehart & Winston.

Wallas, G. (1926). *The art of thought.* London: Jonathan Cape.

Ware, H., & Kitsantas A. (2007). Teacher and collective efficacy beliefs as predictors of professional commitment. *The Journal of Educational Research, 100*(5), 303-310.

Waters, E. & Sroufe, L. A. (1983). Social competence as a developmental construct. *Developmental Review, 3,* 79-97.

Watson, J. B. (1913). Psychology as the behaviorist views it. *Psychological Review, 20,* 158-177.

Watson, J. B. (1924a). *Behaviorism.* New York: Norton.

Watson, J. B. (1924b). The place of kinesthetic, visceral and laryngeal organization in thinking. *Psychological Review, 31,* 339-347.

Watson, J. B. (1926). What the nursery has to say about instincts. In C. Murchison (Ed.), *Psychologies of 1925* (pp. 1-34). Worcester, MA: Clark University Press.

Watson, J. B., & Rayner, R. (1920). Conditioned emotional reactions. *Journal of Experimental Psychology, 3,* 1-14.

Weiner, B. (1980). *Human motivation.* New York: Holt, Rinehart & Winston.

Weiner, B. (1985). An attributional theory of achievement motivation and emotion. *Psychological Review, 92*(4), 548-573.

Weiner, B. (1994). Integrating social and personal theories of achievement striving. *Review of Educational research, 64*(4), 557-573.

Wentzel, K. R. (1989). Adolescent classroom goals, standards for performance, and academic achievement: An interactionist perspective. *Journal of Educational Psychology, 81,* 131-142.

Wentzel, K. R. (1991). Relations between social competence and academic achievement in early adolescence, *Child Development, 62,* 1066-1078.

Wertheimer, M. (1980). Max Wertheimer, Gestalt prophet, *Gestalt Theory, 2,* 3-17.

Wertheimer, M. (1983). Gestalt theory, holistic psychologies and Max Wertheimer. *Personale Psychologie, 5,* 32-49.

Wertsch, J. V. (1991). *Voices of the mind: A sociocultural approach to mediated action.* Cambridge, MA: Harvard University Press.

Wertsch, J. V. & Tulviste, P. (1994). L. S. Vygotsky and contemporary developmental psychology. In R. D. Parke, P. A. Ornstein, J. J. Rieser, & C. Zahn-Waxler (Eds.), *A century of developmental psychology* (pp. 333-356). Washington, DC: American Psychological Association.

Westby, E. L., & Dawson, V. L. (1995). Creativity: Asset or burden in the classroom?. *Creativity Research Journal, 8*(1), 1-10.

Wigfield, A., Byrnes, J. P., & Eccles, J. S. (2006). Development during early and middle adolescence. In P. A. Alexander & P. H. Winne (Eds.), *Handbook of educational psychology* (2nd ed., pp. 87-113). Mahwah, NJ: Erlbaum.

Wigfield, A., Cambria, J., & Eccles, J. S. (2002). Motivation in education. In E. L. Deci & R. M. Ryan (Eds.), *Handbook of self-determination research* (pp. 463-478). NY: The University of Rochester Press.

Wigfield, A., & Eccles, J. S. (2000). Expectancy-Value Theory of Achievement Motivation. *Contemporary Educational Psychology, 25,* 68-81.

Wigfield, A., Eccles, J. S., & Rodriguez, D. (1998). The Development of Children's Motivation in School Contexts. *Review of Research in Education, 23,* 73-118.

Williams, C., & Bybee, J. (1994). What do children feel guilty about? Developmental and gender differences. *Developmental Psychology, 30,* 617-623.

Willower, D. J., & Jones, R. G. (1963). When pupil control becomes as institutional theme. *Phi Delta Kappan, 45,* 107-109.

Winne, P. H. (2011). A cognitive and metacognitive analysis of self-regulated learning. In B. J. Zimmerman & D. H. Schunk (Eds.), *Handbook of self-regulation of learning and performance* (pp. 15-32). Routledge.

Witkin, H. A., & Goodenough, D. R. (1977). Field dependence and interpersonal behavior. *Psychological Bulletin, 84,* 661-689.

Wolpe, J., & Plaud, J. J. (1997). Pavlov's contributions to behavior therapy: The obvious and the not so obvious. *American Psychologist, 52*(9), 966-972.

Wood, R. E., & Bandura, A. (1989). Impact of conceptions of ability on self-regulatory mechanism and complex decision making. *Journal of Personality of Social Psycholgy, 56,* 407-415.

Woodward, A., & Needham, A. (2009). *Learning and the infant mind.* New York, NY: Oxford University Press.

Woody, W. D. (1981). Gestalt psychology and William James. In F. Columbus (Ed.), *Advances in psychology research* (Vol 4, pp. 33-48). Huntington, NY: Nova Science.

Woolfolk, A. (2013). *Educational psychology.* (12th). NJ: Pearson.

Woolfolk, A. E., & Hoy, W. (1990). Perspective teachers' sense of efficacy and beliefs about control. *Journal of Educational Psychology, 82*(1), 81-89.

Woolfolk, A., E. & Perry, N. E. (2012). *Child development.* Boston Allyn & Bacon/Pearson.

Woolfolk Hoy, A., & Weinstein, C. S. (2006). Students' and teachers' perspectives about classroom management. In C. Evertson & C. S. Weinstein (Eds.), *Handbook for classroom management: Research, practice, and contemporary issues*. Mah

Wyatt. W. J. (2000). Behavioral science in the crosshairs: The FBI file on B. F. Skinner. *Behavioral and Social Issues, 10,* 101-109.

Zeidner, M. (1998). *Test anxiety: The state of the art.* New York: Plenum.

Zimmerman, B. J. (1990). Self-regulated learning and academic achievement: An overview. *Educational Psychologist, 25*(1), 3-17.

Zimmerman, B. J. (1995). Self-efficacy and educational development. In A. Bandura (Ed.), *Self-efficacy in changing societies* (pp. 202-231). N.Y.: Cambridge University Press.

Zimmerman, B. J. (2001). Achieving academic excellence: A self-regulatory perspective. In M. Ferrari (Ed.), *The pursuit of excellence through education* (pp. 85-110). Routledge.

Zimmerman, B. J., & Bandura, A. (1994). Impact of self-regulatory influences on writing course attainment. *American Educational Research Journal, 31*(4), 845-862.

Zimmerman, B. J., & Pons, M. M. (1986). Development of a structured interview for assessing student use of self-regulated learning strategies. *American Educational Research Journal, 23*(4), 614-628.

Zimmerman, B. J., & Schunk, D. H. (2011). Self-regulated learning and performance: An introduction and an overview. In B. J. Zimmerman & D. H. Schunk (Eds.), *Handbook of self-regulation of learning and performance* (pp. 1-12). Routledge/Taylor & Francis Group.

Zuckerman, M. (1991). *Psychobiology of personality* (Vol. 10). Cambridge University Press.

다음뉴스, "AI에 수학·과학 맡기고 우린 감정지능과목 만들자." 2017. 03. 21.
(v.media.daum.net/v/2017031117453?f=m).

색인

저자소개

임성택 (林成澤, Lim, Sungtaek)

[약력]

강원대학교 대학원 교육학과 (교육학 석사)

(미) State University of New York at Albany (Ph. D.)

(현) 강원대학교 사범대학 교육학과 교수

[주요 저서 및 논문]

교사효능감

(학)부모발달심리학_진화된 것과 진화할 것들

교육, 심리, 상담연구를 위한 통계적 분석방법 해설

(공저) 청소년환경론

(공저) 학업적 자기효능감- 이론과 현장연구

(공저) The Young Adolescent and the Middle School

(역서) 心理學史_思想과 脈絡

The mediating roles of collective teacher efficacy in the relations of teachers' perceptions of school organizational climate to their burnout (2014).

The structural relationships of parenting style, creative personality, and loneliness (2008).

The credibility of justice and care arguments in an instructional context (2004).

청소년의 심리적 안녕감과 부모효능감의 관계: 자녀 학교생활스트레스의 매개효과 (2018).

학부모 심리학의 제안; 그 가능성과 의의 (2015).

학생·학부모 특성에 대한 교사의 지각과 학생체벌관의 관계: 교사효능감의 매개효과 (2008). 등 다수

이금주 (李金柱, Lee, Keumjoo)

[약력]

(미) Arizona State University (Mater of Education)

강원대학교 대학원 교육학과 (교육학 박사)

(현) 강원대학교 사범대학 교육학과 강사

[주요 저서 및 논문]

Listening to Inner Voices of English Language Learners(ELLs) before Implementing English Educational Policy: A Case Study of Reading Aloud Responses (2009).

한국판 어머니 자녀감정척도의 타당화 (2019).

학부모 자녀교육목표지향성에 대한 학부모지각과 자녀지각이 자녀의 학업소진에 미치는 영향: 학부모지각모형과 자녀지각모형의 비교 (2017).

자녀교육에 대한 학부모의 목표지향성과 자녀의 학업소진의 관계: 자녀의 내·외재적 동기의 매개효과 (2016).

청소년의 자살생각, 스트레스, 공부압박감의 종단적 추이와 해석 (2010). 등 다수

홍송이 (洪松怡, Hong, Song-Ee)

[약력]

서울대학교 대학원 교육학과 (교육학 석사)

강원대학교 대학원 교육학과 (교육학 박사)

(현) 강원대학교 사범대학 교육학과 강사

[주요 저서 및 논문]

(공저) 학부모 자녀교육동기론

(공저) 교사가 당면하는 문제의 원인 진단 및 처방

Development and validation of the theory of transition to college student: A sequential mixed method of grounded theory and structural equation modeling (2021).

Exploring predictors of parents' involvement in children's education (2018).

후기청소년의 대학생으로의 전환 효능감 측정도구 개발 및 타당화 연구 (2020).

대학신입생의 첫 학기 전환 유형과 통시적 변화 분석 (2018).

자기결정성 동기 이론을 적용한 학부모의 자녀 학교교육 참여 동기 탐색 (2016).

학습컨설팅 지원 튜터링 프로그램이 대학생의 학습동기, 학습몰입, 학업성취에 미치는 효과 (2016).

자기평가형 창의성 검사의 활용 가능성에 대한 탐색 (2003). 등 다수

교육심리학

초판발행   2023년 8월 31일

지은이   임성택·이금주·홍송이
펴낸이   노현

편 집   조영은
기획/마케팅   손준호
표지디자인   BEN STORY
제 작   고철민·조영환

펴낸곳   (주) 피와이메이트
              서울특별시 금천구 가산디지털2로 53 한라시그마밸리 210호(가산동)
              등록 2014. 2. 12. 제2018-000080호
전 화   02)733-6771
f a x   02)736-4818
e-mail   pys@pybook.co.kr
homepage   www.pybook.co.kr
ISBN   979-11-6519-442-0   93370

정 가   29,000원

박영스토리는 박영사와 함께하는 브랜드입니다.